国家出版基金项目
NATIONAL PUBLICATION FOUNDATION

国际语言学前沿丛书
Trends in Contemporary Linguistics

胡建华　主编

Theories
in
Generative
Phonology

生成音系学
基础理论

李兵　汪朋　著

上海教育出版社
SHANGHAI EDUCATIONAL
PUBLISHING HOUSE

国际语言学前沿丛书
Trends in Contemporary Linguistics

主　编　胡建华（中国社会科学院）

编　委

作 者 简 介

　　李兵,荷兰阿姆斯特丹大学语言学博士,南开大学教授,博士生导师。学术兴趣包括生成音系学、形态学、历史语言学和中国北方少数民族语言。出版 *The Language of Oroqen*(与张彦昌合作)、《音位学导论》(与张彦昌合作)、*Tungusic Vowel Harmony: Description and Analysis* 和《阿尔泰语言元音和谐研究》等著作;在《中国语文》《当代语言学》《民族语文》《外语教学与研究》《南开语言学刊》《现代外语》《历史语言学》、*Dictionary* 以及 *Representing Phonological Detail* 等期刊和文集中单独或与他人合作发表论文 60 余篇,包括《当代音系学方法论的特征》《音系范畴是天赋的还是浮现的》《优选论中的音系晦暗性:问题与发展》《论优选论的功能主义倾向》《阿尔泰语言元音和谐的形式特点与理论意义》《元音和谐的类型学问题》《维吾尔语中性词干的音系功能——兼论音系的客观性》《满语元音系统的演变与原始阿尔泰共同语的重新构拟》《通古斯语言唇状和谐的形式特点及比较研究》《汉语方言入声音节的类型学观察》《韵律构词学与汉语构词中的韵律结构问题》《瓦罕塔吉克语概况》《瓦罕塔吉克语动词词根语音形式的交替》《瓦罕塔吉克语代词性附着语素》和 *Word Stress Placement in Wakhi* 等。

　　汪朋,南开大学文学博士,美国堪萨斯大学语言学系访问学者。现为湖南大学外国语学院副教授,硕士生导师。学术兴趣为音系学理论、语音-音系接口和苗瑶语研究。以第一作者和合作者身份在《当代语言学》《现代外语》《民族语文》《南开语言学刊》等语言学期刊上发表多篇语言学论文,主持和参与国家社科、教育部课题多项。

本书得到教育部哲学社会科学研究后期资助

（项目编号 11JHQ055）

走"兼通世界学术"之路

——"国际语言学前沿丛书"总序

胡建华

现代语言学,自改革开放以来,在我国已有了很大的发展。今日中国的现代语言学研究,大多借助国际上流行的某一语言学理论、方法或通用术语系统而展开。但是,这并不意味着我国的语言学研究已经可以构成或代表国际语言学主流。我们现有的一些所谓与国际"接轨"的研究,为国际主流语言学理论做"注解"的多,而真正能从根本上挑战国际主流学术观点的少;能提出既可以涵盖汉语语言事实,又能解释其他语言现象,并为国际语言学界所关注,进而跟随其后做进一步研究的理论框架的,则更少,或者竟至于无。在这种情况下,国内语言学界就会时不时地出现一种声音:国际语言学现有的理论和方法都不适合用来研究汉语,我们应该发展有本土特色的语言学;由于汉语与印欧语等世界其他语言有很大的不同,所以在印欧语等其他语言基础上建立起来的语言学理论自然无法用来描写、分析汉语。实际上,这种声音以及与之相类似的观点,不仅在语言学界经常浮现,而且在其他的研究领域历来也都有一定的市场。比如,针对中国的社会研究,以前也曾有过这样一些声音,对此,郭沫若曾经发表过以下意见:

> 只要是一个人体,他的发展,无论是红黄黑白,大抵相同。
> 由人所组成的社会也正是一样。
> 中国人有一句口头禅,说是"我们的国情不同"。这种民族的偏见差不多各个民族都有。

然而中国人不是神,也不是猴子,中国人所组成的社会不应该有什么不同。

我们的要求就是要用人的观点来观察中国的社会,但这必要的条件是需要我们跳出一切成见的圈子。[①]

郭沫若的这番话同样适用于中国语言学。语言学的研究对象是人类语言,汉语是人类语言的一种,人类语言的本质特性在汉语中也一样会有所体现。因此,只要跳出一切成见的圈子,也一样可以使用探索人类语言本质特性的理论、思想和方法来观察、描写、分析中国的语言。

改革开放四十多年来,国内语言学界经常纠结于借鉴国外语言学理论与创建本土特色理论的矛盾之中,而争论到最后往往变成理论"标签"之争,而非理论本身的实质性问题之争,更与具体问题解决与否,以及解决方案是否合理、是否符合科学精神,没有太大关系。科学理论的建设,最重要的是要讲可证伪性(falsifiability)和理论的一致性(consistency)。这两个特性决定了任何一种科学理论对真相的探索和认知永远都在路上。科学探索的目标当然是揭示自然事物或现象的真相,但科学理论的这两个特性决定了科学理论只能不断逼近真相,但却无法穷尽对真相的全部认知。因此,科学对真相的探索从来都是尝试性的,对很多问题的认知也仅是初步的或阶段性的,更具体、更深入的探索只能留待科学理论的进一步发展和进步。科学从不也绝不妄称自己掌握了事物的全部真相,只有巫术才会狂妄地宣称自己可以把握真相的整体或全部。不以可证伪性和理论的一致性来衡量学术研究,而偏执于中西理论站位之争,实际上就是不知道何为学术研究。这一点,王国维在一百多年前就讲过:"学之义不明于天下久矣。今之言学者,有新

---

① 郭沫若,《自序》,载郭沫若著《中国古代社会研究》,商务印书馆,2011 年,第 3 页。

旧之争,有中西之争,有有用之学与无用之学之争。余正告天下曰:学无新旧也,无中西也,无有用无用也。凡立此名者,均不学之徒,即学焉而未尝知学者也。"①

王国维认为,那些以为西学会妨碍中学或中学会妨碍西学的顾虑,都是"不根之说"。他认为"中国今日实无学之患,而非中学、西学偏重之患"。对于有用之学与无用之学之争,王国维的观点是:"凡学皆无用也,皆有用也。"他指出,"物理、化学高深普遍之部"似乎看不到有什么用,但"天下之事物,非由全不足以知曲,非致曲不足以知全。虽一物之解释,一事之决断,非深知宇宙、人生之真相者不能为也"。因此,"事物无大小、无远近,苟思之得其真,纪之得其实,极其会归,皆有裨于人类之生存福祉。已不竟其绪,他人当能竟之;今不获其用,后世当能用之。此非苟且玩愒之徒所与知也。学问之所以为古今中西所崇敬者,实由于此"。②

学术之争仅在是非真伪,不在其他。这一点,王国维早在1905年就已指出,他说:"学术之所争,只有是非、真伪之别耳。于是非、真伪之别外,而以国家、人种、宗教之见杂之,则以学术为一手段,而非以为一目的也。未有不视学术为一目的而能发达者。学术之发达,存于其独立而已。"③

对于新学旧学之争、中学西学之争、有用之学与无用之学之争,王国维在一百多年前,在当时国家各方面都非常落后的历史条件下,就具有如此清醒而到位的认识,令人钦佩!对于以上诸问题,实际上,及至今日仍有不少学者都远达不到王国维当年的认识水平。王国维在《国学丛刊序》一文结尾时说,他上面讲的这些道

---

① 王国维,《国学丛刊序》,原刊于《国学丛刊》,1911年2月;转引自谢维扬、房鑫亮主编《王国维全集》(第14卷),浙江教育出版社、广东教育出版社,2009年,第129页。
② 王国维,《国学丛刊序》,原刊于《国学丛刊》,1911年2月;转引自谢维扬、房鑫亮主编《王国维全集》(第14卷),浙江教育出版社、广东教育出版社,2009年,第131—132页。
③ 王国维,《论近年之学术界》,原刊于《教育世界》,1905年第93号;转引自谢维扬、房鑫亮主编《王国维全集》(第1卷),浙江教育出版社、广东教育出版社,2009年,第125页。

理,"其理至浅,其事至明。此在他国所不必言,而世之君子犹或疑之,不意至今日而犹使余为此哓哓也"①。一百多年过去了,王国维大概怎么也想不到,他所讲的这些至浅之理、至明之事,在现在这个人工智能正迅速发展的高科技时代,我们仍然需要继续"为此哓哓"。可见,消除固有的成见是一件多么不容易的事情。

在世人眼里,王国维是国学大师,也是"旧营垒"的学究,但实际上,他更是一位跨越古今中外、学术思想前进并具有科学精神的世界学者。郭沫若曾明白地指出,王国维的著作"外观虽然穿的是一件旧式的花衣补褂,然而所包含的却多是近代的科学内容"②。而梁启超则更是认为,王国维"在学问上的贡献,那是不为中国所有而是全世界的"③。

在中国近代学术史上,王国维所取得的学术成就、所作出的学术贡献少有人可比,正如郭沫若所盛赞的那样,"他遗留给我们的是他知识的产品",就"好像一座崔巍的楼阁,在几千年来的旧学的城垒上,灿然放出了一段异样的光辉"④。

王国维之所以能取得这样巨大的成就,与他以海纳百川的胸怀主动"兼通世界学术"是分不开的。王国维年轻时曾说,"异日发明光大我国之学术者,必在兼通世界学术之人,而不在一孔之陋儒"⑤。王国维的这段话指向一条发明光大我国学术的道路,而这条道路也正是王国维所坚持的治学之道。王国维的这段话曾极大

---

① 王国维,《国学丛刊序》,原刊于《国学丛刊》,1911 年 2 月;转引自谢维扬、房鑫亮主编《王国维全集》(第 14 卷),浙江教育出版社、广东教育出版社,2009 年,第 132—133 页。
② 郭沫若,《自序》,载郭沫若著《中国古代社会研究》,商务印书馆,2011 年,第 4 页。
③ 梁启超,《王静安先生墓前悼词》,原刊于《国学月报》1927 年第 2 卷第 8、9、10 号合刊;转引自谢维扬、房鑫亮主编《王国维全集》(第 20 卷),浙江教育出版社、广东教育出版社,2009 年,第 200 页。
④ 郭沫若,《自序》,载郭沫若著《中国古代社会研究》,商务印书馆,2011 年,第 4 页。
⑤ 王国维,《奏定经学科大学文学科大学章程书后》,原刊于《教育世界》,1906 年第 118—119 号;转引自谢维扬、房鑫亮主编《王国维全集》(第 14 卷),浙江教育出版社、广东教育出版社,2009 年,第 36 页。

地影响了毕业于清华的夏鼐。他把这段话用毛笔抄录在他的自存本《考古学论文集》的扉页背面,作为自勉的座右铭①。夏鼐之所以能够成为荣膺中外七个院士称号的一代学术大师,与他能够"兼通世界学术"不无关系。夏鼐是学术视野十分开阔的考古学家和历史学家,他"善于把多方面学问紧密地结合起来","具备优越的外国语文的条件,在与国外著名学者保持广泛联系的同时,经常涉猎大量新出版的外国书刊,因而通晓国际学术界的各种研究成果和学术动态,善于从世界范围和多学科角度考虑中国考古学问题,既能追求现代的国际水平,又能发掘中国固有的学术传统"②。

　　王国维那个时代的学者,对世界学术的了解和把握,对国外先进理论的追求,远超出现在一般学人的想象。王国维不仅熟读康德、叔本华、尼采,广泛涉猎西方逻辑学、心理学、教育学、伦理学、美学、文艺学等领域,还翻译过心理学、教育学、伦理学、动物学、世界图书馆史、法学、欧洲大学史等学术著作或教科书。更让许多人想不到的是,他甚至还认真研读过与他的学术专攻似乎没有什么直接关系的《资本论》。据王国维的学生姜亮夫回忆,他在清华国学研究院求学期间,曾于某日晚七时半去他的老师王国维家,请老师为他修改他给云南会馆出的一刊物填的一首词③。王国维为姜亮夫改词改了近两个小时,在他改词时,姜亮夫"侧坐藤制书架侧榻上","顺手翻看两本书,其中一本是德文版《资本论》,只见书里面用好几色打了记号"。姜亮夫回忆道:"静安先生看了看我说:'此书是十多年前读德国人作品时读的。'这事在我脑中印象很深,

　　① 姜波在《夏鼐先生的学术思想》(《华夏考古》2003 年第 1 期)一文中的注(第112 页)中提到:"1998 年,王世民先生在整理夏鼐文稿时,在夏鼐《考古学论文集》扉页背面上,发现了夏鼐用毛笔书写的一段话,全文如下:'王国维少年时曾说过:异日发明光大我国之学术者,必在兼通世界学术之人,而不在一孔之陋儒,固可决也。'"

　　② 王仲殊、王世民,《夏鼐先生的治学之路——纪念夏鼐先生诞生 90 周年》,刊于《考古》2000 年第 3 期,第 83 页。

　　③ 姜亮夫于 1926 年 10 月入清华国学研究院求学,王国维 1927 年 6 月 2 日于颐和园昆明湖自沉,因此姜亮夫很有可能是在 1927 年 6 月前的某天去的王国维家。

我当时感到先生不仅学问广博,而且思想也是非常前进。"①

王元化的《思辨录》中有一篇题目为《王国维读〈资本论〉》的文章,对王国维读《资本论》这件事发表了以下看法:

　　读傅杰为《集林》组来的姜亮夫文稿,发现姜20年代在清华读国学研究院时,有时在课后去王国维家,向王问学。他曾在王的书案上,见有德文本的《资本论》。陈寅恪在国外留学时也于20年代初读过《资本论》。这些被目为学究的老先生,其实读书面极广,并非如有些人所想象的那样。40年代我在北平汪公岩老先生家,就看到书架上有不少水沫书店刊印的马列主义文艺理论中译本,那时,他已近80岁了。光绪年间,汪先生以第一名考入广雅书院,是朱鼎甫的高足。晚清他从广雅书院毕业出来后,教授过自然科学,还做过溥仪的化学老师。那时的学人阅读面极广,反而是后来的学人,各有所专,阅读也就偏于一隅,知今者多不知古,知中者多不知外。于是由"通才"一变而为鲁迅所谓的"专家者多悖"了。②

据陆晓光考证,王国维读《资本论》的时间应该是在1901年至1907年他集中精力"读德国人作品"的那五六年间,与姜亮夫去清华园王国维家中请教的1926年或1927年相距并不是"十多年",而是二十多年③。因此,王国维读《资本论》的时间不仅比1928年郭大力、王亚南翻译《资本论》早了至少二十年,也比李大钊在日本留学期间读日语翻译本《资本论》早了约十年④,甚至比陈寅恪在

　　① 姜亮夫,《忆清华国学研究院》,载王元化主编《学术集林》(卷一),上海远东出版社,1994年,第242页。另,"静安"是王国维的字。
　　② 王元化,《王国维读〈资本论〉》(1994年),载王元化著《思辨录》,华东师范大学出版社,2017年,第242页。
　　③ 陆晓光认为姜亮夫的叙述当有语误(陆晓光,《王国维读〈资本论〉年份辨》,原刊于2011年6月13日《文汇报·文汇学人》专版;转引自陆晓光著《王元化人文研思录》,华东师范大学出版社,2015年,第415页)。
　　④ 陆晓光,《王国维读〈资本论〉年份辨》,原刊于2011年6月13日《文汇报·文汇学人》专版;转引自陆晓光著《王元化人文研思录》,华东师范大学出版社,2015年,第415页。

1911 年读《资本论》还要早几年①。据此来看,王国维很可能是目前所知中国第一个读《资本论》的人。

王国维在马克思主义尚未在中国广泛传播之前就已经认真研读过德文版《资本论》这件事,值得我们反思。王国维、陈寅恪这些"被目为学究的老先生",之所以"读书面极广",归根结底是因为他们是具有终极关怀精神的学者。他们做学问不是为稻粱谋,而是为"深知宇宙人生之真相"。今日之中国,现代学术的发展和进步十分迅速,相关研究也取得了巨大的成果,这自然与学术研究的高度专门化不无关系。但另一方面,也正如王元化所言,过度专门化的后果就是,学者的阅读"偏于一隅,知今者多不知古,知中者多不知外",从而使学术视野受到了一定程度的限制,因此也很难产生具有独立精神的自由之思想,无法形成中国学术的"思想市场"②。

要建立中国学术的"思想市场",就需要有更多的学术研究者秉承终极关怀之精神,从而对"宇宙人生之真相"深入地感兴趣;而从事具体的学术研究,则需要从根本上破除狭隘的门户之见,不囿于学科限制,不被各种偏见所束缚,以开放的姿态批判性地吸收人类思想中一切有价值的东西。郭沫若曾指出,即便是国学,也一样需要放到更为广阔的范围内,以开放的学术视野进行研究,因为只有"跳出了'国学'的范围,然后才能认清所谓国学的真相"③。他还指出,如果有一些研究,"外国学者已经替我们把路径开辟了,我们接手过来,正好是事半功倍"④。显然,这些道理同样适用于中

① 陈寅恪在《对科学院的答复》(陈寅恪口述,汪篯记录,1953 年 12 月 1 日;载《陈寅恪集·讲义及杂稿》,生活·读书·新知三联书店,2009 年第 2 版,第 464 页)中提到,他"在宣统三年时就在瑞士读过《资本论》原文"。因此,陈寅恪读《资本论》的时间是 1911 年。
② "思想市场"(the market for ideas)是 1991 年诺贝尔经济学奖获得者罗纳德·哈里·科斯(Ronald H. Coase)使用的一个术语,参看罗纳德·哈里·科斯的论文"The market for goods and the market for ideas",刊于 *American Economic Review*(Vol. 64, No. 2, 1974, pp. 384-391),以及罗纳德·哈里·科斯、王宁著,徐尧、李哲民译《变革中国:市场经济的中国之路》,中信出版社,2013 年。
③ 郭沫若,《自序》,载郭沫若著《中国古代社会研究》,商务印书馆,2011 年,第 5 页。
④ 郭沫若,《自序》,载郭沫若著《中国古代社会研究》,商务印书馆,2011 年,第 6 页。

国语言学研究。研究汉语,也需要跳出汉语的范围,在世界语言的范围内,从人类语言的角度对相关问题做深入的思考。对于汉语研究中的具体问题,如果海外学者已经开辟了路径,我们同样没有理由置之不理,以闭门造车的态度和方式从头做起。

改革开放四十多年来,中国语言学不断走向世界,虽然取得了很大的成绩,但也不可避免地存在一些问题。这些问题的总体表现,就是"在学术命题、学术思想、学术观点、学术标准、学术话语上的能力和水平同我国综合国力和国际地位还不太相称"[①]。中国语言学要解决这些问题,就必须立足于中国语言学研究之实际,继续以开放的心态去审视、借鉴国际语言学前沿理论,坚持走"兼通世界学术"之路。若是以封闭的心态搞研究,关起门来"自娱自乐",则根本没有出路。

上海教育出版社策划出版"国际语言学前沿丛书",就是希望以"开窗放入大江来"的姿态,继续鼓励"兼通世界学术"之研究,通过出版国际语言学前沿论题探索、前沿研究综述以及前沿学术翻译等论著,为国内学者搭建一个探讨国际语言学前沿论题和理论的学术平台,以发展中国语言学的"思想市场",从而不断推动我国语言学科学研究的深入和发展。

王国维曾在《哲学辨惑》一文中写道:"异日昌大吾国固有之哲学者,必在深通西洋哲学之人无疑也。"[②]我们认为王国维的话同样适用于中国语言学。中国语言学的发明光大,一定离不开对国际语言学的深入了解;而异日发明光大我国之语言学者,一定是既能发扬我国学术传统,又能"兼通世界学术"并善于从人类语言的本质特性和多学科的角度深入探究中国语言学问题之人。

2021 年 6 月 21 日于北京通州

---

① 习近平,《在哲学社会科学工作座谈会上的讲话》,人民出版社,2016 年,第 15 页。

② 王国维,《哲学辨惑》,原刊于《教育世界》,1903 年 7 月第 55 号;转引自谢维扬、房鑫亮主编《王国维全集》(第 14 卷),浙江教育出版社、广东教育出版社,2009 年,第 9 页。

前　言

　　生成音系学(generative phonology)发展至今已有六十多年的历史,是当代音系学的主流。作为生成语言学的组成部分,生成音系学的显著特点之一是注重理论建设。生成音系学有一套严密的理论体系。在这个理论体系里,理论分成不同层次。基础理论的核心是关于音系本体假设和音系语法的构建原则,二者都建立在对音系和语音关系认识的基础上。在音系语法内容层面,生成音系学又有关于音系规则、音系表达形式、音系模块与语法其他模块接口的理论;在不同范畴的音系结构方面,如音段结构,生成音系学又有更加具体的理论。这些理论不是孤立的,而是与音系本体论和语法构建原则密切相关;具体理论必须符合基础理论的假设和逻辑,必须符合基础理论确定的语法构建原则。此外,生成音系学还有关于研究方法和分析手段的理论,而这些理论又着眼于回答音系语法内容层次、音系结构乃至音系本体层次的理论问题。

　　生成音系学进入我国比较晚。20 世纪 80 年代,学术前辈张彦昌、王嘉龄和徐烈炯等先生在美国麻省理工学院学习生成语言学,回国后他们著文介绍生成音系学,并把生成音系学引入研究生的课堂教学。他们是我国大陆生成音系学的开拓者。自 20 世纪 90 年代起,特别是进入 21 世纪以来,越来越多在国外获得语言学博士学位的年轻学者用中文撰文著书,更广泛地介绍生成音系学不同领域的理论和研究方法,使更多的人对生成音系学产生兴趣,研究也更加深入,取得了更多的研究成果。这两三代人在引进生成音系学和推进我国生成音系学研究方面功不可没。

　　诚然,据笔者掌握的中文文献看,已有的论著多侧重分析方法和技术手段的介绍,对生成音系学的音系本体论和语法构建原则介绍得较少。这在一定程度上导致有的研究者误以为,只要用生成音系学的分析手段对语言现象加以描述即可,忽略了采用特定分析手段带来的理论后果。还有人误认为生成语言学不外是用类似数学公式的手段来表述观察或归纳。这种认识在相当程度上忽视了形式化表达方式所表述的语法符号系统的性质和计算系统的内在逻辑,导致对具体语言现象的分析可以不顾及本应严格遵循的语法构建原则。对此,我们深感,仅了解和学习分析手段是不够的,更重要的是,要充分了解支撑具体分析手段的理论背景和采用特定分析手段得到的结果所具有的理论意义或后果。

因此,系统地介绍生成音系学的基本理论便成为本书写作的主要目的。从萌发、初创、鼎盛到趋于平稳,生成音系学经历了若干重要的阶段,发生了诸多理论变革。这些变化,一方面和Chomsky 的语法假设变革有关,另一方面与对音系和语音二者关系的认识有关。前一个方面是包括生成音系学在内的生成语言学内部对语法系统结构认识的变化的问题,而后一个方面则超越了生成语言学的范围,是所有严肃的语言学理论需要面对和回答的根本性问题。关于生成音系学的理论变革,我们站在经典生成音系学的立场,尽可能地介绍各种有影响的假设和方法。关于音系和语音的关系,我们主要介绍生成音系学经典作家的基本观点和生成音系学内部的分歧;否则的话,这本小册子便会大大超出范围。

即使把主要内容限制在生成音系学范围内,我们仍然面临对文献的取舍问题。生成音系学文献浩瀚。我们的做法是,选择生成音系学经典学者、有重要理论建树的学者以及围绕重要假设和方法提出重要见解的学者。由于篇幅有限,我们无法过多涉及对具体语言现象的分析,除非这些分析有直接的理论意义。在介绍不同假设和方法时,我们力图说明分歧的来源,梳理各自的思路和逻辑以及各自遇到的和遗留下来的并值得进一步讨论的问题。

生成音系学虽然扬弃了传统音位学的语言本体论,但也从传统音位学中汲取了许多养分。为了能够说明生成音系学对传统音位学的扬弃和继承,我们在第一章简要介绍传统音位学。熟悉传统音位学的读者可以忽略或跳过这一章。

衷心感谢"国际语言学前沿丛书"主编、中国社会科学院语言研究所胡建华教授和上海教育出版社的大力支持,正是他们的支持和帮助,拙著才得以顺利出版。

因作者水平有限,不妥和疏漏之处在所难免,为此,敬请读者不吝赐教。

李　兵
2022 年 12 月
于南开大学北村

目　　录

第一章

音系学发展概要

音系学(phonology)从音系的角度研究语言现象。音系学的主要研究对象是语言的语音结构,但音系学的研究范围并不局限于语音结构。

从历史来源看,音系学最初孕育于语音学。随着对语言本质和语言结构认识的深入,音系学从语音学(phonetics)中分离出来。经过一百多年的发展,当今的音系学已经成为语言学科学体系中一个独立的基础性学科。在一百多年发展过程中,音系学出现了若干重要的理论流派,产生了许多有重大影响的理论。音系学的历史大体上可以分为音位学初创时期、结构主义音位学和生成音系学三个主要阶段。本书把初创时期的音位学和结构主义音位学统称作传统音位学。与传统音位学相比,生成音系学在本体论、认识论和方法论上具有显著的特点。为了了解生成音系学产生的背景,同时也为了能够了解生成音系学对传统音位学的吸取和扬弃,本章简要回顾传统音位学的研究特点。第二章集中介绍和讨论生成音系学的基础理论。

音系学理论和语言学理论关系密切。一方面,对语言本质的认识决定着对音系本体和音系现象的认识;另一方面,对音系的认识又有助于对语言本质的理解。因此,回顾音系学的发展历程势必要以特定时期和流派的语言学理论为背景。

1.1 音位概念的产生

音系学初创时期是在 19 世纪 70 年代至 20 世纪 20 年代。这一时期的代表是俄国的喀山学派。喀山学派的主要成员包括波兰籍语言学家 B. Courtenay 和他的学生。在当时以历史比较语言学为学术主流的背景下，Courtenay 提出了语言学的研究对象是语音系统，研究方法应当是共时方法的观点。从音系学的角度看，Courtenay 最重要的观点是把语音学分为生理语音学（physiological phonetics）和心理语音学（psychophonetics）。前者研究语音的生理和物理特点，而后者重在研究语音的辨义功能。在 1871 年发表的《关于语言学和语言的某些一般性思考》一文里，Courtenay 指出，因为语言是由心理语音和意义关系构成的系统，所以语言学的研究对象不仅是物质的语音，而且要包括更加重要的心理语音。虽然 Courtenay 早期没有使用"音位"这个术语，但他提出的"语言的心理语音"概念为他的学生 M. Kruszewsky 后来提出"音位"概念奠定了语音认识方面的基础。

　　"音位"（phoneme）这个术语是在 19 世纪 70 年代初出现的。这个术语最初用来指类似音素或语音演变过程中早期阶段的音段。Kruszewsky 通过分析德语、俄语和拉丁语等语言的语素变体发现，在一定条件下，有些音段在同一语素内交替（alternation），而有些音段则是不变的（invariance），继而提出语素是由一串儿不参与交替的音段构成的观点。他把这些不参与交替的音段称作音位。这些不参与交替的音位和参与交替的音段处于不同的层次上，具有不同性质。音位是一类音段，而参与交替的则是这一类音段的不同物质形态。Courtenay 进一步把音位定义为物质语音的心理对应物，并认为音位是语言中最小的、不能继续切分的单位。Courtenay 和 Kruszewsky 关于音位的认识对后来的结构主义音位学产生了重要的影响。

　　音位是语言学史中的重大发现。从当时的语言研究背景和认识层次角度看，语言学发现音位同物理学发现原子是一样的，具有重大科学意义。即使从当今否认音位存在的生成音系学的角度看，我们仍然可以说，音位的发现不仅为后来的音位学和音系学的产生奠定了初步的音系本体基础,即自然语言的语音存在于两个不同的层次:物质层次和非物质层次。音位概念的科学意义绝不局限于音位学,它对当时的语言学思想的转变产生了革命性的影响。音位是抽象地、系统地、普遍地存在于自然语言之中。音位的发现告诉语言学家,虽然语言表面上以多变的物质(语音)形式存在着,但在物质层面之下存在着固定不变的和抽象的语言成分;虽然各种语言在表面上的呈现千差万别,但所有的语言都是由基本成分(音位)构成的;虽然各种语言的音位数量有所不同,但任何一种语言中的音位都以系统的和相互对立的方式存在着。音位的发现为语言学研究指出了最可能的方向:寻求构成语言里具有普遍意义的、抽象的、基本的和系统的成分以及这些成分的组织方式。

1.2 结构主义音位学

结构主义音位学是结构主义语言学思想在音位学领域的具体体现。结构主义语言学奠基人 F. Saussure 提出的语言理论是结构主义音位学的主要基础理论来源。在《普通语言学教程》里,Saussure(1916/1956)区分了语言系统(langue)和言语(parole),认为前者是一个符号系统,是语言学研究的真正对象;后者则是对符号的运用,是生理学、物理学和心理学的研究对象。如同非语言符号,语言符号具有两个方面的内容:一是可被感知的物质形态,叫作能指(signifiant);二是物质形态所表达的内容,叫作所指(signifée)。对于语言来说,能指是语言符号的语音形式,所指是语音形式所表达的信息或指示的对象。语言的语音系统是由能指构成的系统。每个语言符号里的语音结构的作用在于通过特有的语音特点把该符号和其他符号区分开。能指的价值不在于其自身在言语活动中表现为某种语音形式,而是存在于它与语言系统中其他符号之间的对立关系之中。

Saussure 本人并没有明确地提出"音位"概念。他在《普通语言学教程》里也使用了"音位"这个术语,其含义与 Courtenay 和 Kruszewsky 使用的"音位"大体相同,指语音演变涉及的一组语音,是一个历时概念,并非共时概念。尽管如此,他提出的符号的(即语音结构的)价值存在于符号之间差异的观点,为后人建立音位概念奠定了基础。如果我们进一步从他区分的聚合关系(paradigmatic relation)和组合关系(syntagmatic relation)的角度看,符号的语音结构之间的差异可以从三个方面加以描写:(1)从聚合关系角度看,在特定位置上的音段能否被其他音段替换(substitution)?(2)从组合关系角度看,音段线性配列(phonotactics)的特点是什么?(3)从聚合关系和组合关系交互作用的角度看,语音单位为什么呈现变异(variation)?语义单位的语音形式为什么呈现交替(alternation)?从音系学发展的各个历史阶段看,这三个问题始终是音系学试图回答的主要问题。在不同历史时期,不同流派以及不同的研究者可能会侧重其中某个或某些问题,作为研究基础的语言学假设和采用的方法可能有所不同甚至对立,但研究所要解决的具体问题始终没有离开对这三个问题的回答,逐渐形成了具有严格意义的研究对象:自然语言中的音系成分系统的内在结构、音系成分配置模式的原则和交替与变异的成因。根据 Goldsmith(1995)的理解,当代音系学研究的三个核心领域是,(一)对立系统(system of contrast):由语言成分构成的对立系统的内在结构和一般性规律是什么?(二)线性配列(phonotactics):音段或其他范畴音系成分线性配列的本质和规律是什么?音系成分线性配列的背后是不是某些特定的音系结构单位在起着作用?(三)交替(alternation):语素变体的交替是由哪些因素决定的?导致语素变体发生交替的规律是什么?

　　20 世纪 20 年代至 50 年代是结构主义音位学的重要发展时期。这一时期音位学的基本思想是,一种语言的音位系统不仅是若干音位的总和,而且更重要的是音位之间对立关系的总和;或者说,在音位系统里音位总是以对立的方式存在着,没有对立便没有音位。因此,特定语言的音位系统及其内部对立关系是这一时期的主要研究对象。结构主义音位学有两个几乎同时产生但又相互独立的学派,即美国结构主义学派(又称美国描写主义语言学)和布拉格学派。此外,这一时期与稍后的伦敦学派音位学和哥本哈根语符学的音位观也对当代音系学产生过直接或间接的影响。

1.3 美国结构主义音位学

美国结构主义音位学受到结构主义语言学思想直接影响。结构主义语言学是在对美洲印第安语言的田野调查和研究过程中发展起来的。同欧美语言学家所熟悉的拉丁语、希腊语和古梵语等"经典语言"(classic language)或以"死"语言的书面形式为主要研究对象的语文学相比,美洲印第安语言的研究者们面对的是数百种(有人认为近千种)没有文字而且缺少历史文献的但又是活生生的口头语言。因此,美国结构主义语言学的研究对象一开始便是只有口语形式而无文字的活的语言,所采用的基本方法只能是共时描写的方法。学派的奠基人是 F. Boas。他的代表作是《美洲印第安语手册》(*Handbook of American Indian Languages*)(1911—1938)。在这部著作的"绪论"里,Boas 指出,语言研究必须尊重语言事实,必须对语言作出客观、详尽、精确的描写,详细阐述每一个结构特征;被调查的语言在结构上可能不同于已知语言的结构,因此,在对新的语言进行描写时,不能机械地套用已知语言的语法和结构模式。在音位学方面,Boas 本人并没有提出过系统的理论,他甚至因为强调语音细节在语言描写中的重要性而不接受抽象的"音位"概念。Boas 认为,系统而详尽的语言材料是语言分析的基础,离开可靠的语言材料将无法获得理论概括。在这方面,Boas 为后来的研究者树立了典范。通过语言调查获得充分、详尽和精准的语言材料成为美国结构主义语言研究实践所遵循的一条准则。正是因为强调语言描写的基础地位和核心作用,美国结构主义语言学又被称作描写主义语言学。自 Boas 起,以口语为主要研究对象的思想贯穿一百多年的美国语言学史。从确立语言学研究对象的角度看,以口语为基本和主要研究对象是美国描写主义作出的最重要的贡献之一。

由于对印第安人的语言研究和人类学研究是同步的,因此美国结构主义语言学一开始就同人类学有着极其密切的联系。语言学被认为是人类学的分支或延伸。在具体语言的研究中,研究者把了解到的语言结构范畴同人类学的文化范畴以及思维方式联系起来,以求通过语言结构范畴和形式说明族群的文化特征。

Boas 不主张语言结构分析非要遵循普遍有效的原则,相反,他强调和注重具体语言的特殊性,强调语言之间的差异。他甚至认为语言之间的差异是无限的和无法预测的。因为不存在普遍性假设,所以语言研究不能使用演绎的方法,不能从具有普遍意义的假设出发推导出有意义的结论。语言研究只能通过在大量语料的基础上采用归纳方法得出概括和抽象。美国结构主义语言学的核心和代表人物 L. Bloomfield(1933)也认为,对于语言学来说,唯一有意义的概括只能是通过归纳作出的概括。在这一时期,虽然人们对音位本质有不同的认识,但音位作为一个音系概念得到了普遍认可。

美国语言学家研究的印第安人的语言不是研究者们的母语,因此,在语言描写和分析中没有可被利用的母语语言直觉。在缺少语言直觉的情况下,语言结构分析需要建立一套严格的和可操作的分析程序(analytic procedure)。分析程序是一套技术手段,其中音位分析是这套分析程序的主要组成部分。音位分析程序主要是切分(segmentation)和分类(taxonomy)。音位分析的主要步骤是对话语进行切分,切分出最小的音段单位(即音素)。切分的主要依据是音段的分布,然后采用替换的办法对切分出来的音段进行检测,视其处于对比分布还是互补分布,从而确定音段是否具有音位地位;处于对比分布的音段是不同的音位,处于互补分布的音段归属为同一音位,是音位的不同的条件变体。从总体上说,音位分析的目标并不是要建立一套关于音位的一般理论,而是对具体语言里的切分出来的音段进行音位归类。正是因为这个特点,美国结构主义音位学被后来的生成音系学派称作分类主义音位学(taxonomic phonemics)。

从 20 世纪 20 年代至 50 年代,对结构主义音位学理论作出重要贡献的有数十人之多。他们的观点有相同或相似之处,也存在分歧和对立。根据 Makkai(1972)的观点,美国结构主义音位学大体分为三个时期。第一个时期是 20 世纪 20 年代中期至 20 世纪 30 年代中期。这个时期的研究重点是讨论音位的本质和确定音位分析原则。第二个时期是 20 世纪 30 年代中期至 20 世纪 40 年代中期,重在音位分析原则的应用和修订。由于 Bloomfield 的音位观和分析方法在美国占据了主导地位,因此这个时期被称作"布龙菲尔德时期"。第三个时期是 20 世纪 40 年代中期至 20 世纪 50 年代中期。这个时期音位学研究领域向大于和小于音段音位的音系成分扩展,称作"后布龙菲尔德"(Post-Bloomfield)或"新布龙菲尔德"(Neo-Bloomfield)时期。

在第一个时期,Sapir 1933 年发表的著名论文《音位的心理现实性》(*The psychological reality of phonemes*)和 Bloomfield 同年出版的《语言论》(*Language*)标志着结构主义音位学关于音位本质讨论的开始。虽然两位作者都承认音位的功能,但对音位本质的认识截然不同。Sapir 认为,音位和能够从发音和声学方面加以定义的语音是完全不同的实体。音位属于心理范畴,是抽象的;音位系统反映了母语者的语言直觉。因为 Sapir 强调音位的心理现实性,所以他的音位观被称作心理主义音位观(the psychological view)。虽然 Bloomfield 未曾对音位加以精确的定义,但他的主要观点可以归纳如下:音位是发音特点(vocal properties)的总和。语音是由"总的声学特征"(gross acoustic features)构成的;

总的声学特征中有一部分特征具有辨义作用,这些具有辨义作用的声学特征的集合便是音位。Bloomfield 的音位观被称作物理主义音位观(physical view)。Sapir 和 Bloomfield 在音位本质认识方面的对立标志着美国语言学史中"心智主义语言学"(mentalistic linguistics)和"行为主义"(behaviorism)两大语言学基本假设的发端,反映了两种语言学思想在语言本质这个根本性问题上的分歧和对立。由于美国的语言学发源于人类学,更重要的是,由于当时行为主义哲学的影响,行为主义语言观成为美国结构主义语言学中占有主导地位的思想。在《语言论》的第二章"语言的用途"里,Bloomfield 阐述了他的行为主义语言观,认为语言的本质是言语行为(verbal behavior),在本质上和人的其他行为没有区别。在音位的认识上,Bloomfield 强调构成音位的是言语活动中最小的语音片段;音位有其物理表征,因此,音位是可被观察和测量的。

Sapir 和 Bloomfield 关于音位的不同观点引发了一场关于音位本质的讨论。在诸多不同的观点里,值得一提的还有 Twaddell(1935)的观点。他认为,音位既不是心理实体,也不是物理实体,而是一种抽象;音位既没有心理基础,也没有物理基础,现实中不存在任何能够成为音位基础的东西。

在布龙菲尔德时期,音位学研究主要集中在确定音位的原则上。这一时期的早期代表性观点是 Swadesh(1934)提出的一套音位分析原则。这套原则主要包括音段不可替换原则、互补分布原则以及语音相似(phonetic similarity)原则;凡是不可替换的音段都是不同的音位,处于互补分布并且语音相似的不同音段是某个音位的不同变体。赵元任(Chao 1934)提出了一些确定音段音位归属的原则,其中主要包括音位系统内部一致原则、对称原则、最小音位数量原则以及尊重母语语感原则等。

这一时期音位分析的基本思想是得到广泛认可并被严格遵循的"一个音位始终是一个音位"(once a phoneme, always a phoneme)原则。这条原则成为美国结构主义音位学的基石。在这个框架内,研究者提出了一系列的音位分析原则。这些原则主要包括下述原则。(1)双向单一性原则(bi-uniqueness)。根据这一原则,特定语音环境中的某个音段必须是某个音位的变体,而且只能是这个音位而不能是其他某个音位的音位变体。据此,音位分析不允许出现音位重叠(phonemic overlapping)或音位中和。(2)不变性原则(invariance condition)。这条原则规定音位分析必须把某个音素的所有具体语音形式无遗漏地划归为同一个音位。(3)线性原则(linearity condition)。该原则要求,作为分析的结果,音位的线性序列必须以非空的音位变体的线性序列表现出来,或者说,音位变体的线性顺序必须和音位的线性顺序等同。(4)根据音素的语音形式和其出现的语音环境便可确定该音段音位归属的局部确定原则(local determinancy)。(5)层次分隔原则(separation of levels),根据这一原则,音位和形态是不同的结构层次,在语言结构分析过程中,音位结构的分析完成之前不得进行语素分析。

Bloomfield(1939)提出了受语音环境决定的同一语素的不同变体形式交替出现问题,即"语素音位"(morphophoneme)问题,即音位并非在所有的条件下都呈对立关系。Bloch(1941)继而提出音位重叠现象,即在一定的条件下不同的音位产生重叠,不再具有对立关系。"语素音位"问题和音位重叠现象显然有悖于双向单一性原则。能够代表这一时期音位学分析原则和方法的著作包括Trager & Bloch (1942)合著的《语言分析纲要》(*Outline of Linguistic Analysis*)以及 Hockett(1942)的《描写音系学的系统》(*A System of Descriptive Phonology*)等。

后布龙菲尔德时期的研究倾向侧重对大于和小于音位的音系成分的探索。Harris(1944,1951)提出了"同时成分"(simultaneous component)的假设,认为音段是由数量有限的作为语言基本元素的同时成分构成的。Harris还提出了大于音段的

"长成分"(long component)概念。Pike(1947a)把句法分析中使用的直接成分(immediate constituent)概念引入音段分析,提出了英语中根据发音机制定义的双元音可以分析成两个单个的(元音)音位(single phoneme)的组合。针对美国结构主义音位学坚持层次分隔原则,即音位和语素是不同的结构层次,音位结构分析完成之前不得进行语素分析,Pike(1947b)提出异议,认为仅仅依靠音段的替换和分布特点不足以确定音位系统,继而提出音位分析必须利用语法结构信息的观点。Pike(1952)进一步提出音位分析利用语法和语义信息不仅是出于音位分析程序或技术方面的需要,而且更重要的是,语法和语义信息应当在音位分析中占有理论地位。对于注重形式、忽视语义的美国结构主义语言学来说,Pike的观点是反传统和反主流的,因而招致众多批评,并被冠以"派克邪说"(Pike's Heresy)之恶名。Bloch(1948)和Hockett(1949)坚持认为,分布类型是音位分析所能采用的唯一方法,音位分析必须排除语法和语义信息。

Trager & Smith(1951)的《英语结构纲要》(*An Outline of English Structure*)是结构主义音位学集大成之作,其中提出的英语音位系统得到了美国结构主义语言学界的广泛接受。此后,美国结构主义音位学研究主要是针对这部著作提出的某些具体问题作更加细致的和完善性的分析,如Kurath(1957)和Sledd(1958)对英语音位系统作了更加细致的分析。

20世纪50年代后期,音位学研究在美国呈逐渐衰弱态势。造成这种局面的原因是双重的:一是美国结构主义音位学在理论和分析实践两个方面都面临着难以解决的问题;二是1957年《句法结构》(*Syntactic Structure*)的出版使语言学界的注意力转向了Chomsky提出的转换-生成语言学的句法理论。

作为本节的总结,美国结构主义音位学的主要特点可以概括如下:(1)语言研究侧重语言口语形式的共时描写;(2)物理主义的音位观直接体现了行为主义的语言本体论;(3)强调详尽充分的语言材料在音位分析中的作用;(4)强调以经验观察为基础的归纳法;(5)坚持"一个音位始终是一个音位"的原则,运用分布和替代的方法;注重可供验证的形式;(6)排除语法和语义信息在音位分析中的作用;(7)强调具体语言音位系统的特殊性和不同语言音位系统之间的差异,忽略甚至否认自然语言音位系统的共性。

1.4　布拉格学派音系学

1.4.1　N. Trubetzkoy

布拉格学派语言学的学术活动主要集中在 20 世纪 20 年代至 40 年代。从成员来源看,同以本国语言学家为主体的美国结构主义语言学不同,布拉格学派成员的来源更为广泛,除了捷克语言学家外,学派成员还包括来自俄国、波兰、德国、荷兰、法国、丹麦等欧洲国家的语言学家。学派中影响最大的语言学家包括 V. Mathesius、N. Trubetzkoy 和 R. Jakobson。

同 Saussure 对语言本质的认识相似,布拉格学派把语言视作一个形式上对立的符号系统,并且更加注重语言符号的系统性以及语言符号系统的功能在语言研究中的地位和作用。概括起来讲,布拉格学派认为语言变异和语言变化是以语言功能为导向的。语言是一个处于动态结构关系的符号系统,一定的结构服务于一定的功能,因此只有通过对语言功能的认识才能从根本上了解语言符号系统内部结构特点和结构变化的规律。正是因为这个重要的思想特征,布拉格学派又被称作"结构-功能主义语言学"。

尽管与 Saussure 的共时和历时概念以及二者之间关系的理解有所不同,但布拉格学派采用的是以共时研究为主的方法。

音系学研究是布拉格学派取得最多卓越成果的领域。对该学派音系学理论发展作出贡献的学者很多,他们在一些具体问题上有着不同的观点;同一学者的观点在不同的时期也有所不同。布拉格学派影响最大的是 Trubetzkoy 和 Jakobson;Trubetzkoy 的论著甚多,比较集中地反映他对人类语言音系结构认识论和方法论的论著是《音系学原理》(*Grundzüge der Phonologie* 1939/*Principles of Phonology* 1969)。这部著作是布拉格学派音系学理论集大成之作,它提出的许多概念在当今的音系学研究中仍然被广泛运用。纵观音系学史,《音系学原理》不愧是一部具有里程碑意义的著作,它标志着音系学脱离了语音学,走上了语言学体系中一个独立分支学科的道路。

Trubetzkoy 试图建立一套对人类语言音系结构描写普遍有效的理论。他所使用的方法主要是跨语言观察、归纳和建立概括性的音系类型。《音系学原理》涉及的语言达一百五十种之多。

Trubetzkoy 最重要的理论贡献之一是他的区分语音学和音系学的观点。他认为,从观察的角度看,话语是由一串发音机制运作而产生的具有声学特征的和能被感知的音段组成的,但语言的本质绝非是物质的。语音是发音行为的结果,具有物理属性,其生理和声学特点随人而异,具有不确定性和无限性;语言中真正有价值的成分是说话人和听话人所共有的、数量有限的、抽象的和具有功能的音位。音位是语言系统的结构成分。音系学研究的对象是由这些音位构成的结构(关系)系统。研究语音的生理和物理属性是语音学的任务,而音位系统及其内部结构以及音位的功能是音系学的研究对象。虽然语音学和音系学看起来都在研究人类语言的语音,但二者研究的对象却有本质的不同,这种区别类似于古钱币学和经济学之间的差别,前者研究的对象是货币的物质形态,而后者研究的是货币的价值。虽然语音学和音系学研究成果可以相互借鉴,但前者属于自然科学范畴,后者才真正是语言学的研究领域。

Trubetzkoy 认为,由性别、年龄、社会阶层以及受教育程度等决定的个人的发音特点就像说话人的身高体重一样,是语言系统之外的,与语言的音位系统没有丝毫的关系。

Trubetzkoy 对音位的理解可以概括如下。在特定语言里,处于(直接或间接)对立关系的音段是音系单位(phonological unit)或音位(phoneme)。在 Trubetzkoy 的理论体系里,"音位对立"(phonemic opposition)是核心概念。对立或对立关系指的是音段所具有的区别意义的作用。音位仅仅存在于对立关系之中,离开对立关系便没有音位。因此,音位系统是一个由一定数量音位所构成的对立关系的系统。音位不是语言的构建材料,而是确定对立关系系统的参照点。一个音段含有两种性质和作用都不相同的语音特征,有些语音特征与一种语言的音位系统有关,而另一些则与音位系统无关。作为一个语言符号,音位本身是某个语音音段所具有的全部与音系相关的特征的集合。

Trubetzkoy 否认音位具有心理现实性。他认为,音位是一个语言符号,而不是一个心理学概念,音系学研究必须排除心理因素。他也反对从发音生理学、听觉感知和声学的角度定义音位,认为从物理角度出发所得到的只能是音位的物质表现形式,而绝非是音位。音位只能根据功能定义,具体的音位只能从其所在的音位系统或对立关系系统里才能加以确定。离开了功能便没有作为概念的音位,离开了具体的对立关系系统便无法确定音位。正是因为强调音位的功能,在音系学史文献里,Trubetzkoy 对音位的理解被称作功能主义的音位观(the functionalist view of phoneme)。关于音位和音位变体的关系,Trubetzkoy 认为,音位变体是音位在特定环境的语音体现。在这个基础上,他提出了四条确定音位的原则(作者称其为"规则")和一系列确定音位组合的原则(1939/1969:第二章)。

显然,在音位本质认识方面,以 Trubetzkoy 为代表的布拉格学派音系学不同于美国结构主义音位学。此外,二者的研究侧重也有差别,美国结构主义音位学侧重音位和音位变体的分布,而布拉格学派注重音位对立和音位对立的语音特征的研究。

Trubetzkoy 音系学理论中的重要思想之一是音位对立关系

的分类。他认为,在特定的音位系统里,音位和音位之间的对立关系是不同的。他试图回答这样一些问题:人类语言有哪些可能的音位对立关系? 哪些音位对立关系是最基本的对立关系? 不同对立关系类型之间的关系又是什么? 为了回答这些问题,他提出了三条音位对立关系的分类标准:(一)根据具体音位和整个音位系统之间的关系对音位之间的对立关系进行分类;(二)根据音位的区别特征对音位之间的对立关系进行分类;(三)根据音位的对立范围对对立关系进行分类。

根据第一条标准,音位之间的对立关系可以分为双边对立(bilateral opposition)、多边对立(multilateral opposition)、孤立对立(isolated opposition)和均衡对立(proportional opposition)。其中多边对立又可以分为同质多边对立(homogeneous multilateral opposition)和异质多边对立(heterogeneous multilateral opposition)。双边对立和多边对立体现音位系统的基本结构特点,因此,区分双边对立和多边对立对于了解特定音位系统的内部结构具有重要的意义。从当今的音系学角度看,这两种对立关系不仅有助于了解具体音位系统的内部结构,而且有助于通过跨语言比较发现人类语言里音段对立关系的普遍性。

根据第二条标准,音位之间对立关系可以分为独有对立(privative opposition)、分级对立(gradual opposition)和等值对立(equivalent opposition)。从当今音系学的角度看,这些对立关系为作出关于区别特征的范畴和值的假设提供了理论依据。

根据第三条标准,音位之间的对立关系可以分为常恒对立(constant opposition)和可中和对立(neutralizable opposition)。在建立可中和对立关系的基础上,Trubetzkoy进一步提出了"超音位"概念(archiphoneme)。超音位和音位显然是不同层次上的成分,超音位具有更高的抽象程度。根据他的假设,一种语言不仅有一个音位系统,同时还可以有一个比音位系统更加抽象的超音位系统。但是,超音位只有在产生音位中和的情况下才有理论价值。从传统音位学角度看,在一种语言中同时存在着两种抽象程度不同的成分的假设是难以成立的。但是,从当今非线性音系学的不充分赋值理论(underspecification theory)(Archangeli 1988)角度看,超音位可被视为类似于音系表达中未充分赋值的音段。所不同的是,"超音位"仅仅是特定的纯粹语音环境里的高度抽象音段,而不充分赋值理论所确定的音系表达单位则是语素的构成成分。

在音位对立关系分类的基础上,Trubetzkoy 提出了"相关"(correlation)概念,以此确定音位对立是直接的还是间接的。

音位之间的差别在于它们具有的区别性语音属性的不同。Trubetzkoy 认为,是根据发音生理机制还是根据声学特征来定义音位的语音属性并不重要。对音系学来说,重要的是每个音位符号只能有唯一的语音所指。

语言里的区别性对立的语音属性(phonetic property of distinctive opposition)可以分为三类:元音性(vocalic)属性、辅音性(consonantal)属性和韵律(prosodic)属性。元音性的语音属性包括开口度(aperture)〔或响度(sonority)〕、局部化(localization)和音色(resonance)。Trubetzkoy 从这三个语音属性相互关系的角度详细讨论了已知语言的元音系统类型。辅音性语音属性包括局部化、除阻方法(manner of overcoming an obstruction)和音色。根据这三个语音属性,他提出了语言里辅音系统内部的音位对立关系和辅音系统类型。韵律类语音属性包括音节核(syllabic nucleus)、莫拉(mora)、韵位(prosodeme)(主要指声调和重音)、以接触类型为基础的韵律性对立(prosodic opposition based on type of contact)和区分句子的韵律性对立(prosodic opposition differentiating sentence)(主要包括句调和句重音)。根据这些韵律类语音属性,每一个范畴的对立关系被分成若干个类,例如音节核的类型、音节的重量类型和声调类型等。

在以对立关系为语言根本原理的 Trubetzkoy 的音系学理论

中,音位中和现象具有重要的理论价值。音位中和意味着对立关系的消失。从音位中和产生的原因角度看,音位中和可以分为两类:(1)结构性中和,(2)由语音环境决定的中和。结构性中和包括离心性中和(centrifugal neutralization)和衰减性中和(reductive neutralization)。离心性中和指出现在词的边界或语素边界位置上的中和;衰减性中和指在非重音音节里的中和。由语音环境决定的中和包括异化性中和(dissimilation neutralization)和同化性中和(assimilation neutralization)。

通过对音位对立关系和音位中和的分类,Trubetzkoy 发现了一个具有根本意义的重要事实:处于双向对立关系(binary opposition)的两个音位里,其中一个具有可以用来定义对立关系的语音属性或具有特定标记,而另一个则缺少该语音属性或该标记;前者被称作有标记项(marked),后者被称作无标记项(unmarked)。这就是说,有标记项具有特定的语音属性,而无标记项缺少该语音属性。音位标记的有无可以通过以下标准加以判断:(1)中和过程发生之后在中和位置(neutralization position)上保留下来的音位是无标记项,消失的音位是有标记项;(2)在不同的语言音位系统里,无标记项被广泛使用,而有标记项则较少被使用或不被使用;(3)在同一音位系统里,无标记项的出现频率较高,而有标记项的出现频率则较低。值得说明的是,标记概念的提出和标记的有无是以跨语言观察为基础的。Trubetzkoy 提出的标记概念和标记理论是对音系学理论发展的重要贡献。标记概念不仅在当今音系学研究中作为一个基本概念被频繁使用着,而且标记理论本身已经成为音系学研究的课题之一。如果说 Trubetzkoy 提出的标记概念仅仅应用于处于对立关系的音位,那么,在当今的音系学中,几乎所有的音系结构和音系表达都可以从标记有无的角度加以分析或概括。需要着重指出的是,虽然标记有无的经验基础受到质疑,但标记概念的应用已经超越音系学领域,在形态学、句法学、语义学、历史语言学、心理语言学、儿童语言获得和神经语言学等领域得到广泛应用。

Trubetzkoy 提出的音位对立关系类型和标记概念本身就是音系类型学(phonological typology)的,音系类型概念和建立音系类型的方法为语言类型学产生和发展提供了可参考的模型。

Trubetzkoy 是当时少数几位注意到音系和构词与形态、音系和句法之间不同范畴语言成分相互作用的语言学家之一。在他的著作里,他始终注意音系与语言其他结构层次的关系。他认为语言的特点之一是系统性,语言内部各个结构层次之间存在必然的联系;有些音系结构可以通过具有普遍意义的音系理论加以解释,而有些音系结构很可能是形态、句法甚至语素或词汇决定的。因此,从这个意义上说,Trubetzkoy 关于语言的语素、形态、句法和音系之间的关系不仅具有语言描写的实践价值,而且,更加重要的是,为后来产生的音系-形态之间和音系-句法之间的接口(interface)研究提供了初步的开创性语法系统框架。

《音系学原理》提出的理论并不是非常系统和成熟的,但这是第一部勾画出音系学轮廓、确定研究对象和提出研究方法的著作。在《音系学原理》出版之后的近八十年里,特别是随着生成音系学的诞生和发展,音系学基本假设和分析方法不断更新,Trubetzkoy 提出的某些理论和方法也受到质疑甚至被否定,但是从语言学史的角度看,《音系学原理》仍然是一部先驱性的奠基之作。归纳起来说,这部著作的历史意义在于:(一)《音系学原理》的出版标志着音系学从语音学的脱离,成为语言学的一个独立的分支学科。(二)确立了音系和语音是异质的观点,阐明了音系是语言结构组成部分,而语音与语言结构没有关系或至少没有直接关系的观点。(三)阐明了音位既无物理基础,也无心理基础,而是一个具有功能所指的纯语言符号的观点;音位系统是由这些纯符号之间对立关系构成的系统;系统性是语言符号的基本特征。(四)《音系学原理》试图建立一套具有普遍意义的音系理论,为音系学的发展指出了方向。但需要指出的是,Trubetzkoy 似乎有意把语言结构分为中心区域的和边缘区域的结构;中心区域的音系结构呈现比较明显的规律,而在边缘区域的音系结构的规律性则比较模糊。(五)开拓了一些具体的研究领域,如区别性特征、音位系统类型、标记理论等。(六)勾画出音系类型学的雏形;即使从严格意义的语言类型学角度看,Trubetzkoy 的音系类型思想也可被视作当代音系类型学的萌芽。

同美国结构主义音位学相比较,以 Trubetzkoy 为代表的布拉格学派音系学理论和研究有以下不同之处。第一,在语言学思想方面,美国结构主义音位学反映了行为主义语言观;布拉格学派音系学则以功能主义语言观为其理论依据。在具体问题上,例如在对音位本质的认识方面,美国结构主义音位学总体上是物理主义的,而布拉格学派则认为音位是纯语言符号。第二,美国结构主义音位学注重特定音位系统的特性以及音位系统之间的差异,而布拉格学派则注重人类语言音系结构的共性。第三,美国结构主义音位学更加关注具体音位系统中音位和其语音形式之间的关系;而布拉格学派则注重系统内部音位之间的对立关系和对立关系的类型。第四,美国结构主义音位学注重解决特定音位系统的具体实际问题,而布拉格学派则注重采用跨语言观察的方法建立具有普遍意义的音系学理论,研究实践以建立音系结构类型为理论目标。第五,美国结构主义音位学试图排斥语言其他结构层次成分在音位分析中的作用,而布拉格学派则注重语言的系统性,注重音系和其他结构层次的关系以及其他层次的成分在音系分析中的相关性和作用。

1.4.2　R. Jakobson

R. Jakobson 也是布拉格学派的重要成员。他一生著述甚丰,涉及领域甚广。他不仅从事普通语言学、音系学、儿童语言获得、失语症和文体学研究,而且还涉及了诗歌、民俗学、人类学和信息

论等领域。在上述领域中,学术成就最突出的要数音系学、儿童
语言获得和失语症研究(Jakobson 1941/1968, 1962, 1971)。
Jakobson 在把布拉格学派音系学思想传播到美国语言学界的过
程中起到了重要的作用。生成音系学的奠基人之一 Morris Halle
是 Jakobson 的学生和在麻省理工学院的晚辈同事。美国结构主
义音位学,特别是后来的生成音系学,从 Jakobson 和 Trubetzkoy
的音系学理论中获得许多具有理论意义和可以成为建立假设基础
的基本概念。

在音位观方面,Jakobson 和 Trubetzkoy 非常接近。他认为
一种语言所特有的音位对立关系的总和构成了该语言的音位系
统;具有普遍意义的音系结构原则是所有音位系统结构的基础,这
些原则决定并限制了可能的音位系统的类型。据此,建立人类语
言音位系统的类型是可能的。

音系学的首要任务是描写音位系统内部结构和结构类型;其
次是描写音位系统的历史演变;历时音位学和共时音位学都不是
孤立的,可以通过语言的功能把二者联系起来。共时音位学和历
时音位学从不同的角度研究音位系统类型:前者研究音位系统本
身的类型,后者研究音位系统类型的变化,最终的目的是建立音位
系统发展的类型。如果说 Saussure 在区分共时和历时语言学的同
时却割裂二者的联系的话,那么,Jakobson 支持二者的区分,但同
时又通过语言的功能把二者联系起来。Jakobson 认为,Saussure
理解的音位历史演变是偶然发生的(这同他理解的语言共时性具
有系统性特点形成明显的反差),只有从功能的角度才能说明历时
音位变化的成因。在 Jakobson(1931)看来,音位历时变化的实质
是音位功能和音位对立关系的变化,历时变化的途径是音位化-非
音位化-重新音位化。从功能角度把共时音位对立和历时音位对
立变化的描写统一起来是 Jakobson 对音系学理论最重要的贡献
之一。抛开功能性的解释,Jakobson 思想的精髓在于音位系统的
共时性和历时性是同一的。

Jakobson 的另一个重要理论贡献是对音位对立关系层级性的认识,并通过对立关系层级性来定义音系普遍现象。出于和 Trubetzkoy 类似的类型学动因,Jakobson 更加重视语言普遍现象的理论价值。在他看来,音位系统的结构是由若干个处于不同层次上的终极对立构成的,而终极对立是解释音系普遍现象的基础。虽然人类语言语音表现出巨大的差异和多样,但从类型学的角度看,人类语言音位系统的类型在数量上是有限的,而且完全可以用终极对立加以解释。为了证明终极对立关系在决定音位类型和解释音系普遍现象的作用,Jakobson(1941/1968)研究了儿童音位获得过程和失语症的语音紊乱现象,发现儿童早期音段获得的顺序和失语症患者音段退化顺序之间呈镜像:儿童最早获得的音段恰恰是失语症患者最后失去的音段,而儿童较晚获得的音段又恰恰是失语症患者较早失去的音段。这就是说,儿童最先获得的音位对立和失语症患者最终保留的音位对立反映了人类语言音位系统最基本的对立关系,是音位对立系统的核心部分。

这里值得指出的是,在利用儿童语言和失语症患者的语言材料论证语言结构的假设方面,Jakobson 是先驱。他的著名论文《儿童语言、失语症与音系普遍现象》(*Kindersprache*, *Aphasie*, *und allgemeine Lautgesetze*)(1941)一直是儿童语言获得、失语症语音和音系类型研究的经典文献。

音位对立的各个层级并不是孤立的。Jakobson 认为,两个音位对立层级之间存在蕴涵关系(implicational relation)。蕴涵关系具有强制性和不可逆性两个特点。强制性是普遍性,是人类语言的音位系统普遍遵守的规则。不可逆性是,如果对立关系 P 蕴涵着 Q,那么这一蕴涵关系的逆定理,即 Q 蕴涵着 P,则不能成立。这样一来,某种语言的音位系统就是一个由若干个处于不可逆蕴涵关系的层级上的对立关系的体系。

音位系统内具有普遍意义的终极对立关系的假设引导着 Jakobson 对音位符号的语音内容作出进一步的思考。对立是通

过音位符号的语音内容体现出来的。如果音位对立关系具有普遍
意义并能确定在数量上有限的音位系统类型,那么,从逻辑上讲,
音位符号的语音内容必然可以分解为具有普遍意义的语音属性
(phonetic property)或区别性特征。经过对这一问题的长期思
考,Jakobson 等(Jakobson *et al*. 1952)在《言语分析初探》
(*Preliminaries to Speech Analysis*)一文中提出了一套完整的区别
性特征理论。区别性特征理论是 Jakobson 对音系学理论的又一
重大贡献。

　　Jakobson 的基本观点是,音位是由区别性特征构成的。区别
性特征在数量上是有限的和固定的,远远少于人类语言音位数量
的总和。区别性特征具有普遍意义,世界上任何一种语言的音位
都是由这些区别性特征构成的。区别性特征是语言最小的成分或
元素(element)。音位对立的本质在于区别性特征的对立;区别性
特征是不可再分解的终极成分,因此区别性特征的对立是最小的
对立。这里需要着重指出的是,特征集合的有限性和特征的普遍
意义是特征理论的两条基本原则,深刻影响着当代的区别性特征
理论和音段结构理论。在 Jakobson *et al*.(1952)之后出现的众多
区别性特征理论以及相关理论中,这两条原则一直是理论判断的
基本标准。虽然后来的研究在特征定义的声学特性、发音生理机
制或感知特性基础、特征范畴、特征值数(偶值、独值或多值)、特征
之间的逻辑或结构关系以及特征在音系过程中的作用等问题上存
在广泛的分歧,但是,特征的普遍性和特征集合的有限性始终是音
段成分研究所坚持的基本原则和讨论分歧的基础。

　　和 Trubetzkoy 一样,Jakobson 注意到音位对立中的有标记
项和无标记项之间存在非对称关系。在 Jakobson 的特征理论中,
这种非对称关系直接来源于区别性特征的偶值对立(binary
opposition)。在形成偶值对立概念方面,Jakobson 受到了荷兰学
者 H. Pos 的偶值对立是最小的和最基本的逻辑运作观点的影响。
从逻辑上讲,偶值对立是最小的和基本的对立;所有的多值对立都

可分解成偶值对立,并且可以通过偶值对立加以表达。在语音感知方面,听话人最终通过对音段所包含的某个语音特点的"有与无"或"是与非"的识别对音位进行解码。因此,在 Jakobson 看来,无论是在逻辑上还是在功能上,区别性特征是偶值的。

在 Jakobson 的特征系统里,每个区别性特征都具有其声学基础。Jakobson 认为,从语音产生、语音声学特征以及语音感知三者关系的角度看,依据声学特点来定义区别性特征是最可靠的。Jakobson 演示了每一类音段的发音机制、声学特征和听觉效果之间的关系,并且认为,发音生理机制和语音声学特征之间不存在一一对应的关系,例如,不同发音机制的运作有可能产生声学特性相同或相似音段;语音声学特征和听觉效果之间也不总是存在一一对应的关系,但是不确定的语音产生机制和不确定的感知结果是通过确定的语音声学特征联系起来的。从语言交际的角度看,说话人为了交际才发出语音,而发音的最直接目的是让听话人听清说出的话语。说话人产生语音和听话人感知语音是通过固定不变的语音声学特征作为媒介的。因此,具有客观确定性的声学特征是定义区别性特征的最可靠基础。

此外,Jakobson 还提出了羡余特征(redundant feature)概念,讨论羡余特征的来源和功能。他认为,羡余特征有两个来源:一是特征之间存在包含关系,例如,[＋响音性]包含[＋浊音性];对于响辅音,[＋浊音性]没有对比功能,因此是羡余的;羡余特征是可被预测的。二是相邻音段之间的影响造成的特征叠加。羡余特征虽然没有区别意义的功能,但可以增强话语本身的抗干扰能力或使话语具有防止失真的作用。Jakobson 从语音功能的角度提出羡余特征问题,这对音系学处理音系和语音二者之间的关系具有重要的指导作用和分析意义。在后来的生成音系学里,Jakobson 关于羡余特征或羡余语音信息的假设成为音系-语音接口研究的理论基础。

《言语分析初探》发表之后,Jakobson 等人在《关于语言音位方面的逻辑描写》(*Jakobson , Cherry & Halle* 1953)一文里进一步论证了特征偶值性的逻辑问题,并通过对俄语音位系统的分析论证偶值特征的可能性。1956 年 Jakobson 和 Halle 再度合作出版了《语言基本原理》(*Fundamentals of Language*)(Jakobson & Halle 1956),占全书三分之二篇幅的是第一部分"音系学和语音学",从音节和音位系统结构角度讨论了如何识别和提取区别性特征。

概括起来说,Jakobson 的区别性特征理论主要有四个方面的意义。首先,把以往音位学研究中长期存在的一种关于区别意义作用的语音特征的直觉变成一个科学概念。第二,在以往的音位学理论里,音位是语言的基本成分,是不可分解的最小单位。随着区别性特征概念的出现,音位不再是语言的基本成分,而是一个可被分解的和具有中间层次地位的语言结构单位;音位是由区别性特征构成的;区别性特征是语言的基本成分。音段可以分解成特征的假设不仅更新了音系学对语言基本成分的认识,而且使音系学对音段系统的内部结构、音系过程和音段线性配列等音系现象的研究从音段层次深入到音段成分层次。第三,特征集合的有限性和特征的普遍性原则为特征理论的发展指明了方向:寻求构建人类语言里全部语音的、数量很少的基本元素。第四,Jakobson 定义区别性特征的基础是语音自然类的声学特征。

诚然,语音的物理属性仅仅是语言物质形态的一个方面,除了物理属性之外,语音还有发音机制和听觉感知的生理属性。仅仅从语言的物质形态层面上看,哪一类物质形态真正地与语言符号有关呢? Jakobson 从语言功能的角度处理语言符号和物质形态的关系,把区别性特征和声学特征对应起来。仅从区别性特征的声学解释角度看,Jakobson 的区别性特征系统的意义在于抽象的语言符号势必以某一类物质形式表现出来。但是,正如 Jakobson 之后的音系学发展所表明的,一旦更新对语言本质的认识,随之而来的便是对语言符号和语言物质形态之间的关系作出新的解释。

1.5　伦敦学派音系学

　　伦敦学派的研究实践活动主要在 20 世纪 20 年代至 70 年代。从语音研究的音系学意义的角度看,伦敦学派成员主要包括 H. Sweet, D. Jones, J. R. Firth 和 R. H. Robins 等人。伦敦学派的音系学不能简单地理解为英国的语音研究。英国的语音研究有较长的历史和自身的传统。英国的语音研究可以追溯到 15 世纪。历史上英国的传统语音学研究有两个重要特点:(一) 研究对象总是英语语音,很少涉及英语以外的语言;(二) 语音研究有明显的针对性和很强的实用性,主要应用于词典编撰、语言教学和言语矫正,不重视理论。同英国传统的语音研究不同的是,伦敦学派提出了一些基于多种语言研究的理论,其中最主要的包括音位理论和韵律特征理论。伦敦学派具有英国语音研究传统的特点,即理论性不强,有着明显的实用色彩。

　　Sweet 是伦敦学派音系学的先驱。在 1877 年出版的《语音手册》(*Handbook of Phonetics*)里,Sweet 提出了严式音标(Narrow Romic)和宽式音标(Broad Romic)两套语音标注系统。严式音标系统适用于每一种具体的语言,用于详细精确地记录语音事实中的所有细节;宽式音标适用于特定的语言,作用在于标注出那些仅仅与意义差别有关的语音事实。虽然 Sweet 没有提出音位的概念,也没有使用"音位"这个术语,但建立宽式音标系统表明他已经明确地认识到,在特定的语言里只有一部分语音差别具有区别意义的功能。然而,Sweet 建立两套语音标注系统的目的并不在于语音分析,而是用于语言教学。另外,对于 Sweet 来说,采用严式音标详尽准确地记录语音事实才是真正的科学研究。

　　在伦敦学派成员里,在音位研究方面影响最大的是 Jones。他早年受到 Courtenay 等欧洲大陆学者的影响,接受了音位是心理语音的观点。然而,注重实用的英国语音研究传统使得他还要考虑音位的实用价值。正如他的著作《音位：本质与使用》（*The Phoneme: Its Nature and Use*）（Jones 1950）的书名所明确表明的，音位一定是有实用价值的。在 Jones 看来，一方面，音位具有一定的抽象程度，是大脑中出现的语音图像或说话人想要发出的音段；另一方面，从实用的角度看，音位是一组客观存在并具有相似物理特点的音段。Jones 意识到心理上的音位和物理上的音位有着本质的不同，但是从实用（例如语言教学）的角度看，从物理角度定义音位更加实在，更容易把握。音系学界把 Jones 对音位的理解称作物理主义音位观。Jones 还提出了调位（toneme）、时位（chroneme）和强位（stroneme）等术语，分别用来表述声调、音长和重音现象。

伦敦学派最重要的理论贡献是 Firth 的韵律特征理论。在《汉语湖南方言里单音节的结构》（*The Structure of the Chinese Monosyllable in a Hunanese Dialect*）（Firth *et al*. 1937）一文里，Firth 指出，有些语音特征（如鼻化）的作用范围可以大于单个音段并扩大至整个音节。在著名的《语音与韵律特征》（*Sounds and Prosodies*）（Firth 1948）一文里，依据 Saussure 作出的组合关系和聚合关系的区分，Firth 提出了系统的韵律特征理论。根据他的观点，语音可以分成两个不同层面的结构单位：一是韵律单位（prosodic unit）。韵律单位包括音节、短语和句子；韵律单位界定诸如声调、句调以及同化等韵律特征作用或音系过程发生的范围。二是音声单位（phonematic unit）。音声单位是把韵律特征抽取后剩下的语音成分。不同范畴的音系成分以非线性的方式出现在各自的范围内。韵律特征和音声成分是相对独立的系统，特定语言的语音系统因此具有多系统特点（poly-systematic character）。正是在这个意义上，Firth 把自己的理论称作"多系统假说"（poly-systematic hypothesis）。如同句法单位，韵律单位和音声单位都可以根据特定的结构特点加以定义。需要说明的是，Firth 定义下的韵律特征不仅包括声调、重音和句调等传统上称作"超音段音位"的语音特征,而且重要的是,还指任何一个作用范围大于音段的语音特征。由于韵律特征和音声单位成分的相对独立性,韵律特征分析能够更加灵活地处理诸如元音和谐、辅音和谐、同化之类的音系过程和由韵律特征导致的语素交替。相关的研究可见Henderson(1949,1966),Robins(1953,1957a),Allen(1951,1954),Sprigg(1957,1961),Palmer(1957,1970),Carnochan(1951,1960),Boadi(1963),Crystal & Quirk(1964),Bendor-Samuel(1966)等。

Robins(1957b)全面地总结了韵律特征理论和分析原则。他指出,如果以往的音位研究着重音段的聚合关系,韵律特征理论则侧重音段的组合关系。音系结构单位是处于组合关系的实体,这个实体由若干个音声成分和某个韵律特征组成,韵律特征界定结构单位。由于韵律特征是从处于组合关系的若干音段里抽取出来的,因此具有相当的抽象性。例如,在特定的元音和谐系统里,某个词里全部元音所共有的语音特点是该词的韵律特征,这个词就是一个韵律结构单位,因此韵律特征具有标界功能(demarcative function)。结构单位的大小不同,取决于特定范畴韵律特征的作用范围,例如,句调界定作为较大的韵律结构单位的句子,鼻音界定作为较小的韵律结构单位的音节,等等;但是,韵律结构单位和其他结构范畴的单位,例如句法短语或词的内部结构之间不存在必然的对应,从韵律特征之一的重音的角度看,英语复合词 home-made 虽然由两个自由语素构成,但只是一个韵律结构单位。

Robins 指出了 Firth 的韵律特征概念和美国结构主义音位学所理解的超音段音位概念之间存在的差别。首先,超音段音位局限于声调、重音和音长;而韵律特征除了声调、重音和音长之外,包括任何其他的语音特征和某些音系过程,例如鼻化、圆唇化、硬腭化、送气、浊音等。其次,超音段音位仅仅是非音段的,而韵律特征则是对处于组合关系中音段的抽象,具有定义组合关系的作用;更重要的是,在结构中,韵律特征和音声成分分别出现在不同的音系维向上。此外,除了音系功能之外,韵律特征具有一定的语素或句法功能。例如,在有元音和谐的语言里,作为韵律特征的和谐特征(harmonic feature)被视作词根标记(root marker)。这一假设被20世纪70年代生成音系学自主音段分析法所利用。[①]

Firth 的韵律特征概念和 Harris(1951)定义的长成分看起来相似,但实际上二者是不同的。首先,长成分具有音位的地位,因此,根据美国结构主义音位学的"一个音位始终是一个音位"原则和双向单一性原则,长成分在任何情况下都应具有音位的作用。韵律特征未必如此。其次,长成分和特定的音系范畴或句法结构无关,但韵律特征可以用来界定音系和句法结构。最后,韵律特征可以用某个具体的语音特征表示,而长成分未必如此。关于这些方面的详细讨论可参阅 Robins(1957)和 Sommerstein(1977:第三章)。

如果美国结构主义音位学和布拉格学派侧重音段聚合关系的研究,伦敦学派的韵律特征理论则更加注重音段之间的组合关系,并通过不同维向上的韵律特征和音声成分的结构关系来处理音段的组合与聚合之间的关系,并通过多系统假设把二者统一起来。

韵律特征理论的主要缺陷在于韵律特征范畴繁杂混乱,有些韵律特征和韵律结构单位的定义缺少可靠的语言学基础而显得任意。例如,把具有辨义功能的声调和具有语用功能的音高视为同一韵律特征范畴;在音节首音位置上的送气塞音被视为音节的韵律特征;语体特征被视为句群的韵律特征;音渡(juncture)被视为语素的韵律特征,等等。范畴定义的混乱导致分析上的不确定。

从理论发展的角度看,Firth 提出的韵律特征和音声成分分别出现在不同音系维向上的假设是后来生成音系学非线性表达理论

---

① 元音和谐的词根标记理论是 Lightner(1965)提出的。根据词根标记理论,在词根控制型元音和谐里,词根被任意地赋予特定的和谐特征(harmonic feature)。在 Lightner 看来,和谐特征是类似于诸如意大利语名词的"阴性"或"阳性"的形态属性,而非音系成分;但在自主音段分析法里,和谐特征是自主音段,属于音系成分范畴。

的主要来源之一。

1.6 哥本哈根学派的语符学音系观

语符学音系观具有明显的理论特点。语符学音系观的代表是哥本哈根学派的核心人物 L. Hjelmslev。作为一个语言学学术团体,哥本哈根学派的主要学术活动集中在 20 世纪 20 年代至 20 世纪 50 年代期间,主要学术活动延续到 20 世纪 70 年代。自 19 世纪至 20 世纪初,丹麦出现了一批享有世界声誉和影响深远的语言学家,如 Rasmus Rask、Karl Verner、Holger Petersen 和 Otto Jespersen。从总体上看,这一时期丹麦语言学的研究主要集中在历史比较语言学和具体语言的历史研究领域。

与他的丹麦语言学前辈相比较,Hjelmslev 的兴趣主要在于建立共时的和具有普遍意义的语言理论。能够全面体现 Hjelmslev 语言学思想的是他的《语言理论绪论》(*Omkring sprogteriens grundlæggelse* 1943/ *Prolegomena to a Theory of Language* 1953)和《语言导论》(*Sproget: En introduction* 1963/ *Language: an introduction* 1970)等论著。

在语言观方面,Hjelmslev 赞同 Saussre 提出的"语言是符号系统"的基本观点。Hjelmslev 认为,语言学研究的对象是语言本体。语言本体是一个由符号构成的系统;在这个系统内,有意义的不是符号本身,而是符号之间的关系;语言整体是符号之间关系的总和。语言分析的目的在于认识符号之间的关系。

Hjelmslev 强调语言本体是语言学的唯一研究对象;语言的生理、物理、心理、逻辑和社会等特点是语言本体之外的不同方面,与语言本体没有直接关联。他批评以往的历史语言学,认为其在研究方法上没有把语言本体和语言本体之外的现象区分开,自以为是在研究语言本身,但这是一种错觉,实际上历史语言学研究的是语言的物理、生理、心理、逻辑、社会和历史的积淀。如果把物理、生理、逻辑、历史、社会等实体性的方面当作语言学的研究对象,语言学将失去独立的学科地位,成为其他学科的附属物。为了突出语言本体是由一套纯语言符号构成的理论特点,Hjelmslev 把自己的语言学理论称作语符学(glossematics),以便与同一时期使用 linguistics 这一术语的其他语言学理论区分开。

语言研究的对象是语言本体,语言本体有其特有的和完整的结构。语言本体是一个由符号构成的系统。符号由两个平面构成,一个是表达平面(plane of expression),另一个是内容平面(plane of content)。前者是语音平面,由音段序列构成,后者由意义构成;表达平面的语音单位和内容平面上的意义单位并不总是对应的。例如英语 ram(公羊),在表达平面上有三个音段/r/、/æ/、/m/,在内容平面上有两个语义单位 |male|(雄性)和 |sheep|(羊),语音单位和语义单位不对应。两个平面上的成分在本质上完全不同。语言学分析在于探讨两个平面之间的关系,并认为两个平面上的语言单位之间的关系受制于语言原则的管控。两个平面上的成分性质不同,因此,对两个平面之间的关系不必顾及语音和语义。科学的语言学独立于语音学和语义学。在语言学与语音学和语义学的关系问题上,Hjelmslev 不同于同时代的其他结构主义语言学家。他认为语言学的理论目标是建立一套抽象的、纯形式化的、可以运算的元符号系统,语言学理论可以通过一个预设的专门的形式系统探索具体语言的结构。在研究方法上,他认为,由于经验观察的有限性,归纳法不能满足理论构建的需要,因此,语言研究的方法必须是演绎的和实证的。

在理论构建方法方面,Hjelmslev 认为理论独立于任何经验,理论没有其存在的先决条件。语言理论是一个纯的类似数学演算的演绎系统。这个演绎系统仅仅用于演算可能由前提推导而得的结果。演绎系统具有任意性、可穷尽性、可行性和简洁性。演绎系统提供一套具体的分析程序和操作方法,这套程序和操作方法对语言现象进行逻辑的和穷尽的分析。语言理论不仅可以描写已经被观察到的语言现象,而且能够预测到尚未观察到的但是可能存在的现象。

在方法论方面,Hjelmslev 提出了"经验实证原则"(empirical principle)。根据"经验实证原则",语言描写要遵循一致原则、穷尽原则和简洁原则。一致原则要求描写中不能有丝毫的矛盾之处;穷尽原则要求描写涉及全部相关的因素;简洁原则要求描写尽可能简单。这三条原则的地位并不相等:一致原则地位高于穷尽原则,穷尽原则地位高于简洁原则。

根据经验实证原则,语言研究首先设定一个关于语言结构的理想化的假设,然后通过经验实证不断加深对语言结构的认识,促使这种认识逐步接近理想化的语言结构。

语言理论由命题构成,命题应当是初始命题,应最大限度地排除命题具有的蕴含的前提。命题必须用形式化的方式加以定义。语言结构的形式必须是清晰的和精准的。出于形式化的需要,可以使用元符号(metasemiotic),由元符号系统构成的表达平面是符号系统的符号系统。

Hjelmslev 的音位观是他的语言观的最直接体现。为了突显他的语音结构理论特点,他创建了一套语符学理论专有的术语。这套术语非常繁杂,在这里我们仅使用几个与讨论内容有关的术语和这些术语表达的概念。首先,最基本的概念是他所说的法位(taxeme)。法位指语言的两个平面上的基本要素或结构单位。在表达层面上,法位是音符位(ceneme),大体上相当于通常所说的"音段"。音符位本身由其所处的关系网络定义。在同一语言里,不同的音符位之间存在对比关系。音符位是纯形式符号,没有语音内容,因此,音符位更像是一个高度抽象的音段,但这并不妨碍音符位以某种语音形式表现出来。语音形式以音符位的存在为前提,而不是相反。虽然音符位可以有其语音表征,但其本质是纯形式的或纯关系的。音符位的语音形式被称为声位(phonomateme),类似通常意义上的音位变体。在内容平面上,法位被称作义符位(plereme)。Hjelmslev 强调纯形式的音符位之间的对立关系和区别性功能,认为虽然音符位在有些情况下有其相应的语音形式,但语音上的差异并不重要。音符位的确定应当依据替换、交替和分布。例如,法语的[œ]和央元音[ə]在语音上有所不同,但这并不重要,重要的是二者在交替方面的差别:在特定音系条件下,[ə]可以不出现(即脱落),也可以是增音,即[ə]和∅(语音上的零形式)交替,但是[œ]在任何环境里既不脱落也不是增音,即[œ]从不与∅交替,因此,不管这两个元音在语音上有什么样的不同,它们是两个不同的音符位。

Hjelmslev 认为,确定音符位不能依据其语音特征,而只能依据其分布、替代和音段配列等形式特征。音符位既没有其语音学基础,也没有其心理现实。他批评布拉格学派的音位观,认为把音位分析建立在语音特征基础上的原则是一个错误的概念。由于音符位是纯形式的,不受语音机制的限制,因此音符位的排列组合是任意的。

对于传统结构主义音位学来说,音位中和现象是音系分析的难题之一。Hjelmslev 把音位中和称作音符位合并(syncretism),例如在德语里,原本处于对立关系的 t 和 d 在词末位置上中和,只出现清塞音 t,不出现浊塞音 d。那么,出现在词末位置上的元素就是合并的 t/d。合并的音符位和 Trubetzkoy 提出的超音位相似,但作用并不相同。如果说超音位的作用在于说明音位中和,即在特定环境里音位对立关系的消失,那么,Hjelmslev 所理解的音符位合并还可以用于描写音段与零形式的交替,例如法语中与 h 送气(h aspiré)现象有关的词首 h 和词首零形式的交替。在法语里,在多数情况下,以 h 起始的词里,如 homme(人)和 herbe(草),词首的 h 并不发音,词的第一个元音与其前面的词的词末辅音连读;但在少数词里,词首的 h 虽然不发音,但词的第一个元音并不和前一词的词末辅音连读,例如 hauteur(高)和 harpe(竖琴)。为了解释后一类现象,Hjelmslev 假定在

hauteur 词首位置上有一个抽象的辅音 h;这个抽象的 h 与另一
个抽象的零形式辅音∅合并,合并后的辅音以∅的形式出现,即
没有相应的语音形式。

　　只有存在交替或有其他迹象表明存在交替时才使用音符位合
并的分析。合并音符位有两种不同的表现方式:融合(fusion)和
蕴含(implication)。所谓融合,指的是从物质层级性(substance-
hierarchy)角度看,合并的音符位的语音形式与合并有关的任何
一个音符位的语音形式都不相同。例如,英语央元音[ə]是多个元
音(但不是所有的元音)在特定环境中的共同语音形式。所谓蕴
含,指的是从物质层级性角度看,合并的音符位的语音形式与合并
有关的某一个音符位或更多音符位的语音形式相同。例如,如果
一种语言里的清辅音和浊辅音具有对比作用,但这两个辅音出现
在另一个辅音之前时,前面的辅音和后面的在清浊方面呈一致状
态,例如清辅音在一个浊辅音之前,也发成了浊辅音,那么二者不
再具有对立作用。这里便出现蕴含:在这个环境里浊辅音蕴含着
清辅音。

　　音符位合并可以是可被解析的(resoluble),也可以是不能解
析的(irresoluble)。例如,德语词末位置上塞音清浊对立中止导致
的音符位合并是可以解析的,因为这种音符位合并发生在特定环
境里,一旦环境发生变化,词里呈现 d~t 的交替,因此,根据交替,
Bunde(束)里合并的 d/t 可以解析为 d。然而,对于另一个德语词
ab(从),词末塞音总是[p],是 b/p 的合并。但是,ab 里 b 从不和
p 交替,因此是不可解析的。

　　所有的音符位合并是一种语言音系的组成部分。在表达平面
上的音系形式里,所有的音符位合并都具有系统成分的地位。当
所有可能的音符位合并被解析之后,分析便获得了另一种具有系
统地位的音系表达。这样一来,Hjelmslev 建立了三个不同的音系
表达层次。一是"理想标注"(ideal notation)层次。所谓的理想标
注指的是所有可被解析的音符位合并得以解析后获得的表达层

次。在一个符号里,理想标注是基本的表达形式。二是"实际标注"(actualized notation)层次,即音符位合并的标注层次。实际标注以物质的形式在成序列的声位上得到直接体现。三是声位层次。这三个表达层次可用下图说明(Anderson 1985:159):

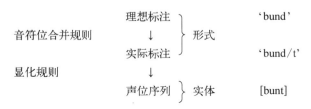

理想标注表达相当抽象,大体上相当于"语素音位"(morphophoneme)。理想标注和实际标注都是语言表达层面上的音系形式。显化规则(manifestation rule)负责音符位和声位之间的对应关系,这对于只是纯形式而没有语音内容的音符位的物质化来说,显化规则是至关重要的。如果没有显化规则,纯形式的音系符号(音符位)将没有语音表征。还需要说明的是,音符位合并规则和显化规则没有应用顺序方面的定义,二者分别仅用于说明理想标注和实际标注之间、实际标注和声位之间的关系。

与同期其他结构主义音位学研究相比较,Hjelmslev 的研究不仅关注音段音位,而且注重超音段音位现象,其中最值得评述的是他的音节观点。Hjelmslev 认为,文本、段落、句子、小句、短语等是语言层级结构上的不同单位。从音系结构的角度看,文本可以切分为音节,音节可以切分为音段;音节是构成短语的成分;音节可以用于界定和描写音段的分布。究其本质,根据 Hjelmslev 对形式的理解,音节显然不是实体或语音单位(或者说,音节即使是语音单位,也与语言结构无关),但是作为一个层级结构单位则是无疑的。从功能的角度看,Hjelmslev 认为,音节是承载某种非音段语音特征(accent),而且仅承载一个此类语音特征的层级结构单位。根据他的理解,非音段语音特征包括多种我们今天所理解的超音段现象,例如句调、音强重音、音高重音以及丹麦语里被视作某个音节类型特点的斯德特现象(stød)。① Hjelmslev 把构成大小不同的层级结构单位称作链(chain),把音段称作链的成分(constituent),而非音段语音特征是链的特征,可以同成分(即音段)分离开,是没有成分的链的特征(characteristics of the chain without constituting it)。

Hjelmslev 把这些非音段语音特征称作韵位(prosodeme)。韵位又分成两类,一类叫作调控(modulations),另一类叫作非音段语音特征(accents)。前者指以话语(utterance)为应用范围,如句调(如疑问句的句调模式);后者指以音节为应用范围的超音段特征,如音强重音、音高重音和斯德特现象等。正是在这个意义上,音节被理解为承载一个而且仅仅承载一个非音段语音特征的层级结构单位。

在 Hjelmslev 看来,音节有其内部结构;每个音节含有一个音节核位置和若干个音节边缘位置。音节的内部位置决定音段的性质:凡是出现在音节核位置上的音段都是"元音",包括元音、响辅音甚至阻塞音,据此定义的"元音"与这些音段本身的发音特点无关;而凡是依赖"元音"才能出现而且只能出现在音节边缘位置上的音段都是"辅音"。

根据 Hjelmslev 对音节和音段性质的理解,非音段语音特点是音节的属性,而不是音节成分(音段)的属性,因而与音段性质无关。还需要说明的是,根据音段音节内的分布确定音段性质的分析方法,无疑是有意义的。但是仅把音节视为音段的分布范围的观点,一方面,忽视了音节边缘位置上存在着对音段配列的限制;另一方面,这种观点忽视了其他结构单位,如语素、词和短语,对音段分布的限制作用。尽管如此,音节是层级结构单位,是超音段特

---

① 斯德特现象(stød)是丹麦语里一种超音段特征现象。这种现象的主要语音表征是重读音节有吱嘎音(creaky voice);在有些词语里,这种超音段特征具有区分意义的作用。从历史来源看,这种超音段特征可能来源于与挪威语和瑞典语里的第一类调型(accent I)有关的较早时期的声调(tone),参见 Trask(1996)。

征(如词重音)的作用范围的观点对于理解音节的本质和功能具有开创性的意义。

　　与同时期的其他结构主义语言学流派相比,Hjelmslev 可能是唯一一个从方法论角度提出简洁原则的人。从理论的角度看,简洁原则体现在两个方面:符号数量方面和不同层次上的符号之间的关系。在分析实践中,Hjelmslev 尽可能减少音符位的数量。减少音符位数量的手段之一是,把某些看起来是对立的音段分析为由特定位置决定的变体。例如在德语里,[s]和[z]在词中的位置上呈对比关系,如 reisen(旅行)和 reissen(撕碎);在音节首(或词首)位置上,只出现[z]而不出现[s],但在音节尾音(或词末)位置上,只出现[s]而不出现[z]。据此,Hjelmslev 认为,所谓的[s]和[z]在词中位置上的对立实际上是由词中音节位置的不同决定的,即 reisen 和 reissen 可以分析为 rai.sən 和 rais.ən,因此,rei[z]en 里的[z]和 rei[s]en 里的[s]是同一音符位 s 的不同声位。这样一来,德语音符位系统只有 s,而没有 z,尽管 rais.ən 里的第二音节没有音节首音的分析结果,似乎与语言直觉不符而令人难以接受。这里需要指出的是,虽然音符位数量减少了,但是音符位和声位两个层次上的符号关系变得复杂了。

　　Hjelmslev 减少音符位数量的另一种手段是把某个音符位分析为其他音符位组合的产物。例如,丹麦语清塞音系列 p、t、k 和浊塞音系列 b、d、g 构成对比关系,但是对 Hjelmslev 来说,清塞音系列是不存在的,而是浊塞音与 h 组合的产物,即 p=bh 或 hb,t=dh 或 hd,k=gh 或 hg。虽然这种分析缺少语音学基础,也不符合塞音类型学的观察结果,但音符位的组合是逻辑上可能的或任意的,那么减少三个音符位的分析结果似乎体现了简洁性原则。实际上,类似的分析还是遇到了来自语言内部的困难。在丹麦语里,在声位层次上有诸如 pl 之类的排列。如果把 p 分析为 bh,那么 pl 则必须分析为 bhl,但是丹麦语没有 hl 的排列。根据Hjelmslev 的假设,如果一种语言有 xyz 的排列,那么,这种语言一定存在着 xy 和 yz 的排列。据此,如果丹麦语有 bhl 的排列,其前提是有 bh 和 hl 之类的排列。如果不存在 hl,那么逻辑上 bhl 也是不存在的;如果 bhl 不存在,那么 bh 则不存在;如果不存在 bh 的音符位排列,那么,语音层面上则没有 p 的语音表征。显然,Hjelmslev 的分析不符合一致原则。

与同时期其他结构主义音位学流派相比,Hjelmslev 的语言本体论、认识论和方法论有鲜明的特点。概括地说,音系是一套独立的纯形式符号系统,提出了音系的三个不同表达层次;提出了语言描写的一致原则、穷尽原则和简洁原则。语言学研究的目标是建立一套抽象的纯形式化的可运算的元符号系统,凭借这个系统对具体语言的音系加以描写。语言研究的主要方法是演绎的和实证的。从研究风格看,Hjelmslev 的语言研究有着更明显的哲学式思辨和数学式推导的特点。

音系和语音的关系是语言学的基本问题之一。与同时期的其他结构主义音位学流派和后来的生成音系学相比,Hjelmslev 提出的音系和语音完全脱离的观点略显极端,但是,语音是音系符号的物质表征的观点对后来的生成音系学具有直接的理论意义。

1.7　传统音位学:小结

传统音位学的主要研究对象是音位。虽然各家都假设音位是语言成分,但对音位的本质、音位的功能、音位的抽象程度以及音位分析方法和程序的理解有所不同。各家把音位或者视作对物理语音的抽象,或者把音位视作发音行为,或者视作具有交际作用(对比功能)的可被感知的符号,或者是没有语音基础的纯形式符号。从争论的问题的本质看,对音位的认识不同直接源于对音系和语音之间关系认识的不同,是对音系本体认识的不同的体现。

传统音位学在强调音位系统独立性的同时,把音位和其他音系结构视为一个孤立系统。其结果是,音位层面与语言的其他结构层面被完全割裂了,音位系统和形态-句法系统之间的关系被忽视了。

　　尽管存在明显的局限性,传统音位学研究极大地丰富了关于语音的知识,提出了许多具有实质意义的概念、观察、原理和方法,其中不少概念和原理在生成语言学的语言假设背景下被赋予新的、更深刻和更丰富的内涵,成为生成音系学概念体系和分析方法的来源之一。

　　除了语言基本理论之外,结构主义语言学研究的主体部分是音系研究。从对音系、形态和句法等语言本体不同方面研究深度和认识水平看,结构主义语言学的音系研究远远领先于其他领域的研究。虽然不同流派乃至不同研究者之间对音系成分、音系结构、音系机制认识方面以及所采用的研究方法、分析手段等方面存在着本质上或程度上的差异,但大多数的音系研究具有明显的系统性特点。与此音系学研究相比,形态和句法的研究显得支离破碎。纵观音系学的发展过程,可以毫不夸张地说,在以往的语言总体研究中,传统音位学,尤其是结构主义音位学起着引领和示范作用。

　　以上概要地介绍和讨论了传统音位学的主要流派和它们的基本观点,如需进一步了解传统音位学,读者可参考 Makkai(1972)、Sommerstein(1977)和 Anderson(1985)等著作。

1.8　生成音系学

　　生成音系学(generative phonology)的产生以 Noam Chomsky 和 Morris Halle 合著的《英语语音模式》(*The Sound Pattern of English*,简称 SPE)(1968)的出版为标志。同以往的音位学和音系学理论相比,生成音系学提出了系统的音系本体论、认识论和方法论,建立了严格的音系语法构建原则,区分底层和表层两个音系表达层次,并提出用音系规则把底层表达推导成表层表达的假设。在 SPE 出版后的六十多年里,尤其是 20 世纪 60 年代至 90 年代期间,生成音系学发展迅速,一直是音系学的主流。根据研究重心的变化,生成音系学的发展可以分为:(1) 初创时期(20 世纪 50 年代末期至 60 年代中期);(2) 线性表达(linear representation)时期(从 20 世纪 60 年代中期至 70 年代中期);(3) 非线性表达(non-linear representation)时期(从 20 世纪 70 年代中期至 90 年代中期);(4) 后经典生成音系学(post-Classical Generative Phonology)(20 世纪 90 年代初期以来)。线性表达和非线性表达时期的生成音系学又被称作"经典生成音系学"(Classical Generative Phonology)。20 世纪 90 年代初期生成音系学分化出优选论(Optimality Theory),形成优选论和经典生成音系学并行的局面。这一时期称作"后经典生成音系学"。

正是因为更新了对语言本质的认识,Chomsky 的语言理论被称为"哥白尼式的革命"(the Copernican revolution)。从音系学史的角度看,生成音系学是对以往研究成果的继承和扬弃的结果。生成音系学虽然否定了传统音位学的语言学理论基础和方法论,提出了一系列新的假设和概念,但是同时也从传统理论中汲取了许多养分,重新定义了一些历史上出现过的概念,使之适应并服务于生成理论框架和分析程序。例如,布拉格学派对音位共时系统和音位系统历时演变给予统一解释的思想,哥本哈根语符学的音系是一套独立的可演算的纯形式符号系统的音系本体观,都对生成音系学的产生有着重要的影响。又如,对比分布和互补分布仍然是最基本的音系分析方法;标记和区别性特征仍然是广泛使用的基本概念。从生成音系学的发展过程看,不同时期的研究者围绕当时的难点和重点问题,不断重温传统音位学的论著,从中获得对具体语言现象分析乃至音系理论探讨的灵感和启示。我们将从第二章起较为详细地介绍和讨论生成音系学的理论假设、研究方法和分析手段以及关于难点和热点问题的讨论。

第二章

经典生成音系学基本理论

生成音系学是 Chomsky 和 Halle 共同开创并不断发展和丰富的音系理论体系。这套理论包括音系本体论、认识论和方法论。生成音系学以生成语言学的基本假设为理论背景,是生成语言学基本假设在音系学中的体现。从语法系统的角度看,音系、句法和语义是语法的组成部分。六十多年来,虽然关于语法系统内在结构的假设不断更新,从标准理论(standard theory)(Chomsky 1965)到管约论(government binding theory, GB)(Chomsky 1981a),再到最简方案(minimalist program, MP)(Chomsky 1995),但主流生成音系学的核心理念没有实质性的变化。在 MP 理论框架里,虽然音系部分被置于语法的边缘地带,是一个分别与句法和语音接口的装置,但音系决定语音的基本理念没有改变。

本章宏观地介绍生成音系学的基本假设。第一节介绍生成音系学的基本假设,概要地讨论学派内部关于音系和语音关系的不同认识,讨论音系语法先天性和音系获得的关系;第二节回顾生成音系学的产生和发展过程;第三节介绍 SPE 理论的主要内容;第四节介绍经典生成音系学的理论目标、认识论和方法论。

2.1 基础性假设

生成音系学的基础性假设主要涉及"音系和语音关系"。这是一个根本性的和全程性的问题,贯穿生成音系学的整个发展过程。正如在本书里将要看到的,诸多不同的理论假设都是基于对音系-语音关系的不同理解。只有把握这个根本性问题,我们才能更深刻地理解生成音系学的各种理论假设和方法。

2.1.1　对音系和语音关系的认识

　　六十多年间,生成音系学内部始终存在理论假设和研究方法的争议。从根本上说,争议主要围绕一个基础性问题:音系和语音二者之间究竟是什么关系? 这个问题又衍生出三个问题:(一)音系究竟是什么?(二)音系来自何处?(三)音系为何而存在? 就这些问题,生成音系学内部大体上有三类观点。在不同时期或针对不同研究课题时,其中某一类观点占上风。

　　第一类认识的基本观点是,音系是语法系统的组成部分之一,其本质是语言／语法知识。在生成理论里,"语言知识"有特定的含义。

　　首先,在 Chomsky 看来,"语言知识"不是"知道",不是存在于"认知者"和"被认知的外部世界"二者之间的认识主体和认识客体的关系。从 Chomsky 的自然主义(naturalism)的语言观看,"语言知识"的客观性在于它是大脑的表达(mental representation),具有初始性和基础性(Chomsky 1972:169)。"语言知识"的存在不需要而且也没有任何基础(Chomsky 1980:41;1986:12)。根据这些特点,"语言知识"(＝语言)是一种完全内在的、高度模块化的并具有特定信息的大脑形式的状态(formal state of brain／mind)。大脑的这种状态在本质上独立于感知和运动系统(Chomsky 1995:335)。

　　其次,对 Chomsky 来说,"语言知识"绝不是一个"知道如何去做某件事"的概念,与"具有处理事物或行为能力"概念无关(Chomsky 1986:10,36)。Chomsky 反对把语法当作一种建立某种行为模型机制的观点。尽管很明显,但是仍然需要说明,生成语言学的语法观不是反行为的(anti-behaviorist),而是非行为的(non-behaviorist),即语法仅包括语法因素,不包括任何行为因素。

　　如果音系是语法的组成部分,那么,音系语法则不包括与语音产生和语音感知有关的知识或信息。

　　音系和语音都是客观的存在,但二者的性质完全不同。语音是语法系统之外的物质形态,是音系语法知识的外在表现形式,其本质是行为的、生理的和物理的。音系和语音各为一个独立的模块,两个模块之间存在接口(interface)。就二者关系来说,音系决定语音,即音系知识决定发音和感知行为。这一观点是 Chomsky的语言能力(competence)决定言语行为(performance)思想在音系本体以及音系-语音关系认识上的体现。音系学不仅要探讨音系本身,而且要研究音系和语音二者之间的接口机制。这个接口至关重要,如果没有这个接口,音系将无法把语言所表达的信息转换为能被感知的语音形式;如果没有这个接口,儿童将无法获得具体语言(Chomsky 1995:521)。

　　音系决定语音的思想是经典生成音系学的主流观点,延续至今(Chomsky 1967; Chomsky & Halle 1968; Chomsky 1972; Kenstowicz & Kisseberth 1977; Bromberger & Halle 1989,2000; Chomsky 1995; Chomsky 2004; Purnell 2018)。

　　第二类认识是,音系和语音是两种性质完全不同的存在;语音的本质是物质,音系没有而且也不需要发音基础和感知基础。音系就是音系,音系是纯符号的逻辑运算系统,与物质无关。虽然语音现象可以概括和抽象,但概括和抽象并不能改变语音的本质。因此,对于语言学来说,语音没有意义,音系研究可以排除或无须参考语音。这类观点更加强调音系语法的自主性和形式特点,强调音系语法是一个自主运行的计算系统。生成音系学六十多年的发展过程从不缺少这类观点,例如 Household(1965), Lamb (1966), Fudge(1967), Blaho(2008),Iosad(2012), Hale & Reiss (2000,2008)和 Reiss(2018)等。

　　第三类认识是,承认音系是语法的组成部分,同时也承认语音的语言学价值。在二者关系问题上,这类认识内部又有不同的观点。一种观点认为,音系和语音相互作用,如 Blevins(2004),Scobbie(2007),Ramsammy(2018)。另一类观点则认为,音系以语音为基础,或音系植根于语音之中,音系至少部分地受制于语音,如 Hooper(1976),Donegan & Stampe(1979),Pierrehumbert(2000),Archangeli & Pulleyblank(1994)以及 Hayes,Kirchner & Steriade(2004)等。这类观点注重语音因素在音系范畴构建中的作用,注重语音条件对音系计算过程和计算结果的限制作用,但是,对于音系里究竟有多少语音因素以及语音在多大程度上作用于音系,这类观点内部又有不同的理解。

这三类认识是大体上的区分。在对音系范畴、成分、结构和音系过程作具体分析时,研究者又会倾向某一类认识并采用相应的分析手段。

除了生成音系学内部在音系-语音关系问题上的批评和反批评,功能主义音系学和语音学界对生成音系学基本理论的批评也很多。由于这些批评来自不同的语言观,涉及不同的或完全对立的音系本体论,故不在此讨论。

音系和语音关系问题不仅是一个语言学问题,而且更是一个哲学问题(Bromberger & Halle 2000)。从哲学角度看,探讨音系和语音之间的关系是探讨知识和物质之间的关系,是从人类语言角度回答"柏拉图问题"(Plato's question):人的知识来自何处?

2.1.2 音系语法的先天性和音系获得

音系从何处而来? 生成音系学的假设是,音系是先天的(innate)。先天性是音系语法的根本属性,是语言共性的基础。语言共性是语法先天性的派生属性。婴儿出生时没有语音经验,后天语音刺激贫乏,但儿童能够在比较短的时间内学会任何一种语言的音系(并非语音)。如果没有通过遗传获得音系语法,而仅仅依赖后天的语音刺激或语音经验,儿童在短时期内获得音系的

事实是难以解释的。① 儿童在出生后的头几年,同外部语言世界的
接触是零星的和有限的,但却有能力在较短的时期内掌握任何一种
语言复杂且抽象的音系。研究表明,儿童的音系获得和语音获得并
不同步,音系获得先于语音获得。如果没有先天音系语法,儿童难
以学会语音。因此,从逻辑上说,音系语法具有先天性(Chomsky
1967;Chomsky & Halle 1968;Smith 1973,2005,2010;Fodor 1975;
Macken 1996;Carr 2000;Morgan 2006,Hale & Reiss 2008)。先天
性假说(innateness hypothesis)是生成语言理论的基石。

根据同质性假说(Smith 1973)和强同一性命题(Strong
Identity Thesis)(Macken 1996),儿童和成人的音系语法在内容
上是相同的。这一假说能够解释不同语言的原则可以同样地解释
儿童个体之间和儿童的不同语言之间的差异。

依据先天性假说,儿童音系获得的过程是,在先天的普遍音系
语法的基础上,在后天语言环境中,儿童在语音刺激的作用下逐步
构建一部具体的音系语法。或者说,音系原则和音系范畴存在于
语言的初始状态(initial state),音系获得过程的本质和机制是把
这些抽象的原则和范畴具体化,即构建一部具体的音系语法,例如
英语和阿拉伯语的音系。这个过程如下所示:

$$\text{普遍音系语法} \xrightarrow{\text{语音环境}} \text{具体音系语法}$$

然而,先天性假说在内容上存在不确定性。音系中究竟哪些内容是
先天的? 如果从形式共性和内容共性的角度看,构建区分两个不同
层次的音系表达系统、构拟底层音系表达的形式、构建具体语言音
系的原则、确定音系规则的应用方式、参数具先天性;此外还包括区
别性特征范畴、音系结构单位(如音节、韵律结构单位)、音系成分(如
音段、超音段成分),等等。在这方面,音系获得研究内部观点并不
完全一致。

---

① 也有研究认为,话语刺激是贫乏的,但语音刺激并不贫乏(参见 Blevins 2004)。

依据同质性假说,随着音系语法假设的变革,关于儿童音系语法内容的假设也随之变化。在以 SPE 以音系规则为基础的理论里,儿童语言的音系是构建语言单位底层表达的原则、构建音系规则的原则和音系规则按序应用的原则(Smith 1973);在管约论里,儿童音系的主要内容是音系原则和参数(Meisel 1995);根据非线性的自主音段理论,儿童的音系表达是非线性的(Menn & Stoel-Gammon 1995);在优选论里,儿童语言的音系是具有普遍意义的制约的层级排列(Tesar & Smolensky 2000;Kager *et al*. 2004)。

正是因为儿童语言音系和成人语言音系是同质的,音系理论和儿童音系获得理论是同一的。音系理论为儿童音系获得和儿童音系研究提供基础假设,儿童音系获得和儿童音系研究证明或证伪音系学的假设。关于音系原则、表达和推导过程的假设必须得到儿童音系获得事实的证实和支持。在生成音系学的理论背景下,儿童音系和儿童音系获得研究得到前所未有的重视,具有至关重要的学科地位和重要的科学价值。"小孩子是怎么学会音系的?"是一个必须回答的严肃的科学问题(Smith 1973, 2010;Bromberger & Halle 1978;Pietroski & Crain 2005)。任何一种音系理论如果不能在原则上解释音系获得方面的现象则被视作一种失败的或毫无意义的理论。

2.2 生成音系学的产生过程

生成音系学的产生和生成语言学的诞生几乎是同期的。为了了解生成音系学产生的语言学理论背景,有必要先了解《句法结构》(*Syntactic Structure*)(Chomsky 1957)的主要思想。

2.2.1 《句法结构》的基本思想

《句法结构》的问世标志着生成语言学的诞生。关于这部著作的介绍和评论很多,我们本应不再过多叙述这部著作的内容和它的意义;然而,以往的介绍和评论大多是从句法学的角度看待这部著作,少有从音系学的角度审视它。生成音系学的产生和基本假设又恰恰与其关系密切,因此有必要从生成音系学的产生和发展角度审视这部著作。

Chomsky 对语言本质思考的切入点是语言的创造性。他认为,人具有创造数量无限的新句子的能力。说话人的话语经验是有限的,且语言经验有偶然性,因此人的语言能力不可能通过语言经验获得解释。以往的语言理论(主要指结构主义语言学)所理解的语言只是人的语言能力的外在表现,即言语行为,把语言作为一种外在的行为加以描述不可能触及人的语言能力;把语言理解为诸如"符号系统"和"交际工具"之类的语言观只是在说语言具有某种属性或功能。"符号系统"和"交际工具"都是外在的,并非语言的本质。探讨语言本质最可能的途径是探讨人的语言能力。因此,Chomsky 认为,语言研究必须区分语言能力和语言能力的外在表现,即言语行为。对于语言来说,语言能力是本质的和根本的。

具体语言里的句子在数量上是无限的。那么,数量无限的句子来自何处?如果以语言能力为探究对象,进一步的问题是,人为什么具有语言能力? Chomsky 的解释是,人的语言能力来自人所具有的语法知识。那么,终极的问题是,语法知识究竟是由什么构成的,或语法知识包括哪些内容? Chomsky 的假设是,语法是语言规则(rule)的有限集合。数量无限的句子是有限的规则运算或推导的结果。正是在这个意义上,语言是句子的无限集合;也正是在这个意义上,以语音这种物质形态表现出来的语言是语法系统计算的产物。

语言理论的核心是语法理论。在现有知识水平的基础上,构建语法不能离开通过经验观察获得的语言数据(语言材料)。但是,研究者获得的语言数据极为有限,是不充分的。更重要的是,语法和以具体物质形式存在的语言数据有着本质的区别。进一步看,语言数据是多类因素共同作用的结果,这些因素里既有语法因素,或许还有生理、物理、心理、行为、社会、语用等方面的因素。这就是说,语言数据是多种性质不同的因素共同作用的结果。那么,以有限和异质的语言数据为基础建立起来的语法在多大程度上是对语言能力的描写,这便成为理论语言学必须回答的方法论问题。换句话说,这里存在两方面的不确定性:一方面,语言数据由于其不充分性和描写方法的局限性而不确定;另一方面,假设中的语法系统因在经验中缺少原型而产生不确定性。

那么,理论语言学必须建立一种关于语法系统的元理论。元理论具有以下作用:首先,元理论为建立一部具体语法提供理论基础和原则,为这部语法提供"发现程序",并以此在语言数据和语法之间建立联系。其次,元理论为语法提供"决定程序",以此在若干部可能的语法中选择和确定一部最能反映语言概括的语法。最后,元理论为语法提供"评价程序"。

"评价程序"是一套检验语法的标准,其中主要包括:(1)解释性(或许可以称作生成性):即一部语法能够生成一种语言的全部符合语法的,并且仅仅是符合语法的句子;这部语法不能生成不符合语法的句子;语言事实通过语法运算得以解释;(2)可算性:语法规则在运算上是可操作的;为了满足规则的可算性要求,规则必须具有明显、清晰和确定的形式特征;(3)简单性:语法规则具有高度的概括性和抽象性,运算过程简单清晰;(4)普遍性:语法规则涉及的基本语言单位普遍地存在于每一具体语言当中;在若干个假设的语法系统中最大限度地满足了这些标准的那个系统应当是最接近语言事实的语法;(5)独立性(independence):语法系统仅仅包括可运算的规则和规则运算的逻辑模式;语法系统独立运算,不受语法系统以外的任何其他因素的干扰和限制。

Chomsky 认为,语言学的最终目标是建立一套关于语法的元理论。这套元理论在为建立具体语法提供理论基础和原则,在检验、评价具体语法的有效性方面具有普遍作用,适用于所有语言。Chomsky 指出,尽管当前的研究水平和所要实现的目标之间存在着巨大的差距,但是他坚持认为,没有元理论的语法研究是盲目的,语法研究的结果因无评价参照系而失去意义。只有建立一套科学的、关于语法的元理论,才能从根本上解决语言研究所涉及的研究对象、研究范围、研究方法和研究结果的科学价值问题。

《句法结构》中提出对语言本质的认识决定了语言研究的方法。Chomsky 认为,经验观察以及统计学的结果与语法系统没有必然的联系。语法是储存在人脑里的无法被直接观察的语言知识,因此,从宏观的角度看,语言研究不能采用观察和归纳的方法。他主张语言分析应当采用假设和演绎的方法。分析的程序是,首先假设一套结构或成分系统,同时假设一套相关的规则,然后使规则自动地作用于这个结构或成分系统,规则应用的过程就是规则的运算过程或推导过程。规则和规则作用的方式必须通过语法理论加以论证,规则运算的结果应当通过是否满足确切的外部条件标准(例如母语使用者的语言直觉)加以检验。语言研究虽然并不完全排斥观察和归纳的方法,但演绎法是基本方法。特别是在规则运算过程中,语法无须借助或参考语法以外的任何因素。

概括地说,Chomsky 在《句法结构》中的思想可以归纳如下:

(1) 就语言本体来说,语言的本质是语法,是一套数量有限的、独立的规则系统。语法具有自主性、生成力、普遍性和形式化特点。语言的创造性来源于人的规则运算能力,即语法的生成性。

(2) 在认识论方面,语言理论需要建立一套对语法假设和语言描写的评价系统,对构建的具体语法的假设进行检验和评价。

(3) 在方法论上,语言理论需要提供一套具有普遍意义的元理论。元理论为具体语言描写提供基础假设和语法构建原则。假说和假设是元理论的主要内容。演绎的方法是语法研究的基本方法。语言研究的理论目标在于建立一套关于语法的理论。

生成语言学的语言本体论决定了它的认识论和方法论。三者关系紧密,相互呼应。

《句法结构》给出的是生成语言学理论系统的雏形。Chomsky

本人的观点也是不断更新变化的。在许多具体问题上,特别是在句法方面,他后来的假设和《句法结构》有很大的差别。然而,在对语言本体认识和语言学的理论目标以及方法论方面,他的思想没有实质性的变化。《句法结构》虽然没有涉及音系学,但是这部著作阐述的思想成为生成音系学的理论基础,并深刻地影响了后来的音系学发展。

2.2.2 从《句法结构》到《英语语音模式》

生成音系学从产生到形成完整理论体系经历了一个过程。如果以《英语语音模式》(*The Sound Pattern of English*; Chomsky & Halle 1968)为一个音系理论体系代表的话,那么,从《句法结构》到《英语语音模式》之间的十年可以视作生成音系学的初创时期。[①] 这一时期音系学研究的主要特点如下。第一,对音系本体的认识和研究方法越来越明显地体现出《句法结构》的语言学基本思想。第二,音系学研究的理论目标日益清晰。第三,提出了音系以独立模块的方式成为语法组成部分的概念。第四,初步提出了音系部分(phonological component)区分两个基本的表达层次,即音系表达和语音表达,以及用音系规则联系两个表达层次的假设。第五,逐步形成音系的本体论、认识论和方法论的理论体系。

较早反映生成语言学音系观的是 Chomsky(1957)对 Jakobson 和 Halle 合著的《语言基本原理》(1956)的评论。在评论里,Chomsky 一方面表现出对区别性特征理论的兴趣,肯定了音位可以分解为具有普遍意义的区别性特征的假设,但同时对以声学特点为基础来定义区别性特征的方法提出质疑。Chomsky 认为,采用声学特点对语言进行描写是行为主义语言学对言语行为

---

① 按照生成音系学的写作惯例,本书把 *The Sound Pattern of English* 的书名简写为 SPE,例如 SPE:400;将以这部著作代表的理论和方法用 SPE 表示,例如 SPE 的假设、SPE 的线性表达方式。

和物质形态的描写,没有涉及作为抽象系统的语法。如果 Jakobson 的区别性特征系统还有意义的话,那么,重要的是,音系学必须把可以被感知的语音物理属性和作为抽象系统的语法区分开并说明二者之间的关系。Chomsky 进一步指出,语言中的物理事实和作为抽象系统之间的关系并不是简单和直接的对应,探讨二者之间的关系是音系学乃至语言学的根本任务。在这个问题上,Chomsky 毫无疑问是正确的。音系学最初孕育于语音学之中,虽然 Trubetzkoy 使音系学成为一门独立的学科,但音系作为抽象系统的语法知识和语音的物理事实之间的关系问题并没有得到解决。正如生成音系学后来的发展所表明的那样,对属于语法的音系事实和属于物质形态的语音事实二者之间的关系解释,是产生不同流派的主要根源;对同一语音事实的不同音系学解释,则导致不同甚至是相互对立和冲突的分析结果。在生成语言学的背景下,证明语音和音系各自独立存在,说明语音和音系的不同以及二者之间的关系,成为一个极为凸显和具有重大理论意义的科学问题。

Halle 于 1959 年出版的《俄语语音模式》(*The Sound Pattern of Russian*)是第一部以生成语言学思想为理论基础的,用区别性特征方法对具体语言语音系统进行描写的著作。在方法上,Halle 赞同 Chomsky 提出的抛弃结构主义"发现程序"的主张。Halle 认为,音系学乃至语言学研究需要一种新的方法;而新的方法只能来自哲学,而不能来自音系学或语言学自身,正如万有引力定律是科学哲学的产物,而并非物理学自身的结果。把对音系和语音之间关系的认识上升到哲学层面,是 Halle 一贯的主张。

《俄语语音模式》的内容大体上分为两部分。第一部分讨论音系学理论和研究方法;第二部分采用区别性特征分析俄语的一些具体音系现象。

第一部分提出的理论和方法问题可以归纳为以下几点。

第一,音系是语法不可缺少的组成部分,音系描写不能离开语法。第二,音系是一套规则。第三,音系分析区分两个层次:

一是表现为音段串的话语(utterance)的语音表达(phonetic representation),在这个层次上的具体音段可以用区别性特征加以描写;二是抽象的音系表达(phonological representation)。第四,音系理论必须提供一种把每一个音系表达推导为具体话语的方法。第五,音系推导具有自主性,它仅仅依靠音系表达提供的信息,不必参考音系表达之外的任何信息。

通过对结构主义音位学的双向单一原则的分析方法和基于生成音系学规则推导原则的分析方法的比较,Halle 令人信服地说明了基于双向单一原则音位分析法的复杂和无效。在俄语音位系统里,除了清阻塞音/ ts,ʧ,x/ 之外,其他清阻塞音都有对应的浊阻塞音。当一个词独立出现时,词末位置上只出现清阻塞音,却从不出现浊阻塞音。当随后一个词以浊阻塞音起始时,前一个词的词末位置上出现的是浊阻塞音,既包括有音位性的浊阻塞音,也包括/ ts,ʧ,x/ 的浊音变体。根据双向单一原则,上述情形中的浊音分布需要区分形态音位变体和音位变体,分析极为复杂混乱,而且难以说明词末阻塞音的对立和交替。根据音系语法由规则构成的假设,词末阻塞音的清浊交替仅依靠中和规则和逆同化规则便能得到清晰和符合逻辑的描写。Halle 的成功的分析范式成为生成音系学的经典之作,在生成音系学史中被誉为"Halle 论证"(Halle's Argument)。

如果我们回顾生成音系学发展史的话,不难看出《俄语语音模式》提出的基本观点后来成为生成音系学基本假设的主要部分。然而,因为当时美国语言学界关注的焦点是生成语言学的句法理论,同时也因为著作对俄语语音的分析"没有对俄语语音的描写作出实质性的贡献而令人失望"(Ferguson 1962:369),所以《俄语语音模式》的出版在当时没有引起音系学界特别的注意。

Halle(1962)在其最重要的论文《生成语法中的音系学》(*Phonology in Generative Grammar*)中进一步阐明了生成音系学的理论目标:(一)对操母语者的语言能力中的音系部分作出清晰

和精确的描写;(二)对儿童获得母语音系能力的过程,即构建具体语言音系语法的过程,作出清晰和精确的描写。Halle 假设,音系语法在形式上是由陈述(statement)、音系规则(phonological rule)和公理(axiom)构成的;陈述、规则和公理能够描写、限定和生成全部并且仅仅是符合语法的语音形式。生成语法理论是由一组抽象的条件构成的;抽象的条件决定具体陈述在具体语言里的形式以及对具体语言数据不同描写的选择。音系语法必须简单。简单原则(simplicity)是衡量语法的主要标准之一。音系符号和规则都是有限集合。推导过程是按照一定顺序应用音系规则的过程;具体语言之间的差异在于音系规则和规则应用顺序的不同;音系表达的单位是语素和某一类语素。Halle 还认为,音系规则不仅可以用来描写共时音系现象,而且可以描写历时语音演变过程。这就是说,共时音系和历时语音变化是同质的,二者都是音系规则作用的结果。显然,这一观点完全摆脱了结构主义音位学所坚持的绝对区分共时事实和历时事实的立场,通过音系规则和音系规则应用顺序的变化把共时现象和历时现象统一起来。

这一时期生成音系学对以往音系学成果的继承主要表现在区别性特征理论方面。Halle(1964)在《论音系的基础》(*On the basis of phonology*)一文里把区别性特征概念和其功能引入生成音系学的理论体系中。他认为,区别性特征是最小的音系单位,它具有双重功能:一是用于对语音产生过程进行描写,例如声带的振动与否、软腭的上升或下降等发音机制都可以通过区别性特征加以定义;二是可以作为抽象标记来定义语素的音系表达形式,不同的语素可以通过区别性特征范畴和特征值的不同而得以识别。音系规则的作用在于改变定义语素音系表达特征的值。这就是说,语音表达和音系表达都可以用区别性特征加以定义。由于特征是偶值的,即要么是＋F,或者－F,以改变特征值为基本功能的规则在运算上对音系表达提出了形式上的要求,从而导致对音系规则的性质和形式的进一步思考。

需要指出的是,Halle 使用的特征系统仍以声学特性为基础。这里的问题是,如果仅从语音层面的角度看,依据物理属性对音段加以定义并不是不可能的话,那么,抽象的语素音系表达是否包含物理属性信息便成为音系学理论不可回避的问题了。

在《语言学理论的逻辑基础》(1964)(*The logic basis of linguistic theory*)一文里,Chomsky 重点讨论了音系部分的表达层次(level of representation)问题。在传统音位学里,虽然对音位的本质有着不同的理解,但一般都承认两个表达层次,即音位层次和音位变体层次。Chomsky 否认音位层次(phonemic level)的存在。他认为,在性质上,音位层次概念是结构主义语言观的产物;在分析实践方面,音位层次难以解决音位重叠和音位中和(neutralization)之类的现象。虽然结构主义音位学还有"语素音位"层次,布拉格学派还有"超音位"层次,但这些层次都是为了处理音位重叠或中和而使用的权宜之计,并不是语言不可缺少的和内在的表达层次。Chomsky 分析了美国结构主义分类音位学的理论基础和分析方法,认为分类音位学的分析除了把词切分成音段和把切分出来的音段加以分类之外,实际上并没有揭示决定音段形式的音系过程和音系机制。导致这一结果的根本原因在于分类音位学把音位和音位变体视作独立于语法系统之外的客观存在。在这个问题上,Chomsky 似乎更加赞赏 Sapir 的音位心理说。一旦脱离语法系统,不管是细致的音段语音描写还是详尽的音段分类,其结果都与音系语法无关。虽然结构主义音位学提倡分析实践应当遵循诸如"语音相似性""陈述的简单性"和"模式一致性"之类的原则,但是,建立这些原则的基础似乎也同语言无关。Chomsky 引用了 Joos(1957)的一句话概括了结构主义音位学研究结果的特点,"语言之间存在着无限的和不可预测的差异"。Chomsky 并不否认语言之间存在着差异,也承认语言之间存在巨大差异的可能性,但是,他指出,语言理论应当解释语言的差异,应当对差异的范围加以界定并且对可能差异作出预测。显然,不涉及语法的"分类音位学"与这样的语言理论目标无关。

在技术层面上，Chomsky 讨论了美国结构主义音位学广泛使用的"双向单一性"原则。他指出，根据"双向单一性"原则建立音位层次的出发点是音位变体的语音特点。但是，当两个不同的音位在语音层次上表现为同一变体的情况时（例如美国英语里的 *writer* 和 *rider* 的语音形式都是含有闪音[ɾ]的[rajɾə]），由于互补分布原则不是"双向单一性"原则的必要和充分条件，因此无法处理两个音位以第三种语音形式的中和；而正确的分析结果势必违反"双向单一性"原则。

"双向单一性"原则的基础是音位变体层次上音段的语音特点，是分类音位学把音位分析从语法中分离出去的技术手段，音位表达层次阻断了语音表达和语法逻辑上的联系。

概括起来说，Chomsky 认为，结构主义音位学的根本缺陷在于，其所研究的对象是一些表面上看起来与语言有关但实质上和语言毫无关系的物理现象和说话人的行为，而这样的研究根本不可能说明语言的创造性。语言学的真正任务在于探索和解释人脑的语言知识和语言机制。语法是语言知识和语言机制的总和。语言学的音系学必须是语法的组成部分，只有这样，音系学的理论才能成为语言理论的组成部分，才能与描写和解释语言的创造性联系起来。

在上述这些论著里，生成音系学的两位奠基人阐述了音系学的理论目标。音系学理论目标是生成语言学的理论目标在音系学领域的体现：建立一部能够体现音系知识的音系语法（phonological grammar）。

值得特别指出的是，儿童音系获得的事实在音系语法构建研究中具有突出的地位和重要的作用。在生成语言学里，音系获得不再是一个孤立的事件，而且，音系语法和音系获得在本质上是同一的。如果说成人音系语法是音系规则，那么，音系获得过程便是儿童在普遍原则的基础上建立一种语言的音系规则系统的过程。

对建立音系语法和描写儿童音系获得过程给予同质的处理是生成音系学理论鲜明的特征。

Chomsky 和 Halle 认为,建立一套关于音系语法的过程和儿童建立一套母语的音系语法的过程极其相似,都可以从三个不同层次的标准加以检验和评判。这三个标准是:(1)观察充分性(observational adequacy),(2)描写充分性(descriptive adequacy)和(3)解释充分性(explanatory adequacy)。观察充分性要求对基本的语言数据(primary linguistic data)给予正确的描写,在语言数据之间建立精准的对应关系。描写充分性要求语法在一定程度上能够正确地反映个体说话人固有的、潜在的语言知识。解释的充分性要求语言理论为选择满足描写充分性标准的语法提供原则性的基础。从儿童语言获得的角度看,这三个充分性构成了语言获得模型(acquisition model,AM)。获得模型是一个通过基本语言数据来建立语法的装置。如下图所示:

(1) 基本的语言数据 ——→ 语言获得模型 ——→ 具体语法

从儿童语言获得角度看,观察充分性就是儿童能够正确地描写作为获得模型输入项的语言数据;描写充分性就是小孩能够正确地描写获得模型的输出项,也即具体语法。解释充分性则是正确地描写获得模型的内部结构和语法机制,并且能够说明一部符合描写充分性标准的语法是如何从获得模型中产生的。音系学研究的目标是建立一套能够描写音系语法的理论,这一理论不仅适用于对自然语言语音结构的描写,而且能够回答与儿童获得音系语法的过程和本质以及相关的问题。

2.2.3　以《英语语音模式》为代表的经典生成音系学

正如我们在上节所看到的,从《句法结构》出版至《英语语音模式》出版的十年间,Halle 和 Chomsky 最初提出的理论由零散趋于系统,分析框架逐渐清晰。SPE 的出版便是这一时期的阶段性成果。这部著作在对音系本体的认识、音系学的理论目标以及音系学的方法等方面为生成音系学奠定了基础,成为生成音系学的经典之作。著作中提出的假设后来成为音系学研究的重点领域和重点课题,著作中提出但没有解决的问题或缺陷成为后来理论和方法创新的突破口。在音系学文献里,以《英语语音模式》为代表的理论假设和分析框架称作 SPE 模式(SPE Model)或 SPE 假设(SPE Hypothesis)或经典生成音系学(classical generative phonology)。

以 SPE 模式为代表的形式化音系语法假设引起语言学界的重大关注,学界把《英语语音模式》同怀特海德和罗素合著的《数学原理》(*Principia Mathematica*)(1911)相媲美,认为,如果后者试图用纯形式的方法表述一切数学思想的话,那么,前者则试图用纯形式的方法表述一切有声自然语言(见 Anderson 1985)。

虽然这部著作的书名是《英语语音模式》,但正如两位作者在书的"前言"里所说,此书不是一部全面系统地研究英语语音的著作,而是一部利用英语(以及其他语言)的材料论证作者提出的一些假设和演示音系规则应用方式的著作。

《英语语音模式》有五个部分,共九章。第一章提出了音系学的基本理论和假设。第二章讨论转换规则的循环性,普遍语法和具体语法的关系以及词项表达的抽象程度。第三章讨论音系模块在语法体系中的地位以及音系模块的构成,阐述标记规约的作用,并演示重音指派规则在英语词重音分布中的作用。第四章演示音系规则在描写英语元音交替中的作用。第五章是对再调整规则和音系规则的总结。第六章用音系规则描写早期现代英语元音系统的演变。第七章讨论区别性特征。第八章讨论音系模块在语法系统中的地位和建立音系模块内部组织结构的原则,重点讨论了评价程序,规则应用顺序和各种界线符号的作用。第九章讨论形式系统和形式系统成分语音现实之间的关系。

SPE 是在生成语言学标准理论的代表作《句法理论的若干问题》(*Aspects of the Theory of Syntax*)(Chomsky 1965)之后出版的,前者在很大程度上反映了作者在这一时期关于语法理论的观点。因此,把握 SPE 假设和分析方法需要参考 Chomsky 和 Halle 的同期论著。这一时期的主要论著包括《音系理论中一些有争议的问题》(*Some Controversial Questions in Phonological Theory*)(Chomsky & Halle 1965)、《语言与心智》(*Language and Mind*)(Chomsky 1968)、《生成语言学理论中的某些论题》(*Topics in the Theory of Generative Linguistics*)(Chomsky 1966a)、《语言的形式本质》(*The Formal Nature of Language*)(Chomsky 1966b)、《笛卡儿语言学》(*Cartesian Linguistics*)(Chomsky 1966c)、《音系规则的某些一般性特点》(*Some General Properties of Phonological Rules*)(Chomsky 1967)等。SPE 的出版引起生成音系学内部讨论和激烈论战延续数年,直至非线性音系理论出现的 20 世纪 70 年代中后期。本章以下各节以 SPE 这部著作为主,结合 SPE 出版前后时期的主要文献,概要地介绍经典生成音系学的基本假设和方法。

2.3 经典生成音系学的音系本体论

生成音系学有其明确的音系本体论。

音系是一个选择和决定语言语音的抽象系统,是语法的组成部分。音系语法主要由音系规则和决定音系表达以及音系推导的原则组成。音系把语言符号系统和人的其他符号系统区分开。

音系有两个基本功能。第一,音系符号定义语素的形式,使一种语言的全部语素在音系形式上有所区分;每一个(或每一类)语素在音系形式上有其独有的形式特点,而且这些形式特点和形式所包含的各种范畴的音系是规则无法推导出的。第二,音系把抽象的语言结构和形式转换成可被发音和感知的语音形式(Bromberger & Halle 1989)。

2.3.1　音系语法的属性

　　语法是人脑所具有的语言知识,音系是语言知识中关于语音的那一部分知识;语音是音系知识的外部表征。人类语言的音系具有一些共同的本质特征,这些共同本质特征是音系普遍性或共性(phonological universals)。音系共性独立地存在于大脑里,而绝不是基于观察得出统计和归纳的结果;某些通过经验观察获得的常见的语音现象可能是语言历时演变造成的巧合。此类常见的语音现象对于语法理论来说没有意义。有意义的音系共性应当是儿童出生时所具有的作为处于初始状态普遍语法的一部分。音系学研究的主要任务在于揭示作为初始态的音系共性。音系共性分成两类:一类是内容共性(substantive universal),另一类是形式共性(formal universal)。① 前者指人类语言所共有的音系结构单位、音系范畴和音系基本成分。后者指人类语言所共有的决定音系结构、音系表达的原则和构建具体音系语法所遵循的原则。音系共性决定了自然语言中可能的音系结构,排除了不可能的音系结构;确定了可能的但又是不同的音系结构之间差异的范围;音系共性是儿童音系获得的基础,决定了儿童音系获得的本质和过程。

　　包括音系在内的普遍语法具有先天性。"语言共性是儿童学习一种语言时所具备的作为先决条件的天赋。儿童一定具备一个丰富的由这样的先天属性构成的系统。根据经验观察,这个系统的存在是显而易见的。每一个正常的儿童能够获得一部极为复杂精细和抽象的语法,但这部语法的特点却不完全是儿童所接触到的语言数据所决定的。尽管语言获得的环境并不理想,但是儿童获得语言的速度极快;虽然在智力和经验方面个体儿童之间存在

---

　　① substantive universal 和 formal universal 又可以分别译作内容的普遍性和形式的普遍性。

相当大的差异,但是在语言获得方面,他们之间几乎不存在有意义的差异。从实际效果的角度看,对实质性的语言共性的研究就是对先天的语言官能(*faculté de langage*)的研究。正是有了语言官能,在特定的时间条件和语言数据条件下,儿童语言获得才能成为可能"(SPE:4)。在稍微具体的一些问题上,例如音系规则应用顺序方面,Chomsky(1967)认为,"至少有一部分语法规则是按序应用的",而且"[确定]音系规则应用顺序的[原则]是儿童语言音系获得之基础中的优先部分(priority part)"(SPE:127–128)。任何有关音系表达和推导的假设都必须回答可学性(learnability)问题:儿童能否构拟假设中的音系表达形式?儿童能否学会推导过程?

包括音系语法在内的语法先天性假说完全否定了行为主义的语言获得观。先天的音系语法里没有经验因素,语法没有经验基础。儿童音系获得的过程是普遍音系语法在后天特定的语音环境中发展为具体语言音系语法的过程。

音系语法的另一主要特点是生成性。语音的多样性和无限性是音系生成机制的产物。生成性的根本原因是递归性(recursive property)。在语音层面上,可能的语音表达在数量上是无限的,正如句子在数量上是无限的。但是,每种语言的音系语法是一个存在于有限大脑(finite brain)之中的有限客体(finite object)。这一事实要求我们必须建立这样的假设:音系语法具有递归性。从根本上讲,递归性是语音无限性的来源。具有递归性的音系语法是一个包括一组音系规则和决定音系规则运算方式原则的有限集合。如果说音系规则本身属于具体语言,那么决定音系规则应用方式的原则是音系共性的核心内容。作为音系规则运算的对象是有限的内容共性。

音系语法具有形式化特点。音系表达、音系规则、原则和音系机制都必须从形式的角度定义,在形式上不能定义的东西不能成为音系的组成部分。音系的形式化主要依靠音系符号和其他语法

符号,如语素特性符号、语法范畴符号、屈折形态符号和句法符号
定义。非语法符号不得进入音系。只有形式化的语法符号才能被
音系计算系统识别并施以各种操作。例如,音系规则的典型形
式是:

$$A \longrightarrow B\ /\ X\underline{\quad}Y$$

一旦结构描写(structural description)XAY 与音系表达形式一
致,音系规则自动地把音系表达式 XAY 推导成音系表达式
XBY,即音系规则所表达的结构变化(structural change)。音系
表达的形式化和音系规则(以及音系原则)的形式化是保证音系计
算可操作性和自主化的前提条件。

　　音系语法具有自主性,是一个独立的计算系统。在 Chomsky
看来,音系部分由一个音系符号系统和一个以音系符号为计算对
象的音系规则系统构成。音系符号是任意的,没有语音内容;音系
规则无须语音产生-感知基础,无须功能解释;计算是纯形式的。
音系语法里真正有意义的是没有语音基础、无须根据语音功能得
以解释的纯音系规则。这与 Chomsky 的语法观是一致的,"凡是
从功能方面能够得到解释的语言属性无助于对大脑本质的认识。
我们的理解是,解释只能是形式上的解释;我们提出的解释原则不
是任何可以想象到的语言的实质的或自然的属性,而是那些能够
反映大脑状态的解释原则"(Chomsky 1971:44)。

　　概括地说,SPE 的基本假设是,音系本体是由音系(以及其他
语法)符号系统和以音系原则、音系规则系统构成的计算系统;这
个计算系统具有先天性、普遍性、生成性、形式化、自主性特点;自
然语言的语音是音系计算系统运作的逻辑结果。

　　那么,音系本体或音系语法的基本属性究竟是什么? 对于
SPE 假设,既有支持的,也有怀疑和反对的。在线性表达理论时
期,关于音系语法的讨论集中在音系规则、音系规则的应用方式、
音系符号和音系抽象程度等方面。非线性理论则强调音系语法包

括关于音系表达非线性化原则和音系机制;在优选论里,音系语法的核心内容不再是音系规则和音系表达形式,而是具有普遍意义的制约。对音系语法本质和内容假设的论证、质疑、批评和修订,推动着理论假设的发展。

2.3.2 语法系统中的音系

音系是语法系统的组成部分。根据标准理论(Chomsky 1965;Chomsky & Halle 1968),语法系统由句法部分(syntactic component)、音系部分(phonological component)和语义部分(semantic component)组成。语法系统的组织如下图所示(Kenstowicz & Kisseberth 1979:7)。

(2)

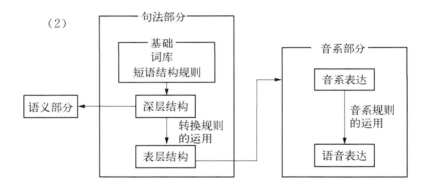

句法部分里的句法规则系统生成数量无限的句子结构描写:短语结构规则(phrase structure rule,简称 PS rule)决定句子的深层结构(deep structure),通过转换规则(transformation rule)句子深层结构被推导成表层结构(surface structure)。深层结构决定句子的语义解释;表层结构决定句子的语音解释。对于整个语法系统来说,每一个句子都有一个语义解释和一个语音解释;语义解释和语音解释决定了句子的语义和语音对应关系的无限性。句法部分和句法部分生成的句子结构起着把句子语义和语音联系起来的作用。这就是说，在 SPE 模式中，音系部分的功能纯粹是解释性的(purely interpretive)，它赋予句法部分的输出项(句子的表层结构)以符合语法的语音形式。

与传统音位学比较，在生成语言学的语法理论里，音系是语法的组成部分，或者说是语法系统的模块之一。模块性是生成语法理论的重要特点之一，是对传统音位学乃至传统语言学的重大突破。在传统音位学理论中，音系与构词、形态无关，与句法无关。虽然 Trubetzkoy(1939/1969)意识到，音位变体的分布和交替与句法环境有关，但是，他并未提出一种可能的语法框架来描写句法因素对音位变体在其分布和交替方面的作用。

在 SPE 模式里，音系部分和句法部分是语法系统里相互关联的模块，带有句法和形态信息的句法输出项进入音系部分，句法信息和形态信息对音系规则的应用起到直接的作用。因此，在 SPE 假设中，语法系统为句法对音系的作用提供了一个可以操作的框架。同样需要说明的是，虽然标准理论的语法组织框架在宏观上确定了句法决定音系的逻辑关系，但是，句法信息以及形态信息究竟如何作用于音系表达和推导，仍不十分清晰。正是对不同模块之间关系的关注，SPE 之后的音系学产生了关于形态-音系接口和句法-音系接口理论。

2.3.3　两个表达层次：音系表达和语音表达

音系部分由系统的音系表达(systematic phonological representation)、系统的语音表达(systematic phonetic representation)以及音系规则系统构成。"系统音系表达"又通常称作音系表达或底层表达(underlying representation)，其概念与 Chomsky 早期使用的"系统音位表达"(systematic phonemic representation)概念大体相同。"系统语音表达"通常称作"语音表达"或"表层表达"(surface representation)。音系规则起到把音系表达和语音表达联系起来的作用,即以某种方式应用,把音系表达推导(derive)为语音表达。建立"音系表达"和"语音表达"两个表达层次、"音系规则"和"规则运算方式"等概念是经典生成音系学以及生成音系学发展过程中最核心的和最重要的概念。

正如第一章所介绍的,不管是美国结构主义音位学还是布拉格学派的结构功能音位学,都把语音结构的表达分为三个层次,分别如(3a)和(3b)所示:

（3）a. 音位变体　　　b. 音位变体　　　**c. 语素的表层形式**
　　　音位　　　　　　　音位
　　　语素音位　　　　　超音位　　　　　**语素的底层形式**

在传统音位学里,基本的表达层次是音位层次和音位变体层次,而"语素音位"和"超音位"都是为了解决由音位重叠和音位中和导致的分析困难而提出的权宜之计,其本身并没有理论意义。如果不出现音位重叠或音位中和现象的话,"语素音位"和"超音位"之类的概念被置于考虑之外。此外,在传统音位学里,由于音位变体的分布与语素意义无关,因此音系表达的基本单位是音段(音位)。

针对传统音位学难以处理音位重叠和音位中和现象,SPE模式取消了音位表达层次,同时建立了语素底层表达和语素表层表达两个层次,表达的基本语言单位是语素和语素变体形式,如(3c)所示。在这个表达层次系统里,音位不再是有理论意义的音系单位,而是经音系规则推导出来的音段。语素底层表达的内容可以更加抽象。

我们首先考察语素音系表达的内容和特点。语素音系表达是从句法部分的输出项向语音表达推导过程中的一组中间层次。句法部分的输出项是音系部分的输入项。音系部分的音系规则把一串音段投射至句法部分提供的一串构形成分(formative)或语素上,从而使构形成分获得语音表达,形成符合语法的音系词(phonological word)。在标准理论时期,句法分析和词的结构(或语素)分析受到同一套句法规则的作用。除了音系规则的作用之外,句法部分处于深层表达层次上的句子结构信息有可能影响构形成分的语音表达形式。因此,建立音系表达不仅仅是分析或技术上的需要,更重要的是,这个表达层次在句法部分和音系部分之间建立了逻辑上的联系,使音系成为语法系统的必然组成部分,不再游离于语法之外;音系仅仅存在于语法之中,语法之外没有独立的音系。

音系部分具有解释性功能,而且是纯解释性的。音系规则分成三类:第一类是语素结构规则(morpheme structure rules;简写MSR)[又称作词项羡余规则(lexical redundancy rules)],其作用在于说明句法输出项的(具体语素的形式)音段配列音系特点,例如在英语里,在语素范围内,双元音 au_之后的位置上只能出现带有[＋舌冠性]特征([＋coronal])的辅音,如 out,不能出现其他发音部位的辅音。这条规则仅适用于语素范围内,跨语素则不遵守这条规则,例如 cowboy。MSR 具有定义语素音系形式或限制语素底层音系形式的作用。根据 MSR,语素音系表达里不得含有羡余的音系信息(redundancy-free)。羡余信息指在底层表达里没有区分语素音系形式并可以通过音系规则在表层表达形式里出现的信息。例如,对英语塞音来说,[送气性]是可以通过音系规则推导而得到的[－浊音性]→[＋送气性](如／p／→[pʰ]),因此[送气性]必须从语素的底层形式中去除,例如 pat 的底层形式／pæt／不包括羡余特征[送气性]。第二类是转换性规则(transformational rules);这类音系规则以循环方式得以施用。第三类是非转换性规则(non-transformational rules),在语素进入转换性规则作用阶段之前表现为句法结构中带有词界符号的终端成分语素,而转换规则的作用是由短语标记(phrase marker)决定的,因此,对于音系部分来说,句法部分是语法系统的核心,音系部分为句子提供语音解释。

由于音系表达的输入项是句法部分输出项,因此音系表达的基本单位是语素,例如句法的输出项是 *We established telegraphic communication*,其表层结构如(4)所示(SPE:8):

(4)

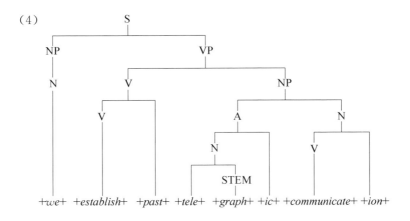

+we+ +establish+ +past+ +tele+ +graph+ +ic+ +communicate+ +ion+

在抽象表达方面,SPE 模式区分两个概念:词项表达(lexical representation)和音系表达(phonological representation);前者指储存在词库里的具有构词作用的构形成分(lexical formative)和具有语法功能的构形成分(grammatical formative)的表达。词项映射(lexical mapping)把这些构形成分投射至句法结构的终端,形成句子深层结构,然后经过句法推导,句子被转换成表层结构。

句子表层结构的音系表达必须满足两个独立的条件。第一,表层结构的句子必须符合音系规则运算的形式要求。第二,表层结构的句子必须是句法规则推导的直接结果。至此,这里产生两个概念:句法部分的输出项和音系部分的输入项。例如,*sing*[past tense]和 *walk*[past tense]分别是句子表层结构里的终端语素,但是 *sing* 的过去时形式是 *sang*,而 *walk* 的过去时形式是 *walked*。SPE 的作者认为,这两个概念是否完全等同属于经验问题。从分析的角度看,在某些情况下,句法部分的输出项和音系部分的输入项完全同一,如 *walked* ;但在某些稍微复杂的情况下,如 *sang*,二者存在一定差别。由于音系仅仅识别语素的音系形式,而不能识别语素特有的形态属性,那么决定词的形式就应该是形态系统的任务。考虑到后一种情况,语法系统还应该包括一类再调整规则(readjustment rule)。再调整规则的作用之一是把句法部分的输出项转换为音系部分恰当的输入项形式。例如,两个表层句子各包括一串构形成分 $[_V [_V sing]_{V past}]_V$ 和 $[_V [_V mend]_{V past}]_V$。再调整规则把 $[_V [_V sing]_{V past}]_V$ 和 $[_V [_V mend]_{V past}]_V$ 分别转换为 $[_V [_V sang]]_V$ 和 $[_V [_V mend]\ d]_V$。此时,两串构形成分在形式上分别是符合音系规则运算要求的和恰当的输入项初始形式。简言之,再调整规则的作用之一是根据语素形态特点对其音系形式作出调整。如果没有再调整规则作出屈折形式的调整,$[_V [_V sing]_{V past}]_V$ 的音系表达形式将是 *[sing]-ed*,被音系规则自动推导成不符合语法的表层形式 *[sɪŋd]*。

再调整规则的最大作用域(domain)是音系短语(phonological phrase)。句子的域和音系短语的域可以是吻合的,但并非总是吻合的,一个完整的表层句子可能由一个或若干个音系短语构成。音系短语域的界定至少部分地依靠句法结构提供的信息。从这个意义上讲,再调整规则是把音系部分和句法部分联系起来的关键环节。

音系表达仅仅包括纯粹的音系信息和必要的句法和语素-形态信息。同语音表达比较,音系表达和词汇表达具有抽象性。由于句法规则不改变语素的音系形式,所以,同一个语素的音系表达和词汇表达的抽象程度是相同的。为了使数量相同的音系规则能够推导出语素的多个交替出现的语音形式,语素的音系表达(或词汇表达)应当具有相当的抽象程度,其抽象程度足以能够通过音系规则把这个语素的条件变体都联系起来。也就是说,只要存在语素变体的变异和交替,语素的音系表达和相应的语音表达的语音形式之间不存在直接的对应。

语素的词汇表达不受任何具有普遍意义和语言特有原则的限制,有自身的特点和任意性,是语素固有属性和特点的集合。这就是说,某个语素(或某类语素)包含的音系信息是不可预测的。词汇表达的抽象性不但对共时分析具有解释作用,而且可以作为解释语音演变和方言语音系统差异的基础。词汇表达与儿童语言获得二者之间的关系极为密切。Chomsky & Halle 认为,儿童构建词汇表达或音系表达的过程不仅是一个语言获得自身的问题,还同一种语言的音系语法的构建密切相关,提出了关于儿童在语言获得过程的早期阶段如何构建词汇表达的假设,以及通过实证研究来证明这些假设。

除了包括无法预测的音系信息之外,语素的词汇表达还包括哪些语法信息?例如,英语形容词有多个名物化后缀,例如-*th*、-*ity*、-*ness*,特定的后缀只能加在某类词干后。这说明词根语素或后缀语素一定包括语素特性方面的信息,而这些信息又会诱发词内的音系过程。SPE 并未就语素特性和音系过程之间的交互作用作深入探讨,但它成为 SPE 之后的词库音系理论的重要课题。

虽然词汇表达和音系表达是不同的概念,但是由于句法规则不改变语素的音系形式,因此作为句法输出项的音系表达和词汇表达在形式上没有区别,所以在 SPE 里,二者往往被统称为"底层表达"(underlying representation);与此相对的语音表达又往往被称作"表层表达"(surface representation)。

我们再来考察语音表达的性质。音系规则的有序运算把语素的音系表达逐步地推导成该语素的语音表达,如(5)所示。

(5)

规则 1 的输出项是规则 2 的输入项,也就是说,规则 1 的输出项

规则 1 和规则 2 之间的中间表达层次。所有相关的规则运算完后的最后一个输出项为语素的语音表达,即语素变体。从分析角度看,建立两个表达层次的主要目的在于解释语素变体的交替(morphemic alternation)。在英语里,同一词根语素在 *divine* 和 *divinity* 里是两个不同的语素变体[divain]和[divɪn]-ity,两个语素变体的差别在于词根第二音节元音的不同,即双元音[ai]和短元音[ɪ],呈现[ai]～[ɪ]的交替。在分析上,两个词根语素的变体[divain]和[divɪn]是从同一语素底层形式推导出来的。如果假设词根语素的底层形式是/divɪːn/的话,那么,通过长元音的双元音化规则(ɪː→ai)推导出一个变体形式[divain],通过长元音变短规则(ɪː→ɪ)推导出另一个变体形式[divɪn]。我们暂不讨论这两条音系规则的音系和形态环境。我们的目的在于说明,底层表达的基本单位是语素,尽管语素变体之间的语音差别有时只涉及其中某一个音段或某一个音系成分。(6)表示底层表达和表层表达单位的关系。

(6) 底层表达　　　　　　　divɪːn　　　　divɪːn＋ity

　　长元音变短规则　　　　n.a　　　　　divɪn＋ity

　　长元音双元音化规则　　divain　　　　n.a

　　表层表达　　　　　　　divain　　　　divɪn＋ity

　　　　　　　　　　　　　(n.a 表示规则不能使用)

　　语素的底层音系形式是抽象的。这里,抽象性有双重含义。第一,任何语素的底层形式都是抽象的,都是存在于大脑的表征。语素以某种音系形式储存在记忆中,是不可被直接观察的(Halle 1985)。这个意义上的"抽象性"是生成音系学的基本共识和前提性假设,没有讨论的余地。第二,抽象性具有特殊的含义,语素的底层音系形式可以不同于表层语音形式,也就是说,语音形式当中没有相对应的语素底层形式的原型(Kenstowicz & Kisseberth

1979)。底层音系表达形式不是对语素变体形式的归纳和概括。例如,词根语素的底层形式 divɪːn 从不出现在表层表达,表层没有 *[divɪːn]形式。概括地说,任何一个语素的底层表达形式都是抽象的,只不过不同语素的底层表达形式的抽象程度有所不同。关于这个意义上的"抽象性",生成音系学内部有不同的认识。这里的"抽象性"实际上指音系表达的抽象程度。对"抽象程度"的讨论以第一个意义的"抽象性"为前提。我们在第三章里详细讨论音系的抽象程度。

因为音段是由区别性特征构成的,所以每个语音符号,如/d/、/ɪː/和/n/,不过是与其对应的某个区别性特征矩阵的标签。

表层表达或语音表达的本质是什么? 从理论上讲,语音表达是话语中切分出来的一串具体的音段。所谓"具体"是指音段是由具有普遍意义的"语音特征"(phonetic feature)或区别性特征构成的。每个区别性特征有正"+"或负"－"的特征值。每个音段都是一个区别性特征的集合;特征集合称作特征矩阵(feature matrix)。从音段表达的形式上看,语音表达看似是一个由横向和纵向构成的二维矩阵,横向是音段的线性排列位置,纵向是相关的特征,如(7)所示。①

(7)

	p	æ	d
	+辅音性	－辅音性	+辅音性
	－元音性	+元音性	－元音性
	－响音性	+响音性	－响音性
	－浊音性	+低舌位	+浊音性
	－延续性	－后舌位	－延续性
	－延迟除阻	－圆唇性	－延迟除阻
	+双唇性	－紧张性	+舌冠性

---

① 从形式上说,SPE 模式的音系表达是单维向或线性的,所谓的"纵向排列"在概念上不能成立。我们在第四章再来讨论这个问题。

音段的语音符号,如[p]、[æ]和[d]本身不再有实质性内容,而仅是某个特征矩阵的标签或简称。矩阵内语音特征的出现受到具有普遍意义的制约(constraint)的限制,例如制约禁止 *[**－辅音性,＋刺耳性**]在同一矩阵内同时出现。音段配列方面的制约限制了特征矩阵的横向排列。需要指出的是,在 SPE 模式里,除了音段特征之外,传统上定义的诸如声调和重音之类的超音段特征也以特征的形式出现在音段的特征矩阵里。我们将在第四章回到这个问题。

从推导的角度看,语素的语音表达是由具体语言的音系语法提供和决定的。语音表达并不是说话人实际发出的语音,而是具体语言里的那些处于理想状态的语音形式。或者说,语音表达是音系部分根据音系规则的推导结果。从音系和语音的关系角度看,表层表达的内容是语法通过大脑神经向发音器官发出的关于某个词语如何发音的指令性信息(instructive message)。语音表达是音系规则推导的逻辑结果,因此,只要语素底层表达形式正确,音系规则真实地概括了音系结构的变化,而且音系规则的应用顺序正确,那么,符合语法的语音形式是音系语法系统运算的唯一的、逻辑的和必然的结果。如同数学的 $1+2=3$,只要概念定义真实,逻辑关系正确,等号右边的"3"是唯一的和必然的运算结果。因此,语音表达在音系语法系统里的地位是边缘的和次要的。尽管如此,语音表达对检验和评估音系表达和推导过程仍然具有实证作用。诚然,说话人的实际语音可能因个人的生理特点、心理状况以及话语环境的不同而与语音表达有一定差异,但在分析实践中,说话人发出的实际语音往往被视作最接近表层表达形式的语音形式。但是,无论"表层形式"和"实际语音"多么相似,二者的本质不同,是不同的概念。

从解码的一方(听话人)看,虽然同一语言的不同说话人各有自己的发音特点,但是听话人对感知到的语音通过自己的同一套音系规则和句法规则获得话语的语义解释。这就是说,听话人依靠感知器官听见声音,通过内在化的语法"听"懂话语的意义。Chomsky & Halle 不否认语音表达能够反映语音感知的现实性,但问题是如何解释它;如果感知事实对于语音表达还有价值的话,那么它的价值仅仅在于实证研究中可以用来检验关于音系语法的假设。两位作者断然否定语音表达具有声学基础,认为没有理由去假设,也没有任何证据能够说明语音表达与语音的声学属性之间存在哪怕是一丁点儿的联系。语音的声学描写,无论它是如何精细,也不论它具有何种物理学意义,都与作为音系推导终点层次的语音表达无关。前者属于物质范畴,后者属于语言的音系知识范畴,是语法系统运算的结果,二者具有本质的不同。语音在声学上的差别是否具有语言学意义完全取决于具体语言的音系语法,而绝非取决于声学事实本身。总之,语音表达只能从音系语法的运算角度加以定义和理解。

2.3.4 音系规则的形式与应用方式

在 SPE 模式里,音系规则是核心概念。从广义上讲,就内容方面看,音系规则是对特定音系表达层次上特定音系结构或音系过程的概括性描写;从功能上看,音系规则的作用在于把特定语素(或特定类型的语素)从一个表达层次推导至下一个表达层次。音系规则具有改变语素的音系形式、音系结构或音系成分的功能。

音系表达和音系规则具有形式化特点。音系表达的形式化是音系规则运算的先决条件。特定音系规则能否应用取决于音系表达的形式特点。音系规则的典型形式如(8)所示。

(8) A $\longrightarrow$ B / X____Y

箭头左边的 A 是音系规则的输入项,箭头右边的 B 是输出项;箭头读作"被推导成"或"被改写成";在规则应用之前,音系表

达的形式是 **XAY**,称作结构描写(structural description)。一旦音系表达的形式满足音系规则结构描写,音系规则便自动运算,把当前的音系结构转换成音系规则所决定的另一种音系结构。规则应用之后,音系表达的形式是 **XBY**,这个形式称作结构变化(structural change)。音系规则本身不具备对歧义的或表述含混的结构描写的解释能力,也没有纠正结构描写中存在错误形式的能力。因此,结构描写形式特点的显著性和精确性以及解释的唯一性对于音系规则本身至关重要。为了满足结构描写解释的唯一性和正确性,避免歧义和含混不清,语法必须以形式化的方式精确陈述结构描写和音系规则。

为了满足形式化描写的需要,SPE 提出了一套称作"标注规约"(notational convention)的符号系统。系统中的每一个符号代表一个而且仅仅是一个特定的音系成分、结构特点或音系规则之间关系的解释。例如词界符号♯代表词的左边界或右边界,语素界线符号+代表语素左边界或右边界,音段符号代表音段、语音特征符号代表特定的特征范畴,希腊字母表示特征值系数(正值或负值两个变量),圆括号( )代表非必需成分,花括号⎰⎱代表规则组合式(rule scheme)里可析取的规则(disjunctive rules)之间的关系。例如,规则1、规则2和规则3可以用一个规则组合式表达:

(9) a. 规则 1 　　A→B/X＿＿＿Y

　　　　规则 2 　　A→B/P＿＿＿Q+

　　　　规则 3 　　A→B/M＿＿＿(N)♯

　　b. 规则组合式

$$A \longrightarrow B / \begin{Bmatrix} X\text{＿＿＿}Y \\ P\text{＿＿＿}Q+ \\ M\text{＿＿＿}(N)♯ \end{Bmatrix}$$

形式化表述不是一个简单的用公式表达音系过程的方式或手

段问题,而是正如前面所介绍的,形式化表述有其语言理论基础。语音表达的创造性源于音系语法的递归性,音系语法的递归性来自有限音系规则对有限的音系结构单位的逻辑运算,音系规则的运算要求结构描写具有唯一性和正确性,而只有形式化的表述方式才能保证音系规则和推导过程的可算性,因此,形式化表述方式必然是音系语法的组成部分。

SPE 另一个重要假设涉及音系规则的应用方式。推导过程是音系规则应用的过程。语素的底层表达和其语音表达是由音系规则联接的。根据推导过程涉及音系规则的数量和规则的作用域的不同,SPE 认为,规则应用方式有两个基本特点。

第一,音系规则应用的有序线性(linearly ordered application of rules; linear sequence of rules)。当推导过程涉及两条或多条音系规则时,所有的音系规则按照严格的顺序依次应用。规则有序应用反映了不同规则之间的关系。有序应用的规则又可以进一步分成两种情况:合取式顺序(conjunctive ordering)和析取式顺序(disjunctive ordering)。处于合取关系的多条规则不因其中某一规则的应用而失去应用的机会。当处于析取关系时,因为顺序在先的规则 R_{n-1} 已经应用,规则 R_n 便失去了应用的机会,即使规则 R_n 符合其结构描写。处于合取关系或析取关系的规则可以分别构成一个规则组合式。

规则应用第二个基本特点是循环性(cyclicity)。根据循环性原则,一条规则或一个规则组合式在从小到大的作用域内反复应用。音系规则的应用域由不同结构层次的语法符号界定,例如语素界线符号＋…＋,词界符号 ♯…♯,名词短语界线符号[…]$_N$ 等,规则首先在最小或较小的域内应用,然后在更大的域内应用,直至在最大的域内完成规则的应用。

此外,在不同情况下,在同一域内一条规则既可以同时一次作用(simultaneously once application),也可以多次重复应用(iterative application)。至于规则应用有序线性的来源,SPE 时

期的研究者有着不同的假设。一种比较普遍的观点是,音系规则
应用顺序有两类:内在顺序(intrinsic ordering)和外在顺序
(extrinsic ordering);前者是音系语法普遍原则决定的,后者是具
体语言决定的,取决于分析需要,而非语法普遍原则的体现
(Anderson 1974)。

2.4 理论目标、认识论和方法论

从 SPE 到最简方案,生成语言学关于语法框架结构的假设发
生了变化,关于音系在语法系统里的地位的假设随之发生变化,而
且生成音系学内部因对音系和语音关系的认识有所不同而产生分
歧,但生成音系学的理论目标、认识论和方法论没有实质性变化。
这里主要讨论经典生成音系学在这些方面的理念。

2.4.1 理论目标

生成语言学语言本体论和音系本体论决定了音系学研究的目
标:揭示人脑中的音系知识,特别是要揭示决定人类语言音系结
构和作为儿童音系发展基础的音系共性,构建人类语言音系的普
遍语法。语法是大脑的属性,因此,包括音系学在内的语言学是认
知科学的一部分。

理论假设在生成音系学中可以分成两大类:一是作为音系学
最终的目标理论,二是不同流派或不同领域的具体假设。这两类
假设既有区别又有联系,在许多情况下表现出高度的同一性。生
成音系学的最终目标是建立一套能够说明人所具有的音系知识的
理论。那么,音系知识的实质是什么?音系知识以何种形式储存
在大脑之中?不同的理论有不同的理解。SPE 理论认为音系知识
主要包括音系规则和确定音系规则作用方式的原则,而 SPE 之后
的非线性表达理论则强调构建音系表达形式的原则以及非线性的

音系表达也是音系语法知识的组成部分,对语言现象同样具有解释作用。据此,音系语法不仅包括关于音系规则的知识,而且包括关于音系表达形式和原则的知识。

一种有效的音系学理论,除了其自身是一个严密的逻辑体系外,还应当具有两项功能:解释性的功能和预测性的功能。解释性要求音系理论能够说明音系现象的本质和因果关系,能够在抽象层次上解释表面上看似没有关联甚至是例外的或冲突的现象。预测性包括两项内容,一是要说明为什么有些语音形式是可能的,而另外一些语音形式则是不可能的;二是确定自然语言语音结构的变异范围(Bromberger & Halle 1989;Goldsmith 1995)。

就理论内容看,生成音系学所追求的是一套可计算的具有形式演绎体系性质的公理系统。系统内的公理是演绎性推论的基础;公理是作为不需要证明的初始命题提出的。初始命题是非经验的,是分析具体现象的基础,并具有规范作用。例如,强制性非等值原则(Obligatory Contour Principle;OCP)(Leben,1973;McCarthy 1986)属于公理性的初始命题。

公理系统的特点之一在于自足性,分析不必借助系统以外的任何概念或手段。例如,自主音段音系学的公理系统包括普遍性联接规约(Universal Association Convention;UAC)。从底层表达到表层表达的推导仅仅依靠操作程序(即按照联接规约把不同音层上的音系成分联接起来)便可完成,不需要形式表达和联接规约以外的任何手段。计算过程本身就是把语素的底层形式推导成表层形式的过程。

理论研究主要涉及两个方面的问题:(一)证明命题的真与假。许多命题最初是作为不需要证明的公理而提出的,然而,在命题提出后,反对者会提出命题难以说明和解释的语言数据,并通过对语言数据的分析证明命题为假;而命题的提出者和支持者或者提出新的语言数据,或者批评反对者使用的分析方法,或者对反对者提出的语言数据进行再分析,力图证明命题为真。(二)命题的应用范围。例如,OCP 最初只是针对声调的表达提出来的(Leben 1973),后来的研究把其作用范围扩大至所有具有自主音段性质的音层,其中最主要的是音段不同结构成分(包括具体特征或其范畴节点)构成的不同音层(McCarthy 1986)。理论研究的两个方面是相互关联的。在对语言现象的实际分析中往往有这样的情况:研究的动因在于证明命题具有更大的作用范围,但是,随着研究的深入和研究领域的扩大,研究的结果虽然不能证明命题为假,但是可以表明命题实际上是具有一定局限性的原则或参数,有的甚至只不过是某种语言倾向。

　　生成音系学理论是在对命题真假的不断论证中发展着的。针对同一命题在某些情况下为真而在另外一些情况下为假的研究结果,人们开始考虑决定命题真假范围的因素,发现命题之间的不一致性是命题为真范围有限性的根本原因,从而产生新的假设。音系因其抽象性使人们无法直接观察它,对音系知识的认识,只能通过根据观察到的音系外部表征(语言数据)来建立关于这些知识的某种假说或假设。因此,理论的本质是一套系统的假说和假设。假说和假设必须通过更多的不同语言和不同类型的语言数据反复地检验、证实、证伪或修订。在这个意义上,假设和作为证据的语言数据具有同等重要的作用。

　　然而,语音数据仅仅是音系知识的某种外部表现形式,它们可以接近音系知识,但不是音系知识本身,同音系知识之间始终存在一定的差别。当原有的理论不能够为构建音系知识体系指明方向、研究路径或限制了对音系知识探索时,突破性的进展便需要新的理论,那么,作为新理论先行者的假说便应运而生。假说为研究指出明确的方向和可能的途径。生成音系学的发展过程是一个不断提出假说、验证假说、充实假说、修订假说、否定原有的假说并提出新的假说的过程。SPE 理论本身是一个假说体系。SPE 理论之后的研究正是以 SPE 假说中的缺陷或局限为突破口,以对其提出质疑、修订、否定、补充或完善而得以发展的。

例如,针对 SPE 模式里底层表达音段音系表达充分赋值,不充分赋值理论(underspecification theory)提出了音系表达是不充分赋值的假说;针对 SPE 模式的线性表达方式,自主音段音系学(autosegmental phonology)提出了非线性表达的假说;针对特征结构关系,特征几何(feature geometry)理论提出了关于音段内部成分的结构关系的假说;以再调整规则为突破口产生了词库音系学和韵律音系学。

2.4.2 认识论

在确定音系本体后,音系理论需要回答如何认识音系本体的问题,要求音系理论提出关于认识音系本体的方法。关于如何认识音系的理论是音系学的认识论(epistemology)。音系本体论决定了音系的认识论和方法论。

因为音系语法的抽象性,研究实践无法通过经验观察直接获得关于音系的描述,因此,研究需要通过思辨和演绎的方法提出关于音系的假设。音系假设既没有经验原型,也无法从其他的理论推导出来,正如生成音系学的本体假设无法从结构主义的音位理论推导出来,因此假设只能是思辨和演绎的结果,具有一定先验性。作为经验科学的语言学的一个研究对象,音系语法的内容,如音系原则、底层音系表达形式和基于音系规则的推导过程必须接受广泛的经验事实的检验,或者说能够最大限度地解释经验事实,使其具有预测性。因此,不同层次和不同结构方面的音系假设都需要经验事实的检验。

从认知科学的角度看,认识论是关于知识的哲学和关于认知的科学的结合(Goldman 1999:280)。认知是对知识的哲学探究,但是探究方法和结果需要采用科学的方法来评价,所以认识论更加注重对知识的探索方式和结果评价。

在评价方面,生成音系学采用观察充分性、描写充分性和解释充分性三条标准。

第一,观察充分性要求对有关的语言现象给予全面和精准的描写,获得相对充足的语音数据,确定数据类型和性质,尽可能把握语音数据中的个人特点。

第二,描写充分性要求对基本的语言数据给予正确的描写。描写过程需要对语音数据进行音系的范畴化处理,在语音数据之间建立符合语音学和音系学原理的对应关系。描写充分性要求描写能够正确地反映说话人固有的、潜在的语言知识,符合说话人的语言直觉。在分析实践中,研究往往在描写充分性上产生分歧。例如,当声调、句调和重音表现为同一音高曲线特征时,那么,从音系范畴的角度看,同一声学表征会被不同研究者视作不同音系范畴的直接证据。再如,在特定的语言里,声调和重音的语音表征涉及音节,但是,从音系范畴的角度看,声调和重音的负载单位(bearing unit)究竟是音节还是元音呢?

第三个评价标准,即解释充分性,是最重要的标准。解释充分性要求在描写充分性基础上,依据具有普遍意义的语法构建原则提出相关的语法模型。这个语法模型不仅能够解释相关现象,而且能够预测语言里是否存在特定的现象。更重要的是,解释充分性要求,分析还要证明,在这个语法模型的基础上,在后天语言经验的作用下,儿童能够完成一部具体音系语法的构建。

诚然,在研究实践中,研究者依据部分语言事实提出的具有普遍意义的语法模型往往面临生成力不足或生成力过强的问题。根据音系语法理论,就一种语言内部而言,这种语言的音系模型能够并且仅仅能够生成这种语言所有符合语法的语言形式,不能生成任何不符合语法的语言形式;跨语言而言,任何一部音系模型具有定义可能的语言形式系统和定义系统变异范围的作用。但是,就生成音系学至今诸多的音系模型而言,如特征几何模型、声调结构、自主音段表达模型、重音表达模型,都存在生成力过弱或过强问题。解决生成力过强或过弱问题是生成音系学在具体领域的理论发展的主要驱动因素。

2.4.3　方法论①

生成音系学的音系本体论和理论目标决定了它的方法论。方法论确定具体的研究方法和分析程序。

2.4.3.1　形式化

基于语法特点的假设,语法内容必须形式化。只有形式化的音系表达、音系规则才能使得音系语法具有可算性。建立一个形式化的计算系统是经典生成音系学的理论目标。形式化是语法存在的方式,也是语法全部内容的特点。

形式化是生成音系学内部讨论最多的问题。这里涉及两个关键问题。第一,定义音系语法内容的形式符号是否包括语音内容?第二,音系的形式推导是否受语音机制的限制? 如果就这两个问题作出概括,那么,问题的根本在于如何处理音系和语音的关系。在这个问题上,Halle 可以代表生成音系学的主流观点。

在 SPE 里,两位作者在力推形式化推导的同时,也在考虑音系符号的具有语音内容的可能性。虽然他们力求凸显音系规则的形式特点,但内容的共性方面,例如区别性特征的定义,却是以语音发音机制为基础的。诚然,强大的形式化推导过程未能体现音系符号里语音内容的限制作用,以致推导结果不符合语法。我们在第三章回到 SPE 关于对形式化推导过程的限制问题。

在《最简方案》问世的前夕,Chomsky 提出的 I‑语言(I-language)和 E‑语言(E-language)在观念上的对立日益显突。生成音系学内部也出现了对音系现象采用句法推导的倾向,以此方

---

① 本节部分内容曾发表在李兵(2001)。

法把语音从音系里彻底排除出去。[①] 对于这一倾向，Bromberger & Halle（1989）在著名的"音系为何不同"（Why phonology is different）论文里作出明确的反应：音系不同于句法；音系具有把抽象的语言范畴符号和结构单位转换成可被发音和感知的语音形式的功能，句法没有这个功能；音系的表层形式包含向发音器官指派的话语如何发音的指令性信息；而表层形式是底层形式根据音系规则推导而来的，因此，音系表达必须包含语音信息。两位作者还从共时和历时的角度论证音系表达包含语音内容的必要性。虽然音系语法是非物质的，但是音系信息必须以物质形式得以表现，因此音系符号势必与语音符号之间存在一定的联系。音系符号和语音符号虽然相似，但本质不同。音系符号之间的关系不等于语音符号之间的关系。音系学研究的目标之一在于说明两套符号之间的关系，而不是将二者完全割裂开。作为一种研究假设（working hypothesis），音系属于语法范畴，但是不同于句法知识。如果句法是一个纯符号系统的话，音系是一个与语音有着密切关联的符号系统。[②]

最能反映 Chomsky 在音系本体问题上摇摆不定立场的是《最简方案》（*Chomsky* 1995）。我们在第十章讨论优选论产生的背景时再讨论《最简方案》关于音系的语法地位的假设。

2.4.3.2　元语言

为了精准定义语法符号，Chomsky 主张使用元语言（metalinguistic）符号。使用什么样的表达工具来表述为数众多的概念呢？这个问题在对自然语言进行表述时显得非常突出。例如，在物理学中，理论表述的对象是客观存在的，理论表述的工具

---

① 这一倾向不仅涉及音系里是否有语音，而且涉及音系语法是否也可以采用原则加参数的方法取代按序应用音系规则的问题，或者，从理论上说，这种方法涉及音系结构和句法结构是否有着相同的结构和属性。

② 但是，这并不妨碍音系和句法、音系和形态之间的接口假设。

是自然语言,表述对象和表述工具有着各自明显的特征。但在语言研究里,语法理论表述的对象和工具都是自然语言,这对音系研究来说,是不可取的。因此,采用一套类似人工语言的元语言来表示概念,既是音系描写的需要,也是音系理论构建的需要。生成音系学在其发展过程中逐渐形成了一套公认的元语言,例如"扩散"(spreading)、"映射"(mapping)、"诱发音段/靶音段"(trigger/target)、"根"(root)、"自主音段"(autosegment)、"域"(domain)、"结构描写"(structure description)、"空音段"(empty segment)、"结构维持"(structure preservation)等。此外,音系描写还从自然科学借用了为数众多的术语以表达特定概念,如"矩阵"(matrix)、"綮"(charm)、"束"(bundle)、"几何"(geometry)、"反馈"(feedback)、"泊位"(anchor)、"栅"(grid)、"轨迹"(locus)、"回路"(loop)、"衰减"(degenerate)、"镜像"(mirror image)、"原子"(atom)、"粒子"(particle)等。这些术语在特定领域和方法里有其专门的含义,是生成音系学研究中不可替代的描述工具。

2.4.3.3 演绎与证据

演绎法是生成音系学的主要方法。同以归纳法为主要方法的传统音位学相比,生成音系学的显著特点之一是注重演绎法在理论构建和语言现象分析中的作用。

对语音和语法属性的认识决定音系语法构建过程必须采用演绎法。

在对具体现象的分析中,研究者首先采用或建立一个作为公理或原理的判断形式,然后根据逻辑系统的规则推导出一个判断系统,以此解释为什么有些语音形式是符合语法的,而另外一些是不符合语法的。推导过程完全依据所采用的逻辑系统规则,而不需要考虑系统以外的任何因素。

归纳法是一种从个别到一般的推论方法,其最严重的缺陷是或然性。在传统音位学里,研究工作的第一步是收集充足的语言数据,然后通过分析对数据作出归纳,最终得出一般性结论。然而,获得充足的语言数据是一件实际上无法实现的事情。从共时角度看,世界上数十亿人使用着数千种语言,产生话语的数量极为庞大。从历时角度看,除了现存的语言外,历史上许多语言现在已经消失或演变成现代语言,目前要获得这些已经消失的语言或早期语言的数据是困难的。对于无限的语言数据来说,传统音位学所主张的语言数据充分性充其量不过是沧海一粟。因此,使用归纳法得出的结论势必是或然的。

从性质看,语言数据仅仅是语言知识的外部表征,而不是语法知识本身。即使语言数据可以相对充分,但语言数据毕竟不是语言的本质。那么,仅仅通过对极其有限的数据的归纳得出的或然性结论在何等程度上是音系知识的真实反映?对以揭示具有普遍性的音系知识为最终目标的生成音系学来说,归纳法的确是值得怀疑的。

演绎法是一种从一般到特殊,或从一般到一般,或从特殊到特殊的推论。演绎法的实质是,根据逻辑规则,从前提出发通过推理得出结论,因此使用演绎法得出的结论具有必然性。

注重演绎法并不是一个简单的方法转换问题,更不是说归纳法本身不如演绎法,这一选择是由生成音系学的音系本体论和方法论乃至理论目标所决定的。在具体问题研究实践中,生成音系学并非完全否定归纳法的作用。归纳法是获得语音事实的基本和主要手段,其目的在于确立语音事实的客观性。这是音系学研究不可缺少的阶段。演绎法是构建理论的主要手段,其作用在于利用已有的音系知识,从作为真理的前提出发通过逻辑系统的推论得出必然结论。

诚然,音系学是经验科学。任何关于音系语法的假设和分析必须受到经验事实的检验。作为语法构建原则,生成音系学主张区分不同类型的证据。这里最主要的区分是内部证据(internal evidence)和外部证据(external evidence)(Kenstowicz &

Kisseberth 1979)。

内部证据包括若干条关于分析的准则。其中,语言数据包括一种语言里所有相关的事实和现象,要求对所有相关数据和现象给予同一的描写和解释,具有一致性,避免"同一语言,两个语法"(one language,two grammars)的分析,避免使用范围或作用对象极为有限的音系规则(ad hoc rule)或极为特殊的限制条件。内部证据要求音系规则尽可能最大限度地概括音系表达和音系过程。

内部证据要求对音系各个子系统以及形态系统和句法系统的分析结果在逻辑上吻合;要求同一论点的论证必须有不同方面的和不同类型事实的独立的证据。

内部证据注重对所谓"例外现象"或"非常态现象"分析的价值;常态现象不外是样本数量多的现象,而"例外现象"和"非常态现象"不过是样本数量少的现象,而样本数量的不同不是本质性的差别。分析要对"常态现象""非常态现象"和"例外现象"予以同一的分析和解释。内部证据的本质是检验和证明一种语言音系语法的系统性和内部一致性。

内部证据还要求,音系表达、音系机制和音系推导结果应当符合母语说话人的语言直觉。

内部证据还要求共时分析和历时分析的统一。在经典理论里,共时音系是一套按序应用的规则,语音演变则是音系规则或音系规则应用顺序或语素底层表达变化的产物(Kenstowicz & Kisseberth 1979;Kiparsky 1982)。音系规则的变化和底层表达的变化,二者之间存在逻辑关系,关于这个问题更细致的讨论可见Kiparsky(1995,2003)和 Hale(2003)。

外部证据指内部证据之外的能够证明音系假设或分析的一大类证据,包括儿童语言、儿向语、自然手语、语言游戏、外来成分的母语化、心理语言学现象、失语症话语,以及其他病理性话语现象、第二语言学习过程中出现的语言现象、行话、隐语、黑话、口误、正字法、诗歌、民谣、童谣、歌词和特殊语域如网络语言等(Kenstowicz & Kisseberth 1979；Trask 1996)。这些语言现象之所以被视作外部证据，原因在于，它们是音系因素和非语法因素共同作用的产物。除了音系因素之外，其中可能存在认知、语言经验、交际意图和交际手段、心理、病理、文化、文字、艺术、美学和环境等非语法因素。外部证据是对内部证据的补充。如果能够区分外部证据中的音系因素和非音系因素，外部证据有对音系假设和分析以及内部证据再加以论证的作用。

关于语言类型学事实能否成为内部证据，生成语言学经典作家的基本观点如下：类型学事实是语法因素和非语法因素的混合体；除了语法因素，类型学事实包含诸如生理、物理、语用、历史、文化等因素，是一种语言倾向。类型学方法依赖观察作出统计，而统计结果与语法无关(Chomsky 1965)。作为语法，音系不以类型的方式存在(Bromberger & Halle 2000)。据此，类型学事实属于外部证据，有其参考价值，但建立类型并不是研究目标。在认同经典作家对语言类型的认识基础上，Newmeyer(2000)则进一步认为，虽然类型学事实或类型学统计结果是语法和非语法因素的混合体，但是生成理论不仅不应放弃对类型学事实的分析，而且更要从形式语法的角度剖析两类性质不同的因素，继而发现语法因素和非语法因素之间的关系。Newmeyer 把类型现象比作一种疾病，假设其有遗传方面的因素，也有后天的环境方面的原因；如果能够发现并区分遗传因素和环境因素，而且能够说明二者关系，那么，这对于认识这种疾病的产生以及治疗是有意义的。因此，从这个意义上说，类型学事实对构建语法理论有它的价值。Newmeyer 进一步认为，形式主义语言学不应放弃对类型学事实的研究，应当给予类型学事实以形式的解释。正是在这个意义上，类型学事实属于外部证据。

2.4.3.4　理论逼近

音系研究实践的步骤一般是，在特定的理论框架内，首先在相关的事实基础上,提出假设(音系表达、规则、机制和原则),然后使用来自其他不同语言的数据或不同类型的事实对假设的客观性、真实性、有效性和普遍性加以检验。通过检验对假设加以修订,然后再把修订过的假设置于更多语言事实里加以检验,以此方式不断完善假设,使其接近音系事实,能够最大限度地反映说话人的音系知识。这种方法称作理论逼近(theoretical approximation)。

为了解释语言现象,音系学需要建立一系列具有普遍意义的概念、范畴和模型。然而,经验观察与概念、范畴和模型之间的联系并不是直接对应的。二者之间的联系往往需要经过若干个中间层次才能建立起来。中间层次越多,概念、范畴和模型的抽象程度就越高。加上中间层次本身具有不同程度的抽象性,从而使概念、范畴和模型往往具有高度的抽象性。高度抽象的东西是无法在观察到的语音事实中得到其初始形态的,因此不得不采用超验的、思辨的方式来获得理论构建必需的概念、范畴和模型。思辨的结果往往是命题。命题往往有两个特点:一方面,命题具有丰富的内涵;另一方面,在处理具体语言现象时又表现出不确定性,对具体现象有若干个可能的不同解释。例如,"音段有其内部结构"是一个命题,然而音段结构究竟是什么样的则无法通过观察获得和确定。围绕"音段有其内部结构"这一假设,研究者依据不同语言和不同类型的经验事实构拟为数众多的音段结构模型(参见 Kenstowicz 1994),至今仍在不断地论证当中。再例如,"底层音系表达无羡余",看似明确,但在对具体语言现象分析时,音系表达里究竟哪些信息是羡余信息,仍然具有不确定性。也正是如此,不充分赋值理论对语素底层表达中的音系信息又有不同的理解。

命题的真实性必须通过具体语言的数据加以验证。在研究实践中,研究者一般遵循假设—检验—再假设—再检验的过程。

在研究实践中,思辨方法体现在研究者已经具有某个理论假设或理论模式,而研究过程只不过是在解释说明假设和模式应用

的各个方面的细节。以 SPE 为例,作者在第一章开门见山地提出
生成音系学基本假设和推导程序,而其余的七章则利用英语和其
他语言的材料来验证假设和推导程序的有效性,最后在第九章提
出解决音系语法生成力过强的方案。

再如,SPE 假设音段是由区别性特征构成的,同时假设矩阵内
区别性特征之间不存在结构关系。特征几何理论正是以否定了
SPE 模式特征矩阵假设为突破口,提出了关于音段结构的新假设,
例如 Clements(1985)的假设,见(10)。

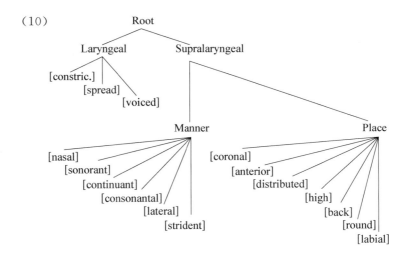

有价值的假设遵守可检验、可证实和可证伪的标准。检验在
理论的完善和发展中起到至关重要的推动作用。例如,Sagey
(1986)把 Clements 提出的音段结构模型置于某些非洲语言里加
以检验。检验结果表明,Clements 的模型能够解释涉及简单音段
的音系过程,但难以描写那些与涉及两个发音部位的复杂音段有
关的语音现象。① 在坚持音段有其内部结构假设的基础上,Sagey

————————

① Clements 的模型还存在不能证明音段内部存在发音方式(manner)节点的
问题。

(1986)根据发音部位及其相互关系的原理又提出新的音段结构模型,如(11)所示。

(11)

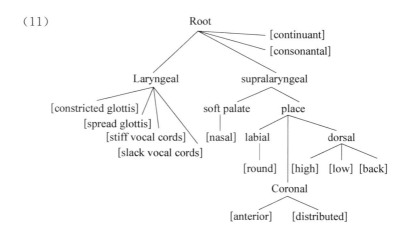

　　这些假设既不能通过观察获得,也无法从早先理论推导出来,而只能是思辨的结果,并且需要经验事实的反复检验。正是因为SPE模式提出了一套作为思辨产物的假设,才使得经典生成音系学成为一个开放性的理论体系,为其日后的不断完善和发展留下了潜在的空间。如果从音系学业已取得的理论进展的角度评价SPE这部著作在音系学发展史中的地位的话,我们可以这样认为,SPE之所以在当代音系学中占据重要的地位,并不是因为它解决了什么问题,而是因为它以哲学式的思辨方式,提出了一系列前人没有提出来的具有根本性的假设,和围绕这些假设提出来的一系列更多和更有价值的新问题,围绕对这些新问题的思考和回答,又会出现新的问题。

2.4.3.5　简单原则

　　简单性(simplicity)是生成音系学的方法论原则之一,也是理论评判标准之一。作为理论和分析可接受性的标准,简单原则的基本内容可以概括为,使用尽可能少的假设和尽可能简单的分析程序来最大限度地概括和解释所有相关的现象。

　　然而,在研究实践中往往出现这样的情形:由于某个理论是由若干个次级理论构成的,其中某个次级理论的简化导致与其有直接关系的其他次级理论的复杂化;由于分析框架是由若干个模块构成的,某个模块内部结构的简化导致其他模块内部结构复杂化。例如,不充分赋值理论(underspecification theory)简化了底层音系表达,降低了其复杂程度,但增加了为数众多的不参与规则。又如,关于音段成分的一些理论,粒子音系学(particle phonology)、管辖音系学(government phonology)和从属音系学(dependency phonology),减少特征值和音系成分范畴数量,但增大了音段成分之间结构关系的复杂程度,导致对音段成分操作的难度增大。再如,优选论在简化语法内涵和分析程序的同时,输出项的无限集合和阶乘类型导致的数量庞大的结构类型有悖于简单原则,从而遭到批评。

　　尽管简单性是生成音系学理论所追求但又难以满足的标准,但它在对理论和分析进行评估时仍然起到重要的作用,在音系表达的构建和音系推导中,在解释力相当的情况下,简单性是研究者普遍遵守的原则。除了能够满足高度概括性的要求之外,简单原则是科学的美学准则之一。

第三章

关于 SPE 理论与方法的讨论

SPE 的问世标志着音系学史最重要的理论变革。根据 SPE
理论,音系语法是一个在形式上明晰简单的、抽象的表达系统和自
主运算系统。理论和分析技术手段有着密切的关系:音系语法的
形式化特点要求分析手段的形式化,分析手段的形式化服务于音
系语法的构建。SPE 出版后,生成音系学内部在理论和分析手段
两个方面展开了一场为期近十年的讨论,涉及诸多方面的议题。
本章讨论三个方面的问题:(1)音系符号运算与音系符号的语音
内容;(2)语素底层音系表达的抽象程度;(3)音系规则应用的顺
序与方式。

3.1　音系符号运算与音系符号的语音内容

3.1.1　两类符号

SPE 理论的核心思想是建立一个实质为由纯符号构成的演算
系统的音系语法。不管是属于内容共性范畴的音系成分和音系单
位,还是属于形式共性范畴的音系规则和原则,都通过纯符号之间
的逻辑关系表示,例如,在音系过程中,音系规则用[-αF]取代结构
描写里的[αF]。然而,纯形式的演算系统是否符合语言原理呢?
音系推导过程的结果必须赋予表层形式以语音内容,凡是可能的
音系表达必须以可能的语音机制为前提。由于音系规则本身没有
识别并判断符号之间的关系是否具有语音机制的功能,因此,作为
音系规则应用结果的输出项虽然逻辑上是可能的,但语音上也许

是不可能的。这就是说,如果音系符号的逻辑运算独立于语音机制,其结果势必使形式系统失去作为音系语法的意义。

在 SPE 理论中,从功能上看,符号大体上分成两类:一类是表示结构范畴和语素特定属性以及句法信息的符号,另一类是表示音系规则组合式(rule schemata)的标注符号(notational convention)。

我们先给出第一类符号。第一类符号包括区别性特征符号、超音段特征符号、边界符号和语素特性以及句法信息符号。下面分别举例说明。

区别性特征符号

音段特征符号:[α 浊音性],[α 高舌位],[α 圆唇性]等。

超音段特征符号:[1 重音],[＋长元音],[＋高平调],[＋元音和谐]等。

边界符号

语素边界符号　　＋

词边界符号　　　♯

语素特性符号(又称附加特征(diacritic feature))

语素源符号:[＋拉丁语],[＋日耳曼],[－外来语],[＋拟声词]等。

语素例外符号:[－规则](表示不受规则的作用)等。

句法信息符号:[X＿Y]ₙ,[Adj[＋比较级]]_{Adj}等。

第二类符号主要用来表示一个规则组合式里若干个相互联系的规则在形式方面的各种关系。这里,"相互联系的规则"的含义是这些规则描写的同一音系过程。第二类符号主要包括圆括号( )、大括号{ }、角括号⟨ ⟩。圆括号表示括号内的成分在特定环境内出现与否不影响规则的应用。例如:

（1）规则 1　　　V→［＋圆唇性］/__（♯）w

根据规则(1)，不管词界符号出现与否，滑音[w]之前的元音都变成圆唇元音。

大括号{}表示两个(或更多的)除了在特定位置上某个成分不同之外，其他所有成分完全相同的规则的组合。大括号{}内的成分是选择性，即"或者 P，或者 Q"。例如，在古英语里，长元音在两种情况下变成短元音(Kiparsky 1968a)。第一种情况是，长元音在两个或更多的辅音之前变成短元音，例如 go:dspell→gospel(gospel)，brä:mblas→brambles(brambles)。第二种情况是，长元音位于倒数第三音节里且其后有两个辅音时变成短元音，例如 ble:dsian→bledsian(bless)。这两种情况分别用(2)里的规则 A 和规则 B 表述：

（2）规则 A　　　V→［－长元音］/__CCC

　　规则 B　　　V→［－长元音］/__CCVC$_0$VC$_0$♯

在早期中古英语时期，长元音在两个辅音之前变成短元音，例如 hu:sband→husband(*husband*)；此外，在倒数第三音节里长元音也变成短元音，例如 sti:ropes→striropes(*sturrup*)，divi:nity→divinity(*divinity*)。早期中古英语长元音变短的两种情况分别用(3)里的规则 C 和规则 D 表述：

（3）规则 C　　　V→［－长元音］/__CC

　　规则 D　　　V→［－长元音］/__CVC$_0$VC$_0$♯

Kiparsky 认为，规则 C 和规则 D 分别是规则 A 和规则 B 的简化：在结构描写里，元音之后辅音数量分别从三个和两个减少至两个和一个。这说明，导致长元音变短的音系环境在早期中古英语里发生了系统的变化。据此,在古英语里规则 A 和规则 B 所描写的音系过程从本质上说是相同的,因此两条规则可以合并成一个规则组合式(规则 E),如(4)所示:

$$(4)\ \text{规则 E} \qquad V \to [-\text{长元音}] / \_\_CC \begin{Bmatrix} C \\ VC_0 VC_0 \# \end{Bmatrix}$$

同样,早期中古英语的规则 C 和规则 D 是古英语元音短化的继续发展,因此也可以用一个规则组合式表示:

$$(5)\ \text{规则 F} \qquad V \to [-\text{长元音}] / \_\_C \begin{Bmatrix} C \\ VC_0 VC_0 \# \end{Bmatrix}$$

规则 E 和规则 F 表明,古英语和早期中古英语的长元音短化遵循同一规律,唯一的差别在于结构描写里减少一个辅音。因此,使用大括号的规则组合式是对共时变异和历时演变的全面概括。

角括号⟨ ⟩表示结构描写里非连续性部分的成分之间具有完全的依赖关系;在一个规则组合式里,角括号里的对应成分或者全部出现,或者全不出现。例如,在波兰语里,在某些语素条件下,底层的软腭辅音/ k, g, x/ 的表层形式分别是[ts, dz, š];[ts, dz]是齿音,而[š]是硬腭音。例如(Kenstowicz & Kisseberth 1979:356):

(6) 主格   位格单数

     reŋ[k]a   ren[ts]e   手

     no[g]a   no[dz]e   腿

     mu[x]a   mu[š]e   苍蝇

底层的软腭塞音变成齿塞擦音,而底层的软腭擦音变成硬腭擦音。

因此需要两条规则,如(7)和(8):

$$(7)\ 规则\ A\ \begin{bmatrix}+辅音性\\+后舌位\\-延续性\end{bmatrix} \rightarrow \begin{bmatrix}-后舌位\\+舌冠性\\+前部性\\+延迟除阻\end{bmatrix}\ /\_+[e]\\ [位格单数]$$

$$(8)\ 规则\ B\ \begin{bmatrix}+辅音性\\+后舌位\end{bmatrix} \rightarrow \begin{bmatrix}-后舌位\\+舌冠性\end{bmatrix}\ /\_+[e]\\ [位格单数]$$

规则 A 和规则 B 的不同在于前者含有[−延续性]和[＋前部性],
因此可以合并成一个规则组合,即:

$$(9)\ 规则\ C\ \begin{bmatrix}+辅音性\\+后舌位\\\langle-延续性\rangle\end{bmatrix} \rightarrow \begin{bmatrix}-后舌位\\+舌冠性\\\langle+前部性\rangle\\+延迟除阻\end{bmatrix}\ /\_+[e]\\ [位格单数]$$

角括号内的成分具有可分离性和包含性,即组合规则 C 里的规则
B 是规则 A 的子集。因此含有角括号的组合式里的规则存在应用
顺序的问题。如果规则 B 应用在先,底层的软腭音的表层表达都
是硬腭音,而规则 A 将失去作用。如果规则 A 应用在先,规则 B
仍然可以应用,把底层的/x/推导成表层的[š]。根据 SPE 中提出
的原则,更加具体的(含有角括号的)规则(如波兰语的规则 A)应
用在先。

　　形式符号系统反映了语言的规律。古英语和早期中古英语长
元音短化规则组合式是对共时交替和历时演变的概括;波兰语规
则组合式里两个分离性规则的应用顺序取决于规则式里的角
括号。

3.1.2 对纯符号运算的批评

两类符号存在性质不同的问题。对于第一类符号来说,问题在于,如何保证音系规则的输出项是自然语言中可能的形式?由符号构成的规则自身不能对其输出项是否符合语法乃至可能性作出判断,例如,输出项[＋舌冠性,＋前部性]([＋coronal,][＋anterior])是自然语言可能的音段(同时也可能是具体语言里符合语法的表层音段),而另一个输出项[＋高舌位,＋低舌位]则是自然语言里不可能的音段。在偶值特征假设的基础上,既然[＋舌冠性],[＋前部性],[＋高舌位],[＋低舌位]都是性质相同的形式符号,但是为什么有些输出项是可能的,而另外一些则是不可能的?从元音系统方面看,自然语言里/a, i, u, e, o/是常见的5元音系统,而另一个5元音系统/æ ʊ ʌ ø y/则罕见或不存在。如果规则能够推导出前一个5元音系统,那么规则必然会推导出后一个5元音系统。又如,有些音系规则所表述的音系过程比较常见,而其镜像形式〔或对应的镜像规则(mirror rule)〕所表述的过程则罕见或根本不存在。例如,浊阻塞音在词末位置上清化比较常见,清阻塞音在同一位置上的浊化现象却极为罕见。再如,如果用[＋音节性]取代规则 A 输入项里的[＋阻塞性],用[高舌位]取代规则 A 输出项里的[浊音性],使规则 A 成为规则 B:

$$(10) \ 规则\ A \qquad [＋阻塞性] \rightarrow [\alpha\ 浊音性] / \underline{\quad} \begin{bmatrix} ＋阻塞性 \\ \alpha\ 浊音性 \end{bmatrix}$$

$$规则\ B \qquad [＋音节性] \rightarrow [\alpha\ 高舌位] / \underline{\quad} \begin{bmatrix} ＋阻塞性 \\ \alpha\ 浊音性 \end{bmatrix}$$

规则 A 描写的是常见的阻塞音清浊同化现象,而规则 B 所描写的音系过程却是自然语言里从未发现或证实过的现象:阻塞音的清浊导致元音舌位高低的变化。

　　显然,符号之间纯逻辑关系既不能保证音系规则所表述的音系过程是可能语音现象,也不能保证推导结果是自然语言中可能的形式,更谈不上推导结果符合语法。

　　对第二类符号来说,问题是,这类表示组合式内规则关系的符号是否具有语法意义,即是否为语法的组成部分? 早期生成音系学中,第二类符号仅是用于评价音系规则概括性程度的参数,而这类符号并不是音系规则组成部分。在 SPE 模式里,正如上面的例子所表明的,第二类符号不仅是结构描写的必要成分,而且成为规则应用顺序的决定性因素;或者说,第二类符号成为语法的组成部分。而且,根据 Kiparsky(1968a)的观点,第二类符号不仅可以说明共时交替,同时也可以说明历时演变。例如,在早期乌拉尔语言(Uralic)里,元音交替(vowel gradation)首先发生在重读和非重读交替的音节里,但在现代乌拉尔语言里,元音交替不受音系环境的限制,变成了一种纯粹的形态手段。如果用大括号表示的话,诱发元音交替的纯音系条件和纯形态条件是大括号里可供选择的两个因素。这就是说,大括号的语法意义得到了语言事实的证实。

　　然而,正如 McCawley(1972/1999)在他的著名论文《论生成音系学中标注符号的作用》中所指出的,虽然单个的(基本的)规则具有语法意义,但含有不同种类第二类符号的规则组合式不见得是对语言的忠实概括。McCawley 从符号的理据、组合式里规则之间的逻辑关系以及应用顺序的角度讨论了第二类符号系统,认为,例如在含有大括号的规则组合式里,大括号内选择性成分之间没有逻辑关系和使用顺序先后之分,是偶然的和任意的。因此,不管规则的生成力过强还是过弱,第二类符号本身以及含有第二类符号组合式本身没有语法意义。此外,McCawley 认为,组合式是一种虚假(spurious)的规则简化,形式上的简化掩盖了分析上的缺陷。第二类符号充其量只能是对规则的评价参数。

　　进一步看,由符号构成的规则并不能说明规则描写的音系过

程,例如,在波兰语里,为什么底层的╱k,g╱变成表层的[ts,dz],
而底层的和╱k,g╱同部位的╱x╱却变成表层的[š]。如果不能根
据符号自身解释这些可能的音系过程,音系规则充其量是对现象
的描写或概括,不具解释和预测作用。

归纳起来说,问题不在于符号和规则的形式特点本身,而在于
它们在多大程度上真实地反映了各自所指,否则的话,音系规则
A→B╱X__Y 就和形式上不存在任何问题的算式 2+2=13 一样,
运算和结果没有意义。

3.1.3 关于 SPE 的标记规约

SPE 的作者们意识到问题所在:逻辑系统在原则上脱离了符
号的语音所指,符号演算系统假设的基础是独立自主的逻辑系统。
那么,如何在坚持符号演算系统的假设基础上,使演算过程符合语
言的基本原理,使演算结果仅仅包括所有可能的同时排除所有不
可能的语法形式? SPE 第九章集中讨论了这个问题。

虽然意识到符号和其语音内容脱节,但是 Chomsky & Halle
似乎并不想通过语音学解决对音系表达和推导产生的生成过度
问题。其中的考虑是可以理解的:语音学范畴是语法系统之外
的东西。SPE 的思路是借助类型学里的标记(markedness)概念
解决符号之间关系。这里"自然性"(naturalness)是一个基本的
但缺乏严格定义的概念。例如,SPE(SPE:401)认为在下面每对
音系规则所描写的音系过程存在着"更自然的"和"不太自然的"
区别:

(11) a. (i) i→u

　　 (ii) i→ɨ

　 b. (i) k→č╱__[−辅音性,−后舌位]

　　 (ii) č→k╱__[−辅音性,+后舌位]

（11a）里的规则的输出项和音系条件无关；（11b）里的规则输出项取决于环境里的音系条件。但是，在每一对规则里，规则（i）所表述的现象更加普遍，因此也"更加自然"，而规则（ii）所表述的现象不常见或罕见，因此"不太自然"。在这里，从形式上看，（11a）里的两条规则是同样地"简单"，而（11b）里的两条规则是同样地"复杂"。这说明，规则本身形式的复杂性和规则所表述内容的自然性之间不存在必然联系。

　　基于根据经验观察得出的"自然性"概念，SPE 的作者提出一套"标记规约"（marking convention）来限制符号的同现（co-occurrence）。标记概念直接来源于 Trubetzkoy 和 Jakobson 的理论。标记规约的本质是，每一个区别性特征的两个值当中，有一个值是有标记值（marked value），而另一个是无标记值（unmarked value）；特征值标记的有无取决于音段所出现的环境。例如，对于某个元音来说，[±圆唇性] 两个值的标记有无取决于这个元音的另一个特征 [**后舌位**] 的值；如果是 [**＋后舌位**]，[**圆唇性**] 的无标记值是 [**＋圆唇性**]，有标记值则是 [**－圆唇性**]；如果是 [**－后舌位**]，[**圆唇性**] 的无标记值是 [**－圆唇性**]，而有标记值则是 [**＋圆唇性**]。标记规约具有普遍意义，是语法的一部分。SPE 第九章提出了反映各主要音段类（元音、辅音、滑音、阻塞音和响辅音）内部音段之间的标记关系的标记规约。从来源方面看，这些标记规约是 Trubetzkoy（1939）提出的蕴涵关系（implication relation）。

　　从解决符号所指问题的角度看，标记规约具有两项功能。

　　第一项功能是，用 u（无标记值）和 m（有标记值）取代了底层表达里的特征的正值和负值，音段内 m 值的数量决定了音段本身的标记性强弱程度。标记性越弱，自然程度越高。

　　以元音系统的标记性为例说明标记规约的作用。SPE 提出了与元音系统有关的八条标记规约（标记规约 IV – XII. SPE：405）。

（12）标记规约 VI

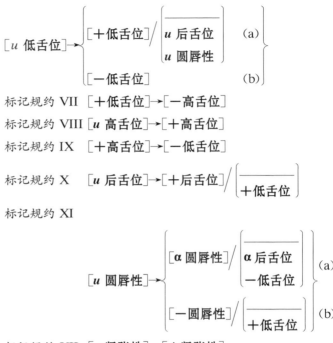

标记规约 VII　[＋低舌位]→[－高舌位]

标记规约 VIII　[*u* 高舌位]→[＋高舌位]

标记规约 IX　[＋高舌位]→[－低舌位]

标记规约 X　[*u* 后舌位]→[＋后舌位]／ [＿＿＿＿／＋低舌位]

标记规约 XI

标记规约 XII　[*u* 紧张性]→[＋紧张性]

根据标记规约 VI,如果[**后舌位**]和[**圆唇性**]为无标记值,[**低舌位**]的无标记值是[＋**低舌位**];否则的话,[**低舌位**]的无标记值就是[－**低舌位**]。标记规约 VII 和标记规约 IX 排除了语音机制不可能的特征矩阵*[＋**高舌位,＋低舌位**]。标记规约 VII 和根据标记规约 VII 决定非低元音的赋值:对于[**高舌位**]来说,低元音没有其无标记值。标记规约 X 仅对低元音的[**后舌位**]标记值予以赋值;对于底层高元音来说,其[**后舌位**]特征值,即"＋"或"－",是确定的。标记规约 XI 建立的[**后舌位**]和[**圆唇性**]的标记值相同,即[*u* **后舌位**]和[*u* **圆唇性**]或者都是[＋**后舌位**]和[＋**圆唇性**],或者都是[－**后舌位**]和[－**圆唇性**]。

根据这些标记规则,元音系统的复杂程度如下表所示

（SPE：409）：

	a	i	u	æ	ə	e	o	ü	ɨ	œ	ö	ʌ
低舌位	*u*	*u*	*u*	*m*	*m*	*u*	*u*	*u*	*u*	*m*	*u*	*u*
高舌位	*u*	*u*	*u*	*u*	*u*	*m*	*m*	*u*	*u*	*u*	*m*	*m*
后舌位	*u*	—	+	*m*	*u*	—	+	—	+	*m*	—	+
圆唇性	*u*	*u*	*u*	*u*	*m*	*u*	*u*	*m*	*m*	*m*	*m*	*m*
复杂程度	0	1	1	2	2	2	2	2	2	3	3	3

其中 3 元音系统／a，i，u／的复杂程度指数是 2；某个 5 元音系统
／a，i，u，e，o／的复杂程度指数是 6；而另一个 5 元音系统／e，ɨ，
ü，ɔ，æ／的复杂程度指数是 10。据此，由／a，i，u／构成的三元音
系统是最自然、最普遍的元音系统；两个 5 元音系统里，前者的复
杂程度较低，而后者的复杂程度较高，因此，前者比较常见，而后者
很可能是不存在的元音系统。音段复杂程度是音段自身的属性，
它们之间的关系通过标记规约得以限制，从而构成不同的音段系
统。据此，自然性是一个相对的概念，即自然性程度的不同。

标记规约的第二个功能是，如同音系规则，具有把底层表达和
表层表达联接起来的作用。如果具体语法没有特殊的限制或其他
音系规则的介入，标记规约则要求表层表达音段特征值是无标记
值。从这个角度看，标记规约具有音系规则的作用。至此，音系语
法包括两项内容，一是（语言特有的）音系规则，二是具有普遍意义
的标记规约。前者的应用导致表层表达为有标记结构，而后者的
作用则使表层表达为无标记结构。

正如两位作者所承认的，标记规约仅仅是解决符号之间形式
关系的初步思路，并不是完善的理论（SPE：419）。

标记规约法存在一系列问题。首先，标记规约和音系规则之

间的界线变得模糊了。标记规约具有规则的作用。从形式上看，标记规约和音系规则没有实质区别。其次，标记规约作用的结果是表层表达的无标记形式，而音系规则作用的结果则是有标记形式，这说明二者是对立的。再次，如果坚持规则和标记规约的区分，规则缺少自然性基础。同音系规则相比，标记规约所描写的音系过程具有较高程度的自然性。如果规则是不自然的，那么一部与自然语言语音无关的音系语法不能不令人表示怀疑。最后，标记规约并不能解释自然语言存在"复杂的"有标记音段的事实：例如，有前圆唇元音[œ]、后高展唇元音[ɯ]、卷舌阻塞音、声门化塞音、卷舌浊塞音等复杂音段的语言不在少数。SPE 出版二十六年后，Chomsky(1994)在批评优选论时提出一个问题：既然标记类制约要求无标记形式，那为什么自然语言里还存在着有标记形式？这个问题完全适用于对 SPE 提出的标记规约的怀疑和批评。

关于 SPE 第九章，许多批评者(如 Lass 1972)指出，问题不是标记规约本身是否完善，或是否在形式上和音系规则有什么样的区别，而是标记规约并没有涉及实质性问题：音系符号和语音内容的关系；标记规约并不是音系语法的组合部分，因此标记规约无济于事。Stampe(1973：44 – 52)在《论第九章》(*On Chapter Nine*)一文中批评道，标记规约根本无法体现语素特性和历时因素在共时音系过程中的作用，更无助于说明儿童获得具体音系语法的过程。关于形式符号系统的过度生成，SPE 的作者实际上意识到了标记规约的无效和理论后果(SPE：400)：

此书(指 SPE)至此作出的所有关于音系理论的讨论存在根本的理论不足之处，……这个问题是，我们提出的关于特征、规则以及评价的方法过于形式化(overly formal)。例如，假设我们将在对英语结构描写的整个过程中系统地用[-αF]取代[αF]。如果这样，我们在对语言理论的说明中没有任何东西能够表明我们对英语系统的描写结果违反了某些制约人类语言的原则。如果真是这样的话,我们实际上并没有通过某种令人满意的方式建立一套语言理论和普遍语法的原则。

这番话的含义是,在坚持语法自主假说的基础上,修改语法的形式化逻辑系统,使之满足描写自然语言形式特征的需要。音系符号和语音内容之间的关系是音系学和语音学之间关系在 SPE 理论中的具体体现。虽然标记规约自身没有解决符号和语音内容的关系,但如何通过形式化的手段解决符号的语音内容问题却是 SPE 之后研究的重点。这里关键的问题在于,自然性本来可以(或至少部分地)从语音学的角度定义,但是,音系语法纯符号系统的假设迫使 SPE 的作者放弃音系形式系统和语音内容的联系。通过 SPE 和同时期的文献,我们了解到,SPE 的作者对语音学进入语法系统的担心:如果语法理论允许语音进入音系,那么音系是否能够控制语音?音系语法又是以何种有效的方式控制语音的?这是经典生成音系学主流研究一直试图回答的问题,贯穿理论发展的各个阶段。

3.2　音系的抽象程度

在生成音系学里,另一个涉及音系学和语音学关系的问题是音系语法的抽象程度。这个问题是一个贯穿生成音系学史的全程性问题。正是在这个问题上,后来的自然音系学(Natural Phonology)(Stampe 1969,1973)和管辖音系学(Government Phonology)(Kaye *et al*. 1985)等偏离了经典生成音系学,分别走向了两个完全对立的极端。前者假设音系规则都是自然的,即具有语音机制基础;后者则因音系规则难以摆脱语音的干扰而放弃了音系规则,以求彻底摆脱语音对音系的限制。与音系语法抽象程度直接相关的是底层表达的抽象程度问题。我们在这一节讨论 SPE 时期关于底层表达以及音系语法的抽象程度的不同理论和观点。

3.2.1　理论背景：两种对立的观点

正如我们在第一章所见，区分两个表达层次不是生成音系学的首创，早在传统音位学里就有语素音位和音位变体的概念，分别指比较抽象的和比较具体的表达层次。在传统音位学里，对比较具体的表达层次性质的争议并不大，音位变体相当于音段的实际语音形式。至于比较抽象的表达层次，始终存在两种对立的观点。传统音位学的主流观点认为，语素音位是对语素变体实际语音形式的直接反映，可以直接用来构建语素的变体形式，例如，项目-配置法（item-and-arrangement）正是基于这一假设的构词理论；在Trubetzkoy的理论里，抽象的"超音位"也仅仅用于处理特定位置上的音位中和现象。

20世纪60年代出现了一种比较极端的排斥语音的观点。这种观点认为，语素底层表达由纯符号构成，符号的唯一作用是把不同（类）的语素区分开，符号本身没有任何语音学价值，因此底层表达是绝对抽象的。Household（1965），Lamb（1966）和 Fudge（1967）是持底层表达绝对抽象说的代表。抽象表达说完全否认音系学的语音内容，如 Fudge 所认为的，音系表达必须是一个完全抽象的层次，在这个层次上，音系元素（phonological prime）既没有语音的发音基础，也没有语音的感知基础。音系就是音系，音系表达不需要任何物质基础。科学的音系学应该彻底脱离语音学的束缚，建立一个纯音系符号的系统。这一极端的纯音系符号观念在SPE 的理论背景下得到了强化。

3.2.2　SPE 的原则与实践

在对待底层表达抽象程度问题上，SPE 的原则是，底层表达是抽象的实体（abstract entities），但是与绝对抽象说极端的观点不同的是,抽象的底层表达应当在语音表达层次上得到内在的解释(an intrinsic interpretation on the phonetic level)。在 SPE 框架内,抽象的底层表达获得相应的语音解释在逻辑上是可能的。这种可能性直接源于语音表达的定义:语音表达是由音系规则指派的关于语音器官运作的信息。语素底层表达可以完全不同于词语的实际语音形式,即具有相当的抽象程度。SPE 的作者承认,建立抽象底层表达层次具有一定的经验基础,即普遍存在的语素交替和音系过程、历时语音演变、方言之间的相似性和差异以及音系结构特点在文字系统中的反映等。但是,根据音系语法自主性和系统性的假设,可被观察的事实只能作为建立抽象表达的外部的间接依据,语素底层表达的形式取决于假设中的音系规则系统。例如,从儿童语素获得的角度看,儿童的语言经验和他们构建语素底层形式无关(SPE:50)。

那么,建立底层表达形式的原则是什么? Halle(1959)和 SPE 提出的原则性假设是,语素的底层表达(或称作词汇表达)仅仅包括区别语素的音系信息,不包括羡余的、能够通过音系规则推导而获得的语音信息。这一原则称作词项最简假设(lexical minimality)。

建立两个表达层次的主要目的是解释语素变体以及这些变体的交替。语素变体交替是音系、语素和句法等因素作用的结果。说明这些因素在语素变体交替中的作用是音系学要回答的主要问题之一:同一(类)语素如何获得不同的语音表达形式? SPE 的回答是,同一(类)语素的不同变体是不同的音系规则作用的结果:

(13)　语素底层表达 —音系规则→ 语素表层表达

　　这个原则性命题含有两个相关但不确定的变量：语素底层表达和音系规则系统。这如同含有两个未知数的方程式 $x+y=10$ 一样，x 和 y 有无数可能的解。导致规则系统的不确定性的主要因素是：（1）语言有哪些音系规则？（2）音系规则的功能是什么？（3）规则的作用方式是什么？虽然 Chomsky 和 Halle 提出了词项最简假设作为构拟底层表达形式的原则，但是，由于音系规则系统本身不确定，即使在满足这一原则的情况下，仍然存在如何限制底层表达抽象程度的问题。

　　经典生成音系学早期，除了音系规则的数量过于庞大和音系规则的作用方式不确定两方面的问题之外，另一个主要问题是音系规则的功能过于强大。因为所有的音系规则地位相等，理论意义相同，不存在性质或种类（诸如词库规则和后词库规则之间）方面的差别，所以音系规则可以推导出任何一个或一类结构或形式，增添或删除任何一个音段；可以先在某个中间表达层次上增添一个音段，然后再在下一个表达层次上删除这个音段。除了能够从自然性、简单性和最大概括性等一般性原则考虑之外，语法系统本身实际上无法控制规则的应用，也无法限制规则的功能，从而导致规则系统的生成力过强。

　　在这个理论背景下，针对语素表层语音形式的多样性、复杂性和不规律性，分析只能提出多个音系规则推导假设；推导过程所包含的中间阶段越多，底层表达和表层表达之间的差别越大，底层表达（以及中间层次表达）的抽象程度越高，其后果是，语素的底层表达形式过于抽象。底层表达高度抽象化有两种表现形式。

　　一种表现形式是，出于分析需要而设定的底层音段或出现在推导过程中的音段没有其相应的表层语音形式。例如，英语的 *reduce* 和 *reduction* 的底层形式和推导过程如下所示（SPE：220）：

（14）底层表达：　　　　　　re＋duke　　　re＋duke＋æt＋iVn

　　　　再调整规则　　　　　　　　　　　　re＋duk＋t＋iVn

软腭音弱化规则	re＋duse	
松元音紧张化规则	re＋dɨse	
硬腭滑音增音规则	re＋djɨse	
双元音化规则	re＋djɨwse	
元音舌位升高规则		re＋dok＋t＋iVn
元音唇状调整规则	re＋djuʷwse	re＋dʌk＋t＋iVn
塞音擦音化规则		re＋dʌk＋ʃ＋iVn
元音弱化/脱落规则	rə＋djuʷws	rə＋dʌk＋ʃ＋ən
表层表达：	［rədjuʷws］	［rədʌkʃən］

底层表达里有一个长元音/æ/,中间表达层次出现了一个抽象的高后展唇元音/ɨ/。在英语里,这两个元音从不在语音表达层次上出现。又如,为了解释 *laughs*［lɑːfs］和 *leaves*［liːvz］的词末擦音从在清浊方面的差别, *laugh* 的底层表达被设为/lɑːɸ/,含一个在表层表达从不出现的双唇清擦音/ɸ/。再如(SPE：161),为了说明 *tolerance* 和 *relevance* 词重音位置和辅音的交替,在底层表达里,这些词的词末位置有一个抽象的滑音,记作/ɛ/,[①]而这个抽象的滑音总是在推导过程的某个中间阶段被音段脱落规则删除,从来没有其表层的语音形式。

设定没有表层语音形式的底层抽象音段的后果之一是滥用绝对中和规则(absolute neutralization)。中和是在特定条件下原本对立的音段失去对立关系。导致产生中和的条件可以是纯音系的,也可以是特定的构词过程或屈折过程。因此,中和总是与环境有关的中和(contextual neutralization)。然而,绝对中和规则是无条件的中和。例如,为了解释 *motto* 和 *veto* 的词重音位置的差别,SPE 假设这两个词词末元音在底层表达中分别是/o/和/ɔ/,两个底层元音在重音指派规则作用之后受到绝对中和规则的作

---

① 原著(第 161 页)使用/ɛ/表示底层抽象的滑音。

用,其表层形式都是[ou]。又如,同样为了说明词重音分布,在底层表达中 *aristocracy*, *synonymy*, *galaxy* 和 *melody* 的词末位置上是滑音/j/,重音指派规则作用之后/j/与元音/i/绝对中和,表层形式是[i]。

另一种表现形式是滥用附加特征(diacritic feature)符号。被滥用的附加符号本身没有任何语音内容,其作用仅仅在于满足规则应用的需要。例如,为了解释元音和谐系统里词干内中性元音对词缀交替的作用,Lightner(1965)为词干的底层形式设定了一个没有语音内容的抽象的"词根标记"(root marker)附加特征符号。又如,在乃兹柏斯语(Nez Perce)里,根据能否诱发元音和谐,元音分成两类。其中一类可以诱发和谐过程,而另一类仅仅受元音和谐律的作用但不能诱发和谐过程。为了满足音系规则应用的需要,Aoki(1966)和 SPE(377)分别设置了一个抽象的附加特征符号[**±显性**]([±dominant])和[±H](表不同的语素类别),以期说明乃兹柏斯语里和谐过程的发生与否。

3.2.3 批评与反批评

针对 Householder(1965)、Lamb(1966)和 Fudge(1967)的极端观点和 SPE 模式里高度抽象底层表达的问题,Kiparsky(1968a)在他的著名论文《音系究竟多抽象?》(*How abstract is phonology?*)中指出音系表达过于抽象的理论后果。如果底层表达完全是或者含有过多的任意符号,语法理论将不可能对底层表达的音系结构作出具有普遍意义的概括,从而使底层表达失去其语法地位和解释作用。Kiparsky 的主要观点概括如下。

建立底层表达的目的在于解释语素表层形式的变异。在缺少表层交替和变异的情况下,抽象的底层对立没有音系学意义;SPE 建立抽象底层音段的目的仅仅是为了说明某些音系规则在应用上的例外,绝对中和规则是在表层表达上消除底层抽象音段的手段。

为此,他提出一个用于限制底层表达的抽象程度的原则,这条原则叫作交替条件(Alternation Condition)。交替条件的表述如下:

交替条件
强制性中和规则不能应用于特定语素的任何一个表层形式。

交替条件从以下几个方面限制了底层表达的抽象程度。首先,在没有表层语素变体形式交替出现的情况下禁止设定和表层形式不同的底层表达形式;其次,在不同的语素有着相同的表层形式(例如单语素的同音词)情况下,这些语素的底层表达形式必须是相同的;最后,在不同语素的表层形式互不相同的情况下,这些语素有其各自互不相同的底层表达形式。

交替条件是一条规范推导的原则,同时也是一种对音系语法的评估标准。根据交替条件,在没有语素变体交替的情况下,禁止假设底层存在结构上的差异或成分上的对立;或者说,在推导同一语素不同表层形式的过程中,禁止使用绝对中和规则。此后,考虑到绝对中和现象的客观性(例如元音和谐系统里中性元音的历史来源),Kiparsky(1973b)认为,交替条件过于严格,需要修订。修订的交替条件承认绝对中和规则的客观存在,但限制其应用范围。根据修订的交替条件,绝对中和规则只能应用于推导出来的音系表达,不能直接应用于未经推导的语素底层表达。虽然修订的交替条件允许在特定条件下使用绝对中和规则,但是同时涉及绝对中和规则和其他音系规则的相对顺序以及规则应用的循环性问题。

基于交替条件,语言里的例外现象未必都可以从音系表达和音系规则的角度来解释,有些例外现象的根源是语素自身的特性。

音系规则里不应包括抽象的无法得到语音解释的符号。Kiparsky 反 对 使 用 含 有 无 语 音 内 容 的 附 加 符 号 性 特 征(phonological use of diacritic features),同时也反对把音系特征当作附加符号使用(diacritic use of phonological features)。二者都是音系分析脱离自然语言语音的限制作用的做法：前者因为符号没有语音内容使得音系规则失去语言学意义，后者因为随意改变符号的语音内容使得符号失去语言学意义。因此，语言学研究必须彻底抛弃这两种做法。

音系规则所描写的音系过程必须是自然的。自然的音系规则可以通过历时音系结构演变得以证实，因为所有的历时演变过程都是自然的。Kiparsky 强调历时语音演变事实对检验音系规则语法意义的作用。音系规则是对共时静态结构的描写，难免有局限性或是不正确的。历时结构变化为认识共时静态结构提供了一个可观察的窗口。他把历时结构演变比喻为一只跳起来的老虎：当老虎纹丝不动地隐藏在丛林里时，人们很难发现它或看到它的全貌，只有当它跳起来的时候，我们才有机会看到它身上的条纹。Kiparsky 对 SPE 里诸多词语的底层表达形式表示质疑，认为这些词语底层形式与英语语音变化的事实不符，质问 SPE 里庞杂和过于抽象的英语音系规则究竟有几条能够经得起英语音系史事实的检验。

语法里不存在绝对中和规则之类的东西。Kiparsky 的论据来自历时中和化过程的特点。历时中和过程的发生总是与环境有关的。与环境有关的中和化具有可逆性(reversibility)、稳定性(stability)和能产性(productivity)三个特点。历时语言学提供了许多证据支持这一结论。从逻辑上讲，绝对中和规则关于语言演变作出的预测是，语言演变是不可逆的和不稳定的，并且不具能产性。然而，没有任何历时事实能够支持绝对中和规则作出的预测。[①]

从分析实践的角度看，随意使用附加符号的做法妨碍了对音

---

① 针对 Kiparsky 关于绝对中和规则在语音演变中作用的观点，Kenstowicz & Kisseberth (1979)作了——回应，坚持绝对中和规则的客观存在。

系事实的追求。例如,对于复杂的元音和谐现象,研究应当从底层表达、规则顺序和作用方式、音系类型学以及标记理论等多角度综合地认识,而由一个没有语言学理据的抽象符号构成的底层表达实际上掩盖了这一类复杂现象的本质。

Kiparsky 得出的结论是,语音在音系研究中占有重要的地位,和音系关系密切;交替条件原则正是语音和音系关系的体现。

针对 Kiparsky 的批评,Hyman(1970)发表了同样著名的论文《音系究竟多具体?》(*How concrete is phonology?*)。Hyman 认为,根据解释充分性标准,音系学只能在抽象层次上建立自然语言的语音模型,语言呈现出的杂乱的和表面上看起来没有联系的现象只能在抽象层次上得以概括和解释。他认为,交替条件原则过于严格,妨碍了必要的抽象分析,提出了交替条件的“弱形式”。论文讨论的中心问题是,底层表达里的抽象音段是否一定要有其相应的表层语音形式。在努佩语(Nupe)里,音段处于复杂的线性配列,呈现复杂的对比和互补关系。Hyman 对几种具体的分析法进行对比之后认为,具体分析法不能说明努佩语的现象。相反,如果在底层表达中设定两个抽象的元音(即/a/和/ɛ/;经过绝对中和规则的作用后在语音表达层次上为[a]),所有相关现象得到统一和简单的解释。文章的结论是,虽然底层抽象音段本身在表层上没有直接对应的语音形式,但其存在决定了相关音段的分布和其线性配列。就是说,语素表层表达不是抽象音段作用直接的结果,而是其间接作用的反映。此外,Hyman 认为,操母语者的语言直觉表明抽象音段具有心理现实性。从儿童音系获得的角度看,底层抽象音段是儿童通过规则推导的结果。如果否认了抽象音段的存在,儿童只能通过对语素表层语音形式的模仿才能构建其相应的底层音系形式;如果是这样的,音系学将回到以行为主义语言观为基础的分类主义音位学的老路上。

Hyman 并非主张音系表达无限抽象,而是试图说明抽象的音系表达和具体的语音表达之间的关系不是简单的直接的对应,而很可能是抽象音段和其他音系成分在抽象层次上相互作用之后在语音层面上的间接反映。

Kiparsky 和 Hyman 的观点都具有相当的代表性。

为了限制音系的抽象程度,Postal(1968)提出了自然性条件(Naturalness Condition)原则。根据这一原则,语素的底层和表层表达形式之间必须存在某种自然关系;如果没有音系规则的作用,两个层次上的表达形式是相同的。音系规则必须受到自然性条件的限制。在不存在受到自然性限制的音系规则的情况下,底层表达和表层表达形式之间的差别只能通过默认赋值得以解释。通过自然性条件限制和默认赋值,语素底层表达形式的抽象程度得到控制。

"自然性"概念是限制音系高度抽象性的方法之一。然而,对于什么是"自然性"(naturalness),理解是多种多样的,而且定义自然性的基础也不同。例如,根据 Schane(1972),普遍存在着的和儿童早期获得的结构是自然的,例如 CV 结构的音节;由环境决定的同化、增音、脱落、强化、弱化和中和化等音系过程是自然的。根据 Stampe(1973),凡是具有发音生理机制和感知动因的是自然的。根据 Kiparsky(1968b)的理解,规则之间的馈给(feeding)关系是自然的,后来 Kiparsky(1971)又认为可透的(transparent)推导过程是自然的;自然的音系过程是在历时演变中能够被观察到的。Anderson(1974)认为,规则的无序应用是自然的。多数人认为自然性具有普遍意义,但也有人认为,例如 Kisseberth(1970)指出,自然性是具体语言的特点。

除了缺少对"自然性"概念的一致理解,各种语言里确实存在大量的没有明显自然性基础的音系过程。例如,加拿大英语里的双元音舌位升高现象(Canadian raising),英语的三音节元音松化现象(trisyllabic laxing),亚维尔玛尼语(Yawelmani)长的高元音舌位降低为中元音,等等。缺少明显的"自然性"是音系表达和音系规则抽象化的事实基础。

3.2.4 制约：对音系表达的限制

音系理论一方面需要抽象的表达,但同时需要对表达的抽象
程度加以限制。如何控制表达抽象程度是解决问题的关键。在经
典生成音系学时期,在极端抽象法和极端具体法之间有多种不同
的主张,其中较多的是主张对底层表达施以称作制约的限制。早
在《俄语语音模式》(1959)里,Halle 提出了限制底层表达的语素结
构规则(morpheme structure rule;简称 MS -规则)。MS -规则实
际上有三重功能。第一个功能是排除底层语素里不可能的音段序
列,例如,在英语里,在语素范围内禁止出现诸如 -pm- 和 -tn- 之类
的塞音＋鼻音序列;第二个功能是排除底层语素里音段的羡余特
征(redundant feature);第三个功能是在推导过程中充填羡余特
征。第一和第二个功能实质上是对底层表达的音系形式加以
限制。

底层表达高度抽象的另一种表现形式是底层音段特征值的空
缺,即零值特征(0F)问题。根据语素结构规则,排除羡余特征之后
的语素底层形式含有相当数量的零值特征。除了底层表达过于抽
象之外,零值特征的出现意味着,偶值特征隐藏着特征的第三个
值,即偶值特征实际上是三值特征:[＋ F],[－ F]和[0F]。
Stanley(1967)认为抽象性和特征的第三值来源于语素结构条件。
针对语素结构规则功能的多重性,Stanley 区分了语素结构条件
(morpheme structure conditions)和语素羡余规则(morpheme
redundancy rule),同时还区分了语素羡余规则和音系规则
(phonological rule)。语素结构条件是对语素底层表达形式加以
限制的制约(constraint)。Stanley 假设,语素底层表达不含任何
羡余特征,与此同时,其抽象程度受到语素结构条件的限制。语素
结构条件包括关系性条件(if-then condition)、肯定性条件
(positive condition)和否定性条件(negative condition)。

生成音系学基础理论

关系性条件指的是某个音段充分赋值特征集合 S(矩阵)内两个子集 S₁ 和 S₂ 之间的约束关系,即子集 S₁ 里的特征值决定了 S₂ 里的特征值。如果 S₁ 是非羡余特征集,那么 S₂ 是羡余特征子集。关系性条件包括音段序列条件(sequence condition)和音段结构条件(segment structure condition)。例如,英语有一个音段序列条件,如(15)所示:

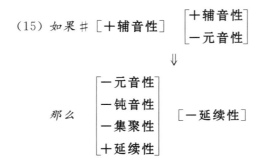

根据(15)里的音段序列条件,如果词首辅音丛由两个阻塞音构成的话,那么第一个必然是/s/,第二个必然是塞音(但 *sphere* 和 *sphinx* 是例外)。

又如,英语有一个音段结构条件,如(16)所示:

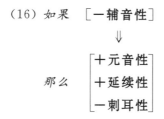

根据(16)里的音段结构条件,如果一个音段是[-辅音性]的话,这个音段则不是具有[-元音性],[-延续性]或[+刺耳性]的音段。

肯定性条件允许底层语素表达出现可能的不充分赋值的特征

矩阵序列,例如:

$$(17) \quad \sharp \begin{bmatrix} +辅音性 \\ -元音性 \end{bmatrix} \left(\begin{bmatrix} +辅音性 \\ +元音性 \end{bmatrix} \right) \begin{bmatrix} -辅音性 \\ +元音性 \end{bmatrix} \left(\begin{bmatrix} +辅音性 \end{bmatrix} \right) \sharp$$

根据(17)里的肯定性条件,英语里的某一语素范围内可能的音段序列之一是:

$$(18) \quad C(L)V \begin{Bmatrix} C \\ L \end{Bmatrix} \qquad (L=流音)$$

否定性条件的作用在于排除特定的不充分赋值的特征矩阵,例如:

$$(19) \quad \sim \begin{bmatrix} -元音性 \\ +集聚性 \\ -钝音性 \\ +延续性 \\ +浊音性 \end{bmatrix}$$

根据(19)里的否定性条件,语素的底层形式里不能出现浊延续性硬腭音。

语素结构条件的作用仅仅在于限制语素的表达形式。此外,语素结构条件具有全程性的限制作用,即不仅作用于底层表达,而且作用于推导过程的中间层次表达和表层表达。

语素羡余规则和音系规则仅仅具有推导作用。二者在形式、功能和应用顺序方面是有区别的。语素羡余规则的形式特点是没有规则的环境部分,即:

（20）A→B

语素羡余规则的形式特点是语素结构条件作用的结果。推导首先
应用语素羡余规则;其作用是充填语素底层中空缺的特征值;音系
规则的应用顺序在后,其作用在于改变语素羡余规则所充填的特
征值。在形式上,音系规则包括环境部分,即:

（21）A→B/　X＿Y

在 Stanley 的假设中,核心部分是语素结构条件和语素羡余规
则。不管抽象程度如何,可能的语素底层表达形式是语素结构条
件限制的结果,受到限制的语素底层形式只能通过自然的语素羡
余规则获得完全赋值。Stanley 假设的重要性在于,在形式理论的
框架内,音系语法由两种性质和作用不同的部分组成:静态的限
制性制约和动态的推导性语素羡余规则和音系规则。概括地讲,
音系语法是由制约和规则组成的。

需要指出的是,根据 Stanley 的假设,表达实际上是三个层次,
它们的关系如下所示:

（22）

3.2.5　对表层音段配列限制诱发的音系规则

根据 SPE 对音系部分的定义,因为表层(语音)表达是音系
规则逻辑运算的必然结果,具有羡余性,所以没有必要对表层表
达给予概括,而且即使对表层表达作出概括,这种概括也不可能
成为音系语法的组成部分。总之,表层表达对于音系语法来说

没有理论意义。

Sommerstein(1974)对 SPE 表层表达的理解提出质疑。他对表层表达的理论意义讨论的切入点是表层音段线性配列(surface phonotactics)对表层表达的限制诱发的音系规则的应用,因此,表层表达并非完全是羡余的。音系理论必须承认对表层表达音段线性配列加以概括的必要性,同时承认这种概括的理论价值。

在 SPE 模式里,音段线性配列受到作用于底层表达的语素结构条件的限制,但是语素结构条件对底层表达的限制在逻辑上并不排除对表层表达音段线性配列的限制的可能性。表层表达是规则推导的结果,是特征获得充分赋值的音段线性排列。底层表达里所没有的羡余特征全部出现在表层音段里。虽然底层表达因没有羡余特征而没有羡余特征之间的相互作用,但是,这并不等于说表层表达也不存在羡余特征之间的相互作用。作用于底层表达的语素结构条件对表层表达没有限制作用。因此,音系理论应当允许对表层表达的音段线性配列加以限制。Sommerstein 认为,对表层音段线性配列的限制能够诱发语言特有的音系过程,并把发生这些音系过程的表达层次称作范畴语音表达层次(categorial phonetic level)。在范畴语音表达层次上,说话人能够充分表现他的语言能力。例如,*blick 和 *bnick 都是英语里没有的词,虽然两个词里的所有音段都是英语的,但说话人仍然可以对两个词是否符合语法性作出判断。这说明表层音段线性配列具有概括性。

一方面,每一种语言对其词项表层表达的音段线性排列都有一定的限制,这是音系学公认的事实。生成音系学要解决的是音段线性配列限制和音系规则的关系。例如,某些语言要求表层表达层次上的阻塞音丛里阻塞音或者共有[**−浊音性**],或者共有[**＋浊音性**]。另一方面,表层阻塞音丛的清浊又是规则推导的结果,例如英语的 *book*-[s]和 *dog*-[z]。因此,表层表达既是音段线性配列限制的结果,又是音系规则推导的结果,出现了二者在功能上的重叠问题(duplication problem)。Sommerstein 认为,功能重叠源于 SPE 忽视了表层表达音段线性配列限制的理论意义。他认为,音系规则具有表层音段线性配列限制的基础,音系规则的应用不是没有目的的,而是为了避免输出项违反表层表达的限制,或消除违反表层表达限制的输出项。音系规则的运算不是机械的和盲目的,满足表层表达音段线性配列要求是音系规则运算的根本动因。满足表层音段线性配列限制是规则所描写的音系过程的最终目的。如果解决了对表层限制和音系规则的理论地位问题,功能重叠问题将不复存在。

基于表层音段线性配列限制能够诱发音系规则应用,Sommerstein 把音系规则分成两类:(1)表层诱发的肯定性规则;此类规则应用有助于输出项满足表层要求。(2)表层诱发的否定性规则;这一类规则的应用目的在于消除或改变那些潜在的违反表层限制的输出项。这两类规则又可以根据其普遍性或特殊性,分成一般表层限制诱发的规则和特殊表层限制诱发的规则。

Sommerstein 进一步指出,SPE 提出的规则组合式里规则的组合以及应用顺序仅仅依靠规则里符号的形式特点,缺少规则功能方面的基础。从音系规则应用目的的角度看,同一组合式里的规则应用应当具有同一目的,因此,规则应用目的应当是组合式的功能基础。

在 Sommerstein 之前,Kisseberth(1970)已经注意到表层要求和限制具有诱发音系规则应用的作用。例如在亚维尔玛尼语里,表层音段线性配列禁止出现由三个辅音组成的辅音丛,即 *CCC。为了避免违反这一表层限制,两条辅音脱落规则和一条元音增音规则分别在不同环境应用:

(23)辅音脱落规则 1 $C \rightarrow \varnothing / CC+\underline{\quad}$

      辅音脱落规则 2 $C \rightarrow \varnothing / C+\underline{\quad} C$

      元音脱落规则 $\varnothing \rightarrow V / C\underline{\quad} CC$

Kisseberth 指出,三条规则的输入项具有共同的特点,即语素的底层形式违反了 *CCC;三条规则的输出项也有共同的特点,语素的表层形式或者是 CC 或者是 CVCC,都是不违反 *CCC 的形式。从功能的角度看,音系规则应用的目的在于使语素的形式符合作用于表层表达的 *CCC。三条规则在结构和形式特点方面有相似之处,但重要的是,它们在功能上是同一的。Kisseberth 把具有同一功能的,使表层形式能够满足同一限制的不同音系规则分工式应用称作"共谋"(conspiracy)。Kisseberth 认为,规则组合和规则应用顺序的基础不仅是规则在形式上的相似或规则之间的逻辑关系,更重要的是,规则组合应当具有功能基础。与功能的同一性相比较,SPE 所定义的规则组合式的形式和逻辑关系可能没有真正的理论意义。

Kisseberth 和 Sommerstein 观点的共同之处是,音系规则具有特定的功能,自然语言对表层形式的限制是规则应用的动因;表层表达具有解释作用的,应当成为音系语法的组成部分。

3.2.6　自然生成音系学

自然生成音系学(natural generative phonology)是针对 SPE 理论的音系过于抽象的理念和分析实践提出来的理论,它的主要倡导者是 Theo Vennemann 和 Joan B. Hooper。系统论述这一理论的著作是 Hooper(1976)的《自然生成音系学导论》。

针对 SPE 理论由于音系抽象程度过高而导致的生成力过强的问题,Vennemann(1971,1972,1973)提出仅仅依靠交替条件原则和限制底层表达抽象程度并不能从根本上限制高度抽象的音系语法。Vennemann 认为,音系语法的抽象性有两个来源:底层表达和音系规则。底层表达和规则系统是音系部分的两个主要模块,因此,要控制音系语法的抽象性,必须同时限制底层表达和音系规则的抽象程度。SPE 模式里规则高度抽象的根本原因在于规

则缺少必要的语音学基础。例如,在美洲西班牙语有一条增添辅音[k]的规则:

$$(24)\quad \varnothing \rightarrow k / \theta + \underline{\quad} \begin{Bmatrix} a \\ o \end{Bmatrix}$$

美洲西班牙语里没有表层音段[θ]。规则里底层的抽象音段/θ/经过绝对中和规则的作用之后在表层表现为[s]。根据这条规则,擦音/θ/和元音(/a/或者/o/)之间的位置上增添了软腭塞音[k]。这条规则难以从发音机制的角度说明增音的动因;除此之外,这条规则无法得到说话人语言直觉的支持。音系规则是对音系结构或音系过程的真实概括,如果规则里含有表层表达从来不出现的抽象音段,规则描写的音系过程不能得到语音学和语言直觉的支持,那么,这种高度抽象的规则在何种意义上是对音系过程和音系结构的真实概括或是音系语法的组成部分?

为了把高度抽象的规则从语法里排除出去,Vennemann 提出了真实概括条件(True Generalization Condition,简称 TGC)。根据这一条件,音系规则的唯一来源是根据说话人的语言直觉对语素表层形式的概括。因为规则仅仅参照表层形式,所以凡是不能在表层出现的音段(即抽象音段)不能是规则的成分。如果不允许规则含有抽象音段,那就意味着底层的抽象性受到了限制,即底层表达排除了抽象音段。规则反映的是"自然过程",即具有语音学基础的音系过程。通过 TGC,音系语法的抽象程度得到了实质性的控制。Vennemann 把基于 TGC 的音系语法称作自然生成音系学(Natural Generative Phonology,简称 NGP)。限制音系抽象性是 NGP 的理论出发点。

以 TGC 为基础,Hooper(1976)把 Vennmann 提出的基本观点推向了极端。从 Hooper 对音系规则定义的角度看,她的观点受到了同时期的自然音系学(Natural Phonology)的影响。自然音系学(Stampe 1973；Donegan & Stampe 1979)否认生成音系学关于普遍音系语法的假设。自然音系学的核心概念是自然音系过程(natural phonological process)。自然音系过程指的是仅仅依靠发音生理机制和感知机制(不必参考语言结构因素)就能得到解释的音系过程。自然语言里存在着具有普遍意义的自然音系过程。音系学研究的是自然音系过程的普遍类型以及它们在具体语言中得以实现的和没有得以实现的原因。普遍的自然过程能力是先天的,或者说,先天的原始的自然音系过程构成了自然语言的音系部分。婴儿在语言获得过程的初期,他们的话语充分表现所有类型的自然过程。

儿童音系获得过程是对先天的自然音系过程不断加以限制的过程。例如,所有的辅音在所有的前元音之前被硬腭化是一个自然音系过程。对于不同的语言来说,限制自然音系过程的方式不同:有些语言允许某个或某些辅音硬腭化,有些语言允许某个元音或某些元音诱发辅音的硬腭化;有些语言仅仅允许语素范围内或同一音节内辅音被前元音硬腭化。总之,不同语言以不同的方式限制自然音系过程的发生。具体语言对自然音系过程的种种不同限制不是普遍语法的组成部分,而是后天学会的。研究这些后天学会的制约和自然音系过程之间的交互作用是音系学的主要任务。

自然音系学对音系语法的理解完全不同于生成音系学,因此,前者定义的自然音系过程与我们讨论的音系抽象性问题没有直接关系。这里之所以提及自然音系学,目的仅仅在于说明非形式主义的自然音系学观在一定程度上影响了自然生成音系学。

3.2.6.1 自然生成音系学的基本原理

Hooper 在她的《自然生成音系学导论》中系统地表述了 NGP 的理论思想和分析框架。NGP 有两个基本主要特点。第一,强调语音形式在音系概括的中心和基础地位;以语音学为基础区分了纯语音规则和其他类型的规则。第二,否定规则有序应用的假设,提出了规则无序应用假设。

不同类型的规则具有自身的性质。Hooper 区分了以下类型的规则:

语音条件规则(phonetically conditioned rule,或 P-rule)

语素音位规则(morphophonemic rule)

音节化规则(syllabification rule)

形态构成规则或构词规则(morphological spell-out rule; word-formation rule)

相关式规则(via rule)

语音条件规则(简称 P -规则)从纯语音环境的角度描写语素变体交替的形式。纯语音环境包括具有内在具体语音内容的音系特征和固定语音特点的音系界线符号。音系界线符号包括音节界线符号 $ 和停顿符号。这两种界线符号的定义仅仅凭借语音手段。词界符号(♯♯)、语素界线符号(+)分别根据句法和语义定义,不包含任何语音信息。此外,附加特征符号、表示句法和语素范畴的符号以及语义类型符号与语音无关。P -规则是纯语音规则,为语素表层形式提供所有的语音细节。因为以发音机制为基础,所以 P -规则自动应用后的输出项里的语音特征既可以是对比性的,也可以是羡余的。由于具有自动性和不受干涉的特点,因此 P -规则的应用一般没有例外。例如英语的清塞音送气规则和德语的浊阻塞音词末清化规则属于 P -规则。

但是,还有一类可能受到构词和句法因素乃至社会因素影响的 P -规则。例如英语词末[d]和[t]脱落规则。例如 *mist* / mist/ 的表层形式可以是[mis];但是在 *missed*[mist]里,因为词末[d]是词缀,所以不能脱落。

语素音位规则(MP -规则)的作用是改变音系特征。MP -规则的应用是由形态-句法或词汇定义的环境所决定的,也就是说,MP-规则的应用必须参考结构描写中诸如"复数""过去时""名词"和"动词"之类的屈折或句法范畴,以及诸如形态变化类型(如"强动词""弱动词")之类的词项信息。例如,英语词干末清擦音浊化规则(例如 *wife* → *wives* , *house* → *houses*)属于 MP-规则。

明确区分 P-规则和 MP-规则是 NGP 的主要特点之一。在 SPE 里,除了音系规则形式特点的不同之外,基本上没有规则类型的概念,更没有纯语音的和非语音的规则之分。P-规则和 MP-规则是两类性质完全不同的规则。Hooper 声称,P-规则所描写的音系过程是由发音器官结构的生理特点决定的,因此,这些音系过程不是随意的,也不属于具体语言,而是能够通过具有普遍意义的原则作出预测的(Hooper 1976:16)。从概念上讲,P-规则和 Stampe 定义的自然音系过程非常相似。

MP-规则涉及语素的语音形式和语义之间的对应关系,这属于具体语言;在音系方面具有任意性,从而可能存在例外。语言共时状态区分两类性质不同的规则,历时演变也为这一区分提供了证据;例如,与 P-规则有关的历时过程没有例外,而与 MP-规则有关的历时过程往往具有例外;MP 规则的功能与 Stampe 的"学会的制约"(learned constraint)相似。

但是,P-规则和 MP-规则的区分似乎并不是绝对的。Hooper 还提出了一类介于二者之间的变音规则(sandhi rule)。变音规则往往含有词界符号。词界符号属于句法和语义范畴,不属于音系范畴。但是,词界符号有时同音节界线符号或停顿符号吻合,导致词与音节的左边界或右边界同一。这一事实使得音变规则有时像 P-规则,有时又像 MP-规则。

形态构成规则赋予抽象语素以特定的音系形式(如英语{复数}→+/z/+);音节化规则可以在推导过程中反复应用。

NGP 另一个重要假设是规则应用的无序性。在 SPE 理论里,音系规则应用具有有序线性和循环性特点。Vennemann(1972)

认为,从逻辑角度看,因为底层表达的抽象程度是规则按严格外在顺序应用的结果,所以规则以不固定的顺序多次应用可以降低底层表达的抽象程度。Vennemann 没有否认有序线性,但更强调规则应用的无序性特点,认为只要满足结构描写,任何一条规则即可应用,不必受到应用顺序的限制。这一假设被称为无应用顺序条件(No-Ordering Condition,简称 NOC)。

对于 TGC 来说,NOC 是一条补充性原则,作用在于进一步限制底层表达的抽象程度以及规则之间的抽象关系。TGC 的原则依赖 NOC;在某些情况下,NOC 对于 TGC 原则的有效性起到至关重要的作用。但是,正如 Hooper 所承认的,NOC 只能限制由外在顺序导致的底层抽象程度;如果规则顺序是内在的,NOC 将因不直接作用底层表达而不能涉及其抽象性。Hooper 主张 NOC 的论点是,外在顺序是一个过于抽象和极其复杂的推导过程,而说话人无意识的语言知识不可能包含如此抽象和如此复杂的过程。

限制音系规则的抽象程度仅仅是限制音系抽象程度的一方面;另一个必须考虑的方面是语素的底层表达。NGP 的做法是限制底层和表层两个表达层次之间的差别,以此获得对底层表达抽象程度的限制。这种做法是基于底层表达具有不确定性特点的考虑。底层表达和表层表达是有区别的;音系规则只能对表层表达作出概括,而与底层表达无关。TGC 排除了规则里的抽象音段,因此可以间接地限制底层表达的抽象程度。限制底层表达和表层表达之间的差别对底层表达具有直接的作用:只有在表层表达里出现的音系特征才有可能在底层表达里出现。

为了降低底层表达的抽象程度,Hooper 区分了非交替性语素和交替性语素表层形式。非交替语素只有一个固定不变的表层语音形式,其底层表达形式仅仅包括音系特征,不包括羡余特征和 P-规则提供的语音材料。非交替语素仅仅受 P-规则的作用,从 P-规则获得表层的语音材料。例如英语的 *pin* 的底层形式是 ∕pin∕,词首塞音 ∕p∕ 的发音部位特征、发音方法特征和清音特征

赋值,而羡余的送气性特征不赋值。P-规则提供送气特征。*spin*
里塞音/p/的发音部位特征和发音方法特征赋值,而清音特征和
送气性特征不赋值,由 P-规则提供。

Hooper 区分了不同类型的语素交替形式:纯语音的和非纯
语音的语素交替。纯语音的语素交替又分成两个次类:非中和性
的与中和性的。在非中和性交替过程里,音段的某个特征可以根
据该音段其他的特征推导出来。例如,在西班牙语里,浊阻塞音的
[延续性]取决于特定浊阻塞音的位置:如果位于停顿或同部位塞
音之后,该音段是[一延续性]的;在其他位置上,浊阻塞音是[十延
续性]的;例如,*dedo* "手指"在[un dedo](一只手指)和
[siŋkoðeðos](五只手指)里的变体形式分别是[deðo]和[ðeðo]。
这说明,浊阻塞音的[延续性]是可预测的,因此,在底层表达里,浊
阻塞音的[延续性]是没有赋值的。

对于中和性交替,底层语素音系形式的赋值必须参考所涉及
音段的非中和表层形式的对立。例如,英语里,当位于元音之间的
位置且前一音节重读而后一音节弱化时,*writer* 和 *rider* 里的
/t,d/ 中和为闪音[ɾ];中和是有条件的;当不存在中和条件时,例
如在 *write* 和 *ride* 里,语素末的/t,d/在表层上仍然以[t]和[d]的
语音形式对立。因此,即使存在中和现象,*writer* 和 *rider* 底层里
/t, d/ 的清浊特征仍然需要分别赋值。

在非语音环境中,MP-规则决定语素交替不同形式里的对比
性音系特征。对于非语音环境下出现的交替,底层表达必须受到
限制:底层表达内禁止出现该语素变体语音形式里没有的音段。
根据这一限制,语素变体若干个语音形式里某一个形式是语素的
底层表达形式。

对于若干个不能通过音系规则(包括 P-规则和 MP-规则)从
同一个底层语素形式推导出来的表层语素形式,Hooper 建议为它
们设定不同的底层表达形式,作为独立且不相关的词项排列在词
库里。这类语素主要包括能产性较差的词缀和构词性词干内部元

音交替。例如,英语有两个构成名词的后缀 -ness 和 -ity,前者能产性极高,而后者的能产性较差。现代英语正在逐渐用 -ness 取代 -ity。因此,凡是可以接缀 -ity 的词干有两种底层形式,例如 localness 和 locality 的底层表达形式分别是 /loukəl/ 和 loukəl/。Hooper 认为,词缀 -ness 和 -ity 的词汇意义没有差异,词项 localness 和 locality 的意义差别源于底层语素意义的不同。又如,对于 divine 和 divinity 里词干语素的交替,Hooper 假设前者底层形式是 /divain/,而后者是 /divɪn/。

然而,divine 和 divinity 里的 /divain/ 和 /divɪn/ 毕竟存在语义联系;设立不同的底层表达形式显然割断了二者的关系。为了说明二者的关系,Hooper 专门建立一类相关式规则(via rule),说明类似 /divain/ 和 /divɪn/ 之类语素的词汇、语义和句法信息方面的关系。例如相关式规则 <ai↔ɪ> 把 /divain/ 和 /divɪn/ 联系起来。从严格意义上讲,因为相关式规则在形式上不同于音系规则,而且与音系推导过程无关,所以难以定义为音系规则。相关式规则仅仅存在于词库,和其所联系的两个或多个底层语素并列。为了进一步说明相关式规则的合理性,Hooper(1979)利用了形态历时变化分析中使用的语义透明原则(semantic transparency)。根据这一假设性原则,为了保持语素的语音对立,语音变化过程中有可能出现不遵守音变规则的异常变化。

同 SPE 理论相比较,NGP 强调语素表层表达在音系概括方面的基础地位;TGC 限制了音系规则的抽象程度,并以此限制了底层表达的抽象程度,区分了与语素信息无关的纯语音过程和语素信息诱发的音系过程。对于无法通过 P-规则和 MP-规则推导获得的语素表层变体形式,设定独立且不同的底层语素形式。取消规则应用的外在顺序,从而取消了推导过程中间阶段上的音系表达,使之抽象性不复存在。同 SPE 随意设定的且高度抽象的底层表达的音系形式相比,在 NGP 里,语素的底层形式更加接近相应的表层形式,在没有交替的情况下,底层形式甚至等同于表层形式。概括起来说,凡是音系语法(规则和底层表达)里存在的必须存在于语音形式之中;凡是语音形式中不存在的不能成为音系知识的组成部分。语法知识可以而且必须得到语言直觉的印证。Hooper 认为,除了得到语言共时证据的支持和得到语言直觉的证实之外,NGP 的假设还得到了语言演变和儿童音系获得方面的证据支持。

下面我们简单介绍 NGP 的分析程序。

3.2.6.2　分析实例

根据 Hooper(1976：23)提供的语料,西班牙语动词的词重音分布如下:

(25)

a. 非限定 动词	b. 现在时 陈述式	c. 现在时 虚拟式	数	人称
"爱"	ámo	áme	单数	1
amár	ámas	ámes		2
amándo	áma	áme		3
amádo	amámos	amémos	复数	1
	amáis	améis		2
	áman	ámen		3

d. 过去时	e. 未完成 陈述式	f. 未完成 虚拟式		
amé	amába	amára	单数	1
amáste	amábas	amáras		2
amó	amába	amára		3
amámos	amábamos	amáramos	复数	1
amásteis	amábais	amárais		2
amáron	amában	amáran		3

g. 将来时	h. 条件式		
amaré		amaría	单数	1

amarás	amarías	2
amará	amaría	3
amarémos	amaríamos 复数	1
amaréis	amaríais	2
amarán	amarían	3

从 NGP 的角度看,西班牙语动词的词重音可以概括如下:

① 重音位置与重音所在音节位置无关;

② 词表里最末音节重读和倒数第三音节重读的词是规律的(未完成体的第一和第二人称复数形式不属于例外);

③ 除了现在时第一和第二人称复数形式之外,其他所有数和人称的动词形式里,每个时态后缀含有一个重读元音;

④ 重音是时态和语气的标记。

据此,确定词重音的唯一因素是动词的时态和语气范畴。根据时态和语气范畴,动词的词重音指派规则是:

(26)过去时动词重音规则

$$\text{V} \rightarrow [+\text{重音}]/_{\text{动词词干}}\text{X}\underline{\quad}+\left\{\begin{matrix}[+\text{过去时}]\\[-\text{限定动词}]\end{matrix}\right\}$$

根据规则(26),动词词干后的第一个音节重读。X 表示不构成音节核的音段,排除滑音获得重音的可能。

(27)将来时和条件式动词重音规则

$$\text{V} \rightarrow [+\text{重音}]/[\text{r}]+\underline{\quad}$$

根据规则(27),表人称/数的后缀里的第一个元音重读。规则(27)适用于除了现在时陈述式和现在时虚拟式以外的其他所有动词形式。

现在时陈述式和现在时虚拟式的词重音不像其他时态动词形式的重音分布那么规律。由于历时原因,现在时动词的重音仍然处于倒数第二音节。根据 Hooper(1976:29)的意见,至少有两条可能的规则来预测现在时动词的重音。一条是现在时要求重音位于倒数第二音节:

（28）现在时陈述式动词重音规则

$$\text{V} \rightarrow [+\text{重音}] / \underline{\quad} C_0 VC_0 \#]_{\text{动词}[+\text{现在时}]}$$

另一条可能的现在时重音规则同规则(26)和(27)类似,如下所示:

$$(29)\ \text{V} \rightarrow [+\text{重音}] / \underline{\quad} C_0]_{\text{动词词干}[+\text{现在时}]}$$

因为规则能够自动识别动词词干里的元音,使其获得重音;这样一来,现在时第一和第二人称复数形式可以作为例外处理,即在词库里词干末元音已经标记成[+重音]。

根据规则(28),重音位于倒数第二音节;而规则(29)说明重音位置与动词内部的结构相关。规则(29)因为其例外显得似乎不太理想,但是,与规则(26)和规则(27)的形式相同,它们共同描写了除规则(28)以外的动词其他形式的重音分布。可以看出,NGP 分析的特点有二:一是强调重音是词缀的标记或属性,强调语素的特性;二是规则数量多,但概括性较差。

在 SPE 模式的抽象分析法里,为了最大限度地概括重音分布,分析必须依靠底层表达的抽象音段。例如 Harris(1969)对西班牙语动词重音分析依赖两条主要规则:

$$(30)\ \text{V} \rightarrow [+\text{重音}] / \underline{\quad} (([-\text{完成体}])C_0 V_{abs})]C_0 \#]_{\text{动词}}$$

$$(31)\ V_{abs} \rightarrow \varnothing$$

根据规则(30),除了完成体形式之外,重音被指派到抽象表达层次上的倒数第二音节。为了解释表层的例外,Harris 假设非限定形式 amár 底层表达是 amárE,过去时形式 amé 和 amó 的底层形式分别是 améI 和 amóU,其中／E／,／I／,／U／是词末位置上的抽象音段(即规则中的 V_{abs})。重音指派规则应用之后,抽象音段在规则(31)的作用下脱落,以此解释这些动词倒数第一音节重读的现象。为了解释动词将来时形式的重音分布例外现象,Harris 不得不设定两个抽象音段,使底层表达过于抽象。

Hooper 认为,Harris 设定的抽象底层表达具有随意性,违背了说话人的语言直觉,而且与语言历时事实无关。而在基于 NGP 原理的自然生成音系学里,所有的规则具有可靠的来自语音表达层次上的依据,与语言直觉一致,而且反映了西班牙语动词重音的历史演变的过程和发展趋势。

3.2.6.3 对自然生成音系学的批评

NGP 受到了主流生成音系学的猛烈批评。对 NGP 的批评涉及理论后果和分析实践两个方面。在理论方面,NGP 认为,音系规则是对表层语音形式的概括。Hooper 强调,凡是存在音系语法里,必须首先存在于语音形式之中,而语音形式是可以观察的。据此,语法来自经验观察。这意味着,可被观察的语音现象是内在化的语法知识的来源。这一假设对经典生成音系学来说是反理论的。

NGP 似乎非常重视语言直觉对语法知识存在的判断作用。在 Hooper 看来,语言直觉是对语法知识(规则和表达)存在假设的支持。这里存在两方面问题。首先,Hooper 所理解的语言直觉是对母语的经验感受,而不是语言知识本身。其次,Hooper 低估了说话人所具有的对语法知识高度抽象的能力。音系学要研究的问题不是判断说话人是否具有音系抽象能力,而是他的音系抽象能力的丰富内容。

NGP 存在方法论方面的问题。NGP 强调语音形式的客观存在,否认音系规则和音系表达的抽象性。在经典生成语言学看来,这种做法颠倒了抽象的语法知识和语法知识外在表现形式之间的因果关系。说话人对母语表层形式的经验感受或常识从本质上看不是语法知识,正像人们每天看到太阳东升西落不能说明他们科学地认识了地球围绕太阳运转一样。在经典生成音系学的假设里,底层表达和规则有序应用是表层语音形式的唯一来源。NGP 强调的是表面语音现象,忽视了作为现象发生动因的音系表达和规则。因此强调表层语音形式是音系规则的唯一来源的 TGC 是错误的。

音系抽象性问题的核心是是否承认并在多大程度上允许底层表达不同于表层语音形式。根据 TGC 原则,凡是底层表达中存在的必须存在于表层语音形式里。然而大量的研究表明,语素的底层表达形式可以不同于任何一个与其相应的表层语素变体(参见 Carr 1993:第七章;Kenstowicz 1994:第三章)。SPE 之后生成音系学的词库音系学、非线性理论、不充分赋值理论和特征几何等理论毫无例外地依赖抽象表达层次。

区分 P-规则和 MP-规则在逻辑上导致音系分析要求三个抽象程度不同的表达层次。Carr(1993:第二章)使用班图语系的卢玛萨巴语(Lumasaaba)说明区分 P-规则和 MP-规则的逻辑后果。在卢玛萨巴语里,/b/、/β/、/d/、/l/、/ʒ/ 和 /j/ 处于对比分布,但是在多语素词里又呈互补分布,出现了 /b/ 和 /β/,/d/ 和 /l/ 以及 /ʒ/ 和 /j/ 的中和。例如:

(32) 单数　　　　　　　　　　复数

cibati	刀	zimbati	刀
kaβua	小狗	zimbua	狗
ludaha	翅膀	zindaha	翅膀
luli	树根	zindi	树根
luʒeʒele	锁链	ziɲʒeʒele	锁链
lujo:jo	芽	ziɲʒo:jo	芽
kagunija	小口袋	ziŋgunija	口袋

复数名词由三个语素构成：复数前缀／zi／,名词类别语素是一个鼻辅音／n／(经过鼻音部位同化规则作用变成[m],[n],[ɲ],[ŋ])和词干语素。例如"刀"的底层复数形式是／zi＋n＋bati／。从名词单数形式可以看出,／ka／是指小前缀。这样一来,根据 NGP 的分析,出现了"狗"的词干底层表达无法确定的问题,即是／βua／还是／bua／。那么,区分 P－规则、MP－规则势必要求三个表达层次：

(33) 语素音位(MP)表达：

MP－规则

音位表达：

P－规则

语音(P)表达：

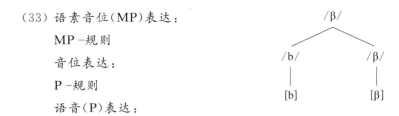

MP－规则把语素音位层次上的(抽象音段)／β／映射至音位表达层次；P－规则再把音位层次上的／b／和／β／分别映射至语音表达层次,获得语音形式[b]和[β]。对于 NGP 来说,区分 MP－规则和 P－规则的目的是排除底层表达的抽象性,但是,分析的结果表明 NGP 逻辑上除了建立一个音位表达层次之外,还需要设定极其抽象音段／β／才能说明／b／和／β／的中和。如果采用经典生成音系理论的中和分析法,"狗"的词干底层表达形式是／bua／,根据浊阻塞音弱化规则,底层的／b／变成[β],即出现了／b／和／β／在表层上的中和：

(34) ／b／→[β]／CV＋__V

进一步看,建立音位表达层次和语素音位层次的实质是取消了音系层次。

　　Hooper 反对规则应用外在顺序,并提出 NOC 的主要论点是,含有外在顺序的推导过程过于抽象和复杂。从简单原则的角

度看,推导过程应当简单、直截了当。然而,推导简单性的前提是
获得音系现象的概括性描写。如果仅仅为了简单而无法获得描
写,简单性原则便失去存在的意义。进一步看,在 SPE 框架内,有
些音系现象的解释必须依赖外在顺序的概念。例如,在英语泰恩
赛德方言(Tyneside English)里,词末弱化音节里的元音脱落,该
音节尾音位置上的鼻辅音自成音节,同时该音节的节首位置上的
清塞音变成声门塞音。例如,*happen* 和 *chicken* 的语音形式分别
是[hɐʔm̩]和[ʧɪʔŋ̍]。推导过程以及解码过程必须依靠外在顺序:

（35）底层表达　　　　　　 /hɐpən/　　　　　/ʧɪkən/

　　　央元音脱落　　　　　 hɐpn　　　　　　ʧɪkn

　　　鼻辅音音节化　　　　 hɐpn̩　　　　　　ʧɪkn̩

　　　鼻辅音部位同化　　　 hɐpm̩　　　　　　ʧɪkŋ̍

　　　清塞音声门化　　　　 hɐʔm̩　　　　　　ʧɪʔŋ̍

　　　表层表达　　　　　　 [hɐʔm̩]　　　　　[ʧɪʔŋ̍]

在推导过程中,央元音脱落和鼻辅音音节化两条规则是内在顺序:
只有在音节内没有元音的情况下,鼻辅音才有可能成为音节核。
鼻辅音部位同化和清塞音声门化的顺序是外在顺序:从逻辑上
讲,清塞音声门化不以鼻辅音部位同化为前提条件,但是分析需要
鼻辅音部位同化规则在清塞音声门化之前应用,否则无法解释鼻
辅音和清塞音发音部位相同的事实。不管外在顺序是不是普遍语
法的组成部分,分析实践需要外在顺序。

　　最后,Hooper 把从 P-规则角度难以解释的语素变体交替视
作源于不同的语素,例如,*divine* 源于/divain/,而 *divinity* 的词
干则来源于另一个语素/divin/。这种处理方法不仅不符合说话
人的语言直觉,而且失去了对语素变体交替的概括和解释。在英
语里,与三音节元音松化现象有关的形态变化比较普遍。在 SPE
模式里,*divine* 和 *divinity* 的词干底层语素表达是同一形式

／diviːn／。同一底层表达形式体现了其变体在语义和音系方面的联系。但是在 NGP 里,二者之间的联系被割断了。Hooper 意识到问题所在,并使用相关式规则＜ai↔ɪ＞把二者联系起来,以此弥补因取消抽象表达而丧失的概括。然而,相关式规则不仅在形式和功能上与音系规则有着实质的区别,而且作为音系知识的地位也是值得怀疑的。此类相关式规则充其量反映了说话人心理上对两个语素关系的认同。

概括起来讲,NGP 是在对 SPE 纯符号运算方法的批评中产生的理论。NGP 的出发点是通过限制规则的抽象程度达到限制底层表达的目的,从而限制整个音系语法的抽象程度。但是,NGP 在限制音系语法抽象程度的同时却抛弃了音系学最本质和最宝贵的东西:抽象的层次上的概括和解释。这如同在倒洗澡水时连孩子也一块儿倒掉了。

3.2.7　抽象分析的内部证据和外部证据

同大量的批评相比,支持 NGP 的研究不多。NGP 虽然没有动摇经典生成音系学在当时的主导地位,但是它对纯符号运算的 SPE 模式的冲击力却是巨大的。经典生成音系学在对 NGP 进行反批评的同时也在思考:音系理论即使否定了 NGP,但又有什么原则能限制音系语法的过度抽象? 虽然音系的抽象性问题今天仍然是音系学研究反复思考的问题,但大量的分析实践表明,在坚持符号运算假设的基础上,抽象分析必须得到充分的内部证据和外部证据的支持。

关于音系抽象程度的论战对后续研究的影响来说,在坚持内部证据必要性的基础上,音系分析更加看重外部证据。其中,语音历史演变和儿童音系获得得到空前的重视。在语音历史演变方面,音系分析更加注意利用方言音系特点的分析价值和作用。由于语言演变的不平衡性,不同方言的音系共时状态表现为音系演变过程的不同阶段,对构拟语素底层形式和制定规则以及确定规则顺序具有重要的参考价值。在儿童音系获得方面,音系分析特别注重儿童音系特点的分析价值。从理论假设角度看,音系分析所设定的语素底层表达形式和儿童在语素-词汇获得过程中所建立的语素底层表达形式是同一的或基本上是一致的,因此,音系分析提出的假设和结果应当得到儿童音系获得语言事实的支持或印证。作为分析原则,关于音系底层表达、音系规则的形式以及规则顺序的假设必须受到可学性(learnability)的检验。

总之,在抽象程度方面,音系允许抽象分析,而且也必须是抽象分析,但抽象分析必须得到内部证据和外部证据的支持。下面以西班牙语的松紧元音交替说明得到内部证据和外部证据支持的抽象分析。

西班牙语中许多方言的元音系统有 5 个底层元音:/i, u, e, o, a/。每个元音有两个表层音段:紧元音和松元音。如下所示:

(36) 底层元音　　　　紧元音　　　　松元音
　　　/i/　　　　　　[i]　　　　　　[ɪ]
　　　/u/　　　　　　[u]　　　　　　[ʊ]
　　　/e/　　　　　　[e]　　　　　　[ɛ]
　　　/o/　　　　　　[o]　　　　　　[ɔ]
　　　/a/　　　　　　[a]　　　　　　[æ]

从分布上看,紧元音出现在开音节里,松元音出现在闭音节里。例如,在标准西班牙语里:

(37) *piso*　　　/piso/　　　[piso]　　　地面
　　 fin　　　　/fin/　　　 [fɪn]　　　结束
　　 grupo　　 /grupo/　　 [grupo]　　群

le	/le/	[le]	你/他(宾格)
ley	/lej/	[lɛj]	法律
lerdo	/lerdo/	[lɛrdo]	缓慢
tonto	/tonto/	[tɔnto]	愚蠢
cabeza	/kabesa/	[kaβeθa]	头
alto	/alto/	[ælto]	高

松紧元音的交替取决于元音出现的音节类型。例如,以紧元音结尾的词干接缀复数后缀-*s* 时,词干末的紧元音变成松元音;当接缀复数后缀-*es*,由于词干内重新音节化,词干内元音发生松紧交替;同时,词缀里的元音表现为松元音。例如:

(38) | | | 单数 | 复数 | |
|---|---|---|---|---|
| a. | *clase* | [klase] | [klasɛs] | 阶级 |
| | *tonto* | [tɔnto] | [tɔntɔs] | 愚蠢 |
| b. | *fin* | [fɪn] | [finɛs] | 结束 |
| | *tos* | [tɔs] | [tosɛs] | 咳嗽 |

在西班牙一些南部方言里,复数后缀消失,复数意义通过词末松元音表示,例如:

(39) | | 单数 | 复数 | |
|---|---|---|---|
| *clase* | [klase] | [klasɛ] | 阶级 |
| *tonto* | [tɔnto] | [tɔntɔ] | 愚蠢 |
| *selva* | [sɛlva] | [sɛlvæ] | 森林 |
| *pedazo* | [peðaθo] | [peðaθɔ] | (一)件(物品) |
| *hospital* | [ɔspitɛ] | [ɔspitalɛ] | 医院 |

Saporta(1965)采用抽象分析法,假设南部方言里复数语素的

底层表达形式是/s/。音节化(增音)规则应用之后词末紧元音变成松元音,随后/s/脱落。推导过程如下所示:

(40) 底层表达 　　　/klase＋s/　　　/ospital＋s/

元音音节化　　　.kla.ses.　　　os.pi.ta.les.

元音松化　　　.kla.sɛs.　　　ɔs.pi.ta.lɛs.

s-脱落　　　.kla.sɛ.　　　ɔs.pi.ta.lɛ.

表层表达　　　[klasɛ]　　　[ɔspitalɛ]

由于元音松化和 s-脱落的应用顺序是外在顺序,所以受到了 Hooper 的批评,同时抽象音段/s/也遭到了否定。Hooper 认为,在这些南部方言里,复数意义通过词末松元音表示是由词干语素范畴特性所决定的,与音节类型无关。Durand(1990)为 Saporta 设定的底层抽象音段/s/提供了历时证据,支持 Saporta 的抽象分析。Durand 认为,在西班牙语里,音节尾音位置上的/s/正在经历着一个弱化过程。这个弱化过程是:

(41) [s]→[h]→∅

标准西班牙语/s/的弱化过程尚未开始,但在南部方言里,这一过程在表层上已经完成。介于标准西班牙语和南部方言之间,其他方言处于不同的演化阶段。在有些方言里,音节尾音的/s/弱化成[h],而在另外一些方言里,这个位置上的/s/进一步弱化成一个送气成分,例如在西班牙东部方言里:

(42) 　　　单数　　　复数

pedazo　　　[peðaθo]　　　[peðaθʰ]　　　(一)件(物品)

hospital　　　[ɔʰpita]　　　[ɔʰpitalɛʰ]　　　医院

cabeza　　　[kaβeθa]　　　[kaβeθæʰ]　　　头

tonto	[tɔnto]	[tɔntoʰ]	愚蠢
fin	[fɪn]	[fɪnɛʰ]	结束
voz	[bɔʰ]	[bɔseʰ]	声音

而在另外一些方言里,有些词保留了∕s∕弱化后的送气成分,有些词已经完全失去了送气成分;送气成分的出现与否呈自由变异。正是基于不同方言中反映的事实,Durand认为,通过设定底层抽象的∕s∕并使用∕s∕-脱落规则的共时分析是成立的;这个底层音段在不同方言里有着不同的语音形式;在南部方言里,虽然∕s∕自身没有相应的表层形式(或零形式),但由它参与构成的闭音节导致该音节内元音松化;相反,Hooper提出的词干语素范畴特点分析法却不能说明西班牙语所有方言里的历时事实,从共时角度看,语素范畴特性难以说明∕s∕弱化的不同阶段的关系。

然而,在更多的情况下,外部证据虽然可以说明特定的语素变体交替或音段配列受一定的规则作用或一定制约的限制,但是分析却不能清晰精确地说明规则或制约的形式特征以及语素底层表达的形式;或者,对同一组语言数据可能有几种不同的分析,而且,如果孤立地看,所有这些分析都能成立。在这种情况下,分析必须依赖内部证据。内部证据的作用在于检验、评估和选择对外部证据的分析。也就是说,外部证据必须得到内部证据的支持。因此,从这个意义上说,限制音系语法的抽象程度必须以内部证据为基础。

从内部证据的角度看,限制音系语法的抽象程度实质上是限制两个表达层次上音系形式差别。作为一种理想状态,在表层表达没有交替和中和化的情况下,底层形式和表层形式是相同的。在表层形式出现交替和中和的情况下,问题的关键在于是否需要从符号的语音内容方面对底层表达抽象程度予以限制。Kenstowicz & Kisseberth(1977)指出,底层表达应当受到语音基础的限制,但是,许多共时交替和中和现象并没有语音学基础。他们的分析表明,在早期语言里,交替可能具有语音学基础,但是在历时演变过程中,这些交替失掉了原有的语音学动因,因此,在现代语言里,这些交替难以得到语音学的解释。所以,在某些情况下,音系表达可以是没有语音学基础的抽象表达;至于抽象表达能否成立,一方面取决于内部证据,另一方面取决于对语言数据的解释程度。

最大限度地缩小两个表达层次上音系形式差别的另一个途径是简化音系规则和推导过程。音系规则是对成分、结构和形式的真实概括,它随着对内容性普遍现象认识的变化而变化。简化推导过程一方面和规则本身的真实性和简单性有关,另一方面又同规则应用的方式相关。

3.3 音系规则应用的方式与顺序

SPE 时期另一个重要的研究课题是音系规则的应用方式和顺序。我们在这一节里讨论三个与此有关的问题:音系规则的应用顺序、音系过程的可透性和晦暗性以及规则应用的循环性。

在音系规则应用方式方面,SPE(SPE: 20)的一组基本假设是:

① 音系语法里的音系规则按线性顺序排列,表现为 $R_1, \cdots, R_n$ 的形式。

② 每一条音系规则在不含任何内部括号的最大音段序列内应用。

③ 在 R_n 应用之后,R_1 开始应用。

④ R_n 在音系规则 R_i 和 R_j 之间应用;在 R_n 没有应用的情况下不能应用 R_j。

⑤ R_n 是抹消最里面一对儿括号的规则。

假设 ① 又称作严格线性顺序假说(strict linear ordering hypothesis)。根据假设①,规则应用具有有序性特点。根据假设②—⑤,规则的应用是循环式的,或规则应用是一个"转换循环"

(transformational cycle)。有序性和循环性是经验假设,所以需要证明或证伪。在对具体现象的分析中,严格线性顺序假说和规则的循环性相互支持和补充。

3.3.1 严格线性顺序假说

根据严格线性顺序假说,所有的音系规则必须按照一定顺序依次应用。在推导过程中的每一个循环里,每条规则对所有满足其结构描写的形式同时应用一次(simultaneous once-only application),而且仅仅应用一次,不能反复应用(iterative application)。Chomsky & Halle 认为(SPE:18):"同无应用顺序的规则集合或依照其他原则建立的有序应用的规则集合相比,依据线性顺序规则和根据线性顺序的规则建立的推导过程不会失去任何概括;这一点始终是可能的。"围绕这一假说,经典生成音系学时期在下述问题上展开了讨论:

(一)是否所有的音系规则都按顺序应用?

(二)规则应用顺序是由什么决定的? 规则顺序内在逻辑关系如何?

(三)规则应用顺序是音系普遍理论的一部分,还是由具体语法决定的?

针对问题(一),我们从逻辑的角度考察规则之间是否必然存在规则的应用顺序。如果严格线性顺序假说成立的话,规则之间应当具有以下关系:

(a)关联性(connectedness):对于任何两条规则 R_1 和 R_2 来说,或者 R_1 的应用必须先于 R_2,或者 R_2 的应用必须先于 R_1。

(b)非反身性(irreflexivity):任何一条规则的应用不能先于该规则的应用。

(c)反对称性(antisymmetry):如果某一条规则的应用既先于又后于另一条规则,那么,这两条规则是同一条规则。

（d）及它性（transitivity）：如果规则 R_1 的应用先于规则 R_2，并且规则 R_2 的应用先于规则 R_3，那么，规则 R_1 的应用必须先于规则 R_3。

这些规则的顺序关系成为检验严格线性顺序假说的标准。

我们先来考虑规则的关联性。关联性是严格线性顺序假说的核心。在特定的语言里，关联性的基础是唯一性，即规则 R_1 必须先于规则 R_2，或者 R_2 先于 R_1；如果任何一种顺序都可以推导出符合语法的表层形式，结论应当是 R_1 和 R_2 之间不存在应用顺序关系。进一步看，唯一性的前提是 R_1 和 R_2 必须具有相关性，即在结构描写和结构变化，或输入项和输出项方面相关。据此，某一具体语言里的所有规则当中，某些规则是相关的，而其他一些规则未必具有相关性。如果能够证明规则之间不相关，那么，规则顺序的唯一性将是假的；如果唯一性是假的，那么关联性为假；据此，严格线性顺序将不能成立。否定严格线性顺序假说的另一证据是顺序悖论现象（ordering paradox）。顺序悖论现象指的是，在某一具体语言里，某一推导过程 D_1 要求规则 R_1 的应用必须先于规则 R_2，而在另一个推导过程 D_2 中，规则 R_2 应用必须先于规则 R_1，否则的话，D_2 不能推导出符合语法的表层形式。如果假设规则 R_1 和规则 R_2 是无序应用，顺序悖论现象将不复存在。例如，根据 Anderson（1974）的分析，美诺尼米语（Menonimi）里的元音滑音化规则和元音增音规则可以有两种相反而且绝对不相容的应用顺序，说明唯一性是不存在的。据此，如果坚持关联性的话，反对称性和及它性将不成立。

具体的语言分析证明非反身性不能成立。例如，某一规则可以重复应用，即该规则可以对其前一次（非循环性意义上）应用的输出项再次应用。例如，在当时的线性表达框架内，元音和谐、词末音段的连续脱落、阻塞音丛内的清化/浊化过程、儿童语言里的辅音和谐以及某些长距离音系过程（distance process）都被视为同一规则重复应用的结果。能够重复应用的规则称作重复性规则

(iterative rule)。

针对各种语言里出现的不能证明严格线性顺序假说的分析，支持该假说的研究或者修订或重新制订音系规则，或者采用不同特征范畴，或者重新定义某些概念，继续证明该假说是一条具有普遍意义的原则。其中对成为严格线性顺序假说反证的现象的分析往往依赖循环性假设。我们将在 3.3.3 小节里讨论依赖循环性对反证现象的分析。

大量的研究证明，如果不考虑规则循环性的话，作为具有普遍意义的严格线性顺序假说难以成立。这些研究在证明同一语言里的全部规则并非遵守严格线性顺序假说的同时，还证明了部分规则的应用的确是有序的。那么又如何解释部分规则应用的有序呢？为了回答这个问题，出现了部分[线性]有序(partial [linear] ordering)和局部有序(local ordering)的假说。

3.3.2　部分有序假说

部分有序假说思路的出发点是首先假设所有的规则应用是同时的和无序的。在这些规则的结构描写不同的情况下，同时无序的规则应用不会出现逻辑问题：规则是否能够应用完全取决于结构描写是否得以满足。但是，如果有两条规则 R_1 和 R_2，它们的结构描写相同，但结构变化不同，如下所示：

(43) R_1：A→B/X__Y

$\quad\quad R_2$：A→C/X__Y

那么，推导过程的输出项是 B，C，还是另外的一个，例如 D？我们先来考虑第三种情况。如果推导过程的输出项是 D 的话，说明 R_1 和 R_2 不是对音系过程的真实概括，因为二者都没有预测准。那么，如果排除第三种情况即 R_1 和 R_2 都是对音系过程的忠实概括,推导过程的输出项或者是 B,或者是 C。这意味着 R₁ 和 R₂ 的应用是有序的。那么如何解释有序性?

Koutsoudas 等人(1974)对有序性的解释是,无序性是规则应用的自然方式;有序性则是规则应用的特殊方式。规则有序应用的特殊性源于制约对结构描写相同的规则应用的限制。语法里有两条限制规则应用的制约:优先制约(precedence constraint)和阻断制约(blockage constraint)。根据优先制约,在 R₁ 和 R₂ 的结构描写相同的情况下,只有 R₁ 能够应用;R₁ 的应用不排除 R₂ 在推导过程后期应用的可能性;如果在推导过程后期 R₂ 也得以应用,那么,R₁ 的应用先于 R₂。根据阻断制约,任何一个形式,如果它已经受到了 R₂ 的作用,不能受到 R₁ 的作用,即使这个形式满足了 R₁ 的结构描写;即 R₂ 阻断了 R₁。在具体语言里,不同规则的应用顺序实际上是两条制约限制的结果,例如 R₁ 和 R₂ 的应用顺序是优先制约作用的结果,而 R₂ 和 R₃ 的应用顺序则是阻断限制的结果。在推导过程的每一个阶段,规则始终受到两条制约限制,避免应用顺序发生变化。

部分顺序假说认为,优先制约和阻断制约决定规则的应用顺序假设是对 SPE 理论中规则本身的形式特点没有决定自身应用顺序的补充。在 SPE 里,规则组合式里的规则应用顺序有两种:合取顺序(conjunctive ordering)和析取顺序(disjunctive ordering)。例如,合取组合式(44)由两条规则组成:

(44) X $\left\{\begin{matrix} Y \\ z \end{matrix}\right\}$ P

组合式(44)里的两条规则分别是:

(45) a. XYP

b. XZP

所谓合取顺序是(45a)的应用先于(45b),或(45b)的应用先于(45a)。析取规则组合式(46)由两条规则组成:

(46) X(Y)Z

规则组合式(46)里的两条规则分别是:

(47)(a)　XYZ
　　(b)　XZ

(47a)和(47b)存在包含和被包含关系。处于析取顺序时,规则应用的顺序是被包含者应用在先,包含者应用在后。合取顺序和析取顺序的主要区别是,当处于合取顺序时,某一规则的应用不影响其他规则的应用;当处于析取顺序时,某一规则的应用阻断其他规则的应用。

从部分顺序假说的角度看,优先制约和阻断制约分别解释了合取顺序和析取顺序:优先制约决定规则的应用顺序,但不排除两条规则都可以应用的可能性;阻断制约也决定了规则的应用顺序,但应用在先的规则排除了顺序在后规则应用的可能性。

和严格线性顺序假说相似,部分顺序假说定义的规则顺序在同一语言里也是固定不变的,即因受到优先制约的限制,R_1的应用先于R_2,那么,在任何推导过程中的R_1的应用都必须先于R_2;如果R_2阻断R_1,那么在任何推导过程中,R_2必须阻断R_1。因此,对于部分顺序假说来说,研究的核心任务是证明两条制约的普遍意义,即具有普遍意义的制约在具体语法里的体现。在同一语言里,如果R_1和R_2之间是优先关系或阻断关系,那么任何一个能够说明二者的优先关系或阻断关系不是固定不变的事实便成为否定部分顺序假说的证据。

3.3.3　局部顺序假说

针对这类顺序两难严格线性假说难以解释的反证现象,在部分顺序假说的基础上,Anderson(1970,1972a,1972b,1974,1975)提出了局部有序假说(local ordering hypothesis)。局部有序假说不仅否定了严格线性顺序假说,而且否定了 SPE 的循环性原则。根据局部有序假说,在具体语言里,一部分规则是无序应用的,另一部分规则是有序应用的。有序应用的每一对规则的顺序受到三类制约中某一类的限制,而且在每一个推导过程中,每两条有序应用规则必须受到某一类制约的限制,从而决定两条规则应用的相对顺序。这就是说,两条有序应用规则的顺序取决于所受到的特定某类制约的限制,因此,在不同的推导过程中,可以有不同的应用顺序。此外,局部性特点还表现为,规则的应用顺序随着语素的不同而不同。相对于严格线性顺序假说来说,局部有序假说是一种比较极端的观点。

局部有序假说提出的决定规则应用顺序的制约包括:(一)优先限制(precedence restriction):R₁ 的应用先于 R₂;(二)自然顺序限制(natural ordering restriction);(三)偶然性顺序限制(contingent ordering restriction)。优先限制来源于部分顺序假设提出的优先制约,但 Anderson 取消了优先制约和阻断制约区分,将二者合并为一。自然顺序限制(即无标记顺序)和偶然性顺序限制(即有标记顺序),实际上来自 Kiparsky(1968b)根据音系规则应用顺序历时演变的方向,提出的规则之间的有标记关系和无标记关系。我们在本小节稍后的地方介绍和讨论 Kiparsky 的观点。根据无标记顺序限制,两条规则需要决定应用顺序时,无标记顺序限制要求应用顺序使两条规则都能够不受限制地应用。例如,如果规则 R₁ 能够把原本不符合规则 R₂ 结构描写的音系形式 Φ₁,转换为符合规则 R₂ 结构描写的音系形式 Φ₂,那么 R₁ 的应用

先于 R_2 的顺序就是无标记顺序。对于无标记顺序来说,因为是天然的和可预测的,所以具体语言不需要对它们作出特殊陈述。具体语言需要对偶然性顺序限制作出陈述,甚至需要对不同类语素的推导过程所涉及的一组规则的顺序作出陈述。在没有对偶然性顺序作出陈述的情况下,规则应用的顺序是自然顺序。

对于一对规则 R_1 和 R_2 来说,在某类语素的推导过程中可能是自然顺序,R_1 的应用先于 R_2,但在其他语素的推导过程中,R_1 和 R_2 的顺序是偶然性顺序,即 R_2 的应用先于 R_1。例如,在巽他语(Sundanese)里,元音鼻化有例外现象。比较下面(48a)和(48b)的形式(引自 Anderson 1974:148-149):

(48) a. maro 　［māro］ "平分"　niis 　　［nĩʔĩs］ "度假"

　　　 mandi 　［māndi］ "洗澡"　miasih ［mĩʔāsih］ "爱"

　　　 ɲiar 　　［ɲĩār］ "寻找"　ɲahokən ［ɲāhõkən］ "告知"

　　　 ɲaian 　［ɲāĩān］ "弄湿"　kumaha ［kumāhā］ "如何"

　　 b. *动词单数*　　　　*动词复数(中缀-ar-或-al-)*

　　　 moekən 　［mõēkən］ maroekən 　［māroēkən］ "弄干"

　　　 ɲaur 　　 ［ɲāūr］ 　ɲalaur 　　 ［ɲālaūr］ 　　"说"

　　　 niis 　　 ［nĩʔĩs］ 　nariis 　　 ［nāriʔĩs］ 　"降温"

　　　 ɲaho 　　 ［ɲāhõ］ 　ɲaraho 　　［ɲārahõ］ 　"知道"

根据(48a)里的形式和(48b)里动词单数的形式,我们可以提出一条元音鼻化规则:鼻辅音使其后的元音鼻化,元音之间的声门辅音不阻断鼻化过程,但非声门辅音阻断鼻化过程。元音鼻化规则给出如下:

(49)*元音鼻化规则*

$$[+元音性] \rightarrow [+鼻音性] \ / \ [+鼻音性] \begin{bmatrix} -辅音性 \\ -元音性 \\ 0部位 \end{bmatrix} \underline{\quad}$$

(48b)里的复数动词形式表明,复数中缀口元音∕a∕具有使鼻化元音失掉[**＋鼻音性**]的同化作用。据此给出口元音同化规则如下:

(50) 口元音同化规则

$$[＋元音性] \rightarrow [－鼻音性] \ / \ \begin{bmatrix} ＋辅音性 \\ －鼻音性 \end{bmatrix} \underline{\qquad\qquad}$$

然而,另外一些词缀的口元音不仅不能使鼻化元音失掉[**＋鼻音性**]的作用,而且同样受到元音鼻化规则的作用。例如中缀 -*um*- 嵌入词根 dəhəs [dəhəs]("接近")后,词的形式是[dumǝhə̄]。为了解释中缀 -*ar*-(-*al*-)和 -*um*- 在推导过程中的作用不同,Anderson 假设两个中缀属于不同的语素类型,前者要求元音鼻化规则的应用先于构词规则,后者则要求构词规则的应用先于元音鼻化规则。两类语素的推导过程如下:

(51) a. *nariis*　　　　　　　　b. *dumǝhəs*

底层表达:　　/ar＋niʔis/　底层表达:　　　　/um＋dəhəs/

元音鼻化规则 /ar＋nĭʔĩs/　构词规则　　　　/dumǝhəs/·

构词规则　　　/narĭʔĩs/　　元音鼻化规则　　/dumǝhə̄s/

口元音同化规则 /nariʔĩs/

表层表达:　　　[nariʔĩs]　表层表达:　　　　[dumǝhə̄s]

对此,Anderson 的解释是,对于含有 -*ar*-(-*al*-)一类中缀的词项来说,元音鼻化规则在先、构词规则在后的顺序是自然顺序,二者之间不存在相互的作用关系,因此语法不对它们的应用顺序作出规定;对于含有 -*um*- 之类词缀的词项来说,构词规则在先、元音鼻化规则在后的顺序是馈给顺序,属于偶然性顺序,因此语法有必要对它们的应用顺序给予限定。

　　根据严格线性顺序假说和部分顺序假说,在同一语言里规则 R_1 和规则 R_2 的应用顺序在任何情况下都是固定不变的,因此,如果不依靠规则应用的循环性特点的话,冀他语元音鼻化过程里的顺序两难现象难以得到解释。Anderson 认为,通过可以变化的规则应用顺序,局部顺序假说解释了顺序两难现象。

　　批评者(如 Kenstowicz & Kisseberth 1977, Sommerstein 1977)认为,虽然严格线性顺序假说过于严格,仅仅依靠固定不变的规则应用顺序的确难以解释诸如顺序两难之类的现象,但是,根据局部顺序假说,两条规则在某些情况下是自然顺序,而在其他情况下又是偶然性顺序,规则应用顺序显得过于随意;何况自然顺序和偶然顺序的定义都缺少可靠的音系学基础;即使如此,从跨语言的实证研究的角度看,Anderson 所认为的自然顺序在语言里并不普遍,而且所涉及的仅仅是一些边缘性现象。

3.3.4　馈给与反馈给、阻断与反阻断顺序

　　在音系规则应用顺序研究方面影响较大的是 Kiparsky 提出的四种顺序。基于对语言历时演变中的事实的分析,Kiparsky (1968b)提出了音系规则应用顺序和规则之间交互作用的概念。Kiparsky 受到 Halle(1962)的启发。Halle 假设,语言分化的根本原因在于规则应用顺序发生了变化。早期(或原始)语言语音系统由同一音系表达和同一套音系规则组成;语言分化与音系表达无关,变化的只是同一套音系规则应用的顺序。这就是说,亲属语言或方言的差别在于音系规则应用顺序的不同。在这个认识基础上,Kiparsky 认为,语言演变的实质不是表层形式的变化,而是语法系统内部发生了变化。音系语法系统的规则和音系表达本身没有变化,变化的只是规则应用的顺序。例如,在特定语言的早期阶段,规则应用顺序是规则 R_1 先于规则 R_2;在后来的发展中,规则应用顺序正好相反,即 R_2 的应用先于 R_1。此外,另外一些演变事

实可以从增添或不再使用某些音系规则的角度加以分析。最重要的是,Kiparsky 注意到,应用顺序的变化导致规则之间出现了各种交互作用的关系。基于规则应用顺序变化带来的后果,Kiparsky 区分了四种规则之间的关系:(一)馈给关系(feeding),(二)阻断关系(bleeding),(三)反馈给关系(counter-feeding),(四)反阻断关系(counter-bleeding)。

假设有两条规则 R_1 和 R_2,如果 R_1 的应用能为 R_2 的应用创造必要的条件(提供结构描写),且 R_1 不应用 R_2 也无法应用,则 R_1 和 R_2 具有潜在的馈给关系;在上述前提下,若 R_1 先于 R_2 应用则二者形成馈给顺序,若 R_2 先于 R_1 应用则二者形成反馈给顺序。如果 R_1 的应用会破坏 R_2 应用所需的结构描写,使得原本可以应用的 R_2 无法应用,则 R_1 和 R_2 具有潜在的阻断关系;在上述前提下,若 R_1 先于 R_2 应用则二者形成阻断顺序,若 R_2 先于 R_1 应用则二者形成反阻断顺序。如果两条规则的相对顺序没有上述的效果,那么它们的关系是中性的(neutral)。这就是说,任何按顺序应用的两条规则,它们的关系或者是(反)馈给关系或中性关系,或者是(反)阻断关系或中性关系。

例如,在芬兰语里,语音演变涉及两个阶段:一是浊舌根擦音 [ɣ] 在相同的两个短元音之间的位置上脱落,导致两个短元音合并为一个长元音;二是这个长元音进一步变成双元音,例如 teɣe＞tee＞tie。[ɣ]-脱落规则和双元音化规则给出如下:

(52)[ɣ]-脱落规则　　　[ɣ] → ∅ / V __ V

(53) 双元音化规则　$\begin{bmatrix} V \\ -低舌位 \end{bmatrix}$ → [＋高舌位] / __ V

[ɣ]-脱落规则的应用为双元音化规则提供了结构描写,二者处于馈给关系;如果双元音化规则的应用先于[ɣ]-脱落规则,那么二者处于反馈给关系。

例如,在德语的一些方言中发生过元音的圆唇化和曲音(umlaut)的音变。在圆唇化过程里[ɑ:]变成圆唇的[ɔ:];曲音过程把[ɑ:]变成[œ:]。两个音变过程的结果是[ɔ:]和[œ:]的共时交替。两个音变过程的关系是,曲音音变过程把多数[ɑ:]变成[œ:],因此受圆唇化音变作用,[ɑ:]数量较少;但圆唇化过程不影响曲音音变过程。因此,如果曲音规则的应用先于圆唇化规则的话,二者处于阻断关系,即曲音规则阻断于圆唇化规则。如果圆唇化规则的应用先于曲音规则的话,二者处于反阻断关系。

Kiparsky 试图从规则应用顺序变化产生的后果的角度论证音系规则应用顺序的内在动因。他认为,语音演变的动因是音系语法能够最大限度地使用音系规则。在四种规则关系中,能够使相关规则最大限度得以利用的关系是馈给关系和反阻断关系,因此历时演变趋于朝着馈给关系而不是阻断关系,朝着反阻断关系而不是反馈给关系的方向发展。在四种规则关系中,Kiparsky 认为馈给关系是自然性程度最高的规则相互作用关系,因此馈给顺序是规则的无标记顺序,其余的规则顺序的标记程度较高。语言演变向馈给关系发展的假设可以用来解释一个普遍的历时事实:演变最初是局部的,随后演变的范围逐渐扩大,最终出现全面的变化,即最大限度利用音系语法系统中已有的规则的结果。

关于共时的假设应当得到历时事实的支持,历时事实为共时假设提供依据和参考。根据 Kiparsky 的主张,凡是共时可能的,必须首先历时上是可能的。这里有经验方面的问题,但更重要的是逻辑问题。从逻辑角度看,音系语法实质是规则系统,语言变化的实质是规则系统的变化,因此,历时演变只能从规则、规则应用顺序以及方式的角度加以描写和解释。据此,如果上述规则关系确实具有历时意义的话,那么,它们必然具有共时意义。

Kiparsky 的历时演变遵守最大限度利用音系规则的原则遭到了质疑。

首先,正如 Kenstowicz & Kisseberth(1977)指出的,从逻辑上讲,最大限度地利用规则原则和规则有序应用原则是矛盾的,一方面,无序应用而不是有序应用才能使规则被最大限度地利用;另一方面,在同一种语言里,多种规则顺序而不是一种顺序更有利于最大限度地利用规则。

其次,实证研究表明,语音演变不仅涉及馈给关系和反阻断关系,而且涉及阻断关系和反馈给关系。例如,立陶宛语、拉脱维亚语、希伯来语和诸多斯拉夫语言的历时音变过程中存在大量的涉及阻断关系和反馈给关系的证据(Kenstowicz & Kisseberth 1971)。如果语音演变的方向是最大限度地利用规则,那么又如何解释与语言演变方向相背的阻断顺序和反馈给顺序呢?Kenstowicz & Kisseberth(1977)还认为,规则顺序的自然性程度或标记性程度与语言演变的方向无关;如果二者有关,那么问题是,为什么语言里普遍存在着这四种规则关系。

针对质疑和批评,Kiparsky 本人后来放弃了语音演变朝着最大限度利用规则的方向发展的假设,并且提出了语音演变朝着音系过程可透性方向发展的假设(Kiparsky 1971)。我们在下一小节再来讨论 Kiparsky 提出的新观点。尽管人们对语音历时演变的方向问题有不同的认识,但是普遍接受了 Kiparsky 提出的四种规则顺序。大量的研究表明,在涉及规则有序应用的推导里,共时规则之间确实存在这四种关系。

例如,在汤加勒语(Tangale)里,和名词有关的一些词干和词缀变化给出如下(引自 Kenstowicz 1994:95):

(54)

名词词干	loo	bugat	tugat	aduk	kúluk
定指名词	loo-í	bugat-í	tugad-í	aduk-í	kúlug-í
第一人称单数领属	loo-nó	bugad-nó	tugad-nó	adug-nó	kúlug-nó

第二人称单数领属	loo-gó	bugat-kó	tugad-gó	aduk-kó	kúlug-gó
第三人称单数领属	loo-dó	bugat-tó	tugad-dó	aduk-tó	kúlug-dó
	"肉"	"窗户"	"莓"	"负担"	"竖琴"

如果我们把[bugat],[tugat],[aduk]和[kúluk]的底层表达分别设定为/bugat/,/tugad/,/aduk/和/kúlug/的话,我们得到两条规则:一是词干末阻塞音对后缀首阻塞音的清(浊)化规则(顺同化规则);二是后缀首响辅音对词干末清阻塞音的浊化规则(逆同化规则)。两条规则给出如下:

(55) a. 顺同化规则:

$$[-响音性]\rightarrow[\alpha\ 浊音性]/[\alpha\ 浊音性]+\underline{\quad}$$

b. 逆同化规则:

$$[-响音性]\rightarrow[+浊音性]/\underline{\quad}+\begin{bmatrix}+辅音性\\+响音性\\+浊音性\end{bmatrix}$$

汤加勒语还有一条元音脱落规则:在接缀后缀时,词干末元音脱落。例如:

(56) 名词词干	wudó	lútu	taga	duka
定指名词	wud-í	lút-í	tag-í	duk-í
第一人称单数领属	wud-nó	lút-nó	tag-nó	duk-nó
第二人称单数领属	wud-gó	lút-kó	tag-gó	duk-kó
第三人称单数领属	wud-dó	lút-tó	tag-dó	duk-tó
	"马"	"背包"	"鞋"	"盐"

元音脱落规则给出如下：

$$(57)\ V \to \varnothing / \underline{\qquad} + X（X＝任何音段）$$

如果元音脱落规则应用先于顺同化规则，它们处于馈给关系。例如，在 duk-tó 里，词干末元音／a／的脱落使／k／和后缀首辅音相邻，为顺同化规则提供了结构描写，使得后者可以应用，把后缀首阻塞音同化为清音[t]。

如果元音脱落规则应用先于逆同化规则，它们处于反馈给关系。例如，在 duk-nó 里，元音脱落使得／k／和／n／相邻，满足了逆同化规则的结构描写。然而，逆同化规则没有应用，这个词的表层形式是[duk-nó]，而不是 *[dug-nó]。

根据规则之间的这些相互关系，汤加勒语三条规则的应用顺序是：

(58) 1. 逆同化规则

　　　2. 元音脱落规则

　　　3. 顺同化规则

我们再来看阻断关系。在卡罗克语(Karok)，齿龈擦音[s]和硬腭擦音[š]处于互补分布：当前面最近的元音是[i]时，擦音是[š]；[s]出现在其他环境里。此外，当两个元音处于相邻位置时，第二个元音脱落。最后，以元音起始的词在词首位置上增加声门塞音[ʔ]。这些情况如下所示(引自 Kenstowicz 1994：97)：

(59)　　　祈使式　　　第一人称单数　　　第三人称单数

　　a. pasip　　　ni-pasip　　　ʔu-pasip　射击

　　　ki-fnuk　　　ni-kifnuk　　　ʔu-kifnuk　俯身

　　　si:tva　　　ni-ši:tva　　　ʔu-si:tva　偷

生成音系学基础理论

	suprih	ni-šuprih	ʔu-suprih	丈量
b.	ʔaxyar	ni-xyar	ʔu-xyar	充填
	ʔiškak	ni-škak	ʔu-skak	跳
	ʔuksup	ni-kšup	ʔu-ksup	指向
	ʔikšah	ni-kšah	ʔu-ksah	笑

相关的三条规则给出如下：

（60）元音脱落规则：　　　　V→Ø/V＿＿

　　　声门塞音增音规则：　　Ø→ʔ/♯＿＿V

　　　擦音硬腭化规则：　　　s→š/i(C)＿＿

如果元音脱落规则的应用先于擦音硬腭化规则，二者处于阻断关系，例如[ʔu-skak]，其底层表达是／u＋iskak／，由于元音脱落规则的输出项是[u＋skak]，使诱发／s／硬腭化的元音／i／脱落，破坏了擦音硬腭化规则的结构描写，导致后者不能应用。元音脱落规则阻断了擦音硬腭化规则。

　　反阻断关系可用冰岛语的事实说明（Anderson 1974）。相关材料如下所示：

（61）主格单数　lyf-ur　与格复数　lyfj-um　属格单数　lyf-s
　　　宾格单数　lyf　　属格复数　lyfj-a　　"药"

　　根据其他交替情况的分析（例如由元音／u／诱发的元音交替），主格单数后缀-*ur*里的[u]是增音。元音增音的条件是由阻塞音和响辅音构成的辅音丛。此外，从上面给出的语料可以看出，当处在两个辅音之间或在词末位置时，滑音／j／脱落。据此，两条规则给出如下：

（62）元音增音规则 $\emptyset \rightarrow u / [-响音性]\_\_[+响音性]$

滑音脱落规则 $j \rightarrow \emptyset \quad / \left\{ \begin{array}{c} \_\_\# \\ C\_\_C \end{array} \right\}$

如果元音增音规则的应用先于滑音脱落规则的话,前者将阻断后者。但是,在冰岛语里,滑音脱落规则的应用先于元音脱落规则,即二者处于反阻断关系。推导过程如下所示:

（63）底层表达: /lyfj+r/ （主格单数）

　　滑音脱落规则 lyfr

　　元音增音规则 lyfur

　　表层表达: ［lyfur］

　　从增加或减少规则应用机会的角度看,在四种规则关系中,只有馈给关系和阻断关系是真正的规则之间的相互作用,而反馈给关系和反阻断关系因为既不增加也不减少规则的应用机会,所以不是真正的规则之间的相互作用。

3.3.5 内在顺序和外在顺序

　　不管是 SPE 的严格线性顺序假说,还是 Koustsoudas 的部分顺序假说,或是 Anderson 的局部顺序假说,以及 Kiparsky 的四种规则顺序的观点,虽然差异程度不一,但共同的特点是承认特定语言里至少一部分规则是有序应用。那么,一个很自然的问题是,规则应用顺序的本质是什么? 这个问题是以 SPE 为代表的经典理论的全程性问题之一。经典生成音系学对这个问题的原则性回答是,规则应用顺序是根据为数极少的普遍原则推导出来的,普遍原则是语言理论的组成部分。由普遍原则决定的顺序称作内在顺序（intrinsic ordering）。然而,在某些情况下,对具体语言现象的分

生成音系学基础理论

析又不得不依赖那些并没有普遍原则为基础的顺序。这一类规则
应用的顺序取决于具体语言,规则顺序属于具体语言,因此叫作外
在顺序(extrinsic ordering)。确定内在顺序需要首先确定普遍原
则。在不同的假设和理论里,普遍原则定义的基础不尽相同。
例如,在 SPE 里,基于规则的形式特点,被视为具有普遍意义的
析取关系决定了内在顺序;基于音系语法的历时演变,Kiparsky
分别提出了最大限度利用规则原则(maximization of rule
application)(1968b)和最低限度的晦暗性原则(minimization of
opacity)(1971);为了把外在顺序减少到最低程度,Kiparsky
(1973b)提出"别处条件"(Elsewhere Condition);部分线性顺序假
说提出优先制约;Sanders(1974)提出严格被包者居先(Proper
Inclusion Precedence);Anderson(1974)认为,决定规则顺序的因
素不止一个,例如馈给关系和阻断关系原则、晦暗性原则、自身维
持原则(self-preservation principle)以及另外一些原则共同决定
规则的应用顺序;Archangeli(1984)提出的羡余规则顺序条件
(redundancy rule ordering constraint)等。确定普遍原则的实质
是寻求规则应用顺序的普遍规律,或发现确定顺序的决定性因素。
此外,还有一种对内在顺序的狭义理解(见 Spencer 1996),即内在
顺序的实质是先应用规则的输出项是后应用规则的前提条件。例
如,在察提诺语(Chatino)里,非重读音节元音在两个清阻塞音之
间清化,如(64)所示(Kenstowicz & Kisseberth 1979:40):

(64) a. 元音清化   b. 元音不清化

　　kạtá　　　"你将洗澡"　　　kíʔ　　　"火"

　　kịsú　　　"鳄梨树"　　　　sijú　　　"果汁"

　　kusuʔwá　"你将派送"　　　loʔó　　　"哪里"

　　tịhí　　　"水"　　　　　　ndikí　　"你正在烧(火)"

　　seʔé　　　"地方"　　　　　tijé　　　"胃"

　　kịnó　　　"凉鞋"

词重音位于词末音节。如果假设所有的元音在底层表达里是浊元音而且词重音由重音指派规则分配给词末音节,那么,元音清化规则的应用必须依赖重音指派规则应用的结果,因为元音清化仅发生在非重读音节。两条规则以及应用顺序如(65)所示(V 表示非重音节元音):

(65) a. 重音指派规则　　V→′V /＿(C)♯

　　　b. 元音清化规则　　V→[－浊音性]/ $\begin{vmatrix} ＋辅音性 \\ －响音性 \\ －浊音性 \end{vmatrix}$＿

$\begin{vmatrix} ＋辅音性 \\ －响音性 \\ －浊音性 \end{vmatrix}$

如果假设在重音语言里词重音指派规则是首先应用的规则,那么,它的应用为元音清化提供了必要的条件。如果元音清化规则首先应用的话,这种语言便没有元音清化现象。

再如,俄语有两条与边音和阻塞音有关的规则。一条是舌冠阻塞音脱落规则,即舌冠音在边音之前脱落;另一条规则是边音脱落规则,即边音在位于阻塞音和词界符号之间脱落(详细描写见 Kenstowicz & Kisseberth 1979:54－59)。两条规则给出如(66)所示(T 表示舌冠阻塞音;C 表示所有部位的阻塞音):

(66) a. 舌冠音脱落规则　　T→∅ /＿l
　　　b. 边音脱落规则　　　l→∅ /C＿＿♯

两条规则处于析取关系。如果边音脱落规则先应用,舌冠音脱落将失去应用的机会;如果舌冠音脱落规则应用在先,边音脱落规则将仍有应用的机会。这里,边音脱落规则的结构描写是 Cl♯,舌

生成音系学基础理论

冠音脱落规则的结构描写是 Tl;而 Tl 是 Cl 的子集,即舌冠阻塞音是阻塞音集合的子集。根据别处条件(Kiparsky 1973b),结构描写含有子集的音系规则首先应用。据此,结构描写含有 Tl 舌冠音脱落规则应用在先,结构描写含有 Cl 的边音脱落规则应用在后。虽然舌冠塞音脱落了,但 l 可以在其他发音部位的阻塞音之后("别处")脱落。

别处条件被假设为一条具有普遍意义的确定音系规则应用顺序的原则,即由别处条件确定的音系规则顺序是内在顺序。Kiparsky 提出别处条件的目的在于最大限度地排除外在的规则应用顺序,从而最大限度由普遍性原则决定和预测音系规则的顺序。

然而,在分析实践中,外在顺序在所难免。因为同一套规则的不同应用顺序推导出不同的表层形式,所以采用哪一种顺序取决于分析的需要,看哪一个表层表达形式符合语法。另外,如果从历时角度看,音系规则应用顺序的变化是语音演变的直接原因之一(Kiparsky 1971),那么,语言或方言的差异恰恰是同一套音系规则应用顺序的不同。例如,在加拿大英语的不同方言里有两条相同的规则:闪音化规则(flapping rule)和强辅音前元音变短规则(pre-fortis clipping rule)。根据闪音化规则,底层的舌冠塞音 /t, d/ 在弱化音节里是闪音[ɾ];根据强辅音前元音变短规则,长元音和双元音在清阻塞音之前变短(Wells 1982)。两条规则给出如(67)所示:

(67) a. 闪音化规则　　/t, d/→[ɾ]　/＿＿ V]σ-[－重音]

　　 b. 元音变短规则　V:→V /＿＿ │＋辅音性│
　　　　　　　　　　　　　　　　　│－响音性│
　　　　　　　　　　　　　　　　　│－浊音性│

两条规则在不同方言里的应用顺序不同。在 A 方言里,闪音化规则应用在先,元音变短规则应用在后;在 B 方言里,两条规则的应用顺序相反。如(68a)和(68b)分别所示。以 *rider* ,*writer* ,*ride* 和 *write* 为例(aɪ 表示长双元音,ʌɪ表示短双元音)。

(68) a. A 方言	底层表达	raɪd-ər	raɪt-ər	raɪd	raɪt
	闪音化规则	raɪɾər	raɪɾ-ər	n.a	n.a
	元音变短规则	n.a	n.a	n.a	rʌɪt
	表层表达	raɪɾər	raɪɾər	raɪd	raɪt
b. B 方言	底层表达	raɪd-ər	raɪt-ər	raɪd	raɪt
	元音变短规则	n.a	rʌɪtər	n.a	rʌɪt
	闪音化规则	raɪɾər	rʌɪɾər	n.a	n.a
	表层表达	raɪɾər	rʌɪɾər	raɪd	rʌɪt

在不同方言里,规则应用顺序不同,同一底层形式的表层形式不同,例如[raɪɾər]和[rʌɪɾər]。

从以规则推导为基础的理论角度看,寻求能够推导内在顺序的普遍原则是生成音系学的理论目标之一,同时也是难以解决的核心问题。从 SPE 时期直至优选论出现的前夕,规则顺序始终是研究的主要课题之一。特别是在词库音系学和不充分赋值理论里,规则的性质、分类和应用顺序反复地成为热点课题。然而,当时的研究现实是,规则应用顺序既是必不可少的观念工具,同时也是无法摆脱的理论包袱。寻求推导内在顺序普遍原则和排除外在顺序是规则顺序问题的两个方面。特别是外在顺序,虽然在理论上被否定,但在分析实践中仍然是不可缺少的工具。我们在文献中经常看到类似的表述:"在该语言里,规则 *x* 的应用先于规则 *y*。"这意味着,规则的应用顺序取决于研究者分析的需要。更加严重的情况是,每逢遇到某种现象与特定假设中的普遍理论相悖,或对特定概括来说某种现象被视为例外现象时,外在顺序往往成为相悖之处或例外现象成因的主要解释。Kaye & Lowenstamm

生成音系学基础理论

(1986)对这种实用主义态度提出了批评,并且认为语法理论应当完全排除外在顺序。

随着非线性理论的出现,某些规则和相关的规则应用顺序问题能够通过音系表达得以解决。例如,因为节律结构或韵律结构的非线性表达以及参数设定可以推导重音分布,所以重音规则随之不复存在。又如,某些音系过程可以通过对音系表达的限制得以解释,例如许多诸如唇状和谐、同化、异化和音段脱落之类,音系过程可以通过强制性非等值原则对表达的限制作用得以解释,取代了数量众多的音系规则。尽管如此,音系学在理论上仍然没有彻底解决内在顺序和外在顺序问题。直至 1989 年,Bromberger & Halle(1989)对这个问题提出了一个妥协性的解决办法:根据一般原则推导出来的内在顺序是具体音系语法所共有的规则应用顺序,但具体语法之间的差别只能依赖于外在顺序的不同才能解释,即具体语法的差别在于外在顺序的差别。音系部分和语法其他部分之间的主要差别在于音系推导允许外在顺序。

3.3.6 音系过程的可透性和晦暗性

针对他人对最大限度利用规则假设的质疑,Kiparsky(1971)重新检验了假设,承认存在三方面的事实是假设不能解释的。第一,应用顺序发生变化并不总是有利于最大限度地利用音系规则;第二,馈给关系和阻断关系不能说明所有的规则应用顺序变化;第三,应用顺序变化有可能导致规则相互阻断。因此,最大限度利用规则假设不能说明语言演变的方向问题。如果坚持语法演变的本质是规则应用顺序变化假设的话,应用顺序变化的动因和方向又是什么呢?

Kiparsky 从 Klima(1964a, 1964b)和 Hale(1970)对句法结构历时演变的研究中得到启发。Klima 认为,在英语里,格标记规则(case marking)和 *Wh*-移动规则(*Wh*-movement)应用顺序变化可以解释 *Whom did you see* 向 *Who did you see* 的演变:

(69) *Whom did you see*?　　→　　*Who did you see*?

推导过程　　　　　　　　　　推导过程

1. 格标记规则　　　　　　　　1. *Wh*-移动规则

2. *Wh*-移动规则　　　　　　　2. 格标记规则

Hale 对南岛语系某些语言的被动结构历时演变研究的结果表明,在早期语言里,人称代词化规则(pronominalization)的应用先于词序转换规则(word re-order rule),而在现代语言里,词序转化规则的应用先于人称代词化规则。

英语和南岛语系语言的历时事实的共同特点是,停止应用的规则属于改变形态特征的规则(feature changing transformation);而仍具能产性的是词序转换规则(re-ordering transformation);作为演变结果,应用顺序在后的规则(即格标记规则和人称代词化规则)停止应用,而顺序在先的规则(*Wh*-移动规则和词序转换规则)成为推导过程中唯一的规则,直接联接句子深层结构和表层结构。从规则之间相互作用的角度看,*Wh*-移动规则阻断了格标记规则;词序转化规则阻断了人称代词化规则。

Kiparsky 认为,许多语音演变事实也可以通过规则之间的阻断关系加以解释。例如,在伦敦英语(Cockney English)里有一条词首 *h*-脱落规则,*house* 的语音形式是[aus]。在某些比较保守的方言里(A方言),*an house* 的语音形式是[ə aus];在某些发展较快的方言里(B方言),其语音形式是[ən aus]。据此,在不同的方言里词首 *h*-脱落规则和冠词词末 *n*-脱落规则的应用顺序不同:

(70)　　　　　A方言　　　　　　　B方言

底层表达　　♯ən♯♯haus♯　　底层表达　　♯ən♯♯haus♯

n-脱落规则　♯ə♯♯haus♯　　*h*-脱落规则　♯ən♯♯aus♯

h-脱落规则　♯ə♯♯aus♯　　*n*-脱落规则　　—

表层表达　　[ə aus]　　　　表层表达　　[ən aus]

在 A 方言里,n-脱落规则的应用没有对 h-脱落规则的应用产生任何影响;在发展较快的 B 方言里,h-脱落规则阻断了 n-脱落规则。因此,和句法结构的演变类似,音系演变也是朝着阻断关系演变。阻断顺序是最自然的规则应用顺序,其自然性体现为规则的可透性(transparence)。可透性特点是,从表层表达的形式可以追溯整个推导过程并能推测底层表达的形式。例如在 B 方言里,h-脱落规则是可透性规则。Kiparsky 认为,音系规则应用顺序变化朝着可透性的方向演变。

与可透性相反的是晦暗性。Kiparsky 对晦暗性的定义是(1971:74):

音系规则 A→B/C__D 是晦暗规则,如果经该规则推导的表层表达形式是:

(a)A 出现在环境 C__D

或者 (b)B 出现在 C__D 以外的其他环境

如果是第一种情况(a),即结构变化是 CAD,晦暗性的来源有两个:(1)C 是由其他某一规则推导而来的,例如:

(71)E→C/__AD

或者(2),A 是由另外一条规则推导而来的,例如:

(72)E→A/C__D

如果是第二种情况(b),即结构变化不是 CBD,而是其他某种表层形式,例如 EBD 或 FBG,晦暗性也有两个来源:(1)表层的 E 是从 C 推导而来的,即:

(73)C→E/__BD

或者(2),B 是另一条规则对其他结构描写作用的结果,例如:

(74) E→B/F__G

　　我们先来看第一种晦暗现象。土耳其语有两条相关的规则。一条是元音增音规则,在两个辅音之间增加高元音[i,ɨ],如(75)所示。① 另一条规则是软腭辅音/k/在元音之间脱落,如(76)所示。两条规则的共同作用如(77)所示:

(75) a. 元音增音

　　　底层表达　　　表层表达

　　　baʃ-m　　　　ba.ʃim　　　　"我的头"

　　　jel-m　　　　je.lim　　　　"我的风"

　　b. 元音增音规则

　　　∅→[i, ɨ]/C__C

(76) a. 软腭辅音/k/脱落

　　　底层表达　　　表层表达

　　　ajak-ɨ　　　　ɑ.jɑ.ɨ　　　　"他的脚"

　　　inek-i　　　　i.ne.i　　　　"他的牛"

　　b. k-脱落规则

　　　k→∅/　V__V

(77) 元音增音和软腭辅音/k/脱落的共同作用

　　a. 底层表达　　　表层表达

　　　ajak-m　　　　ɑ.jɑ.im　　　　"我的脚"

　　　inek-m　　　　i.ne.im　　　　"我的牛"

　　b. 规则的应用顺序

　　1. 元音增音规则

---

① [i]和[ɨ]在硬腭和谐的作用下呈交替,这个过程与这里晦暗现象无直接关系。

2. k-脱落规则

在(77)里,k-脱落是可透的,这是因为表层表达包括结构变化(环境)V__V。然而,对于输出项来说,元音增音却是晦暗的,这是因为表层表达并不包括元音增音规则的结构变化 C__C:表层形式只有一个辅音-m。仅根据表层形式自身无法再现元音增音过程。这种晦暗现象称作表层非显(non-surface apparent)。两条规则的顺序是馈给顺序,应用在后 k-脱落规则掩盖了应用在先的元音增音过程。

我们再来看第二种情况。瑞士德语里有两条规则:(1)由复数后缀诱发的曲音规则,(2)元音/o/的舌位降低为/ɔ/规则。两条规则的应用顺序正在发生变化:

(78) 方言 A   方言 B

	推导过程		推导过程
底层表达	/bode+复数后缀/	底层表达	/bode+复数后缀/
曲音规则	bœde+复数后缀/	o→ɔ/规则	bode+复数后缀
/o/→/ɔ/规则	n.a	曲音规则	bœde+复数后缀
表层表达	[bœde 复数后缀]	表层表达	[bœde 复数后缀]

在方言 A 里,曲音规则的应用阻断了/o/→/ɔ/规则,曲音规则是可透的;在方言 B 里,同样的两条规则处于反阻断关系,/o/→/ɔ/规则是晦暗的。表层形式[bœde]里[œ]似乎是直接从底层的/o/推导来的,即表层非真(non-surface true)。

从上面可以看出,晦暗性是规则之间相互作用的结果:顺序在先的规则的(潜在)应用结果被顺序在后规则的应用掩盖或抹消,从而在表层上没有得到反映(表层非显)或没有得到真实的反映(表层非真)。反阻断顺序和反馈给顺序是晦暗推导过程的主要原因。

区分可透规则和晦暗规则的意义在于,可透性源于馈给顺序和阻断顺序,解释了表层表达规律性的现象,获得可透性表层表达,即从表层表达的形式特点便能得到音系概括。晦暗性源于反馈给顺序和反阻断顺序,得到的是晦暗性表层表达,即表层表达里似乎是反例或例外现象。归纳起来讲,规则晦暗性对表层的反例和例外现象具有解释作用。

在 Kiparsky 看来,可透性和晦暗性是音系规则有序应用的必然结果,是音系语法的形式特点之一,是一种客观存在。可透性和晦暗性不是规则自身的特点,而是规则应用顺序的产物。可透规则是自然的和无标记的,晦暗规则是不自然的和有标记的。音系语法趋于采用可透的推导过程。当然,Kiparsky 意识到,晦暗性还有一个程度高低的问题;他承认,目前还缺少一种衡量晦暗性程度的形式化的工具。

从语言演变的角度看,规则应用顺序趋于从晦暗过程向可透过程发展,演变的动因是最大限度地降低推导过程的晦暗程度;作为演变的结果,可透过程中某条规则具有最大的应用范围,而其他规则逐渐失去应用对象,最终失去作用。从儿童语言习得的角度看,在语言发展的早期,儿童首先掌握的是可透规则,随后逐渐获得晦暗规则。把儿童音系习得和音系演变结合起来看,晦暗规则因为"难学",所以应用范围越来越小,逐渐失去应用对象,最终停止应用,标志着音系演变过程的完成。

晦暗性概念在当时以及后来的研究实践里得到普遍接受。然而,对于晦暗规则的普遍性,Kisseberth(1973)提出了质疑。他认为,可透性是普遍语法的属性,而晦暗性则是具体语法的特点,是语言特有的对规则应用顺序限制的结果。对于"自然性或无标记性等于可透性,不自然性或有标记性等于晦暗性"的命题却受到普遍质疑。例如,Kenstowicz & Kisseberth(1977)认为,自然性(或标记性)概念和可透性(或晦暗性)概念之间没有必然的联系。从跨语言的情况看,晦暗性和可透性同样普遍地存在;从语言理论的角度看,晦暗性和可透性同时共存的事实的根本原因是,从语义和音系的关系看,晦暗性是自然语言通过最小的语音差别来最大限度保持语义差别的结果,而可透性则是音系语法自身的特征。音系规则的晦暗性和可透性正是两种力量互相作用的结果。Kenstowicz & Kisseberth 关于音系推导的可透性和晦暗性的认识为后续研究提供了基本思路。

在儿童音系习得领域,晦暗性概念也是一个富有理论意义的课题:儿童如何通过晦暗的推导过程构建语素的底层表达形式?Kaye(1974)通过论证认为,儿童具有对晦暗过程进行分析的能力以及通过对晦暗过程的分析建立语素底层表达形式的能力,因此晦暗性是可学的。

3.3.7　规则应用的循环性

规则应用的循环性(cyclicity of rule application)最早是Chomsky、Halle 和 Lukoff(1956)为了描写英语词重音分布提出来的,即重音指派规则循环应用。在 SPE 里,规则循环式应用被定义为音系规则应用的一般性原则,即所有音系规则的应用必须遵守循环性原则。根据这条原则,音系规则应当首先全部作用于较小的范围(如果可以对这个范围应用的话),然后再作用于某个较大的范围,之后再次作用于某个更大的范围;全部规则如此反复应用,直至作用于最大范围。特定的范围叫作"域"(domain)。所有的规则在某一个域内按顺序地应用称作一次循环。每个循环之后,域的界线符号被抹消。例如,一组规则首先作用于某个语素,随后语素界线符号被抹消;同一组规则然后再次作用于包含这个语素的词,随后词界符号被抹消;然后再作用于包含这个词的短语,随后短语界线符号被抹消。例如,英语的 *black board eraser* (黑色的板擦)的重音指派过程如下所示:

(79) $[_{NP}[_A \text{black}]_A[_N[_N \text{board}]_N \quad [_N[_V \text{erase}]_V \text{r}]_N]_N]_{NP}$

根据循环性原则,名词-形容词-动词(NAV)的重音指派规则首先在双音节语素[$_V$ *erase*]$_V$内应用,即:

（80）规则 1　　　**V→[1 重音]/X__C$_0$]$_{NAV}$**

规则 1 应用后,由$_{NAV}$界定的域[ ]被抹消,即:

（81）[$_{NP}$[$_A$ black]$_A$[$_N$[$_N$ board]$_N$[$_N$ eraser]$_N$]$_N$]$_{NP}$

推导进入第二循环。根据规则 1,双音节名词 *eraser* 保持重音位置不变。抹消最里面的两对括号[$_N$　]$_N$后,推导进入第三循环。根据复合词重音规则:

（82）规则 2　　　**V→[1 重音]/⋯__⋯]$_N$**

board 获得主要重音,即:

$$\begin{array}{cc} 1 & 2 \end{array}$$

（83）　　　[$_{NP}$[$_A$ black]$_A$[$_N$**board eraser**]$_N$]$_{NP}$

随后,形容词和名词界线符号被抹消,即:

$$\begin{array}{cc} 1 & 2 \end{array}$$

（84）　　　[$_{NP}$ black **board eraser**]$_{NP}$

推导进入第四循环。应用满足结构描写要求的核心重音规则,即:

（85）规则 3　　　**V→[1 重音]/__⋯]**

规则 3 应用的结果是:

$$
\begin{array}{cccc}
& 3 & 1 & 2 \\
(85) & \text{black 6} & \text{oard} & \text{erase}
\end{array}
$$

经过四轮循环,三条不同的重音规则全部得到应用。名词短语 *black board eraser* 里三个词获得不同的重音。

循环性的意义在于它说明词的内部语素结构界定音系规则的应用范围。例如,在英语里,由于语素结构不同,*compensation* [ˌkɔmpenˈseiʃən]和 *condensation* [ˌkɔnˌdenˈseiʃən]两个词各由四个音节构成,而且音节结构相同,但是重音分布却不相同。前者只有一个次重音音节,而后者有两个次重音音节。在第一循环里,根据重音指派规则,词干语素的第一个音节获得重音。*condensation* 的 词 干 是 *condense*,*compensation* 的 词 干 是 *compensate*(而不是 *compense),所以重音分别落在第二和第一音节上。在第二循环里,两个词同样地受到重音和次重音指派规则的作用。如下所示。

(87)	compensate＋ion	condense＋ate＋ion
语素内重音指派规则	ˈcompensate＋ion	conˈdense＋ate＋ion
词内重音指派规则	ˈcompenˈsation	conˈdenˈsation
词内次重音指派规则	ˌcompenˈsation	ˌconˌdenˈsation

推导过程说明词内部语素结构定义了第一循环的域。

循环性有助于解释一些规则应用过程中出现的现象。例如,由于域内含有特定的界线符号,某些规则不能在未经推导的底层表达里的单语素范围内应用,但可以在推导过程的中间表达层次

上或多语素范围内应用,即在推导出来的环境中应用。又如,循环
性能够说明规则顺序两难现象。规则顺序两难现象显然违反了严
格线性顺序假说。循环性说明,规则顺序两难现象是按特定顺序
应用的规则在不同域内实际上应用与否的结果。

循环性原则说明音系规则可以在构词过程中出现的音系表达
式中循环使用。例如,在许多语言里,某些音系规则的域可以包括
语素界线符号,即这些音系规则能够越过语素界线符号应用。同
样比较普遍的现象是,在多语素词中可以循环应用的规则却不能
在单语素词内应用。例如,英语的三音节元音松化规则对 *ivory*
和 *nightingale* 等单语素词没有作用。然而,循环性原则不能保证
第 n+1 次循环里应用的规则再次对该循环所包括的第 n 次循环
的域产生作用。

又如,英语里阻塞音清(浊)化规则在单语素词里的应用受到
一定的限制。我们首先假设有两条标记规则,如下所示:

(88) a. [ ] → [＋浊音性]

b. [ ] → [－浊音性] / $\left[\begin{array}{c}\underline{\quad\quad}\\ -响音性\end{array}\right]$

根据规则 b,阻塞音是清音;根据规则 a,响辅音和元音是浊音。规
则 a 和规则 b 处于析取关系,即输入项相同但输出项不相容。根
据别处条件,规则 b 的应用在先,规则 a 的应用在后。再如英语里
有两个语素 *pan* 和 *ban*。它们的推导过程如下:

(89)

		{p a n}	{b a n}
输入项	[浊音性]	0 0 0	＋ 0 0
规则 b	[浊音性]	－	
规则 a	[浊音性]	＋ ＋	＋ ＋
输出项	[浊音性]	－ ＋ ＋	＋ ＋ ＋

英语还有一条要求阻塞音丛内各音段在[**浊音性**]方面一致的同化规则,给出如下:

(90) 规则 c $\quad$ [**一响音性**] → [α **浊音性**] / _____ $\begin{bmatrix} \textbf{一响音性} \\ \boldsymbol{\alpha} \textbf{ 浊音性} \end{bmatrix}$

同样,根据别处条件,规则 c 的应用先于规则 b。英语里许多阻塞音丛符合规则 c,例如 ab̲d̲omen。但是也有例外,例如 *absent* 。为了解释两类不同情况,我们可以暂时假设两个词里[b]在底层表达的[**浊音性**]赋值不同:

(91)		{a	b	d	omen}	{a	b	s	ent}
输入项[**浊音性**]			0					+	
规则 c			+	+					
规则 b								—	
输出项			[+	+]				[+	—]

规则 c 是英语里应用广泛的规则。除了在单语素词之外,多语素词里语素相邻时,阻塞音丛同样受到该规则的作用。例如,[v]和[f]在 *five* 和 *fifth* 里的交替说明了这一点。我们假设推导过程如下(不考虑/ ai / → [i]的元音短化规则):

(92)		{fai	v	θ	}	{*five* + *th*}
输入项 [**浊音性**]			+	—		
规则 c				—		
输出项 [**浊音性**]			[—	—]		[f θ]

这里的问题是,为什么规则 c 可以把/ vθ /变成[fθ],但不能把[bs]变成*[ps]? 这里唯一的区别在于/ vθ /是跨语素的,而[bs]是语素

内部的。如果规则 c 是循环规则,那么,如何保证在下一个循环(例如在 *absent* 变成 *absence* 里)不把[bs]变成 *[ps]？如果[bs]变成了 *[ps],那意味着当前循环的规则回流(reaching back)到前一次循环。

显然,循环性原则在逻辑上不能说明为什么音系规则不回流。针对这个问题,Mascaró(1976)对循环性原则加以修订,把修订后的循环性原则称作严格的循环条件(strict cycle condition)。其实质内容是,循环性规则只能应用于在构词过程中推导出来的音系表达形式。根据严格循环条件,第 n+1 次循环中可应用的规则不能回到第 n 次循环。从功能方面看,严格循环条件是两条限制循环性规则应用的制约:一是推导性环境限制(derived environment constraint),二是对音系规则回流的限制(reaching back constraint)。就上面讨论的规则 c 来说,其应用的可能性取决于输入项属当前循环还是前一轮循环。根据严格的循环条件,规则 c 仅仅应用于当前循环的 /v+θ/,而不能应用于前一个循环的 /b+s/,从而防止了规则 c 的回流。

3.3.8 循环性规则的普遍意义和括号设定悖论

与循环性原则有关的理论问题是循环性规则的普遍意义;分析性问题是界定循环的符号设定问题。这一小节讨论这两个问题。

根据循环性原则的假设,所有的音系规则可以循环方式应用。对此,SPE 之后的研究提出不同看法。例如,Brame(1972)认为,在英语里,重音指派规则是循环的,并证明了重音指派规则的循环应用可以简化推导过程;同时,没有证据能够证明诸如元音脱落规则之类的音段过程规则也可以循环应用。

又如,根据对加泰罗尼亚语(Catalan)重音的研究,Mascaró(1976)提出了循环性规则和非循环性规则的区分;重音指派规则具有循环性特点,而其他一些(与音段有关的)规则是非循环的。Mascaró 进一步认为,循环性规则的应用在先,非循环性规则的应用在后。然而,情况并非总是如此。例如,根据 Kiparsky(1971),芬兰语里有两条规则,一是词末位置上的/e/升高为[i],二是在同一音节内位于高元音[i]之前的塞音/t/擦音化为[s]。两条规则如下所示:

(93) 元音升高规则　　/e/→[i]/＿♯

t-擦音化规则　　/t/→[s]/＿i

两条规则存在馈给关系,即元音升高规则为 t-擦音化规则提供结构描写,例如,/vete/("水")的表层形式是[vesi]。但是,t-擦音化规则却只能在推导性环境里应用,例如/tila/("地方")虽然满足了该规则的结构描写,但词首的/t/表层形式仍然是[t],而不是[s]。根据对芬兰语其他相关音系过程的分析,t-擦音化规则是作用于推导性环境的循环性规则,而元音升高则是作用于底层表达的非循环性规则。这里的问题是,根据 Mascaró 的假设,受到严格循环条件限制的循环性规则的应用在先,非循环性规则的应用在后。即使元音升高规则是循环性的,其输出项也不符合语法,例如,/vete＋nä/("水"存在格)的表层形式是[vetenä],而不是[vetinä]。芬兰语的事实是,非循环性规则的运用在先,而受到严格循环条件限制的循环性规则的应用在后。

　　然而,区分和确定(非)循环性规则的依据是什么? 如果依据 Mascaró 严格循环条件,循环性规则仅仅在推导性环境里可能产生效应,而非循环性规则只在非推导性环境里应用的话,那么英语的词末位置/n/脱落规则只能是非循环规则,例如 *damn* 和 *damnation*;但是相关的事实是,在推导性环境里,例如在 *damning* 里,非词末的/n/仍然脱落。坚持这条规则属于非循环性的研究试图从不同的角度解释这个问题,例如,有些研究区分构词词缀和屈折词缀,有些则依赖音节化过程的作用。

根据循环性原则,每次循环由特定符号界定。符号是语素范畴或句法范畴定义的。但是,当一串语素有不止一种分析时,循环的定义具有不确定性。例如,XYZ 是一串语素,从其内部结构关系看,存在两种分析,一是{X[YZ]},二是{[XY]Z};前者是正确的,而后者是不正确的。根据循环性原则,音系规则首先在[YZ]定义的较小域内应用,然后在更大的域{XYZ}内应用。然而,在某些情况下,音系规则似乎无视词内部的语素结构首先作用于[XY]。这种现象称作括号设定悖论(bracketing paradox)。

较早指出括号设定悖论的是 Siegel(1974)。在英语里,*ungrammaticality* 的语素结构是[[un][grammatical]$_{ADJ}$]$_{ADJ}$ ity]$_N$。从英语词缀类型的角度看,名词性的 *-ity* 属于第一类词缀,形容词性的词缀 *un-* 属于第二类词缀。从语素线性排列的角度看,第一类词缀与词干相邻,而第二类词缀处于词的边缘。例如,对于后缀来说,线性顺序是"词干＋第一类后缀＋第二类后缀"。为了解释这种现象,Siegel 认为,在构词过程中,第一类词缀较早地加在词干上,而第二类词缀只能是在词干接缀第一类词缀之后才能被加在词干上。从音系的角度看,第一类词缀能够诱发音系过程,而第二类词缀不能诱发音系过程。例如,-ity 诱发了三音节元音松化过程和重音位置的改变,而 un-对词干的语音形式没有影响。这就是说,从音系规则作用范围角度看,*ungrammaticality* 的内部结构似乎是[$_2$ un[$_1$ [grammatical]ity]$_1$]$_2$。括号设定悖论的实质是语素结构和音系结构不一致。英语的事实说明音系规则作用域可以独立于语素范畴符号定义的范围,或者说,音系规则域可以根据音系结构的自身特点来定义,不必完全依赖语素范畴符号。

括号设定悖论现象并不局限于英语,其他语言也有这种现象。对于循环性原则来说,括号设定悖论的意义在于,如果循环不是语素范畴符号定义的,那么如何界定循环或音系规则应用域?就其实质来说,括号设定悖论需要解决的是形态和音系二者之间的相互作用问题。

区分循环性规则和非循环规则,区分与之关系密切的(构词的和音系的)推导性和非推导性环境以及循环性规则应用域的研究为后来的词库音系学(Lexical Phonology)的产生提供了知识来源。

第四章

区别性特征系统、音段结构、
声调结构与不充分赋值理论

区别性特征系统、音段结构、声调结构都是生成音系学关于基本音系成分的主要研究课题,特别是在非线性理论时期取得重要的成果。如果说 SPE 时期的研究侧重音系规则的形式特点、功能和应用方式及顺序,那么,非线性理论则重在探求音系表达的基本成分、结构和形式特点对音系现象的解释作用。这一时期产生的底层表达不充分赋值理论试图通过简化底层音系表达而实现简化推导过程的目的。由于音系表达的基本成分是区别性特征,因此,基于底层表达不充分赋值假设的分析又与特征范畴和特征值密切相关。本章概要讨论上述四个方面的主要研究。

4.1 区别性特征系统

4.1.1 构建区别性特征系统:目标与原则

SPE 在第一章明确提出生成音系学研究的基本目标是寻找支配人类音系的内容共性和形式共性,内容共性即指用于音系表达和运算的各类音系结构单位和成分,包括音段构成成分——区别性特征(distinctive feature;简称"特征")。对于生成音系学,区别性特征犹如元素之于化学,是音系表达的最小单位。Halle 在 1964 年的奠基性论文《论音系学的基础》(*On the basis of phonology*)里集中讨论了特征系统,SPE 第七章也专门讨论特征系统。经典生成音系学的许多重要课题,如底层表达、规则、规则顺序、抽象程度、语法评价标准无不与区别性特征系统有关;诸多核心概念,如自然类、对立、羡余、音系规则的功能、推导过程、儿童音段获得、标记性等,无论在不同的理论分支中作何理解,定义的基础始终是区别性特征。

区别性特征的概念和理论并非生成音系学首创。首先提出区别性特征概念及特征体系的是 Trubetzkoy 和 Jakobson。自索绪尔提出音系共时研究中的系统、对立关系和组合等概念后,布拉格学派围绕上述概念建立了具有现代语言学意义的音系学理论体系。Trubetzkoy(1939/1969)详细讨论了音位对立(opposition),并归纳出均等对立、渐变对立和有无对立等不同对立类型。Jakobson(1931)首次提出区别性特征的概念,并指出特征是音系结构单位中的最小范畴,音位是特征的集合。结合 Trubetzkoy 对音位对立的研究成果以及荷兰哲学家 Pos 针对语言结构采用的逻辑二分法(Pos 1939),Jakobson(1942)发展出一套将数量可观的表层音位对立削减为有限的特征集合的方法。例如,土耳其语的 8 元音系/i, y, e, ø, ɨ, u, a, o/的表层音位对立有 $8 \times 7 \div 2 = 28$ 对,这 28 对对立可以最终分解为三种基本的二元对立,即高-低对立、前-后对立以及圆唇-非圆唇对立。Jakobson *et al*.(1952)根据音段的声学属性定义了 12 对偶值特征,并认为这个特征系统具有普遍意义,可用来区别世界所有语言中的音位对立;音位对立的本质是区别性特征的对立,而建立具有普遍意义的深层特征体系,揭示其层级、对立和组合关系是音系学研究的重要任务(又见 Jakobson & Halle 1956)。

Halle(1959,1962)不仅继承并发展了 Jakobson 关于区别性特征的理念,而且更重要的是,他把区别性特征理论纳入生成音系学理论体系之中,不仅使区别性特征理论成为生成音系学理论的一部分,而且使区别性特征成为定义音段、音系表达和音系规则的符号,成为描写音系表达和音系推导不可缺少的符号。SPE 第七章详细论述了区别性特征系统。从技术层面上看,与 Jakobson *et al*.(1952)提出的特征系统比较,SPE 的区别性特征系统在三个方面有着重要的不同。第一,为了更加精细地定义和区分音段,SPE 增加了区别性特征的数量,提出了 36 个区别性特征。第二,以发音机制为基础定义区别性特征。第三,区别性特征系统内部有层次性。

在 SPE 里,36 个区别性特征包括音段特征和超音段特征。关于音段特征,SPE 之后的讨论集中在哪些特征范畴(feature category)具有普遍意义,和特征范畴的语音机制究竟是什么等问题上。关于超音段特征,如声调和重音,SPE 的表达方法受到批评。在对 SPE 的超音段成分表达方法的批评基础上,在 20 世纪 70 年代中后期,产生了非线性表达方式,比较有效地解决了超音段特征的表达问题。

从发音生理机制角度来定义区别性特征是生成音系学特征理论的重要发展。生成音系学关于语言是内在语法知识而非外在行为的认识决定了特征必须从说话人、从发音机制角度来定义特征,从而放弃了 Jakobson 的从听话人、从声学角度来定义特征的方法。此外,SPE 假设特征具有普遍性,但认为这种普遍性的决定因素既非语音交际功能的共性,也非人类发音器官的生理共性,而是源于其先天性,即特征范畴属于内容普遍性之一,是普遍语法的组成部分。

采用发音机制定义区别性特征的方法与表层表达的定义之间存在必然的联系。表层表达是说话人通过大脑神经向发音器官发出的关于发音器官如何运作才能把音系符号变成可被感知的语音形式的指令性信息。表层表达无法直接决定语音的声学特点,但可以直接支配发音器官的运作。只有这样,音系理论才能说明音系是如何决定语音的。从语法模块之间的关系看,以说话人发音机制为基础的区别性特征为音系和语音之间的接口提供了一个可操作的平台。仅从技术手段角度看,而且孤立地来看,尽管音段的发音机制特点、声学特点和感知特点之间存在错综复杂的关系,但是,这三方面的特点都可以成为定义区别性特征的基础。然而,只有以音段的发音机制为基础的方法定义区别性特征,才能把音系和语音两个模块逻辑地联系起来,赋予抽象的音系表达形式以可被发音的功能。

定义音位之间的对立关系是布拉格学派最初赋予区别性特征的主要功能。在生成音系学里,区别性特征被赋予更多的功能。从音系表达的角度看,生成音系学假设大脑中构成语素音系表达的音段是由区别性特征矩阵构成的。区别性特征担负着双重功能。一方面,区别性特征定义构成语素的音段成分,进而标注语素形式的差异,从而起到区分语素的功能。另一方面,在完成音系推导进入语音执行层面时,语素表层表达中的区别性特征起着通过神经向发音器官发出关于如何发音的指令性信息的作用。从计算和规则的角度看,特征以自然类的形式定义规则表达式 $A \rightarrow B/$ C____D 中的任一组成成分,既可以定义结构描写和结构变化涉及的 C 或 D,也可以定义变化的焦点 A,还可以定义变化的结果 B(Kenstowicz & Kisseberth 1979;Kenstowicz 1994)。从某种意义上说,音系过程中涉及的自然类是生成音系学研究中构建和假设具体特征的主要依据。

自 SPE 以来,生成音系学的主流特征理论始终强调区别性特征的语音学解释,根据 Halle(1972/2002:62)的表述,区别性特征理论的研究目标是:

(我认为)对特定语言的言语语音(speech sounds)研究必须解释至少以下三方面的事实:必须洞察其发音方面的特点;必须关注其声学和心理–声学特点;最后,必须使我们理解从不同言语语音或语音类的行为中可观察到的各种规律,也即传统意义上被称为音系或形态音系的那些规律。言语语音研究的任务就是发现一个能合理解释上述言语研究诸方面的理论。

……据我个人的经验,我倾向于相信完全可能找到这样一个统一的理论。我还没见过这样的例子,即深思熟虑后(我强调是

"深思熟虑"),我们不得不用一种理论解释发音事实,而用另一种与上述理论不统一的理论去解释心理-声学和音系事实。

　　Halle(1972)以引用 Halle & Stevens(1971)提出的喉部特征[±松声带]和[±紧声带]为例,说明统一的区别性特征理论须具有解释上述各种事实的作用。Halle & Stevens(1971)提出用上述两个偶值特征取代 SPE 特征体系中的[±浊音性]([±voiced]),并提出三点证据。首先,声调语言区分高、中、低三种调高,分别对应声带的紧张(stiff)、中性(neuter)、松弛(slack)三种状态,声带的三种状态用特征表述分别是[＋紧声带,－松声带]、[－紧声带,－松声带]和[－紧声带,＋松声带]。其次,这个假设预测自然语言的阻塞音有[＋紧声带,－松声带]、[－紧声带,－松声带]和[－紧声带,＋松声带]三个自然类,而非[＋浊音性]、[－浊音性]两个自然类。以塞音为例,无论在送气音还是不送气音中都可依据 VOT(voice onset time)值的特点划分出三类音,这为上述两个偶值特征提供了证据。① 最后,上述特征为东亚语言声调起源以及辅音-声调交互作用提供了可能的解释,而这是[±浊音性]无法做到的,详细讨论见本章 4.2.4 节。由上可以看出,一个合理的特征理论应该能为自然语言中相关的发音、音系(包括对立、交替、音段配列等)现象及其内在联系提供一个统一的描写和解释框架。

　　尽管对区别性特征本质的认识不同,但无论是 Jakobson 还是 SPE 的作者都认为区别性特征是用来区别意义的最小音系范畴,具有普遍意义且数量有限。区别性特征的这些性质是构建特征系统的基础和原则。与音位概念类似,区别性特征也是一种抽象的音系范畴。尽管区别性特征可以有发音、声学或感知的相关物(correlates),但这些可观察的语音事实并不是特征本身,而只是

---

　　① 根据 Halle & Stevens(1971)介绍,没有发现哪一种语言在不送气塞音或送气塞音里区分[＋紧声带,－松声带]、[－紧声带,－松声带]和[－紧声带,＋松声带]。

区别性特征外在的物质形态。关于区别性特征和其发音、声学相关物的关系,Halle(1983)有详细的论述。他指出,Jakobson *et al.*(1952)刻意区分了区别性特征及其声学相关物,因为语音相关物是可以观察到的物理事实,而特征是抽象概念,二者并不同质。Halle 认为,人类并非毫无限制地利用语音中的声学或发音相关物来处理语言,两种相关物不是互相独立的;相反,在人类利用的语音范畴中,其声学和发音相关物往往存在复杂的对应关系。

从 Saussure 起,离散的语音范畴一直是语言学研究的对象,这决定了各种音系实体范畴都具有这个特点,包括区别性特征范畴。早在 1942 年,Jakobson(1942/1999:198)对此就有深刻的认识:

> 当然,从发音上说,从物理上说,从听觉上说,从耳语到完整的噪音存在着一连串的等级,但是只有两个极端——有音和无音①——才被选择为区别性特征。唇的圆展程度有一连串的差异,在声学上也有相应的各种效果,但是只有两种相差较大的唇状及其产生的对比的声学效果,在语言学上才构成对立而具有区别性的价值。……一般地说,没有哪一种语言利用唇圆度构成多于一个的最小对立。
>
> 二分法是语音结构的主要原理。语言代码把它施加于语音。

Steven(1972,1989)的"语音的量子理论"(the Quantal Theory of Speech)为 Jakobson 的上述阐述提供了进一步的理论支持。大量证据显示,从发音角度看,人类语言使用的语音范畴是连续的和渐变的,但对应的声学和听觉反应却是范畴化的,因此二者间是一种"量子"关系,而这种关系是我们确定语言中的区别性特征的关键所在。

特征的离散性也体现在其取值上。Jakobson 一直强调各种

---

① 有音和无音,指声带振动与不振动。

语言结构的二分法原则。Jakobson *et al*.(1952)借鉴当时信息论的研究成果,认为人类的语音也是一种信息,既然二分法是信息编码和解码过程中的基本原理,它也同样适用于人类语音结构的编码和解码。因此,在表达和计算区别性特征时,我们仅仅在"有"或"无"、"是"或"否"之间作出选择。也正因为如此,Jakobson *et al*.(1952)提出的 12 对区别性特征都是偶值特征。SPE 关于偶值特征值的假设继承了 Jakobson 等人的关于区别性特征具有离散性的假设。

　　跨语言的观察显示(见 Trubetzkoy 1939/1969；Maddieson 1984；Ladefoged & Maddieson 1996),人类语言中的音段数量虽然多达数千,但每种语言只选择数量有限的音段来构成自己的音段系统。在排除所有羡余特征后,用来区别这些音段的区别特征数目也极其有限。生成音系学认为特征系统应包罗所有在人类语言中被利用的发音范畴或音系维向(phonological dimension),反映人类固有的语音能力或知识,因此,区别性特征应具有普遍意义,是独立于具体语言而客观存在的,是普遍语法的一部分,具有先天性。区别性特征的普遍性和先天性是生成音系学特征理论的基础。①

　　有了以上对区别性特征性质的了解,进一步的问题是:构建特征系统的依据或标准是什么? McCarthy(1994)在总结以往研究的基础上对构建区别性特征系统提出了四条标准:一、区别性特征必须有其相应的语音学解释;二、区别性特征必须能且仅能描写任何一种语言里所有对立的音段;三、区别性特征必须能且仅能定义在不同语言音系现象涉及的反复出现的音段自然类;四、区别性特征必须能够准确描写在自然语言音系过程中反复出现的哪些特征是一个特征次集合(feature subgrouping)。

---

　　①　后续的一些研究对此提出质疑,相关研究可见 Hume & Mielke(2005)和 Mielke(2011)。

McCarthy 认为,在以上四条标准中,第三条最难达到,这也确实是在音系研究中碰到的现实。一方面,生成音系学特征系统预测的音段自然类(假设特征偶值)数量远超在自然语言里观察到的音段自然类数量;另一方面,参与音系过程的音段集合(即自然类)并非都具有明显的语音学基础,并非都能从发音(甚至是感知或声学)角度予以合理解释。例如,很多语言都有一些无法用现有特征系统来合理描述的"疯狂规则"(crazy rules)(见 Bach & Harms 1972;Ladefoged & Everett 1996),表现出极强的任意性;[①]有一些音系规则涉及的"自然类"从特征角度看并不自然,如梵语中的 ruki 规则(Halle & Clements 1983)。Mielke(2008)搜集了 549 种语言中所有参与音系交替过程的、表现活跃的"自然类",计 6077 个,并分别用 Jakobson *et al*.(1952)、SPE 及 Clements & Hume (1995)提出的特征体系对上述"自然类"进行分析,结果发现 SPE 特征体系表现最好,能对大约百分之七十的"自然类"进行定义,但还有约百分之三十的"自然类"不"自然",难以用 SPE 特征描写。即便是看起来相对容易达到的第二条标准也不是总能实现。例如,尤鲁巴语(Yoruba)和意大利语有着相似的七元音系统,如果特征是普遍的,那么可以用相同的特征来表达和区分这些元音,然而尤鲁巴语的低中元音远比意大利语的低中元音发音部位要高,而这种语言独有的特点无法靠普遍的特征体现。再如,从音段在音系过程中的作用和表现角度看,边音[1]在有些语言里属于响辅音类,但在另外一些语言里,则属于阻塞音类。

从共时层面看,语言中确实存在"不自然"的自然类,但要看到导致这种现象的原因是复杂的,语法(如特征)因素只是影响因素之一。"不自然"的自然类体现了音系的任意性,无法根据语音特点对其分类。

---

① 自然类是否"自然"的主要依据是看自然类能否用普遍的特征来定义,这和规则是否具有语音学动因应该区别开来。

概括地说,生成音系学的区别性特征理论的研究目标是构建一个区别性特征系统。这个系统具有以下特点:(一) 区别性特征是一个为数不多的有限集合;(二) 区别性特征具有普遍意义:能够定义自然语言中全部可能的音段,能够描写自然语言里全部与音段结构有关的音系过程(包括共时过程、历时过程和儿童音段获得过程);(三) 每一个区别性特征必须有其语音学解释。

4.1.2 区别性特征及其类属

本节讨论与音段有关的区别性特征。韵律特征(主要是声调)在本章第 2 节另行讨论。SPE 之后研究者们不断对 SPE 特征体系进行改进,出现了一批有影响力的音段特征体系,如 Halle & Clements(1983)、Halle(1992, 1995)、Clements & Hume(1995)等。[①] 这些都是偶值特征系统。除了偶值特征系统之外,音段结构研究领域还出现了一批独值特征(unary feature)系统的理论,如管辖音系学(Government Phonology)(Kaye et al. 1985)、粒子音系学(Particle Phonology)(Schane 1984)、从属音系学(Dependency Phonology)(Anderson & Ewen 1987;Smith 1988;Hulst 1989)。此外,还有专门针对某些特征范畴的讨论。感兴趣的读者可以参阅 Hall(2001,2007)、Clements & Ridouane(2011)、Goldsmith et al.(2011d)、Hall & Mielke(2011)等论著。

下面以 Halle & Clements(1983:6-8)的特征系统及其发音特点定义为例做简要说明,并以此作为讨论区别性特征研究的基础。区别性特征分为"主要音类特征"(major class feature)、"喉部特征"(laryngeal feature)、"发音方式特征"(manner feature)、

---

① 特征系统的另一条发展路线是沿着 Jakobson et al.(1952)以声学特征定义为基础的研究,如 Ladefoged(1982)、Browman & Goldstein(1989, 1992)、Flemming(1995)等,但这些研究不属于生成音系学的研究。另一个领域是手语音系特征,如 Liddel & Johnson(1989)、Brentari(1990,1995,2011)等。这里不涉及这些研究。

"发音部位特征"(place feature)四个范畴,分别简介如下。

主要音类特征:

[士音节性](±syllabic):[十音节性]音段构成音节峰;[一音节性]音段不构成音节峰。前者包括元音和成音节辅音,后者包括滑音和非音节峰位置的辅音。

[士辅音性](±consonantal):[十辅音性]音段在口腔形成不小于发擦音时的收窄通道;[一辅音性]音段则无上述收窄通道。前者包括阻塞音、鼻音和流音,后者包括元音和滑音。

[士响音性](±sonorant):发[十响音性]音段时,口腔张开程度须使口腔内外的气压大体一致;发[一响音性]音段时,口腔张开程度须使口腔内气压充分高于口腔外气压。前者包括元音、滑音、流音和鼻音,后者包括塞音和擦音。

喉部特征:

[士浊音性](±voiced):[十浊音性]音段的喉腔形状使声带周期性振动,发[一浊音性]音段时声带无周期性振动。前者的典型是浊辅音,后者的典型是清辅音。

[士展声门](±spread glottis):[十展声门]音段的声带张开,产生非周期性噪声;[一展声门]音段则没有上述声门形状。前者包括送气辅音、气声(breathy)浊辅音、耳语(murmured)辅音、清元音和清滑音,其他属于后者。

[士闭声门](±constricted glottis):[十闭声门]音段的声带闭合,阻止正常的声带振动;[一闭声门]音段则没有上述声门形状。前者包括挤喉音、内爆音、声门化或咽腔化的辅音、元音和滑音,其他音段属于后者。

发音方式特征:

[士连续性](±continuant):[十连续性]音段的口腔通道允许气流从口腔纵切面(midsagittal)区域呼出,[一连续性]音段在此区域形成闭合。前者包括元音、滑音、r类音和擦音,后者包括

鼻塞音、口塞音和边音。

[±**边音性**](±lateral)：发[**+边音性**]音段时，气流不能从口腔中间呼出，只能从舌头一侧或两侧呼出；发[**－边音性**]音段时，气流可从口腔中间呼出。前者包括边响音、边擦音和边塞擦音，其他属于后者。

[±**鼻音性**](±nasal)：发[**+鼻音性**]音段时，软腭下降，气流可经鼻腔呼出；发[**－鼻音性**]音段时，软腭抬升，气流不能经鼻腔呼出。前者包括鼻塞音和鼻化辅音、鼻化的元音、辅音和滑音，其他属于后者。

[±**刺耳性**](±strident)：发[**+刺耳性**]音段时，气流从口腔中收窄处呼出时撞击两个接触面而形成高强度擦音噪声；[**－刺耳性**]音段则无上述特点的收窄和噪声。该特征只用于擦音和塞擦音，前者包括咝音、唇齿音和小舌音，其他属于后者。

发音部位特征：

[±**舌冠性**](±coronal)：[**+舌冠性**]音段抬升舌叶，与牙齿或硬腭区域构成发音部位；[**－舌冠性**]音段则不涉及上述部位。前者包括齿音、齿龈音、龈腭音(palato-alveolar)和硬腭音，后者包括唇音、软腭音、小舌音和咽腔音。

[±**前部性**](±anterior)：[**+前部性**]音段的主要收窄处形成于齿龈或齿龈前，[**－前部性**]音段的主要收窄处形成于齿龈之后。前者包括唇音、齿音、齿龈音，后者包括龈腭音、硬腭音、软腭音、小舌音和咽腔音。

[±**散布性**](±distributed)：发[**+散布性**]音段时沿口腔纵切面形成相当长距离的收窄，[**－散布性**]沿此方向只形成较短距离的收窄。前者包括由舌叶和舌前部发出的音，后者包括由舌尖发出的音。

[±**唇音性**](±labial)：[**+唇音性**]音段在唇部形成收窄，[**－唇音性**]不在唇部形成收窄。前者包括唇辅音和圆唇元音，其他音段属于后者。

[±圆唇性](±rounded)：发[＋圆唇性]音段时双唇突出，发[－圆唇性]音段时双唇不突出。前者包括唇化辅音和圆唇元音，后者包括非唇化辅音和非圆唇元音。

[±高舌位](±high)：发[＋高舌位]音段时舌体向硬腭抬升，发[－高舌位]音段时舌体不向硬腭抬升。前者包括硬腭音、软腭音、硬腭化辅音、软腭化辅音及高元音和滑音，其他属于后者。

[±后舌位](±back)：发[＋后舌位]音段时舌体相对后缩，发[－后舌位]音段时舌体相对前伸。前者包括软腭音、小舌音、咽腔音、咽腔化和软腭化音，央元音及滑音，后元音和滑音，其他属于后者。

[±低舌位](±low)：发[＋低舌位]音段时舌体下拉，发[－低舌位]音段时舌体不下拉。前者包括咽腔化辅音和低元音，其他属于后者。

[±舌根前伸](±advanced tongue root)[①]：发[＋舌根前伸]音段时舌根前伸，并伴随咽腔体积增大和舌体抬升；发[－舌根前伸]音段则无上述发音动作。[i，u，e，o]为[＋舌根前伸]元音，[ɪ，ʊ，ɛ，ɔ]为[－舌根前伸]元音。

[±紧张性](±tense)[②]：与[－紧张性]元音相比，发[＋紧张性]元音时舌体或舌根收紧，常伴随元音增长。前者包括紧元音，后者包括松元音。

建立具有普遍意义的区别性特征系统是基础性课题。自SPE之后，区别性特征研究主要课题包括三个方面。

第一，究竟有哪些区别性特征范畴？例如，[音节性]是否属于音段特征？[③] [舌根前伸]、[舌根后缩]和[紧张性]究竟是同一

---

① 还有研究（如Li 1996）提出[±舌根后缩]（[±retracted tongue root]，简称**RTR**），认为[±舌根后缩]和[±舌根前伸]是不同的特征范畴。

② Halle & Clements(1983：7)指出，从目前已有的证据看，没有一门语言同时利用[±舌根前伸]和[±紧张性]，因此这两个特征可能是同一个特征的不同语音表征。

③ 随后的研究，尤其是音节理论，放弃了[音节性]是音段成分的分析。

个范畴还是两个或三个不同的特征范畴？[**唇音性**]和[**圆唇性**]是什么关系？它们是不同的特征范畴，还是同一特征范畴？又如，定义塞擦音(例如 ts)是否需要[**延时除阻**](delayed release)?[①] 再如，[**紧声门**]和[**松声门**]能否取代[**浊音性**]？研究者根据具体语言里音段的语音特点和音段的音系行为，提出各种新的假设。研究的方向是，在区分不同音段的前提下，最大限度地减少区别性特征的数量，例如有研究试图把[**唇音性**]和[**圆唇性**]做进一步的抽象，获得[**唇性**](labiality)特征；又如有研究试图把[**舌根后缩**]和[**舌根前伸**]归纳为[**咽腔扩张**](expanded pharynx)。在这些问题上，研究者至今没有一致的认识，仍在讨论之中。

　　第二，区别性特征之间的结构关系是什么？在 SPE 的理论背景下，音系(音段的)表达是线性的，特征矩阵内的区别性特征之间不存在结构关系。另外，音段特征和超音段特征被置于同一矩阵内，导致超音段特征音系描写存在严重的问题。针对这两个严重缺陷，非线性方法的音段结构研究提出了特征几何(feature geometry)概念，就音段内部的成分，即区别性特征之间的结构关系提出了各种假设，进一步深化对区别性特征本质的认识。我们在本章 4.1.3 节回到这个问题。

　　第三，区别性特征是偶值的、独值的还是多值的(multivalued)？自区别性特征概念提出以来，直至 SPE，区别性特征是偶值的，即每个特征都带有"＋"和"－"两个值。然而，从区别性特征角度对不同语言的音段系统和音系过程的分析显示，在许多语言里，区别性特征的两个值在功能上并不对等或不对称：其中的一个值具有区分音段和诱发音系过程、阻断音系过程的作用，而另

---

　　① 这个问题涉及真正的塞擦音音段是简单音段(simplex segment)还是复杂音段(complex segment)。如果 ts 被理解为简单音段，那么[**＋延时除阻**]足以把塞擦音 ts 同塞音 t 以及擦音 s 区分开；但是，如果把 ts 理解为复杂音段，则需要采用发音方式曲线(contour manner)[**－延续性,＋延续性**]来定义这个音段。

外一个值则是羡余的值或具有惰性(即不参与音系过程)(参见Steriade 1996)。关于区别性特征值的音系功能思考导致产生不充分赋值理论和独值特征理论。我们在本章第 3 节回到这个问题上。

区别性特征的范畴、区别性特征的值以及区别性特征之间的结构关系是相互关联的三个方面。研究者依据不同语言的事实不断修订和完善区别性特征系统和音段结构理论。

4.1.3 关于音段结构的假设

音段是不是基本的音系成分？音段的内部结构是怎样的？Jakobson(1942)最初提出了音段由区别性特征构成的假设。经典生成音系学接受这一假设,认为一个音段就是一个区别性特征矩阵。这意味着,音段不是基本音系成分,而是可以分解成更小的、称之为元素(element)或组元(component)的成分。据此,音段是一个音系结构单位(unit of phonological structure)。如果理论上我们接受这个假设的话,进一步的问题是:(一)语言有哪些音段成分？(二)音段成分是如何组织起来构成音段的？这两个问题密不可分。

SPE 以及随后的研究提出的区别性特征理论主要回答第一个问题。需要明确说明的是,Trubetzkoy 提出"区别性特征"概念时,"区别性特征"指音段的属性(property);音段是实体,区别性特征是音段的属性;音段不同,其属性也随之不同。如同水和水银有各自不同的物理属性。当 SPE 把音段符号视作区别性特征矩阵的"标签"之日起,区别性特征不再是音段的属性,而是构成音段的音系成分,具备音系实体(phonological entity)的地位。如果说一个音段是一座建筑的话,那么区别性特征便是建筑材料。尽管沿用"区别性特征"术语,但这个术语所表达的内涵已经发生了变化。换句话说,"区别性特征"是音

段成分的代名词,寻求区别性特征是在寻求自然语言的音系
元素。

　　关于第二个问题的回答,SPE 的音段表达手段表现出明显的
缺陷。以汉语"妈[ma⁵⁵]"和英语 better['betə]为例说明问题,如
(1)所示。

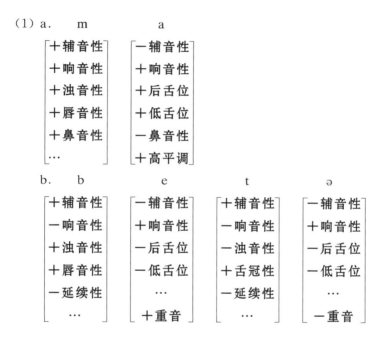

我们首先考察"妈"的音段结构。音段表达存在两个方面的问
题。第一,在特征矩阵内,所有的区别性特征之间不存在结构关
系。从观念上看,所有的区别性特征都位于同一个数学意义的
"点"上。以[m]为例,虽然观念上的"主要音类特征"[**＋辅音
性**]和[**＋响音性**]与"喉部特征"[**＋浊音性**]、"发音部位特征"
[**＋唇音性**]和"发音方式特征"[**－延续性**]等之间存在层级关
系,但是特征矩阵并没有通过形式化的方式体现这些特征之间
的层级关系,即所有的特征被置于同一线性维向上。因此,这种

表达方式称作线性表达(linear representation)。第二,以"妈"里的元音[a]为例,特征矩阵里不仅包括诸如[一辅音性]、[十后舌位]和[十低舌位]之类的元音音段成分,而且还包含[十高平调]之类的超音段成分。类似的问题也存在 better 的音段表达里:在[e]的特征矩阵里,不仅有音段成分,如[一后舌位]和[一低舌位],而且含有超音段成分的[十重音]。① 概括地说,在 SPE 的线性(单一维向的)表达的主要缺陷是,(一)音段成分之间不存在结构关系,(二)不同范畴的音系成分,即音段成分和非音段成分(声调和重音)被置于同一线性维向上。从对语言现象分析的角度看,SPE 的线性表达方式严重限制了对音段的音系过程和超音段现象的描写。SPE 的作者似乎也意识到这种线性表达方式的局限,写道:

> ……然而,有可能最终(区别性)特征本身会被看成以层级结构形式组织在一起,类似我们这里纯粹出于分析需要以层级方式罗列特征一样。
>
> ——(Chomsky & Halle 1968:300)

关于音段内部结构的后续研究正是以论证上述假设为出发点。自主音段音系学(Goldsmith 1976a,1976b)和节律音系学(Liberman & Prince 1977)把声调和重音分别处理成不同范畴的音系成分和有层级的偶分结构,把音段特征、声调和重音分别置于不同音层。Clements(1985)则进一步假设音段特征也具有自主音段性质,不仅每个终端特征都处于独立的音层,而且具有相同音系功能的终端特征结合成一个上位节点(或

---

① 首先,SPE 把英语的重音分为四个等级,如重音 1、重音 2,如此类推。我们在此简化了重音的表达。其次,SPE 把重音视作音段成分,而后续的研究大多数人认为重音不是音段成分或音系实体,而是连续的音节呈现的一种"相对凸显"(relative prominence);凸显是抽象的音系范畴,在不同语言里有不同的语音表征(Kenstowicz 1994:48)。

称类属特征，class feature），上位节点之上可能还有上位节点，直至形成一个由根节点-类属节点-终端特征组成的特征层级（或特征几何，或特征架构等）。自 Clements（1985）以后，关于特征几何模型的研究层出不穷，争论既涉及终端成分，也涉及类属特征，更涉及二者的结构关系。在不充分赋值理论（Archangeli 1984，1988，2001）里，音段结构不是一个静态的层面，而是一个由底层到表层的动态推导或特征赋值过程。音段的内部结构以及相关问题是 20 世纪 80 年代至90 年代的主要研究领域之一。

4.1.3.1　SPE 音段结构假设的主要问题

根据 Clements（2004）的归纳，特征几何理论旨在回答如下三个基本问题：

第一，音段内部结构是怎样的？
第二，音段如何相互作用？
第三，可能的音系过程和不可能的音系过程如何定义？

上述三个问题既涉及音系表达也涉及音系计算，对它们的回答影响到对音系语法的假设。首先关于音系表达，如前所述，SPE假设音段内部无结构，且音段从底层到表层均充分赋值（fully specified）。从计算来看，虽则 SPE 提出一套形式系统来制约音系规则，但其强大的生成能力既无法回答音段如何相互作用，也无助于界定可能的音系过程和排除不可能的音系过程。音系表达的无所约束和音系规则的无所不能导致过度生成问题，使音系语法既能推导出可能的音系结构，也能推导出不可能的音系结构。那么，如果音段有其内部结构，这个结构既是语素音系表达的一部分，也是音系规则作用的对象。因此，从理论上说，建立音段的表达理论有可能至少部分地限制由底层表达和音系规则应用造成的过强的生成力。

其次,SPE 提出依据音系符号的多寡来确定音系规则是否对音系事实作出更有价值的"评价标准",粗略地说,就是音系规则的价值与规则使用的表达符号数量成反比。然而,上述评价标准和对语言事实的观察不尽相符。例如,下列两个规则应该有同样的概括性和价值,如(2)所示:

(2) 规则 1:[−响音性]→[α 浊音性]/_____ [−响音性,
    α 浊音性]
    规则 2:[−响音性]→[α 高位性]/_____ [−响音性,
    α 高位性]

规则 1 是语言中常见的阻塞音清浊同化过程,规则 2 却很罕见(或不存在)。同样道理,有些符号多的音系规则和符号相对较少的规则有可能具有同样的概括性。例如,英语中一些词干加名词或动词加后缀后产生软腭音软化过程,如 critical ~ criticism,opaque ~ opacity 里 k ~ s 交替,analogue ~ analogize,regal ~ regicide 中的 g ~ ʤ 交替。根据 Halle & Clements(1983:129),该规则写成(3):

(3) 规则 3:英语软腭音软化(Velar Softening,简称 VS)

规则 3 由两个析取规则构成,满足条件 a→b 时运行规则 3(a),不满足则运行规则 3(b),如(4a,4b):

（4）a. 规则 3（a）：

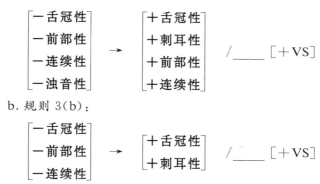

$$
\begin{bmatrix} -\text{舌冠性} \\ -\text{前部性} \\ -\text{连续性} \\ -\text{浊音性} \end{bmatrix} \rightarrow \begin{bmatrix} +\text{舌冠性} \\ +\text{刺耳性} \\ +\text{前部性} \\ +\text{连续性} \end{bmatrix} \; / \underline{\quad} [+\text{VS}]
$$

　　b. 规则 3（b）：

$$
\begin{bmatrix} -\text{舌冠性} \\ -\text{前部性} \\ -\text{连续性} \end{bmatrix} \rightarrow \begin{bmatrix} +\text{舌冠性} \\ +\text{刺耳性} \end{bmatrix} \; / \underline{\quad} [+\text{VS}]
$$

规则 3（a）和规则 3（b）具有相同的概括功能，是对同一音系规则的描述，但根据"评价标准"，3（b）中所用音系符号比 3（a）少，应该更具有概括性，这与我们的直觉相违。

　　此外，SPE 的表达原则和计算系统也无法对世界语言音系过程中为何有些特征总与另一些特征共现作出解释。如很多语言（如英语、西班牙语、日语等）中的"鼻音＋阻塞音"辅音丛都会出现鼻音和其后阻塞音部位同化，如 np→mp，nt→nt，nk→ŋk，nf→ɱf 等。上述过程可用四条规则分别描写，但也可以简写成规则 4，如（5）：

（5）规则 4：

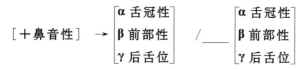

$$
[+\text{鼻音性}] \rightarrow \begin{bmatrix} \alpha\ \text{舌冠性} \\ \beta\ \text{前部性} \\ \gamma\ \text{后舌位} \end{bmatrix} \; / \underline{\quad} \begin{bmatrix} \alpha\ \text{舌冠性} \\ \beta\ \text{前部性} \\ \gamma\ \text{后舌位} \end{bmatrix}
$$

　　SPE 的表达系统难以解释为什么规则 4 中鼻音部位同化涉及[舌冠性]、[前部性]及[后舌位]这几个特征而不是任意的三个特征。另外，SPE 表达系统中并没有什么特定的要素能说明上述同化规则中结构描写和结构变化之间的内在联系。如下面的规则 5 与规则 4 相比，从形式角度看并没有多大不同，但规则 4 是对常见

生成音系学基础理论

同化过程的描述,规则 5 则不是(见 **McCarthy** 1988:86),如(6):

(6)规则 5:

总之,SPE 的表达系统不能帮助我们回答本节开头提出的几个问题,且表达系统无法有效制约计算系统造成的过度生成。

4.1.3.2 非线性表达理论背景下的特征几何假设

随着非线性表达理论的产生和发展,不同范畴的音系成分或结构单位占据不同音层(tier)、特定范畴的成分/结构单位定义特定音层的假设在原则上成为表达理论的共识(Halle 1985)。在非线性的多音层多平面表达(multi-tier multi-planar representation)理论的背景下,Clements(1985)提出特征几何(feature geometry)理论,旨在通过丰富音段内部结构来部分回答上述问题,主要假设如下:

① 终端特征依其音系功能结合成类属特征节点,并受其统辖;

② 每个节点有且仅有一个上位节点;

③ 类属特征组成严格的层级关系,并受根节点统辖;

④ 特征层级中的所有节点均具有自主音段性质,位于各自的音层;

⑤ 特征层级具有普遍意义。

图(7)是关于特征几何的最初假设,由上至下依次为 CV 节点、根节点(a)、喉部节点(b)、喉上节点(c)、发音方式节点(d)、发音部位节点(e)以及终端特征节点。

（7）特征几何模型（Clements 1985：229）

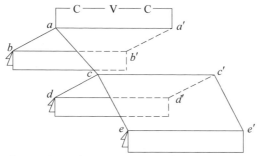

aa' = root tier, bb' = laryngeal tier, cc' = supralaryngeal tier,
dd' = manner tier, ee' = place tier

（7）体现了上述五个假设。第一，[**喉部**]、[**方式**]、[**部位**]等类属节点均由具有相同音系功能的终端特征构成。如[**喉部**]统辖[**±展声门**]、[**±紧声门**]、[**±浊音性**]等节点；[**方式**]统辖[**±辅音性**]、[**±响音性**]、[**±边音性**]、[**±鼻音性**]、[**±连续性**]等节点；[**部位**]统辖[**±唇音性**]、[**±圆唇性**]、[**±舌冠性**]、[**±前部性**]、[**±散布性**]、[**±高舌位**]、[**±低舌位**]、[**±后舌位**]等节点。此外，[**方式**]节点和[**部位**]节点受[**喉上**]节点统辖。第二，所有的节点都毫无例外地受一个唯一的上位节点统辖。第三，终端特征-类属特征-根节点构成一个严格的层级系统。第四，特征几何中的所有节点均具有自主音段性质，相同性质的节点构成独立的音层，如 CV 音层、根音层(aa')、喉部音层(bb')、喉上音层(cc')、方式音层(dd')、部位音层(ee')，各终端节点也构成各自独立的音层。上位音层和下位音层之间通过联接线联接，如 CV 音层和根音层相连，但和根音层下的喉部音层和喉上音层不直接相连；喉上音层与下位的方式和部位音层通过联接线联接，但与二者的下位节点构成的音层不相连。第五，该特征层级适用于所有语言，在不同语言中相同的音段具有相同的内部结构。根据特征层级具有普遍性的假设，所有语言中的齿龈清擦音[s]的内部结构如(8)所示：

（8）[s]的音段结构（Clements 1985：248）

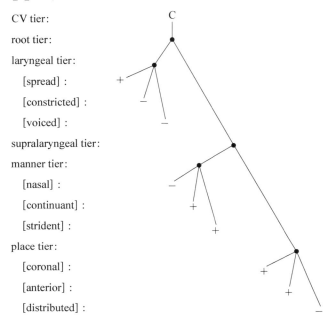

4.1.3.3　类属特征的证据

　　较之 SPE 的特征系统，特征几何理论提出了类属特征的概念，如[**喉部**]、[**喉上**]、[**方式**]、[**部位**]，并赋予这些类属特征以实体地位，其作用与终端特征（或传统意义上的具体特征）无异，都参与音系规则的描写。值得注意的是，包括 SPE 在内的许多特征理论都采用发音方式、发音部位等概念，但这些从发音角度对特征进行归类描述的概念，仅仅出于归纳和分类的需要，不具有实体地位，在对音系过程的描写中无实际作用。

　　Clements(1985)强调类属特征存在的证据主要是音系和语音表征的证据，而非基于发音生理，但也指出特征几何理论提出的特征层级类似于人的发音器官，说明音段内部结构有其发音生理基础。对类属特征的归纳来自其统辖的终端特征所具有的一致的功

能,即受同一类属节点统辖的所有特征参与同一音系过程
〔Clements 称之为"集束"(clustering)作用〕。下面以〔**喉部**〕节点
和〔**部位**〕节点为例说明"集束"概念。

〔**喉部**〕节点的下位特征主要包括〔**±展声门**〕、〔**±紧声门**〕及
〔**±浊音性**〕三对偶值特征,分别为送气/不送气、喉塞/非喉塞及
清/浊等对立特征赋值。这三对偶值特征参与相同的音系过程,如
同化和脱落。例如科拉玛特语(Klamath)有(9)里的音系过程:

(9) nl→ll n̪l→lh nl'→l? ll̪→lh ll'→l?

上述音系过程可写成三个规则(10):

(10) 规则 6:〔**+鼻音性**〕→〔**+边音性**〕/＿＿＿〔**+边音性**〕

规则 7:〔**+边音性,+展声门**〕→〔**-辅音性,+展声门**〕/〔**+边音性**〕＿＿＿＿

规则 8:〔**+边音性,+紧声门**〕→〔**-辅音性,+紧声门**〕/〔**+边音性**〕＿＿＿＿

规则 6 将边音左侧的鼻音同化为边音,规则 7 将边音右侧的清化
边音变成清送气音〔h〕,规则 8 将边音右侧的声门化边音变成喉塞
音/?/。上述规则有作用顺序,即规则 6 在规则 7、规则 8 之前作
用。规则 7 和规则 8 有相同的结构描写和相似的结构变化,即都
使边音的口腔发音(部位和方式)特征脱落,保留喉部特征。在上
述过程中,规则 7 和规则 8 参与相同的过程,具有一致的功能。因
此,可以假设〔**+展声门**〕和〔**+紧声门**〕之上有一个〔**喉部**〕节点,统
辖着这两个特征。如此,规则 7 和规则 8 可以简化成一个音系过
程,即保留〔**喉部**〕节点,〔**喉上**〕节点脱落,如(11)所示(Clements
1985:235):

(11) 科拉玛特语[**喉上**]节点的脱落

[喉部]音层：

[根]音层：

[喉上]音层：　　　　　　　[+ lat]

　　终端特征参与相同性质的音系过程是类属特征的必要证据，但更为充分的证据来自终端特征一同参与音系过程。例如，在古希腊语中[**浊音性**]和[**展声门**]共同参与同化过程，见(12)(引自 Uffmann 2011：645)：

(12) 　词干　　　　不定过去 1sg.　　　中间态完成 3rd.
　　　trib-　　　e-trip^h-t^h-en　　　te-trip-tai　　　　擦
　　　grap^h　　-e-grap^h-t^h-en　　ge-grap-tai　　　　写
　　　pemp-　　e-pemp^h-t^h-en　　pe-pemp-tai　　　派送

语料(12)显示，双唇塞音在词干末尾存在浊不送气、清送气和清不送气的对立，但加上后缀以后，词干末的双唇塞音与相邻的后缀起首塞音保持清浊及送气等特征的一致，如后缀／-t^{h}en／将词干末的浊双唇音、清送气双唇音及清不送气双唇音一律同化为清送气双唇音／p^h／，后缀／-tai／则使上述对立中和变成清不送气双唇音／p／。类似(11)，可以假设上述语料中只有一个音系过程，即后缀塞音的喉部节点扩散至词干末塞音的喉部节点，如(13)所示：

(13) 古希腊语[**喉部**]节点同化

[根]音层：　　　**[−响音性]**　　　**[−响音性]**

[喉部]音层：

同化现象是帮助判断特征功能一致性,并进而证明这些特征受同一个类属特征统辖的重要证据。部位终端特征共同参与在世界很多语言中普遍存在的"鼻音＋塞音"辅音丛中鼻音部位同化过程,如规则 4(见 4.1.3.1)可以表达为(14):

（14）鼻音部位同化

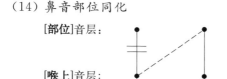

［**部位**］音层:

［**喉上**］音层:

［**方式**］音层:　　［+**鼻音性**］　　［−**响音性**］

(14)沿用 Clements(1985)最初的假设,［**根**］节点统辖［**喉部**］节点和［**喉上**］节点,［**喉上**］节点统辖［**方式**］节点和［**部位**］节点,终端特征［**鼻音性**］受［**方式**］节点统辖。

　　在下面几节中,我们将看到后续研究不断对包括类属特征在内的诸多特征以及特征间的具体结构关系提出质疑,对照后来他人提出的特征几何模型,不难发现 Clements(1985)最初提出的模型已经有不少变化,但更多是细节的变化,特征几何的理论目标和构建音段结构的原则基本没有变化。

4.1.3.4　特征之间的依存关系

　　特征几何理论假设特征之间具有严格的层级和隶属关系:上位特征直接统辖下位特征,下位特征的存在蕴含上位特征的存在。这种关系也称作依存关系(dependency)。从音系过程中观察这种特征间的依存关系,可以看到:第一,如下位特征参与相同音系过程,尤其是几个下位特征同时参与相同的音系过程,则可假设其上位类属特征参与该过程;第二,如上位的类属特征参与特定的音系过程,则意味着受其统辖的所有下位特征均参与该过程。虽然上位特征与下位特征都具有自主音段性质,且相对独立,但它们之间的层级关系和依存关系决定了二者之间具有不对称性。以脱落过程为例,上位特征的脱落意味着受其统辖的所有下位节点和特征均脱落,但下位特征的脱落并不影响上位特征和其姊妹节点与特征。例如,[**根**]节点脱落意味着整个音段的删除,其统辖的[**喉部**]节点及[**喉上**]节点均脱落;但如果只是[**喉上**]节点的脱落则不影响其姊妹节点[**喉部**]节点及上位的[**根**]节点。如(15)所示:

(15) [**根**]节点脱落和[**喉上**]节点脱落

如何确定特征之间的依存关系是特征几何理论研究的核心课题。McCarthy(1988)认为,对特征依存关系的论证应从同化、脱落和 OCP 效应等音系过程的角度考察。表 4.1 是采用上述三个判断方法对 Clements(1985)特征几何模型中的类属特征及部分终端特征进行验证的结果。[①]

表 4.1   特征几何节点的音系证据

	同　　化	脱　　落	OCP 效应
[根]	普遍	普遍	阿拉伯语
[喉部]	古希腊语	泰语、科拉玛特语、原始印度-伊朗语	原始印欧语
[喉上]	?	冰岛语	?

---

①　此表依据 McCarthy(1988)文中的语料归纳而成,部位特征留到下文讨论。

	同　化	脱　落	OCP 效应
[部位]	普遍	？	波纳佩语(Ponapean)
[方式]	？	？	？
[±响音性]	？	？	？
[±辅音性]	？	？	？
[±连续性]	西班牙语、圣经希伯来语	尤卡坦玛雅语(Youcatec Mayan)	皮洛语(Piro)、西耶拉波波卢卡语(Sierra Popoluca)、尤卡坦玛雅语
[±鼻音性]		斯堪的纳维亚语、卡因冈语(Kaingang)	？

　　从表 4.1 可以看出,支持[**根**]节点和[**喉部**]节点作为类属特征的证据非常普遍。关于[**喉上**],McCarthy 认为,没有证据表明同化过程只针对[**部位**]和[**方式**]的扩散,而将[**喉部**]节点排除在外,这点同样体现在 OCP 效应上。此外,[**喉上**]节点和[**部位**]节点的功能互补,Clements(1985)以冰岛语中的现象论证了[**喉上**]节点的自主音段性质,McCarthy 认为分析为[**部位**]的脱落同样也可以解释该过程。据此,[**喉上**]节点可以取消。不仅如此,根据同样的标准,[**方式**]也应从类属特征集合中排除。Clements(1985)提出[**方式**]节点统辖[**±辅音性**]、[**±响音性**]、[**±连续性**]、[**±边音性**]、[**±刺耳性**]①和[**±鼻音性**]等终端特征。虽然自然语言中有关于上述单个终端特征的同化、脱落及 OCP 效应的证据,但没有任何证据显示上述终端特征能作为一个整体同化、脱落或受 OCP 效应制约。

――――――――

　　①　McCarthy(1988)没有讨论[**±刺耳性**]。

如果取消了[**喉上**]节点和[**方式**]节点,[**根**]节点直接统辖[**喉部**]节点、[**部位**]节点以及原来由[**方式**]节点统辖的终端特征。表4.1 显示找不到[**±响音性**]及[**±辅音性**]两个终端特征能独立参与同化、脱落和 OCP 效应的证据,因此这两个特征不具备其他特征所具有的自主音段性质。McCarthy 建议把这两个特征置于[**根**]节点之中。如此一来,[**根**]节点不再是一个类属节点,而是一个具有特征内涵的节点,由[**±响音性**]和[**±辅音性**]定义。另外两个终端特征[**±连续性**]和[**±鼻音性**]都能在自然语言中找到相应证据支持各自具有自主音段性质,与根节点形成依存关系。

排除了[**喉上**]节点和[**方式**]节点,并将[**±响音性**]和[**±辅音性**]置于根节点中,将[**±连续性**]和[**±鼻音性**]置于[**根**]节点直接统辖下的新特征几何模型,如(16)①:

(16) McCarthy(1988)特征几何模型

在新的模型里,任何一个音段如果缺乏[**根**]节点中[**±响音性**]和[**±辅音性**]的表达则无法判断该音段的性质。此外,这个模型还预测存在由[**±连续性**]和[**±鼻音性**]构成的类似曲折调的曲折音段(contour segment),世界语言中广泛存在的塞擦音及前鼻化音等都是对上述预测的印证。

4.1.3.5　特征几何对羡余和过度生成的约束

McCarthy(1988：84)指出,包括特征几何理论在内的非线性

---

①　此处只显示该模型的一部分,[**部位**]节点以下部分留至其他小节讨论。

音系学基于这样一个理念，"如果音系表达正确，音系规则便水到渠成"。SPE 假设的缺陷之一正是计算系统不受制约，音系规则无所不能，从而造成过度生成。非线性音系学通过丰富音系结构的表达对计算系统进行制约，使规则的生成能力得以约束。从技术和观念层面来看，音段结构的非线性表达推进了音系学研究的发展，是 SPE 之后重大的理论成果。下面我们讨论特征几何理论如何改进 SPE 方法难以解决的羡余表达和过度生成，主要涉及复杂音段、界定可能的音系过程以及音系过程和局部性（locality）问题。

4.1.3.5.1　复杂音段

自主音段音系学通过音段层和声调层分离实现了二者的相对独立，从而解决了在 SPE 框架内不易解决的诸如漂浮调（floating tone）、曲折调（contour tone）等音系成分表达方面的问题。与此类似，特征几何理论也为解决诸如复杂音段（complex segment）、方式曲折音段（manner-contour segment）的表达提供了合理的概念工具。①

除了简单音段（simplex segment），很多语言有复杂音段，如尤鲁巴语的[kp]以及许多语言有的塞擦音，如汉语的[ts]。复杂音段在音系过程中表现如同单个的简单音段，因此被看成是一个音段。然而在 SPE 音段表达系统中，要通过形式手段表达复杂音段是非常困难的，原因就在于 SPE 的音段内部特征是线性排列，一个音段就是一个特征串，在表达复杂音段时会在一个特征串中出现有某个范畴的特征既需赋正值又需赋负值的情形。如按 SPE 的表达系统，/k/和/p/的特征赋值分别是（17）（SPE：307）：

---

①　此处借用 Sagey(1986)的区分，复杂音段指联接到一个时量单位，同时涉及两个发音部位的音段，如[kp]；方式曲折音段指联接到一个时量单位，同时涉及两个不同发音方式的段，如塞擦音[ts]。有研究认为，方式曲折音段是一类复杂音段(Gussenhoven & Jacobs 1998/2001)。

（17）　　　/k/　　　　　　/p/

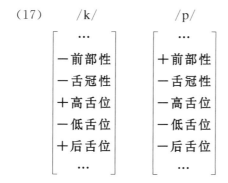

如果[kp]是一个音段,两个特征矩阵应该处于同一个音段串中,由此则导致许多特征上同时带有相反的值,诸如[**±前部性**]、[**±高舌位**]、[**±后舌位**]等,这不仅和发音生理机制不符,也和母语者的语言直觉相悖。导致上述困难的另一个原因是,SPE 采用偶值特征系统无法避免羡余特征赋值的问题,如音段／k／的[**－前部性**]和[**－舌冠性**]到底意味着／k／的发音和这两个特征无关抑或是相关但取值为负?

　　音段结构的非线性表达方法解决了上述问题。首先,音段内部特征具有结构性和自主音段性质,使表达复杂音段和方式曲折音段时可以实现不同音层成分之间一对多的联接,使在音段线性表达中无法同时出现的相反的两个特征值成为置于一个音层上的两个相邻成分。如[kp]和[ts]的相关部分的表达如(18)(Sagey 1986:61,96)(x 是时量单位,定义音段长度):

(18)[kp]和[ts]的音段结构(部分)

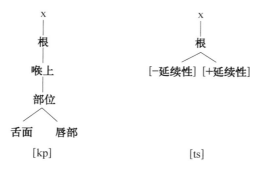

其次,音段里的特征并非都是偶值的,类属特征是独值特征,终端特征仍取偶值。不相关的表达不会出现在音段中,也减少了表达里的羡余信息。如[k]和[p]的音段结构如(19)所示(x 是时量单位,定义音段长度):

(19)[p]和[k]的音段结构

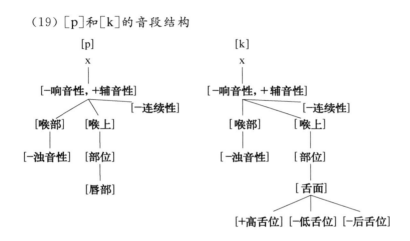

如果采用 SPE 的表达手段,双唇音[p]不仅需要关于舌冠部位的特征[**－舌冠性**],而且还需要舌后部位的表达[**－高舌位,－低舌位,－后舌位**],特征几何则以类属特征[**唇部**]表达,直接冠以唇音的特征。同理,软腭音[k]也不需要舌冠部位的[**－舌冠**],而直接通过[**舌面**]及其下位特征表达。将发音器官[**唇部**]、[**舌冠**]、[**舌面**]等部位特征提升至类属特征地位,并赋予独值,有利于避免偶值特征系统导致的羡余特征值。如双唇音[p]的[**唇部**]赋值意味着该音段的发音不涉及[**舌冠**]和[**舌面**],而仅与双唇有关;软腭音[k]的[**舌面**]赋值意味着这个音段的发音不涉及[**唇部**]和[**舌冠**]等部位,仅仅只涉及[**舌面**]部位。

4.1.3.5.2 界定可能的音系过程

Clements(1985;2004)指出,特征几何理论的重要研究目标之一是在形式上定义可能的和不可能的音系过程。特征几何允许单个终端特征的同化、脱落等过程,对于两个或以上终端特征同时参与的同化或脱落过程,则假设这些特征同为一个类属特征的下位特征。如[**高舌位**]、[**低舌位**]及[**后舌位**],既可以单独同化或脱落,也可以一起同化或脱落,但当它们一起同化或脱落时,分析则假定是这些特征的上位节点[**舌面**]同化或脱落。据此,Clements & Hume(1995:250)提出"音系规则只执行单一操作(Phonological rules perform single operations only)"的假设。Clements(2004:435)进一步将上述假设归纳为:"音系概括(规则、制约)采用单个特征节点为函项〔Phonological statements(rules, constraints) take single nodes as arguments〕。"因此,每条规则或制约的操作对象(结构变化或制约的内容)都能且仅能是特征几何中的某个单个的节点或特征。如果一条规则或制约的操作对象不是单个节点,这意味着该规则或制约要么不合法,要么涉及不止一条规则或制约。

仍以鼻音部位同化(规则4)为例说明,如(20):

$$(20)\ [+鼻音性]\ \rightarrow\ \begin{bmatrix} \alpha\ 舌冠性 \\ \beta\ 前部性 \\ \gamma\ 后舌位 \end{bmatrix} /\underline{\qquad} \begin{bmatrix} \alpha\ 舌冠性 \\ \beta\ 前部性 \\ \gamma\ 后舌位 \end{bmatrix}$$

同化规则的结构变化涉及的终端特征均是部位节点下位特征,因此规则(20)可以简化为(21):

$$(21)\ [+鼻音性] \rightarrow [\alpha\ 部位]/\underline{\qquad}[\alpha\ 部位]$$

这条规则只涉及特征几何中的单个类属节点部位节点,因此是合法的音系规则。有了上述限制,我们就可以解释为什么并不是任何特征组合在一起都可以参与音系过程:自然语言中的规则的构成要素受到特征几何节点结构的限制。

4.1.3.5.3 音系过程和局部性

SPE 的规则是对结构描写中的音系信息变成结构变化中的音系信息的描写和归纳,但并不能从根本上说明为何这种变化是必然的和符合逻辑的。例如,同化规则(21)中,音系变化的焦点鼻音为何能从其相邻的音段中获得部位特征而产生部位同化?从形式的角度看,该规则不能解释为何在此环境中同化比异化更常见,部位同化比其他特征的同化更自然。特征几何的假设为认识和解释音段音系过程提供了新的工具。与自主音段音系学将声调之间的作用看成是声调和载调单位之间联接线的增减类似,音段音系过程也被看成是处于相邻音层上相关特征(终端或类属特征)的联接线的增减。这样一来,声调规则和音段规则在本质上是一致的,可以采用相同的工具来处理。此外,联接线的增减为规则的计算提供了逻辑上的解释和限制,例如同化是相邻音层上特定特征节点的扩散,即特定特征的辖域由原来的单个音段扩展至相邻音层的音段或音段串上。

如果特征和声调一样都是自主音段,音段音系过程是相邻音层特征联接线的增减,如何定义相邻音层,即"局部性"(locality),就成为一个必须界定的概念。由于每个特征都能定义一个独立的层面,因此处于相邻音段的特定特征层面是相邻的,这是符合局部性的最直接的例子。以荷兰语阻塞音同化为例(Gussenhoven & Jacobs 2001:102),如(22)所示:

(22) 底层形式	表层形式	意义
la:t ‖ blujer	la:dblujer	后来开发者
bɑd ‖ bruk	bɑdbruk	游泳裤
kʌud ‖ vy:r	kʌutfy:r	坏疽
le:z ‖ fʌut	le:sfʌut	发音错误
lup ‖ zœyver	lupsœyver	很纯的

χʌud ‖ koːrts	χʌutkoːrts	淘金热
krab ‖ sχaːv	krapsχaːv	刮刀
leːz ‖ brɪl	leːzbrɪl	花镜
hɛis ‖ bɑlk	hɛizbɑlk	起重臂

通过对语料分析可以得出三条规则,即规则 5 - 7,如(23)所示:

(23) *规则 5* **[－响音性]→[－浊音性]/＿＿＿‖**

规则 6 **[－响音性]→[＋浊音性]/＿＿＿‖[－响音性,－连续性,＋浊音性]**

规则 7 **[－响音性]→[－浊音性]/[－响音性,－浊音性]‖＿＿＿**

三条规则的应用顺序是规则 6 和规则 5 先运用,规则 7 后运用;此外,规则 5 的结构描写是规则 6 结构描写的子集,且二者运行的结果不同,符合别处条件(Elsewhere Condition),因此规则 6 和规则 5 构成析取关系。规则 6 是一条逆同化规则,规则 7 是一条顺同化规则。采用特征几何,两个规则可以表示为 6' 和 7',如(24)所示:

(24) 阻塞音的逆同化和顺同化

如果特征通过联接线来增减,那么也应该遵循"禁止联接线交叉"的普遍制约。长距离同化过程在触发音段和目标音段间存在一些

介入音段,要实现长距离同化需要满足局部性的要求,因此是检验特征几何理论假设和具体模型的常用工具。此外,要使触发音段和目标音段之间的联接线增减不违反"联接线不交叉"的制约,则通常还须假设二者间的介入音段在相关特征上不赋值,因此长距离同化也是提出和检验不完全赋值理论的重要论据。下面以汉语儿童的鼻音同化为例说明特征几何是如何描写长距离过程的(汪朋 2011:162),如(25)所示:

(25) 半[man42]　辫[mien33]　胖[maŋ42]　瓶[min13]
　　　床[nau13]　灯[nə33]　痛[noŋ42]　芊[nien33]
　　　钟[nə33]　脏[naŋ33]　干[ŋan33]　看[ŋan42]

(25)显示,音节韵尾鼻音特征跨过元音韵母向音节首音扩散,如果首音为双唇音 p,pʰ 则同化为 m,若首音为舌冠音(包括舌尖前音 t、tʰ、ts,舌尖后音 tʂ、tʂʰ,舌面音 tɕʰ)则同化为 n,若首音为软腭音 k,kʰ 则同化为 ŋ。如(26)所示:

(26)

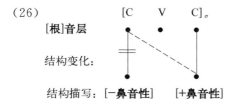

由(26)可见,[**鼻音性**]构成独立的音层,该特征对于区分音节首末两个辅音底层表达很重要,是二者底层需要提供的特征,音节中的元音因为在该特征上不具有区别意义,底层不赋值。因此,音节首末两个辅音在[**鼻音性**]音层上处于相邻位置,满足局部性条件,才能运行鼻音逆同化规则。

4.1.4　音段结构模型

自 Clements(1985)提出特征几何的基本假设后,研究者依据不同语言的事实,不断修正他的模型,发展出不同的模型。从基本类型看,这些模型主要分两类:发音器理论(articulator theory,简称 AT)和统一的特征理论(unified feature theory,简称 UFT),4.1.4.1 和 4.1.4.2 节分别介绍这两个理论及各自的主要变体。此外,针对特征树中一些节点的位置和特征间的结构关系还有一些探讨,如关于[**边音性**]、[**鼻音性**]以及设立上位节点[SV]统辖二者的相关假设,在此不作重点介绍,感兴趣的读者可参见 Levin(1985)、Rice & Avery(1993)等论著。

4.1.4.1　发音器理论

发音器理论(articulator theory)的雏形出现在 Sagey(1986)的博士论文中。Sagey 观察了大量自然语言的音系过程后发现,在音系过程中共现的特征大都是相同的主动发音器官执行发音动作的结果,具有发音器官解剖学基础。如[**前部性**]和[**散布性**]往往共同参与音系过程,二者都是舌冠部位运动的结果,而[**高舌位**]、[**低舌位**]、[**后舌位**]是舌后部运动的结果。因此 Sagey 提出在[**部位**]和终端特征间存在三个非终端节点,也即发音器节点[**唇部**]、[**舌冠**]和[**舌面**];其中,[**唇部**]统辖终端特征[**圆唇性**],[**舌冠**]统辖终端节点[**前部性**]和[**散布性**],[**舌面**]统辖终端节点[**高舌位**]、[**低舌位**]和[**后舌位**]。Halle(1992,1995)细化了她的发音器模型,因此该模型一般也称为 Halle-Sagey 模型,详见(27)。在 Halle-Sagey 模型中,除了[**唇部**]、[**舌冠**]和[**舌面**]三个发音器节点外,还进一步引入[**软腭**]、[**舌根**]和[**喉部**]等发音器节点。Halle *et al*.(2000)对 Halle-Sagey 模型进行了修改,该模型称为修改的发音器模型(Revised Articulator Theory,简称 RAT)。Halle-Sagey 模型和 RAT 模型均具有发音器理论的共同假设,虽然二者也存在一些不同。以下简要归纳二者的基本特点和异同。

(一)人类语言的语音依赖发音器的运动得以实现。发音器是由发音生理定义的,具有解剖学意义的实体,有改变共鸣腔形状或其鼓动方式的功能。发音器包括双唇、舌叶、舌体、软腭、舌根和喉部。每个发音器都能执行特定发音动作,特征被认为是向发音器传达执行特定发音动作的、抽象的神经指令。在具有普遍意义的特征树中,终端特征因其发音生理基础受制于发音器节点,特征层级的构造与人类发音通道的解剖结构一致。

(二)严格区分特征和其他非特征节点。在 Halle-Sagey 模型中,特征包括根节点中的[**辅音性**]、[**响音性**]以及直接受根节点统辖的[**吸入性**]([suction])、[**连续性**]、[**刺耳性**]、[**边音性**]以及受发音器节点统辖的十三个终端特征,一共十九个。非特征节点指其八个非终端节点,包括六个发音器节点,统辖[**舌根**]和[**喉部**]的[**咽喉**]([Guttural]),以及统辖口腔部位特征的[**部位**]。特征为偶值,而非特征节点为独值,(27)分别用字首字母小写和大写来区分。

RAT 对 Halle-Sagey 模型加以修订。首先,RAT 保留 Halle-Sagey 模型的发音器节点,但将原来的[**唇部**]、[**舌冠**]、[**舌面**]、[**喉部**]更名为更直接的[**双唇**]([lips])、[**舌叶**]([tongue blade])、[**舌体**]([tongue body])和[**声带**]。其次,RAT 在六个发音器节点下分别增加了各自的发音器特征,分别为[**唇部**]、[**鼻腔**]([rhinal])、[**舌冠**]、[**舌体**]、[**舌根**]([radical])和[**喉部**]([glottal]),新增的发音器特征为独值。至此,RAT 中的终端特征增至二十五个,非特征节点仍为八个,如(27):

（27）Halle-Sagey 模型（Halle 1995：2）

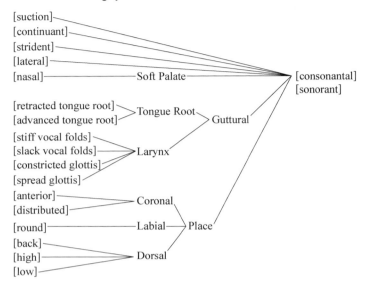

（三）区分独立于发音器的特征（articulator-free，简称 AF）和依附于发音器的特征（articulator-bound，简称 AB）。前者指由不固定的发音器执行的特征，后者指由固定的发音器执行的特征。凡不受固定发音器统辖的终端特征均为 AF 特征，否则为 AB 特征，例如[＋连续性]既可以是由双唇执行而形成双唇擦音，也可由舌尖或舌叶执行而形成齿龈/齿龈后/硬腭擦音，也可由舌体执行而形成软腭擦音，还可由舌根执行而形成小舌擦音和咽腔擦音，还可由声门执行而形成声门擦音。也就是说，[连续性]可由不固定的发音器实现，因此是 AF 特征。又如[＋展声门]，只能由声门执行，所以是 AB 特征。实现 AF 特征的发音器也被称作指定发音器（designated articulator）。由于任何一个音段都需要表达[辅音性]信息，而该特征属于 AF 特征，Halle（1992，1995）进一步假设任何一个音段的表达都需要标识指定发音器。在 Halle-Sagey 模型中有一个从根节点到发音器的箭头（pointer）标识，但由于箭头属非语法符号,RAT 模型取消了箭头,而直接用发音器特征来标记指定发音器。二者的差异可由对音段/kp/ 和/kʷ/的不同表达得以说明(引自 Halle *et al*.2000:390,392)。

(28)/kp,kʷ/的表达

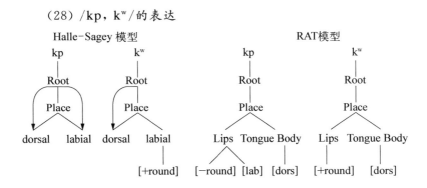

(四)RAT 假设特征扩散等音系过程的操作只发生在终端特征层面。这样做的目的在于解释所谓的"部分扩散"过程(partial spreading)。在 Clements(1985)中,特征树中的所有节点都构成独立音层。另一个相关假设是,每个音系过程只涉及特征树中的单个节点。据此,在一个扩散过程中,要么涉及单个终端特征,要么涉及所有隶属于一个类属节点的所有特征,不存在"部分扩散"过程。然而,有大量证据显示"部分扩散"的存在,而假设音系操作过程发生在终端特征层面,可以解释上述三种扩散过程,尤其是"部分扩散"过程,如(29)所示。此外,RAT 假设只有同一个非终端节点统辖下的特征才能参与一个扩散过程,如果某个扩散过程中涉及两个非终端节点下的特征,则需要分成两个过程。由于一些语言中的发音器节点也可能像终端特征一样扩散,并且特定发音器节点的扩散过程和发音器所统辖的终端特征扩散可以是相互独立的。为了解释发音器节点可以独立扩散并维持只有终端特征参与音系过程的假设,RAT 模型在发音器节点下增加发音器特征。

（29）RAT 模式中的三种扩散过程

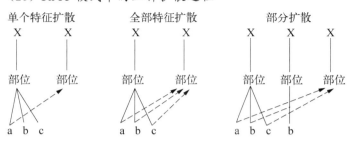

特征几何理论的一个重要假设是音系过程中的共现特征受制于共同的非终端类属节点,特征几何中的任何节点都具有自主音段性质,形成各自的音层,但根据(四),这一假设基本不复存在,只有终端层面的特征具有自主音段性质,形成自己的音层,非终端节点不参与音系过程,不具有自主音段性质,无须形成自己的音层。据此,非终端节点可以是推导出来的,无须在底层中出现,这样一来,特征的内部结构也是羡余的,这无疑在一定程度上又回到了SPE 对于音段结构的假设上。

（五）底层表达中的特征完全赋值。RAT 完全否认了不充分赋值理论,假设在音系推导全程音系表达完全赋值。但是,完全赋值的含义并非指每个终端特征都需赋值,普遍语法限制了一些特征在音系表达中共现。例如,只有含[**＋辅音性**]特征的音段才需要 AF 特征,而[**－辅音性**]类型的音段无须 AF 特征,这也就意味着元音、流音等无须对[**吸入性**]、[**连续性**]、[**响音性**]、[**边音性**]和[**刺耳性**]等特征赋值。此外,特定语言的特征系统也可能完全排除某个特征范畴,例如在英语里,[**舌根后缩**]和[**吸入性**]与音段结构和音系过程无关,因此可以排除这两个特征。

RAT 还否认"严格局部性"(Strict Locality)假设(见Flemming 1995;Gafos 1998),支持存在元音和辅音的远距离同化和异化过程。然而,不充分赋值理论假设的主要作用之一是解释远距离同化和异化,如果否认不充分赋值理论,如何解释上述过程呢？RAT 采用 Calabrese(1995，2005)的假设，一方面假设音系表达完全赋值，同时假设音系规则或制约具有不同的可见性(visibility)，即特定规则或制约只选择对某些特征范畴(如对立特征、标记性特征、所有特征等)敏感。例如，拉丁语中的边音异化过程可以表述为规则(30)：

（30）［＋边音性］→［－边音性］/［＋边音性］_____

在拉丁语里，/l/ 和 /r/ 是对比关系，对立特征是［α 边音性］，因此可以说上述规则只对［边音性］特征敏感，或者说只有［边音性］是可见的。

在结束本小节前，我们再看看 RAT 模式是如何分析英语软腭音软化过程的(详见 Halle 2005：36)。语料和分析(只给出相关特征)分别如(31a，31b)所示：

（31）a. electri[k]～electri[s]-ity　anlo[g]～analo[ʤ]-y
　　　opa[k]～opa[s]-ity　　　esopha[g]-us～esopha[ʤ]-eal

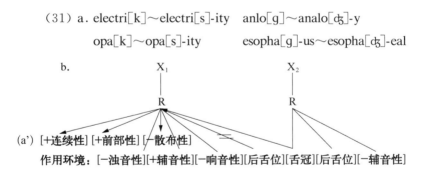

(a') ［＋连续性］［＋前部性］［－散布性］
　　作用环境：［－浊音性］［＋辅音性］［－响音性］［后舌位］［舌冠］［后舌位］［－辅音性］

(b') ［塞擦性］［－前部性］［＋散布性］
　　作用环境：［＋浊音性］［＋辅音性］［－响音性］［后舌位］［舌冠］［后舌位］［－辅音性］

　　英语软腭音软化本质上是软腭塞音的硬腭化和擦音化，涉及两个过程：软腭清塞音在前元音 i 前变成齿龈擦音 s，如(a')所示；软腭浊塞音在前元音 i 前变成齿龈后塞擦音 ʤ，如(b')所示。这里最重要的假设是前元音 i 有两个指定发音器[**舌冠**]和[**后舌位**]，硬腭化是发音器特征[**舌冠**]由后一个音段扩散至前面的软腭音上的过程，由于英语辅音只允许单个发音器特征的存在，因此[**舌冠**]扩散至软腭音后，原来的发音器特征[**后舌位**]脱落。在前一个音段获得发音器特征[**舌冠**]后，还需提供与之相关的终端特征[**前部性**]和[**散布性**]，在过程(a')中的体现为[＋前部性]和[－散布性]，在过程(b')中体现为[－前部性]和[＋散布性]。

4.1.4.2 统一的特征理论

特征几何理论另一个影响较大的模型是统一的特征理论(unified feature theory，简称 UFT)(Clements 1991，Hume 1992，Clements & Hume 1995)以及与之相关的变体模型，如 Odden(1991)和 Ni Choisain & Padgett(1993)等。"统一特征理论"的"统一"主要体现在下面两点：一是无论元音还是辅音都包含收窄部位节点和收窄方式节点两个直接成分；二是元音和辅音的发音部位由一组特征来定义。

由(32)可知，与 McCarthy(1988)相似，UFT 也将主要音类特征置于根节点中，二者差异在于后者加入了[**近音性**]([approximant])，并用[**元音性**]([vocoid])代替[**辅音性**]。根节点的直接成分[**喉部**]及其统辖的特征和其他模型一样，另一个直接成分为[**鼻音性**]，[**边音性**]和[**刺耳性**]的归属因有争议，作者没有列在图中，根节点的第三个直接成分[**口腔**]([oral cavity])取代了原来的[**喉上**]。值得注意的是[**口腔**]下的两个直接成分[**C-部位**]和[**连续性**]，这两个特征就是用来定义辅音收窄处和收窄方式的。在元音特征结构中，与上述三个节点形成对应的是[**元音性**]([vocalic])及其直接成分[**V-部位**]和[**开口度**]([aperture])。Clements 称 UFT 为"基于收窄的理论"(constriction-based theory)，意在强调收窄这一概念在构建特征内部结构的作用。"收窄"是描述音段发音时常用的语音术语，其内涵包括传统意义上的发音部位和发音方式，前者指发特定音段时口腔通道中最窄处所处位置（由主动发音器官来定义），后者指形成最窄处的方式（或程度）。因此，在该模式中，不论元音还是辅音都有定义收窄处的"部位"节点（[**C-部位**]和[**V-部位**]）及定义收窄方式的节点（[**连续性**]和[**开口度**]）。

　　下面再来看定义元音和辅音部位的节点和特征。许多语言里有由辅音-元音交互作用而诱发的同化、异化等现象（语料可见 Clements & Hume 1995 3.4.3 节；Padgett 2011 等）。这些现象表明，唇辅音、唇化辅音和圆唇元音可以构成同一个自然类。类似的是，舌冠辅音（齿龈、齿龈后及硬腭音）、硬腭化辅音和前元音构成同一个自然类，软腭音、软腭化辅音和后元音也构成一个自然类。再如，在一些语言里，小舌音和舌根后缩元音构成同一自然类，而软腭音则和非舌根后缩元音构成同一自然类（Li 1996）。然而，无论是 SPE 特征体系，还是 McCarthy（1988）、Halle-Sagey 的特征模型都无法从形式上定义和表达上述各个由元音和辅音共同构成的自然类。

（32）UFT 模型（引自 Clements & Hume 1995：292）

(a) 辅音特征结构　　　　　　　　(b) 元音特征结构

```
(a) 辅音特征结构
                    root ┌ ±sonorant  ┐
                         │ ±approximant │
        laryngeal        └ −vocoid    ┘
                  [nasal]
  [spread]
  [constricted]          oral cavity
                  [voice]
                         [continuant]
                  C−place

        [labial]
              [coronal]
        [anterior]        [dorsal]
               [distributed]

(b) 元音特征结构
                    root ┌ ±sonorant  ┐
                         │ ±approximant │
        laryngeal        └ +vocoid    ┘
                  [nasal]
  [spread]
  [constricted]          oral cavity
                  [voice]
                         [continuant]
                  C−place
                  vocalic
                         aperture
                  V−place
                         [open]

        [labial]
              [coronal]
        [anterior]        [dorsal]
               [distributed]
```

例如,Halle-Sagey 模型中舌冠辅音由[**舌冠**]、[**前部性**]及[**散布性**]定义,而前元音由[**舌面**]和[**-后舌位**]定义,二者没有共同的音段成分,因而无法被定义成同一自然类,也无法描写舌冠辅音和前元音的交互作用。UFT 取消了 Halle-Sagey 模型中定义前元音的[**-后舌位**],用同一套特征[**舌冠**]、[**前部性**]及[**散布性**]来定义舌冠辅音和前元音,使得二者具有一组相同的音段成分,为定义自然类提供了音段成分基础,继而使对舌冠辅音和前元音的交互作用的描写变得简单明了。UFT 对舌冠辅音(齿龈、齿龈后及硬腭音)、腭化辅音和前元音的表达如(33)所示(以部位表达为主,其他省略):

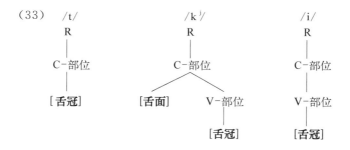

借助[**C-部位**]和[**V-部位**],UFT 通过[**舌冠**]就可以表现舌冠辅音、腭化辅音和前元音之间的差异,而它们之所以能构成一个自然类是因为共有一个[**舌冠**]特征;同理,通过[**C-部位**]和[**V-部位**]与[**唇部**]的不同组合,唇辅音、唇化辅音和圆唇元音的差异也得以区分,这样一来,[**圆唇性**]也没有存在的必要,进而从 UFT 特征体系中去除了。

　　在 UFT 中,基本的元音类型由哪些特征来表达呢?首先,元音的前后分别由[**舌冠**]和[**舌面**]来区分,而央元音被认为只具有[**V-部位**]节点,缺少具体的部位特征。其次,元音的圆唇与否由[**唇部**]来表达,这也意味着如果是圆唇元音,则[**V-部位**]下同时有表达前后和表达圆唇的部位特征。如前所示,UFT中设有一个与[**V -部位**]互为姐妹节点的[**开口度**],并在其下用[**开口度**]来表达元音的高度。应该指出的是,以 SPE 为代表的特征体系采用[**高舌位**]、[**低舌位**]来区分高、中、低三个基本的元音高度,超过三个音系高度时则借助[**紧张性**]/[**舌根前伸**]/[**舌根后缩**]等特征。该体系的不足在于无法统一描写发生在不同音系高度元音上的相同音系过程。例如,在巴西葡萄牙语里(引自 Clements & Hume 1995:281),见(34):

（34）第二人称　　　　　　第一人称

mɔr-a-s[mɔras]　　　mɔr-a-o[mɔro]　　居住

mɔv-e-s[mɔves]　　　mɔv-e-o[movo]　　移动

serv-i-s[sɛrves]　　　serv-i-o[sirvo]　　服务

词干元音在第一人称和第二人称中发生 ɔ～o 和 ɛ～i 的交替,交替的动因是第一人称形式中词末两个元音连拼时前一个元音脱落,但其高度特征扩散至词干元音上。显然该过程应该得到统一解释,但用 SPE 的特征体系,则须分成两个步骤,ɔ～o 之间只涉及[**舌根前伸**]的扩散,但 ɛ～i 不仅涉及[**舌根前伸**]还涉及[**＋高舌位**]的扩散。类似 Odden(1991)建立一个表达元音的高度节点统辖[**高舌位**]和[**舌根前伸**],UFT 也设立一个表达高度的节点[**开口度**],但取消了[**高舌位**]和[**舌根前伸**]的作用,而直接用[**开口度**]来表达元音高度。[①] 表达高度的节点[**开口度**]能对上述交替予以统一描写,如(35)所示:

---

　　① 从技术上说,[**高舌位**]和[**低舌位**]与[**开口度**]虽然起着相同的作用,但在发音机制的理解方面存在着差异,前者以舌体的高低来定义,而后者从口腔前部通道收窄程度来定义。

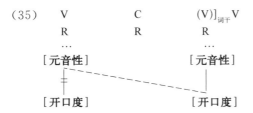

词干末的元音在脱落前,其[**开口度**]特征扩散到词干中的元音,词干中的元音原来具有的[**开口度**]特征脱落,两个元音间的辅音因为没有[**元音性**]节点而不会阻碍元音的[**开口度**]特征扩散。

　　UFT 模型擅长于对辅音-元音交互作用的描写,以下面两个例子(引自 Padgett 2011：1773)说明。(36a)是努佩语(Nupe)中圆唇后元音的圆唇特征扩散至前一辅音,使该辅音变成唇化辅音的过程;(36b)是马拉亚拉姆语(Malayalam)双唇辅音的圆唇特征扩散至其后的元音,使该元音变成圆唇元音的过程。

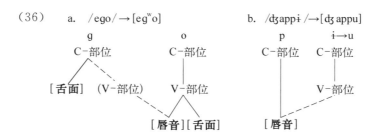

　　UFT 符合 Clements(1985)对特征几何提出的多数基本假设(见 4.1.3.1 节),但在"每个节点有且仅有一个上位节点"原则上做了妥协,因为[**唇部**]、[**舌冠**]和[**舌面**]等部位节点既受[C-**部位**]管辖,也受[V-**部位**]管辖,而用同一套部位特征节点表达元音和辅音正是 UFT 的初衷。然而,新的问题随之而来:如何定义实施同化和异化的先决条件—局部性? 根据局部性的要求,同化和异化涉及的音段在某个特征构成的音层上应处于毗邻位置,特征的

扩散不能导致联接线交叉。例如朝鲜语里，同一音节里不能出现同部位的"辅音-滑音（元音）"，如 *tj，*sj，*cj，*yi，*pw，*mw，*wu 等。针对这一现象，Hume（1992）假设，在朝鲜语里 OCP 效应仅发生在部位特征音层，即相邻的两个音段不能具有相同的部位特征，如（37a）所示。上述解释的关键在于，[p]和[w]里的[**唇音**]特征位于同一音层并相邻，尽管二者的[**唇音**]的上位节点分别是[**C-部位**]和[**V-部位**]。然而，在很多元音和谐过程中，我们发现，即便两个元音之间的辅音具有和元音相同的部位特征，这个辅音对元音和谐过程而言仍是可透的，如土耳其语（硬腭）元音和谐过程中，词干里的前元音可以透过齿龈辅音影响词缀元音的前后，如（37b）中[jyz-ler]"脸（主格复数）"所示：

（37）a. 朝鲜语 OCP 效应：*pw　　　　b. 土耳其语元音和谐

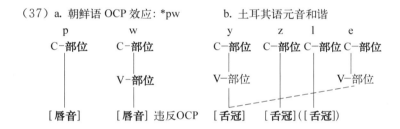

如果根据局部性的定义，辅音会阻断和谐过程。符合语法的形式是 yzler，而非 *yzlar，这说明舌冠辅音 z 和 l 的[**舌冠**]的赋值并不阻断和谐过程。[①] 于是，面对诸如（37a）和（37b）所表述的现象，我们不得不对局部性作出基于具体语言事实的解释：对于（37a），是否满足局部性只参照具体部位特征本身是否处于毗邻位置；对于（37b），局部性须参照由具体部位特征及其上位节点构成的平面，由于辅音中由[**C-部位**]和[**舌冠**]构成的平面和元音中由[**V-部位**]与[**舌冠**]构成的平面是不同的，因此辅音对于元音和谐过程是

---

① 这里的假设是，对于土耳其语的和谐特征[**后舌位**]来说，[**−后舌位**]是有标记值，而[**＋后舌位**]是无标记的默认值。

可透的。显然,这种基于具体语言现象的定义削弱了局部性的解释力。

为解决 UFT 对于局部性定义的前后矛盾,Ni Chiosain & Padgett(1993)提出了"内在 V-部位假设"(Inherent V-place hypothesis),基本观点是一些普通(指不含次要发音特征)的音段也可具有"内在的"(即羡余的)V-部位特征。上述看法并非 Ni Chiosain & Padgett(1993)首创,如 Keating(1988,1991)和 Keating & Lahiri(1993)运用 X-射线技术手段显示硬腭部位的普通辅音兼有舌冠部位和软腭部位的特征,这也部分地解释了为何齿龈或软腭辅音腭化后最容易变成硬腭音。Ni Chiosain & Padgett(1993)进一步指出,在语流中辅音的部位特征可以短暂影响毗邻的元音,如在 ibɨ 这样一个语音串中,我们可以看到 b 之前和之后都会有短暂的 u 出现,即 ɨ-u-b-u-ɨ,这是因为辅音对其毗邻元音的第二共振峰产生影响进而影响对元音的感知(又见 Flemming 1995,2003),见(38):

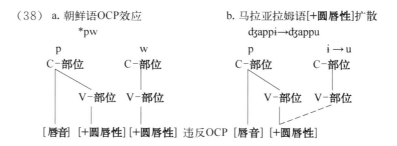

(38) a. 朝鲜语OCP效应 b. 马拉亚拉姆语[+圆唇性]扩散

据此,Ni Chiosain & Padgett(1993)提出普通的双唇音、舌冠和软腭音等分别具有潜在的圆唇、使舌体前伸和后缩的能力,从音系上体现这种能力就是为这些音提供一个潜在的 V-部位节点。如果上述假设成立,那么 UFT 在定义局部性时出现的困境就可以解决,上述朝鲜语里的 OCP 现象和土耳其语元音和谐现象对于局部性的定义可以统一起来,因为一个音层是由同一个特征及其相同的上位节点构成的平面,如上图中 a 所示。同理,在马拉亚拉姆语里,圆唇扩散也可以解释为[＋圆唇性]从辅音 p 所属的内在的 V－部位扩散到元音 ɨ 所属的 V－部位节点上,如上图中 b 所示。①

　　"内在 V－部位假设"避免了 UFT 对于局部性的人为规定,而且进一步对元音-辅音交互类型的分布特点作出合理解释和预测。根据 Padgett(2011)对元音-辅音交互现象的观察,元音对辅音的影响限于元音和辅音次要发音特征的交互,如辅音的唇化、腭化、软腭化或咽化,而元音改变辅音的主要发音部位的现象非常罕见,也即／ku／→[kʷu]常见,但／ku／→[pu]却罕有;／ki／→[kʲi]／[ci]／[ʧi]常见,但／ki／→[ti]罕见。然而,辅音影响元音时,辅音改变元音的发音部位却常见,如本节中的例子 ʤappɨ→ʤappu。再如,从清代书面满语向锡伯语的演变过程中,高后圆唇元音／u／在唇辅音的作用下异化为展唇元音／ɨ／,例如 buda→bɨda"饭",futa→fɨta"绳子",muse→mɨs"咱们",ura→vɨra"屁股"(Li 1996;李兵 2004:2-3),唇辅音对圆唇元音有明显的异化作用。根据 UFT,两个音段在 C－部位和 C－部位层面以及 C－部位与 V－部位层面都可以交互的话,上述元音-辅音交互的不对称性无法从语法本身得到预测。然而,根据"内在 V－部位假设",上述不对称性可以从元音和辅音在 V－部位特征的不对称性得到解释:辅音通过其内在的 V－部位和毗邻的元音发生作用,但元音因缺乏 C－部位而无法直接影响辅音的主要部位特征。具体说来,首先,如果辅音通过自身内在的 V－部位和元音的 V－部位发生交互作用,则或表现为普通辅音从元音处获得次要发音特征,或表现为有相同部位的辅音和元音产生 OCP 效应,或表现为元音从

---

　　① Ni Chiosain & Padgett(1993)接受了 UFT 关于 C-place 和 V-place 的区分,但认为具体的辅音部位特征和元音部位特征未必一致,因此虽然在 C-place 下采用和 UFT 一样的部位特征,但在 V-place 下仍旧使用诸如[后舌位]、[高舌位]、[低舌位]和[圆唇性]等终端成分。

辅音次要发音特征处或受"内在 V - 部位"影响而获得该部位特征。尤为重要的是,因为元音的 V - 部位特征只能向处于同一层面的辅音 V - 部位下扩散,而不能向不处于同一层面的 C - 部位下扩散,元音只能对辅音的次要发音特征产生影响,而不能直接改变辅音的主要发音部位特征。其次,维持 C - 部位和 V - 部位特征构成不同的层面,有利于解释元音和谐及辅音和谐。"内在 V - 部位"特征本质上是不起对立作用的羡余特征,"内在 V - 部位假设"利用羡余特征和不完全赋值理论来解释元音-辅音交互作用中的一些现象,该假设促使我们继续思考羡余特征在音系过程及语素表达中的作用。

从以上两节的讨论中,我们看到构建特征几何模型的基础是语言事实,自然语言中的音段的同化、异化、脱落等过程为特征几何中特定节点的建立提供了经验基础。然而,对照 Clements (1985)关于特征几何的基本假设,不难发现除了音段特征具有层级性、特征依其功能聚合在相同的类属节点下这两个基本假设外,其他假设在不同模型中均有不同程度的违反。如 UFT 假设元音和辅音共有一套相同的部位特征,但这也突破了"每个节点有且仅有一个上位节点"的限制。又如,AT 和 RAT 假设音系操作只发生在终端特征层面,也即除了终端节点外,类属节点仅具有归纳功能,不(必)具有自主音段的作用,这和"特征层级中的所有节点均具有自主音段性质"的假设相悖。正因为如此,目前尚没有可以称得上被普遍接受的特征层级模型。就其本质而言,上述模型的差异体现为一个更加根本的问题:自然类是根据音段的发音/生理特点还是根据音段的音系功能/过程来定义:AT/RAT 依据前者,而 UFT 主要依据后者。

4.2　声调结构

除了音段特征外,人类语言的区别性特征还有声调、重音等超音段特征。具有普遍意义的特征理论应当考虑这些超音段特征的音系表达和功能。在自主音段音系学出现以前,声调(包括非洲、亚洲和美洲语言声调)研究的基本假设和 SPE 对音段特征的假设一致,即声调特征是表达声调的基本单位,是音段特征集合中的成分,声调特征没有内部结构。比较典型的例子是 Wang(1967)和 Woo(1969)提出的汉语声调特征系统。自 Goldsmith(1976a)后,非线性表达理论和方法很快在包括汉语在内的诸多声调语言研究中得以应用,关注的重点是声调特征及其自主性、声调内部成分和成分之间的结构关系、声调过程、声调和韵律结构以及节律结构的关系等。自主音段音系学主要建立在非洲声调语言的事实基础上,如 William(1971/1976)、Leben(1973)、Goldsmith(1976a,1976b)和 Pulleyblank(1986)等,当时较少涉及非洲语言以外的声调语言。然而,对包括汉语在内的东亚声调语言的研究显示,这些地方的声调系统非常丰富,声调过程也非常复杂。例如,和非洲语言只区分 H、L 两个调高层级相比,东亚语言区分三个及以上声调高度的现象普遍存在。又如,非洲语言的曲折调一般被看成是平调的组合,而很多研究者认为东亚语言中的曲折调是独立的单位。鉴于东亚声调语言在声调研究中的特有地位,且第五章对非洲声调语言的材料也有介绍,本节及下两节对于声调特征及结构的介绍主要以汉语声调研究为基础。

4.2.1 声调特征系统

如同音段特征系统一样,声调特征系统应能充分描写自然语言中声调的对立系统、定义声调自然类,并合理解释声调过程。对声调系统的充分描写是建立声调特征系统的首要目标。汉语声调的描写自赵元任(1930)起采用五度标调法记录各方言的声调共时系统,然而从音系范畴的角度看,声调对立系统犹如音段对立系统,理论上说可以而且应该有表达它的更为基本的范畴,也即声调特征。此外,五度标调制能预测大量不存在的声调系统,如根据该标调制,平调可以有 5 种,曲折调可以有 5×4＝20 种,凹凸调可以有 5×5×5－5＝120 种可能,除了平调外,曲折调和凹凸调的数目都远远超过存在的声调系统。因此,必须对其预测能力加以限制。声调特征系统需要解释的另一个在很多亚洲语言中普遍存在的现象是音节中声调–辅音交互作用,如汉语吴、湘等方言中存在的清首辅音和高调搭配、浊首辅音和低调搭配的声调分布特点。

　　Wang(1967)是第一个在 SPE 框架内描写汉语声调特征系统的研究。他假设,声调特征是音段的固有特征,并设七个偶值特征:[**高**]、[**央**]([central])、[**中**]([mid])、[**曲拱**]、[**升**]、[**降**]、[**凸**]([convex]);前三个特征定义调高,后四个特征定义曲折调和凹凸调的调型。这个系统至少可以定义 5 个平调和升、降、凹、凸各 2 个调。如同 SPE 的区别特征,这个系统存在羡余,如[－**曲拱**]也意味着[－**升**]、[－**降**]和[－**凸**];[＋**高**]也意味着[－**中**]。该系统同样可以预测大量不存在的声调系统。这些问题表明,声调特征系统有其内部结构。Woo(1969)也假设声调特征属于音段特征范畴,但不同于 Wang(1967)的是,Woo 认为汉语中的曲折调不是独立的单位,而是平调的组合,且每个平调分由韵母中的元音或响辅音负载。由于取消了不可分解的曲折调,Woo 的声调特征系统只包括标识调高的[**高调**]、[**低调**]和[**趋中**]([modify])[①],这三个特征可以表达除了[＋**高调**,＋**低调**]之外的五级调高,能实现赵元任(1930)五度标调的功能。Woo(1969)假设声调和载调的元音/响辅音是一对一的关系,随之而来的一个推论是,汉语里曲折调只能和 CVV 及 CVN 类型的音节搭配,这很难解释汉语的某些方言中 CVC(C 代表 p、t、k 或 ʔ)也能负载曲折调的现象。他们的

---

　　① modify 字面意为"修饰",这里意译为[**趋中**],因为该特征的作用在于帮助定义高平、中平和低平之外的平调,如五度制中的 44 可表征为[＋**高调**,＋**趋中**],22 可表征为[＋**低调**,＋**趋中**]。

声调特征系统的理论背景是 SPE 假设,即把声调视作元音的成分,因此难以突破线性方法在声调表达上的局限性。此外,Woo(1969)和 Wang(1967)的声调系统都没有恰当的手段来描写声调和辅音之间的交互作用。这方面的突破来自 Halle & Stevens(1971)的研究。

Halle & Stevens(1971)提出了一套新的喉部特征系统:[**展声门**]、[**闭声门**]、[**紧声带**]和[**松声带**]。前两个涉及声门的展收,后两个控制声带的松紧。从发音生理角度看声门展收和声带松紧是两个相互独立的机制,由不同的喉部肌肉控制。涉及声调-辅音交互作用的是声带的松紧。Halle & Stevens(1971)进一步提出声带的松紧既决定辅音的清浊也影响元音的音高。具体说来,发浊辅音时声带松弛,发清辅音时声带紧绷;对于不涉及声门展收的元音(即[**-展声门,-闭声门**]),声带松弛会降低声带振动频率从而产生低调元音,声带紧绷会增高声带振动频率从而产生高调元音。声调-辅音交互作用的本质是一种同化,和元音在鼻音后成为鼻化元音的原理一样,由于声带本身的伸缩需要时间调整,清浊辅音导致的声带松紧变化会持续影响相邻的元音,最终反映为元音调高的变化。如果某语言存在对立的清浊辅音,与辅音相邻的元音音高变化不具有对立作用;但如果该语言历时发展导致对立的清浊辅音产生中和,原本只是伴随辅音清浊对立而产生的元音音高变化可能得以保留,并进一步发展成为(即音系化)该语言中具有对立作用的区别特征,这也是声调起源的一种重要假设。事实上,这种假设和 Martisoff 等汉藏语言学家对某些汉藏语言声调起源的解释不谋而合(Hardricourt 1954;Martisoff 1973)。

Halle & Stevens(1971)的声调特征系统仍在 SPE 框架内,随着自主音段音系学出现,对声调特征的研究不仅关注声调特征本身,也关注特征之间的结构关系,Yip(1980)正是在这个背景下产生的。在 Yip(1980)的声调表达系统中,调域特征(register feature)和声调特征(tonal feature)是两个独立的音层,分别和载调单位(如音节)联接且构成独立的平面。调域特征借鉴了汉语音韵学中的阴调和阳调概念,用偶值的[**上**]([upper])表达,声调特征则用偶值的[**抬升**]([raised])表达。从 Yip(1980)后,研究者们大多接受了她的看法,即声调的特征系统应该包括分别表达调域和调型的基本成分。虽然不同的理论使用的特征术语不同,但没有实质的不同,主要分歧在于具体的声调特征结构上,这些我们留至 4.2.3 节再讨论。更多关于声调特征系统的讨论可见 Anderson(1978)、Bao(1999)和 Chen(2001)等。

4.2.2 声调的自主性

声调的自主性(autonomy)表现为声调和载调单位的相互独立性,并由此衍生出的一些特点,如声调的稳定性(stability)、可移动性(movability)、声调和载调单位之间的非同构性(non-isomorphism)。声调的自主性在第五章有详细讨论,本小节结合汉语声调现象扼要说明声调稳定性、声调和载调单位非同构性等特点。详细的讨论可见 Yip(1980,1995,2002)、Bao(1990,1999)和 Chen(1996,2001)等论述。

声调的稳定性指在构词和造句过程中,虽然语素的音段脱落,但声调成分并不随着音段的脱落而脱落,而是附着在相邻语素或音段上并得以语音表达。以粤语为例(引自 Yip 1980:88 - 89)。(39b)里的形式是(39a)里形式的声调变体;下画线部分涉及相关的变体形式,如"条"和"红"有 21 和 35 两种声调变体,"食"有 3 和 35 两种声调变体。

(39) a. jat^5 <u>tiu^{21}</u> jat^5 tiu^{21}　一条一条　b. jat^5 <u>tiu^{35}</u> tiu^{21}　一条条

　　 <u>hung^{21}</u> a^5 hung^{21}　红红　　　　<u>hung^{35}</u> hung^{21}　红红的

　　 <u>sik^3</u> tsɔ^{35}　　食咗　　　　　　<u>sik^{35}</u>　　　食

如果假设声调变体源于语素表达层次上的特定语素(即 jat5、a5 和 tsɔ35)的音段脱落,但声调得以保留并附着在前一个语素上,以上的声调变体便能得到统一且合理的解释。

　　声调和载调单位的非同构性即指声调单位和载调单位之间数目上的不匹配而导致出现的一对多或多对一等情形。漂浮调及无调语素可以看成是非同构现象的极端例子,即声调层和载调层出现的有-无或无-有对应关系。仍以粤语为例说明漂浮调。粤语中有表亲近的前缀“阿”[a⁴⁴],当该前缀置于表姓氏的语素前时会使该语素产生变调,如(40)所示(引自 Yip 1980:64):

（40）tsʰɐn²¹　　陈　　a⁴⁴ tsʰɐn³⁵　　阿陈

　　　 tsœŋ⁵³　　张　　a⁴⁴ tsœŋ⁵⁵　　阿张

　　　 jip²²　　　叶　　a⁴⁴ jip³⁵　　　阿叶

Yip 认为上面给出的变调现象可做如下解释:粤语用一个由“阿＋姓氏＋漂浮调,即[a⁴⁴＿⁵]”的结构实现表亲近的语义,当加入表姓氏的语素后,该语素的单字调和漂浮调发生融合而形成变调。

　　漂浮调是声调层有声调但音段层无音段的现象,反之,声调层无声调而音段层有音段又会表现为无调语素。汉语普通话的轻声字可以看成是一种底层无调的语素,如(41)中的“的”字(引自罗常培、王均 2002:149)。“的”的表层声调随着前字声调的变化而变化,如前字以阴平、阳平等高调结尾,则语素“的”音高略低,基本处于五度调高的中央区域;如前字为上声或去声则延续前字声调调型至其最末的音高值。

（41）tʰa⁵⁵ tə²　　他的　　　ʂei³⁵ tə³　　谁的

　　　 wo²¹⁴ tə⁴　　我的　　　xuai⁵¹ tə¹　　坏的

4.2.3　声调结构模型

　　声调自主性是声调特征具有内部结构的前提,但如何构建声调特征的层级结构则是个经验问题,需要参照自然语言中声调的自然类和声调过程,尤其是扩散过程。声调的自然类指参与相同声调过程的声调类型,它们的共性能为假设或验证具体的声调特征乃至声调结构模型提供间接证据,而能为声调结构模型提供直接证据的是声调的扩散过程。

　　综合 Bao(1999)、Yip(1995,2002)和 Chen(2001)等的归纳,关于声调结构模型的假设多达十余种。这些假设的分歧主要在于是否存在调型(contour,用 c 表示)节点、调域(register,用 r 表示)节点、调型节点和调域节点的关系如何等问题。不同的假设对于哪些节点可单独或一起扩散作出不同预测,而这些预测可通过不同语言声调扩散过程加以验证。除载调单位之外,一个声调结构模型的主要构元包括:声调根节点(Tonal Root,简写为 TR),调域节点及其从属的调域特征(用 H 或 L 表示)和调型节点及其从属的调型特征(用 h 或 l 表示)。参照音段特征的内部结构,声调根节点应处于声调特征层级最高层,调域、调型特征处于层级的最底部,可能的变化主要来自中间的调域节点和调型节点的关系。根据 Yip(1995,2002)的归纳,二者的关系有三种可能。以汉语普通话阴平调 35 为例,三种表达如(42)所示:

　　(42)a. c 和 r 独立　　　　　　　(Yip 1980)

b. c 和 r 为姊妹节点　　　　　（Clements 1981；Snider 1990）

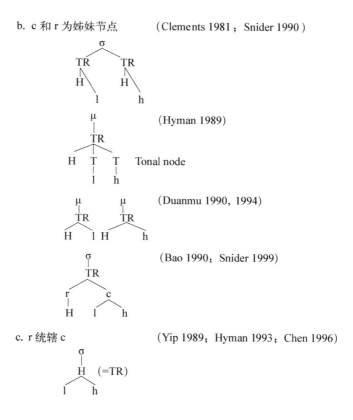

（Hyman 1989）

Tonal node

（Duanmu 1990, 1994）

（Bao 1990；Snider 1999）

c. r 统辖 c　　　　　（Yip 1989；Hyman 1993；Chen 1996）

　　在(42a)里,调域特征和调型特征独立地联接载调单位,没有根节点,也没有单独的调型节点。就(42a)本身来看,调域特征和调型特征是相互独立的,二者并无直接关系,可以独立扩散,但Yip(1980)又假设调域特征居统辖地位,这似乎有些矛盾。在(42c)中,调域特征统辖调型特征的关系得以体现。(42b)中的所有模型都包括至少一个声调根节点(H 也可以看成和声调根节点重合),这样有利于实现声调的完全扩散。

　　(42b)又可以划分成更小的类别。如从 TR 的数量来看,Clements(1981)、Snider(1990)和 Duanmu(1990,1994)设立两个 TR,理论上说声调的前后部分可以跨越不同调域;Hyman(1989)、Bao(1990)和 Snider(1999)设立一个 TR,声调

的前后部分只可能在同一个调域。设立一个或两个 TR 对于声调特征成分之间的局部性也产生影响,并进一步影响到可能的声调过程。由于每个 TR 节点都统辖调域特征和调型特征,相邻 TR 节点下的调域特征和调型特征又有先后时序关系,因此不同模型对于相邻语素在哪些声调特征节点上满足局部性各有不同的预测。如(43a)所示,Clements(1981)和 Snider(1990)预测,在两个相邻的语素(在汉语中即两个相邻的音节)中,满足局部性条件的节点为 TR_2 和 TR_3、H_2 和 H_3、h_2 和 l_3(虚线联接部分),如果声调过程也需要满足局部性要求且声调特征完全赋值的话,那么只有这几个位置上的节点能够相互作用。

(43) a.

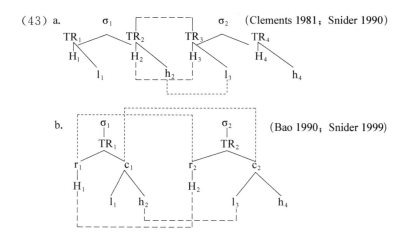

在相同条件下,Bao(1990)和 Snider(1999)(27b)则预测 TR_1 和 TR_2、r_1 和 r_2、c_1 和 c_2、H_1 和 H_2、h_2 和 l_3 满足局部性,在这几个位置上的节点能发生相互作用。显然,Bao(1990)和 Snider(1999)的模型预测更多可能的声调过程。表 4.2 是上述模型所预测的对应声调扩散过程以及各自相应的证据。

表 4.2 声调扩散的方式

	声调完全扩散	调域单独扩散	调型单独扩散	终端特征扩散
Yip(1980)		√		√
Clements(1981);Snider(1990)	√	√		√
Hyman(1989)	√	√		√
Duanmu(1990,1994)		√		√
Bao(1990);Snider(1999)	√	√	√	√
Yip(1989);Hyman(1993);Chen(1996)	√			√
语料来源①	温州话（长治话 丹阳话）	潮州话（平遥话）	镇海话（镇江话）	普通话 高安话

由表 4.2 可知，在所有声调结构模型中只有 Bao(1990)和 Snider(1999)设立了调型节点 c，Duanmu(1994)和 Yip(1995)曾对 Bao(1990)的证据进行过分析，指出设立调型节点的证据不足。但随着更多声调过程事实的发掘，Yip(2002)、Chen(2001)均认为解释这些现象可能需要一个像 Bao(1990)那样的模型。以下用汉语方言中的事实说明上表中各级声调相关节点的扩散。

声调完全扩散：长治话中表小后缀 tə(ʔ)的声调从前一音节扩散而来(Bao 1999：53)，见(44)：

(44) tsə²¹³ tə²¹³ 　车儿　　paŋ⁵³⁵ tə⁵³⁵ 　板儿

　　　xæ²⁴ təʔ²⁴ 　孩儿　　ɕiaŋ⁵³ təʔ⁵³ 　馅儿

① 语料来自 Chen(2001：73)。需要说明的是，Chen 认为不带括号的方言能完全支持相应类型的声调节点扩散，带括号的方言可以采用不同分析，并不完全支持相应类型的声调节点扩散。

调域单独扩散：潮州话双音节词首字变调①，调域由后字调域决定（Bao 1999：80），见（45）：

（45）**本调**　　　　　　　**变调**

hue⁵³lou⁵⁵　　　　　hue³⁵lou⁵⁵　　　　火把

hue⁵³suã³³　　　　　hue²⁴suã³³　　　　火山

hue²¹³lung⁵⁵　　　　hue⁵³lung⁵⁵　　　货轮

hue²¹³tsʰng³³　　　 hue⁴²tsʰng³³　　　货仓

终端特征扩散：高安话双音节词右字低调向左扩散（Chen 2001：78 - 79），见（46）：

（46）**本调**　　　　　　　**变调**

song⁵⁵tɕi³³　　　　 song⁵³tɕi³³　　　　双季

tɕi⁵⁵han¹¹　　　　　tɕi⁵³han¹¹　　　　鸡蛋

sang⁵⁵tʰiɛt³　　　　sang⁵³tʰiɛt³　　　生铁

tɕiung⁵⁵iok¹　　　　tɕiung⁵³iok¹　　　中药

调型单独扩散：镇海话轻-重模式双音节词（后字非入声）变调，前字调型节点脱落后通过默认赋值获得低调，后字失去本调型，并获得由前字扩散来的调型（Chen 2001：68 - 71），见（47）：

（47）**本调**　　　　　　　**变调**

fã²¹³kE₄₄₁　　　　　 fã¹¹kE₃₃₄　　　　房间

tɕju²¹³nĩq²³¹　　　　tɕju¹¹nĩq²⁴　　　去年

tsʰɤŋ₄₄₁thĩ⁴⁴¹　　　tsʰɤŋ³³thĩ⁴⁴¹　　春天

---

① Bao（1999）指出潮州话变调中前字的调型由本字调的前后部分换位得来，如 53 变成 35/24 可表述为换位规则[hl]～[lh]，213 变成 53/43 为[lh]～[hl]。

mei²³¹ kʰw ã²³¹　　　mei¹¹ kʰwã⁴⁴¹　　　煤矿

yɪ²³ pɪŋ³²³　　　yɪ¹ pɪŋ³⁵　　　月饼

　　声调结构模型中是否应设立单独的调型节点一直是声调研究的分歧所在,①就目前掌握的汉语语料来看,类似镇海方言这样的调型扩散的直接证据仍旧非常缺乏。其他的一些证据,如异化和变调过程中的自然类也能为调型节点的存在提供间接证据。声调异化现象在汉语方言(如西安话、成都话、昆明话等)中比较普遍,天津话的连读变调就很典型(Chen 2000),见(48)。如果异化的动因是两个相邻声调的调型一致而产生的 OCP 效应,那么假设调型节点存在是有一定道理的,但终究不如同化过程本身的调型扩散有说服力。

　　(48) 天津话连读变调:

　　　　LH.LH→H.LH　　　HL.HL→L.HL　　　L.L→LH.L

以声调自然类为证据也面临类似的问题。Bao(2011:2572 – 2573)用湖南益阳话和福建永福话变调过程中体现的自然类为证据说明调型节点的存在。以益阳话双音节词变调为例,根据徐慧(2001)的描写,益阳话升调 13 和 34 在轻位置变调成 33,降调 41 和 21 在轻位置变调成 11。升、降调分别构成自然类,Bao 认为这为调型节点的存在提供了证据。然而,根据崔振华(1998)的描写,益阳话的变调规则是低升调 13 和中平调 33 在轻位置变调成 3,高降调 41 和低平调 11 在轻位置变调为 1,高平调 55 在轻位置变调为 5;变调中体现的自然类不是根据升降调型来定义,而是根据字调后一部分的调高来定义。根据崔振华(1998),益阳话的语料只

---

　　①　自 20 世纪 70 年代以来,对这个问题的讨论就未曾间断过,如 Anderson(1978)就详细评述过相关的主要证据,并支持曲折调可分解为平调,无须设立表达完整调型的特征。

能为具体调型特征提供证据,而不能为存在作为一个整体的调型节点提供证据。

4.2.4　声调和音段的相互作用

　　虽然声调是一类作用范围大于音段的超音段成分,但声调的语音音高则体现在具体的音段(元音、响辅音)上。声调现象复杂性表现在它不仅和重音、语调等其他超音段成分相互影响,而且同元音、辅音等音段成分交互作用;而要合理解释后者,则需要建立一个解释力更强的特征系统和特征结构模型。

　　声调靠音高来实现,音高变化体现为声带振动频率的变化,但声带振动频率变化有时也伴随发声机制(phonation)的变化,如伴随低调的气声(breathy voice)或嘎裂音(creaky voice),这些都会影响到辅音或元音的音色。此外,声带振动频率变化还可能伴随发音机制的变化,如喉腔的升降、咽腔大小的变化乃至舌根的前伸和后缩等。[1]　在一些语言中,伴随声调变化而产生的发声或发音机制没有对立作用,而在另外一些语言里,这些机制有可能演化为具有对立作用的区别特征。尤其是在后一种情形中,声调和音段的交互作用就不是简单和纯粹的语音现象,而是音系的有机组成部分,需要从音段结构、声调结构和音系机制与过程等方面给出解释。

　　首先,我们来看吴语松江话声调系统中体现的典型的"阴高阳低"现象。松江话保留了清浊阻塞音,根据音节首阻塞音的清浊,声调也分成高调域和低调域两类,如(49)所示(Bao 1999:12):

(49) 阴平 53　　　ti^{53}　　　低　　　阳平 31　　　di^{31}　　　提

　　　阴上 44　　　ti^{44}　　　底　　　阳上 22　　　di^{22}　　　弟

---

[1]　关于声调的生理机制,参见 Ohala(1973,1978)、Zemlin(1985)、Hirose(1995)等。

| 阴去 35 | ti^{35} | 帝 | 阳去 13 | di^{13} | 地 |
| 阴入 5 | pa?^{5} | 百 | 阳入 3 | ba?^{3} | 白 |

再来看景颇语里声调对辅音音系过程的影响,语料(50)引自 Schuh(1978：224 – 225)。

(50) jùk 困难 jàggai 这困难
cát 紧 cáttai 这紧

在景颇语里,词末清辅音在两个元音之间双音化,如果该词为低调,则双音化后还要浊化,但如果该词为高调,则词末清辅音只有双音化无浊化(Maddieson 1974：18 – 19)。Maddieson 认为这是一个低调配合浊辅音、高调配合清辅音的现象,体现了声调的高低和辅音清浊之间的相互作用。Hyman(1976)则认为景颇语中低调元音伴有气声,因此上例中的词末辅音浊化也可理解为元音的气声化诱发的现象。不管哪种解释,上例中都体现了声调和音段之间的交互作用,按 Maddieson 的解释,我们需要说明低调为何可以,而高调为何不能诱发清辅音的浊化。按 Hyman 的解释,我们需要解释为何低调能诱发元音的气声化,而高调不能。

下面再看在非洲语言恩吉姆语(Ngizim)和努佩语里声调扩散受辅音清浊影响的实例,分别见(51)和(52)(Schuh1978：226)：

(51) 恩吉姆语：à gáfí→àgàfí   抓住!
à ráwí→àràwí   跑!
à ɗámí→àɗámí   补!
à káčí→à káčí   回!
(52) 努佩语：èbé→èbě   南瓜
èlé→èlě   过去
èfé→èfé   蜜

恩吉姆语和努佩语里都有低调往右扩散的现象。在恩吉姆语里,低调扩散如遇到右边音节以浊辅音开头,则低调可扩散到该音节并导致原来的高调脱落,如右边的音节为内爆辅音(或声门化辅音)和清辅音,则扩散过程被阻断。在努佩语里,低调往右扩散类似恩吉姆语,只不过阻断扩散过程的是清辅音。

声调影响元音发声机制的情形常见于一些孟-高棉语言。孟-高棉语言中常区分两个调域,根据 Gregerson(1976)的描写,这种调域的区分实质体现了高低声调和咽腔乃至舌根的关系。高调域音节往往含清首辅音及普通的、非舌根前伸的元音,而低调域音节往往含浊首辅音及带气声的、前伸的(即舌根前伸型)元音。声调也影响元音的松紧,如在粤语中,入声调中的高调往往出现在松(或[**一舌根前伸**])元音上,而中调出现在紧(或[**十舌根前伸**])元音上,如下(53)所示(**Yip** 2002:33):

(53) $s\varepsilon k^5$ 识 $ji:p^4$ 叶

       $s\Lambda p^5$ 湿 $sa:t^4$ 杀

Martisoff(1973:76)对声调和音段共生现象中典型的喉部松紧状态及相关"症候"(symptoms)做了归纳,如表 4.3 所示:

表 4.3 喉部的松紧状态

紧 喉 症 候	松 喉 症 候
高调、升调、-ʔ尾、清音、舌根后缩锐音、喉部紧张或抬升(喉上空间减少)	低调、降调、-h尾、浊音、气声、舌根前伸钝音、喉部松弛或降低(喉上空间增大)

如何从特征理论角度对上述对应关系作出解释是音系学不可避免的课题。Halle & Stevens(1971)提出的喉部特征体系可以看成是为描写相关声调-音段交互作用而提出的重要尝试。在一个只能

区分辅音清浊的特征系统中,辅音的清浊和体现在元音上的声调高低无法建立联系,因为音段特征和声调特征是两套独立的表达。而Halle & Stevens系统将辅音清浊、送气与否和声调高低纳入同一套喉部特征体系,使二者的交互在理论上得以阐述。结合特征几何模型的研究,喉部特征结构可以表达如(54)(Bao 1999:146):

（54）

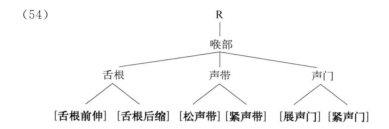

有了这个特征系统,辅音的清浊、元音的气声化、声调的高低可以形成一个自然类,其交互作用的本质即喉部特征在元音和辅音之间的同化扩散过程。例如,松江话阴高阳低如(55)所示:

（55）

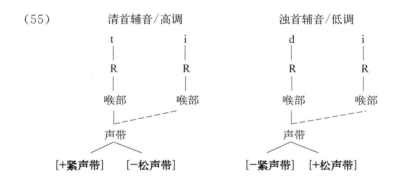

又如努佩语中低调向右扩散中的两种情形可以表达如下。在(56a)的／èbé／里,负载低调的元音 e 和紧随其后的浊音 b 共有[−紧声带,＋松声带],并向右扩散至第二个音节的元音 e,e 自身原有的喉部特征脱落。在(56b)的／èfé／里,负载低调的元音 e 喉部特征和清辅音 f 的喉部特征不同,前者喉部特征往右扩散将潜在地造成与 f 的喉部特征的联接线交叉,因而被阻断。

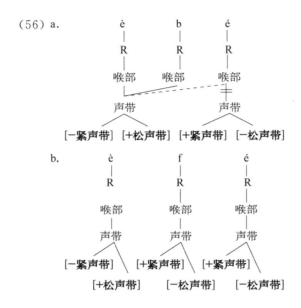

(56) a.

　　　　　　è　　　　b　　　　é
　　　　　　|　　　　|　　　　|
　　　　　　R　　　　R　　　　R
　　　喉部　　喉部　　　喉部
　　　　　声带　　　　　声带
　　[−紧声带] [+松声带] [+紧声带] [−松声带]

　　b.

　　　　　　è　　　　f　　　　é
　　　　　　|　　　　|　　　　|
　　　　　　R　　　　R　　　　R
　　　喉部　　喉部　　喉部
　　　声带　　声带　　声带
[−紧声带] 　 [+紧声带] 　 [+紧声带]
　　[+松声带] 　 [−松声带] 　 [−松声带]

　　　面对声调对元音发声乃至发音部位的影响无法通过相邻音段喉部特征扩散机制来解释的问题,有研究提议,可以通过同一音段(元音)的不同喉部特征的相互转换(Calabrese 1995,2005)加以解释;还有的研究认为,声调与音段之间的相互作用可以用增强效应(enhancement)来解释(Stevens & Keyser 1989)。那么,声调与音段之间的相互作用究竟是一个音系成分的形式表达问题,还是一个单纯的语音(发声和发音)机制的问题,或者甚至是音系成分的形式表达和语音机制之间的接口问题,仍然需要更多的探索。

4.3　不充分赋值理论

　　　自 Halle(1959,1964)开始,关于音系表达的基本假设之一是底层表达最少赋值和表层表达完全赋值。底层表达最少赋值要求底层表达仅包括具有定义语素音系形式作用的和具有音系功能的信息,排除所有羡余的和可预测的音系信息。如果满足这一要求,底层表达便是不充分赋值的。据此,音系规则可以根据其功能分为两类。一类音系规则是羡余规则,其功能在于提供表层表达不可缺少的羡余信息。例如,如英语词首辅音丛 $C_1C_2C_3$ 的 C_1 是齿龈擦音 / s / 。定义 / s / 为清舌冠擦音的特征[**—浊音性,＋舌冠性,＋延续性**]是羡余特征,应当从语素底层表达中排除,在推导过程中由属于羡余规则(Halle 1959)的语素结构规则(MSR)赋值,提供[**—浊音性,＋舌冠性,＋延续性**],使其在表层以[s]的形式出现。又如,英语的响辅音都是浊音,因此在底层表达排除响辅音的[**浊音性**]特征,在推导的某个阶段通过[**＋响音性**]→[**＋浊音性**]羡余规则赋值。由于这些羡余规则不改变音段的特征值,只增加底层表达或推导过程早期阶段上的语素音系形式空缺的特征,据此被称为结构构建规则(structure-building rule)。另一类音系规则是结构变化规则(structure-changing rule),其作用在于改变底层表达里已经存在的特征值。从底层表达到表层表达的推导过程,是一个运用结构构建规则来增添羡余信息和运用结构变化规则来改变已有特征或特征值,使音系表达从不充分赋值直至充分赋值的过程。

　　Stanley(1967)指出,底层表达不充分赋值在逻辑上导致出现[＋F]、[—F]和[0F]的三值问题。例如,假设某语言有结构构建规则[＋F]→[＋G]、[—F]→[—H]和羡余规则[0F]→[＋F],那么,我们面临的困难是,如何判断含有未赋值的[0F]的结构描写和含有赋值的[＋F]和[—F]的结构描写是相同的还是不同的。对[0F]的识别与判断关系到如何应用两类音系规则。为此,SPE假设词库中的音系表达可以不充分赋值,但结构构建规则在音系推导之前通过标记规约把词库中语素阙如的音系特征补全,其结果是底层表达完全赋值。这样一来,音系推导过程只包括结构变化规则。Ringen(1975)和 Archangeli(1984)对 Stanley(1967)的论证过程提出了质疑,认为后者的论证逻辑中的一个重要前提是羡余规则在结构变化规则之后运行,两类规则的应用顺序可以不受任何约束;如果否定这一前提,即便底层表达不充分赋值也不会产生第三值问题。为此,Archangeli(1984)提出羡余规则排序制约(Redundant Rule Ordering Constraint),要求提供特定羡余特征值的规则在任何一个结构描写涉及该特征的音系规则之前应用。这条制约使羡余规则和结构变化规则的应用顺序不再自由,因此可以防止不充分赋值造成的第三值问题。根据羡余规则排序制约,上述规则运行应用顺序只能是先运行[ ]→[＋F],再运行[＋F]→[＋G],规则运行的结果是确定的。

自主音段音系学对底层表达是否充分赋值,并对两类规则(结构构建和结构变化)的应用顺序提出了不同于 SPE 的假设。如漂浮调和无调语素说明语素底层表达可以不充分赋值,而声调的默认赋值(default specification)则可以理解为结构构建规则在结构变化规则之后应用。随着对重音、音节、韵律等超音段成分的研究日益丰富,韵律结构在语素底层不充分赋值已趋于共识。以 Kiparsky(1982)为代表的词库音系学提出词库中语素的底层表达不仅要排除由环境提供的可预测的信息,还应该排除音段的无标记特征,这直接导致激进不充分赋值理论的产生。此外,由于在词库中也有结构变化规则的应用,两类规则的交互作用在词库论背景下变得更加复杂。可以说,自 Kiparsky(1982)、Archangeli(1984)到优选论,不充分赋值理论就底层表达在多大程度赋值或不赋值、哪些信息是羡余的或是可预测的、结构构建规则和结构变化规则之间交互关系如何以及独值特征在排除羡余信息方面的作用等问题展开了讨论。同时,不充分赋值理论还和特征几何理论、标记性等理论问题直接相关。以下我们分别介绍不充分赋值理论的论证、激进不充分赋值理论(Radical Underspecification Theory)和对比性不充分赋值理论(Contrastive Underspecification Theory),并对两个版本的不充分赋值理论加以讨论。

4.3.1 不充分赋值假设的论证

如果接受底层表达最少赋值这一假设,音系表达的不充分赋值从理论上是完全可能的。[①] 自然语言的一些音系现象也显示,不充分赋值的音系表达是解释这些现象的充分必要条件。对这些现象的解释还离不开三个关于音系过程描写的原则:局部性、普遍性和不变性(Steriade 1995:121 - 123)。局部性指音系规则的触发及作用对象处于特定音层的相邻位置;普遍性指规则触发/应用对象一旦满足作用条件可无例外地施行规则;不变性指在底层表达中已赋值的特征尽可能保持不变。很多看似违反上述三个原则的现象正是通过不充分赋值表达的假设得以合理解释。以(57)里假设的扩散过程为例:音段 A 的[+F]扩散至 B。这个音系过程能够发生,因为音系表达满足了两个条件:一是 A 和 B 相邻,满足局部性;二是 B 不具有[F]的赋值,或者说 B 是可透(transparent)音段。

(57)　A　　　　B　　　　C　　　　D

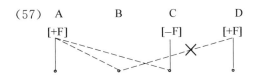

理论上,根据普遍性,音段 A 的[+F]可以扩散至 C。音段 D 的[+F]不能扩散至 B,因为 C 的[−F]会保持不变(即不变性),会阻止 D 的[+F]扩散至 B,C 是个阻断音段(blocker)(或晦暗音段,opaque segment)。因此,一般的规律为诱发音段(如 A 和 D)必须含特定特征

---

① 底层表达最小赋值假设并非生成音系学理论内部逻辑决定的必然结果,甚至可能经验事实也不一定支持(见 Steriade 1995),本身尚需独立证据来证明。Bromberger & Halle(1989)试图从记忆的存储容量和提取效率两个角度为语素的音系底层表达最少赋值假设提供独立证据,但作者也坦陈这方面所知甚少。不过两位作者认为语素存储的单位或成分越少,则越可能增加存储容量和提取效率(见该文尾注 7)。

的值,而靶音段(如 B)则无此特征值;可透音段(B)一般被认为不具有特定特征赋值,而晦暗音段(如 C)一般被认为具有此特征的值。

被用来支持不充分赋值的证据很多,既有音系证据,也有语音证据(如 Keating 1988),既有来自音段层面的证据,也有来自超音段层面(如重音、音节结构)的证据,最后的归纳可见 Archangeli(2011),更多的实证可见 Archangeli(1984,1988)、Pulleyblank(1986,1988,1995)和 Steriade(1987,1995)等。这里我们以日语的连读浊化(Rendaku)为例做简要说明。日语复合词中第二个语素起首阻塞音一般会浊化,但在某些条件下浊化过程也可被阻断,如(58)所示(引自 Itô & Mester 1986):

(58) 日语的连读浊化
    a. 浊化过程
        de"离开"＋kutʃi"口"→degutʃi"出口"
        eda"分支"＋ke"头发"→edage"分头"
        e"图画"＋tako"风筝"→edako"纸鸢"
        kokoro"心"＋tsukai"使用"→kokorodzukai"用心"
    b. 浊化过程被阻断
        nuri"漆"＋fuda"木板"→nurifuda"漆牌"
        oharai"开光"＋kuʤi"票"→oharaikuʤi"开光票"
    c. 浊化过程未被阻断
        iro"颜色"＋kami"纸"→irogami"彩纸"
        hoʃi"星星"＋sora"天空"→hoʃizora"星空"

语料(58a)和(58b)显示,复合词的后一个语素开头的清阻塞音浊化,前一个语素中是否有浊阻塞音不影响清阻塞音浊化,但后一个语素中是否有浊阻塞音则有影响,表现为后一语素中如含有浊阻塞音的话,浊化过程被阻断,这个现象被称为莱曼定律(Lyman's Law);在(58c)里,后一语素里即便有响辅音,也不会阻断浊化过程。上述过程可以理解为 OCP 效应,后一个语素中在某些阶段不允许出现两个位置相邻的浊音,即 *[＋浊音性][＋浊音性]。日语连读浊化现象看似违反了普遍性原则:同为浊辅音,那么为何响辅音不会和浊化的清辅音违反 OCP 呢?不充分赋值理论的解释是,假设日语响辅音和元音一样在底层和中间推导层[浊音性]特征不赋值,仅阻塞音段具有该特征的赋值,且假设 OCP 作用于底层和推导中间层次,那么(58a)和(58c)都不违反 *[＋浊音性][＋浊音性]制约。在(58a)中,浊化的清辅音和后面的清辅音虽在[浊音性]音层上相邻,但一个取正值、一个取负值,则符合 OCP 要求;在(58c)中,当语素首的清辅音浊化时,后面的响辅音在[浊音性]特征上未赋值,因此也符合 OCP 要求。响辅音和元音在推导的最后阶段通过缺省赋值获得[＋浊音性]特征,此时 OCP 已不对表达形式起作用。主要步骤如(59)所示:

(59) 日语浊化过程的推导

a. 不违反 *[＋浊音性][＋浊音性]

　　de ＋ ku　ʧi　→de＋　　gu　　　ʧi　→de＋
　　[－浊音][－浊音]　　　　[＋浊音][－浊音]
　　　　g　u　　ʧ　　　i
　　[＋浊音][＋浊音][－浊音][＋浊音]

b. 违反 *[＋浊音性][＋浊音性],浊化过程被阻断

　　nuri ＋　fu　　da　→nuri ＋　　bu　　da*
　　　　　　[－浊音][＋浊音]　　　　[＋浊音][＋浊音]

c. 不违反 *[＋浊音性][＋浊音性]

　　iro＋　　ka　mi→iro ＋　　ga　mi→
　　　　　　[－浊音]　　　　[＋浊音]
　　iro ＋　　g　a　m　i
　　　　　　[＋浊音]　[＋浊音]

4.3.2   激进不充分赋值理论

语素底层表达的不充分赋值首先需要确定哪些信息是可预测的和可从底层表达排除的。以音段特征为例,根据 Steriade (1995),可预测的羡余信息至少包括以下三种:对环境敏感的 (context-sensitive)羡余特征、与环境无关的(context-free)羡余特征和在特定位置发生中和作用的特征。第一种情形是由发音机制决定的特征共存关系,即可以根据音段的某个特征便能预测这个音段有其他的特征。例如,响辅音和浊音的关系,[**十浊音性**]一般依[**十响音性**]的存在而存在;又如,元音舌位不可能同时既高且低,因此[**十高舌位**]预测[**一低舌位**],而[**十低舌位**]也预测[**一高舌位**]。第二种情形中,特征的某一取值是无标记的,被认为是可预测的(见 SPE 第九章,Kiparsky 1982 等),另一取值是有标记的、无法预测的。一个辅助判断标准是与无标记取值相关联的发音器一般处于中性状态,与有标记的取值关联的发音器一般处于非中性状态。例如,[**鼻音性**]的无标记取负值,有标记取正值,与之对应的发音器软腭在中性的静止状态下处于抬升状态,只有在发鼻音时才下降。第三种情形出现在音段配列组合关系中,特定位置上的特征分布受到限制,例如,在很多语言有音节末尾阻塞音清化的现象,即在音节尾位置上阻塞音的清浊产生中和,只出现无标记的[**一浊音性**],不出现有标记的[**十浊音性**]。不同的不充分赋值理论的分歧主要关涉对前两种可预测信息的认识。

激进不充分赋值理论的"激进"表现在,它要求从底层表达中排除上述第一、第二种羡余信息。下面我们就如何排除羡余信息以确定底层的赋值、羡余规则和其他规则之间的交互关系,以及与激进不充分赋值理论相关的一些证据对该理论做简要介绍。

排除对环境敏感的羡余特征相对而言比较直接。例如,在一个/i, e, a, o, u/五元音系统里,高元音都有[－低舌位]的赋值,低元音则有[－高舌位,＋后舌位]的赋值,圆唇元音则都有[＋后舌位]的赋值。羡余特征可以通过[＋低舌位]→[－高舌位]、[＋低舌位]→[＋后舌位]和[＋圆唇性]→[＋后舌位]等对环境敏感的羡余规则提供。确定和排除与环境无关的羡余[＋圆唇性]特征则没那么直接,特征的无标记取值既可能由普遍的标记规约决定(见 SPE 第九章),也可能是由具体语言决定的。对于后一情况,激进不充分赋值理论提出,具体语言中的增音,尤其是元音的增音对于判断特征的无标记取值有重要意义。对一些语言的观察显示,参与增音的元音往往是某一特定音段,如尤鲁巴语中的 i(Pulleyblank 1988)、耿贝语(Gengbe)中的 e(Abaglo & Archangeli 1989)。元音增音被认为是增加的一个没有音段内容的韵律空位(Itô 1989),通过与环境无关的羡余规则填充无标记特征,这些无标记特征共同"合成"一个元音。按此思路,既然为空元音提供的特征值是可预测的,那么,这个特征值就应该从底层表达中排除,结果是一个特征只有一个值能出现在底层表达中。仍以/i, e, a, o, u/五元音系统为例,若分别以[i]、[e]、[u]为增加的空音段,根据激进不完全赋值理论,元音系统的底层表达及羡余规则如 60(a)、60(b)和 60(c)所示(Archangeli 1988:193;此处略改动):

(60)

	i	e	a	o	u	
a.	<u>i</u>	<u>e</u>	<u>a</u>	<u>o</u>	<u>u</u>	[＋圆唇性]→[＋后舌位]
高舌位		－			－	[＋低舌位]→[－高舌位],[＋低舌位]→[＋后舌位]
低舌位			＋			[ ]→[－低舌位],[ ]→[＋高舌位]
后舌位						[ ]→[－后舌位]
圆唇性				＋	＋	[ ]→[－圆唇性]

	i	e	a	o	u	规则
b.						[＋圆唇性]→[＋后舌位]
高舌位	+				+	[＋低舌位]→[－高舌位];[＋低舌位]→[＋后舌位]
低舌位			+			[ ]→[－低舌位];[ ]→[－高舌位]
后舌位						[ ]→[－后舌位]
圆唇性				+	+	[ ]→[－圆唇性]
c.						[＋圆唇性]→[＋后舌位];[－后舌位]→[－圆唇性]
高舌位			−		−	[＋低舌位]→[－高舌位];[＋低舌位]→[＋后舌位]
低舌位			+			[ ]→[－低舌位];[ ]→[＋高舌位]
后舌位			−	−		[ ]→[＋后舌位]
圆唇性				−		[ ]→[＋圆唇性]

　　羡余规则的提出使音系部分的规则系统增加了诸多规则,那么,根据经典理论,确定规则的应用顺序便成为必须要解决的问题。词库音系学(Kiparsky 1982,1985)将音系规则分成词库规则和后词库规则两个模块,并提出一些标准来判断规则属于哪个模块。区分词库模块和后词库模块虽然能部分地回答规则的应用顺序问题,但在不充分赋值理论里并没有一个独立的原则能够确定羡余规则到底会在哪个模块里应用。从羡余规则的功能看,这些规则不改变特征取值,应用的结果不会产生非底层的音段,即满足结构维持条件,因此从这个角度看羡余规则可能是词库规则。然而,有些羡余规则往往出现在结构变化规则之后,如该结构变化规则是后词库规则的话,则在其后运行的羡余规则也是后词库规则。总之,羡余规则既可能是词库规则,也可能是后词库规则。此外,根据结构维持条件,Kiparsky 设立一些特征共现制约来约束可参与词库规则的音段表达。例如,俄语的响辅音虽然在后词库模块里会受位置在前的清阻塞音影响而一定程度地清化(如[is mtsenska]"从明斯克"),但在词

库模块里却只能是浊音,其浊音性是可预测的。因此可以设立一个 *[＋响音性,**α 浊音性**]制约限制响辅音的赋值,该制约要求响辅音在词库中不赋[**浊音性**]的任何取值,其结果是响辅音既不能触发也不能阻断[**浊音性**]同化规则在词库中应用。

　　Archangeli(1984)的羡余规则排序制约是另一个限定羡余规则和其他音系规则之间关系的假设。该制约要求,若羡余规则提供的特征是某个规则结构描写的一部分时,羡余规则必须先应用。以尤鲁巴语里的[－舌根前伸]和谐为例。在该语言的复合词里,[－**舌根前伸**]跨越语素界线向左扩散,而[＋**舌根前伸**]则不扩散。在尤鲁巴语的七元音系统中,具有[－**舌根前伸**]特征的｛a,ɛ,ɔ｝是元音和谐过程的诱发音段,具有[＋**舌根前伸**]特征的｛e,o｝则是这个过程的靶音段,｛i, u｝是中性元音。语料如(61)(引自Archangeli & Pulleyblank 1989:189 - 190):

　　(61) ogbo"老"＋ɛni"人"→ɔgbɛni"先生"

　　　　　ogũ"二十"＋ɛta"三"→ɔgɔta"六十"

　　　　　ɔkɔ"丈夫"＋olobĭ rĭ"已婚男人"→ɔkɔlobĭ rĭ"已婚男人"

根据 Pulleyblank(1988:238)的分析,尤鲁巴语元音系统羡余规则如(62):

(62)	a	ɛ	ɔ	e	o	i	u	(i)　[＋低舌位]→[－舌根前伸]
舌根前伸		－	－					(ii)　[＋低舌位]→[－高舌位]
低舌位	＋							(iii)　[　]→[＋舌根前伸]
高舌位		－	－	－	－			(iv)　[　]→[＋高舌位]

　　这里,我们重点关注底层元音的[**舌根前伸**]表达。参照Kiparsky(1982)的做法,我们可认为尤鲁巴语词库中有两条制约 *[＋**低舌位**,＋**舌根前伸**]和 *[＋**舌根前伸**],前者要求低元音具

有[一舌根前伸]特征,而非[＋舌根前伸]特征,后者要求排除元音的无标记羡余特征[＋舌根前伸]。两条制约分别对应羡余规则(i)和(iii)。以／ogū＋εta／和／ogbo＋εni／的推导为例。由于底层元音系统只允许[一舌根前伸],因此二者均只有音段／ε／赋值。[一舌根前伸]和谐规则是首个在结构描写中涉及[一舌根前伸]的规则,根据 RROC 规则(i)在和谐规则之前运行,其结果是／ogū＋εta／中的 a 获得[一舌根前伸]赋值,而规则(i)对／ogbo＋εni／不起作用,因该表达中没有 a。随之运行的[一舌根前伸]和谐规则推导出中间表达的形式[ɔgɔta]和[ɔgbɛni]。最后使用规则(iii),[ɔgbɛni]的／i／的[＋舌根前伸]得以赋值。推导过程如(63)所示:

(63) 底层表达→规则(i)(RROC)→[一舌根前伸]和谐→规则(iii)

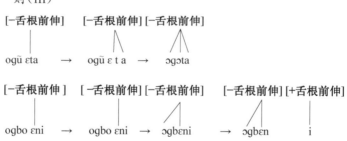

RROC 可以很好地解释尤鲁巴语中的[一舌根前伸]和[＋舌根前伸]在不同阶段表达的分布和规则交互作用的关系,但我们注意到上述解释的一个重要前提是尤鲁巴语词库制约分开限制[舌根前伸]的正负取值,而非限制[舌根前伸]这个特征的出现与否。RROC 触发的首个规则只涉及[一舌根前伸],而不涉及[＋舌根前伸]。Kiparsky 为俄语词库提出的＊[＋响音性,α浊音性]制约则要求词库中响音根本不能出现[浊音性]任何赋值,该制约在后词库中解除,响辅音可以获得[＋浊音性],也可以通过清化规则获得[－浊音性]。然而，根据 RROC，俄语响辅音清化规则涉及[浊音性]，响辅音运行清化规则之前应该运行羡余规则[＋响音性]→[＋浊音性]。这里的矛盾在于，响辅音如先获得[＋浊音性]则很难再运行清化规则，因此最合理的顺序是清化过程发生在[＋响音性]→[＋浊音性]之前。如果要坚持 RROC，Kiparsky 提出的 *[＋响音性，α 浊音性]制约则要改成 *[＋响音性，－浊音性]。

从以上分析中我们可以得出激进不充分赋值理论依赖五个重要假设：（一）特征须是偶值的；（二）偶值特征中某一取值为无标记值，另一取值为有标记值；（三）排除底层表达中对环境敏感及与环境无关的羡余特征；（四）RROC 支配羡余规则和其他音系规则的运行顺序；（五）空音段的语音内容由与环境无关的羡余规则提供，因此空音段及其音系特点成为激进不充分赋值理论的重要论据。事实上，上述假设都受到质疑，而质疑的声音主要来自对比性不充分赋值理论。

4.3.3　对比性不充分赋值理论

和激进不充分赋值理论不同，对比性不充分赋值理论假设能从底层表达中排除的羡余信息仅仅是对环境敏感的羡余信息，与环境无关的羡余信息则不能从底层排除，其结果是在语素底层表达中起到对立作用的特征赋值必须保留，这也是对比性不充分赋值一词中的"对比"（contrastive）的内涵所在。以俄语为例，激进不充分赋值理论认为，不仅响辅音无须对[浊音性]赋值，就连阻塞音的[－浊音性]也应该从底层表达排除；对比性不充分赋值理论则认为，只能排除响辅音的[＋浊音性]赋值，底层表达必须保留[浊音性]的正负取值以区分清浊阻塞音。对比性不充分赋值理论如何给底层表达赋值呢？Archangeli（1988：192）提出通过以下算法：

第一,给系统中的所有音段完全赋值;

第二,分离出所有可能的对立项;

第三,找出用以区分对立项的所有单个区别特征;

第四,将第三中找出的特征指派给对立的音段;

第五,在第三和第四的基础上删除单个音段上的无标记值。

例如,五元音系统/i, e, a, o, u/的对比性赋值的计算步骤如下 (Archangeli 1988:191)。此外,由于对比性赋值理论不允许排除 与环境无关的无标记特征,因此在相应的羡余规则中只允许对环 境敏感的羡余规则,相关规则也可见下例。

(64)	i	e	a	o	u		成对对立		i	e	a	o	u
高舌位	＋	－	－	－	＋		{i, e} {o, u}		＋	－		－	＋
低舌位	－	－	＋	－	－		{a, o}				＋	－	
后舌位	－	－	＋	＋	＋		{i, u} {e, o}		－	－		＋	＋

［＋低舌位］ → ［－高舌位］

［＋高舌位］ → ［－低舌位］

［＋低舌位］ → ［＋后舌位］

［－高舌位,－后舌位］→［－低舌位］

正如 Archangeli 指出的,如果上述算法有效,具有相同音段系统 的语言的底层赋值是一样的,而在上节里,我们看到激进不充分赋 值对此有不同结论,底层赋值要参照增音、空音段以及诸如同化、 异化等音系过程而定。此外,对比性不充分赋值对于底层特征的 数目很敏感。如果在上述五元音系统的底层表达中加入[**圆唇性**] 的赋值,根据以上算法中的第二个步骤,能用一个特征来区分的对 立项将减少为{i, e}{o, u},这样只有[**高舌位**]才是对比性特征, 可以在底层中出现,但仅靠[**高舌位**]是无法区分元音系统中的所 有音段的。显然,如何定义底层表达里的对比性特征,这是对比性 不充分赋值理论必须要明确的。

对比性不充分赋值理论还有其他一些特点。比如,该理论不强制从底层表达中排除羡余信息,对环境敏感的羡余特征"可以"而非"必须"从底层排除(Calabrese 1988；Steriade 1995：141-142)。此外,该理论重视对在音段配列组合中特定位置上的不充分赋值现象,并假设在中和位置上对比性特征也可以不赋值。

一个常用来论证对比性不充分赋值的现象是拉丁语的 r～l 交替。后缀有两个变体形式-aːlis 和-aːris 交替,决定性因素是词干里 r 和 l 的分布,例如 milit-aːris 和 floːr-aːlis。在拉丁语里,语素中的 r 和 l 只能交替出现,如 milit-aːris 中的 l-r,floːr-aːlis 中的 l-r-l。要解释 r 和 l 的分布和交替,必须假设底层表达中[＋边音性]和[－边音性]分别是 l 和 r 的赋值。如果[边音性]的两个值都在底层出现,那么,这个音系表达形式则不支持激进不充分赋值理论要求所有特征在底层表达中只能出现无标记性值的假设。需要说明的是,因为拉丁语不区分边音化的和非边音化的齿龈塞音,词干 milit-中齿龈音 t 在整个推导过程中无需[边音性]的赋值。

由于激进不充分赋值理论和对比性不充分赋值理论对于哪些特征和哪个特征值能出现在语素底层表达中有不同看法,对音系过程中潜在的晦暗音段或可透音段会随之作出不同预测,因此,论证音段的晦暗性和可透性又成为争论的焦点,并以此作为支持和反对两种假设的证据。在 4.3.1 节中,我们看到日语连读浊化的事实支持不充分赋值理论,但无论用哪一种不充分赋值理论都能解释这些事实。Mester & Ito(1989：277)提供的一些关于日语连读浊化的语料似乎不支持对比性不充分赋值理论,如(65)所示:

(65) kita"北方"＋kaze"风"→kitakaze"北风"(*kitagaze)

onna"女性"＋kotoba"词"→onnakotoba"女性用语"

(*onnagotoba)

doku"毒药"＋tokage"蜥蜴"→dokutokage"毒蜥蜴"

(*dokudokage)

taikutsu"无聊"＋šinogi"避免"→taikutsušinogi"打发时间"(*taikutsuǰinogi)

(65)里的语料体现了莱曼定律对连读浊化的阻断作用：当复合词的第二个语素中有一个浊阻塞音时,连读浊化过程被阻断。这里值得注意的是,onnakotoba"女性用语"、dokutokage"毒蜥蜴"两个词,二者在后一语素中均有三个阻塞音段,且前两个为清,最后一个为浊。根据对比性不充分赋值理论,若清浊阻塞音段底层分别用[－浊音性]和[＋浊音性]赋值的话,连读浊化过程不应该被阻断,因为连读浊化作用后形成的[＋浊音性]、[－浊音性]、[＋浊音性]的阻塞音序列并没有违反制约 *[＋浊音性][＋浊音性]。显然,对比性不充分赋值理论作出了错误预测。而根据激进不充分赋值理论,上述语料可以得到合理解释。假设底层表达排除无标记的[－浊音性],只保留有标记的[＋浊音性],则莱曼定律可以阻断连读浊化发生,最后再通过羡余规则[ ]→[－浊音性]为清阻塞音赋值。两种分析如(66)所示：

（66）a.
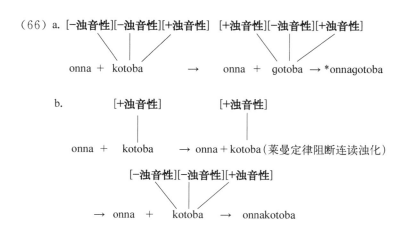

Mester & Ito(1989)认为,上述分析以[浊音性]是偶值特征假

设为前提,如果[**浊音性**]不是偶值特征,而是独值特征,浊阻塞音有[**浊音性**]特征,而清阻塞音则无此特征,上述语料也能得到解释,那么这些语料便不能成为否定对比性不充分赋值假设的证据了。

4.3.4　不充分赋值理论与特征值

不充分赋值理论依赖"对立特征""无标记特征"等核心概念构建自身的假设系统,事实上我们对"对立""标记性"这些核心概念的理解还很不充分,这些概念与特征系统的假设直接相关。普遍语法包含哪些特征? 特征是偶值的还是独值的? 特征系统内部结构如何? 特征之间的结构关系如何? 这些因素无一不关涉对核心概念的认识,进而影响着对不充分赋值假设的论证。这里,特征值对于不充分赋值假设有着至关重要的意义。

在 4.3.1 节我们看到,不充分赋值理论的论证过程一般都以某个音系过程中两类音段的非对称表现(一类音段诱发或阻断音系过程,另一类音段不诱发或不阻断或只参与音系过程)为基础,继而假设两类音段在底层表达中是否具有相关特征的赋值;未赋值的特征在音系规则应用完毕后通过羡余规则获得赋值。不论是激进不充分赋值还是对比性不充分赋值理论,假设和分析的基础是偶值特征系统。在 4.3.3 节中,一个看似支持激进不充分赋值理论的材料(日语连读浊化和莱曼定律的交互作用),其性质在假设[**浊音性**]为独值后就会发生根本性的变化。类似的现象还很多(见 Steriade 1995 的讨论)。其共性是,对于很多特征而言,在音系过程中活跃的、主动的、起支配作用的往往是其某一个值,而另一个值是惰性的(inert)、被动的和被支配的。前者如[＋浊音性]、[＋圆唇性]、[＋鼻音性]、[＋送气性]和[＋舌根后缩],后者如[－浊音性]、[－圆唇性]、[－鼻音性]、[－送气性]和[－舌根后缩]。这些偶值特征完全可以分析为独值特征而不影响分析结果,前者活跃是由于有这些特征的存在,而后者不活跃是因为语言里没有这些音段成分。这就是说,根据特征的偶值性(binarity),语言里存在[＋F]和[－F]。依据特征(或音段成分的)独值性(unarity),语言里只有[F](＝[＋F]),没有[－F]。在偶值特征系统里,特征以"＋"和"－"两个不同的值对立,例如[＋舌根后缩]和[－舌根后缩]。但在独值系统里,特征以"有"和"无"的关系对立,例如,特征系统只有[**舌根后缩**],没有[**－舌根后缩**]。如果独值特征假设成立,那么很多相关语料就不能成为支持不充分赋值假设的证据,因为原来被认为底层暂不赋值的音段其实在推导全程中都不赋值。这里以喀尔喀蒙古语的圆唇和谐为例说明上述逻辑,相关材料如(67)所示(引自 Steriade 1995:148):

(67) 喀尔喀蒙古语元音系统 /a, e, o, ø, i, u, y/

sons-ogd-ox	"被听到"	ørg-øgd-øx	"被举起"
nee-gd-ex	"被打开"	oril-ox	"扫"
oril-ogd-ox	"被扫"	bo:gd-u:l-ax	"阻挡"
	(*oril-ax)		(*bo:gd-u:l-ox)

　　喀尔喀蒙古语圆唇和谐是由词干里非高圆唇元音诱发的,后缀里非高元音受圆唇和谐过程的作用。出现在诱发音段和靶音段之间的高元音 u 阻断圆唇和谐过程,但是同一位置上的高元音 i 则不阻断圆唇和谐过程(即 i 是中性元音,对圆唇和谐过程是可透的)。若[**圆唇性**]特征为偶值,以上现象只能通过激进不充分赋值理论来解释,元音 i 的[**－圆唇性**]特征是无标记特征,应该从底层排除,因此在圆唇和谐发生时,由于 i 暂不具有[**圆唇性**]赋值而不会阻断圆唇和谐过程发生,在表层呈现可透性。而对比性不充分赋值则会错误地预测 i 会阻断圆唇和谐过程,因为[**－圆唇性**]是对比性特征,i 必须在底层具有[**－圆唇性**]的赋值,以区别具有[**＋圆唇性**]的 u。二者差异可见下

面分析。①

激进不充分赋值理论预测只有 u 阻断圆唇和谐过程：

（68）i 是可透性音段　　　　　　u 是晦暗性音段

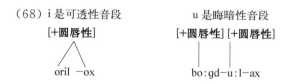

对比性不充分赋值理论预测 i 和 u 都阻断圆唇和谐过程：

（69）　　　i 是晦暗性音段　　　　　　u 是晦暗性音段

　　如果假设[**圆唇性**]是独值特征，那么不论激进不充分赋值理论或对比性不充分赋值理论都会得出相同结论：即 i 不阻断圆唇和谐而 u 阻断圆唇和谐。事实上，上述结论不仅无益于我们对两种理论作出取舍，而且还使蒙古语事实失去作为支持不充分赋值理论的价值，因为元音 i 在推导全程里无需[**圆唇性**]的赋值。如果是这样，独值特征假设必将会带来一系列不可忽视的理论后果。

　　第一，特征独值假设将要求我们重新审视不充分赋值理论的经验证据，而原来的证据有可能失去证实或证伪的价值。例如，上述日语和喀尔喀蒙古语事实或许会因音段的可透性在推导全程中不参与赋值而不能成为支持底层不充分赋值假设的证据。正如 Steriade(1995)指出的那样，若接受特征独值假设，事实上真正支持不充分赋值假设的证据将会少得可怜。如果真是如此，进一步

---

①　喀尔喀蒙古语圆唇和谐过程的分析需要以两个假设为基础。第一，其元音系统区分两个音系高度：/i，u，y/ 是高元音，/a，e，o，ø/ 是非高元音。第二，喀尔喀蒙古语圆唇和谐过程是 OCP 效应，仅作用于非高元音。

的问题是：不充分赋值假设存在的根据和意义到底是什么？

第二，特征独值假设促使我们进一步思考特征系统本身的问题：从具有普遍意义的角度看，在特征系统里，所有的特征都是独值的，还是部分特征是独值的？不论对此问题如何回答，自 SPE 以来的各种不同的偶值特征系统都会不可避免地被改写。自特征几何理论出现以来，关于特征取值的基本共识之一是非终端部位特征节点，如[**舌冠**]、[**唇部**]、[**舌面**]、[**舌根**]等都是独值特征，但对终端特征的取值存在不同意见，如一般认为主要音类特征和发音器的终端特征是偶值的，喉部终端特征也是独值的（如 Lombardi 1991）。偶值特征或区别性特征的偶分性源于 Jakobson 提出的特征系统。SPE 特征系统继承了 Jakobson 的特征偶分性，虽则具体的特征更强调其发音机制而非声学效果。然而，如果我们审视 Trubetzkoy 和 Jakobson 关于区别特征的最初定义，我们就会发现，最初的区别性特征概念已经种下了独值特征的种子，特征的正负值被赋予了不同的内涵。Jakobson（1981：189）认为：

语言交际中，任何最小区别特征都使听话人面临二中择一的情况。在某一语言里，在这些对立中，每一种对立都有它区别于一切其他的对立的特有性能。听话人必须选择或者是**统一范畴的两个极端的性质**，例如函胡对清越，集聚对分散，或者是**某一性质的存在或阙如**，如带音对不带音，鼻音对非鼻音，升音对非升音。两个对立项之间的选择，叫作区别性特征。（黑体由作者为强调所加）

这里我们可以区分两类区别特征，在前一类中，某个特征范畴（声学或发音定义）两端的性质被利用来区别特定维向上的语音差异，因此这个特征的正负值分别代表两端的性质，这相当于 Trubetzkoy（1939）的均等对立（equipollent opposition），属于此类的特征如[±舌根前伸]、[±低舌位]等。后一类特征通过某个特征范畴性质的有无来定义,因此该特征的正负值分别指的是该特征有或无,或存在与否,这相当于 Trubetzkoy 的有无对立(privative opposition),典型的例子是[浊音性]和[鼻音性]。后一类特征其实就是独值特征的主要来源。为了追求理论内部的统一,建立一个纯粹的偶值特征系统或一个纯粹的独值特征系统,这在逻辑上是可能的,但是上述特征分类差异是根本的。

　　与特征取值相关的另一个问题是标记性。对于所有偶值特征而言,哪个特征取值是无标记的或惰性特征依具体语言而定。例如在尤鲁巴语中,[−舌根前伸]是有标记的和谐特征,[＋舌根前伸]是无标记特征(见 Archangeli & Pulleyblank 1989);而在阿坎语(Akan)中,[＋舌根前伸]是有标记的和谐特征,[−舌根前伸]则是无标记特征(Kiparsky 1985);在通古斯语言的舌根后缩型元音和谐系统里,[＋舌根后缩]是有标记的,而[−舌根后缩]则是无标记的,所以[舌根后缩]被视为独值特征(Li 1996;李兵 2013)。对于独值特征体系而言,任何独值特征都只能是有标记特征,这也是为什么我们在观察到的所有语言里[＋圆唇性]都是有标记特征,[−圆唇性]是无标记特征,而不存在相反的情形。

　　第三,我们看看不充分赋值理论所面临的诸多质疑。一方面,不充分赋值理论建立在底层最少赋值且表层充分赋值这个初始假设的基础之上,然而这个初始假设从观念和经验证据上都未得到充分支持。从观念层面看,Bromberger & Halle(1989)诉诸记忆中的语素底层表达存储容量和提取效率来假设底层最少赋值没有充分的证据。从经验证据看,原来支持不充分赋值假设的众多证据以特征是偶值假设为前提。然而,一旦特征取独值,很多原来被分析为底层不赋值、表层再赋值的音段可能根本就缺乏特定特征而永远无需赋值。关于这些问题的更详细讨论,可见 Mohanan(1991)和 Calabrese(1995,2005)。

　　某些语音学、心理语言学以及脑电实验研究也试图为上述假设提供证据。Keating(1988)对俄语的研究显示音段在语音层面也可能不充分赋值,这说明在音系推导完成后该音段的表层表达依旧是不充分赋值的。然而,表层表达不充分赋值只能否定表层表达充分赋值的假设,但并不能由此得出底层表达不充分赋值的结论。这是因为,音段自底层表达到表层表达再到语音层可能始终没有得到其某个特定特征的赋值。Lahiri & Marslen-Wilson (1991)让英语和孟加拉语母语者受试,根据听觉刺激"CV＿"(辅音＋口元音)和"CṼ＿"(辅音＋鼻元音)来列举各自母语中对应类型的单音节词。[**鼻音性**]在英语元音里是非对立特征,在孟加拉语元音里是对立特征。实验结果显示,两种语言的受试者对"CṼ＿"型刺激的回应中有很高比例的 CVC 型词,这说明受试者在处理鼻元音刺激时[**鼻音性**]并未赋值。又如,Eulitz & Lahiri (2004)采用脑电研究中的 Oddball 范式比较了不同元音序列诱发的 MMN(失匹配负波)效应。结果显示,无标记-有标记序列([e][o]和[ɔ][o])的 MMN 效应显著,而有标记-无标记序列([o][e]和[o][ɔ])则不显著。据此,作者认为,无标记部位特征[**舌冠**]和有标记部位特征[**唇部**]表达不同,前者不赋值,后者赋值。上述研究虽为抽象表达及其可及性提供了一定证据,但要证明抽象的表达处于哪个层次(底层、表层、语音层),验证不充分赋值理论的不同算法还有相当长的路要走。

另一方面,不充分赋值理论还面临着其他一些技术难题(Calabrese 2005：67－68)。例如,如何在不充分赋值的前提下定义自然类,此即第三值问题。又如,有不同证据分别支持激进不充分赋值和对比性不充分赋值假设。又如,不管通过什么算法来排除底层表达中的可预测信息都会有不同程度的不确定性,从而导致赋值的任意性。再如,在语法中引入羡余规则会极大增加语法的复杂性,对儿童音系获得造成一定的困难。在后来兴起的优选论里,由于制约不限制输入项,加之词库优化原则要求尽量选择最低程度违反制约层级排列的输入项为语素底层表达,也无异于放弃了底层表达最小羡余原则和不充分赋值假设。

正是基于以上质疑,在研究实践中很多具体分析不再坚持不充分赋值假设,如 Halle(1995)、Halle *et al*.(2000)等。值得提及的是,Calabrese(1995;2005)从一个全新角度理解一些与不充分赋值假设相关的现象。他认为,音段对音系规则表现出的不同敏感性(即非对称性)并非由其底层表达内容的多寡所致,而是由不同规则选择对充分赋值的音段中不同特性的特征(如有标记特征、对比性特征和所有特征)敏感程度所致,或者说规则对于不同类特征的可及性或可见性(visibility)的强弱程度不同,有些规则只能"看见"音段中的标记特征,而另一些规则只能"看见"音段中的对比特征,还有些规则能"看见"所有的特征。这样一来,对不充分赋值的相关现象的解释从音系的底层表达转移到音系规则和推导过程。这一转变是否合理,回归 SPE 充分赋值假设是否合理,这些问题都有待通过更多的研究来回答。

第五章

自主音段音系学

自主音段音系学(autosegmental phonology)是一种非线性表达理论,包括一套关于音系成分、语素音系表达、音系机制和推导原则的假设。自主音段音系学首先产生于对声调现象的研究,后被广泛应用于对诸如元音和谐,远距离同化、异化之类的音段过程以及句调过程的分析。本章介绍自主音段音系学产生的背景和声调的音系特点,介绍自主音段音系学的原理及其在声调、元音和谐以及其他音段过程分析中的应用,讨论与音系表达、音系机制和推导原则的假设有关的问题。

5.1　自主音段音系理论产生的背景

　　在以 SPE 假设为基础的推导理论里,音系语法包括两项主要内容:音系表达和音系规则。SPE 时期强调音系规则本身和应用方式的解释作用,而 20 世纪 70 年代发展起来的非线性理论(non-linear theory)则致力于音系表达的形式化,强调形式化表达对语言现象的解释作用。非线性理论的第一个成果是自主音段音系学。自主音段音系学产生于对声调现象的研究。

　　声调是一类超音段成分,其作用域大于音段。在超音段成分的本质及其表达的解释作用方面,SPE 的认识显然不足。其原因是双重的。

　　首先,SPE 忽视了包括声调在内的超音段成分在音系表达中的特殊性和复杂性。忽视声调、重音、音长和音渡等被称作"超音段音位"或"韵律特征"的重要性是美国结构主义音位学的特点之一。尽管 Harris(1944)和 Bloch(1948)等人曾经提出超音段成分不是音段的固有特点,然而,当时的主流观点是,正如 Haugen(1949:278)所认为的,在音位分析中,辅音和元音是基本成分,而超音段成分是次要的;或者说,超音段现象不过是对基本的辅音或元音的调整(modifications)。在这方面,早期的生成音系学不能说没有受到结构主义音位学关于声调认识的影响。

其次,SPE 的线性表达方式限制了充分显示超音段成分的形式特点。在 SPE 模式中,每个音段是一个由若干个区别特征构成的矩阵,一串音段就是若干个特征矩阵的线性排列。SPE 的线性表达方式有两个基本特点:第一,超音段特征是音段的组成部分;所有的音系成分(音段成分和非音段成分)被置于同一矩阵内。第二,矩阵内的音系成分之间不存在结构关系。在同一特征矩阵里,非音段特征和音段特征没有实质性区别。例如,汉语的"骂[ma^{51}]"的特征矩阵如(1)所示:

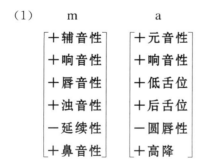

(1)　　　m　　　　　a

$$
\begin{bmatrix}
+辅音性 \\
+响音性 \\
+唇音性 \\
+浊音性 \\
-延续性 \\
+鼻音性
\end{bmatrix}
\begin{bmatrix}
+元音性 \\
+响音性 \\
+低舌位 \\
+后舌位 \\
-圆唇性 \\
+高降
\end{bmatrix}
$$

就[a]的矩阵说,声调特征[+高降]被视作元音的特征,和元音特征[+元音性,+低舌位]等同现于同一矩阵内。从观念上说,矩阵内特征之间没有结构关系,所有的特征位于同一层次上的同一个点。

这一时期对声调、重音等超音段现象的研究几乎毫无例外地把超音段成分当作音段成分处理,例如 Wang(1967)、Schachter &

Fromkin（1968）、Woo（1969）、Maddieson（1972）和 Fromkin
（1972）等。然而,SPE 关于超音段成分和音段成分置于同一特征
矩阵的假设难以描写超音段过程的独立性和自主性等特点。例
如,在有些语言里,词重音的位置与元音本身无关,但是与音节
的结构类型关系密切;再如,在有些声调语言里,某些语素只有
声调而无音段。把超音段成分当作音段成分的做法,要么使得
音系规则和推导过程变得极其复杂且无解释力,要么导致音系
表达变得极为抽象。例如,在建立阿坎语(Akan)那些有声调而
无音段语素的底层表达时,Fromkin(1972)不得不使用一个
[**一音段性**]特征。

　　Chomsky 意识到线性表达的缺陷,"诸如音高、重音和音渡之
类的超音段音位至今没有得到认真考虑。诚然,对这些现象的最
终解释需要建立一个更为精细的表达系统,而且这个系统必须是
整个语法体系的组成部分"(Chomsky 1975:29)。寻求某种形式
化方式和一套相应的概念系统有效地表达超音段成分,描写和解
释相关的音系过程,便成为 20 世纪 70 年代中期的主要研究课题
之一。

　　在这一领域首先取得突破的是 Leben(1973)的博士论文《超
音段音系学》和 Goldsmith(1976a,1976b)的博士论文《自主音段
音系学》。前者指出超音段成分的音系特点,认为超音段成分不是
音段成分;在词项底层表达中,音段成分和超音段成分应位于不同
的层面;后者则独立地提出了非线性的自主音段理论。

5.2　超音段成分的性质

　　同音段音位理论相比,结构主义语言学对超音段成分的定义
并不明确,有的甚至混乱。例如,根据 Wells(1945)的观点,从广义
上讲,超音段成分指任何作用域大于音段的语音特点,如声调、重
音、音长、音渡等。在伦敦学派音位学里,"韵律特征"除了包括上

述超音段音位之外,还包括诸如元音和谐、同化、句调(intonation)等现象。

自主音段理论产生于对声调现象的研究。理论的来源语言主要是非洲的声调语言。自主音段理论的声调研究发现了声调的一些重要特点。

5.2.1　声调的独立性和自主性

Leben(1973,1980)集中讨论了声调这一典型的超音段现象。他认为,从与音段之间的关系看,声调最显著的特点是独立性。声调的独立性的主要表现形式如下。

其一,在特定一类词里,不管词有几个音节或音段,这类词的声调模式是相同的。例如,在冈比亚的曼丁卡语(Mandinka)里,所有的词可以根据声调模式分成两类,分类与词内音节数量无关。又如,在酋舒语(Kyushu)里,词或者是降调,或者是非降调,声调模式与元音数量无关。

其二,在特定的域(语素或词)内,作用于音段的音系规则不涉及域内的声调模式。例如,在玛基语(Margi)和伊格博语(Igbo)里,元音音段的脱落并不会导致元音所在音节里的声调的脱落。

其三,作用于声调的音系规则与音段无关。例如,许多非洲语言里的声调降阶现象(down-stepping)仅仅是声调之间相互作用的结果,与音段无关。同样,汉语普通话的上声变调过程中,诱发变调的音系条件和变调过程与元音无关:214→14/__214。

其四,对声调分布的限制与音段的线性配置无关。例如,门德语(Mende)有五种声调模式:H、L、HL、LH 和 LHL;虽然 LHL 只能出现在多语素词里,但没有 HLH 声调模式。可能的和不可能的声调模式都与音段排列无关。

其五,有些语素可以只有声调而无音段,即语素仅由声调构成。此类声调传统上称作"语素调"(morphemic tone)。在巴姆巴拉语(Bambara)里,名词的定指形式由一个低平调 L 构成,如(2)所示(∅表示零音段):

(2) <u>底层表达</u>　　　　　　<u>表层表达</u>

a.　mu^{L}so^H-∅^{L}ku^L nu-na　　mu^{L}so^H　ku^L nu - na

　　[　　　＿　￣　＿　＿]＿

　　"那个妇女被吞掉了"

b.　mu^{L}so^H-∅^{L}　　　　　mu^{L}so^{HL}

　　[　　　＿　￣＼

　　"那个妇女"

在(2a)里,定指名词后缀里的低平调 L 与随后的 L 合并;在(2b)里,L 与前面的 H 共同构成一个降调。

其六,声调的线性顺序不会因为音段的线性顺序的变化而发生变化。例如,在巴克维力语(Bakwiri)的语言游戏里,词内音节位置的交换不改变声调的顺序,如下所示:

(3) a. mɔ^{L}kɔ^H　　→　kɔ^{L}mɔ^H　　"一个人"

　　b. kwe^{H}li^L　　→　li^{H}kwe^L　　"落下"

其七,同一元音(或音节)可以有多个不同的声调。例如门德语 mbu^L(猫头鹰),mbu^{LH}(稻米),mbu^{LHL}(伙伴)。在与声调有关的音系过程中,曲折调(contour tone)并不表现为一个完整的声调单位,而更像是由高平调(H)和低平调(L)组成的音高曲线,如(4)所示:

(4) 降调＝HL　　　降升调＝HLH

升调＝LH　　　升降调＝LHL

在豪萨语（Hausa）里,声调复制（tone copying）仅仅复制曲折调
HL 或 LH 中的第二个声调成分。这意味着,声调曲线（tone
melody）是由更小的音系单位构成,这个更小的音系单位是调元
（tone element）。据此,曲折调可以被假设是由两个或更多的调元
按照一定顺序排列构成的。

　　基于上述观察,Leben 认为,声调具有独立性。声调独立
性的本质在于声调独立于音段,是独立的音系实体,是音系成
分,而不是音段的属性或附属物。声调的独立性要求音系表达
必须给予声调特定位置,即除了音段层次之外,音系表达应当
包含一个声调层次。在词项的音系表达里,音段和声调分别在
各自的层次上按照特定的线性顺序排列。在推导过程的某个
阶段,声调映射规则（tone mapping rule；TMR）把声调投射至
音段。例如,门德语［kenᴴ jaᴸ］的底层表达如下所示（Leben
1973：43）：

（5）底层表达：　　　/kenja/

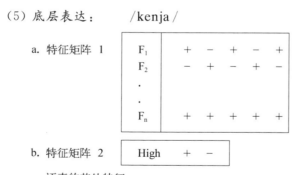

　　　　a. 特征矩阵 1

　　　　b. 特征矩阵 2

　　c. 语素的其他特征

声调映射规则把特征矩阵 2 转换成音段信息,即把两个声调分别
投射至两个元音,第一个元音获得[＋H],第二个元音获得[－H],
从而得到表层表达。如下所示：

（6）表层表达： ［ken^{H}ja^L］

　　a. 特征矩阵 1

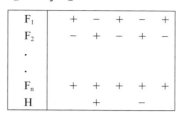

从本质上讲，Leben 定义下的音系映射规则是声调指派规则。在声调数量和元音数量关系方面，Leben 提出了两条声调映射原则，所述如下（Leben 1973：44）：

声调映射原则

　　a. 如果平声调数量等于或少于元音数量，例如 /^{H}pɛlɛ/，第一个平声调指派到第一个元音，第二个平声调指派到第二个元音，如此类推；没有得到声调指派的元音复制前一个元音的声调，即 ［pɛ^{H}lɛ^H］。

　　b. 如果平声调数量多于元音数量，例如 /^{LHL}njaha/，第一个平声调指派到第一个元音，第二个平声调指派到第二个元音，如此类推；其余的平声调指派到最后一个元音，即 ［nja^{L}ha^{HL}］。

除了映射机制之外，Leben 还提出声调扩散（tone spreading）和声调复制（tone copying）两种音系机制，并依靠这些音系机制解释相关的声调现象。

5.2.2　元音鼻化过程

Leben（1973）注意到某些语言里的元音鼻化过程也具有超音段成分的特点。在巴西的特勒纳语（Terena）里，鼻音成分具有表示语法意义的作用，例如名词和动词的第一人称单数的标记是词根里第一个阻塞音段之前口元音和半元音的鼻化(也包括该阻塞音的鼻化),例如(引自 Leben 1973：139)：

（7）a. ajo   他的弟弟   ājõ   我的弟弟
    b. owoku   他的房子   õw̃õgu   我的房子
    c. piho   他去了   mbiho   我去了
    d. emoʔu   他希望   ēmõʔũ   我希望

显然,元音的鼻化不是鼻辅音对元音同化的结果。Leben 假设,[＋鼻音性]不是音段的成分,而是语素的超音段成分;在词项底层表达里,[＋鼻音性]和元音音段特征位于不同层面上,即：

（8）底层表达：特征矩阵 1 **元音特征集合**
特征矩阵 2[＋**鼻音性**]

构词过程是通过鼻音特征映射规则把[＋鼻音性]映射至词根内所有相关元音;在表层表达层次上,元音表现为鼻化元音。

　　从语音现象范畴来看,元音鼻化和声调似乎没有关系,但是,从非线性表达概念和音系机制的角度看,二者有着相似之处：即在音系表达形式上,超音段成分和音段处于不同层次,共同的音系机制是超音段成分映射至音段。Leben 研究的理论价值在于,在生成音系学框架内,首次提出了音系表达形式的非线性概念,音系表达不是线性的,而是非线性多音层的;不同范畴的音系成分位于不同的音层;音系机制是不同范畴音系成分之间的映射。

5.3　自主音段音系学基本原理

　　虽然 Leben 提出了非线性表达的概念,但是,并没有清晰说明这种音系表达的结构和形式特点以及相关的推导步骤和原则。从形式上定义非线性音系表达,根据音系表达的形式特点和具有普遍意义的音系机制及原则描写和解释超音段现象的表层形式特点成为当时生成音系学的首要任务。Goldsmith 的《自主音段音系学》(1976a, 1976b)在这方面取得重要的进展。

5.3.1　自主音段音系学要点

在《自主音段音系学》里,Goldsmith 首先细致地讨论了美国结构主义音位学关于超音段成分的各种认识和分析原理,指出当时各种关于超音段现象的分析是凌乱的,缺少系统的关于超音段现象的理论和一致的分析方法。Goldsmith 继而分析了 SPE 模式的线性表达方式理论根源,认为"绝对切分假设"(absolute slicing hypothesis)是线性表达的直接来源。所谓"绝对切分假设"指的是,音系表达的构建始于对语流的切分,切分的结果是具体的单个的音段。"绝对切分假设"的后果是,音系表达仅仅反映了音段自身的语音特性,忽视了音段之间的关系或共性,因此,SPE 的线性表达方式不能反映作用域大于音段的超音段成分的形式特点。

Goldsmith 否定 SPE 线性表达方式的主要证据是曲折调的音系表达、声调的稳定性(stability)、声调的全域性(unboundedness)和复杂音段(complex segment)。

我们首先讨论曲折调的表达问题。根据 Goldsmith 的理解,曲折调是简单调(或调元)的组合,例如降调(HL)是简单调 H 和 L 的线性组合,升调是 L 和 H 的线性组合。根据"绝对切分假设",声调自然是(元音)音段的特征;对于简单调(例如高平调或低平调)来说,音系表达形式自身似乎没有太大的问题,但是对于曲折调(例如升调或降调)来说,表达形式自身存在明显的逻辑问题。以降调([a^{HL}])的表达为例:

$$
(9)\ a.
\begin{bmatrix}
+元音性 \\
\cdot \\
H \\
L
\end{bmatrix}
\quad b.
\begin{bmatrix}
+元音性 \\
\cdot \\
L \\
H
\end{bmatrix}
$$

由于矩阵内音系特征之间不存在结构关系,所以同一个降调既可以表达成矩阵 a,也可以表达为矩阵 b。由于缺少原则的和形式上的限制,矩阵 a 既可以解释成一个升调,也可以解释成一个降调;同样,矩阵 b 既可以解释成一个降调,也可以解释成一个升调。声调表达的逻辑混乱是线性表达必然的结果。

　　我们再来看声调的稳定性。声调的稳定性指的是与某个元音同现的声调不随这个元音的脱落而脱落。在某些声调语言里,元音在特定音系规则的作用下脱落,但是该元音的声调并不脱落,而是依附在与其相邻音节里的元音上。例如:

$$(10)\ V_1{}^H V_2{}^L \rightarrow V_1{}^{HL}$$
$$\downarrow$$
$$\varnothing$$

V_2 脱落后,低平调 L 依附在 V_1 上,在 V_1 上形成 HL 的排列,语音上表现为降调。根据 SPE 的线性表达假设,声调是音段特征矩阵内的成分,音段特征矩阵的脱落必然导致声调的脱落。显然,声调的稳定性是线性表达根本无法解释的。

　　声调的全域性指的是,在一个多语素或多音节词里,所有的音节具有同一声调。在线性表达里,这个相同的声调只能是每个元音自身的语音成分,即 $CV^H CV^H CV^H$。这种线性表达显然失去了对全域现象的概括。

　　为了从形式上解决声调的表达问题和解释相关的声调现象,Goldsmith 提出了自主音段理论的音系表达结构、音系机制和形式原则。

5.3.1.1　音系表达的结构

音系表达是非线性的。音系表达式由两个被称作音层(tier)的层次构成,两个音层相互独立而且平行。音层由特定范畴的音系成分定义。例如,声调定义声调音层(tonal tier),音段定义音段音层(segmental tier);声调和音段分别按各自的线性顺序排列在声调音层和音段音层上。在 Goldsmith 提出自主音段假设时,音段音层被视为主干音层(skeletal tier),主干音层与若干个次要但独立的音层衔接。不同范畴的音系成分,如声调与和谐特征(harmonic feature),位于不同的次要音层上,这些音系成分是"自主音段"(autosegment)。据此,出现在声调音层上的声调是自主音段。这种非线性表达的结构如(11)所示:

(11) 声调音层(自主音段音层)：$\left[\begin{array}{ll} H & L \\ CVCV \end{array}\right]_{语素}$

  音段音层(主干音层)：

音层具有独立性,自主音段具有自主性(autonomous)。音层的独立性和自主音段的自主性表现为,作用于某个音层上音系成分的规则不影响另一个音层上的成分,例如,变调规则仅仅作用于声调音层上的声调成分,但不影响主干音层上的音段;同样,作用于主干音层上的音段的规则仅仅作用于音段,与自主音段音层上的声调成分无关。

和 Leben 的非线性表达概念不同的是,自主音段的非线性表达假设贯穿于整个推导过程,即语素的底层表达、中间阶段的表达和表层表达都是非线性的。

5.3.1.2　联接和联接线

语素的非线性表达仅仅能够说明音系表达的结构,但不能

说明不同范畴音系成分之间的结构关系,也不能说明这些不同
的音系成分如何得以语音实现。例如,虽然声调和元音(或其他
声调负载单位)(TBU)处于不同音层上,但在实际发音里,声调
和元音是同时产生的。自主音段方法依赖联接(association)概
念来表达不同范畴音系成分之间的结构关系。形式上的表达
手段是联接线(association line)。建立和改变不同范畴的音系
成分之间结构关系的机制是改变、增添和删除联接线;没有被
联接的音系成分不能出现在表层表达式里,从而没有语音实
现。例如:

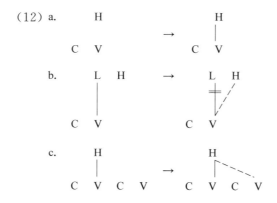

表达式(12a)和(12c)都是增添联接线的例子(实线表示先增添的
联接线,虚线表示后增添的联接线),(12b)是删除 L 和 V 之间联
接线的例子,没有被联接的 L 在表层上没有语音形式。从语素的
底层表达向表层表达推导的实质是根据音系规则增添和删除联
接线。

　　就底层表达里音段音层和声调音层上音系成分的结构关系,
基于某些非洲声调语言的事实,Goldsmith 假设,声调与第一个元
音联接,如下面的(13a)所示。他认为,从观念上讲,如果声调不与
元音联接,表达仍然是线性的。

(13) a.
$$\left[\begin{array}{c} H \\ | \\ CV\ CV\ CV \end{array}\right]$$
b.
$$\left[\begin{array}{c} H \\ CV\ CV\ CV \end{array}\right]$$

为了确定增添联接线的方式,Goldsmith 提出了合格条件(Well-formedness Condition):

合格条件(Goldsmith 1976a:24)
一、每个元音必须至少和一个声调联接。
二、每个声调必须至少和一个元音联接。
三、禁止联接线交叉。

根据第一条,(13a)被推导成(13b);根据第二条,下面的(14a)被推导成(14b);表达式(14c)违反禁止联接线交叉的限制。

(14) a.
$$\left[\begin{array}{c} H\ L \\ | \\ CV \end{array}\right]$$
b.
$$\left[\begin{array}{c} H\ L \\ CV \end{array}\right]$$
c.
$$\left[\begin{array}{c} H\quad L \\ C\ V\ C\ V \end{array}\right]$$

合格条件没有关于方向性的表述。但是,根据底层表达里语素内第一个元音和第一个声调已经联接(pre-linked)的假设,联接过程是从左向右。

根据 Goldsmith 的解释,合格条件的作用并非在于排除那些违反该条件的推导过程,相反,其作用在于通过增添或减少联接线的方式最大限度地满足表达结构方面的要求。

5.3.2 声调现象的自主音段分析

下面以声调的全域性、稳定性和漂浮调(floating tone)现象为例说明自主音段理论的基本分析方法。先看声调全域性现象。全域性的表现形式之一是声调曲线现象(tone melody)。声调曲线是指一种语言里数量有限的排列声调模式。在门德语里,单语素词共有五个声调曲线,如下所示(引自 Roca 1994:25)。单语素词的音节数量可以不同,但是,对于不同的单语素词来说,音节数量与声调曲线没有关系。

(15) 　　　　单音节语素　　　双音节语素　　　三音节语素

		单音节语素		双音节语素		三音节语素	
H	(高平)	kɔ^H	战争	pe^{H}le^H	房子	ha^{H}wa^{H}ma^H	腰线
L	(低平)	kpa^L	债务	be^{L}le^L	裤子	kpa^{L}ka^{L}li^L	三腿椅
HL	(降调)	mbu^{HL}	猫头鹰	ngi^{H}la^L	狗	fe^{H}la^{L}ma^L	榫口
LH	(升调)	mba^{LH}	稻米	fan^{L}de^H	棉花	nda^{L}vu^{H}la^H	投石器
LHL	(升降)	mba^{LHL}	伙伴	nja^{L}ha^{HL}	女人	ni^{L}ki^{H}li^L	花生荚

最后一行的表层声调曲线是最能说明声调与元音之间关系的。在单音节词里,声调是升降调;在双音节词里,第一个音节是低平调,第二个音节是降调;在三音节词里,第一个音节是低平调,第二个音节是高平调,第三个音节是低平调。这就是说,无论语素含几个元音,这些语素的声调曲线都是相同的,即都是 LHL。三个单语素词的声调推导过程分别如(16a,b,c)所示:

(16) a. 底层表达:

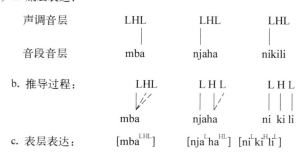

　　　　　声调音层　　　　LHL　　　　LHL　　　　LHL

　　　　　音段音层　　　　mba　　　　njaha　　　nikili

　　　b. 推导过程:　　　　LHL　　　L H L　　　L H L

　　　　　　　　　　　　　mba　　　njaha　　ni ki li

　　　c. 表层表达:　　[mba^{LHL}]　　[nja^{L}ha^{HL}]　[ni^{L}ki^{H}li^L]

根据分析,三个单语素词具有相同的底层声调曲线,即 LHL;在表层上每个音节声调的不同是声调音层上声调成分根据合格条件映射至相关音节(元音)上的结果。

我们再来看声调的稳定性。声调的稳定性表现为载调单位(如元音)的脱落并不导致与其相关声调的脱落。在玛基语里,当两个元音之间有一个滑音时,第一个元音脱落,如(17)所示(引自 Durand 1990：251):

(17) a. tla^L+wa^H　　→　　tlwa^{LH}　　　　砍成两半
　　 b. ngjɛ^L+ja^H　　→　　ngja^{LH}　　　　烧(陶器)

通过非线性表达,声调的稳定性在形式上得以表达,如(18)所示:

$$
\begin{array}{cccccccc}
\text{(18)} & \text{L H} & & \text{L H} & & \text{L H} & & \text{L H} \\
 & | \quad | & \rightarrow & \neq \quad | & \rightarrow & | \quad | & \rightarrow & \diagdown | \\
 & \text{tla+wa} & & \text{tla wa} & & \text{tl wa} & & \text{tlwa} \\
 & \text{底层表达} & & \text{L与元音分离} & & \text{元音脱落} & & \text{L重新连接}
\end{array}
$$

第一个音节里 L 没有随元音脱落而脱落,相反,L 与第二个音节元音联接,使这个元音在语音上表现为一个升调。

我们再来了解对漂浮声调的处理。根据 Goldsmith(1976a,1976b)的定义,在声调语言里,漂浮声调指的是底层表达里仅由声调构成的语素。因为语素没有音段,所以声调无法和元音联接,处于“漂浮”(floating)状态。在推导过程的某一阶段,漂浮声调和某一相邻的元音联接;在语音层次上,这个声调表现为与其联接元音的声调曲线。在提夫语(Tiv)里,动词最近过去时和一般过去时的区别表现为词的最后一个元音声调的不同,如(19)所示(引自 Roca 1994：31)。(19a)和(19b)里的音段差别和声调无关。

（19）a. 动词最近过去时

$o^H ngo^H$	听见	$ve^L nde^H$	拒绝
$ye^H ve^H se^L$	逃跑	$ngo^L ho^H ro^L$	接受

b. 动词一般过去时

$u^H ngwo^L$	听见	$ve^L nde^L$	拒绝
$ye^H ve^L se^L$	逃跑	$ngo^L ho^L ro^L$	接受

(19a)和(19b)的比较显示，在不同过去时的动词形式里，第一音节的声调可以为 H 或 L，表明它们是表达词汇意义的声调；在最近过去时形式里，第二音节的声调都是 H；与此不同的是，在一般过去时形式里，第二音节的声调都是 L。据此我们可以假设，(19a)动词形式里第二音节的 H 是最近过去时的标记，在语素底层表达中处于漂浮状态；同最近过去时的动词形式相比较，一般过去时没有声调标记。

以［$ve^L nde^H$］为例说明最近过去时动词的底层表达(20a)和表层表达(20b)：

$$(20)\ a.\ \begin{bmatrix} L\quad H \\ |\qquad \\ vende \end{bmatrix} \rightarrow b.\ \begin{bmatrix} L\quad H \\ |\quad | \\ vende \end{bmatrix}$$

对于最近过去时三音节动词形式第三个音节和所有的一般过去时的非词首音节以外其他音节的 L 来说，最可能的分析是，这些音节的 L 是通过默认赋值获得的。［$ye^H ve^H se^L$］和［$ye^H ve^L se^L$］的推导过程如(21)所示：

$$(21)\ a.\ \begin{bmatrix} H\ \ H \\ |\quad | \\ yevese \end{bmatrix} \rightarrow b.\ \begin{bmatrix} H\ \ H \\ |\quad | \\ yevese \end{bmatrix} \rightarrow c.\ \begin{bmatrix} H\ H\ L \\ |\quad |\quad| \\ yevese \end{bmatrix}$$

$$a'.\ \begin{bmatrix} H \\ | \\ yevese \end{bmatrix} \rightarrow b'.\ \begin{bmatrix} H\quad L \\ |\quad \\ yevese \end{bmatrix}$$

显然,(21b)和(21c)违反了合格条件：H 没有扩散至后续没有声
调的元音,相反,这些元音却通过默认赋值获得表层声调。

5.3.3　联接规约

从上面对声调现象的处理可以看出,合格条件是对推导过程
结果的限制。根据合格条件,(22a,b,c)是合格的表达,而(23a,b,
c)是不合格的表达。

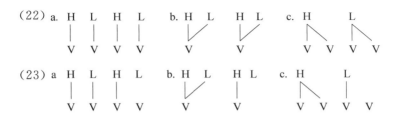

就映射关系看,(22a)是一对一映射；(22b)是转储(dumping),一
个元音与两个(或多个)声调联接；(22c)是扩散(spreading),即一
个声调与两个(或多个)元音联接。然而,诸如(23a,b)的表达也满
足了合格条件的限制。在(23a)和(23b)里,既有映射,也有扩散和
转储。但是,自然语言中似乎没有证据说明诸如(23a,b)之类的表
达也符合语法。这意味着 Goldsmith 提出的合格条件过于宽泛,
它既可以推导出符合语法的表达,也可以推导出不符合语法的表
达。其原因在于,虽然提出合格条件的动因是试图把两个范畴内
的全部音系成分无遗漏地联接起来,但是合格条件却没有规定联
接的方式。在这方面,主要的缺陷是：第一,合格条件没有确定联
接的方向；第二,合格条件没有提出对转储的限制。

不同范畴音系成分之间的联接是否有方向？ 如果不存在联接
的方向性,下面的两种音系表达都是可能的。如(24)所示：

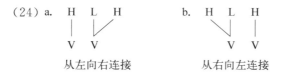

显然,(24a)和(24b)具有不同语音解释。

在转储的情况下是否存在着一对多联接的限制？假设(25a)和(25b)分别是底层表达和表层表达,那么(25b)是否符合语法？

针对合格条件对表达的限制不够严格的问题,研究者提出了若干的修订方案。对修订合格条件影响最大的是 Williams(1971)提出的声调映射规则(TMR)。一方面,根据声调映射规则,声调以从左至右的方向依次映射到音节序列。在声调映射过程中,如果没有更多的声调可以映射至尚未得到声调赋值的音节,最右边的声调将自动映射至这些音节。另一方面,如果在映射过程中没有更多的音节接受声调的映射,尚未映射的声调将映射至最右边的音节。在自主音段假设框架内,Williams 的声调映射原则被重新定义。在这方面最重要的研究包括 Haraguchi(1977),Halle & Vergnaud(1982)和 Pulleyblank(1986)。Haraguchi 和 Halle & Vergnaud 观点比较接近。重新定义的声调映射规则给出如下(Halle & Vergnaud 1982：67)：

声调映射规则

一、声调序列按照从左至右的方向映射到音节序列。

二、映射的方式是一个声调对一个音节,直到全部声调映射完毕。

三、如果声调数量少于音节数量,声调序列里最右边的声调映射至本映射域尚未获得声调赋值的音节。

四、处于映射过程中的声调不能与已经获得声调赋值的音节联接。

五、在具体语法里,如果映射程序缺少足够数量的音节,音节序列里最右边的音节可以接受两个或多个声调的映射。

Halle & Vergnaud 定义的声调映射规则与合格条件有下述不同之处。第一,就底层表达的结构来说,合格条件假设左边第一个声调和左边第一个载调单位处于联接状态,而声调映射规则则假设所有的声调处于漂浮状态。第二,根据合格条件,联接的方向是由底层表达的结构决定的,而在声调映射规则里,联接的方向是由普遍语法决定的。第三,合格条件规定每个声调至少同一个载调单位联接,每个载调单位至少同一个声调联接;在这方面声调映射规则没有定义。第四,合格条件认为声调的映射、扩散和转储是具有普遍意义的音系机制,声调映射规则认为映射和扩散具有普遍意义,而转储只是具体语法特有的联接手段。

普遍语法是否允许转储是自主音段理论中争议最多的问题之一。为了便于讨论,我们暂且认定转储具有普遍意义。作为研究的结果,修订了的合格条件在文献中一般被称作联接规约(Association Convention)。联接规约表述如下:

联接规约(引自 Durand 1990:249)

一、载调单位和声调以一对一方式从左至右联接。这种机制是映射。

二、映射过程后仍然处于漂浮状态的声调同最右边的载调单位联接。这种机制是转储。

三、映射过程后仍然没与声调联接的载调单位(或空载调单位)同最右边的声调联接。这种机制是扩散。

四、禁止联接线交叉。

联接规约被理解为规范联接方式和限制音系表达的核心原则,具有普遍意义。除了明确规定联接方式之外,联接规约规定了联接的方向,并且允许映射、扩散和转储三种机制。机制具有自动性,即一旦音系表达的形式特点符合机制运行的条件,联接将自动地无例外地完成联接过程。通过自动联接获得的音系表达必须受到结构方面的严格限制,即表达的强制性。方向性、自动性和强制性是联接规约普遍性的基础,因此证明方向性、自动性和强制性便成为联接规约作为普遍原则能否成立的关键。自动性和强制性关系密切,音系表达的强制性是机制自动运行的必然结果或逻辑产物,或者说,强制性依赖自动性。下面我们通过具体语言实例说明方向性、自动性和强制性问题。

5.3.3.1 方向性

联接方向是由联接规约第一条规定的,即左边第一个声调与左边第一个载调单位联接。但是,豪萨语的事实不支持这一假设。豪萨语的材料如(26)所示(引自 Roca 1994:34):

（26）a. buᴴhuᴴnaᴸa   "大袋子" shuᴴugaᴴbaᴴnciᴸi "领导"
     b. baᴸbbaᴸbbaᴸkuᴴ "烤熟的" haᴸnkaᴸakiᴴi   "乌鸦"
     c. jaᴸaraᴸntaᴴkaᴸa "孩子气" ciᴸniᴸkaᴴjjaᴸ   "交易"

根据表层表达的特点,我们可以假设声调在底层表达里的线性排列是 HL,LH 和 LHL。根据联接规约,联接的方向是从左到右,推导的结果却不符合语法。以[baᴸnbaᴸbbaᴸkuᴴ]为例:

（27）

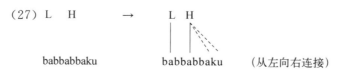

　　L　H　　　　→　　　　L　H　　　　　　（从左向右连接）

babbabbaku　　　　　　babbabbbaku

实线表示联接规约第一条规定的映射结果,虚线表示第三条规定的映射,即扩散的结果。表层表达是不符合语法的*[ba^L nba^H bba^H ku^H]。如果假设联接方向是从右到左,推导的结果符合语法。

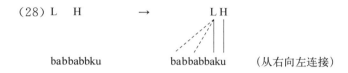

(28) L　H　　　　→　　　　　L H

babbabbku　　　　　　babbabbaku　　（从右向左连接）

据此,联接规约的第一条不具普遍意义,联接方向可以由具体语言决定。

在巴姆巴拉语里有一种被称作"由边缘向中心"(edge-in)联接的方式。相关材料如(29)所示(引自 Kenstowicz 1994：370)。"!"表示声调降阶,即相邻高平调的音高逐渐降低。

(29) a. 非定指　ba^H do^HL n　　是河　　　ba^H tɛ^H　　不是河

　　　定指　　ba^H do^L n　　是河　　　ba^H !tɛ^H　　不是河

　　b. 非定指　ba^L do^HL n　　是山羊　　ba^L tɛ^H　　不是山羊

　　　定指　　ba^LH do^L n　　是山羊　　ba^L !tɛ^H　　不是山羊

　　c. 非定指　ba^H la^H do^HL n　是 balafon　ba^H la^H tɛ^H　不是 balafon

　　　定指　　ba^H la^H do^L n　是 balafon　ba^H la^H !tɛ^H　不是 balafon

　　d. 非定指　mu^L so^L do^HL n　是女人　　mu^L so^L tɛ^H　不是女人

　　　定指　　mu^L so^H do^L n　是女人　　mu^L so^H !tɛ^H　不是女人

根据 Rialland & Badjimé(1989)的分析,在非定指形式里,名词词根和词缀(-don 或-tɛ)之间存在一个把两个语素结合起来的漂浮高平调 H。漂浮的高平调附着在后缀上。在底层表达里,-don 有一个低平调。漂浮的高平调附着在-don 上,使后缀表层上表现为降调,即[do^HL n]。对于底层有一个高平调的后缀-tɛ 来说,漂浮的高平调似乎对后面的高平调没有显著的作用。对此,Rialland &

生成音系学基础理论

Badjimé 假设,当两个高平调和同一个载调单位联接后,两个相同的高平调发生了融合,或一个高平调被另外一个高平调吸收(absorbed)。如(30)所示:①

对于定指形式,Rialland & Badjimé 假设在漂浮的高平调和定指后缀的声调之间还有一个漂浮的低平调,如(31)所示(T＝任何声调):

$$(31)\begin{bmatrix} \quad T \quad \\ CV\,CV \end{bmatrix}_{词根} \quad H \quad L \begin{bmatrix} \quad T \quad \\ CV(C) \end{bmatrix}_{后缀}$$

因为在漂浮的 H 和后缀声调之间有一个漂浮的语素调 L(表定指),所以 H 不能和后缀载调单位联接;而且,漂浮的 L 诱发后缀-tɛ^{H}高平调降阶,即[!tɛ^H]。由于漂浮的 H 无法和后缀载调单位联接,因此只能与词根最后一个载调单位联接。漂浮的 L 不同任何载调单位联接,在表层上没有语音表达。以[mu^{L}so^H do^L n]("是女人")和[mu^{L}so^H!tɛ^H]("不是女人")为例,名词定指形式的推导如(32)所示:

(32) a.　[mu^{L}so^H do^L n]

b.　[mu^{L}so^H!tɛ^H]

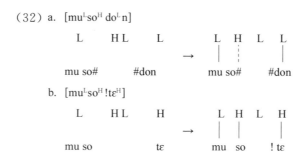

---

① 自主音段的吸收被认为是一种 OCP 效应。

在接受 Rialland & Badjimé 关于底层表达假设和分析的基础上,我们再来考察三音节和四音节词的声调分布。相关材料如(33)所示(引自 Kenstowicz 1994:370 – 371):

(33) a.三音节词

非定指	ma^{H}ngo^{L}ro^L do^{HL}n	是芒果	ma^{H}ngo^{L}ro^L te^H	不是芒果
	ma^{H}ngo^{H}ro^L do^{HL}n		ma^{H}ngo^{H}ro^L te^H	
定指	ma^{H}ngo^{L}ro^H do^{L}n	是芒果	ma^{H}ngo^{L}ro^H !te^H	不是芒果
非定指	ba^{L}nfu^{H}la^H do^{HL}n	是帽子	ba^{L}nfu^{H}la^H te^H	不是帽子
	ba^{L}nfu^{L}la^H do^{HL}n		ba^{L}nfu^{L}la^{H}te^H	
定指	ba^{L}nfu^{H}la^H do^{L}n	是帽子	ba^{L}nfu^{H}la^H !te^H	不是帽子

b.四音节词

非定指	ku^{H}lu^{H}ku^{L}tu^L do^{HL}n	是碗	ku^{H}lu^{H}ku^{L}tu^L te^H	不是碗
定指	ku^{H}lu^{H}ku^{L}tu^H do^{L}n	是碗	ku^{H}lu^{H}ku^{L}tu^H !te^H	不是碗
非定指	ga^{L}ri^{L}je^{H}ge^H do^{HL}n	是机会	ga^{L}ri^{L}je^{H}ge^H te^H	不是机会
定指	ga^{L}ri^{L}je^{H}ge^H do^{L}n	是机会	ga^{L}ri^{L}je^{H}ge^H !te^H	不是机会

值得注意的是,非定指三音节词根表层声调曲线的变异,"芒果"声调曲线的变异是 HLL ≈ HHL,"帽子"的是 LHH ≈ LLH。声调曲线的变异意味着声调和载调单位联接的方向既可以从左向右,也可以从右向左。但是,如果考虑"由边缘向中心"联接的方式,三音节词根声调曲线的变异便具有理论意义了。根据"由边缘向中心"联接的原则,底层漂浮声调首先同最左边和最右边的载调单位联接,然后(随意)填补非边缘的载调单位。以 [ma^H ngo^L ro^L] ≈ [ma^H ngo^H ro^L] 和 [ba^L nfu^H la^H] ≈ [ba^L nfu^L la^H] 的变异为例说明,推导过程见(34):

（34）a. "芒果"

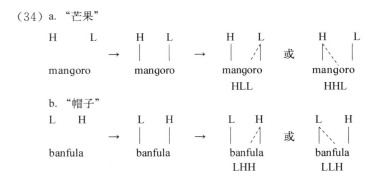

b. "帽子"

三音节名词的定指形式没有变异。这是由边缘向中心联接的效应：底层表达里起着黏合语素作用的高平调同词根最后一个载调单位联接,词根最左边的声调同最左边的载调单位联接。词根里居中的声调只能同居中的载调单位联接。推导过程如(35)所示,以[maᴴngoᴸroᴴ doᴸn]为例：

（35）H   L   H L L   H L H L L
                                →
      mangoro#   #don   mangoro   don

四音节名词词根的表层声调曲线也是边缘向中心联接的效应。不同于三音节定指形式的是,在四音节定指形式里,处于声调序列边缘的声调首先同词根里的边缘载调单位联接,然后同时向词根内部的载调单位扩散,分别与相邻的载调单位联接。推导过程如(36)所示,以非定指的词根 [kuᴴluᴴkuᴸtuᴸ] 和 [gaᴸriᴸjɛᴴgɛᴴ] 为例：

（36）a.   H   L   H   L   H   L
                        →   →
        kulukutu   kulukutu   kulukutu

      b.   L   H   L   H   L   H
                        →   →
        garijɛgɛ   garijɛgɛ   garijɛgɛ

有些语言采用双向联接（bidirectional association），即声调从中心载调单位向左、右两个方向与载调单位依次联接，直至联接域最左边和最右边的载调单位。在玛基语里，根据是否含有声调，底层语素可以分成两类：一类是有声调的语素（含有高平调 H 或低平调 L）；另一类是没有声调的语素。按语素范畴分，语素又分为词干和后缀。相关的材料如(37)所示（引自 Pulleyblank 1986：72 – 73）：

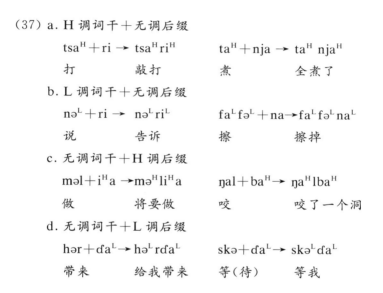

（37）a. H 调词干＋无调后缀

    tsaᴴ＋ri → tsaᴴriᴴ　　　　taᴴ＋nja → taᴴ njaᴴ

    打　　　　敲打　　　　　煮　　　　全煮了

  b. L 调词干＋无调后缀

    nəᴸ＋ri → nəᴸriᴸ　　　　faᴸfəᴸ＋na→faᴸfəᴸnaᴸ

    说　　　　告诉　　　　擦　　　　擦掉

  c. 无调词干＋H 调后缀

    məl＋iᴴa →məᴴliᴴa　　　ŋal＋baᴴ → ŋaᴴlbaᴴ

    做　　　　将要做　　　　咬　　　　咬了一个洞

  d. 无调词干＋L 调后缀

    hər＋ɗaᴸ→ həᴸrɗaᴸ　　　skə＋ɗaᴸ→ skəᴸɗaᴸ

    带来　　　给我带来　　　等(待)　　等我

玛基语的表层声调分布可以视为声调双向联接的结果。分析如(38)所示，以[taᴴ njaᴴ]和[skəᴸ ɗaᴸ]为例：

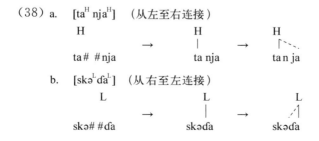

（38）a.　[taᴴ njaᴴ]　（从左至右连接）

    H　　　　　　H　　　　　H
    　　　　→　　|　　→　　
    ta# #nja　　　ta nja　　　ta n ja

  b.　[skəᴸ ɗaᴸ]　（从右至左连接）

    L　　　　　　L　　　　　L
    　　　　→　　|　　→　　
    skə# #ɗa　　　skəɗa　　　skəɗa

对玛基语的分析表明,在同一语言里,联接既可向右也可向左,而唯一的条件是含有声调的语素两侧的语素没有底层声调。

虽然在多数声调语言里,例如提夫语(Tiv),联接方向是从左至右,但是正像对豪萨语、巴姆巴拉语和玛基语的分析所显示,联接方向还包括从右至左,从边缘至中心和从中心向边缘,分别如(39)里的 a,b,c 和 d 所示($T_1 \neq T_2$):

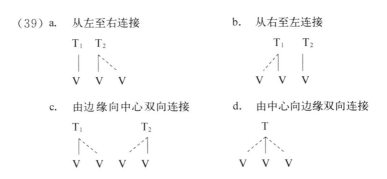

关于联接方向的不同,自主音段理论有两种假设。(一)普遍语法包括有关联接方向的参数,具体语言的联接方向是参数设定或选择的结果(McCarthy 1988, Archangeli & Pulleyblank 1994)。(二)从左至右的联接方向是普遍语法规定的,其他方向的联接是语言特有音系规则在推导过程中产生作用的结果(Halle & Vergnaud 1982)。

5.3.3.2 自动性和强制性

自动性与自主音段的映射、转储和扩散有关。我们首先考察映射的自动性。根据联接规约,如果底层表达里语素的声调是漂浮的,它被自动地映射至相关的载调单位。如果联接的方向是从左至右,推导出来的音系表达如(40)中的形式:

(40) T_1　T_2 　　　　　 　　 　T_1　T_2

　　　　　　　　 →

　　V　V　V 　　　　　　　　 V　V　V

但是,在德斯尚语(Dschang)里,漂浮调的联接并不遵守联接规约。德斯尚语单音节和双音节词的表层声调分布如(41)所示(德斯尚语有高平调 H 和低平调 L,响辅音是载调单位。语料引自 Pulleyblank 1986:39):

(41) 　　　　　 双音节词 　　　　　　　 单音节词

　　a. L+L 　　$n^L dzwi^L$ 　豹子 　　L　na^L 　　动物

　　b. L+L⁰ 　$n^L dza^{L^0}$ 　斧子 　　L⁰　$kaŋ^{L^0}$ 　松鼠

　　c. L+!H 　$m^L !bhu^H$ 　狗 　　　!H　$!mə^H$ 　孩子

　　d. L+H 　$n^L tsəŋ^H$ 　偷盗者 　H　$səŋ^H$ 　　鸟

除了高平调降阶现象(!H)之外,德斯尚语还有低平调下滑(downgliding)现象。低平调下滑的语音形式是一个低降调。这就是说,德斯尚语有两个低平调,即下滑低平调(L)和非下滑低平调(L⁰)。两个不同低平调具有区别意义的作用。

根据 Pulleyblank 的分析,两种低平调的差别在于底层声调成分的不同。非下滑低平调语素含有 LH,下滑低平调仅有一个 L。例如[$kaŋ^{L^0}$]和[na^L]的底层表达分别是(42a)和(42b):

(42) a. 　　　L 　　b. 　　L　H

　　　　　kaŋ 　　　　　　na

如果联接是自动的和强制的,(42a)和(42b)应当分别被推导为(43a)和(43b):

（43b）的表达不符合语法：na 在表层上是一个无下滑低平调，而不是升调。Pulleyblank 认为，na 的低平调在表层不下滑是违反联接规约的结果，底层里的 H 并没有自动联接到载调单位。没有联接的 H 在表层表达虽然没有自身的直接语音形式，但能够阻止前边的 L 产生下滑。据此，下滑和非下滑低平调的表层区别得以解释。即：

（44）a. L→L⁰ /＿H（非下滑低平调）

b. L→L /＿（下滑低平调）

如果（44）里的规则能够成立的话，非下滑低平调语素的表层表达应该是（45）：

（45） L H
         |
        na

如果音系表达（45）能够解释表层非下滑低平调的话，这一表达是违反自动映射和表层表达不允许漂浮声调原则的结果。

我们再来看吉库尤语（Kikuyu）。吉库尤语有高平调 H 和低平调 L，此外还有一个降调。降调总是在词的最右边出现，如（46）所示（引自 Gussenhoven & Jacobs 1998：140）：

（46）moᴸ raᴸ ŋiᴴᴸ   长灌木的地方   keᴸ ro: ᴸ miᴴᴸ   猎豹

如果我们假设底层声调是 LHL 的话，联接的方向只能是从左至右。

段音系学

如果联接是自动的，moraŋi 的表层形式应当是 *[moᴸraᴴŋiᴸ]。这说明，声调的联接是从第二个载调单位开始的。直到所有的声调同（除第一个载调单位之外的）所有载调单位联接之后，第一个声调向左扩散。推导过程如(47)所示：

(47)

吉库尤语的事实说明，映射并非总是自动的和强制的。第一个声调首先同第二个载调单位联接是具体语言规则导致的例外现象。

我们再来看转储的自动性。我们用提夫语(Tiv)系动词 mba 的表层声调和与其相邻语素声调的关系，说明转储的自动性不具普遍意义。提夫语的材料如(48)所示（引自 Pulleyblank 1986：34；提夫语有些辅音也是载调单位）：

(48) a. uᴸnjiᴸnyaᴸ mbaᴴᴸ 有马　　kaᴴseᴴvᴴ mbaᴴᴸ　　有女人
　　　b. mbaᴴ!vaᴴnᴸ　　他们来　kaᴴseᴴvᴴ mbaᴴ!gaᴴ 没有女人

(48a)中给出的事实支持转储的自动性。需要指出的是，在(48a)里，句末位置是转储的必要条件。即：

(49)

在(48b)里，处于非句末位置的 mba 仅仅是高平调，即[mbaᴴ]。导致出现声调降阶的必要条件是两个高平调相邻。由此可以推测，mba 里底层表达中漂浮的 L 没有同载调单位联接并且脱落，从而导致 mba 里的高平调与后面的高平调相邻，导致后面的高平

299

生成音系学基础理论

调降阶。推导过程如(50)所示,以[mba^H!va^Hn^L]为例:

$$(50) \quad \begin{array}{cc} HL & HL \\ | \quad | & | \quad | \\ \#\#mba\#\#van\#\# \end{array} \rightarrow \begin{array}{cc} H\,L & H\,L \\ | & |\ | \\ \#mba & va\,n\# \end{array} \rightarrow \begin{array}{cc} H & !H\,L \\ | & |\ | \\ mba & va\,n \end{array}$$

(50)里给出的推导过程说明转储不是自动的,而是有条件的;声调能否转储取决于具体语言。因此,联接规约的第二条不具普遍意义。

又如,在玛基语里,单音节动词词干可以负载升调,例如(引自Pulleyblank 1986:79-80):

(51) a. bdlụ^LH 锻造
     b. hụ^LH 长大 ha^Lni^H 长大

(51b)里的词干接加元音起始的后缀-ani时,词干元音[ụ]脱落;底层表达里的后缀没有声调。既然一个载调单位可以负载两个声调,那么转储也是可能的,即:

$$(52) \quad \begin{array}{cc} L & H \\ | & | \\ hụ \end{array} \rightarrow \begin{array}{cc} L & H \\ | \;/ \\ hụ \end{array}$$

但是,如果考虑构词过程的话,一个载调单位负载两个声调的表达需要更多的音系规则,导致推导过程复杂化。如果假设只有L同载调单位联接,H仍然处于漂浮状态,推导过程可以得到简化。推导过程如(53)所示:

$$(53) \quad \begin{array}{cc} L & H \\ | & | \\ hụ \end{array} \rightarrow \begin{array}{cc} L & H \\ | \\ hụ \end{array} \rightarrow \begin{array}{cc} L & H \\ | \\ hụ \; ani \end{array} \rightarrow \begin{array}{cc} L & H \\ | & | \\ ha \; ni \end{array}$$

分析显示,即使在同一语言里,转储也是有条件的。提夫语和玛基语的事实和分析说明转储不具自动性和强制性。

我们再来看扩散的自动性和强制性。根据联接规约,已被联接的声调自动地向尚未获得声调赋值(或空)的载调单位扩散,所有的空载调单位无遗漏地通过扩散获得声调赋值。这意味着,在没有漂浮声调可以联接的情况下,扩散是空载调单位唯一获得声调赋值的途径。据此,(54)是合格的表达,而(55a)、(55b)和(55c)都是不合格的表达。

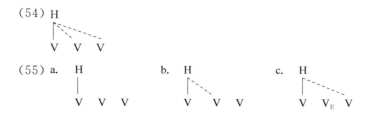

(55a)是一个没有声调扩散的表达,说明扩散不具自动性;(55b)是局部扩散,违反了强制性要求;(55c)里扩散越过 V_E,形成一个有空缺的结构(gapped configuration)。那么自然语言里是否存在诸如(55a)、(55b)和(55c)之类的表达? 如果存在,什么限制了自动的和强制的扩散? 在扩散受限的情况下,空载调单位又通过什么途径获得声调赋值?

根据 Odden(1995)的描写,赤遥语(Chiyao)存在类似(55a)和(55b)的表达形式。赤遥语有些动词词干含有一个漂浮的高平调 H。在多音节词干里,H 仅同第二个音节联接,联接后的 H 既可以向右扩散也可以不扩散,如果扩散的话,最多向右扩散一个载调单位;词干里的 H 不向词缀的空载调单位扩散;如果词干是单音节的,H 仍然处于漂浮状态。没有获得 H 赋值的音节在表层表达以低平调的形式出现。例如(引自 Odden 1995:459;低平调音节不标注):

（56）a. nganina-[galja^H]_词干　　　我没吃它们

　　　b. nganina-[dele^{H}ka]_词干　　　我没煮

　　　c. nganina-[bili^{H}ka^{H}na]_词干　　我没听见

　　　d. nganina-[dja]_词干　　　　　　我没吃

(56d)是一个违反自动映射的例子。在赤遥语里,声调的扩散可能受到语素界线符号的限制,因此前缀以低平调的形式出现。语素界限符号定义扩散域可以从词库音系学的角度加以解释。Pulleyblank(1986)和 Archangeli & Pulleyblank(1994)在这方面作了详细深入的研究。但是,仅就词干范围看,如果我们假设赤遥语扩散方向是从左至右的话,(56b)和(56c)是分别类似于(55a)和(55b)的表达形式,如(57a)和(57b)所示:

（57）a.　　　　H　　　　　　b.　　　　H

赤遥语事实说明,违反联接规约第三条的音系表达形式是存在的,扩散并非总是自动的和强制的。赤遥语事实还说明,限制声调自动扩散是该语言特有的限制,即在词干范围内,声调仅仅扩散至右边相邻的空载调单位。

　　那么,在不存在映射和扩散机制的情况下,空载调单位如何获得声调赋值? Pulleyblank(1986)假设,不能通过映射或扩散机制获得声调赋值空载调单位只能获得默认赋值。根据他的假设,在有高平调和低平调的语言里,前者是有标记调,而后者是无标记调。根据不充分赋值理论(Archangeli 1988),出现在语素底层表达里的仅仅是有标记调。在整个推导过程的最后阶段,即在(有标记调的)映射和扩散机制完成之后,空载调单位通过默认方式获得无标记调的赋值。例如,尤鲁巴语和亚拉伊克姆语(Yala Ikom)

的声调系统有三个平声调：H、L、M。根据 Pulleyblank 的分析，当 H 和 L 的扩散受到限制时，空载调单位只能通过默认方式获得 M，从而实现该载调单位的语音表达。

5.3.3.3　参数：语言特有规则，还是参数化规则？

联接规约最初是作为具有普遍意义的原则提出的。这个原则背后的真正目的是，如果底层表达是正确的，联接规约将自动地把底层表达推导成符合语法的表层表达。但是，正像我们所看到的，联接的方向、自动性和强制性不仅不能得到普遍证实，相反，对部分语言的研究却表明符合语法的表层表达形式恰恰是违反联接规约的结果。从理论的角度，联接规约能否成为普遍语法的组成部分？如何解释那些违反联接规约的现象？从儿童语言习得的角度看，正像 Haraguchi(1977)提出的，在声调系统获得过程中，儿童根据什么在声调和载调单位之间增添联接线？

在坚持联接规约具有普遍语法意义的前提下，不同研究者提出不同的假设。Halle & Vergnaud(1982)认为，底层表达里的漂浮调与空载调单位的联接是自动的，而底层表达里已经同载调单位联接的声调是否扩散或扩散至多少个空载调单位，则由具体语言特有的规则决定。这就是说，联接规约仅仅作用于含有漂浮自主音段的音系表达。

Paradis（1986）、Steriade（1987）、Piggott（1988）和 Yip(1988a)等提出了参数假设。根据参数假设，对具有普遍意义联接规约的限制，实质上是普遍语法里参数设定的结果。联接规约仅仅规定不同音层上不同范畴音系成分以一对一的方式联接，但不规定联接方向，联接方向由诸如"右向联接"或"左向联接"的参数值决定。

不同于参数假设的是 Archangeli & Pulleyblank(1987,1994)提出的参数化规则假设。符合语法的表层形式是参数化音系规则应用的结果，但是，音系规则不是具体语言特有的，而是普遍语法里参数设定的结果。这就是说,普遍语法里的参数设定决定了音系规则的内容和应用与否。

需要说明的是,自主音段理论定义的规则仅仅具有增添和减少联接线的作用,因此,在数量上远远少于基于线性表达分析涉及的音系规则。据此,寻求有普遍意义的参数并且从形式上定义参数便成为参数假设研究的核心课题。Archangeli & Pulleyblank (1994)提出一个由四项参数组成的系统。这个系统如(58)所示(Archangeli & Pulleyblank 1994:286 - 290):

(58)参数一:功能(function)。

本参数具有两个值:增添(insert)或减少(delete)。

增添和减少的定义:如果表层表达含有底层表达所没有的音系材料,这是增添功能的效应;相反,如果表层表达失去了底层表达里的音系材料,这是减少功能的效应。

音系材料由类型参数定义。

参数二:类型(type)。

本参数具有两个值:路径(path)和音系成分(F-element)。

路径和音系成分定义:路径是表示不同音层上音系成分之间结构关系的联接线;音系成分是任何范畴的自主音段(例如声调成分或音段特征)或自主音段映射的对象〔例如莫拉(mora)或音节〕。

参数三:方向(direction)。

本参数具有两个值:从左向右或从右向左。

方向性定义:方向性以底层表达形式特点为基础,即自主音段处于漂浮状态还是已经同其他音系成分联接。处于漂浮状态的自主音段和已经联接的自主音段可以有不同或相同的联接方向。

参数四:重复(iteration)。

本参数具有两个值：可重复（iterative）或不可重复（non-iterative）。

可重复或不可重复的定义：如果增添多条联接线，自主
音段的扩散是可重复的；如果增添一条联接线，扩散是
不可重复的。

音系规则由四项设值的参数构成。例如，通卡语（Tongga）两
条与高平调 H 扩散和脱落的规则分别表述如下：

（59）规则一：[增添／路径／左／可重复]
　　　规则二：[减少／H／右／不可重复]

两条规则按顺序应用。以[iᴴmaᴴkaᴴniᴸ]"事情"和[iᴴmuᴴsiᴴmbiᴸ]
"女孩"为例（根据 Archangeli & Pulleyblank 的分析，底层表达是
根据独立证据建立的）：

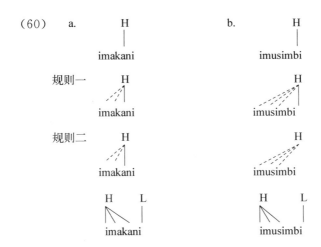

最后通过默认方式，没有与 H 联接的载调单位获得无标记声调 L。

5.3.4　载调单位与声调特征

就声调的自主音段表达来说,还有两个问题与声调现象的形式特征相关:一是载调单位(tone-bearing unit；TBU)的定义,二是声调特征(tone feature)。载调单位和声调特征在形式上和分析上关系密切。

5.3.4.1　载调单位

早期的自主音段理论似乎没有清晰的定义载调单位。例如,根据 Goldsmith(1976)的表述,载调单位似乎是元音。在后来文献里,载调单位被理解为音节或音节的韵部(见 Clements & Ford 1979)。随着对音段结构、音节结构和主干音层研究的深入,自主音段理论领域内出现了不同的分析。归纳起来讲,可能的载调单位包括音段(元音和辅音)、音节核(nucleus)、莫拉(mora)和音段树中的喉部节点。四种假设有各自的经验基础,但是,由于对音段结构、音节结构及主干音层认识的不同,对载调单位的认定仍需具体分析。下面简要讨论四类载调单位。

5.3.4.1.1　音段是载调单位

以音段作为载调单位的语言里,元音是主要的载调单位;在少数语言里,响辅音以及浊阻塞音可以是载调单位。能够载调的辅音大多具有音节核的地位,因此,音段载调被视为音节核载调(Kenstowicz 1994)。这里我们主要讨论元音载调。在西格陵兰语(West Greenlandic)里,语素的底层只有高平调 H 和低平调 L;已经联接的声调不扩散;空载调单位只能通过默认方式获得中平调 M。相关材料如(61)所示(引自 Gussenhoven & Jacobs 1998：147)(中平调不标注):

(61) a. aki^{H}va^{L}ra^H　　我回答了他　ata^{H}a^{L}si^{H}q　　一

　　　　aki^{H}va^{L}a^H　　他回答了他　u^{H}va^{L}ŋa^H　　　我

uva^Hŋa^Llu^H　　和我　　　　uvaŋa^Htta^La^H　我也

b. 陈述式

taku^wa^Ha^Lna^H　他看见了我　　taku^whi^Lju^Hk　你看见了他

tsigu^wha^La^H　　他拿那个　　　api^Hra^Li^H　　他问了他们

c. 疑问式

taku^waa^Hna^La^H　他看见了我?　taku^wi^jhu^Lu^Hk　你看见了他?

tsigu^wa^Ha^La^H　他拿那个?　　apira^Ha^Li^H　　他问了他们

声调曲线是（M）HLH。同陈述式相比，在疑问式里，词末短元音变成长元音，长元音变成超长元音，短双元音里的第一个元音变成长元音。如果假设元音是载调单位的话，声调在底层表达处于漂浮状态，并且声调同元音从右向左一对一地联接，声调的分布将是可预测的，即词的倒数三个元音与底层声调联接，其他元音是中平调 M。如［api^Hra^Li^H］和［apira^Ha^Li^H］的推导过程分别如（62a，b）所示：

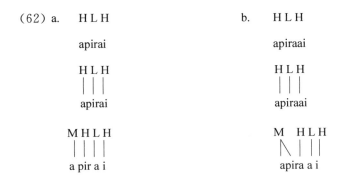

（62）a.　H L H
　　　　　apirai

　　　　　H L H
　　　　　│ │ │
　　　　　apirai

　　　　　M H L H
　　　　　│ │ │ │
　　　　　a pir a i

　　　b.　H L H
　　　　　apiraai

　　　　　H L H
　　　　　│ │ │
　　　　　apiraai

　　　　　M　H L H
　　　　　＼ │ │ │
　　　　　apira a i

在具体分析时，把音段作为载调单位的做法主要存在两方面的问题。一方面，是对音高曲线的解释缺少唯一性。例如，对于降调或升调来说，如果降调被分析为 HL 的话，载调单位既可以是元音，也可以是音节，如（63a）和（63b）所示：

（63）a.

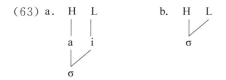

另一方面,当 HLH 和 LHL 同两个元音相连时,声调和元音的关系也缺少唯一性。如(64a)和(64b)所示:

（64）a.

在这种情况下,虽然联接的方向有助于确定和选择其中一种表达形式,但是对表达形式的语音解释有时与实际音高曲线不符。

5.3.4.1.2 音节是载调单位

有些语言以音节为载调单位,更准确地说,是以音节韵部为载调单位。音节韵部的内部结构与声调联接无关。根据 Clements & Ford(1979)的分析,吉库尤语的载调单位是音节。双音节名词词干具有相同的表层声调曲线。相关材料如(65)所示(引自 Odden 1995:451;低平调不标注):

（65）a. LH   mo-ɣatɛ^{LH} 面包   b. HL   mo-ɣɛka^{HL} 床

ke-roomi^{LH} 猎豹   mo-raata^{HL} 朋友

升调和降调总是出现在词的第三音节,与音节内元音长短无关,即:

（66）a.

如果把元音音段视为载调单位的话,我们难以对曲折调的分布作出归纳。尽管把音节看作载调单位在分析上便于归纳,但是在处理通过默认方式获得声调的位置来说,表达又有不确定性。例如,假设 L 通过默认方式同已经获得 H 赋值的音节联接时,产生了两种可能的表达。

(67) a.　H　　　　　　b.　H　L　　　　　　L　H
　　　　 |　　 →　　　　 |　╲　　 或　　　 ╲　 |
　　　　 σ　　　　　　　 σ　　　　　　　　　σ

例如,在玛孔德语(Makonde)里,含有长元音的音节区分升调和降调。如(68)所示(引自 Odden 1995：451;低平调不标注):

(68) a. chika^Hapu　　　筐子　　　b. vamaa^Hka　　　猫

根据 Odden 的分析,L 是通过默认方式增添至空载调单位上。但是,对于已经与 H 联接的载调单位,能否增添 L 或在何处增添 L,都是不确定的,如(69)所示:

(69)　　L　?　H　?　L
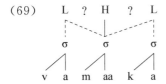

5.3.4.1.3　莫拉是载调单位

　　莫拉是音节的直接成分。根据音节内的莫拉数量,音节可以分析为轻音节(light syllable)和重音节(heavy syllable)。有一个莫拉的音节是轻音节,有两个莫拉的音节是重音节。音节首音不具莫拉地位。分别如(70a)和(70b)所示:

某些语言的载调单位是莫拉。例如,假设玛孔德语的载调单位是莫拉的话,那么,能否增添 L 或在何处增添 L,都是确定的。[vamaaᴴka]的音节结构如(71)所示:

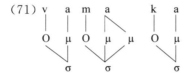

据此,以莫拉为载调单位的推导排除了增添 L 的不确定性。推导过程如(72):

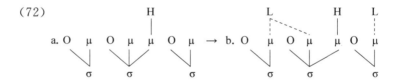

诚然,在某些特殊的情况下,把莫拉视作载调单位仍然存在分析方面的不确定性。例如,当声调串 HLH 映射至一个双莫拉音节时,L 的联接是不确定的,如(73)所示。(73a)和(73b)都是可能的表达形式。

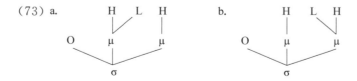

5.3.4.1.4 喉部节点是载调单位

根据对音段结构的一般理解,发声类型(phonation)特征由根节点(root)下的喉部节点(laryngeal node)管辖,如(74)所示:

(74) R(辅音) R(元音)
　　　|　　　　|
　　　Lar.　　Lar.
　　　|　　　　|
　　[−浊音性]　 H

提出喉部节点是载调单位的主要动因是试图解释阻塞音的清浊与声调调域的关系。例如,根据 Schuh(1978)的描写,在巴德语(Bade)里,浊阻塞音能够阻断 H 的扩散,清阻塞音能够阻断 L 的扩散。自主音段扩散受到阻断是禁止联接线交叉限制的结果。据此,阻塞音的[＋浊音性]和[−浊音性]如同联接了的低平调 L 和高平调 H。分别如(75a)和(75b)所示:

(75) a. H [+浊音性]　　　　b. L [−浊音性]

　　　a　b　a　　　　　　a　p　a

喉部节点是载调单位的假设在一定程度上解释了声调与阻塞音清浊之间的交互作用,但是,如果声调是音段特征的话,声调的稳定性和自主性等现象将无法得到合理的解释。

另外,根据汉语一些方言里音节首清浊阻塞音与声调调域高低之间的关系,Bao(1999)认为,在汉语里载调单位是喉部节点。

5.3.4.2 声调的成分与结构

声调特征涉及声调自身的成分和结构。在自主音段的框架内,关于声调特征的研究主要涉及以下六个方面的问题:

（一）声调是音段特征还是独立于音段的自主音段？

（二）如果是独立范畴的自主音段，声调的调元（tone element）是什么？

（三）曲折调（contour tone）是否可以分析为若干个数量有限的调元的组合？

（四）数量有限的调元及其组合是否足以表达复杂的声调系统？

（五）调元及其组合方式能否描写与声调有关的音系过程？

（六）调元系统及其组合方式能否描写声调与音段之间的交互作用？

在非洲声调语言里，在特定环境中，大多数表层的曲折调是从底层表达里的平声调推导出来的，即是不同音高的平声调的组合。同非洲声调语言相比，亚洲的声调语言，特别是汉语，声调系统显得更加复杂。除了平声调以外，大多数声调系统还包括具有辨义作用的曲折调。曲折调在大多数汉语声调系统里是非推导性声调，即存在于语素底层表达里的音系成分。除此之外，汉语方言里有丰富的变调现象。以汉语的声调系统和声调现象为背景的研究对自主音段音系学的声调特征理论具有重大的意义。在这方面，在非线性表达背景下探讨汉语声调结构的重要研究包括 Yip（1980，1989）、Shih（1986）、Bao（1990，1999）、Duanmu（1994）等。下面简要考察 Bao（1999）的假设。

Bao 假设曲折调是由调元 h 和 l 组合的。根据汉语一些方言表层声调有调型相同但调域不同的现象，Bao 提出声调几何包含曲线节点（contour）和调域节点（register）以及调域成分 H、L 的假设。声调几何如（76）所示（Bao 1999：47）：

（76）
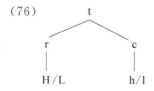

这个声调几何的特点是,每个声调有一个声调根节点 t;声调根节点 t 统辖所有的声调成分与结构;调域节点 r 下辖 H(高调域)或 L(低调域);调元曲线节点 c 下辖调元 h 和 l。通过 h 和 l 的线性排列生成平调、降调、升调;通过设定调域成分 H 和 L 生成不同调域的平调、降调和升调。①

　　以汉语一些方言里阴、阳声母辅音与调型的分布关系为依据,Bao 提出声调具有双重性的观点。他认为,一方面,声调具有自主音段所具有的独立性和自主性;另一方面,声调的语音表征与音段有密切的关系。在声调与清浊阻塞音的相关性问题上,Bao 采纳了 Halle & Steven(1971)的关于声带状态分别与声调调域和阻塞音清浊相联系的分析。据此,声调根节点 t 的上位节点是声带,如(77)所示(Bao 1999:5,146):

（77）

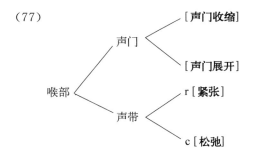

通过声带的紧张和松弛状态把调域的高与低同辅音的清与浊在结构上联系起来。Bao 假设,在语素底层表达里,声调的调域特征是对立的,具有对比作用;在表层表达层次上,音节首阻塞音的清浊交替是不同调域特征作用的结果。在推导过程中,定义调域高低的声带特征[**紧张**]和[**松弛**]经历了"音段化"(segmentalization)过程,把[**紧张**]和[**松弛**]分别投射至音节首的阻塞音,使其表现为清或浊阻塞音。需要说明的是"音段化"为整个推导过程的最后一

----

①　Bao 设定节点 c 为最大偶分结构。

步,如(78)所示(Bao 1999:159):

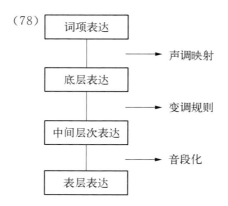

Bao 通过推导过程的不同层次来表现声调的双重性:自主音段特点是声调在词项表达和底层表达层次上的音系功能,而音段特点则是声调在推导后期对阻塞音的作用。

关于汉语的声调结构,读者可参考本书第四章 4.2 声调结构。

5.4 元音和谐的自主音段分析

自主音段理论通过非线性的表达和自主音段映射机制较好地解释了声调的全域性、自主性和漂浮现象。其中对声调全域性特点的解释为对其他范畴的音系现象的描写提供了启发。从理论上讲,如果声调可以自主音段化(autosegmentalization),那么音系表达中的其他范畴的终端成分,如[**后舌位**]、[**圆唇性**]、[**舌根前伸**]、[**浊音性**]也可以自主音段化,也可以分别独立地定义一个音层。从音段结构的角度看,音段树的终端成分的自主音段化在表达上是可能的。在这个背景下,音段终端成分的自主音段化概念为几乎所有音段过程的描写提供了描写手段,诸如同化、异化、音段脱落、增音、音段融合、音段分裂、音段变长、音段变短、语素变体交替、长距离过程、声调与音段的交互作用、句调以及元音和谐等多种类型的音系现象,都成为检验音段结构假设和自主音段原理的试金石,推动着非线性表达理论的发展和分析手段的更新。本节以元音和谐现象为例说明自主音段方法的应用以及需要解决的问题。

5.4.1　元音和谐自主音段分析的基本方法

元音和谐是自主音段理论研究的主要和热点课题之一。元音和谐是一种比较普遍的语言现象,不同语言的元音和谐系统的类型不同、形式特点不一、复杂程度不一。Clements(1976a,1976b,1977,1980,1981)首先把自主音段理论应用到对元音和谐的分析。我们以柯尔克孜语的词干控制型元音和谐为例说明自主音段分析法。柯尔克孜语元音系统如(79)所示(引自 Hebert & Poppe 1963;胡振华 1986):

(79) 柯尔克孜语(短)元音系统①

	前元音[−后舌位]	后元音[＋后舌位]
高	i y	ɨ u
非高	e ø	a o

柯尔克孜语元音和谐属于腭和谐(palatal harmony)。在词干内,元音或者都是前元音,或者都是后元音;前元音和后元音不出现在同一词干里;词干元音不交替;在词干的作用下,词缀元音呈前元音和后元音的交替:e~a,ø~o。柯尔克孜语腭和谐基本情况如(80)里的词语所示:②

---

① 柯尔克孜语还有与短元音对应的长元音。长元音和短元音在和谐过程中的表现基本相同。在此我们也忽略后缀里辅音的交替。

② 柯尔克孜语还有圆唇和谐,这里我们不涉及圆唇和谐。

（80）前元音词　　　　　　　　后元音词

　　词干＋复数后缀　　　　　　词干＋复数后缀

　　eʃik-ter　　　门　　　　　uja-lar　　　鸟巢

　　edʒe-ler　　　姐姐　　　　qozu-lar　　　羊羔

　　ini-ler　　　弟弟　　　　baliq-tar　　　鱼

　　dyløj-lør　　　聋人　　　　qoŋʃuu-lar　　邻居

　　ørdøk-tør　　　鸭子　　　　qonoq-tor　　　客人

　　根据自主音段分析,词干语素的底层表达含有和谐特征 (harmonic feature)[±后舌位];[±后舌位]是词干元音共同的区别性特征或音段成分,从各个元音里被提取出来,成为词干语素的音系成分。[±后舌位]被提取后,词干所有的元音都是不充分赋值的抽象元音。我们进一步假设,在底层表达里,交替出现的后缀语素不含和谐特征[±后舌位],后缀元音是没有[±后舌位]赋值的抽象元音。① 以 eʃik-ter"门"和 uja-lar"鸟巢"为例说明两类词(前元音词和后元音词)的词干底层表达形式,分别如(81a)和(81b)所示②(双虚线表示词干,表示和谐特征[—后舌位]位于词干内;♯表示词界,是元音和谐过程的域;大写字母表示没有[±后舌位]赋值的抽象音段)。在词干语素里,音段成分[±后舌位]被自主音段化,置于自主音段音层上。

（81）a.　－后舌位　　　　　　　　自主音段层

　　♯　A ʃ I k －t A r ♯　　音段层

　　b.　＋后舌位　　　　　　　　自主音段层

　　♯　U j A －l A r ♯　　音段层

---

① 柯尔克孜语腭和谐属于词干控制型(李兵 2013)。

② 这里的假设是,辅音音段在另一独立音层上。

作为无标记状态,和谐特征[－后舌位]和[＋后舌位]处于漂浮状,被提取[±后舌位]的元音位于音段层。

推导过程的音系机制是和谐特征[±后舌位]的映射。[±后舌位]同时映射至词界符号内,即和谐域内的每一个可能的靶音段(target segment)。可能的靶音段是缺少[±后舌位]赋值的抽象元音。[±后舌位]的映射如(82a)和(82b)所示:

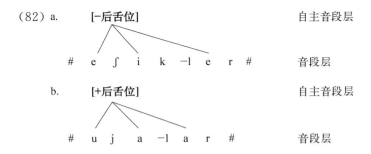

(82) a.　　[-后舌位]　　　　　　　　　　　　自主音段层

　　　 # e ʃ i k -l e r #　　　　　　　音段层

　　 b.　　[+后舌位]　　　　　　　　　　　　自主音段层

　　　 # u j a -l a r #　　　　　　　音段层

通过[±后舌位]映射获得赋值的靶元音在表层表达上分别表现为具体的前元音和后元音,复数后缀里表现为[e]和[a]。词干元音表现为同类元音同现(co-occurrence),后缀元音表现为随着词干元音的呈前、后元音的交替。

这里,具有理论意义的形式问题是全域性(unboundedness)和方向性(directionality)。全域性是声调分布特点之一(参见玛基语的讨论)。声调分布的全域性是声调根据联接规约映射至域内所有载调单位的结果,即自主音段的映射是强制性的。在元音和谐的推导过程中,和谐特征映射至域内全部可能的靶音段,也是全域性的体现。据此,理论上的概括是,自主音段(无论是声调还是和谐特征以及其他音段成分)的映射具有强制性,全域性是自主音段强制性映射的结果。

我们再来讨论方向性。无论是根据具有普遍意义的联接规约还是接受具体音系语法决定的联接方向的参数化假设,自主音段

与另一音层上的成分的联接是有方向的,即方向性或者是普遍音系语法,或者是具体音系语法规定的。然而,对柯尔克孜语元音和谐的分析显示,和谐特征[±后舌位]向靶音段的映射是同时的,没有先后顺序,并不是左向或右向或其他方向。从观察的角度看,后缀元音随着词干元音的不同呈现前、后元音的交替,但是,这个现象并不是映射方向决定的,而是因为词干含有和谐特征而后缀在底层表达不含和谐特征。如同其他阿尔泰语系的语言,柯尔克孜语没有能产的前缀。假定柯尔克孜语有能产的前缀,可以预测,前缀元音也会随着词干元音的不同而呈前、后元音的交替。据此,我们可以说,从类似柯尔克孜语词干控制型元音和谐的角度看,方向性不是普遍语法规定的。至于自主音段映射,其方向是具体语言音系语法设定的参数。

以柯尔克孜语为例,元音和谐是传统音位学难以说明的现象,它既有超音段特征的表现(词干内同一自然类元音的同现),也有音段方面的表征(词缀异类元音交替出现)。在自主音段分析中,元音和谐的超音段表现和音段表现得到统一的解释:词内元音同类元音同现是词干和谐特征向域内所有靶元音映射的结果。

5.4.2 元音和谐过程的晦暗性中性元音

有些语言元音和谐系统含有中性元音(neutral vowel)。中性元音一般是一对和谐元音(harmonic vowel)在历时演变过程中合并的结果。从共时角度看,中性元音的特点是,它没有与其对应的和谐对立项,因此可以和不同类的元音在同一和谐域里同现。从其在元音和谐过程中的作用来看,中性元音分成两类:晦暗性(opaque)中性元音和可透性(transparent)中性元音。我们先讨论晦暗性中性元音。阿坎语(Akan)的元音系统如下所示(引自Clements 1981),阿坎语的和谐特征是[±舌根前伸],这里简写为([±ATR]):

(83) 阿坎语元音系统

　　[+ATR]元音：i u e o

　　[−ATR]元音：ɪ ʊ ɛ ɔ a

除了/a/之外,每一个[−ATR]元音都有与其对应的[+ATR]元音：ɪ~i、ʊ~u、ɛ~e、ɔ~o。/a/没有与其对应的[+ATR]元音。根据 Clement（1981）的构拟,在早期阿坎语里,与/a/对应的[+ATR]元音是*/ə/；在后来的演变过程中*/ə/与/a/合并；合并的结果是,*/ə/消失了,/a/得以保留,从而导致/a/在和谐性对立上呈中性化；中性化的表现是,/a/既可以与[−ATR]元音在词内同现,也可以与[+ATR]元音在词内同现。我们首先考察和谐性元音 i~ɪ、o~ɔ 在词干的同现和在词缀里的交替。相关形式见(84)：

(84) o-fiiti-i　　他刺穿（过去时）

　　ɔ-cɪrɛ-ɪ　　他展示（过去时）

在词干内,[+ATR]元音同现,或[−ATR]元音同现；词缀里的[+ATR]元音和[−ATR]元音交替,如 i~ɪ、o~ɔ,取决于词干元音是[+ATR]元音还是[−ATR]元音。

　　在词干内,中性元音/a/既可以与[−ATR]元音同现,也可以与[+ATR]元音同现,如(85)所示：

(85) o-bisa-ɪ　他问（过去时）　ɔ-kari-i　他称重（过去时）

　　o-jʷanɪ-ɪ 他逃（过去时）　ɔ-jari-i　他生病（过去时）

中性元音/a/阻断和谐过程,这一阻断效应被称作晦暗性(opacity)。晦暗性被视作和谐特征已经与靶元音预先联接(pre-linking)和"禁止联接线交叉"的结果。例如,o-bisa-ɪ"他问（过去时）"和 ɔ-kari-i"他称重（过去时）"的底层音系表达分别如(86a)和(86b)所示：

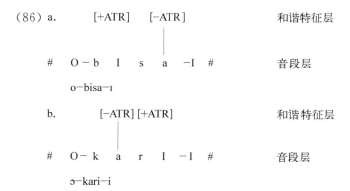

如(86a)和(86b)所示,每个词干含有[－ATR]和[＋ATR]两个和谐特征;[－ATR]已经和元音／a／联接,[＋ATR]则处于漂浮状态。处于漂浮状的[＋ATR]是音系表达形式的无标记状态。推导顺序和原则如下:

    a. 漂浮的和谐特征首先映射至全部可能的靶音段;

    b. 已经联接的和谐特征向尚未获得[±ATR]赋值的靶音段扩散;

    c. 禁止联接线交叉。

根据原则a,漂浮的[＋ATR]投射至全部可能的靶音段,如(87a)和(87b)所示:

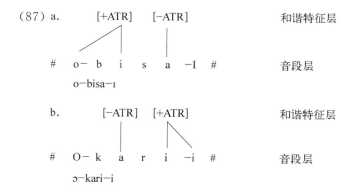

根据原则 b,已经与/a/联接的和谐特征[－ATR]扩散至尚未[±ATR]赋值的靶元音,分别如(88a)和(88b)所示:

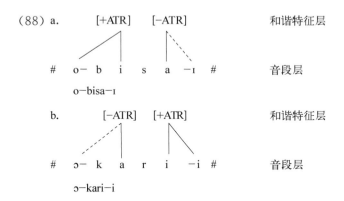

至此,含有晦暗性中性元音/a/的词干和音系词推导获得表层形式 obisaɪ 和 ɔkarii。晦暗性中性元音/a/对[＋ATR]和谐过程的阻断作用是原则 c,即"禁止联接线交叉"这一普遍原则的效应。违反"禁止联接线交叉"的阻断效应如(89)所示,以 o-bisa-ɪ 为例:

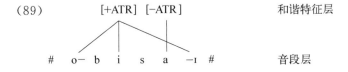

(88a)和(89)的比较说明,如果联接线可以交叉,这个词的表层形式应该是不符合语法的形式 *[obisai]。在底层表达里,[－ATR]和/a/的联接不仅阻断了[＋ATR]向底层元音 I 的映射,而且界定了另一个和谐域[sa-ɪ]。

　　晦暗性中性元音在和谐过程中的表现证实了"禁止联接线交叉"原则存在的客观性。

5.4.3 元音和谐过程的可透性中性元音

与阿坎语的晦暗性中性元音不同的是,其他语言元音和谐系统里还存在可透性中性元音。可透性中性元音的音系表现比较复杂,我们以维吾尔语为例说明可透性中性元音以及相关的分析。

(90) 维吾尔语元音系统(赵相如等 1985;赵明鸣 2001)①

前元音[—后舌位] 后元音[十后舌位]

高	i y		u
非高	ɛ ø		a o

与柯尔克孜语相似,维吾尔语元音和谐属于词干控制性的腭和谐系统。根据和谐特征的定义,i、y、ɛ、ø 可以在同一词干内同现,u、a、o 可以在同一词干内同现。后缀元音随着词干元音的前、后呈现交替:y~u,ɛ~a。在维吾尔语里,/i/ 是中性元音,即 /i/ 既可以与其他前元音在同一词干内同现,也可以与后元音在同一词干内出现。② 当 /i/ 出现在后缀里时,/i/ 不与其他元音交替。

维吾尔语元音和谐的基本形式如(91)所示:③

(91) 前元音词(复数名词)　　后元音词(复数名词)

tøgɛ-lɛr	骆驼	joldaʃ-lar	同志
jeŋgɛ-lɛr	嫂子	quʃ-lar	鸟
gyl-lɛr	花	ajal-lar	女人
køz-lɛr	眼睛	bulaq-lar	泉

---

① 维吾尔语还有元音[e],但[e]或不具音位地位,或出现在外来词里,故未给出。

② 在早期语言里,/i/ 的和谐项是后元音/ɨ/(赵明鸣 2001)。在元音系统的演变过程中,/ɨ/ 与 /i/ 合并,合并后保留了 /i/,即 /i/ 中性化。

③ 关于维吾尔语元音和谐以及中性元音的详细描写和分析,见李兵(2013,2014,2021 等)。

(91)里的词语是和谐词干(harmonic stem),即词干元音都是和谐元音(或非中性元音),后缀里前、后元音 ε～a 交替。对于和谐词干和后缀的和谐性元音交替,我们仍然采用自主音段的经典分析手段,通过和谐特征的同时强制性映射推导出词的表层语音形式。以 tøgε-lεr"骆驼-复数"和 joldaʃ-lar"同志-复数"为例,见(92a,92b):

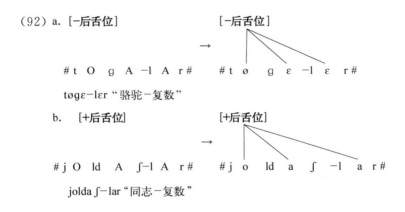

（92）a. [−后舌位]　　　　　　　[−后舌位]

＃t O g A −l A r＃　＃t ø g ε −l ε r＃

tøgε-lεr "骆驼-复数"

b.　[+后舌位]　　　　　　　[+后舌位]

＃j O ld A ʃ-l A r＃　＃j o ld a ʃ −l a r＃

joldaʃ-lar "同志-复数"

含有中性元音/i/的词语在分析上遇到一定的困难。我们首先考察/i/的音系表现。含有中性元音/i/的词语如下:

（93）/i/与前元音同现　　/i/与后元音同现(词干-复数后缀)

ʤigdε-lεr　　沙枣　　piʧaq-lar　　小刀

zεmbil-lεr　抬把子　saʁliq-lar　　母绵羊

εtigε-lεr　　早晨　　toχti-lar　　托胡提(人名)

当/i/与前元音同现时,分析上不存在任何问题。我们可以假设词干的[−后舌位]投射至词内全部靶元音,推导出包括/i/在内的所有前元音。

当/i/与后元音同现时,第一音节里的/i/后面可以出现后元音,例如 piʧaq;/i/也可以被前后两个音节里的后元音"夹"在中间,例如 saʁliq-lar 和 toχti-lar,形成有空缺的构造。在/i/与后元音同现的词干后,后缀元音总是后元音。中性元音/i/本身既不诱发和谐过程,也不阻断和谐过程。从整个和谐过程看,/i/似乎不存在。中性元音/i/不阻断和谐过程的特点被称作可透性(transparency)。

在词干内部,/i/是可透的;在后缀里,/i/同样是可透的。例如:

> (94) tam-ʧi-lar 泥瓦匠(复数) pow-ʧi-lar 说大话的人(复数)
>
> ow-ʧi-lar 猎人(复数) oquʁu-ʧi-lar 学生(复数)
>
> 比较 tymyr-ʧi-lɛr 铁匠(复数)

在 tam-ʧi-lar 里,构词后缀 ʧi-里的/i/不阻断和谐过程,复数后缀元音是后元音/a/。另外,含有中性元音/i/的后缀元音具有不变性,即不与其他元音交替。

仅由中性元音/i/构成的词干(不考虑词干里的辅音)称作中性词干(neutral stem)。有趣的是,在维吾尔语里,一部分中性词干后接含有前元音的后缀,而另一部分中性词干接加含有后元音的后缀。见(95):

> (95) 中性词干＋前元音词缀   中性词干＋后元音词缀
>
> tik-lɛ   举   til-la   骂
>
> si-lɛr   第二人称,复数   it-lar   狗,复数
>
> kiʃi-dɛ 人,位格   qiz-da   姑娘,位格
>
> kim-kɛ   谁,与格   jip-qa   线,位格
>
> bil-dyr 知道,使动   piʃ-ur   熟,使动

另一个与中性词干有关的重要事实是,特定的中性词干在接加不同语法范畴的后缀时表现出后缀元音的一致性,即或者总是前元音后缀,或者总是后元音后缀,以动词词根 bil-"知道"和 piʃ-

"熟"为例,见(96):

(96) 中性词干＋前元音词缀　　　中性词干＋后元音词缀

bil-	知道	piʃ-	熟
bil-dyr	使动	piʃ-ur	使动
bil-ɛ	现在-将来时	piʃ-a	现在-将来时
bil-ɛm	过去时	piʃ-am	过去时
bil-sɛ	条件式	piʃ-sa	条件式
bil-ɛlɛ	意愿语气	piʃ-ala	意愿语气
bil-mɛk	名物化	piʃ-maq	名物化

　　根据自主音段理论的原理,我们继续假设,无论是含有中性元音的词干,如 dʒigdɛ 和 pitʃaq,还是中性词干,如 bil- 和 piʃ-,词干含有和谐特征[±后舌位],音系机制仍然是和谐特征[±后舌位]的映射。然而,这一假设仅仅可以推导出含有[－后舌位]的词干和词缀,例如 dʒigdɛ-lɛr"沙枣-复数"和 bil-dyr"知道-使动",如下所示:

(97)

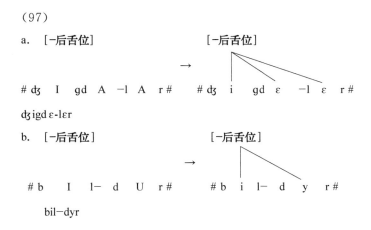

a. [－后舌位]　　　　　　　　[－后舌位]

　　　　　　　　→

dʒ I gd A －l A r#　　# dʒ i gd ɛ －l ɛ r#

dʒigdɛ-lɛr

b. [－后舌位]　　　　　　　　[－后舌位]

　　　　　　　　→

b I l－ d U r#　　　# b i l－ d y r#

bil－dyr

　　然而,在 pitʃaq-lar 和 piʃ-ur 的推导结果是不符合语法的 *pitʃaq-

lar 和 *piʃ-ur,即输出项里出现维吾尔语所没有的高后展唇元音
*/ɨ/。因为和谐特征[**+后舌位**]的映射是强制性的,底层抽象元音
I 获得[**+后舌位**]赋值后必然在语音上表现为[ɨ]。以 piʃ-ur 为
例,见(98):

(98)　　　　[+后舌位]　　　　　　　　　[+后舌位]

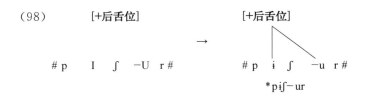

　　　　　#p　I　ʃ　–U r#　　　　　#p　ɨ ʃ　–u r#

　　　　　　　　　　　　　　　　　　　　　*piʃ-ur

　　根据 Kenstowicz & Kisseberth(1979)和 Clements (1981)的
假设和论证,语言里存在绝对中和规则。据此,我们假设,维吾尔
语有 ɨ→i 绝对中和规则。根据这一条绝对中和规则,和谐特征强
制映射的结果 piʃ-ur 被推导为符合语法的语音形式 piʃ-ur。
　　绝对中和规则 ɨ→i 的存在可以从元音的历时演变中得以印
证。早期突厥语言的 8 -元音系统是/i, y, ɛ, ø; u, ɨ, a, o/。在
维吾尔语的元音系统的历时演变过程中,高后元音/ɨ/与高前元
音/i/合并(赵明鸣 2001;李兵 2013,2021),如下所示:

(99) /ɨ/和 /i/的合并

/ɨ/和/i/合并的结果是,现代维吾尔语失去了/ɨ/,保留了/i/,并
使/i/中性化,成为元音和谐系统里的中性元音。
　　历时事实支持维吾尔语里存在绝对中和规则 ɨ→i。此外,更
重要的共时事实是,虽然在元音和谐的推导过程中产生/ɨ/和/i/,

而且经绝对中和规则ɨ在表层表达层次是[i]，但是中和仅仅是在语音层次上的现象。在词干语素(例如中性词干语素)的底层音系表达里，仍然存在着和谐特征[**±后舌位**]。

诚然，共时语法是否有一条绝对中和规则，我们在第三章里讨论过，这里不再赘述。导致产生不符合语法的表层元音 */ɨ/ 是和谐特征[**＋后舌位**]强制性映射至靶元音的结果。这又是一个音系推导生成力过强的实例。在坚持强制性映射的前提下，除了绝对中和规则外，研究者还提出诸多方案以求避免因和谐特征的强制性映射而生成的不存在的 */ɨ/。

防止推导出 */ɨ/ 的主要思路有两条。第一，采取某种形式化的"遮蔽装置"(shelter)遮挡可能的靶元音 I，使其免受和谐特征[＋后舌位]的映射，即 *{I}(Hulst & Smith 1986)。如下所示：

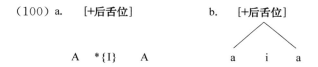

（100）a.　　[+后舌位]　　　　b.　　[+后舌位]

　　　　　A　*{I}　A　　　　　a　i　a

*{I} 免受[**＋后舌位**]的映射，形成了有空缺的构造(100b)，以此解释中性i的可透性。然而，"遮蔽装置"的语法符号地位受到质疑，涉嫌滥用符号；另外，使用"遮蔽装置"意味着自主音段映射机制的强制性和普遍性被削弱。这个思路的特点是限制生成或推导。第二，生成或推导过程不应受到任何限制，I 可以接受[**＋后舌位**]的强制性映射，生成 */ɨ/；推导过程的最后一步采用"过滤装置"(filter) *[**＋后舌位，＋高舌位，－圆唇性**]，以此排除不符合语法的 */ɨ/。这个思路的特点是只限制推导的结果，但不限制推导过程。在非线性理论框架内，关于元音和谐过程中的可透性中性元音(以及其他音系过程中的可透性音段)的相关研究和综述，可见 Clements & Sezer（1982），Hulst & Smith（1986），Goldsmith（1990），Archangeli & Pulleyblank(1994)等。

后来兴起的优选论多采用制约"禁止特征同现"来排除表层表达上诸如 */ɨ/ 之类的不符合语法的音段,例如制约 *[**＋高舌位,－后舌位**]便是一个例子。[①] 这也就是说,规则推导法里的绝对中和规则,自主音段表达理论里的"遮蔽装置"和"过滤装置"在优选论里被重新定义为制约。

诚然,采用何种形式手段防止推导过程生成诸如 */ɨ/ 之类的不符合语法的元音,从而解释有空缺的构造和音段的可透性,至今没有一个一致的和完全令人满意的方案。

---

① 在优选论里,元音和谐系统中性元音的可透性仍然是一个研究的热点课题。但是优选论关注的不是关于自主音段的形式表达,故在此不做讨论。

第六章

节律音系学

节律音系学(metrical phonology)是专门用于分析重音现象和格律现象的一种非线性理论,其中的术语"节律"源于诗歌的格律或音乐的乐律(meter)。根据 Lieberman(1975)提出的节律模式(metrical pattern)假设,凡有时序的语音形式都要按照节律模式组织起来,那么,具有时序性质的重音分布和格律也自然要受到节律原则的约束。作为音系范畴,重音和格律是相对凸显(relative prominence)。抽象的相对凸显的语音表现形式是节奏(rhythm)。作为非线性表达理论的组成部分,节律音系学不仅加深了对自然语言重音分布的认识,而且对其后相关领域的研究产生了重要的影响。首先,节律音系学提出的节律层级、节律成分、节律树、节律栅、音步、节律外成分(extrametricality)等一系列概念和音系表达方式,丰富了音系表达系统,而且启发了对音节、韵律结构、韵律构词等其他范畴的音系结构的研究,为音节理论、韵律音系学、韵律形态学等领域的发展和深入研究提供了丰厚的知识基础。其次,节律音系学的重音参数法是生成音系学里最早应用原则-参数方法的探索。最后,节律音系学的研究集中体现了生成音系学从观察充分性到描写充分性再到解释充分性的研究范式。Kenstowicz(1994:548)在概括节律音系学的研究对象和理论特征时认为:

如同音系结构的其他方面一样,重音面临的主要理论问题是为其提供一套形式表达;使用这套形式表达,重音现象能够得到描写,并能在此基础上提出一个解释性理论。

本章首先简要归纳重音的主要性质和重音作为音系范畴的证据,然后对 SPE 和早期节律音系学的重音处理方式做一比较,随后结合重音参数理论介绍两种主要的形式表达手段:节律树和节律栅,最后讨论音步的音系学证据以及影响较大的加括节律栅理论。

6.1　重音的性质和证据

Hyman(1977:37)提出关于重音的五个基本问题:第一,重音是什么? 第二,语言为何需要重音? 第三,何为自然的重音规则? 第四,重音是如何起源的? 第五,重音是如何演变的? 第一个问题涉及重音的音系范畴和性质;第二个问题涉及重音的音系功能;第三个问题涉及重音的分布规律;第四、第五个问题涉及重音的历时演变。

虽历经多年研究,但确切回答其中任何一个问题依旧困难。一般说来,关于重音的定义,总是离不开重音的功能和重音的外在语音特点。综合多家观点看,如 Trubetzkoy(1939)、Lehiste(1970)、Hyman(1977)以及 Kager(1995)等,作为音系范畴,重音是一种相对凸显;跨语言观察,重音具有辨义性、达顶性(culminative)、分界性(demarcative)、节奏性(rhythmic)等功能;有些语言的重音呈现重量敏感性(quantity-sensitive)特点。

辨义性指词重音(word stress)具有区分词的词汇意义或语法意义的功能。[1]

达顶性指的是,在一定范畴的结构单位内(如词干、词、短语)存在一个最凸显的音节,这个音节负载这个结构单位的主重音

---

[1]　仅从辨义性看,词重音(word stress)是一个较为笼统的概念。如要细分词重音的辨义功能,又有词汇重音(lexical stress)和形态重音(morphological stress)。在一些重音语言(stress language)里,词汇重音和形态重音交织在一起,例如英语的 'record(n)和 re'cord(v),也就是说,在一些语言里,词重音同时具有两种功能。

(primary stress)。① 例如,在英语里,不管是词汇词还是功能词,不管是单音节词还是多音节词,在底层表达层次上,每个词都有一个重音音节(stressed syllable),重音音节的主要语音特点之一是其元音不弱化不脱落。在语流中,话语语调的中心成分一般位于词项里的重音音节,而不出现在非重音音节。

分界性指重音位于词界附近的音节,为识别词界提供语音信号,例如,波兰语的词重音一般位于倒数第二音节,如(1)所示:

(1)波兰语词重音:“讨论”(引自 Hyman1977:39)

rozpráawa	主格单数
roózpraw	属格复数
rozprawámi	工具格复数

随着词干接加不同的后缀,词的音节数量发生变化,主重音所在的音节位置也随之变化;但不变的是,在所有词里,主重音始终位于倒数第二音节。这意味着,波兰语母语者能够根据重音位置的分布规律来确定词与词之间的界线。对于重音始终位于词的固定位置(如第一音节、第二音节、最末音节、倒数第二音节)的语言来说,重音的分界功能最为明显;但是,当重音分布受其他因素的作用时,重音的分界性会受到干扰。例如,喀尔喀蒙古语词重音属于重量敏感型,词重音位于在从左往右数第一个含长元音的重音节(heavy syllable);当词内不含长元音时,词重音则位于第一音节。因此,对于含有长元音的词来说,判断词界就会有一定的困难,因为长元音可能位于非词首音节。此时重音只能帮助判断重音节的位置而非词界位置。

节奏性指重音和非重音呈规律性交替,这个特点和诗歌的格

---

① 这里的假设是,音节是重音负载单位。对此,当前一些研究认为,音节仅仅是一种可能的重音负载单位,而另一种可能的重音负载单位是元音;在不同的语言里,重音负载单位可以不同。本章采用重音负载单位音节说,不讨论重音负载单位元音说。

律类似。在诗歌里,节奏性意味着在多音节词中除了主重音外还有次重音,重音音节和相邻的非重音音节交替出现,构成轻-重或重-轻音节序列,即抑扬格音步(iambic foot)或扬抑格音步(trochaic foot)。自然语言普遍存在以重音为基础的节奏性。在具体语言里,节奏性又有不同的表现形式,例如,在平图皮语(Pintupi)里,主重音位于词首音节,次重音(secondary stress)位于从左向右数所有的非词末奇数位置的音节,如(2a)所示;在瓦劳语(Warao)里,主重音位于倒数第二音节,次重音位于从右往左数的所有偶数位置的音节,如(2b)所示:

（2）a. 平图皮语重音(引自 Kager 2007：197)

ˈtʲi.i.ˌri.u.ˌlam.pa.tʲu   "为了我们火燃得更旺了"

ˈju.ma.ˌɳɳ.ka.ˌma.ra.ˌtja.ˌʈa.ka "因为岳母"

  b. 瓦劳语重音(引自 Kager 2007：197)

ˌja.pu.ˌru.ki.ˌta.ne.ˈha.se   "真的去攀爬"

e.ˌna.ho.ˌro.a.ˌha.ku.ˈta.i   "使他吃的那个人"

  重量敏感性指重音分布与音节重量有关。在区分音节重量的语言里,音节韵部含有两个莫拉(mora)的音节是重音节(heavy syllable),韵部含有一个莫拉的是轻音节(light syllable)。在音节重量敏感型语言里,重音或者位于词里的重音节,或者位于轻音节。第一种情况,重音仅位于重音节位置,例如,在西耶拉米沃科语(Sierra Miwok)里,词重音位于词的第一个重音节,如(3)所示(引自 Jensen 2004：70):

（3）西耶拉米沃科语

重音位于第一音节   重音位于第二音节

ˈleppana "他完成了" waˈkaaliʔ "小溪"

ˈjaajaaliʔ "巨大的" oˈnooʔ "老妇人"

ˈwakkaːliʔ	"响尾蛇"	paˈlattataʔ	"啄木鸟"
ˈhowwotuʔ	"珠子"	leˈmiiaʔ	"猎手"
ˈpaapaʔ	"祖父"	hiˈšootaʔ	"东边的"

第二种情况,重音仅仅位于轻音节,例如,在阿拉伯语开罗方言
(Cairene Arabic)里,词重音总是位于词的第一个轻音节,而重音
节不负载重音,如(4)所示(引自 Kenstowicz 1994:292):

(4) ˈkatabu "他们写(过去时)" ˈwalad-i "我的男孩"
　　qaaˈhira "开罗"　　　　　 ṭaaˈliba "学生(阴性)"
　　ʕaaˈlamu "他的世界"　　　 faṣˈṣaru "他们解释(过去时)"
　　falˈsafa "哲学"　　　　　 makˈtaba "图书馆"

可见,重音分布与音节重量相关,但重音音节(stressed
syllable)并非总是重音节(heavy syllable)。

重音的存在有其语音学和音系学证据。重音的语音学证据往
往是多重的,这是因为,相对而言,重音不像鼻音、送气等音段特征
具有比较直接或单一的语音表现,其潜在的语音相关物既有超音段
层面的也有音段层面的,前者一般指整个音节的音高、音强、音长等
语音特征,后者一般指相关元音和辅音的语音特征及其分布,如强
化、弱化、增长等(见 Lehiste 1970:4.4)。正是因为语音表现的多样
并呈跨语言的差异,重音的语音表现是最复杂的和捉摸不定的。

在有些语言里,在其他条件相同的情况下,重读音节比非重读
音节的(元音)音高更高、音强更强、音长更长。Fry(1955,1958,
1965)对英语重音感知的经典研究显示,英语重音感知的首要标志
物是音高,其次是音长,再次为音强,音色对重音感知影响较小。
Bolinger(1958)验证了 Fry 的结论,即英语重音感知主要受音高
和音长影响,但 Bolinger 认为在感知重音时音长是音高的协同变
量(covariable),二者呈正相关关系,音强则不然。对波兰语、法

语、瑞典语等印欧语系语言的研究也得出类似结论,音高对于重音感知的作用最显著,其次是音长和音强(Lehiste 1970:第四章)。根据 Gordon(2011)的描述,非印欧语系的语言,如印尼语(Indonesian)、土耳其语、他加禄语(Tagalog)、马里语(Mari)、皮拉哈语(Piraha)、阿罗特语(Aleut)、奇卡萨乌语(Chickasaw)、卡巴尔迪语(Kabardian)等也显示音高、音强和音长三个因素对重音感知的重要作用。

不过,从更广泛的跨语言观察看,在重音感知过程中,音高、音长和音强与重音感知之间的关系并不是直接的和一致的。在芬兰语里,元音有长短之分,因此音长在重音感知中的作用也明显降低,重读音节里元音的音长可能小于非重读音节中元音的音长。另外,在其他一些语言里,多音节词词重音的语音相关物并非集中地和一致地体现在某个音节上,有可能分别体现在词的不同音节上,进而导致依据不同的语音标准来判断重音位置时形成不一致甚至相互矛盾的结论。例如,爱沙尼亚语(Estonian)的词重音落在词首音节上,然而,当该音节的韵核为短元音时,重读音节所在的首音节时长和音高值均小于随后的非重读音节。此时,判断重音的最可靠的依据就不是不同音节的时长和音高了,而是位于重音音节的首辅音增长(Lehiste 1966;Gordon 1997)。又如,在一些通古斯语言和蒙古语方言里,词重音的主要物理相关物是音高,但不同于印欧语言,重音音节表现为一个稳定的低调域平调,而非重音音节的音高随音节尾音的不同而变化:在开音节和以响辅音结尾的闭音节里,音高呈高降;在以阻塞音结尾的闭音节里,音高呈高升。重音和非重音音节的音长和音强的相关性并不明显;重音音节的元音稳定,而非重音音节的元音多呈弱化或脱落。在这些语言里,词重音的语音类型可视为调域凸显型。①

---

① 这些语言包括鄂伦春语、锡伯语和蒙古语卫拉特方言,详见(李兵、贺俊杰 2010;李兵、贺俊杰、汪朋 2014;李兵、李文欣 2013;李兵、汪朋、贺俊杰 2012)。

当然,对于这些语音表现复杂,尤其是出现所依据的标准之间发生冲突的语言,要找到可靠的重音语音相关物无疑更有挑战性。要解决这个问题,一方面,我们需要寻找和分析更多可能的语音相关物,如元音音色(Fry 1958)、频谱倾斜(spectral tilt)(Sluijter & van Heuven 1996)、音强时域分布(intensity over time)(Beckman 1986)等;另一方面,必须综合考虑与重音或节律相关的音系过程或音段分布特点。重音的音系证据,我们留待后面相关小节讨论。

6.2　SPE 对重音的处理方法

英语重音分布和音段过程是 SPE 用来说明音系规则和推导的主要一类语言现象。[①] SPE 对重音的处理体现了经典生成音系学对重音本质的认识。第一,在英语里,任何范畴的重音(如单语素词重音、派生词重音、复合词重音、短语重音和句重音)分布是由重音规则决定的,很大程度上是可以预测的;重音的分布又与句法范畴、形态结构、音段的特点以及音段的组合方式有关。第二,如同其他超音段成分,如声调,重音被置于元音特征矩阵内,也就是说,重音被视作音段的属性。与音段特征不同的是,重音是多值特征而非偶值特征,这也意味着英语重音可以区分出不同的等级,这一点和 SPE 之前诸多文献中对英语重音的描写是一致的(如 Chomsky *et al*. 1956)。第三,英语重音规则是循环的(cyclic),重音规则从最小语法范畴(语素)开始应用,扩展到词,再到复合词、短语和句子,直至推导出整个句子的重音模式。

SPE 通过一系列重音规则描写重音的诸多特性,如达顶性、节奏性和重量敏感性。以词重音为例,达顶性主要通过主重音规则

---

① 详见 SPE 第三章。第三章专门处理英语的重音,涉及词、复合词、短语(和句子)等范畴的重音模式。

(Main Stress Rule,下称 MSR)体现;[1]节奏性通过重音交替规则
(Alternating Stress Rule,下称 ASR)体现;重量敏感性也体现在
主重音规则上。除了主重音规则和重音交替规则外,SPE 提出的
重音规则系统还包括处理复合词重音分布的复合词规则
(Compound Rule,也称为复合词重音规则)以及处理短语和句子
重音分布的核心重音规则(Nuclear Stress Rule)等。由于主重音
指派是循环的,每个特定范畴内只能有一个等级最高的重音。当
该重音被指派到特定元音上时,在之前循环中已被指派到其他元
音的重音则相应地降低等级(重音降级规约,Stress Subordination
Convention,下称 SSC)。重音规则系统和降级规约共同决定了每
个范畴的重音分布。以下我们通过主重音规则和重音交替规则来
简要说明重音规则的拟定和推导过程。

　　SPE 第三章采用逼近法展示重音规则由简到繁的拟定过程。
MSR 最初的版本是针对单语素动词、名词和形容词的重音分布规
律提出的,在进一步考察更多、更为复杂的多语素派生词后,作者
补充了条件、修正了规则。为便于理解 MSR 和 ASR,我们先给出
英语词重音的主要规律。这一部分还可参见 Hill & Nessly (1975:
85 - 86)和 McCawley(1975: 147 - 161)。

　　首先,SPE 区分了强、弱音丛,前者指一个紧元音(包括长元音
和双元音)及后续任意数量的辅音($VV \# C_0$)或任一个元音及后
续的两个或更多辅音(VCC),后者指一个弱化元音及后续的单个
辅音(V̌C)。一些拉丁语源的英语词保留了拉丁语词重音的主要
特点,即词重音位于词的后三个音节中的某一个音节,且强音丛优
先负载重音。具体说来,英语单语素词重音的基本规律如下(斜体
字母表示重音位置所在):[2]

---

　　① 　这些规则也称为英语重音规则(English Stress Rule)或主重音规则(Primary
Stress Rule)。
　　② 　SPE 没有作为音系范畴的音节概念,此处使用"音节"仅为表述方便,强、弱音
丛可看成是音节的韵部。

(5) 动词的重音位置

　　a. 词末音节含强音丛，则重读词末音节中的元音，如 er*a*se，coll*a*pse；

　　b. 词末音节含弱音丛，则重读倒数第二音节中的元音，如 ast*o*nish；

(6) 名词的重音位置

　　a. 词末音节含强音丛，则重读词末音节中的元音，如 mach*i*ne；

　　b. 词末音节含松元音，则指派重音时忽略该元音及其后续辅音，其余部分参照动词重音指派规律。例如，ar*o*m⟨a⟩和 ver*a*nd⟨a⟩在省略词末的松元音后，倒数第二音节由于含强音丛 *o*m（即 V♯C_0）和 *a*nd（即 VCC），因此重音指派类似规则（5a）；而 Am*e*ric⟨a⟩在省略词末的松元音后，倒数第二音节中含弱音丛 ic，因此参照规则（5b）重读其前面一个音节中的元音 e，也即重读倒数第三音节中的元音；

(7) 形容词的重音位置

　　a. 参照动词重音规则：词末音节含强音丛，则重读词末音节中的元音，如 supr*e*me，abs*u*rd，m*a*nif*e*st；词末音节含弱音丛，则重读倒数第二音节中的元音，如 s*o*lid；

　　b. 参照名词重音规则：主要针对末音节为弱音丛后缀＋V̂C 的情形，如 *anecdotal*、*dialectal* 和 *personal* 等词末含后缀-al，该后缀为弱音丛 V̂C，上述各词重音指派参照名词重音规则（6b），结果为 anecd*o*t⟨al⟩、dial*e*ct⟨al⟩和 p*e*rson⟨al⟩。

综上，英语动词重音分布可以写成以下规则：

（8）动词重音规则

$$\text{a. V} \rightarrow [1\ \text{stress}] \bigg/ \left\{ \begin{array}{l} \left[\begin{array}{l} \underline{\quad\quad} \\ +\text{tense} \end{array} \right] \\ \underline{\quad\quad} C_2 \end{array} \right\} C_0]_V \quad （即\ 5a）$$

$$\text{b. V} \rightarrow [1\ \text{stress}] \bigg/ \underline{\quad\quad} C_0 \check{V} C_0^1]_V （即\ 5b）$$

可以看出,(8a)和(8b)涵盖了动词最后一个音节音段组合的所有三种可能。如进一步假设重音规则的应用具有析取关系,或者说任何一个英语单语素动词的重音指派要么应用规则(8b),要么应用规则(8a),则(8)中的规则可以写为(9),并进一步简化为(10):

（9）$\text{V} \rightarrow [1\ \text{stress}] \bigg/ \underline{\quad\quad} C_0]_V$

　　$\text{V} \rightarrow [1\ \text{stress}] \bigg/ \underline{\quad\quad} C_0 \check{V} C_0^1]_V$

（10）$\text{V} \rightarrow [1\ \text{stress}] \bigg/ \underline{\quad\quad} C_0 (\check{V} C_0^1)]_V$

英语名词重音的分布可以用(11)里的规则表示:

（11）名词重音规则

$$\text{a. V} \rightarrow [1\ \text{stress}] \bigg/ \left\{ \begin{array}{l} \left[\begin{array}{l} \underline{\quad\quad} \\ +\text{tense} \end{array} \right] \\ \underline{\quad\quad} C_2 \end{array} \right\} C_0]_N \quad （即\ 6a）$$

$$\text{b-i. V} \rightarrow [1\ \text{stress}] \bigg/ \left\{ \begin{array}{l} \left[\begin{array}{l} \underline{\quad\quad} \\ +\text{tense} \end{array} \right] \\ \underline{\quad\quad} C_2 \end{array} \right\} C_0 \check{V} C_0]_N \quad （即\ 6b）$$

$$\text{b-ii. V} \rightarrow [1\ \text{stress}] \bigg/ \underline{\quad\quad} C_0 \check{V} C_0^1 \check{V} C_0]_N$$

同样,我们假设这些重音规则处于析取关系,因此(11)中的规则可以写成(12),并进一步简化为(13):

(12) $V \to [1 \text{ stress}] / \underline{\hspace{1cm}} C_0]_N$

$\quad\quad V \to [1 \text{ stress}] / \underline{\hspace{1cm}} C_0 \check{V} C_0]_N$

$\quad\quad V \to [1 \text{ stress}] / \underline{\hspace{1cm}} C_0 \check{V} C_0^1 \check{V} C_0]_N$

(13) $V \to [1 \text{ stress}] / \underline{\hspace{1cm}} C_0 ((\check{V} C_0^1) \check{V} C_0)]_N$

采用相同的方法,我们可以得出关于英语形容词(单语素词及带有类似-al 后缀的多语素词)重音分布的初步规则,如(14)所示:

(14) $V \to [1 \text{ stress}] / \underline{\hspace{1cm}} C_0 ((\check{V} C_0^1) + C_0 \check{V} C_0)]_A$

显然,规则(10)、(13)和(14)有诸多相似之处,那么,如何用形式的方式把上述多条规则合并或概括成一条规则便成为 SPE 的关注点。(15)是 MSR 的最初版本:

(15) 英语主重音规则(MSR)(SPE:84)[①]

$$V \to [1 \text{ stress}] / [X \underline{\hspace{1cm}} \begin{cases} C_0 \check{V} C_0^1 \begin{bmatrix} \alpha voc \\ \alpha cons \\ -ant \end{bmatrix}_0 & \text{(i)}[②] \\ C_0 & \text{(ii)} \end{cases}$$

$$/ \underline{\hspace{1cm}} \begin{cases} + C_0 \check{V} C_0]_{NA} & \text{(a)} \\ \check{V} C_0]_N & \text{(b)} \\ ] & \text{(e)} \end{cases}$$

根据析取顺序,上述规则按(ai),(aii),(bi),(bii),(ei),(eii)

的顺序应用。SPE 在第三章中考察了更为复杂的词重音分布模式,并得出了一个复杂得无以复加的 MSR(SPE:240,规则 15)。许多早期经典生成音系学研究如 Ross(1972)、Halle(1973a)、Halle & Keyser(1971)、Schane(1975)等都针对该规则提出了修订意见。这里对 Halle(1973a)提出的修订给予说明。

(16) 修订的英语主重音规则(PSR)(Halle 1973:454)

$$V \rightarrow [1\ stress] / \underline{\hspace{2cm}} C_0(W)(\check{V}C_0)]_{N,\ A,\ V}$$

(16)中的 W 即指 MSR 中的弱音丛 $\check{V}C_0^1$。规则(16)可衍生出四条析取规则,分别对应不同的情形,如下所示:

(17) a. $V \rightarrow [1\ stress] / \underline{\hspace{2cm}} C_0\ W\ \check{V}C_0]$

America,Canada,capital,elephant,fabulous,Connecticut

b. $V \rightarrow [1\ stress] / \underline{\hspace{2cm}} C_0\ \check{V}C_0]$

Wisconsin, Nantasket, Charybdis, Arizona, Massachusetts,Bermuda,Jacob,Gliath

c. $V \rightarrow [1\ stress] / \underline{\hspace{2cm}} C_0\ W]$

edit, elicit, cancel, determine, interpret, imagine(均为动词)

d. $V \rightarrow [1\ stress] / \underline{\hspace{2cm}} C_0]$

Vermont,Saigon,Berlin,achieve,cajole,machine,careen,usurp,elect torment,collapse,lament

在英语的多音节词里,重音有可能被循环指派至多个元音,在应用重音降级规约之后会形成主、次重音并存的格局,这种情形不仅出现在单语素词(如 hurricane,violate)里,更常见于多语素词(如 compensatory,kaleidoscope)。在单语素词里循环指派重音的规则称为重音交替规则(ASR),适用于首个词重音被指派到词末音节元音且该词含有三个或以上音节时的情形;在多语素词里循环指派重音的规则称为重音音节规则(Stressed Syllable Rule,简称 SSR),适用于词干末音节的元音重读、接加词缀后重音前移的情形。ASR 和 SSR 分别表述如下(Halle 1973a:451-452),'V表示重读元音:

(18) **重音交替规则(ASR)**

$$V \rightarrow [1 \text{ stress}] / \underline{\hspace{1cm}} C_0 VC_0 {}^{\prime}V \ C_0]_{N.A.V}$$

ass*i*milate,de*m*onstrate,*a*necdote

(19) **重读音节规则(SSR)**

$$V \rightarrow [1 \text{ stress}] / \underline{\hspace{1cm}} C_0 (W)(VC_0)^{\prime}V \ C_0(+y)]_{N.A.V}$$

ass*i*milatory,comp*e*nsatory,inh*i*bitory,comp*u*lsory,

h*e*terodyne

kal*ei*doscope,h*o*minoid,m*o*lluscoid

不难发现,规则(19)包含了规则(18)的结构描写,因此Halle(1973a)建议用后者取代前者。此外,Halle 还接受了Schane(1975)用"细化规则"(Detail Rule)取代 SSC 来推导词内多个重音语音表达的观点,并将"细化规则"与复合词重音规则合并。值得注意的是,复合词重音规则及核心重音规则并非只用来推导复合词和短语、句子的重音分布,在 SPE 和 Halle(1973a)中,它们还用来推导词内主、次重音的分布。最终,Halle的英语词重音规则系统主要由主重音规则 PSR(规则 16)和重读音节规则 SSR(规则 19)指派重音至不同的元音,再由复合词重音规则以及核心重音规则负责推导主、次重音的语音表达。[①]　下

---

① 除了这四条规则外,Halle(1973a)的英语词重音规则系统还包括去重音规则(Destressing Rule)和词首重音规则(Initial Stress Rule)等两条规则。

面以 *atomicity* 和 *salivatory* 为例说明重音规则的循环应用（Halle 1973a：462）。元音对应的阿拉伯数字表示重音级别，最高为 1，其次为 2 和 3。

（20）词重音规则的循环使用

	$[[[atom]+ic]_A+i+ty]_N$			$[[sali\#v+a\#t]_V+o\#r+y]_A$		
底层表达						
PSR	1			1		
SSR	1 1			1	1	
PSR	1 1 1			1	1	1
SSR	– – –			1 1	1	1
Destress	1（ 1			1（	（	1
CSR	2	1		1		2
NSR	3	1		1		3
表层表达	3	1		1		3

　　从描写角度看，英语重音规则系统通过参考词内音段的特性及组合规律有效推导重音的分布以及主、次重音的语音表达，实现对达顶性（词内只能有一个主重音，即只能有一个重音级别为 1 的元音）、节奏性（SSR 和 Destress 等使重音和非重音、次重音交替出现）等特点的描写。然而，作为描写的工具，重音规则本身无法解释为何重音具有达顶性和节奏性，也无法解释跨语言重音分布的规律（Hulst 1999）。Hyman（1977）对 300 种语言的统计显示：词重音位于第一音节的有 114 种，位于词末音节的有 97 种，位于词的倒数第二音节的有 77 种，而位于词的第二音节的语言只有 12 种。显然，依靠规则本身难以对这些重音的分布特点作出合理解释。此外，重音现象及重音规则还有诸多特性异于音段现象和音段规则，使得人们对采用规则系统描写重音产生怀疑，进而质疑以 SPE 为代表的经典理论对重音本质的

看法,这些质疑成为产生节律音系学的直接动因。

6.3　节律理论的提出

节律音系理论最初由 Liberman(1975)提出,随后比较系统呈现于 Liberman & Prince(以下简称 L & P)(1977)。Liberman(1975)旨在建立一个将话语语调的底层表达形式推导为表层形式的规则系统,或者说建立一个关于语调的形式化体系。为此,Liberman 借鉴了当时刚出现的主要用于超音段成分的自主音段方法的非线性表达方式,假设英语的语调(tune,即 intonation)和话语(text)分属不同的和独立的层面,具体语言的规则生成由 L、H、M 等基本语调元素构成的特定的语调模式(tune pattern),再通过类似联接声调-音段那样的联接规则实现语调-话语的映射,最后通过语音实现规则实现语调的拼读。语调-话语映射是有规律的,映射到语调层面的话语成分总是某些负载重音的成分,但不是所有负载重音的话语成分都会映射至语调层面。这样,如何选择适当的话语成分映射至语调层面就成为语调理论需要解决的重点问题。Liberman 的解决方案是在语调成分和话语成分之间引入节律结构,以节律结构为中介来实现语调-话语映射。这个过程的主要步骤是,话语成分和语调成分首先构建各自的节律结构,再对两个节律结构进行叠加比较,找出在两者中具有一致关系(congruence)的成分并最终形成映射。以表惊诧意义的英语句子"An English teacher?"的语调推导为例(Liberman 1975:116 - 117):

（21）a. 生成语调模式

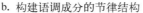

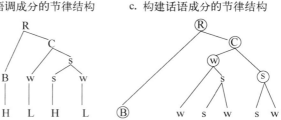

在上述表达和推导中,B 和 $ 标记边界符号,R 为节律结构根节点,C 表示话语成分。在构建完语调成分和话语成分的节律结构(即 21b、21c)后,将语调成分的节律结构"叠加"至话语成分的节律结构,找出两个结构中具有"一致"关系的成分,即(21c)中被圈在圆圈内的各节点,如节点为非终端成分,则顺着该节点隶属的 s 节点延伸找出其对应的终端成分。依此方法最终选择要映射至语调层的音节为 Eng-、tea-、-cher,其中被映射至语调层 H 调(非边界高调)的音节 tea-也被称为最强终端成分(designated terminal element,DTE),因其为节律结构中唯一一个只受制于 s 节点的成分。

不难看出,确定负载整个话语(或句子)重音的成分 DTE 是关键所在,而建立话语成分节律结构的目的之一就是确定该成分。在上节中我们看到,SPE 主要通过主重音规则和重音交替规则来确定词内的重音及次重音,通过 CSR 和 NSR 来确定短语和句子范畴的重读成分。既然 SPE 的重音规则系统能确定词重音和句子重音,为什么还需要引入节律结构来完成同样的工作呢?Liberman 认为,节律结构的引入不但能完成确定映射至语调层面的词、句重音的任务,而且与 SPE 框架的线性分析相比,重音的节律分析更具优势,最重要的是它在观念上更贴近重音的本质,即重音是偶值的、相对的(relational),具有结构性(structural)、层级性(hierarchical)和组合性(syntagmatic)。

L & P(1977:262-263)将 SPE 对重音处理的特点归纳为以下七个方面:

(22) 重音的线性分析特点
 a. 重音为多值;
 b. 非主重音是组合性的;
 c. 重音的不同级别与音段特点无关;
 d. 规则循环应用只适用于重音现象;
 e. 重音规则导致大范围的重音变化;
 f. 重音规则能远距离作用;
 g. 重音规则采取析取顺序。

以上特点不仅存在一些相互矛盾之处,而且反映了重音现象异于音段现象。首先,重音特征赋值为多值,但究竟有多少个值却难以确定。从逻辑上说,句重音的取值数量取决于句子的结构和长度,如果句子长度是无限的,理论上重音的取值也可能是无限的,这和 SPE 确定音段特征取值为偶值明显不一样,也令人怀疑。其次,音段特征的取值具有聚合性(paradigmatic),即在相同环境下的不同取值能形成对立,如 bit 和 pit 的对立是由音节首音位置上的 b 和 p 通过[**浊音性**]特征的不同赋值实现的。然而,非主重音的取值并不是聚合性的。例如,同一个词在句中的重音取值是[2 stress]或[3 stress],不是靠负载重音的音段特性决定的,而是根据 SSC 由其他词的重音取值决定的,这说明非主重音是组合性的。又如,同一个词的非主重音取值之间并不形成对立。简言之,重音作为音段特征本质上是聚合性的,但其实现方式却是组合性的,这就使得上述特点(22a)、(22b)、(22c)之间出现矛盾。此外,在词库音系学(Kiparsky 1982)出现之前,重音规则是唯一的循环性规则;重音规则还能引起大范围的重音分布和等级变化,能引发长距离过程以及规则的析取顺序等,这些特点都使其异于音段现象。L & P(1977)认为,重音这些看似"怪异"的特点都是 SPE 沿用处理音段的线性方法所致,当我们换用节律分析法时,许多"怪异"的特点要么消失,要么顺理成章,得到合理解释。

在比较重音节律分析法和线性分析法的优劣之前,有必要先考察节律音系学的基本假设。首先,节律音系学假设重音是偶值特征[±stress]。其次,重音不是元音的音段特征,而是超音段特征,与音段分离,位于另一个独立的音层。此外,一个范畴(词、短语、句子)的重音分布由该范畴的节律结构决定,重音模式是对节律结构进行解读的结果。节律结构用节律树(metrical tree)的方式表达;节律结构是建立在词、短语或句子层面之上的和抽象的音系结构,如(21c)所示。重音的节律分析过程涉及两个关键步骤:一是构建节律树;二是对节律树上的所有节点赋值,即标记节律树中所有姊妹节点的"轻"(标为 w)、"重"(标为 s)关系。

如何构建节律树? 这在很大程度上取决于节律树由什么成分组成,形成的节律树有何结构特征。根据 Liberman(1975)的定义,节律树是由一个根节点统制的(rooted)、有层级组织(order)和成分关系(constituency)的树形结构。节律树的构建始于话语层面终端的音节,词的节律结构依音节的轻重关系构建,复合词、短语的节律结构依词的轻重关系建立,句子的节律结构依短语的轻重关系建立,当然节律结构和句法结构可能不一致。节律树的所有成分均为偶分,任一成分的两个分枝节点要么呈[sw]关系、要么呈[ws]关系,最小的偶分成分也称作音步(foot)。节律树的结构特点与另一个重要假设——重音是"相对的凸显"——有关。"相对"意味着比较,而比较只能在两个或两个以上成分之间进行,由于两个以上成分的比较都可以分解为两两相比,因此节律树严格按偶分原则(binarity)构建;"凸显"则意味着两个姊妹成分之间必须分出强弱或轻重。根据以上原则,节律树中每个成分的偶分节点只能形成[sw]和[ws]两种合格音步,其他如[s]、[w]、[ss]和[ww]等均为不合格音步,[s]和[w]违反了偶分原则,而[ss]和[ww]则未区分轻重,如(23)所示:

(23) a. 合格音步

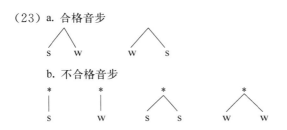

b. 不合格音步

鉴于词范畴的节律树以词内各音节重音特征的排列为构建依据,L & P(1977)保留了线性分析法的某些步骤,确切地说,在节律树构建之前先应用主重音规则和重音交替规则为各音节指派重音特征。构建节律树的基本原则是在节律成分表达的合格条件基础上演绎出来的。合格条件之一是,偶分原则(23a),要求节律树中所有非终端成分须为偶分结构。合格条件之二是,s 成分对应的音节不能为[−stress],即(24b),这也意味着只有(24a)中的表达是合格的。

(24) a. 合格的成分表达

b. 不合格的成分表达

将(23)和(24)两个合格条件结合起来,不难得出,在重音表达为＋－,＋－－,＋－－－的音节序列中,首先构建的节律树呈[重-轻]、[[重-轻]轻]、[[[重-轻]轻]轻]类型的左向分枝结构,如(25)所示。考虑到英语重音的指派从词末向词首方向进行,L&P(1977)假设节律树的构建也从词末向词首方向"扫描",在到达第一个[＋stress]时,该音节及紧随其后的所有[－stress]音节构建第一个左向分枝结构,之后继续向词首方向扫描并重复以上步骤,直至结束。

（25）左分枝结构的构建

节律树中的非终端节点是如何获得赋值呢?L&P(1977)结合了Schane(1972)的洞见,即英语词汇范畴的主重音落在非词末(音节)位置的倒数第一个位置上,提出了"词汇范畴凸显规则"(Lexical Category Prominence Rule,简称LCPR),见(26):

（26）LCPR:在成分结构[N₁ N₂]中,N₂为重(s)当且仅当N₂
    自身是个分枝结构。

这条规则适用于单语素词、派生词和复合词,故此得名。根据LCPR,如果一个词(确切说是韵律词,即mot,以下用M标记韵律词的根节点)由几个由终端成分构成的左分枝成分组成,则最后一个左分枝成分为重,这样就能实现Schane(1972)对英语主重音位置的归纳。综上,我们得出英语词范畴节律树构建的基本步骤和赋值方法,即在终端成分层面构建左分枝结构,在非终端成分层面依LCPR构建右分枝结构。以*reconciliation*的节律结构构建过程为例,如(27)所示:

（27）a. 指派重音特征

b. 构建左分枝结构

c. 根据LCPR构建右分枝结构

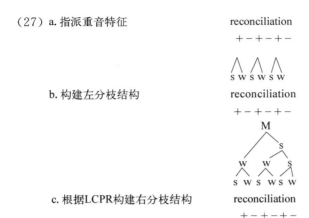

在（27）里，*reconciliation* 各音节的重音特征规律性交替，每个[＋stress]后都接续了[－stress]，因此在构建左分枝结构时所有音节无一遗漏。然而，当两个或多个[＋stress]成分连续出现时，就会出现[＋stress]成分无法解析，或者说无法进入到节律结构中的情形，因为在没有右邻的[－stress]成分时，一个[＋stress]成分无法独自构成左分枝结构。为此，L & P（1977）提出，在完成构建左分枝结构后，未解析的音节两两结合成左分枝结构，如果只剩一个未解析的音节，则根据 LCPR 和已有的左分枝结构结合。如下面（28）对 *Monongahela*，*contractual* 和 *explanation* 的分析。

（28）a. 指派重音特征

b. 构建左分枝结构

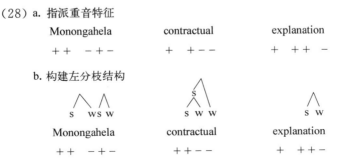

c. 未解析的音节构建左分枝结构

explanation
+ + + −

d. 根据LCPR构建右分枝结构

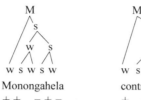

Monongahela   contractual   explanation
+ + − + −   + + − −   + + + −

复合词、短语和句子的节律分析与词范畴的节律分析类似。(29)是 L & P(1977：257)提出的 NSR 和 CSR 的节律分析版本，(30)是这两个规则的线性分析版本，对比二者不难发现前者的优点。首先，前者比后者更简洁；其次，前者没使用像 P、Q 那样的变量；再者，前者在一个局部的范畴 C 内定义 A 和 B 成分的轻重关系，而后者则须借助规则的长距离作用；最后，前者无须借助规则循环应用，而后者必须借助规则循环应用。

(29) 在结构[꜀ABc]中：

    a. NSR：若 C 为短语，则 B 为 s 成分；

    b. CSR：若 C 为复合词，则 B 为 s 成分当且仅当 B 为分枝结构。

(30) a. NSR：V→[1 stress]/ _____ Q C]
            |
         [1stress]

     条件：Q 不含[1stress]；C 为短语或句子范畴。

    b. CSR：V→[1 stress]/ _____ Q (##P) C]
              |
          [1stress]

     条件：Q 不含[1 stress]；P 不含##；C 为词汇范畴。

下面,我们以复合词 *Master's degree requirement changes* 为例比较 CSR 的线性分析和节律分析。(31a)的线性分析显示,必须借助循环推导才能得出正确的复合词表层重音模式 1432,如果不采用循环推导就会像(31b)中那样由于变量 Q 的选择不当而推导出错误的表层重音模式 2212。

（31）

a. CSR 循环推导重音

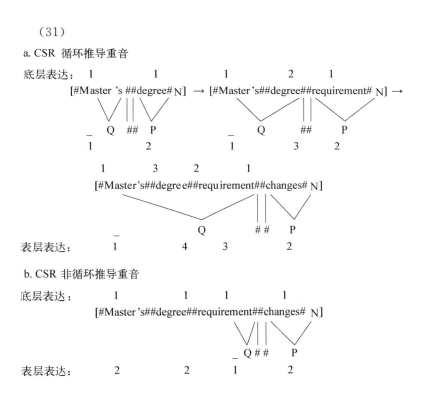

b. CSR 非循环推导重音

(32)是对该复合词的节律分析,这里我们只关注词以上层面的节律结构。对比(32)和(31a)两种分析,可以看出(32)以词的相对轻重为基础推导复合词重音模式,相对于线性分析法依赖 P、Q 等变量更符合说话人的直觉。如在(31a)三次循环推导中,Q 分别指 ster's,ster's ## degree 和 ster's ## degree ## requirement 等由词、词的片段(指 ster's)和词界符号等组成的大小不一的单位,虽然达到了正确推导出复合词重音模式的目的,但计算复合词重音模式何以依赖上述范畴的动因却令人怀疑。

(32) 复合词的节律结构

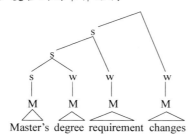

Master's degree requirement changes

和词范畴的节律树一样,在复合词节律树中始终由 s 统治的终端节点负载主重音。由于节律树中所有的轻重关系都是相对的和相互依存的,加之重音特征被看成是偶值而非多值,因此通过节律树来反映非主重音之间的相对关系非常困难。例如,*degree*为轻是相对于 *Master's* 而言的,而 *requirement* 为轻是相对于 *Master's degree* 这部分而言的,*degree* 和 *requirement* 虽然都为轻,但由于不在一个层面上,二者哪个"更轻"在节律树中无法反映。L & P 指出,可以通过以下算法近似反映非主重音之间的关系(L & P 1977:259):

如果某终端节点 t 标记为 w,其重音级别等于统制该节点的节点数量加一。如果某终端节点 t 标记为 s,其重音级别等于统制该节点的最近的 w 以上节点数目加一。

根据上述算法,(32)中各终端节点的重音级别分别为 Master's = 1,degree = 4,requirement = 3,changes = 2,和(31a)中的结果1432 完全一致。

以上呈现了节律音系学的基本假设和构建节律树的主要步

骤。许多重要的概念,如 LCPR 在针对更多事实的分析中不断修订,其最终版本可见 L & P(1977:308)。此外,节律音系学的另一个重要理论工具节律栅(metrical grid)也是在 Liberman(1975)中提出来的,我们待下节再讨论。

重音节律分析的主要特点(L & P 1977:263)归纳如下:

(33)重音节律分析的特点

  a.重音为偶值;

  b.重音是组合性的;

  c.重音不是音段性的;

  d.无须规则循环应用;

  e.重音变化是局部的;

  f.无须远距离作用规则;

  g.无须假设析取顺序。

对比重音线性分析诸特点〔见(22)〕,(22d)、(22e)和(22f)等完全消失,(22b)、(22c)和(22g)虽然依旧存在但顺理成章,这些变化都可归因于(33a)以及与之相关的、对重音本质的全新理解:重音是一种相对凸显,特定范畴的重音模式是该范畴节律结构中所有姊妹节点间轻重关系的整体反映。

由于重音是偶值而非多值,重音特征的取值是确定的,只有[±stress]具有理论意义,而[2stress]、[3stress]乃至[n stress]等只具有语音层面的描写作用。由于重和轻是相对的,只存在于两个姊妹节点的比较中,因此重音从根本上是组合性的(即33b)。重音不是音段固有的特征,而是轻重关系在层级结构中的实现和体现,因此是结构性的,而不是音段性的(即 33c)。使用循环规则的动因是保证前一循环中已实现的轻重关系在下一循环中能保持下来。例如,在(31a)复合词重音模式的推导中,前一循环中非主重音的确立对于确定当前循环中变量 Q 的范

围,从而正确应用 CSR 非常重要。在相应的节律分析中,CSR
只需在姊妹节点中指派轻重关系即可,[2stress]、[3stress]等非
主重音不仅不必要,而且根本不存在;此外,随着各节点结构关
系的确立,轻重关系随之确立,且各成分中姊妹节点的轻重关系
可以同时而无须循环指派,即(33d)。[①] 节律树中能决定或改变
一个节点轻或重的只有其姊妹节点,因此所有变化只在一个成
分中实现,因此是局部的(33e)。由于取消了类似 CSR 和 NSR
中变量 P 和 Q 的作用以及 SSC,规则的远距离作用和变化也随
之消失了(即 33f)。

最后,重音规则采用析取顺序似乎与重音的线性分析无必
然联系。比如,为何总是选择最大限度满足结构描写的那个规
则先应用? 为何一旦应用就排除其他子规则的应用? 为何只有
重音规则采取析取顺序? 但是,如果从节律分析角度考虑,以上
特性不仅具有必然性,而且可以进一步取消析取顺序。每个范
畴的重音模式是由其节律结构决定的,而节律结构是根据重音
特征的分布构建的,因此只有先应用最大限度满足结构描写的
重音规则才能确定重音特征的分布,进而构建节律结构。此外,
一个范畴只有一个与之对应的节律树,因此一旦建立就排除了
其他可能性。只有重音的推导需要构建节律结构,因此只有重
音规则采用析取顺序。总之,在节律理论看来,要确定一个范畴
的重音模式,重音规则的应用只是步骤之一,另一个步骤是建立
和解读其节律结构。经 L & P(1977)重新定义的重音规则是一
条重复性规则(iterative rule),不涉及应用顺序;更为重要的是,
如果把构建节律树的节律规则也看成是一条规则,同样也不会

① 循环规则和重复性规则是两个不同概念。L & P(1977)定义的重音规则属于
后者,但他们否认节律规则的循环性,并进一步假设上一循环的节律树完全解构
(deforestation)之后才开始当前循环中节律树的构建。Kiparsky(1979)则认为节律规
则是循环规则,遵循严格循环条件(Strict Cycle Condition):上一循环中形成的节律结
构(尤其是 s 成分)在下一循环中必须得以保留而非完全解构,只需在此基础上对新加
入的范畴构建节律结构,或对处于新旧范畴交界的节律结构进行有限重组。

涉及应用顺序。据此,分析无须假设规则采用析取顺序,即(33g)(参见 Hayes 1980)。

6.4 节律的表达

　　L & P(1977)的词重音节律分析采用三种表达工具:重音特征、节律树及节律栅。重音的指派是基础,节律树的构建是关键,节律栅的构建是补充。在后续研究中,研究者普遍认识到同时使用三种表达工具存在冗余,并朝不同方向作出了简化节律表达方式的尝试。首先,一个共识是把重音特征从区别特征集合里排除出去。然而,对节律表达是采用节律树、节律栅抑或兼用二者则存在分歧。主张只用节律树的理论也被称为"唯树论"(tree-only theory),以 Hayes(1980)、Hammond(1984)和 Giegerich(1985)为代表。鉴于树形结构含有过于丰富的信息,如何制约节律树的表达成为唯树论的中心课题。另一些研究则将节律栅从表达的次要地位提升至核心地位,主张只用节律栅来表达和推导重音,此即所谓的"唯栅论"(grid-only theory),如 Prince(1983)和Selkirk(1984)等。如何增强节律栅的表达功能使其担负起节律表达的核心作用是节律栅理论的研究重点。早期的节律音系学赋予了节律树和节律栅不同的功能,前者体现节律成分的组织和层级关系,后者体现轻重交替产生的节奏。鉴于二者各自的特点和优势,Hayes(1984a)仍主张二者兼用。不过,最有影响力和代表性的研究——"加括节律栅理论"(bracketed grid theory)——则在"唯树论"和"唯栅论"之间找到了平衡点,结合了节律树和节律栅的优势,该理论以节律栅为核心表达工具,以在节律栅中加括号的方式替代节律树实现对节律范畴成分的组织作用,如 Halle & Vergnaud(1987)、Hayes(1995)、Halle & Idsardi(1995)等。后续各节梳理上述理论和方法发展,讨论它们的差异和优劣。

6.4.1　去除重音特征

　　在 L & P(1977)中,重音特征存在的理据有三:首先,它指引音步的构建,指派[＋stress]成分和其后连续的[－stress]成分构成[sw]、[[sw]w]、[[[sw]w]w]等左分枝音步;其次,以合格条件的形式制约 s、w 的分布,s 对应的成分不能为[－stress];最后也是最为重要的论据是,光靠节律树中的 s 和 w 标记不足以区分定义不同的节律结构。例如,*modest* 和 *gymnast* 都是[sw]结构,但前者的第二音节可以弱化为央元音[ə],后者的第二音节因负载次重音不能弱化,同样的重音模式也体现在 *torment / dormant*、*mascot / musket* 和 *convict / verdict* 等词中。L & P(1977)认为,重音特征有助于显示上述对比,如(34)所示:

（34）

重音特征的出现与否为描写元音弱化规则提供了参照,但包含重音特征的节律分析法无疑带有音段分析色彩,因为没有重音特征的指派便无法构建节律树。更为甚者,重音特征的存在削弱了节律音系理论的跨语言描写能力和预测能力。究其原因,节律结构主要处理词内所有含[＋stress]成分之间的相对轻重关系,但各成分是[＋stress]还是[－stress]则由重音的规则系统决定。对于一个词的重音模式而言,确定[＋stress]和[－stress]的分布与确定[＋stress]成分间的相对轻重同等重要,如果靠节律表达或节律规则就能实现这两个目标,则有可能彻底摆脱音段特征的纠缠,使重音成为一种纯粹的超音段音系现象。果真如此,重音特征[stress]也将成为冗余,可以从音段特征体系中剔除。Prince(1976)和

Selkirk(1980)正是朝着以上思路发展的代表性研究。

　　Prince(1976)提出各种语言的节律构建都采用固定的节律模架(metrical template),该模架定义具体语言中最基本的音步集合。节律模架是一个由终端节点 S 和 W 组成的偶分层级结构,终端的 S 和 W 与音节或莫拉形成映射关系,选择音节抑或莫拉作为映射对象由具体语言决定。映射的结果要求属同一音节的两个莫拉不可分属不同的音步,该原则被称为"音节完整原则"(Principle of Syllabic Integrity)。此外,节律模架有确定的映射方向,是从左向右还是从右向左也是由具体语言决定的。最后,从音节或莫拉向节律模架的映射总是先形成节律模架允许的最大投射。例如,拉丁语的节律模架最大投射为[[SW]W](即 35a),(35b～d)是其他可能的投射,通过删除最大投射中的 W 节点演变而来。(35)中的四种音步构成拉丁语节律模架定义的所有可能音步的集合,m 和 s 分指莫拉和音节。又如,古希腊语和阿拉伯语的节律模架(最大投射)和拉丁语的基本一致,只是对终端的 m 或 s 要求不同,前者为[[ms]m],后者为[[mm]m]。

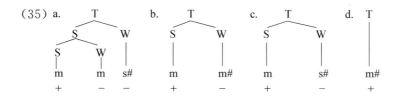

(35) a.

以上节律模架仍使用重音特征,但音步朝着脱离重音特征的束缚更进一步:节律结构的终端成分不是[＋stress]或[－stress]音段成分,而是音节成分 s 或 m,这意味着节律结构的构建可以不以重音特征的指派为前提,而以音节成分结构特点为前提。这样一来,重音特征存在的理据之一——重音特征的分布指引音步构建——不复存在。McCarthy(1982)认为,Prince(1976)的价值在于强调音步在定义节律系统中所起的作用,这让我们意识到词重音的基本特性和跨语言规律很大程度上可以通过音步(包括其构成和类型)、音步-音节(或莫拉)映射机制以及音步的组合规则等有限参数来预测。上述观点为节律理论的进一步发展提供了养分。

　　Selkirk(1980)否定了重音特征在节律结构中存在的另一个理据,即重音特征有助于区分 *modest* 和 *gymnast* 的节律结构。Selkirk 认为有多方面的证据证明音节(σ)、音步(Σ,或称重音步)和韵律词(ω)是普遍语法中的实体范畴,是音系过程的作用域,因此,这三个范畴是普遍韵律层级的组成部分(参见第八章)。此外,通过丰富节律结构的表达,尤其是区分不同的音步类型可以实现区分 *modest* 和 *gymnast* 节律结构差异的目的,如(36)所示:

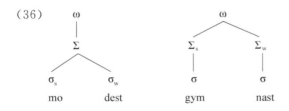

（36）

与 L & P(1977)的节律树相比,Selkirk 提出的节律表达更为丰富,尤其是音步层面在节律结构中被明确标记出来。此外,Selkirk 定义的音步类型更加丰富,在前者中一个音步由两个音节构成,或者说两个音节只能定义一种音步类型[sw]_Σ,而后者则允许音步由一个音节构成,因此两个音节既可能构成一个音步,也可能构成两个音步[Σs Σw],这和 Prince(1976)的处理类似。另一个重要差异在于,音节、音步等概念在前者的音系表达中都不是独立的、具有理论意义的范畴,而在后者里,这些范畴是具有理论意义的普遍韵律范畴。Selkirk 进一步假设,由单音节构成的音步,无论为轻(Σw)或重(Σs)都负载重音,音节中的元音都不能弱化,如 *gymnast* 中的两个音节就属于这种情形。元音弱化只能影响音步内的 w 成分,如 *modest* 中的第二个音节。总之,(36)的关键在于用音步取代重音特征,实现了对音节的组织功能,使重音特征[stress]失去了另一个存在的理据。

　　Selkirk 从韵律音系学角度阐明了音步作为普遍语法范畴存在的价值。根据 Selkirk 提出的原则,定义音步必须考虑三个要素:(一)构造原则或合格条件,规定构成音步的成分及其分枝方向;(二)内部成分的轻重关系;(三)满足上述合格条件的句法域。上述三个要素是定义所有层次的韵律范畴所必需的。英语的音步有两种基本形式,即(37a)中单个音节构成的音步和(37b)中由两个音节构成的音步,而(37c)是所谓的超音步(super-foot),由一个音节嫁接到一个重音步上构成。在这三种音步中,只有音步或超音步统制的轻音节 σ_w 才能被解读为不负载重音的音节。

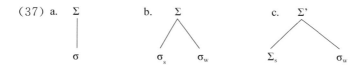

（37）a.　　Σ　　　　b.　　Σ　　　　c.　　Σ'
　　　　　│　　　　　　╱＼　　　　　　╱＼
　　　　　σ　　　　 σ_s　 σ_w　　 Σ_s　　 σ_w

因此,一个词中音节的轻重模式完全取决于词内音步及超音步的组合方式。

6.4.2　节律树

　　L & P(1977)和 Selkirk(1980)的研究以英语为主,少有涉及其他语言。Halle & Vergnaud(1978)则将视野投向跨语言重音现象,他们首次提出通过有限几个重音参数来描写不同语言重音模式的构想。上述思路在 Hayes(1980)中得到了全面的阐述,他的理论以节律树为表达工具,利用了当时关于音步、音节结构的研究成果,并将它们统一至 Halle & Vergnaud(1978)提出的重音参数理论框架中,从而形成了彼时节律分析的"标准理论"。

Hayes(1980)旨在回答 Hyman(1977：37)提出的"何为自然的重音规则"问题。显然,以 SPE 为代表的线性分析法难以回答这个问题,但节律音系理论有可能提供一个初步的答案。在节律音系学看来,重音规则的作用就是构建节律表达并标记(labeling)节律成分,"自然的"重音规则指无标记的节律表达构建及标记规则。节律表达可以分解为不同维度,如节律范畴及其结构特点(或制约)、节律范畴所处的层面、不同节律范畴之间的结构关系、节律树的标记方法等,这些表达维度可以进一步分解为数量有限的参数。我们可以把这些参数理解为表达节律结构的"区别性特征"。与音段的区别性特征系统相似,表达节律的参数系统也应具有普遍性,也是一个有限集合,而且各个参数的取值也是有限的。有哪些参数、如何定义参数、参数如何组合、参数能否有效描写重音现象、能否成功预测自然语言的重音分布类型等是节律音系学关注的中心课题。可以说,重音的参数理论使节律音系学朝着解释充分性的目标迈出了关键的一步。

Hayes(1980)重点讨论了树形几何(tree geometry)的类型和节律成分的标记规则。[①] 这两点在 L & P(1977)和 Selkirk(1980)里都讨论过,但 Hayes 的不同之处在于:以定义无标记的重音规则为切入点,凸显重音参数在节律模式中的意义。他的研究显示,大多数语言的重音系统可以通过数量极其有限的树形几何来描述,因此树形几何及其描写参数构成了节律理论的核心部分。此外,构建树形几何的规则是否反复运行、规则运行的方向等由具体语言决定。虽然标记节律成分的规则呈现一定范围的变异,但这些规则受到制约,也有明显的无标记类型。以上这些都说明,在节律音系学框架中有可能找出自然的、无标记的重音

---

① Hayes(1980)的"树形几何"泛指音步层和词层的节律结构。术语强调节律树的使用和成分的内部结构(geometry),尤其突出分枝与否在构建节律结构中的作用。在介绍 Hayes 提出的方法时,我们沿用这个术语,但在必要时会明确区分音步结构和词层节律结构。

规则的定义要素。

在讨论树形几何类型及节律成分标记规则之前,有必要提及音节理论,尤其是音节内部结构的假设在节律分析中的作用。在 L & P(1977)中,音步的构建参照重音特征的线性排列,但在排除重音特征后,音步的构建参照什么呢? 尽管大多数研究都持有一个前提性假设,即音步的构建以音节为基础。然而,这一假设的确切含义是什么,并且以何种机制来操作音步构建,在当时都不甚明确。在 Kahn(1976)之后,不仅音节作为普遍音系结构单位的概念被广泛接受,而且对音节结构的分析还引进了节律分析法,提出由首音、韵部、韵核、莫拉、韵尾等范畴构成的层级结构和相关假设(详见第七章)。Hayes(1980)借鉴了 Halle 的观点,假设韵部投射(rime projection)是构建音步的基础,或者说音节的韵部构成音步的终端节点。这个机制对于重量敏感型重音系统有特殊意义,因为韵部结构,尤其是韵部是不是一个偶分结构是音步构建必须参照的信息,直接关系到音步结构的构建。在拉丁语中,无韵尾的开音节 CV 不重读,而 CVV、CVC 则重读,因此可以假设前者韵部是非偶分的,后者的韵部是一个偶分结构,构建音步时,前者一般为 w 成分而后者一般为 s 成分。音节理论丰富了节律表达的工具,而节律分析也从词、音步延伸至音节结构。

Hayes(1980:82)提出音步构建包括以下步骤:①

(38) 音步构建规则

　　a. 韵部投射。备选项为韵核投射。

　　b. 选择节点为左重或右重。

　　c. 在允许范围内构建最大的偶分节律树,但隐性节点

_____

① 事实上,Hayes(1980)认为(38)是树形几何的构建规则。不过,由于词层可选参数远少于音步层参数,例如音步可选择"有界"和"无界"两个参数,而词层一般只有"无界"一个参数,因此我们只以音步为例讨论(38)涉及的参数。

（recessive node）不可分枝。备选项包括：

i）所有终端节点不分枝；

ii）支配节点（dominant node）必须为终端成分；

iii）支配节点必须分枝。

（38a）中的韵部投射和韵核投射构成音步的终端节点，二者的差异只对构建重量敏感型音步有意义，而对于构建重量不敏感型音步则无意义。（38b）的作用是选择音步的中心成分为左边节点或右边节点。（38c）假设音步的终端成分可以由一个至多个组成，但构建的总是可能的最大偶分结构。"隐性节点不可分枝"意味着音步要么是一律左分枝，要么是一律右分枝，否则会违反该制约。综合以上两点，合格的左分枝音步可以是[s]、[sw]、[[sw]w]、[[[sw]w]w]，……，[[[sw]w]w]……，合格的右分枝音步可以是[s]、[ws]、[w[ws]]、[w[w[ws]]]，……，[w[w[ws]]]……。从表面上看，（38c）似乎对音步的终端成分数量无限制，这是因为没有涉及其他参数；当加入其他参数后，终端成分的数量都是有限的。选择（38c.i）意味着音步对音节重量不敏感，支配节点和隐性节点对于选择何种重量的音节没有限制，构成重量不敏感型（quantity-insensitive）音步；不选（38c.i）则构成重量敏感型（quantity-sensitive）音步，要求音步的隐性节点上的韵部不分枝，即只能为轻音节，不能为重音节。选择（38c.ii）则意味着音步最多由两个节点构成，构成所谓有界（bounded）音步，否则构成无界（unbounded）音步。选择（38c.iii）则在（38c.i）基础上进一步要求支配节点是韵部分枝的重音节，此类音步也被称为重量决定型（quantity-determined）音步。在（39）中，我们引用 Kager（1995：372）的归纳，区分重量不敏感型、重量敏感型和重量决定型等三种音步，另两个参数设定为左重和有界，H 表示韵部分枝的重音节，L 表示韵部不分枝的轻音节。

（39）音节重量参数及音步类型

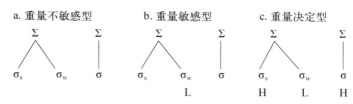

（38）中的参数主要定义音步类型，包括其大小（有界或无界）、结构（是否对重量敏感）和中心成分（左重或右重）等参数。从形式上说，这三个参数可以定义八类音步。① 此外，还需要两个描述音步构建过程的参数：一是方向性，规定音步从左往右或从右往左构建；二是反复性（iterativity），规定音步反复构建，或只选择一端构建单个音步。最后，还需要一个词层面的参数，即选择最左或最右边音步为重成分。下面举例简要说明上述参数，音步和音步以上层面用横线分隔。以玛拉农古语（Maranungu）、东切列米斯语（Eastern Cheremis）、克里克语（Creek）和喀尔喀蒙古语为例说明参数设定。

（40）重音系统（Hayes 1980；1995）

a. 玛拉农古语：主重音为词首音节，次重音落在从左往右数奇数音节上。

  音步参数：从左至右，反复，有界，重量不敏感，左重

  词层参数：左重

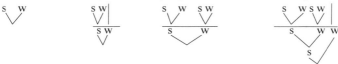

tíralk "唾液" mérepèt "胡须" yángarmàta "昂宿星团" lángkaràtetiì "对虾"

b. 东切列米斯语：重读最后一个元音，如词中只含弱化元音，则重读词首元音。

---

① 这里暂不考虑重量敏感型和重量决定型的差别。

音步参数：韵核投射，从右至左，不反复，无界，重量敏感，左重

词层参数：右重

šiinččaám "我坐" šlaapaážžəm "他的帽子" tóləzən "月亮的" kiídəštəžə "在他手中"

c. 克里克语：词内不含重音节，则重读倒数第一或第二音节，且重音前音节数目为奇数；最末两个音节出现重音节，则重读倒数第一个重音节；重音节出现在词前几个音节中，则重读倒数第一或第二音节，且重音与其前重音节间音节数目为奇数。

音步参数：韵部投射，从左至右，反复，有界，重量敏感，右重

词层参数：右重，仅分枝音步标记为重

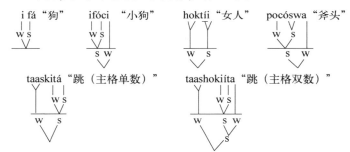

d. 喀尔喀蒙古语：重读从左往右数第一个重音节，如无重音节则重读词首音节。

音节参数：韵核投射，从左至右，不反复，无界，重量决定，右重

词层参数：左重

bosguul "逃亡者" bariaad "握住后" xoyə dugaar "第二"

  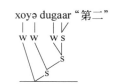

ali "哪个" xööbərə "领导人"

节律成分的相对轻重关系一般遵循两条规则:一是支配节点标记为 s,隐性节点标记为 w;二是支配节点标记为 s 当且仅当支配节点本身分枝。很明显,第二条规则类似 L & P(1977)提出的 LCPR,即在词层面由两个音步构成的分枝节点为 s。例如,在英语[[Óma]$_s$ [hà]$_w$]、[[Chìpu]$_w$[[néti]$_s$[coók]$_w$]$_s$]、[[Nàn]$_w$[tásket]$_s$]、[[hàma]$_w$ [[mèli]$_w$[[ánthe]$_s$[mùm]$_w$]$_s$]$_s$]等中,音步层为左重,词层为右重,如果一个词只含两个音步的话,标记为 s 的音步一定是个偶分音步,如 Omaha 和 Nantasket 的对比;如果词内有三个或以上音步,则一般后两个音步先组合成一个 s 成分,这也意味着 DTE 一般落在倒数第三音节,如 Chipuneticook 和 hamamelianthemum 所示。对于重量敏感型重音系统而言,音步内的 s／w 标记和韵部是否分枝相关,一般的情形是韵部分枝的音节为支配节点,标记为 s。

Hayes 认为重音参数理论能预测和描述很大一部分语言的词重音模式,而针对不能用现有理论有效处理的重音系统,他主张在现有理论框架内使用另两个工具——节律外成分和去重音规则(destressing rule)——来补充,但反对通过扩充音步类型尤其是允许三音节音步(ternary foot)来处理,因为这样会过度生成一些不存在的音步类型和重音系统,从而削弱理论的解释力。以下我们重点讨论节律外成分。

所谓节律外成分就是假设某些位于词或短语末端的结构成分(音段、辅音韵尾、音节、音步等)在构建节律结构时可以忽略不计。节律外成分初见于 L & P(1977)对某些英语词重音例外现象的讨论中。按 LCPR 的预测,*Aristotle*、*allegory*、*alligator* 等词的主重音本该落在倒数第二音节上,因为该音节属右边音步且该音步分枝。如(41)所示:

(41) * Àristótle　　　 * àllegóry　　　 * àlligátor

然而,实际上这几个词的主重音落在左边音步的 s 成分,即首音节上。L & P(1977)的处理办法带有 SPE 规则的色彩,即假设以上各词词末音节中的韵部成分底层表达为[－音节性]的响音-l、-y 和-r,其后果是在重音推导过程中以上各词的节律结构并非(41)中的[[sw]ᵥᵥ[sw]ₛ],而是[[sw]ₛ[w]ᵥᵥ],根据 LCPR 主重音落在词首音节,因其所在音步为分枝音步,词末音节中的响音通过一个成音节规则变成音节核-i、-l̩ 和-r̩。尽管 L & P(1977)没有明确节律外成分是否应作为一种普遍语法提供的工具,但启发了后来的研究。Nanni(1977)指出英语带后缀 -ative 的形容词也有类似情况,如 ímitàtive、ínnovàtive 等,但显然无法再通过假设底层的不同来暂时排除词末音节在构建音步中的作用。这些例子显示节律外成分一般出现在词末;此外,节律外成分不仅可以是音段也可以是音节甚至是音步,或者说应该是独立的音节范畴或韵律范畴。

Hayes(1979,1980,1982)论证了节律外成分分析作为一种普遍语法手段的合理性。节律外成分假设能系统地解释很多语言中的重音例外现象,使一些语言中看似遵循不同规律的词重音得到统一的处理(更多证据和讨论可参见 Hayes 1995;Hyde 2011),这说明节律外成分有可能是普遍语法提供的一种规则,或者重音参数(Hulst 1995,1999)。更重要的是,节律外成分假设有利于维持 Hayes(1980)提出的音步类型,例如 Hayes(1982)对经典阿拉伯语(Classic Arabic)词重音的分析能够证明节律外成分的存在。根据 McCarthy(1979b)的描写,经典阿拉伯语的词重音分布可以归纳为三条规则:a)重读最后一个超重音步,否则 b)重读最右边但非词末位置上的重音节,否则 c)重读词首音节。例示如(42):

(42) kaatibáat   "作家(阴性复数)"
       yussáariku   "他参加"
       mámlakatun   "王国(主格单数)"
       kátaba   "他写(过去时)"

经典阿拉伯语区别轻（CV）、重（CVV 和 CVC）和超重音节（CVVC 和 CVCC）。以上语料中有两个特别的地方都与词末位置有关。首先，超重音节只出现在词末或短语末而不出现在词中或词首。其次，如果词中无超重音节，只有多个重音节，则重音位于最右边的重音节，但需要排除词末位置的重音节。若用参数理论来描述，经典阿拉伯语词重音参数可归纳为：

（43）音步层：韵部投射，从右至左，不反复，无界，重量敏感，
　　　　　　　左重
　　　　词层：右重

然而，上述参数预测 *mamlakatun* 词重音应位于词末而非词首音节。为此，McCarthy（1979）假定构建音步时重量敏感对词末位置上的音节无效，但为何无效却没有做说明，这显然不是一个有说服力的解释。Hayes 指出，如果假设在音步构建之前应用节律外成分规则，在该语言中体现为将词末音段排除在节律计算之外，那么以上两个特殊之处便能得到合理解释。运用节律外成分规则，(42)中的 *kaatibáat* 变成 *kaatibaa*，*mámlakatun* 变成 *mamlakatu*，即词末的超重音节和重音节分别"降格"为重音节和轻音节。这样一来，在计算节律时，词只有重音节和轻音节，重音规则随之简化为：重音位于词的最右边的重音节，否则位于词首音节。Hayes 进一步假设，在完成节律结构构建之后，节律外成分通过"离群音节附加"（Stray Syllable Adjunction）规约依附在与其相邻音步的 w 成分上。根据这一分析，超重音节只出现在词末位置以及重量敏感参数不适用于词末重音节的现象不再是偶然的巧合或例外，而是节律外成分导致的两种效应。相较于 McCarthy（1979），Hayes 的节律外成分分析更具有说服力。(44)演示经典阿拉伯语词节律构建全过程：

（44）

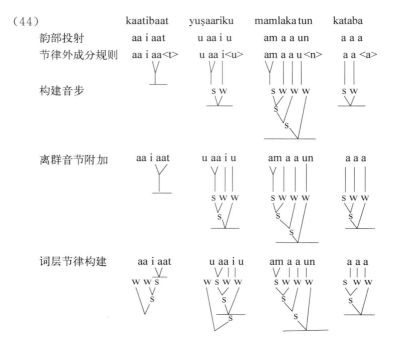

Hayes(1982)还提出，一种语言可能选择不同的节律外成分。在英语中，名词主重音对倒数第二音节的重量敏感，如果倒数第二音节为重音节，这个音节是重音音节；否则重音位于倒数第三音节，前者如 *discíple* 和 *Arizóna*，后者如 *díscipline* 和 *América*。动词主重音往往对词末音节的重量敏感，如果词末音节为 CVV、CVVC 或 CVCC 型，则为重音音节；如果词末音节是 CV 或 CVC 型，则倒数第二音节为重音所在，前者如 *obéy*、*attáin* 和 *tormént*，后者如 *devélop* 和 *astónish*。按 Hayes 的分析，如果将名词词末音节、动词词末音节的音节尾辅音分别视作节律外音段，那么，这两类词的重音分布可用同一条规则来推导：在应用节律外成分规则之后，重音位于最末的重音节；否则，位于倒数第二音节。用重音参数来分析，英语词重音的参数为：

（45）音步层：韵部投射，从右至左，反复，有界，重量敏感，左重

词层：右重

节律外成分分析法的另一个好处是能够避免用三音节音步来解释名词重音可能位于倒数第三音节的情形。与偶分音步相比,三音节音步假设存在过度生成音步类型的问题。Hayes 指出"三音节音步"加上"反复"的两个参数将预测语言里存在着每隔两个音节就有一个重音音节的重音分布格局,然而,跨语言观察显示,这种重音分布类型极为罕见或根本不存在。即便存在"三音节音步",它也只和"不反复"这个参数一起出现。节律外成分这个工具可以在坚持有界和无界这两种基本音步类型的前提下,解释在词边缘位置上才出现的类似三音节音步的情形。在后续研究中,三音节音步一直是一个有争议的议题,例如 Halle & Vergnaud(1987)表示,韵律结构应当允许三音节音步。关于这个问题的更多讨论可参见 Hayes(1995)。

6.4.3　节律栅

节律栅(metrical grid)是另一种表达节律结构的形式手段,常用符号"＊"或"x"表示栅号。为统一起见,我们用 x 来表示节律栅。在 L & P(1977)中,节律栅是节律树概念的衍生和补充,仅仅起到表现节奏的次要作用。节律栅是排列在音节上方的一系列栅号 x,如(46)所示。按横向看,每行 x 对应不同层次的节律范畴,如(46)里,由下至上,第一行是音节层,是音节(或音节韵部)投射的结果,每个音节都有一个对应的 x;第二行对应音步层,即音节至音步的投射;第三行对应词层,是音步至词层的投射。由于只有重成分(或中心成分)才会往上一层投射,因此越往上,x 的数量越少。从纵向来看,每个音节上方的 x 多少不等,但不能在中间形成断层,x 的高度体现了抽象的"重音"的凸显程度,x 数量最多的音节负载主重音,如(46)中的第三音节,x 数量次多的音节负载次重音,如(46)中的词首音节,而 x 数量最少的是无重音音节,如(46)

中的第二、第四音节。纵列的 x 可以理解成不同层面节律范畴的
节奏或频率的交汇点〔intersecting periodicity，见 L & P(1977)〕。
如果把 *Alabama* 看成一个音乐片段，x 看成节拍的话，音节层有 4
拍，音步层有 2 拍，词层只有 1 拍，节拍的交汇点在词首音节和第
三音节；由于词首音节是音节和音步两层节拍的交汇，而第三音节
是音节、音步、词层节拍的交汇点，因此相对而言，前者是次强拍，
后者是最强拍。简而言之，节律栅表达通过栅的高低变化来反映
重音的等级和不同等级重音的交替，最终体现不同范畴内的重音
和节奏变化。*Alabama* 的节律栅表达如(46a)：

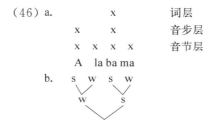

节律树(46b)和节律栅(46a)看上去似乎没多大差异，更像是有着
相同功能和相同运行机制的一种符号系统的两种变体。然而，这
两种表达方式的提出者 Liberman 和 Prince 认为节律表达的核心
是节律树，节律栅只在采用节奏规则(rhythm rule)来解决重音冲
突(stress clash)时才有用处。更准确地说，节律栅提供节奏规则
的结构描写，节律树提供节奏规则的结构变化(即[ws]→[sw])。
重音冲突和节奏规则见(47)的示例：

(47) thìrtéen mén→thírtèen mén

Mìnnesóta Míke→Mínnesòta Míke

Tènnessée áir→Ténnessèe áir

Mòntána cówboy→ *Móntàna cówboy

由上可见,英语重音冲突是两个词的主重音相邻造成的,英语对重音冲突的解决办法是将前一个词的主重音前移至相邻的次重音上,从而使前一个词中原本次重–主重的重音模式变成主重–次重模式,因此这种现象又被称为抑扬颠倒(iambic reversal)。需要指出的是,*Montana cowboy* 一词的重音分布虽然类似 *Minnesota Mike*,但并不形成重音冲突。在节律树中很难反映出节奏规则对于重音冲突调整的动因,因为节律树仅要求节律成分都是轻重或重轻节点的结合,(48)中的节律树都满足这一要求。相对而言,(49)中的节律栅表达能对重音冲突进行统一的概括:如果任何在 n 层面(音步及以上层面)上两个连续的 x 在n−1 层面上也连续出现的话,则形成重音冲突,如(49)各词中用虚线联接的两个 x。按此定义,在(49)里的四个短语中,只有 *Montana cowboy* 不产生重音冲突。节律栅表达对英语节奏规则的描写同样直观,(49)中箭头指示构成冲突的左边 x 往左移,其终点用⊗标示,调整后的表达中再也没有连续两个层面都出现连续两个不间断的 x 情形。相比之下,(48)中各短语的节律树

虽然都满足节奏规则 w s s → s w s(见 Kiparsky 1979)的结构描写,相关节点如(48)中粗体标识,但却无法解释为何该规则在 *Montana cowboy* 里不能应用。因此,Liberman 和 Prince 关于节律栅和节律树分别表现节奏规则的结构描写和结构变化的分工也不尽准确,在几个例子中我们看到单靠节律栅照样可以实现对节奏规则的完整描写。

(48)
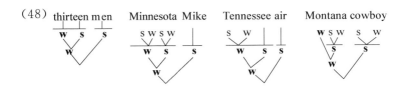

（49）

```
                                        x                   x
            x        ⊗←─x----- x     ⊗ ←   x--- x                    x
   ⊗←x----x       x    x----- x     x     x    x---x          x     x
   x    x----x    x x x x   x     x   x    x   x          x x x  x   x
   thirteen men   Minnesota Mike   Tennessee  air    Montana cowboy
```

L & P(1977)将节律栅置于节律表达的次要地位的观点影响了其后一段时间内的研究走势,尤其在 Kiparsky(1979)提出单用节律树可以有效描写节奏规则之后,节律栅几乎被人遗忘。当时影响力较大的研究,如 Hayes（1980,1982）、Selkirk（1980）、Giegerich(1983,1985)等都采用节律树为表达工具。直到 Prince(1983)、Selkirk(1984)等之后,节律栅方法才重回研究者的视野,到 Hammond(1984)提出"树形节律栅"（arboreal grid）,尤其是 Halle & Vergnaud(1987)提出"加括节律栅"后,节律树才逐渐被节律栅取代。进入 20 世纪 90 年代,节律树表达方式基本上不再被使用,加括节律栅成为标准的节律表达的形式手段。

Prince(1983)指出,L & P(1977)提出的"句法表层表达→节律树→节律栅"双层映射节律表达模式存在冗余,节律树的中介作用不仅多余,而且无效,节律表达的所有作用单靠节律栅完全可以实现;而伴随节律树的取消,节律树理论中的主要工具,如音步、音步类型、节点分枝、节律节点的标记规则、支配节点和隐性节点等均失去了价值。正因为此,Prince 提出的节律栅理论也被称为"唯栅论"。以节律栅表达为中心的节律理论包括几个子理论(Prince 1983：96－97),如下所述。

（一）可及性理论（the theory of accessibility）：规定节律运算可及的成分主要处于边缘位置。主要规则包括终端规则（End Rule,下称 ER）和节律外成分规则;前者将某一韵律层面的节律成分投射至更高一层,使其成为相对更重的成分,后者将特定范畴层面的边缘成分排除在节律运算之外。

终端规则 ER 含三个参数（E；L；FCO）：L＝{音步,词,短

语}等韵律层面,E={首,末}两端,FCO={允准,不准}(Forward
Clash Override,重音冲突覆盖,也即允许词内出现重音冲突)。

　　节律外成分规则 e/m 含三个参数(E;C;L):E={首,末}两
端,L={音节,音步,词……}等韵律层面,C={辅音,元音,音段,
莫拉,音节,语素,词}等成分。

　　(二)节奏理论(the theory of rhythm):要求表层重音模式
避免重音冲突。主要包括完美节律栅规则(Perfect Grid rule,下
称 PG)和移动 x 规则(Move x rule);前者使特定层面的节律成分
最大程度形成无重音冲突的"完美"节奏,后者将形成重音冲突的
节律成分移开。

　　完美节律栅规则 PG 含三个参数(D;A;FCO):D={从右往
左,从左往右},规定建立节律栅的方向;A={波峰,波谷},规定建
立的节律栅以波峰(peak)或波谷(trough)开始,FCO={允准,
不准}。

　　移动 x 规则 Move x 含两个参数(D;L):D={从右往左,从左
往右},L 为韵律层面。移动 x 规则将 L 层面构成重音冲突的某个
x 往左或右移至可能的最近节律栅位置。

　　(三)音节理论:制约音节向节律位置(即节律栅)的投射。
重、轻音节的差异不是韵部是否分枝,而是前者含两个莫拉,后者
含一个莫拉,莫拉根据具体语言中相关音段的[音节性]、[响音性]
等特征定义。

　　重量敏感规则 QS:重音节总是占据两个节律位置,轻音节只
占据一个节律位置。

　　莫拉删除规则(Mora Sluicing, MS):可附加于重量敏感规则
之后,其作用是将重音节中第二个莫拉位置从节律栅中删除,从而
产生单一节律栅位置的表达。

　　(四)韵律层级理论:定义形态-句法成分和节律栅层级及音
系范畴之间的关系。

　　由上可见,和节律树理论类似,节律栅理论同样需要依靠一套

参数化的规则来建立和操控节律表达,并以此为基础进一步来描写重音模式和重音现象。Prince 认为,节律栅表达系统不仅能更简洁地描写重音冲突及节奏规则,而且对跨语言重音系统的预测更具约束力,因此是一种更加可靠的形式手段。

我们先看英语节奏规则的处理。前面提到了两种处理方法,一种是 L & P 的"节律树+节律栅"处理法,另一种是 Kiparsky 的节律树处理法。这两种方法都存在问题,前者的问题主要是表达冗余,而且将节律树投射至节律栅的算法也存在不足,后者的问题主要是难以预测和描写反复运行的节奏规则(iterative rhythm rule)。在 L & P(1977)中,节奏规则的结构描写靠节律栅实现,结构变化靠节律树实现,如(48)和(49)中的例示。之所以用节律栅来实现结构描写是因为通过节律树来实现更为复杂。以最简单的方式来描写节奏规则可以写成[ws]→[sw],但仍需加入必要的限制条件,如(50)所示:

(50) 节奏规则(Hogg & McCully 1987:144)

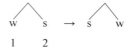

    条件 1:成分 1 不能是无重音的成分;
    条件 2:成分 2 不能是短语中最重的成分。

条件 1 适用于类似 *maròon swéater* 和 obèse tútor 的短语中,第一个词的首音节无重音,其元音可以弱化为央元音 ə,在此环境中一般不能运行节奏规则;条件 2 适用于类似 *antíque dèaler* 和 *Chinése èxpert* 的复合词中,主重音在第一个词而非第二个词中,而根据条件 2,节奏规则作用的对象只能是某个范畴中的次重而非主重音,因此在此环境中也不能运行节奏规则。将(50)中的部分条件通过树形表达体现出来是 Kiparsky(1979)的贡献,他把节奏规则表述为[[ws]s]→[[sw]s],如(51)所示。(51)的优势在于将(50)中的条件2,即次重-主重形成的"冲突"在节律树中表现出来。然而,(51)仍无法表现条件1,这是因为[[ws]s]只能反映w是个轻节点位置,而处于该位置上的音节是否也负载次重音仍无法表现。正因为如此,(51)中的结构描写只能是节奏规则的必要但非充分条件。

(51)

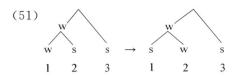

在节奏规则的描写方面,节律树表达的另一个不足之处是,它难以描写反复运行的节奏规则。例如,短语 *almost hard boiled egg* 的句法结构可以是[[almost hard][boiled egg]],也可以是[[almost [hard boiled]]egg],这里我们只关注后一种情况。(52a)是[[almost [hard boiled]]egg]对应的节律树表达,由于满足了节奏规则的结构描写(51),因此诱发了(52b)中的结构变化,使短语 *almost hard boiled* 中本来在 *boiled* 上的次重音移至 *almost* 上。

(52)

a. almost hard boiled egg → b. almost hard boiled egg → ?? c. almost hard boiled egg

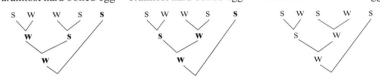

(52b)不满足(51)的描写,因此(52b)本应阻断节奏规则的运行,然而,事实是节奏规则进一步产生作用使该短语出现(52c)那样的表

层表达。这说明(51)的结构描写过于严格,难以预测反复运行的节奏规则。当然,我们从描写角度可以放松(51)的结构描写,使其诱发(52c),如(53)所示(见 Hogg & McCully 1987：146)。Prince (1983：39)指出,无论是(50)、(51)还是(53),对于节奏规则的两个要件——重音冲突和作用域——的定义都不是基于独立的原则,尤其是解决重音冲突的作用域问题,仅从音系角度是难以定义的,描写必须考虑到形态-句法因素,因此,节律音系学需要独立的原则和机制来定义形态-句法和音系之间的关系。至此,我们可以理解 Prince 的节律理论为何包括了专门用于处理句法-音系关系的韵律层级子理论了。

(53)

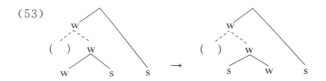

　　Prince 质疑节律树表达的另一个理由是支配节律树向节律栅投射的算法也存在问题。该算法被 L & P(1977：316)归纳为"相对凸显投射规则"(Relative Prominence Projection Rule,简称 RPPR),其表述是：任一成分中的姊妹节点 {s,w},s 投射到比 w 更重的节律栅位置。RPPR 将节律树上节点的轻重转换为各节点对应的节律栅位置上的相对高度 H,要求任一成分中的 s 节点对应的节律栅数量要大于其姊妹节点 w 对应的节律栅数量,即 H(s) > H(w)。对于非终端成分而言,RPPR 要求处于上位的 s 成分比其姊妹节点 w 统制的下位 s 成分更高。以(51)中的节律栅表达为例：根据 RPPR,H(2) > H(1),因为前者为 s,后者为 w 节点;H(3) > H(2),因为 3 是上位的 s 成分,2 是 3 的姊妹节点 w 所统制的下位 s 成分。三个终端位置对应的节律栅高度分别为 H(1)=1,H(2)=2,H(3)=3,因此 H(3) > H(2) > H(1),符合

RPPR 的要求。

　　Prince(1983：23)指出,RPPR 只能反映节律树中部分节点的相对关系,确切地说,RPPR 主要反映了 s 节点间的相对轻重关系,而 w 节点的相对轻重则无法表现。(54)中节点 4 为中心成分 s,其他为 w 成分,根据 RPPR,H(4)＞H(1)、H(2)、H(3)。投射成节律栅表达,(55a)就能体现(54)中的信息。但是,由于 RPPR 不关注 w 节点的相对轻重关系,导致 H(1)、H(2)和 H(3)的关系存在多种可能性,因此我们无法排除(55b－e)中的表达。以上讨论说明节律树无法为节奏规则提供准确的结构描写,节律树-节律栅投射规则 RPPR 会导致节律栅表达的不确定性。

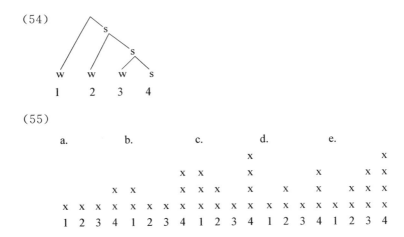

　　鉴于节律树的不足,Prince(1983)首次提出了以节律栅为中心的节律理论。构建节律栅是一个自下而上的过程。首先,音节层的每个音节都投射为一个节律位置 x,接着根据具体语言的要求应用 ER 将音节层节律栅的中心成分投射至音步层,再从音步层投射到词层,从词层投射到短语层。在此过程中,每个层面对 ER 规则的参数设定可能不一致。此外,以上投射过程还可能根据具体语言的要求应用其他规则,如 e／m、QS、PG 等。节奏规则是否应用要视构建好的节律栅是否存在重音冲突。仍以 *almost hard boiled egg* 为例,推导过程见(56):

(56)
```
                          x              x            x ⎤
               ⊗ ----x    ⊗              x  ⊗         x ⎥ 短语层
      x        ☒---- x     x   x        ☒--x    x   ☒  x ⎥ 词层
      x        ◈ ----x     x   x        ◈---x    x   ◈--x x ⎥ 音步层
      x   x    x   x   x   x   x x x    x x x   x   x x x x ⎦ 音节层
        [[almost [hard boiled] egg]  →              →
```

(56)中虚线两端形成重音冲突,英语解决重音冲突的方法是将冲突左方的 x 往左平移至其可能的最近的落脚点。(56)里有两点值得注意。第一,并非所有的重音冲突都能得到解决。根据重音冲突的定义,(56)在短语层、词层和音步层均形成重音冲突,但只有短语层和词层的冲突得到解决,音步层的重音冲突并没有解决。第二,移动 x 受到诸多因素制约。例如,(56)中的 ☒ 在其上部的 ⊗ 没有移动之前不可移动,否则会形成不合法的节律栅表达,因此节律栅的结构特点限制了移动 x 的可能顺序。另外,表层表达对移动 x 也可能产生制约,例如,(56)里音步层的重音冲突并非没有解决的机会,◈ 在推导的前两步都有运行移动的可能,只是词层的 ☒ 移动至其上方后才丧失了移动的机会。这是否意味着重音冲突的解决要参照从最外层最大作用域逐步往内作用呢?(57)显示并非如此。

(57)
```
                x                          x                        x
        ⊗ ---- x                  ⊗ ----x    ⊗                      x
        ☒--x     x                ☒         x   x        ☒          x
     x   x   x         x           x        x   x        x    x x   x
     x   x   x   x   x   x         x x x x x x   x x x   x x x   x x x
        [[[thirty-two] twenty] blues]  →              →
```

在(57)中,移动 x 如果是从最外层的 ⊗ 开始作用的话,唯一可能的终点是 $\boxed{x}$ 之上的位置,而一旦如此,$\boxed{x}$ 就没有进一步往左移动的可能。(57)说明移动 x 应用的顺序只可能是 $\boxed{x}$ 先往左移,接着 ⊗ 移至 $\boxed{x}$ 之上,这说明作用域的大小并非移动 x 运行的决定因素。此外,在(57)中音步层即便在推导的最后一步仍旧有可能应用移动 x。如何解释(56)、(57)中音步层在满足移动 x 的条件下不运行该规则呢? Prince 提出应用移动 x 解决重音冲突时不能又产生新的冲突,这也意味着表层表达对于重音规则是否运行具有一定的制约作用。

不同类型的重音系统用节律栅表达同样也可以实现,而且对某些类型的重音系统预测较之节律树理论更有约束力。先看节律栅如何表达有界重量敏感型重音系统。例如,McCarthy(1979)将阿拉伯语开罗方言的词重音归纳为:1) 重读词末超重音节(CVVC);否则,2) 重读位于倒数第二音节位置的重音节(CVV 或 CVC);否则,3) 重读倒数第二或第三音节,视该音节与非词末重音节之间是否间隔偶数数目的音节,或当词中只含轻音节时,则视该音节与词首音节是否间隔偶数数目的音节。用节律栅来表达,则可以归纳为以下参数:

(58) 阿拉伯语开罗方言词重音节律参数:

　　a. QS:重音节占据两个节律栅位置,即重音节负载重音。

　　b. e/m:最后一个音节(韵部)为节律外成分。

　　c. PG(LR;pk):从左至右构建波峰-波谷型完美节律栅。

　　d. ER(F):将音步层最末端节律栅投射为词主重音。

(59)

```
                                              x
                        x                     x
        x  x           x  x          x  x x
a. bu xa (la) PG (LR; pk)→ bu xa (la) ER(F)→ bu xa la
```

```
                                                                    x
                                       x                  x         x
       x  xx         QS      x  xx    PG     x  xx    ER(F)   x  xxx x
b. ʕa mal (ti)  ──────→  ʕa mal (ti) ────→ ʕa mal (ti) ──────→ ʕa mal ti


                            x                     x                  x
   xx x x       QS      xx x x       PG     xx  x x    ER(F)  x x x x x
c. mux tali(fa) ──────→ mux tali(fa) ────→ mux tali(fa) ──────→ mux talifa


                                                                    x
                      x  x  x                     x  x  x
   x x x x x          x x x x x                   x x x x x  xx
d. šaǰaratahu (maa) ──PG──→ šaǰaratahu (maa) ──ER(F)──→ šaǰaratahumaa


                            x                x  x                x  x
   x x  xx      QS      x x  xx     PG    x x  xx    ER(F)  x x  xxx
e. sakaki i (n)  ──────→ sakaki i (n) ────→ sakaki i (n) ──────→ sakaki i n
```

阿拉伯语开罗方言依次应用 e/m、QS、PG 和 ER 等规则推导词重音的分布模式。e/m 将词末音节(或最后一个韵部成分)排除在节律计算之外,使词末轻音节不能负载重音,但词末超重音节即便应用该规则仍占有两个节律位置,保证了后者应用 QS 和 ER 规则后负载主重音(见 59e)。QS 将除词末重音节以外的所有重音节投射为音步层的重成分,既保证了倒数第二个位置上的重音节负载主重音(见 58b),又保证了其他位置上的重音节负载次重音(见 59c、59d)。PG 规则对于选取音步层上的重位置有重要作用,如(59a)、(59d)应用该规则后投射到音步层后,前者只有首音节,而后者有第一、三、五音节,这也导致了二者主重音分布的差异。需要指出的是,关于重音节含两个莫拉,在音节层占据两个节律位置的假设对于 PG 规则的应用有影响。例如,如果假设 *muxtalifa* 的词首重音节占据一个而非两个节律栅位置的话,应用 PG 规则后,音步层的第二个投射位置不会落在倒数第三音节-*ta*-上,而会落在倒数第二音节-*li*-上,这样势必推导出错误的主重音位置。

再来看无界音步重音系统。此类重音系统缺乏有规律的重轻或轻重节奏交替,因此无须应用 PG 规则。如果不考虑 e/m 规则的话,ER 和 QS 规则会预测存在三大类无界音步重音系统(Prince 1983: 77):

(60) 无界音步、重量敏感重音系统

第一类:固定重音型

i) 重读首音节和重音节,如科雅语(Koya)

ii) 重读末音节和重音节,如西格陵兰爱斯基摩语

第二类:重读一端重音节或另一端非重音节(默认值)

i) 重读最末一个重音节,否则重读词首非重音节,如古典阿拉伯语、东切列米斯语(East Cheremis)、楚瓦什语(Chuvash)、印地语(Hindi)、华斯特克语(Huasteco)、东哥里斯努边语(Dongolese Nubian)等

ii) 重读第一个重音节,否则重读最末非重音节,如克米语(Komi)

第三类:重读一端重音节或同一端非重音节(默认值)

i) 重读第一个重音节,否则重读词首非重音节,如弗列语(Fore)、蒙古语、雅纳语(Yana)

ii) 重读最末一个重音节,否则重读词末非重音节,如阿瓜卡特克语(Aguacatec)、高林语(Golin)

以上三类系统均应用了 QS,差别在于第一类重音系统的 ER 在音步层和词层采用了相同参数,也即同时采用 $E(I, \Sigma)/E(I, W)$ 或同时采用 $E(F, \Sigma)/E(F, W)$;第二类重音系统的 ER 在音步层和词层采用了相反的参数,即采用 $E(I, \Sigma)/E(F, W)$ 或 $E(F, \Sigma)/E(I, W)$;[①]第三类重音系统和第一类相似,但缺少音步层的参数,

---

① 终端规则的参数中,Σ 和 W 分别指音步层和词层,I 和 F 指特定层面上的首、末节律位置。

只设置词层参数。

以上讨论显示节律栅表达极大简化了 L & P(1977)的"节律树＋节律栅"的表达方式,节律栅和节律树分别为节奏规则提供结构描写和结构变化的分工的设想是不必要的,在对移动 x 进行形式化定义和限制后,光靠节律栅表达完全能实现对节奏规则的描写。然而,节律树的另一个主要功能——对节律范畴的组织——在节律栅中难以实现。事实上,Prince(1983)否认了音步对于节律范畴的组织功能,他认为音步作为一个层面有存在的必要,但节律栅理论无须假设音步具有内部结构。然而,越来越多的证据显示音步是一个有内部结构的节律范畴,虽然音步之上的节律范畴可能无须假设内部结构。

6.5　音步的音系学证据

节律音系学和韵律音系学都关注对音步的音系证据的搜集,前者可见 Kiparsky(1979),McCarthy *et al*.(1985),Halle & Vergnaud(1987),Kenstowicz(1994),Kager(1995;2007),Hayes (1995),Vaysman(2009),Hammond(2011),Gordon(2011),Hermans(2011)等研究和相关章节,后者可见 Nespor & Vogel (1986/2007)和 Selkirk(1984)。从证据的性质看,音步存在的主要证据是:(一)音步定义音系规则的作用域,音段层面的增音和删音规则和音步的交互作用方面的事实尤其具有说服力;(二)音步对某些构词过程起着关键作用,如韵律形态学的研究显示音步决定中缀的插入位置、能为重叠构词提供韵律模架,最小词效应(minimal word effect)也体现了音步对形态过程的限制作用。

首先来看音步作为定义音系规则应用域的证据。Nespor & Vogel(1986:91)以英语送气清塞音的分布为例,说明音步对于定义清塞音送气规则的作用域具有重要意义。以／t／为例,在 *t*yphoon,de*t*ain,*t*errain,en*t*ire,sa*t*ire,longi*t*ude,*t*ree *t*oad, sweet *t*ooth 中,/t/出现在音步首的位置,因此运行送气规则;而在 *sting*,*abstain*,*satyr*,*alter*,*hospital*,*night owl*,*flat iron* 中,由于/t/不在音步首的位置,因此不应用送气规则。例如,*satire* 和 satyr 的差异在于前者由两个音步构成,而后者只有一个音步,即[sa]$_\Sigma$[tire]$_\Sigma$和[satyr]$_\Sigma$,前者中的/t/处于音步起始位置,而后者中的/t/处于音步中间。

另一个事实是温纳巴戈语(Winnebago)里元音增音规则和音步的交互作用(Hale & White Eagle 1980)。温纳巴戈语的元音增音规则被称为多西定律(Dorsey's Law),即在辅音＋响音构成的辅音丛之间插入一个与该辅音丛右邻元音完全相同的元音,如/ho-š-waža/→[hošawaža]。对于词中只含短元音的情形,重音分布规律可大致归纳为:在双音节中重音落在第二音节,在多音节词里,重音落在从左往右数的奇数音节上。如(61)所示:

(61) wajé　　　　　　　衣物　　wijúk　　　　　猫

　　 hipirák　　　　　　带子　　hišjasú　　　　 眼睛

　　 hočičínik　　　　　男孩　　hijowíre　　　　掉进去

　　 hirawáhazraà　　　同意书　hokiwárokè　　 秋千

　　 hakirúikšàna　　　 他紧拉

由于第一音节从不负载重音,可以认为节律外成分规则作用于第一音节(韵部)。(61)还显示该语言重音有主、次之分且次重音交替出现,因此属于有界音步重音系统。综上,温纳巴戈语重音系统可以归纳为(62)(Kenstowicz 1994:567):

(62) a. 在 L0 层将首音节标记为节律外成分;

　　 b. 从左往右在 L0 层建立偶分右重音步;

　　 c. 在 L1 层建立无界左重成分结构。

```
                                    x                    x          L2
                x                 (x  x)               (x  x)       L1
             <x> x              <x> (x x) (x)         <x> (x x)(x x) L0
             d. wa je            ho  čič ínik          hi rawáhazra
```

构词过程中会产生辅音＋响音类型的辅音丛,应用多西定律后表
层结构的词重音出现两种情况,一种保留原词重音位置,另一种则
改变原词重音位置,分别如(63a,63b)所示:

（63）a. ［ho-š-wažá］→hošawažá   生病

　　　　［ha-ra-kí-š-rujìk-šnà］→   拉紧(第二人称)

　　　　harakíšurujìkšanà

　　　　［hi-kro-ó］→hikorohó   准备(第三人称单数)

　　　b. ［maa-ráč］   承诺

　　　　［maa-š-ráč］→maašárač   你承诺

　　　　［hi-ra-kró-hò］→hirakórohò   准备

　　　　［wakripráš］→wakiripáraš   扁蟮

　　　　［hirakróhonìrà］→   穿上衣服,准备好了

　　　　hirakórohònirà   (第二人称)

以上两种情况在 hikorohó 和 hirakóroho 的对比中表现得尤其明
显,在应用多西定律后,前者保留了原词重音位置,而后者改变了
原词重音位置。Hale & Eagle(1980)指出,如果假设词重音的指派
以及节律结构的生成出现在多西定律作用之前就可以解释上述差
异了。如(64)所示:

（64）

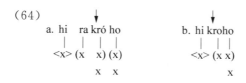

(64)显示,多西定律应用的位置(箭头所指)在这两个词中(对应63b 和 63a 两种情形)是不同的,前者应用于音步范围之内,后者则应用于音步范围之外。假设增音后在 L0 层增加了一个节律位置,对于(64a)而言,新增的节律位置在原有音步中,违反了该语言对于 L0 层节律位置构成有界音步的组织形式,因此诱发了该部分的节律重组,导致倒数第二音节上的重音前移。对于(64b)而言,新增的节律位置不在原有音步中,因此对原有节律结构不产生重组要求,原重音位置得以保留。在 *hirakróhonira* 一词中,多西定律带来的新增节律位置不仅影响了前一个音步的重组,甚至引发了后两个音步的重组,这种连锁反应也被称为"多米诺条件"(Domino Condition)(Halle & Vergnaud 1987:33)。上述三个词的推导过程如下:

(65)

```
          x  x            x  x              x              x  x
  <x> (x x)(x)    <x>(xxx)(x)     <x> x x x (x)    <x>(xx)x(x)
  a. hirakroho  ──→  hirakoroho  ──→  hirakoroho  ──→  hirakoroho

          x                  x
  <x> (x x)        <x>x (x x)
  b. hikroho  ──→  hikoroho

       x  x  x             x   x   x                x   x   x
  <x>(x x)(x x)(x)   <x>(x x x)(x x)(x)    <x>(xx)(xx)(xx)
  c. hirakrohonira ──→ hirakorohonira ──→  hi rakorohonira
```

删音现象和音步的交互作用也同样能为音步成分结构提供有力证据。由于节律成分和音段成分处于不同层面,因此删除音段成分不会导致节律成分的删除,不仅如此,音步的成分结构还预测一个负载重音的音段删除后,该重音将转移至同属该音步的另一个音段成分上。阿拉伯语巴尼-哈桑(Bani-Hassan)方言中的词内元音删除规则和重音之间关系就受上述规律支配。巴尼哈桑方言中,短元音 a 在后有＿＿＿CVCV 环境中脱落,如(66)例示:

(66) báγal 骡子 baγál-na 我们的骡子 bγál-i 我的骡子

   sáḥab 他扯过 ṣḥáb-at 她扯过 sḥàb-tá#uh 她扯过他

   sáaʕad 他帮过 sáaʕad-at 她帮过 sàaʕad-át#uh 她帮过他

   ʕállam 他教过ʔ ʕállam-at 她教过 ʕàllam-tá#uh 她教过他

根据 Kenstowicz(1994：572)的分析,考虑到与重音的关系,可以假设元音 a 是在作为偶分左重音步中心成分的轻音节中出现时脱落。与阿拉伯语开罗方言类似,我们可以假设巴尼哈桑语最后一个音节为节律外成分,在 L0 层从左至右构建有界左重音步,在 L1 层构建无界右重节律结构。以"她扯过他"和"她教过他"的分析为例,如(67)所示:

(67) a.
```
                                                 x
(x   x)              (x   x)              (x   x)
(x x) (x)<x>         (. x)(x) <x>         (x) (x)<x>
saḥab-at-uh    ⟶    ṣḥab-at-uh    ⟶     ṣḥab-at-uh
```
```
              x
(x      x)
(x   x) (x)<x>
```
b. ʕallam-at-uh

(67b)之所以不运行元音删除规则是因为第一个音步中心成分对应的音节不是轻音节而是一个重音节,不满足规则的结构描写。

　　音步成分结构的另一个重要证据来自形态构词,尤其是韵律形态学的研究揭示音步或为某些构词过程提供韵律／节律模架或在加缀过程中限制词干和词缀的相对位置。在伊丁涅语(Yidinʸ)里,语素的复数通过重叠部分词干来表示,重叠部分选择词干的第一个音步,即前两个音节。如 mulari"领头的男人"的复数形式为 mulamulari,gindalba"(一种)蜥蜴"的复数形式为 gindalgindalba。又如,在英语中,-fuckin'-可以作为中缀将一个多音节词隔成两部分,但并非在任意位置隔开。如下所示(引自

Hammond 2011)：

(68) a. a[nnounce]   *a-fuckin'-nnounce
     A[meri]ca   *A-fuckin'-merica
                    *Ame-fuckin'-rica
                    *Ameri-fuckin'-ca

   b. [mun][dane]   mun-fuckin'-dane
     [fan][tastic]   fan-fuckin'-tastic
                    *fantas-fuckin'-tic

   c. [Apa][lachi][cola]   Apa-fuckin'-lachicola
                    *A-fuckin'-palachicola
                    Apalachi-fuckin'-cola
                    *Apala-fuckin'-chicola
                    *Apalachico-fuckin'-la

     [Winne]pe[saukee]   Winne-fuckin'-pesaukee
                    *Wi-fuckin'-nnepesaukee
                    Winnepe-fuckin'-saukee
                    *Winnepesau-fuckin'-kee

(68)显示,该中缀只能出现在两个音步之间,这意味着不能出现在仅由一个音步构成的词中,更不能将一个完整的音步一分为二。英语中缀出现的位置显然需参照词内音步结构,因此为音步及其内部成分结构的假设提供了证据。

　　很多语言构词过程中的"最小词"(minimal word)也为音步的存在提供了证据。"最小词"指最小韵律词(prosodic word)。一个最小韵律词至少由一个合格的音步构成,而一个合格的音步至少由两个莫拉构成,因此一个韵律词至少由一个重音节或两个轻音节构成,轻重音节的结构取决于具体语言对莫拉的定义。最小词的韵律结构能够诱发多种音系过程,这个现象是"最小词效应"(minimal word effect)。以拉第尔语(Lardil)为例。由于该语言只有元音才具莫拉地位,因此最小的韵律词是含长元音的单音节词或含两个短元音双音节词。在拉第尔语中,语素的非屈折形式和底层形式一般情况下是相同的,但必须满足"最小词"的要求,如"海滩"和"矛"的非屈折形式(即底层形式)分别为/kela/和/maaŋ/。如果违反了"最小词"限制,则需要通过词末元音增音来满足最小词的韵律结构要求。例如,"大腿"和"树荫"的底层形式分别为/teɾ/和/wik/,两者都只含一个莫拉,因此其非屈折形式会通过在词末增加元音 a 来提供第二个莫拉,结果产生了和底层不同的非屈折形式[teɾa]和[wika](引自Hammond 2011:973 - 974)。

6.6 加括节律栅理论

众多支持音步及其内部结构的证据使"唯栅论"越来越难以满足描写和解释节律现象的需要,采用何种工具实现节律栅的组织功能也就成为一个必须解决的问题,加括节律栅表达就是在这样一种背景下产生的。所谓加括节律栅即在节律栅左右"加上"括号,用括号来实现组织节律范畴、定义节律域的功能。由于结合了节律树和节律栅的优势,围绕着加括节律栅表达发展出的系列假设形成了一个新的节律音系理论——加括节律栅理论。Hammond(1984)提出的"树形节律栅"可以看成是该理论的早期尝试,Halle & Vergnaud(1987)则代表了该理论的"标准"模型。随后的 Hayes(1995)基本沿用了标准模型,Idsardi(1992;2009)和 Halle & Idsardi(1995)则对"标准"模式做了进一步改进。以下我们介绍 Halle & Vergnaud(1987)的标准模式。

Halle & Vergnaud(1987)重申节律表达的设计应能恰如其分地反映节律现象的基本特征,尤其是重音的抽象性、自主性、非连续性(或节奏性)、达顶性等。重音和音段的内容无直接关系,不受音段增删的影响,因此应被看成是自主的、抽象的空位或占位单位(slot 或 place-holder)。重音无须像声调那样连续排列,更多时候呈现非连续排列,反映为常说的节奏。声调往往是单层的,通过联接线与音段层相连,形成映射关系。重音则需要区分主-次重音、重音-非重音,因此单层结构不足敷用,需要多层结构;加之节律成分有内部结构,因此需要包含成分(constituent)的层级结构方可实现对重音的表达。节律栅本身是多层结构,加括节律栅通过括号"()"标识成分结构。构建节律结构依旧是加括节律栅理论的核心,该理论为此假设了两条参数化的规则及几个(制约)条件:

节律边界规则:在层面 L 上{从左至右/从右至左}构建节律域的边界,也即在 L 层的节律成分两侧加括。(见 Halle & Vergnaud(1987)之规则 21)

中心成分规则:将层面 L 上的所有中心成分投射至 L+1 层。(见 Halle & Vergnaud(1987)之规则 22)

以上规则涉及层面、域、边界、中心成分和方向等参数,以下简要说明。在加括节律栅理论中,节律层面由下至上依次标为 L0、L1、L2,分别指音节、音步和词投射而成的节律空位,为简单表述以下简称为音节层、音步层和词层。节律域即节律成分结构,由边界、中心成分和非中心成分组成;边界和中心成分紧密相关,用三个参数来定义:1) 中心成分终端参数(head-terminal,下称 HT),决定中心成分是否位于成分的边界位置,取值为[−HT]则中心成分不在成分边界端,[+HT]则中心成分在成分边界端;2) 中心成分位置参数 L/R,指中心成分在边界左/右端;3) 有界性参数(boundedness,下称 BND),[+BND]表示中心成分和边界之间只有不超过一个非中心成分,[−BND]则表示中心成分和边界成分之间有不止一个非中心成分。以 L0 层为例,以上三个参数的组合可以形成不同类型的音步:

（69）　　　　　　　　HT　　L／R　　BND

	HT	L／R	BND
无界左重音步	＋	L	－
无界右重音步	＋	R	－
有界左重音步	＋	L	＋
有界右重音步	＋	R	＋
三音节音步	－		＋

以上参数的组合有两点值得注意。首先，中心成分终端参数只有设定为[＋HT]才能进一步设定中心成分位置参数 L／R。其次，允许三音节音步，但仅允许"非中心-中心-非中心"（. x .）这一种三音节音步。只允许一种三音节音步存在是因为"可还原性条件"（Recoverability Condition）要求节律中心成分和成分边界的相对位置能相互印证。也就是说，依据中心和边界二者中任何一个的信息就能"还原"或揭示出另一个的信息。如果三音节音步不仅存在". x ."，还存在".. x"或"x .."等组织方式的话，就无法根据边界还原中心成分的位置，或根据中心成分还原边界的位置。例如，（70）的中心成分在第三个节律空位，如果按三音节音步来组织节律成分，且三音节音步不止". x ."一种结构，那么就会出现（1 2 3）、（2 3 4）和（3 4 5）等三种可能。"可还原性条件"保证了对（70）的三音节音步解析只有（2 3 4）一种可能。

（70）　　　x
　　　　　x x x x x
　　　　　1 2 3 4 5

　　除了"可还原性条件"，Halle & Vergnaud 还提出另外四个条件来制约节律成分的解析。它们是，"穷尽性条件"（Exhaustivity Condition）、"成分最大化条件"（Maximality Condition）、"忠实性条件"（Faithfulness Condition）和"多米诺条件"（Domino

Condition)。"穷尽性条件"要求节律成分无一遗漏地解析到节律域内。"成分最大化条件"要求在满足其他条件的前提下,节律域内尽可能多地包含节律成分。"忠实性条件"要求每个中心成分都是特定节律域的中心,而缺少中心成分的节律域应删除相关节律边界。"多米诺条件"要求对某些音系过程(如增音)破坏的节律域以及受到影响的所有节律成分按原有组织方式重新解析。

此外,仍有两个因素影响节律结构构建,一个是节律外成分,另一个是对重量的敏感性。Halle & Vergnaud(1987)沿用了Hayes(1980,1982)和 Prince(1983)关于节律外成分的假设,在此不再赘述。重量敏感性在节律树和节律栅理论中都是节律构建规则的参数。重量敏感性参数源于 Hayes(1980),主要基于对许多语言中闭音节或含长元音的音节总是负载重音这一事实的考虑。Hammond(1986)将该参数一分为二:(1)中心成分是否分枝?(2)非中心成分是否不分枝? 这两个参数能产生四种组合,如下所示:

(71) | | 中心成分分枝 | 非中心成分不分枝 |
|---|---|---|
| a. 重量不敏感 | 无限制 | 无限制 |
| b. 重量敏感 | 无限制 | 是 |
| c. 重量决定 | 是 | 是 |
| d. ?? | 是 | 无限制 |

Hayes(1980)存在(71a–c)三种情形,Hammond(1986)则认为重量决定型的定义应该为(71d)而非(71c)。抛开二者的分歧,无论是 Hayes 还是 Hammond 都假设构建音步直接参照音节成分是否分枝这一结构信息,Halle & Vergnaud 则认为这种参照具有任意性,主张在节律规则参数系统中去掉"成分分枝/不分枝"这个参数。与 Hayes 和 Hammond 相比,后者虽然也需要对特定的音节(如重音节或自带重音的语素)标示附加符号指引在这些节律位置

上往上一层面投射中心成分,但只允许参照"中心成分分枝",不允许参照"非中心成分不分枝",而且这种参照是间接的。Halle & Vergnaud 认为,在他们提出的理论框架中,完全可以利用已有的概念工具实现对重量敏感的和重量决定型音步的描写。

  针对一些语言只有一个词重音而无主、次重音之分,且词重音位置受不同类型的音节分布的影响这些事实,Halle & Vergnaud 还提出了另一个机制——音层合并(tier conflation),其作用是消除音步层的节律结构,保留词层的节律结构,这和 Hayes(1980)中提出某些语言中无音步层面,只有词层结构是一样的效果。不过,音层合并意味着音步和词层都存在节律结构,而不是直接取消构建音步层节律结构这一步骤,这样保持了节律规则在各层面作用的统一性和普遍性。语言的差异不在于是否运行音步层节律构建规则,而在于是否应用音层合并将词层和音步层的节律结构合并。音层合并后,上一层面的节律结构将"覆盖"下一层面的节律结构,其结果是中心成分对应的节律成分保留,下一层面的中心成分被上一层面的非中心成分"覆盖"而失去了中心地位,根据"忠实性条件",这些中心成分的原有边界被删除。仍以东切列米斯语为例(对比 6.4.2 节节律树理论的分析),词重音位于最末一个完整元音上,在只含弱化元音的词中,重音位于词首音节。采用加括节律栅来分析节律构建规则系统如下:

  (72)a.元音负载重音。

    b.在完整元音对应的 L1 层投射中心成分。

    c.L0 层参数设定为[＋HT,－BND,L]。

    d.在 L0 层添加成分边界。

    e.将 L0 层的中心成分投射到 L1 层。

    f.L1 层参数设定为[＋HT,－BND,R]。

    g.在 L1 层添加节律边界。

    h.将 L1 层的中心成分投射到 L2 层。

　　i. 合并 L1 和 L2 层。

(73) a.　　　　　　　x　　　　　b.　x　　　　　L2

　　　(x　　x　　　x)　　　　　(x)　　　　　L1

　　　(1 2)(3 4 5 6)(7 8 9)　　　(12345678)　　L0

(73)是对两种音节分布情形的分析,(73a)中第三和第七音节中的元音为完整元音(用黑体表示),(73b)中所有音节的元音均为弱化元音。运行规则(72a - h)则获得(73)中的节律结构,显然(73a)预测次重音的存在,不符合该语言的实际。运行(72)后,L2 层面的节律结构覆盖 L1 层面的节律结构,(73a)的 L1 层除最后一个中心成分对应 L2 层的中心成分而得以保留外,其他中心成分因为对应 L2 层的非中心成分而失去中心成分的地位,"忠实性条件"要求删除无中心成分的成分边界,最后得到(74)中的结果。

(74)　　　　　　　x

　　　(　　　　　x)

　　　(12)(3456)(7 8 9)

　　Idsardi(1992)和 Idsardi & Halle(1995)进一步简化了加括节律栅表达,提出了"简化的加括节律栅理论"(Simplified Bracketed Grid,下称 SBG)。SBG 的核心依旧是一套用来建立节律结构的、参数化的规则和制约。规则的主要功能是投射节律空位、界定节律成分边界(即设立括号)、确定中心成分;制约主要用来限制节律规则产生不符合特定语言要求的节律结构。投射规则的基本作用是将每个音节峰投射为一个 L0 空位,在某些语言中也将特定音节(如重音节、特定语素的音节)的左/右边界投射至 L0 层;投射规则的参数包括"左/右"。节律成分边界靠终端标记规则界定,该规则处理 L1、L2 层的节律域的构建,涉及三个参数,即在最左/最右节律成分的左/右端添加一个左/右括号。中心成分位置参数（Head）将最左／最右的节律成分投射至更上一层面。例如,克雅语主重音位于词首音节,次重音位于含有长元音的音节和闭音节。克雅语的节律参数系统可归纳为(75);(76)是对含奇数和偶数音节词重音的分析,阿拉伯数字表示音节序号,标为黑体的数字对应重音节:

(75) L0　　Project：L　　Edge：LLL　　Head：L
　　　L1　　　　　　　　Edge：LLL　　Head：L

(76) L0　　Project：L　　x x x x x　　　x(x x x(x x
　　　　　　　　　　　　1 2 3 4 5　　　1 2 3 4 5 6
　　　　　　　　　　　　(x x x x x　　　(x(x x x(x x
　　　　　　Edge:LLL　　1 2 3 4 5　　　1 2 3 4 5 6
　　　　　　　　　　　　　　x　　　　　x x　　x
　　　　　　　　　　　　(x x x x x　　　(x(x x x(x x
　　　　　　Head: L　　　1 2 3 4 5　　　1 2 3 4 5 6
　　　　　　　　　　　　(x　　　　　　(x x　　x
　　　L1　　Edge:LLL　　(x x x x x　　　(x(xx x(x x
　　　　　　　　　　　　1 2 3 4 5　　　1 2 3 4 5 6

　　　　　　　　　　　　　x　　　　　　　x
　　　　　　Head: L　　　(x　　　　　　(x x　　x
　　　　　　　　　　　　(x x x x x　　　(x(x x x(x x
　　　　　　　　　　　　1 2 3 4 5　　　1 2 3 4 5 6

对于有界音步,还要应用重复性成分构建规则(Iterative Constituent Construction,ICC),在每对成分的左／右加括号。除了上述规则外,SBG 的规则系统还包括节律外成分规则以及 Halle & Vergnaud(1987)提出的音层合并规则。至于制约,Idsardi & Halle(1995)提出,具体语言对不合格的节律表达定义不同,如嘎拉瓦语(Garawa)重音位于从词末往前数的所有偶数音节,主重音位于词首音节,但从不落在第二音节,因此,可以假设该语言不允许在词首出现两个连续的节律中心成分,即*(x(。

　　与加括节律栅论相比,SBG 采用单括号而非双括号来定义节律域,这可以视为一种简化。此外,基于 SBG 的一个重要推论是,并非所有节律成分都必须无一遗漏地进入节律域,这和 Halle & Vergnaud(1987)中提出的"成分穷尽性条件"不一致。与加括节律栅论类似,SBG 也采用了制约。在加括节律栅论中,制约只在所有节律结构构建完成之后统一地抹消所有不合格的节律表达,而在 SBG 中,制约是一种全程性的限制,其作用是禁止施用有可能产生不合格节律表达的规则。关于二者更详细的不同之处,读者可参阅 Idsardi & Halle(1995)和 Liu(2009)。

节律音系学的发展过程体现了生成音系学的形式化理论对最简单最明晰的表达工具的追求过程:从 SPE 的线性规则到后来的非线性表达,从 L & P(1977)的"重音特征+节律树+节律栅"表达到 Hayes(1980)的节律树表达,再到 Prince(1983)的"节律栅表达",再到 Halle & Vergnaud(1987)的"加括节律栅",节律表达工具历经约二十年的研究和发展才最后定型。为什么生成音系学对形式化表达符号如此锲而不舍?这源于生成音系学对形式表达解释力的普遍信念(Hayes 1982:227):

发明一个好符号能揭示起先看似复杂的系统背后的简单性。一个好的形式工具自身就具有生命,能揭示以前没看到的联系并激发进一步的探索。一个成功的符号也能提升我们对儿童可习得的复杂音系统的认识:如果儿童在习得语言时大脑也配备了某些类似我们采用的形式化符号的话,他们的习得任务会变得更加简单。

第七章

音节与主干音层

本章讨论两个相对独立但又密切相关的音系结构范畴：音节（syllable）和主干音层（skeletal tier）。我们首先讨论音节的音系功能和音节作为音系结构单位的证据、音节的音段响度层级基础、音节化过程以及音节内部结构。依据非线性表达假设，不同范畴的音系成分和音系结构单位位于不同的和相对独立的层面，特定层面上的音系过程不受其他层面上音系成分和过程的作用和干涉（Halle & Vergnaud 1980）。在形式上，在不同层面上的成分和结构单位之间需要建立结构关系，构成完整的音系结构表达形式，从而使音系成分和结构单位获得语音表征。根据非线性表达假设，所有的层面通过主干音层组织起来。主干音层是所有层面的中枢。那么，作为一个音系结构范畴，主干音层的本质是什么，它的音系内容和音系功能又是什么？主干音层和音节之间的结构关系又是如何？音系表达理论在寻求对这些问题的具有普遍意义的回答过程中，根据不同语言的事实给出了不同答案。本章集中讨论关于音节、主干音层以及二者结构关系的理论和主要的分析性问题。

7.1 音节作为音系结构单位的证据

在语音学和结构主义音位学里，尽管对音节本质的理解不同，但"音节"是一个有意义的概念，在语言描写中发挥着不可或缺的作用。例如，对音段分布和变异、音段线性配列、超音段成分（如重音、声调）分布和语音历史演变的描写都离不开音节的概念。

生成音系学基础理论

关于音节,语音学和音系学有不同的理解。语音学把音节视为语音单位,结构主义音位学则把音节视为音系单位,是分析音段线性配列的主要依据。如英语 *atlas*"地图册"中的辅音丛-tl-分属 at.las 两个音节。分析的理据是,英语没有以辅音丛 tl-起始的词,所以 t 是第一音节的音节尾音,l 是第二音节的音节首音。因此,音节和音节结构对音段的分布和音段线性配列具有解释作用。从这个角度说,音段线性配列现象是音节结构特点的反映。

在 SPE 理论里,线性的音系表达由一串音段特征矩阵、语素界线符号和句法结构单位符号构成,而"音节"不是音系结构单位,没有作为一个音系范畴的意义,从而导致诸如重音和声调等非音段成分被视作元音的成分或属性。

针对 SPE 对音节的不当认识,Fudge(1969)、Kahn(1976)、Hooper(1972, 1976)、Venneman(1972)、Anderson & Jones(1974)、Bell & Hooper(1978)等诸多研究认为,音节是音系结构单位,其基本功能是音段投射的域;音节是重音、声调的负载单位;音节有内部结构;关于音节内部结构的假设对语言现象有不可或缺的解释作用,许多语言现象只能通过音节结构才能得到描写和概括。

稍后的研究侧重对音节作为音系结构单位的论证。Selkirk(1982)、Kenstowicz(1994)、Blevins(1995)、Hulst & Ritter(1999)、Cairns & Raimy(2011)等认为,音节作为音节结构单位的假设得到了内部证据和外部证据的支持。外部证据包括发音能力、言语失误、语言游戏、儿童语言、对外来词的语音改造以及母语说话人关于音节语感的心理语言学事实等。

我们首先讨论内部证据。综合各家的论证,内部证据包括六个方面的观察和分析。

第一,音节界定音系过程域。在许多语言里,鼻化过程([＋鼻音性]扩散)、紧喉化过程([＋紧喉性]扩散)、阻塞音在清浊方面的同化([±浊音性])、圆唇元音和唇辅音(包括双唇辅音和唇齿辅音)之间的异化过程仅仅发生在音节范围之内。另外,音段的变异通常与这个音段的音节位置有关。例如,在阿拉伯语开罗方言里,音段的咽腔化过程以音节为域(Kenstowicz & Kisseberth 1979)。

第二,音段的脱落、增加与音节特定位置上音段线性配列关系紧密。例如,在音节首音或尾音位置上出现元音增音,多与这些位置上辅音丛的内部成分以及这些成分的配列有关。增音和音段脱落往往发生在两个语素的结合部,是跨语素音节化过程的产物。

第三,音节或音节的中心成分(音节核)是声调、重音或音高-重音(pitch accent)的负载单位;超音段成分的语音表征集中在某一音节上。

第四,音节是韵律结构层级(prosodic structure hierarchy)里的一个小于音步、大于韵素的中间层级单位。我们在第八章再来讨论作为韵律结构单位的音节。

第五,音系规则的应用参考音节的左边界或右边界。在以规则为基础的经典理论里,音系规则参考音节边界是音节作为结构单位的最重要的证据。从形式的角度看,把音节符号引入音系规则能够对规则的结构描写和结构变化作出更精准的表述。以下面两条规则为例:

(1) a. A→B / ＿＿ ｛♯ , CV｝

b. A→B / ＿＿ C｛♯ , C｝

上面两条规则环境的不同在于"开音节"(1a)和"闭音节"(1b)。然而,在 SPE 音系表达系统中,由于没有音节概念,两条规则的条件只能采用析取式表述。虽然析取式规则能够描写符号所表达的音系事实,但无论是规则(1a)里的"＿＿ ♯ 或 ＿＿ CV",还是规则(1b)里的"＿＿ C♯ 或 ＿＿ CC",似乎都是偶然的组合,二者之间没有逻辑关系,需要分别陈述。如果把音节符号写进规则,描写将得以简化:单一规则中的两个条件有了共同之处,即

是同一自然类的两个子集。规则(1a)的两个条件定义开音节,
而规则(1b)的两个条件定义闭音节。有了音节概念,两条规则
无须采用析取式规则复合体。下面以英语边音软腭化现象说明
第五个方面的证据。

英语的边音在 *light*、*sleep*、*lily*、*silicon* 里是齿龈边音[l],
在 *tall*、*tilt*、*Gilbert*、*coral* 里是软腭化边音[ɫ]。如果没有音节
概念,边音变体的分布可以描写为"齿龈边音出现在词首或元音之
前,软腭化边音出现在词末或辅音之前"。这一描写虽然能够表述
边音变体的互补分布,但"词首或元音之前"和"词末或辅音之前"
两个条件都借助了析取条件,导致两个条件是孤立的和不相关的。
然而,如果从音节位置角度看,"词首"和"元音之前"都指音节首音
位置,"词末"和"辅音之前"都指音节尾音位置。因此,若采用音节
位置概念,两条规则里的条件则可依据音节位置加以概括,如(2)
所示:

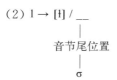

(2) l → [ɫ] / __
|
音节尾位置
|
σ

至此,对边音变体分布的描写无需析取式规则复合体。从规
则的结构描写看,规则必须包括音节位置的信息。

第六,音节界定音段配列的范围。对音段配列的限制必须以
音节特定位置上的音段排列为作用对象才有意义。例如,英语的
bn-是不合格的音节首音辅音丛,而 bl-和 br-是合格的音节首音辅
音丛。在没有音节结构概念的情况下,音段配列的规律和限制只
能以语素结构制约(Morpheme Structure Condition,MSC)的形
式加以表述(Halle 1959;Stanley 1967)。然而,相对于语素或词,
以音节作为音段配列制约的应用范围至少有两个优点。

　　首先,引入音节概念能简化对语素结构制约的描写。以英语辅音丛为例。如果以语素或词为应用范围,英语辅音丛的配列制约需要在语素/词首、语素/词中和语素/词尾等三个位置分别表述;但如果以音节为应用范围,则只需将上述配列制约在音节首(涵盖了语素/词首)和音节末(涵盖了语素/词末)分别表述,语素/词中的配列制约无须表述,因为语素/词中的配列制约是相邻两个音节中前一个音节末和后一个音节首部位配列制约共同作用的结果。例如,英语词首不出现 mr-,词尾不出现-tm;如果以音节为配列制约的作用范围,我们可以推测英语词中不可能出现-tmr-,因为无论-tmr-划分为-t.mr-还是划分为-tm.r-都违反了上述配列制约。但是,如果不以音节为域,分析不仅需要把-tmr-作为词中的辅音丛配列制约单独表述,而且上述事实的内在联系也被掩盖了(Hall 2004:330)。又如,英语词首三个辅音构成的辅音丛结构是 [s]+[p, t, k]+[l, r, w, j]。从音节位置辅音丛角度看,如 *construct* 和 *astronomy*,词内音节划分分别是 con.struct 和 a.stro.no.my,对词内第二个音节辅音丛的分析与词首辅音丛规律是一致的(Halle & Clements 1983)。就其实质看,词的不同位置上的音段配列是音节的不同位置上的音段配列。在理论上,音节结构概念简化了音段配列制约系统。

　　其次,作为音系结构单位,音节对语言现象具有解释作用。对不同语言音段配列的观察(Greenberg 1965;Blevins 1995)表明,原来看似随具体语言要求不同而变化的语素结构制约实际上受到某些普遍性条件的约束,而且跨语言的音段配列差异实际上也是某些普遍性原则作用的结果,例如,响度顺序概括(Sonority Sequencing Generalization, SSG)被认为普遍原则之一(Sievers 1893;Vennemann 1972b;Hooper 1976)。

响度顺序概括(SSG)(Bell & Hooper 1978:11)
　　音节中的音段按以下方法排列:从音节首音至音节峰,音段

生成音系学基础理论

响度增高；自音节峰之后，音段响度降低。

SSG 是音节理论中的最重要的一个假设。围绕着 SSG，生成音系学的音节研究提出了一系列问题：如何定义音段的响度？SSG 在多大程度上具有普遍意义？SSG 和音节化之间是什么关系？语言中是否存在违反 SSG 的音段配列？为什么违反 SSG？本章稍后讨论这些研究问题。

我们再来考察外部证据。卢干达语（Luganda）有一种称作鲁迪基亚（Ludikya）的语言游戏，其形式如（3）所示（Clements 1986）：

（3）卢干达语　　　　鲁迪基亚　　　　语义
　　mukono　　　　nokomu　　　　"胳膊"
　　mubinikilo　　　lokinibimu　　　"漏斗"
　　baana　　　　　naaba　　　　　"孩子"
　　ššuba　　　　　bbašu　　　　　"鸽子"
　　kiwoššolo　　　lošowwoki　　　"蝴蝶"
　　kubašša　　　　šabakku　　　　"在林中工作"

依据卢干达语词内音节顺序，鲁迪基亚语言游戏的规律是对词内音节逆序排列。逆序排列遵守两条游戏规则：第一，以音节为单位。如果卢干达语词有三个音节 ABC，那么，语言游戏的排列顺序则是 CBA，例如 mukono 变成 nokomu，mubinikilo 变成 lokinibimu。第二，原来音节里的音段音长格局保持不变，这里音长既指元音也指辅音音长。例如，如果不考虑音长，根据第一条规则 baana 前后音节换位后应该变成 nabaa，但实际的结果是 naaba，保持了元音在原词的两个音节中前长后短的格局；又如，在 šabakku 里，元音在所有音节中是短元音，但音节首的辅音则是在前两个音节里的为短辅音，在最后一个音节里是长辅音。语言游戏第一条规则为音节的存在提供了证据,第二条规则则为主干音层的独立存在提供了证据。

心理语言学研究也为音节的存在提供了证据。Shattuck-Hufnagel(2011)归纳了几种有助于支持音节范畴存在的心理语言学现象。这些现象包括:一是操母语者有判断音节数量的能力。二是说话人能操控音节成分,诸如首音互换(spoonerism)之类的语言游戏和言语失误都表明不同音节的音节首位置上的音段相互调换位置。三是音节的频率效应,如言语产出研究显示,说话人具有关于特定音节类型频率和音节首音音段序列频率的知识,说明说话人大脑中储存着关于单个音节的信息。四是抽象的音节模架(如 CV)具有启动效应(priming effect)(Sevald *et al*. 1995)。Shattuck-Hufnagel(2011)认为,尽管这些现象可能被用来支持音节概念,但也不能排除从非音系语法角度,如从语言经验的角度,对它们加以解读。

关于语音学对音节的论证,生成音系学内部看法不一。争议的核心问题是,音节是否具有语音学基础。这是音系和语音二者关系认识在音节作为音系结构单位问题上的具体表现。生成音系学的基本认识是,相对于音系证据,音节的语音学证据不仅似乎难以确定,而且,即使可以视为证据也不可靠,况且有些语音学研究甚至否认音节的存在。[1]

① 如何从语音的角度定义音节尚无一致的观点。Ladefoged(2001:226)指出:"虽然几乎人人都能识别音节,但几乎没人能定义音节。"Ladefoged & Johnson(2011)列举了几种常见的从语音学角度定义音节的假设。第一种假设音节由响度顺序原则 SSG 来定义,即每个音节有一个响度峰,出现在其前后的音段响度都要低些。所谓响度是指在其他条件(长度、音高、重读等)恒定的前提下音段固有的响度,其声学表现是音强。发音音系学(Articulatory Phonology)(Browman & Goldstein 1992, 1995)认为,音节内的音段发音连贯性比音节间的音段发音连贯性强,音节内各成分(如音节首辅音和元音、元音和音节尾辅音等)的发音动作在时间上的协同程度高于音节之间的成分。Steriade(1999b)从相邻音段的感知特点驱动对立(license by cue)角度解释音段配列制约和参照音节范畴的中和、同化等音系过程,并认为词中音段配列特性可以参照词边界的配列特点推导出来,因此,音节不必是基本范畴。

关于是否存在抽象的音节范畴，目前仍存在不同认识。Shattuck-Hufnagel(2011)指出，不能因为已有的音系证据能够用音节来解释相关现象就**必须**假设语法中存在着音节范畴，寻找音节存在的新证据仍将是音节研究的主要课题。

7.2　音段响度和音节

如果假设音节是抽象的音系结构单位，那么，首要的问题是如何识别音节，或者说，音节的语音表征是什么？这里，音段响度(sonority)是核心概念，对于音节识别起到重要作用。与此相关的是响度顺序原则(Sonority Sequencing Principle，SSP)和与辅音丛音节划分有关的最小响度距离(Minimum Sonority Distance，MSD)制约。① 另外，还有与相邻音节之间辅音丛结构有关的音节接触定律(Syllable Contact Law，SCL)。下面依次讨论这些原则和制约。

如第一节中所述，根据SSP，从音节首音起，越靠近音节核，音段的响度逐渐增大；从音节核起，越靠近音节尾音，音段的响度逐渐降低。SSP定义了音节范围内音段响度曲线，并以此排除"不可能的"或"反常的"音节结构类型。

尽管研究者对音段响度的音系属性和语音之间的相关性认识不一，而且对音段响度的等级有不同的看法，但SSP在对各种类型的音节分析中仍被广泛使用。

作为具有内在结构的音节和以语音特点定义的音节，二者有本质的不同。二者之间的关系是一个涉及音系-语音关系和音系描写能否排除语音因素的问题。进一步看，如果承认音段响度在对音节识别中的作用，那么，作为声学属性的音段响度如何在抽象的音系语法里得以表达(how sonority is represented in the

---

① 响度顺序原则(SSP)的前身是响度顺序概括(SSG)，二者没有实质性的不同。

grammar)。对此,音节理论大体上有两条思路。第一,把响度定义为特征范畴或音段成分,并采用多值方法区分响度等级,如[**1 响度**]、[**2 响度**]、[**n 响度**](如 Hooper 1976)。第二,音段的响度可以采用主要音类特征以及其他特征加以定义,例如主要音类(元音、响辅音和阻塞音)的响度等级排列是[**－辅音性,＋响音性**]＞[**＋辅音性,＋响音性**]＞[**＋辅音性,－响音性**];又如[**＋浊音性**]＞[**－浊音性**]。音系语法通过对特征范畴和特征值的计算获得每个音段的响度值(参见 Kiparsky 1979;Zec 1988;Clements 1990)。据此,音段响度是对特征范畴和特征值计算的结果,即推导的结果。从语法构建原则角度看,第二个思路在理论上和技术上更可取:一是抽象的音系表达排除了诸如"响度"之类的声学因素,二是排除了因引入多值特征[**n 响度**]而产生的羡余信息,即已有的偶值特征系统足以精确定义每一类音段的响度。概括地讲,以物理属性为基础的多值特征[**n 响度**]既没有音系成分的地位,也没有存在的价值。

区分音段响度等级是一个分析性问题。研究者依据不同语言的音节结构、音段特点和相应的语音表征提出数量不等的响度等级。有的语言区分多达 17 个等级,有些语言只区分 5 个等级(见 Vennemann 1972; Kiparsky 1979; Steriade 1982; Selkirk 1984a; Clements 1990; Zec 2007)。究竟有多少个响度等级,完全取决于分析的需要。这也是生成音系学对音节有语音学基础观点的质疑之处。

下面以 5 个等级响度的分析为例演示音段响度在音节识别中的作用。①

---

①　在对音段响度计算时,不同研究者采用的区别性特征范畴不尽相同,这对不同语言的音段响度等级系统之间的可比性带来一些问题。这里选取主要音类特征(major class feature)及其值来定义音段的响度。其中有些特征和音段的响度等级不完全符合研究者提出的定义。在音段的特征计算法中,关于具体的特征范畴及其值对音段响度的贡献度,更多的是一个技术性问题,在此不展开讨论。

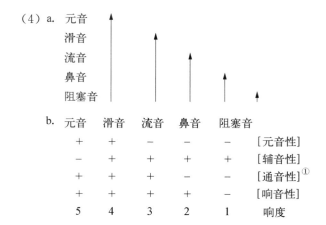

（4）a.
元音	滑音	流音	鼻音	阻塞音

b.
元音	滑音	流音	鼻音	阻塞音	
+	+	−	−	−	[元音性]
−	+	+	+	+	[辅音性]
+	+	+	−	−	[通音性]^①
+	+	+	+	−	[响音性]
5	4	3	2	1	响度

如何根据 SSP 识别音节？以音段串 $C_wC_xVC_yC_z$ 为例。首先，元音 V 构成响度峰；响度峰是音节核音段的语音表征。其次，与元音相邻的辅音 C_x 和 C_y 的响度低于元音的响度，符合 SSP，分别成为音节首音和尾音成分，即 $C_w.C_xVC_y.C_z$。最后，如果 C_w 的响度低于 C_x，C_z 的响度低于 C_y，那么，根据 SSP，C_w 和 C_z 分别进入音节首音和尾音位置。音段串的响度曲线符合 SSP，表明音段串里所有的音段都是以元音为核的音节成分，即 $.C_wC_xVC_yC_z.$。例如，英语 *country* 音节的响度曲线征如（5）所示：^②

（5）
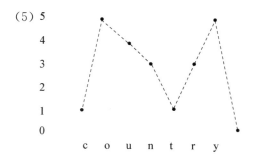

---

① Clements（1990）把[**通音性**]定义为"发音时口腔通道的阻塞程度仅仅允许气流产生不带声的摩擦"。
② 无音段的位置响度等级为 0。

依据响度峰数量,音段串有两个响度峰,说明 .coun.try. 有两个音节。

根据 SSP,音节响度在音节核位置上表现为一个响度峰,向着音节边缘逐渐降低。这里有两个问题需要进一步说明。第一,虽然元音是最理想的音节核音段,但许多语言允许响辅音甚至阻塞音充当音节核成分。在这种情况下,音节核辅音的响度未必大于相邻的非核辅音。例如英语的 *yearn*[jrn],德语的 *wollen*[voln],柏柏尔语(Berber)的[t-wn-tas]"你爬到他身上",贝拉库拉语(Bella Coola)的 *mnmnts*"孩子们"。在这些音段串里,相邻音段的响度差极小,仅仅依赖响度差难以确定音节峰,因此,音节分析还要考虑这些语言对音节位置上音段配列的限制。

第二,位置相邻的元音往往结合起来构成一个音节核。在斐济语(Fijian)里,当非高元音后跟一个高元音时,两个元音结合成一个双元音;当高元音后跟一个非高元音时,两个元音各自构成一个独立的音节。在此,对音节数量的判断只能依靠词重音分布。见(6)(倒数第二音节是词重音所在音节):①

(6) táu-ca　　　"呕吐"　　　而不是 *ta.ú-ca

　　lu.á-ca　　　"触摸"

显然,在一些语言里,仅仅依靠 SSP 是不能完全解决音节的识别(或音节的语音表征)问题的。

如果假设 SSP 是一条普遍原则,那么,最小响度距离原则 MSD(Steriade 1982)则可能属于具体语言,是对 SSP 的补充。MSD 的作用在于判断辅音丛里音段的音节归属。根据 MSD,辅音丛里辅音之间的响度差越大越好。如果音段响度仅区分五个等

---

① 这里还涉及滑音[j, w]和元音[i, u]的音段结构是否相同的问题。另外,这里还存在是否区分不同音系高度元音的响度等级问题。

级的话,辅音丛里音段响度差最大的是"阻塞音＋滑音"(MSD＝3)。这种类型的辅音丛在已知语言里普遍存在。另一个普遍规律是,如果一种语言允许响度差距为 n(n＝{0,1,2})的辅音丛,也一定允许响度差距大于 n 的辅音丛,反之则不然。保加利亚语有 MSD＝0 的辅音丛,如"阻塞音＋阻塞音""鼻音＋鼻音""边音＋边音"及"滑音＋滑音",因此,该语言也有 MSD＞0 的辅音丛类型,如 MSD 为 1 的"阻塞音＋鼻音""鼻音＋边音""边音＋滑音"类型,MSD 为 2 的"阻塞音＋边音""鼻音＋滑音"类型,MSD 为 3 的"阻塞音＋滑音"类型。再如,西班牙语允许的 MSD＝2 的辅音丛,因此该语言也有 MSD＝3 的辅音丛,但却不允许 MSD＝1 或 MSD＝0 的辅音丛(Parker 2011：1168)。

　　跨语言的音段配列研究显示,音段响度仅区分五个等级不足以区分更加细致的响度差,因此产生了多个关于响度等级的假设。就构建响度等级,Parker(2011：1176)提出四条原则,如下:

　　(一) 普遍性(universal):响度等级应适用于所有自然语言;

　　(二) 穷尽性(exhaustive):应区分所有可能的响度等级;

　　(三) 不可逆性(impermutable):响度等级不可颠倒;

　　(四) 以语音为基础(phonetically grounded):响度等级由一致的和可测的语音参数定义。

根据以上原则,Parker(2008)区分了 17 个响度等级(包括两个等级弱化元音),如下所示:

元音类：　　　　低元音＞边缘性中元音＞边缘性高元音＞

响辅音类：　　　滑音＞r 音＞闪音＞边音＞颤音＞鼻音＞

浊阻塞音类：　　浊擦音＞浊塞擦音＞浊塞音＞

清阻塞音类：　　清擦音(含[h])＞清塞擦音＞清塞音(含[ʔ])

从区别特征的角度看,能用于区别响度的特征主要是主要音类特征(包括[**音节性**]、[**辅音性**]、[**响音性**]等)、发音方式特征(包括

[**边音性**]、[**鼻音性**]、[**延续性**])、喉部特征(包括[**浊音性**])等,区别元音响度等级的主要特征是[**开口度**]。当然,没有哪种语言的音段响度系统会区别 17 个等级,所以,大多数语言会合并相邻的等级或忽略某个等级。

音节划分的主要难点在于词中辅音丛的音节归属,可以参照词首的辅音丛来判断,而且首先把最大的符合语法的辅音丛分配给音节首音,这种方法被称作最大首音原则(Maximum Onset Principle,MOP)(Kahn 1976)。英语允许 s 为音节尾音,也允许辅音丛 str 和 tr 出现在音节首音位置,因此,根据 MOP,对 *mistress* 的音节划分是 mi.stress 而非 mis.tress。然而,MOP 并非总是有效。例如,在荷兰语里,词首音节首音最多有三个辅音:s＋阻塞音＋流音,如(7a)所示:

(7) a. stronk   "树干"   b. mis.tral   米斯特拉风①
    splijt   "裂开"   es.planade   "海滨空地"
    sprong   "跳"   Cas.tro   卡斯特罗(人名)

但是,当类似的辅音丛位于词中时,辅音丛内的成分却分属前后两个音节,如(7b)所示。这种音节划分有其独立证据:s 所在音节的元音是松元音,而松元音必须出现在闭音节中,因此这个音节必须以 s 结尾。对词中辅音丛的分析不参考对词首辅音丛的分析的做法可以得到对"阻塞音＋响辅音"类辅音丛的音节分析的支持,如(8)所示:

(8) a. gnoom   "土地神"   b. Ag.nes   阿格妮丝(人名)
    slaaf   "奴隶"   Os.lo   奥斯陆(地名)

(8)里的例子表明,可能的词首音辅音丛 gn-、sl- 在元音之间位置

---

① 地中海北岸的干冷北风。

上的两个辅音分属前后两个音节 g.n，s.l(Hulst & Ritter 1999：15 - 16)。因此，荷兰语音节首位置上真正的最大辅音丛是两个音段，即阻塞音＋滑音。分析表明，词首辅音丛和词中辅音丛的性质和结构可能并不完全相同，因此有必要区分由 SSP 决定的核心音节成分和具体语言音节配列制约(如 MSD，音节首音或尾音附加规则)决定的非核心音节成分；此外，MOP 也并不是一条普遍的和不可违反的原则，而可能只是一种语言倾向。

除了 MOP 外，Venneman(1972)和 Hooper(1976)提出的音节接触定律(下称 SCL)。SCL 对确定词中辅音丛的音节归属也有参考价值。根据 Davis & Shin(1999)的定义，SCL 要求在两个相邻音节中，前一音节尾音位置上的辅音响度比后一音节首音位置上的辅音响度要高，且响度差越大越好。简言之，SCL 更"青睐"在前后两个元音之间的辅音响度呈下降走势，如-VlkV-比-VklV-更好一些。诸多证据显示，如果违反了 SCL，即出现两个元音之间辅音响度呈上升走势，很多语言会采取诸如增音、换位、同化、去响音化(desonorization)等手段，重新调整辅音丛的响度走势。用来证实 SCL 的证据很多，不仅有共时的，而且还有历时的。违反SCL 的音节结构的音系表达形式能够诱发音系过程，相关的论证和归纳见 Gouskova(2004)、Seo(2011)和 Parker(2011)等。

例如，早在 Hooper(1976：221)里，西班牙语词中辅音丛-nr-在不同方言里的演变被视为 SCL 作用的结果，如(9)所示：

(9) a. venirá＞venrá ＞ven*d*rá(d 是增音)"将要来"
    b.   ＞ver*n*á(换位)
    c.   ＞ve*rr*á(同化)

venirá 演变成 *venrá* 后，产生了诸如-nr-之类的响度呈上升趋势的辅音丛，违反了 SCL。对此，不同方言采用了不同的手段：或在nr 之间增加 d(9a)，或把 nr 换位成 rn(9b)，或把 nr 中的 n 同化为

r(9c)。但不论是 nd,还是 rn,还是 rr,其结果都是改变了已有的响度上升走势,变为 nd、rn 类型的下降走势,或诸如 rr 之类的前、后音段响度相同的走势。

然而,并非所有语言都需要或都遵守 SCL。Clements(1990)指出,没有必要专门为词中辅音丛设立 SCL 之类的条件。SCL 完全可以从响度离散原则(Sonority Dispersion Principle,SDP)推导出来。响度离散原则要求音节首音至音节峰响度陡升,但要求音节峰至音节尾音响度缓降。因此,最理想的音节首音是阻塞音,最理想的音节尾音是响辅音;当前一音节的响辅音接续后一音节的阻塞音时,自然形成了响度走势向下的词中辅音丛。不过,Davis(1998)和 Gouskova(2004)认为,响度离散原则不能完全取代 SCL。哈萨克语的去响音化过程可以说明问题,见(10)(引自 Gouskova 2004):

(10) 原形　　　复数后缀-lar　　　一般疑问后缀-ma

　　　alma　　　alma.lar　　　　alma.ma　　　　　"苹果"

　　　mandaj　　mandaj.lar　　　mandaj.ma　　　　"额头"

　　　kijar　　　kijar.lar　　　　kijar.ma　　　　"黄瓜"

　　　qol　　　　qol.*dar*　　　　qol.ma　　　　　"手"

　　　murin　　　murin.*dar*　　　murin.*ba*　　　"鼻子"

　　　qoŋəz　　　qoŋəz.*dar*　　　qoŋəz.*ba*　　　"甲虫"

上例中复数后缀有-lar／-dar 两个变体形式,一般疑问后缀有-ma／-ba 两个交替形式。当词干以元音结尾时,后缀分别为-lar 和-ma;当词干以辅音结尾,且该辅音响度超过后缀首辅音时,如"额头"词尾的 j>l,m,"黄瓜"词尾的 r>l,m,后缀仍采用-lar 和-ma;但当词干末辅音响度低于 l 或 m 时,如"鼻子"词尾 n<l,"甲虫"词尾 z<l,m 时,去响音化规则把-lar 变成-dar,把-ma 变成-ba,其结果是把违反 SCL 的辅音丛变成 n.d、n.b、z.d、z.b 等响度

呈下降走势的辅音丛。最有说服力的例子是"手"的后缀形式
-dar，当 qol 接-lar 时，因为-ll-违反了 SCL（l＝l）而引发去响音化
过程，而 qol 后接-ma 时，lm-并未违反 SCL（l＞m），所以没有发
生这个过程。如果这个分析成立，哈萨克语的去响音化过程说明
该语言对响度层级的区分需要进一步细化，在辅音里需要建立一
个滑音＞r 音＞边音＞鼻音＞擦音＞塞音的响度等级体系。

响度和响度等级是音节分析的核心概念。SSP、MOP、MSD、
SCL 和 SDP 等，都是以响度和响度等级概念为基础来解释音段配
列的假设。这些假设相互包含，其作用也相互覆盖，而且有些不同
概念还有重合之处。这说明这些概念或假设仍有进一步凝练成某
个更抽象的原则的可能。此外，有些原则的普遍性和不可违反性
尚未得到更多语言的证实。在有些语言里，同一音节位置辅音丛
违反局部的响度等级限制。这些违反局部响度等级的现象在优选
论的音节理论里反倒成为制约可违反性的证据。

7.3 音节化

在不同的理论假设中，音节化（syllabification）有不同的含
义。在一般意义上，音节化指把音段串划分成一个或若干个音节
的过程。然而，不同的音节理论对音节化的理解又有诸多不同之
处。不同假设主要涉及这些问题：（一）音节是在哪一个音系表达
层次上构建起来的；（二）作为音系结构单位，音节是否独立于音
段；（三）音节的内部结构是什么；（四）音段是通过什么机制被组
织成音节的。围绕这些问题，音节理论有两种基本假设。每一种
假设内部，就具体问题而言，又有不同的分析，但概括起来，大体上
分为"音节推导论"和"音节模架论"。前者假设，音节是由音段构
成的，但音节并不独立于音段；据此，音节化指把语素、词或短语
等音系表达里的音段串分析为一个或若干个音节的过程。后者
则假设，音节是一个独立于音段且有其内部结构的抽象模架

(template),那么,音节化则指音段投射至音节终端位置(音节核、音节尾和音节尾)的过程。音节化的结果是语音层面上的音节。我们在 7.3.2 和 7.3.3 节里分别详细讨论"音节推导论"和"音节模架论"两个基本的音节化假设。

7.3.1　音节的音系表达层次

在以规则为基础的经典理论里,音系推导的出发点是词项表达(lexical representation)层次。在这个层次上,构成语素的音段(串)没有进入音节结构,即音段尚未音节化。以此为基础,进一步的假设是,音节是在推导过程中依据音节构建规则和原则构建起来的,即把音段组织起来构成更大的音系结构单位——音节。然而,如果假设音段在词项表达层次上尚没有被音节化,那么音节究竟是在推导过程的哪一个阶段构建起来的?在抽象层次上构建的音节又是如何在语音层面上得以表达?本节讨论这些问题。

在 SPE 理论中,由于在从底层表达向表层表达的推导过程需要应用一系列的音系规则,每一个按序应用音系规则的输出项便是一个中间表达层次。因此,从理论上说,中间表达层次的数量取决于按顺序应用规则的数量。如果音系规则的应用顺序是外在顺序,那么,SPE 假设的后果是,音系表达中间层次的数量具有不确定性。

针对音系规则的数量决定表达层次数量所导致的不确定性问题,生成音系学提出了若干假设,但究竟推导过程必经多少个层次以及如何定义每一个层次,观点不一。为了说明不同的抽象层次,我们考察一些代表性的假设。

我们首先讨论管辖音系学(government phonology,GP)。管辖音系学是形式化特点最为突出的音系理论,它的表达理论更是有别于 SPE 假设。GP 不承认音系语法由音系规则构成,不区分输入项和输出项,也不区分不充分赋值的词项表达和作为推导结果的充分赋值的表层语音表达。根据 GP 的假设(Kaye 1995)，仅就音节结构而言，音系只有一个表达层次和在这个层次上作用于音节结构的管辖关系(government)和准允条件(license)。在这个层次上，音系表达本身包含了所有的足以完成表层语音解释的信息，因此，管辖音系框架里不存在独立的语音表达层次。至于音系过程(如增添音系成分或增添主干音层时量单位)是否发生在唯一的音系表达层次上，读者可参阅 Kaye(1995)。Kaye 强调指出，在任何情况下，音系过程都不是由外在顺序决定的。相反，只要结构描写得以满足，音系过程必然发生。因此，即使有必要，这些音系过程也不会导致出现第二个或中间层次的音系表达。依据 GP 的假设，音节化发生在唯一的但也是抽象的表达层次。GP 的假设可以作为我们讨论音节构建所在音系表达层次问题的参照点。

我们再来讨论以连续推导为基础的假设。Goldsmith(1993)和 Lakoff(1993)提出了三个表达层次的假设，给出如下：

M-level(语素层次)：在这个层次上语素已经获得音系赋值。
W-level(词项层次)：构词过程完成；词内音段串形成音节结构；音系表达几乎不含羡余信息。
P-level(语音层次)：这个层次是音系模块和发音机制的接口；语音描写位于此层次。

如果我们把 P-level 理解为 GP 定义的语音解释的话，剩下的问题是如何处理 M-level 和 W-level 的关系。W-level 大体相当于 GP 定义的音系表达，可以理解为构词(word formation)层面。需要说明的是，这里的"构词"是一个广义概念，包括派生构词、屈折构词和复合构词。我们还应当参考词库音系学(Kiparsky 1982)里不同层面的定义。Kiparsky 的假设，以英语为例，词库由三个层面构成。综上所述，尽管对表达层次的数量有不同认识，但这些认识的共同之处有二：一是音节的最初构建发生在词库(lexicon)的某个表达层次；二是这个层次是词库中的某个抽象层面，而非语音表达层次。关于音节化发生的音系表达层次的详细讨论，可参阅Kenstowicz(1994)。

如果假设音节最初是在抽象层次上构建的，那么，在分析中便有两种性质不同的音节：音系层次上的"抽象的音节"和语音层次上的"具体音节"。除了有音系理据，语音层次上的音节或许还有语音产生和感知方面的理据，但是，无论是在理论上还是在实际分析上，两个层次上的"音节"是有差别的。以"同属两个音节的音段"(又称"两栖音段")(ambi-syllabic segment)为例，从音系角度看，音节化遵循 MOP 并把音段串 VCV 分析为两个音节 V. CV；但从语音角度看，两个音节响度峰之间的 C 在实际发音中为前后两个音节所共有。例如，英语 *happy* 和 *bottle* 的抽象音节是 /hæ.pi/ 和 /bɔ.tɫ/，但在语音层面上音节化的结果则是[hæp.pi]和[bɒt.tɫ]，[p]和[t]是"两栖辅音"。语音层次上的音节化由元音分布特点所致：松元音/æ/、/ɔ/仅出现在闭音节，因此音节化要求[p]和[t]还要承担第一音节尾音音段的功能。

音节构建始于抽象的构词层次假设需要引入"重新音节化"(re-syllabification)概念。在同一种语言里，一个语素或词可以有若干个不同的语音形式。这意味着，同一个音系音节可以有若干个不同的语音音节。不同的语音音节是同一个音系音节经过重新音节化而来的。重新音节化多发生在形态(派生和屈折)过程之中：语素的增加和组合可能导致增添或减少音段，引起连锁反应，继而诱发新的音节化过程。从音段角度看，没有进入音节位置的音段在表层上没有语音实现，即音段脱落。确保音段有其语音实现的唯一途径是该音段进入音节结构。① 音节化和重新音节化的结果是不是在不同表达层次上的音节？每个表达层次上的音节是

---

① 另一个途径是音段被映射至更高的音系结构单位，如音系词。

否分别是不同的参数设定和不同限制条件作用的结果？如果从词库音系的角度看，或许还有新的问题。例如，如果我们假设词库模块和后词库模块都有韵律结构，那么两个不同层次上的音节结构可以是不同的而且是各自独立的。从词库论的语法模块角度看，后词库模块里的音节结构的抽象程度较低，而且可以构成与语音产生-感知接口的语音补充系统（phonetic implementation system）；与此完全不同的是，词库模块里的音节结构则与音系-形态信息有着更加直接的相互作用关系。至此，关于音节化，我们有了基本共识：一是音节化始发于抽象的音系表达层次，构建了音系音节；二是经重新音节化推导出语音音节；三是音系音节和语音音节有各自的属性和模块接口。很明显，这些共识是经典生成音系基本假设音节化分析的具体应用。

7.3.2　音节化：推导论

如前所述，关于音节化过程主要有两大类假设：（一）音节推导论：音节的构建过程通过音节化规则有序推导完成；音节是音节化规则推导的结果。持此假设的代表包括 Kahn（1976）、Steriade（1982）、Levin（1985）等；（二）音节模架论（template）：音节结构是独立的和抽象的结构模架；音节化是音段向音节模架投射的过程，如 Lowenstamm（1981）、Cairns & Feinstein（1982）和Itô（1986，1989）等。音节推导论追求具有普遍意义的音节化规则和音节构建原则，而音节模架论追求具有普遍意义的音节结构模式和音段投射原则。推导论以规则为基础的经典理论和线性表达为背景，而音节模架论则多以非线性表达为背景。本节讨论音节推导论。

Kahn（1976）对音节在英语音系描写中的研究，使音节重新成为音系学研究的核心领域。他对英语音节化规则的归纳也是音节推导论的典型。根据 Kahn（1976：32 - 33），英语音节化规则包括：

（11）　规则1：[+音节性]→[+音节性]
$$\begin{matrix} & | \\ & S \end{matrix}$$

规则2：

a. $C_1....C_n V \rightarrow C_1....C_i C_{i+1}....C_n V$
$$\begin{matrix} | & & | \\ S & & S \end{matrix}$$

（条件：$C_{i+1}....C_n$ 是合法的音节首音序列，而 $C_i C_{i+1}....C_n$ 不是）

b. $VC_1....C_n \rightarrow VC_1....C_i C_{i+1}....C_n$
$$\begin{matrix} | & & | \\ S & & S \end{matrix}$$

（条件：$C_1....C_i$ 是合法的音节尾音序列，而 $C_1....C_i C_{i+1}$ 不是）

这两条音节化规则的作用域都是词,音节化始于音节峰的确定,然后依据 MOP 确定音节首音,最后确定音节尾音。Kahn 关注的是英语中与音节范畴相关的音系过程,没有涉及其他语言。虽然 MOP 是一个可能的普遍原则,但音节化规则是主要针对英语的音节结构特点提出来的。

　　需要说明的是,Kahn(1976)和 Clements & Keyser(1983)的假设是,音段是音节的直接成分,音节本身没有层级结构,因此,这种假设的音节结构被称作扁平模型(flat model)。

　　随后,Steriade(1982)以希腊语、拉丁语和梵语为对象,讨论了与音节范畴相关的音系过程和音节化过程。Steriade 认为,音节化规则和其他音系规则一样,同属于音系模块,主张利用包括音节化规则在内的所有的音系规则按序应用和设定一些过滤机制。过滤机制的作用是排除因音节化规则过强的生成力而导致的不符合语法的音节结构类型。

　　关于音节化,与 Kahn(1976)和 Clements & Keyser(1983)的假设类似,Steriade(1982)认为核心音节化规则包括 CV 规则、首音附加规则和尾音附加规则,如(12)所示:

（12）CV 规则： 首音附加规则： 尾音附加规则：

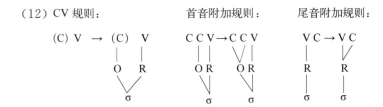

在音节构建过程中，CV 规则首先应用，构成音节的核心成分，即核心音节（core syllable）。核心音节是所有语言里基本的音节结构类型。不同语言的音节差异主要表现在对核心以外成分的取舍上。根据 Steriade（1982：82）的分析，差异源于具体语言对于首音和尾音附加规则（adjoining rule）以及 MSD 的设定上。差异主要表现在四个方面：一是对附加规则的选择不同，即在首音附加、尾音附加两类规则中或都选或只择其一；二是附加规则的作用顺序有先后之别；三是附加规则的作用范围和方式有所不同，具体语言对附加规则是否可以反复使用，使用的位置或次数都有限定，这在客观上决定了不同语言最大音节结构的差异；四是特定语言的MSD 起到了对可能的复杂首音和尾音进一步过滤的作用。

关于音节内部的结构层级，Levin（1985）认为，音节并不是一个"扁平"结构；音节有其层级结构（hierarchical structure），类似句法的 X -阶标。据此，音节是音节核 N 的最大投射 N"。音节核N 是音节的中心成分，类似于动词短语里的动词。音节化继而通过合并规则（incorporation rule）将音节核左右符合 SSP 和 MSD的辅音投射至音节首音、尾音位置，最后通过附加规则（adjunction rule）将剩余的、未解析的和可能违反 SSP 的辅音附加至最大投射N"的边缘位置。音节核右边的成分类似动词短语里的补足成分，与中心成分关系密切，而音节核左边的成分与动词短语里的指示语相似，不是必不可缺的成分。

Levin 假设的音节化过程与 Kahn 提出的先确定音节核成分，再确定音节首音成分，最后确定音节尾音成分的音节化过程基本

相同。通过合并规则构建的音节结构是核心音节,步骤如(13)
所示:

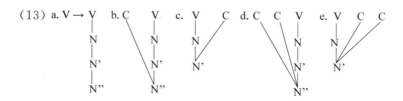

(13) a. V → V　b. C　V　c. V　C　d. C　C　V　e. V　C　C

　　下面以英语为例,以音节核投射模型为背景,说明音节推导论
的音节构建过程。英语音节系统的复杂性表现为音节首音和尾音
位置上的辅音丛,但这两个位置上的辅音丛大多受到限制。先看
词首位置由两个辅音 C_1C_2 组成的所有可能的辅音丛,见(14):

(14) *pw　pj　pr　pl　*pm　*pn　*pp　*pt　*pk

　　　tw　tj　tr　*tl　*tm　*tn　*tp　*tt　*tk

　　　kw　kj　kr　kl　*km　*kn　*kp　*kt　*kk

　　　*bw　bj　br　bl　*bm　*bn　*bp　*bt　*bk

　　　dw　dj　dr　*dl　*dm　*dn　*dp　*dt　*dk

　　　gw　gj　gr　gl　*gm　*gn　*gp　*gt　*gk

　　　*fw　fj　fr　fl　*fm　*fn　*fp　*ft　*fk

　　　šw　šj　šr　*šl　*šm　*šn　*šp　*št　*šk

　　　*θw　*θj　θr　*θl　*θm　*θn　*θp　*θt　*θk

　　　sw　sj　*sr　sl　sm　sn　sp　st　sk

除了 s+辅音的音段序列之外,其他首音位置上可能的辅音丛都符
合 SSP。英语系统地排除了"塞音+鼻音"首音辅音丛。如果出现
这样的辅音丛,塞音总是不发音的,例如 *pneumatic* 和 *gnostic*(在
非词首位置上,如 *ap.nea* 和 *ag.nostic*,辅音丛里的塞音是前一音

节尾音位置上的音段）。

　　虽然SSP能够解释所允许的辅音丛，但仍有一些符合SSP的辅音丛被系统地排除了。这些被排除的辅音丛多数可从避免发音部位相同的角度给予解释。例如，由于都是唇音，[p，b，f]不同[w]组合；舌冠音[t，d，θ]不和[l]组合，但[r]不受同部位音段限制，可以与[t，d，θ]结合，构成tr-、dr-和θr。眼下的观察还不能确定对连续的同部位辅音的限制是一条一般性原则，还是一种语言倾向。如果我们认定这是一条原则的话，那么，[t，d，θ]＋[r]的辅音丛必然是语言特有规则的产物；如果这不是原则而是语言倾向的话，那么，就必须有某种过滤装置排除[t，d，θ]＋[l]辅音丛。Clements & Keyers（1983）提出的过滤机制如（15）所示：

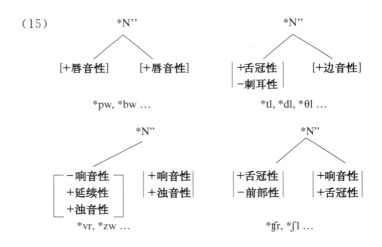

　　以 *Atlantic*[ət'læntik]，*atrocious*[ə'troʃəs] 为例，说明音节化过程。这里，相关的语音现象是，*Atlantic* 的第一个/t/可以声门化为喉塞音[ʔ]；*atrocious* 里的/t/却是一个送气音[tʰ]。经过音节核指派规则和首音规则的应用，中间层次（16a 和 16b）的音节化过程如下：

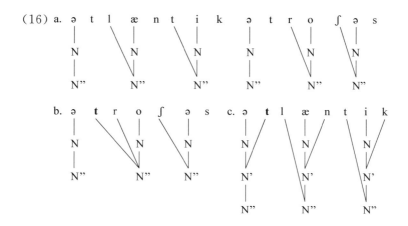

在(16b)里,/t/被分配到第二音节首音;在(16c)里,因为过滤装置
(15)的作用排除了音节首*tl辅音丛,所以/t/不可能是第二音节
首音,而只能是第一音节尾音。当/t/分别进入不同的音节位置
后,声门化和送气化规则再分别作用于不同音节位置上的/t/,在
语音层面上,音节尾音位置上的/t/表现为喉塞音[ʔ],首音位置上
的/t/表现为送气塞音[tʰ]。

再来考虑英语中词首辅音丛里/s/的特殊性。硬腭音/ʧ,ʤ/
不与其他任何一个同部位响辅音在首音位置上同现。(15)里的过
滤装置可以排除首音位置上此类辅音丛,但是有一个例外:ʃr-,如
shrink。与此对应的分布性事实是,英语词首位置上没有*sr-。那
么,最自然的解释是,ʃr-是通过硬腭化规则从底层的/sr/推导出来
的:在首音位置上,当/s/出现在/r/之前位置上时,/s/被硬腭化
为[ʃ]。据此,我们可以假设,在抽象的词项表达层次上,/s/可以
和所有其他辅音在首音位置上构成辅音丛 sC-。然而,辅音丛 sC-
系统地违反了前面提及的三条原则。首先,sC-违反了同发音部位
的音段不能同现在首音位置上的原则,例如 sl-和 st-。其次,sC-违
反最大响度差原则,出现了辅音丛 sf-,两个清擦音的响度等级相
同。最后,s 虽然可以和清塞音组合,但同时出现阻塞音丛 st-,

sk-, sp-。如果专门为英语制定一条特殊规则,使 s 成为音节首音,那么就可以解释 s 在首音位置上同其他辅音的组合。这条规则如(17)所示:

(17)

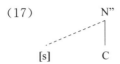

支持这条特殊规则的证据是:这条规则能够自动生成由三个辅音构成的辅音丛:

(18)   *spw   spj   spr   spl   *spm   *spn
      *stw①   stj   str   *stl   *stm   *stn
      skw   skj   skr   skl   *skm   *skn

在(18)里,每一个辅音丛都以 /s/ 起始。进一步看,/s/ 被加在可能且符合语法的由两个辅音构成的辅音丛 CC 之前。这就是说,音节化可以在任何一个符合语法的首音辅音丛 CC 前增加 /s/,形成音节首的 sCC-。这样一来,我们不需要其他的考虑便可以解释辅音丛 CCC-。然而,语法还需要另外一条限制,以此排除规则(17)生成的"/s/ + 硬腭辅音"。这条限制或许是诱发 s→ʃ / ♯ ＿ r 的动因。②

根据对英语首音辅音丛 sCC- 音节化描写,英语中音节首音的种种形式是普遍性的原则和语言特有限制共同作用的产物。SSP 是普遍语法的一部分,在英语音节首音构成中起到主要作用;语言特有

---

① 此外,规则(17)能够生成可能但实际上不存在音节首辅音丛 *stw-。关于缺少 *stw-,有偶然空缺和系统空缺两种观点。如果 *stw-是系统空缺的话,规则(17)的生成力过强。

② s-硬腭化规则具有明显的任意性,缺少音系动因和语音动因,因此只能假设是 *s + 硬腭音限制的产物。

的规则(17)使音节首音的结构复杂化。Anderson(1969)认为,sCC-是印欧语系语言特有的音节结构特点,是儿童音系获得过程需要学习才能获得的,而且往往在音系获得过程后期才被儿童掌握。

我们再从英语音节尾音结构角度讨论音节推导论。Kiparsky (1981)注意到,在同一音节内,虽然紧元音和松元音后都可以有一个辅音,但是只有松元音后面才可以跟两个辅音,以松元音/e/和紧元音/ei/为例,见(19):

(19) a. [e] b. [ei] c. [e] d. *[ei]

   bell   bale   helm   *[eilm]

   hem   aim   elf   *[eilf]

   pep   tape   hemp   *[eimp]

针对(19b),有两种可能的分析,如(20a)和(20b)所示:

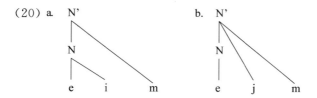

可以假设,表层的双元音[ei]从底层长元音/e:/推导而来。但是,至于双元音里的[j]受辖于 N(20a)或受辖于 N'(20b),目前还不清楚。因此,*aim* 的音节表达方式有上述两种。就后一种解释来说,(20a)里没有的形式可以通过某种限制而被排除,即语法允许音节核 N 是单分结构,禁止音节核偶分;另外,N' 最多是一个三分结构。然而,在许多语言中,例如亚维尔玛尼语,长元音后面不能有作音节尾音的辅音,即 *VVC 不是符合语法的韵部。这样一来,如果双元音或长元音的后半部分是音节核 N 的直接成分的话,即允许音节核是一个偶分结构的话,那么对(20a)的限制则不可能作用于 N' 层次。除此之外,音节化还需要考虑韵部 N' 所辖终端位置的数量。如果对 N' 的辖制音段数量加以限制的话,那么,语法是否需要建立更高层次的投射 N"? 至此,终端位置究竟归属于音节核还是音节尾音,这个问题仍然没有得到解决。

如同在首音位置上,在尾音位置上的辅音丛也涉及是否满足 SSP 的问题。(21)里的形式表明,在 VC_yC_z 中,只有 C_z 的响度小于 C_y 时,C_yC_z 才能构成一个符合语法的尾音辅音丛,例如,*file* [aj], *coin* [ɔj], *louse* [aw] 里双元音的结尾部分(offglide)是尾音音段的话,响度曲线符合 SSP。

(21) *helm*

     elf   *triumph*

     help   *hemp*

可以看出,流音[l]之后可以出现鼻音、擦音和塞音;而鼻音之后只能出现擦音和塞音,但不能出现响度更大的流音,即 *-ml,也不能出现响度相等的鼻音,如 dam[n],*-mn。类似的情况是,如果 *palm* 是一个单音节词的话,那么,*paml* 则是一个双音节词,如同双音节词 *middle*。最后,在音节首音位置上限制辅音丛成分的最大响度差原则似乎对尾音位置上的辅音丛失去作用。通过上述对音节首音辅音丛和尾音辅音丛的粗略比较,可以看出,在面对诸多相关原则和限制时,音节尾音的辅音丛呈现更大自由度和任意性。

尽管如此,英语对音节韵部仍然具有一定的限制:韵部位置数量的上限是三个(即韵部最多有三个位置);占据这三个位置的音段线性次序必须符合 SSP 的要求。

不过,英语仍有违反了 SSP 的词末音段串(主要是舌冠音 t,d,s,z,θ),如 *depth*,*apse*,*adze*,*fifth*,*act*,*apt*。在音节长度方面,以这些辅音结尾的音节也违反了相关的限制:*wild* [wajld], *paint* [pejnt], *fifths* [fifθs], *sixths* [siksθs]。为了解释这些例外,我们可以设定一条语言特有的规则,在核心音节的尾音位置上再加一个舌冠辅音:

（22） N'

```
        C        x        ( x =  ⎡ －响音性 ⎤ )
                                  ⎢ ＋舌冠性 ⎥
                                  ⎣ ＋前部性 ⎦
```

这条规则的事实依据是,英语构成外部形态标记的辅音都是舌冠阻塞音,例如名物化后缀-th(／θ／)、名词复数后缀-s(／s／)、动词过去时后缀-ed(／d／)。如果没有这条规则的话,英语将有一批词干失去外部形态标记。另外,齿音和齿龈音是发音部位标记性最弱的音段。也就是说,如果核心音节需要增大的话,能够被音节化的音段应当首先是标记性最弱的音段。诚然,我们仍需提出这个问题:规则(22)究竟是英语屈折形态要求的结果,还是无标记音段分布范围受限较少的结果,或者是屈折形态和音段的无标记性共同作用的产物?

至此,我们可以看出, *helps*, *depth*, *wild* 和 *sixths* 的词尾辅音丛仍然是一个突出的问题。对此,研究者提出多种分析。第一种分析是上面提及的音节尾增加舌冠音规则(22),即在推导过程稍后阶段(词库第二层面或第四层面,甚至是在后词库模块里)在音节尾音后再投射一个舌冠音,即 *.help-s.*,得到的音节结构与 *.help.* 相同,可参考(23a)。第二种分析是,把舌冠辅音丛分析为前一音节的附带成分(appendix)(Halle & Vergnaud 1980),如(23b)。第三种分析把舌冠辅音丛分析为音系词(phonological word;Pwd)的直接成分(Booij & Rubach 1984),如(23c)。第四种分析是使用某一特殊规则或规定允许舌冠音出现在词的边缘,而舌冠辅音本身并不属于前一音节(Itô 1986),如(23d)。第五种方法是,舌冠辅音被分析为后一音节的音节首音,该音节含有一个空元音（empty vowel）或一个空音节核（empty nuclear）（Kaye 1990），如（23e）。[1]

（23）

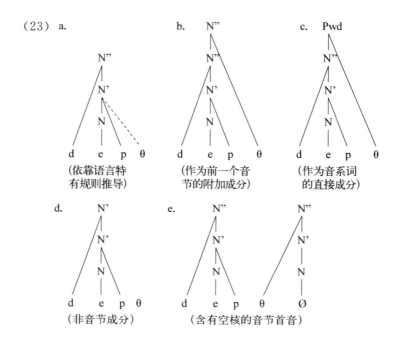

a.（依靠语言特有规则推导）　b.（作为前一个音节的附加成分）　c.（作为音系词的直接成分）

d.（非音节成分）　e.（含有空核的音节首音）

  此外，有的研究从音节韵部的时位（timing unit）数量角度提出对音节尾位置上辅音和辅音丛的限制。Kiparsky（1981）提出，英语音节韵部最多允许三个时位。Borowsky（1986,1989）则把对时位数量限制视作词库层面（lexical stratum）的功能。英语的元音短化现象有两种形式：第一种以 *dream*，*dream-t*，*dream-ed* 为代表；第二种以 *five*，*fif-th*，*five-s* 为代表。在词库里，第一层面对韵部时位数量有严格限制，每个韵部最多可有两个时位 **VX**；

---

  ① 第五种方法不属于音节推导论，而是音节模架论的分析方法。实际上，对于英语特殊的音节尾音辅音丛，音节推导论和音节模架论的分析都还有需要进一步论证的必要。例如，θ 可以是音节不同层级上的成分，也可以是音系词的直接成分，也可以是音节首音的成分，那么，不同结构位置上的 θ 的语音形式是否有所不同？此外，关于空音节核的假设也需要提供语音学证据。

VX 后可接一个音节外辅音(extra syllabic consonant)(关于时位,参见本章7.5节)。据此,*dream* 分析成{drea}⟨m⟩(角括号里是音节外音段)。当第一层面的后缀 -t 加到词干上时,/m/不再是词的右边缘音段,从而失去音节外音段的地位,因而必须进入音节结构。由于韵部只有两个时位,如果/m/进入音节结构,势必导致前面元音只能占据一个时位,即长元音变短,为-t 的音节化腾出一个时位。在这个层面上,音节结构是{dream}⟨t⟩。因为结构维持(structure preserving)在第二层面上没有限制作用,所以增添屈折后缀-ed 不会诱发元音短化。相反,第二层面允许增加韵部时位数量,即韵部范围扩大至⟨m⟩。这样一来,韵部变成了三个时位:{dream}⟨d⟩(/d/是附加成分)。因为在第一层面上,韵部最多只能是两个时位,因此可能的韵部只能是由一个长元音或一个短元音和一个辅音构成。事实上,英语的确有 VVC 和 VCC 的韵部,但是大多数韵部最后一个辅音都和其后的辅音有着相同的发音部位,例如 *chamber*,*council*,*maintain*,*antler*,*symptom*,*texture*,只有极少数例外,如 *deictic*,*arctic*,*sculptor*。Borowsky 的分析意味着,对音节位置成分数量的限制不仅仅是音节时位数量的问题,音节理论还必须考虑充填时位的音段和后续音段的发音部位一致性要求在音节化过程中所起到的作用。

音节推导论是经典生成音系学规则推导论在音节结构分析中的应用。对于不同语言而言,所有相关的规则和原则以及音节构建的音系表达层次是否具有普遍意义,是音节理论关心的核心问题。然而,正如对英语词首位置和词末位置辅音丛的音节结构的各种分析表明,假设中的规则和原则的普遍性仍需进一步论证,而且,值得注意的是,语言特有的音节化规则在规则系统里占据至关重要的地位。

7.3.3　音节化:模架论

音节模架论是在非线性理论背景下产生的。在表达形式特点具有解释作用假设的背景下,非线性理论对音节推导论遗留的问题有了新的反思。用音系表达的形式特点和具有普遍意义的原则取代音系规则成为非线性表达方法的主要理论目标。根据 Itô (1986)的总结,音节推导论的主要缺陷是任意性、过度生成、违反局部性(locality)和双重性(duplication problem)问题。

首先考虑任意性和过度生成问题。由于音节化规则在形式和功能上无异于其他音系规则,音节化规则之间、音节化规则和其他范畴的规则之间呈外部顺序关系,因此至少在规则顺序方面表现出极大的任意性,音节化过程缺乏普遍原则的约束,而规则应用顺序的任意性又是过度生成的来源。由于音节化规则和其他规则(如与语素变体交替有关的规则)交织在一起,相同的一组规则按不同的顺序应用会推导出自然语言中不存在的表层语音系统;音节化规则和其他音系规则加在一起数量庞大,由此产生可能但不存在的规则顺序,继而推导出数量众多但不符合语法的语音形式。

局部性假设认为,所有音系过程或制约的作用限于特定域(domain),如音段、音节、音步、音系词等,而且(在非线性的多音层表达里)同一范畴的域处于特定音层相邻(adjacent)位置。因此,根据局部性要求,某个音段或特征能否出现在一个音节里取决于这个音节内部的条件;如果参照该音节之外(如相邻音节)的成分,分析则违反局部性。例如,日语阻塞音出现在音节末并且仅限于该阻塞音为长辅音(geminate)。如(24)所示(Itô 1986:18 – 19):

(24) a. sek.ken　　　肥皂　　　gak.koo　　　学校
　　　　kap.pa　　　传奇　　　tos.sa　　　　不由自主地
　　　　toot.te　　　通过
　　b. ka.ze.mi　　　see.sen　　soo.kai　　　ba.ke.na
　　c. *kap.toot　　*sek.pa　　*kap.sek　　*te.gak

(24a)是日语里实际存在的词;(24b)是可能的假词,因为音节末无阻塞音,符合日语音段配列;(24c)是不可能的假词,因为音节末为阻塞音,但却没有以长辅音的形式出现,不符合日语的音段配列。上述音段配列可用几种不同的方式加以表述:(一)"一个阻塞音只有在后一音节以相同的阻塞音为节首音段时才能成为前一音节的尾音";(二)"一个阻塞音只有同时成为后一音节的节首成分才能做前一音节的尾音";(三)"一个阻塞音只有和随后的辅音形成双重联接(doubly linked)时才能成为音节尾音"。在上面三种表述中,表述(一)可以理解为线性表达的陈述,而(二)和(三)则可以理解为基于某种非线性表达的陈述。然而,但无论哪种陈述,都无法避免提及后一个音节。这意味着,阻塞音段是否能成为音节尾音取决于其是否为长辅音,而这个长辅音同时也是后邻音节的节首成分。这类跨越(音节)域的条件违反了局部性。

双重性是经典理论明显的缺陷之一(Kenstowicz & Kisseberth 1977)。双重性指对同一具体语言现象的描写同时采用限制条件和音系规则,限制条件所表述的概括往往会重复陈述音系规则的结构描写,使得二者近乎是同一概括的不同表述形式,导致音系语法中存在冗余。双重性的例子之一是亚维尔玛尼语中音系规则的"共谋"(conspiracy)。Kisseberth(1970)指出,亚维尔玛尼语有六条具有各自独立动因的音系规则。从形式上看,这些规则没有共同之处,但是,就应用的最终效果看,六条规则应用的共同目标是避免在音节首音和尾音位置上出现辅音丛。从这个角度看,语法有必要采用 $*_\sigma$[CC-]和 $*$[-CC]$_\sigma$ 等音段配列限制把这些有着共同目标的规则统一起来。然而,如果这样做,作用于音段配列的限制势必再次陈述那些参与"共谋"的规则的结构描写。限制条件和音系规则"貌离神合",以致由音系规则和限制条件共同组成的音系语法包含重复的和冗余的信息。

Itô(1986)指出,通过模架和音段之间的映射来构建音节可以有效避免由音节化规则导致的双重性问题。首先,模架连续映射的驱动力并非音节化规则,而是"韵律允准"(prosodic licensing),

即所有韵律成分都必须解析为更大的韵律结构的成分。韵律允准不是音系规则,而是作用于音段和音节之间关系的强制性原则。和音节化规则比较而言,韵律允准是韵律音系学中具有独立动因的原则,这从更高层次上解释了音节化的本质。模架映射避免了规则可能的任意性和过度生成。其次,对音节结构表达的限制是模架连续映射另一个驱动力,此举可以实现双重目的:(一)避免违反局部性,如上述日语音节韵尾的限制可以通过限制条件

$$* \quad \begin{array}{c} C]。\\ | \\ [\text{-nas}] \end{array}$$

来表达,无须涉及相邻音节,因而不违反局部性条件;(二)模

架映射避免了双重性。从音节化角度看,音系语法只有音节模架和对音节结构表达的限制,对因音节结构表达施以限制而诱发的音系过程是音节化的伴随现象。

模架连续映射假设本质上是一种侧重音系表达的音节理论,朝原则-参数理论更近了一步。与模架连续映射的有关因素既包括“韵律允准”、“结构维持”(structure preserving)、“联接规约”(association convention)及“离群音抹消规约”(stray erasure convention)等普遍性原则和规约,也包括特定语言定义的音节模架,如 CVVC 和 CVC、音节结构表达限制、参数化的映射方向(从左往右或从右往左)及韵律外成分(extra-prosodic element)。下面以拉第尔语(Ladil)的音节化为例说明上述原则和参数的作用(Itô 1986)。

拉第尔语有词尾元音和辅音连续脱落现象,为此,Hale(1973)概括为三条音系规则,依次是(一)词末元音脱落,(二)词末辅音丛脱落,(三)非舌冠音脱落。如 muŋkumuŋku“斧头”的推导过程是 muŋkumuŋku→muŋkumuŋk→muŋkumuŋ→muŋkumu,词末的 u,k 和 ŋ 相继脱落。Ladil 语对最小词有要求,每个词至少有两个莫拉。这里的主要证据是词末元音脱落规则不应用于 mela“海”和 papi“祖母”等双音节词,对于 wik“树荫”、yur“身体”等单音节词则需要通过在词末位置上增加元音[a],使其成为 wika 和 yura,以此满足“最小词须含两个莫拉”的要求。此外,在拉第尔语里,每

个音节至多只能有一个尾辅音,且必须是舌冠音[t, n, l, r],如 kan.tu"血"、yaʀ.put"蛇"、ʀel.ka"头"及 ma.yar"虹";非词末音节还允许出现鼻尾音[m, ŋ],但随后必须是同部位的塞音[p, k],如 kum.pu"肛门"和 taŋ.ku"珊瑚里的牡蛎"。Itô 假设拉第尔语的音节模架是 CVVC,而且提出 * C]。限制,定义音节尾音是舌冠音。

$$*\overset{|}{\underset{[-cor]}{C}}]_\sigma$$

需要指出,这个定义不会排除非舌冠鼻音节尾辅音,因为这些部位的辅音并非音段和音节尾 C 位相连的单联接线表达,而是双联接线表达(音段联接两个 C 位,且前一 C 位和[**+鼻音性**]相连),如(25)所示(为简化起见,C 写为 N):

(25)
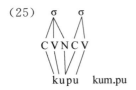

muŋkumuŋku 的音节化过程如(26)所示。Itô 假设模架映射过程首先作用于底层表达,含音节结构的表达进入音系推导后,形成的每个中间层次的表达都经由音节模架映射和音节表达限制过滤后的重新音节化,未映射至音节终端位置的音段通过被离群音抹消规约删除,如此往复,直到推导出表层音节。

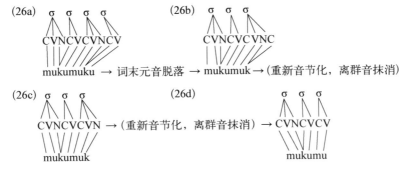

在推导过程中,(26a)是词末元音脱落,从而词末音节脱落;(26b)
经过模架的再次映射得以重新音节化,保留下来的词末 k 成为离
群音,并根据离群音抹消规约被删除;在(26c)里,词末音节违反音

节表征制约 $\overset{*}{\underset{[-cor]}{\overset{|}{C}}}$ 。,因重新音节化 ŋ 成为离群音,同样,最后被离

群音抹消规约删除,语音上表现为脱落。

7.4 音节结构的假设与模型

早期的音节理论认为,音节有其边界但无内部结构(Kahn
1976)。这一观点所依据的事实是,音系过程必须参考音节边界,相
关的音系规则必须包括音节边界符号。随后的研究发现,音系过程
不仅参考音节边界,而且参考音节的内部结构。随之产生诸多关于
音节结构的假设和分析。归纳起来看,这些假设中的音节结构分成
两大类,如(27a)和(27b)分别所示(CVC 是音段串;X 是"体"):

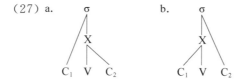

(27a)是"首-体结构",音节的直接成分是 C_1 和 X;(27b)是"体-尾
结构",音节的直接成分是 X 和 C_2。两个假设都有一定的经验基
础,能够得到不同语言事实的支持。

7.4.1 "首音＋韵部"模式

"首音-韵部"是"首-体结构"的形式之一。这种对音节的认识
可以追溯到传统的汉语音韵研究。在汉语音韵学里,一个单音节

的"字"可以分为声母和韵母。反切原理,例如"东"的"德红切",便是这种认识的体现。20世纪的音系学大多采用这种音节结构模式。在非线性表达框架内,这个传统的音节概念被赋予更加丰富的形式化内容。"首音-韵部"又有多个不同的具体模式,概括地看,"首音-韵部"模式具有(28)里的基本特点。以英语的 *quaint* 为例说明"首音-韵部"模式的基本特点。

（28）

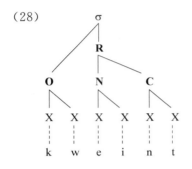

音节结构的终端成分是时位 X(以下简称 X-位),即音段的泊位,并且定义音段的长短。在这个音节模型里,音节的直接成分是音节首音(Onset,O)和韵部(Rhyme,R);二者又可分别进一步偶分,韵部可分成音节核(Nucleus,N)和音节尾音(Coda,C),音节核和音节尾音还可以再偶分。偶分性(binarity)被视作结构的基本属性,而且,在次音节层次上,左边的 X-位是中心成分。"中心成分"在量的方面占据较强和更为凸显的位置,支配同一结构的姊妹 X-位上的音段。这个假设在管辖音系学里有更加明确的表述。

这里我们首先讨论管辖音系学(GP)的"首音-韵部"音节模型(Kaye, Lowenstamm & Vergnuad 1990)。在诸多"首音-韵部"音节模型里,GP 的音节假设的形式特点最为突出,音节模型更加抽象,可以作为讨论各种音节模型的出发点。Kaye *et al*.(1990)假设,音节并不是一个成分的集合,音节成分之间也并不是一种平行关系;音节成分之间存在着不可分割的管辖和被管辖关系:R 管

辖 O；N 是整个音节的中心成分。这种关系如（29）所示（以英语
black 为例）：

（29）

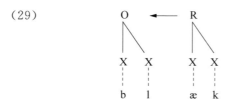

（垂直线下的成分是"中心成分"；箭头表示"管辖"）

　　"首音-韵部"的分析有利于说明首音和韵部的不同功能。进
一步考察说明，通常所说的音段配列限制和音系过程必须参考音
节，实际上真正参考的是首音或韵部，而非整个音节。音节首音没
有音节重量的结论也支持首音-韵部的分析。音节重量取决于韵
部，而音节首音不参与音节重量的计算。

　　虽然"首音-韵部"模式在许多音节结构相对简单的语言里得
到广泛应用，但在理论和分析上存在诸多问题。

　　首先，在韵律结构方面，如果音步是由音节构成的话，那么，音
节首音与音节重量无关的现象将无法得到合理的解释。这意味
着，在音步构成过程中，计算可以越过音节层次，直接以韵部的重
量单位"莫拉"为计算对象。

　　其次，"首音＋韵部"结构再也不符合韵律层次的一般结构模
式，即在所有的层次上（音节层次必须除外），同类成分组织起来构
成高一层次上的结构单位：若干个音节（同类成分）构成音步，若
干个音步（同类成分）构成韵律词，若干个韵律词（同类成分）构成
音系短语。然而，难以解释的是，为什么在整个韵律结构系统里，
只有音节的直接成分（音节首音和韵部）不是同类成分。概括地
说，韵部是莫拉构成的，而音节首音则是由非莫拉成分构成的，二
者是异质的。

　　为了避免不同质的音节成分进入韵律层次，Halle &
Vergnaud(1987)假设，把韵律结构层面视作一个独立的但不包括
音节的层次，其目的在于仅把重音负载单位映射至韵律结构层面。
这个层面和音节层面一样，主干音层的 **X** -位是结构构建的起点。
这种方法预测，属于不同韵部的音步(用对重音负载单位加括号的
方式表示)可以组织起来成为重音负载单位。例如，在(30)中，第
三个韵部是一个偶分结构，其下位成分分属第二、第三个音步：

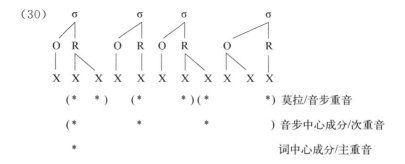

对此，正如 Hulst & Ritter(1999)指出的，分属两个音步的音节并
非是表层音节，而是在重音指派层次上的能够承载重音的真实的
音节。

　　我们回到管辖音系学的"首-体"分析。不同于"首音-韵部"分
析，管辖音系学没有"音节尾音"概念，韵部只有一个直接成分音节
核 **N**。管辖音系学的处理方法是，把尾音音段视为音节核后以线
性方式排列的附加成分(如 31c)。音节核是韵部下位的中心节
点。据此，"首-体"可以生成四种韵部结构：

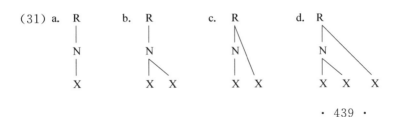

(31b)和(31c)的差别在于,(31c)以"尾音"结束,因此这个位置必须由辅音占据。正是由于把尾音位置视作由韵部节点直接管辖的主干音层的 X 位,而不是一个具有自主地位的音节成分,管辖音系理论不承认音节里有可分枝的音节尾音。一条被称作"尾音允准"(Coda Licensing)的原则决定尾音的存在与否。"允准"指尾音只有在(下一音节有)首音的条件下才能存在。此外,在有尾音存在的情况下,尾音辅音必须比其后的音节首音的响度更高(或者不能更加复杂)。这样一来,作为音节核后附加成分的"音节尾音"不能出现在词末位置上。至此,如果假定音节核可以分枝,再加上音节核后的附加成分,我们则可以预测(31d)中的结构也是符合语法的。另外,还有研究发现,语言里存在不属于音节的莫拉(syllable-less mora)、无中心成分的音节(headless syllable)和无莫拉的音节(moraless syllable)。这些事实都是对各种假设和主张的挑战:如何表达和限制这些特殊结构或特殊成分的分布?

　　Levin(1985)提出另一种"首音–韵部"音节模型。根据定义,音节是音节核的投射(nucleus projection)。这种模型称作音节核投射模型,如(32)所示:

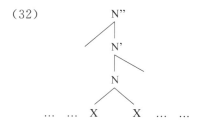

（32）

音节是一个含有中心成分的结构,和 X-bar 结构类似,据此,这个模型又称作 X-bar 模型。在这个模型里,首音和尾音分别充当限定成分(specifier)和补足成分(complement);补足成分与音节核的关系更为密切。音节核投射模型强调音节核是音节不可缺少的并具有决定其他音节成分有无的中心成分,而且规定只有音节核才能带有决定音节重量的音段。

关于首音和尾音的音段,**X-bar** 模型有多种运作方式。其中之一是把首音和尾音都看成音节成分,允许它们分枝(33a)。另一种分析是让首音和尾音位置上的音段直接附加在 **N'** 和 **N"** 节点上(33b)。

(33) a.

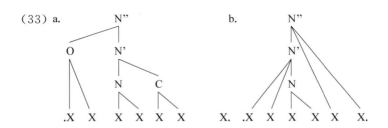

两种处理方法的不同之处在于,在(33b)里,音节核是音节的唯一成分,最多是一个偶分结构,禁止多分;首音和尾音不是音节成分,而是音节外的成分,因此首音和尾音音段的配列不受音节结构的限制。(33a)给出的音节结构模型与管辖音系学的分析相似,但缺少对首音和尾音的辅音丛的限制。进一步看,这个模型也缺少对可分枝的音节核和超重(superheavy)音节的限制。

作为一种假设,音节核投射模型的理论来源是句法结构的特点。至于这个模型在分析上的不足或是否具有普遍意义,我们暂且不讨论。在理论上,音节核投射模型的意义是,决定句法结构的原则同样地作用于音系结构,或者说,句法结构和音系结构受制于同一套原则。按照这个逻辑,句法结构的特点也是音系结构的特点;反过来说,音系的结构特点也适用于句法结构。我们把这个假设称作"音系-句法同构"。

那么,音系和句法是否同质和同构?关于这个问题,我们在此不展开讨论。然而,如果我们坚持经典作家"音系不同于句法"的立场(Bromberger & Halle 1989),那么以音系原则为背景建立的各种音节结构模型便有了可比性。这些不同的模型体现了对音节结构的不同认识。

在分析上,这些音节结构模型的主要差别在于对位于词边缘地带的辅音丛的处理方式。这里有两种比较极端的处理方式:一种是(33b)中的音节核投射模型。这个模型的根本缺陷是缺少对音节边缘区域辅音丛的限制,也就是说,音节边缘区域辅音丛至少在数量上不受限制。另一种极端的观点就是管辖音系学的音节理论。这种音节理论的实质性主张是,由于音节尾音准允原则的限制,词内的 OR 模架最大限度只能容纳像 *black* / blæk/ 和 *blue* / blu:/ 之类的音节。据此,英语里诸如 spr(以及其他语言如波兰语 brgn,格鲁吉亚语 prckvn)之类的辅音丛都不能构成复杂的音节首音,一个长元音的后面跟一个或两个辅音的音段序列(VVC,VVCC)、一个短元音和两个辅音的音段序列(VCC)也都不可能是偶分结构的韵部。这里的问题是,如果类似的辅音丛不属于音节,那么它们又是哪一个范畴的结构和成分呢?为了说明这些辅音丛的音节归属,我们又如何表达这类音段序列?根据管辖音系学的逻辑,答案只有一个:含有类似复杂音节首音和尾音的词必须是由若干个在表层上没有语音表达的抽象 ON 模架构成的。如(34)所示:

虽然理论可以说,音节首音 b 和 k 分别得到两个空音节核的"准允",而且空音节核没有语音实现。然而,关键的问题是,管辖音系学在假设抽象音节核存在的同时,却没有对抽象音节核无语音实

现给予充分论证。①

　　仅就音节边缘辅音丛的复杂性看,音节核投射模型和管辖音系学的 ON 模架代表着对辅音丛限制性的两种极端主张。前者的限制作用过弱或根本没有限制,根本无法预测特定音节位置上辅音丛的复杂程度;后者的限制作用过强,不能逻辑地推导出在特定音节位置上出现的辅音丛。

　　尽管上述两种音节理论各有不足,但音节成分之间存在结构上的管辖或支配关系假设是对音节结构认识的新贡献。

7.4.2　莫拉模式

　　音节的莫拉模式(moraic model)也是一种有影响的音节理论。"莫拉"(mora)这个术语最早可能是 Trubetzkoy(1939)使用过的。在生成音系学时期,Hyman(1985)首先提出音节重量(syllable weight)概念,目的在于解释补偿性音段变长现象。

　　Hyman(1985)提出的音节重量模式是一种"体–尾"结构。Hyman 区分音节层(syllable tier)、重量层(weight tier)和音段层(segment tier)。重量层是主干音层(skeletal tier),用 X –位表示。不过,需要指出的是,在 Hyman 的假设里,X –位不是时位,而是重量单位。Hyman(1985：17)提出的具有普遍意义的音节结构与音节重量有如下对应关系,如(35)所示：

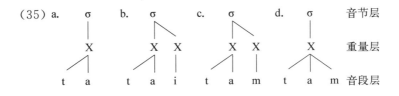

(35) a.　σ　　b.　σ　　c.　σ　　d.　σ　　　音节层

　　　　　 X　　　　X X　　　 X X　　　X　　　重量层

　　　　 t　a　　t　a　i　 t　a　m　 t　a　m　 音段层

---

①　或许有人认为,语言学习者可能在空音节核位置增添元音,但是,虽然我们不否认这种现象,但它不过是一种边缘性的证据。另外,其他一些音节结构模型也能解释学习者词语里的增音现象。

(35b)和(35c)音节重量由两个 X 位定义,是重音节(heavy syllable);
(35a)和(35d)的音节各有一个 X 位,是轻音节(light syllable)。

　　Hyman 当时的主张是,X-位仅与音节韵部有关。与音节重量无关的音节首音被视为从主干位脱离的音段。音节首音脱离后成为主干音层 X 位下位成分:

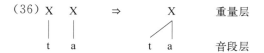

（36） X　X　　⇒　　　　X　　　重量层

　　　 |　 |　　　　　　 ╱|

　　　 t　a　　　　　 t　a　　　音段层

　　在 Hyman 的分析里,音节尾音脱落后,另一重量单位里的音段扩散至空 X-位,以补偿音段 m 脱落导致的音节重量损失,如(37)所示:

（37）　　　X　X　　⇒　　　X　X　　⇒　　　X　X

　　　　 ╱|　 |　　　　 ╱|　 |　　　　 ╱| ╱

　　　　t　a　m　　　　t　a　m　　　　t　a　m

作为扩散的结果,a 与两个 X-位联接;语音层面上,a 表现为长元音[a:]。

　　在随后各种冠以韵律(prosodic)或节律(metrical)为名的理论里,如在 Hayes(1989)里,出现了一个新的概念:即主干音层上的 X-位(包括 X-位和 X 重量单位)全被莫拉(mora, μ)取代了。这里有多种不同的具体分析。其中一种做法是让第一个莫拉管辖音节首音(38a);另一种做法是,让音节首音直接由音节节点管辖(38b)。

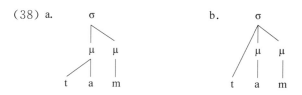

（38） a.　　　σ　　　　　　　 b.　　　σ

　　　　 ╱╲　　　　　　　 ╱|╲

　　　 μ　 μ　　　　　　 μ　 μ

　　 ╱|　 |　　　　　　 |　 |　 |

　　t　a　m　　　　　 t　a　m

(38a)是"体-尾"结构,(38b)则是更多人采用的"首-体"结构。在音节重量的概念里,"体-尾"结构和"首-体"结构很接近,主要的差别在于是否把音节首音音段看作与音节重量有关的音段。

不同版本的音节莫拉论的共同之处在于,作为音节的成分,音节首音(节点、位置)是不存在的。另一相同之处在于,由于音节首音不是音节成分,因此,音节首音位置上的辅音丛的复杂性也谈不上受到任何限制了。对于音节末位置上那些没有莫拉地位的辅音来说,不同版本的莫拉说有着相似的缺陷。例如,在英语的 texts[teksts]里,音节末辅音丛-sts 的莫拉性(moraicity)是一个难以说明的语言现象,如(39)所示:

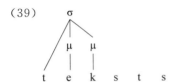

这里,莫拉模式和其他音节结构假设面临相同的问题,即音节尾音辅音如何音节化? 类似的处理方法只能是把辅音 sts 分析成更高或最高层次音系结构单位的直接成分,被冠以诸如音节外(extra-syllabic)、节律外(extra-metrical)或韵律外(extra-prosodic)音段。

7.4.3　首音-韵部模式与莫拉模式的比较

音节结构的首音-韵部模式和莫拉模式有一些相同之处。两种模式都承认音节韵部的重要性。但是,由于两种模式的理论背景和关注语言现象的侧重不同,二者又有各自的特点。我们从莫拉论自认为的优点出发,把它同首音-韵部模式做一个比较全面的比较,从而显示各自的特点。

综合多家的观点,音节莫拉论自认为有下述特点。

（一）由莫拉定义的音节是韵律层级系统的层级之一。

（二）莫拉模式能够解释为什么音节首音与音节重量无关。

（三）莫拉模式能够解释为什么音节尾音在某些语言里与音节重量有关，在其他语言却与音节重量无关。

（四）莫拉模式能够表达(轻的)长元音和长辅音。

（五）莫拉模式能够表达超重音节。

（六）莫拉模式能够在结构上解释补偿性音段变长现象。

下面逐一讨论这些特点。

7.4.3.1 音节是韵律层级系统的层级之一

较大的韵律结构单位总是由较小的而且是同一范畴的韵律单位构成的。韵律词由音步构成，音步由音节构成。在莫拉论的(40a)里，莫拉是音节的具有韵律功能的直接成分。在莫拉论里，有重量的音段和没有重量的音段通过莫拉的数量得以直接体现。这就是说，(40a)是基于成分(莫拉)或基于形式的韵律结构表达。与(40a)比较，(40b)的表达不能从形式上说明音节重量。对于首音-韵部论来说，虽然韵部是音节的直接成分，但是这个直接成分却不能决定音节的重量。韵部本身和韵部成分乃至终端成分 **X**-位在韵部重量的计算当中都不是决定性的因素。就音节首音来说，虽然它的终端成分也是 **X**-位，但在计算音节重量时却可以忽略不计。

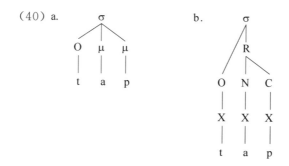

（40) a.

b.

另外,在首音-韵部模式里,韵部直接映射至高一层级的韵律结构单位。虽然这个说法本身没有不妥之处,但是,跨语言看,韵部本身和韵部以下的单位却不能说明为什么在有些语言里 R 是重的,而在其他语言里这个 R 却是轻的。因此,首音-韵部模式的韵部是音节的直接成分假设不如莫拉模式里莫拉作为直接成分更有解释力。

7.4.3.2 莫拉模式能够解释为什么音节首音无重量

莫拉论认为,音节首音与重量无关的原因在于这些辅音不具莫拉性。然而,这种解释具有任意性。在首音-韵部模式里,节首辅音与重量无关是根据节首辅音属于韵律外音段的假设推导出来的。这里也必须指出的是,节首辅音是韵律外成分的分析同样具有任意性,存在明显的人为规定之嫌。显然,在这方面,莫拉论和首音-韵部论有着类似的缺陷。对于首音-韵部模式来说,节首和韵部的分离得到了音段配列制约方面的支持:节首辅音和韵部音段序列受制于不同的制约。相比之下,基于莫拉论的研究很少关注音节边缘的辅音丛结构问题。

7.4.3.3 莫拉模式能够解释音节尾音与音节重量的关系

在莫拉论里,元音的长短同莫拉的数量有关:短元音映射至一个莫拉,长元音映射到两个莫拉,因此长元音比短元音重。在莫拉论里,重量和音段长度合二为一。在莫拉模式里,音系表达的结构没有 X 音层,或者说,莫拉是主干音层成分。

辅音是否具有重量首先取决于它们在音节里的位置,即"位置决定重量"(weight-by-position)(Hayes 1989):在节首位置上辅音没有重量;在节尾位置上可能有重量,也可能没有重量,这取决于具体语言。例如某语言是"位置决定重量"的语言,或某语言不是"位置决定重量的"语言。

在形式表达上,如果节尾辅音不具重量,则直接受制于音节,如(41):

（41）σ

一般说来,尾音位置上的辅音是否具有音节重量可以采用参数设定的方法得以确定。有些语言音节尾音具有重量,有些语言的音节尾音不具重量。有些语言里,例如夸吉乌特勒语（Kwakiutl）（Bach 1975）,节尾辅音是否具有莫拉地位取决于其响度,响度较大的音段具有莫拉地位,响度较低的音段不具莫拉地位。

语言还可以分成对重量敏感（weight-sensitive）的和对重量不敏感（weight -insensitive）的语言（Hayes 1989，1995）。

首音-韵部模式虽然不设定关于节尾辅音重量的参数,但可从音节核的偶分性来判断节尾辅音重量的有无：具有偶分结构音节核的音节是重音节,不分枝的音节核是轻音节,（42a）和（42c）是重音节,（42b）和（42d）是轻音节。

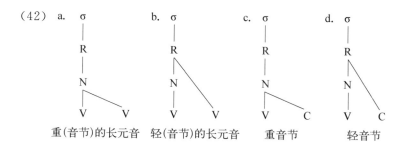

（42） a. σ 重(音节)的长元音 b. σ 轻(音节)的长元音 c. σ 重音节 d. σ 轻音节

可以看出,在解释音节尾音与音节重量的关系方面,与首音-韵部模式比,莫拉模式没有明显的优势。

7.4.3.4　莫拉模式能够表达（轻的）长元音和长辅音

在有些语言里,有一类现象是莫拉模式和首音-韵部模式都无

法解释的：闭音节是重音节,而含有长元音的开音节则是轻音节,
荷兰语的紧元音属于后一种情况。这是否意味着,莫拉和 **X**-位
不可相互替代,而且二者之间没有一一对应关系,即紧元音是由两
个**X**-位定义的长元音,但投射至一个莫拉,表达如(43)：①

（43）

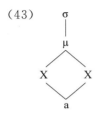

Lahiri & Koreman(1988)讨论了轻的长元音和长辅音左边音
段的莫拉性。根据莫拉的音节重量,长辅音是从元音之间位置上
的单个辅音经推导而来的。这些辅音在底层表达中已经获得莫拉
地位。(44)说明长辅音和短辅音的推导过程：

（44）a.

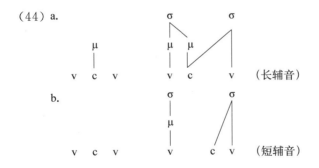

这就是说,长辅音占据两个莫拉。这种表达能够预测长辅音必然
会导致该音节成为重的闭音节。据此,如果一种语言有一条根据
音节重量指派重音的规则,但是这种语言又没有"位置决定重量"

---

①　还有观点认为,荷兰语的紧元音在音系上是短元音(即 V, 轻音节)。由于同
一音节内松元音后总有一个辅音,二者共同构成重音节,因此重音位于此音节(见
Hulst & Ritter 1999)。

生成音系学基础理论

的规则,那么,这种语言里以长辅音结尾的音节必然是重音节。对此,Tranel(1991)指出,经过多种语言的检验,Lahiri & Koreman 的假设和预测并不能被证实。据此,Tranel 认为,莫拉和 X -位不能二选一,也不能相互替换。在完整的音系表达体系中,莫拉(或音节重量)音层和 X -位音层都是必要的表达层面。

另外,Lahiri & Koreman 提出元音之间的辅音在底层表达已经获得莫拉地位的假设难以被接受。这是因为,在模架论里,莫拉是音节成分,并非音段的属性。

7.4.3.5 莫拉模式能够表达超重音节

莫拉论的各种版本注重韵部的"最大复杂程度"(maximal complexity),但就如何限制复杂程度,观点不一。有的研究认为韵部允许三个莫拉,即允许超重音节;而更多的研究则认为韵部最多允许两个莫拉,不允许更多的莫拉,即韵部的最大结构是一个偶分结构。如果这个观点能够成立,超重音节是不存在的。这里主要讨论韵部偶分结构假设。

持韵部偶分结构假设的人(如 Davis 1999)认为,在某些语言里,VVC 和 VVG(G 表示长辅音第一个成分)两种音节的音系表现不同。在科雅语(Koya)里,在词内部只有 VVC 而无 VVG 的音节。但是,如 Sherer(1994)所述,在某些语言里,潜在的 VVG 里的元音变短,成为 VG。那么如何解释这些不对称的现象呢?根据 Davis 的分析,长辅音本身具有莫拉地位,长元音占据两个莫拉位置;如果如此,这个音节是一个由三个莫拉构成的超重音节,如(45a)所示。在另外的语言里,节尾辅音没有重量,据此推测,VVC 由两个莫拉构成,如(45b)所示:

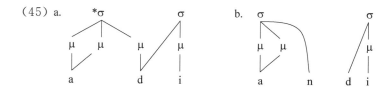

这些语言允许(45b),但不允许(45a)。

7.4.3.6 莫拉模式能够解释补偿性音段变长现象

莫拉论对补偿性音段变长的解释是,音节尾辅音的脱落并非是该辅音所在的莫拉的脱落,而仅仅是辅音音段的脱落;辅音的脱落造成一个空莫拉,位置在左边的元音扩散至空莫拉上,语音上表现为长元音。此外,由于节首辅音没有音节重量,所以节首辅音的脱落不能引起其右面元音扩散。莫拉论对补偿性音段变长的核心思想是,参与音段变长过程的辅音和元音同属莫拉性的音段,因此,只有占据莫拉位置的音段才能参与补偿性音段变长的过程。

莫拉论对补偿性音段变长现象的解释在形式操作上更加直接和简单,即只需删除辅音和莫拉之间的联接线,然后在元音和空莫拉之间增加联接线,即调整音段和莫拉的对应关系。操作不涉及音节的终端位置,推导过程简单,如(46)所示:

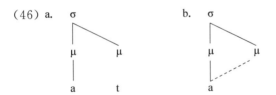

与此比较,其他音节结构假设,例如首音-韵部模型,则需要重新组织音节结构,如(47)所示:

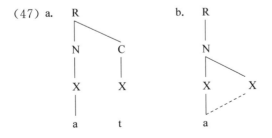

在(47a)里,假设辅音 t 脱落,但因为空 **X**-位的上位节点是音节尾音 C,所以这个结构无法表达长元音;如要表达长元音,音节结构必须重组:删除音节尾音 C 并建立一个偶分的音节核,把闭音节改造成开音节,如(47b)所示。

从上述比较可以看出,莫拉论似乎比首音-韵部模型有更多的优点,尽管二者有着某些共同缺陷。

尽管这样,莫拉论自身仍然存在解释力不足的问题。由于莫拉论不承认音节首音的音节成分地位,因此缺少直接的形式化手段来表达音节首音丛符合语法。另外,莫拉论缺少统一的音节韵部概念,因此,由于音节尾辅音(或辅音丛)能否占据莫拉位置完全取决于这些辅音是否具有音节重量。如果莫拉论是一种更具解释力的音节理论的话,它应当从音节重量的角度对音节尾辅音配列给予解释。

7.4.4　其他音节模式

除了前面讨论的主要的音节结构模型外,还有其他的音节结构模型。这里简要介绍讨论扁平音节模型和三分结构模型。

首先介绍扁平音节模型(flat model of syllable)。Steriade (1982)和 Clements & Keyers(1983)提出核心音节(core syllable)概念。核心音节包括以下类型的音节:

V	VC
CVC	CCVC
CVCC	CCVCC

CCVCC 是最大的核心音节。核心音节是语言里基本的和常见的音节结构类型。核心音节里所有音段的排列符合 SSP 和语言特有

的限制；不符合 SSP 和语言特有限制的音节不是核心音节。核心音节的结构如(48)所示，以英语 *plant* 为例：

(48) 音节层

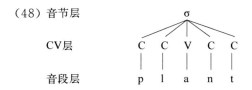

在自主音段理论的背景下，Clements & Keyers(1983)假设，音节由三个音层构成：音节层、CV 层和音段层。其中 C 和 V 以及 CV 层是扁平模式的关键部分。Clements & Keyers 认为，C 和 V 是音段范畴，也是实体，是音段的负载单位，如同元音是声调的负载单位。在有些语言里，C 和 V 是独立的和客观存在的，例如在阿拉伯语里，CV 层里的 C 和 V 的线性排列模式本身具有表达语素的功能，如 ktb"写"，如(49)所示：

(49)

最后，CV 层是主干音层，在形式上起到把音节层和音段层联接起来的作用。C 和 V 也可以表达长音段，例如长辅音 tt 和长元音 aa 的表达如(50)所示：

(50)

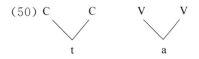

如果辅音丛音段多于两个,那么最外边的音段是音节外音段(extra-syllabic),即不是音节成分,而是音节的附属物,例如 *street* 的音节是 s[triːt]。,s 是音节附属物。

　　在这个模型里,音节没有内部结构,即没有音节位置,C 和 V 是音节的直接成分,没有中心成分,而且,C 和 V 没有结构层次,或处于同一层次,因此这个模式被称作扁平模式。另外,音节外辅音是一个基本上没有意义的概念,凡是在核心音节范围内的音段都是音节成分,而不符合核心音节要求的音段都是音节外音段,失去了对这些作为音节附属物的分布和音段配列的解释。

　　三分结构模型(Pike & Pike 1947;Davis 1985)如下所示:

　（51）

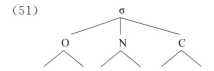

音节由首音、音节核和尾音三部分构成,每一部分又可以是一个偶分结构。三分结构模型和扁平模型有共同的缺陷:缺少对每一部分的结构功能的定义,例如,韵部在音节中的作用以及音节核的中心地位无法在形式上得以表述。

7.4.5　音节结构:小结

　　作为具有普遍意义的音系结构单位,音节的内部结构如何,如何在形式上表达不同音节成分的地位和功能,如何通过音节结构解释相关音系过程,这些一直是音节理论试图回答的问题。虽然各种音节模式有其优越之处和侧重之处,但也有各自的不足和共同的缺陷。

　　如何处理词边缘区域的辅音丛几乎是所有音节结构模式假设

面临的共同问题。把词边缘区域的辅音从当作音节之外成分的做法意味着音节理论存在两个问题。第一,音节模型的生成力不足,难以描写更加复杂的音节现象。第二,如果理论上允许音节结构以外的音段,那么,音节结构假设就不应该不提供语音表达的证据。例如,在同一种语言里,同一个音段 S,当它是音节成分时,这个音段的语音表征 F1 是什么? 当 S 是音节外音段时,这个音段的语音表征 F2 又是什么? 结构决定语音表征。如果作为音节成分的 S 和作为音节外音段 S 的语音表征不同,即 F1 不同于 F2,那么,对同一音段 S 的不同音节结构分析是有意义的。然而,如果 F1 和 F2 相同,那么,对同一音段 S 的不同音节结构分析缺少语音层面的证据。如果坚持音节外(和韵律结构外)辅音的分析,那么,为结构地位不同的辅音,特别是音节外(和韵律结构外)辅音存在提供语音学证据,将继续是音节结构分析的主要任务。

7.5　主干音层

对音节终端成分和音段之间关系的各种不同假设导致对主干音层的本质和功能产生了不同的认识。

在非线性表达框架内,超音段成分从音段分离出来并被置于不同的独立的音层上。主干音层(skeletal tier)是独立的音层之一。主干音层最初被定义为时量层(timing tier),由时位(timing unit)X 构成。X-位标记音段界线,定义音段的音系长度。随后的研究发现,从语素构成角度看,主干音层成分具有表达词汇意义或语法意义的作用;从韵律层级角度看,主干音层是整个韵律结构系统的基础。随着对音节结构认识的不同,主干音层的 X-位或被音段的根节点取代,或被韵律节点(prosodic node)取代。

至此,作为一个音系范畴,"主干音层"的本质和功能究竟是什么? 这是形式表达理论不可回避的问题。

本节以历史发展为主线介绍和讨论主干音层的性质和功能。7.5.1 节首先介绍主干音层和 X -位概念的理据；随后各小节分别介绍和讨论主干音层的语素功能、C/ V -位说、韵律模架说和莫拉说等假设，说明这些假设的特点和局限性。

7.5.1　主干音层的理据

主干音层有定义音段长度的功能，这说明音段是一个抽象的音系结构单位，独立于语音的发音机制。Clements(1976a)最初提出主干音层的目的是把作为自主音段的声调与载调单位的音段区分开，各自构成一个独立的音层，即自主音段音层(aotosegment tier)和音段音层(segment tier)，从形式上说明自主音段(声调)的独立性和自主性。在自主音段表达理论里，曲折调(contour tone)被分解为基本的声调元素或调元(tone element)，以此说明声调本身以及调元扩散与载调单位之间的映射关系，最终说明声调过程。对诸多声调语言分析表明，声调和载调单位之间不仅有一对一(one-to-one)的映射，而且还有一对多(one-to-many)和多对一(many-to-one)的映射。受对声调与载调单位之间映射关系分析的启发，在音段结构方面，长音段(包括长元音、长辅音、塞擦音、双元音以及各种复杂音段)与主干音层成分之间也存在一对一、多对一和一对多的映射。为了表达音段的时长，McCarthy(1979a,1979b,1981)，Halle & Vergnaud(1980)，Kaye & Lowenstamm(1984)和 Levin(1985)提出，时长不是音段的成分，而是一个独立的音系范畴；时长可以从音段里提取出来，提取出来的时长由时量单位 X 表达；所有 X -位处于同一音层。X -位音层位于音段音层和音节音层之间，起到把音段音层和音节音层联接起来的作用，因此被称作主干音层。

在 X -位假设里，各类音段的长度由 X 的数量定义，如(52)所示：

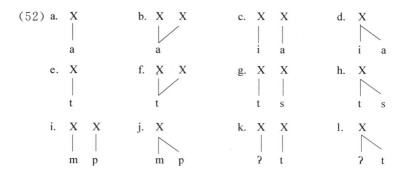

三类映射关系能够清晰充分表达音段的时长特点。(52a)和(52e)分别是短元音[a]和短辅音[t];(52b)和(52f)分别是长元音[a:]和长辅音[tt];(52c)和(52d)分别是长的双元音[ia]和短的双元音[ia];(52g)是由[t]和[s]两个音段构成的辅音丛[ts](例如英语词末的[ts]);(52h)是单个的复杂音段[ts](如汉语的[ts]);(52i)是辅音丛[mp];(52j)是一个单个的复杂音段,即前鼻化塞音[ᵐp];(52k)是辅音丛[ʔt];(52l)是一个前声门化塞音[ʔt]。

　　通过 X-位和音段之间的映射,长短不同的音段、简单音段、音段丛以及复杂音段得以表达。尤其是复杂音段,如果没有 X-位概念,仅仅依靠音段的线性排列或音段内部成分难以说明其结构成分之间的复杂关系。

　　概括地说,主干音层 X-位和音段音层里音段单位(根节点)之间的不对称关系是不同类型音段存在的结构基础。

　　X-位定义的音段结构可以解释音段的表现。例如,日语[ts]曾经被分析成唯一出现在词首位置上的辅音丛。外来词里的辅音丛进入日语后需要在辅音丛内部增加元音,但是外来词里的[ts]却没有增音,如 furuutsu("水果")。这表明,在日语里[ts]是一个单个的复杂音段,并非辅音丛。据此,[ts]是唯一出现在词首位置上的辅音丛的分析不能成立。

　　再如,前鼻化塞音[ᵐp]的位移可以分析为一个独立完整的音段的位移,而非两个音段的位移。另外,如果把[ᵐp]视作辅音丛[mp]的话,当[ᵐp]位于音节首音位置时,音段响度势必违反 SSP;但是,如果把[ᵐp]当作单个的复杂音段,音节首音的[ᵐp]便不违反 SSP。

与短音段比较,长音段具有一体性(integrity)和不变性(inalterability)特点(Kenstowicz & Pyle 1973)。通过音段和 X－位之间的映射,长音段的一体性和不变性得到符合逻辑的解释。一体性指长音段是一个完整的音段,不可分解成两个短音段的组合,例如,辅音丛 -tk- 里可以增加元音 i,成为-tik-,但在长辅音-tt-里不能增加元音。不变性指在同样音系环境里,短音段受音系规则的作用,而长音段不受该规则的作用,例如 aka 里短塞音-k-可以擦音化成[x],但 akka 里的长塞音-kk-则不受擦音化规则的作用,不会变成长擦音 *[xx]。长音段的两个 X－位(即 XX)表达方式在形式上保证了音系规则在扫描结构描写时能够发现两个时量单位和一个音段根节点联接的结构,从而使作用于与一个 X－位联接的短音段的音系规则仅仅作用于短音段,而不能作用于长音段。

巴克维里语(Bakwiri)的语言游戏说明音段的长度可以从音段分离出去,如(53)(Hombert 1986;声调省略):

(53)　　*一般形式*　　*语言游戏形式*

　　　a. mɔkɔ　　　kɔmɔ　　　　"庄园"

　　　b. kondi　　　ndiko　　　　"米饭"

　　　c. luuŋga　　ŋgaalu　　　 "胃"

　　　d. zeeya　　　yaaze　　　　"烧"

在(53c)和(53d)里,尽管音段交换了位置,但音段的长度保留在原先的位置上。平行的主干音层和音段音层之间的映射简单明了地给出推导过程:主干音层不受音段换位规则的作用,换位仅涉及音段音层上的成分。

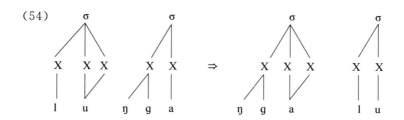

如(54)所示,音段换位后,前鼻塞音中的成分映射至主干音层中的一个 **X**-位上;换位后的元音 a 映射至第一个时位后扩散并至第二个空 **X**-位上。

　　巴克维里语有另一种语言游戏,需要采用另一种映射的方式。有些词的形式不遵守音段换位规则。这些词的形式中含有一个非低元音和一个同部位滑音。(55a)里音段不能换位,(55b)里音段可以换位。

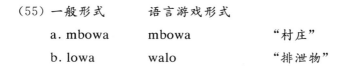

(55)　一般形式　　　语言游戏形式
　　　a. mbowa　　　mbowa　　　　　　　　"村庄"
　　　b. lowa　　　　walo　　　　　　　　　"排泄物"

Hombert 认为(55b)在底层表达里,元音之间就有一个滑音;而(55a)的底层表达里没有滑音,滑音是音节化过程中的增音。下面的(56a)和(56b)分别是(55a)和(55b)的表达。

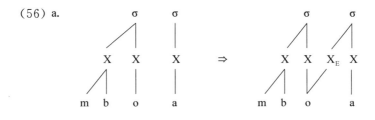

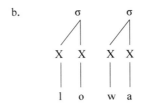

(56a)里的推导表明,元音 o 扩散至 X_E 位,而 X_E 是在元音扩散时增加的。增加时位的做法建立在音段必须得到时位支持假设的基础之上。o 虽然看上去是一个短元音,但它占据了两个 X-位,因而是长音段(语音上是[ow]),具有一体性,因此不受音段换位规则的作用。

除了定义音段的长度,时位和音段之间的映射具有对比作用(contrast in mapping)。跨语言看,正如上述,时位和音段的平行音层方式可以表达两个音层之间多种不同对应关系,如汉语的 ts 对应一个时位,而英语的 ts 则对应两个时位。即使在同一语言里,也存在着音段和时位在映射方面的差异。根据 Clements & Keyser(1983)的分析,波兰语 czy "是否"和 trzy "三"里塞擦音的唯一不同是映射方式的不同(两个词项的语音形式都是 ts;前者 ts 映射至一个时位,后者 ts 则映射至两个时位)。据此,前者是单个的塞擦音,而后者是辅音丛。

然而,虽然 X-位能够有效地定义短音段和长音段,但在表达假性长音段(实际上是辅音丛)时有可能会违反 OCP。(57c)里的形式是一个违反 OCP 的表达:

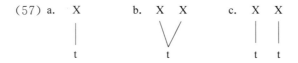

(57a)是短辅音,(57b)是真性长辅音,但(57c)是假性长辅音(即辅

音丛)。因为(57c)表达的是两个相同的音段,而且位于相邻位置,所以违反 OCP。对此,McCarthy(1986)建议,每个音段各占一个音层,即(58)里的形式。辅音丛里的两个 t 分别位于各自音层:①

（58）音段音层　　语素α　　　　　t

　　　　主干音层　　　　　　　　X　　　X

　　　　音段音层　　语素β　　　　　　　t

在(58)里,相邻位置上的相同成分,即两个 t 因所在语素的不同而处于不同的音层,从而不受 OCP 的限制。这样一来,只有(57b)才是真性长音段(即语素内部的长音段),而(57c)中的长辅音是假性长音段(即两个语素结合部出现的长音段)。据此,普遍性的 OCP 使表达具有对比作用,区分了同一语素内部的长辅音和分属不同语素的长音段。这样一来,一体性和不变性是语素内部长音段的特点,而非位于语素结合部的长音段的特点。

　　不同语素出现在不同的平面上提出了远距离长音段的可能性——一个音段映射到主干音层中不相邻的两个时位上。这种可能的映射方式以及支持主干音层具有独立语素作用的假设,都得到了比较充分的论证。

7.5.2　主干音层的语素功能

　　McCarthy(1981)假设主干音层是一个独立的模架。他认为,词根语素及其形态特点可以从辅音根节点向主干模架(skeletal template)映射的角度加以描写。在阿拉伯语里,同一个辅音串可

---

　　①　McCarthy 假设 C 和 V 构成主干音层。为了便于叙述,本小节暂用 X -位代替了 C/V 位。在 7.5.2 节我们介绍 McCarthy 的 CV 主干音层概念。

以出现在若干个屈折形态不同的词形里,特定的词汇意义和不同的语法意义通过主干模架的 C/V 位体现出来。如(59)和(60)所示:

(59) a.　　katab　　　写;完成

　　　b.　　kattab　　　写;使动,完成

　　　c.　　kaatib　　　写;进行

(60) a.　　ħamal　　　担;完成

　　　b.　　ħammal　　担;使动,完成

　　　c.　　ħaamil　　担;进行

词内按一定顺序排列的辅音表达词汇意义和语法意义,如-tt-和-mm-表达使动,不同的元音表达不同的语法意义。根据 **McCarthy** 的分析,辅音构成的词根,表达词汇意义;元音和主干模架都是独立的语素,表达不同范畴的语法意义;根据联接规约和语言的形态规则,元音和辅音同主干音层 C/V 位联接。C/V 位是音段的锚点,确定音段的线性位置。词的语素结构表达如(61)所示:

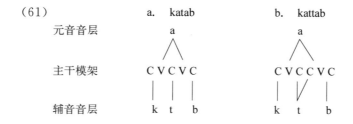

每两个音层之间的映射机制和自主音段理论中定义的声调映射完全相同。在无标记的情况下,映射过程从左到右。当主干音层中 C 或 V 数量多于音段时,左面相邻的音段向空时位扩散,如

(61b)。

　　主干音层的 C/V 还有定义音段长度的功能。在音系过程中,某些音段可能脱落,但主干音层的 C/V 数量却不会因此而发生变化。即使音段脱落,主干音层里的空 C/V 位也会被相邻位置上的音段充填。把元音和辅音置于不同平面意味着音段可以向非毗邻的空时位扩散但又不会发生联接线交叉。因此,充填空时位是远距离扩散的音系动因。McCarthy 认为,诸如samam"毒药"之类的词干是由两个辅音构成的词根 sm 向CVCVC 模架映射的结果,其中第二个辅音和模架里后两个 C 位联接,如(62a)所示:

(62) a.　　　　　　　　　　　b.

　　这里,关于远距离长辅音的论证是非常有力的。第一,阿拉伯语禁止同一词根里有两个发音部位相同的音段。因此,如果词根是*smm 的话,这不仅违反语言特有的限制,而且违反 OCP,如(62b)所示。第二,相同的辅音只能出现在词根最右边的两个位置上(阿拉伯语没有类似*sasam 的词干),而这正是最后一个辅音音段同最后两个 C 位联接的结果。

　　此外,查哈语(Chaha)(埃塞俄比亚的一种闪米特语言)有一种现象也能够证明两个相同的辅音是同一音段映射至两个 C 位的假设。动词完成体的阴性标记是词干最后两个辅音的硬腭化:

(63) 查哈语　　　阳性　　　　阴性

　　a.　　　　　nəqet　　　nəqet^y　　　　"踢"

b.	bətət	bət^{y}ət^y	"加宽"
c.	nəqən	nəq^{y}əq^y	"扯开"

当最后两个辅音相同时,这两个辅音都被硬腭化;这正是同一个辅音音段映射至主干音层两个 C 位的体现。

扩散并不是 CV 模架语音实现的唯一手段。在阿姆哈拉语(Amharic)(埃塞俄比亚的一种闪米特语言)里,增音是模架语音实现的手段。希耶拉米沃克语(Sierra Miwok)使用两种手段来获得模架的语音实现:词根音段映射和增音,如(64)所示:

(64)希耶拉米沃克语(Smith 1985;原文未给出词义)

	词根	派生模架 CVCVC	派生模架 CVCVVC
a.	polaat	polat	polaat
b.	peeki	peki?	pekii?
c.	tiil	tilə?	tiləə?

当词根音段数量满足模架 C/V 位要求时,音段映射至模架的 C 位和 V 位(64a);当词根音段数量不能满足 C/V 位要求时,音段映射之后发生了 ? 和 ə 的增音(64b,64c)。

基于 CV 模架概念,McCarthy(1981)提出了词根-模架形态假设(root-and-pattern morphology)。词根-模架形态假设核心理念是语素可以被模架化。例如,在重叠构词过程中,叠式语素具有模架特点,叠式里音段来自基式(base),通过复制并映射至叠式模架的 CV 位(Marantz 1982)。

至此,我们可以看出,原本是主干音层的单纯时位在非串联式形态语言里成为不仅能定义音段的长度,而且能够定义音段主要音类的 C 位和 V 位;更重要的是,模架化的 C 和 V 本身还具有语素地位,同时也是一种形态手段。概括地说,主干 CV 模架同时具有音系功能和语素-形态功能。

7.5.3 主干音层里的空位

以词根-模架形态假设为背景的重叠构词分析中,词基音段向叠式模架空 C/V 位(empty C/V)的映射是叠式获得语音现实的主要手段。至此,空 C/V 位的另一项功能是在语素内以线性方式占据一定的位置。例如,就部分重叠现象来说,在叠式的底层表达中,语素除了包括已经赋值 C/V 和音段之外,还含有空 C/V 位。另外,在推导过程中,音段的脱落也会产生空位。空位在一定的推导阶段可以一直空着,作用在于阻塞或诱发某些音系过程;否则的话,空位可通过邻位上音段的扩散获得音段的赋值。法语的 h-送气现象(h-aspire)是第一种情况。虽然语音上,词以元音起始,但和以辅音起始的词一样,这个词能够导致前一个词的词末辅音在连读的条件下脱落,例如 [le aš]"斧子-3pl, DEF."(比较 [lez ami]"朋友-3pl.DEF.")。这个词还能使前一个词的词末元音脱落,如[l aš]"斧子-3sg.DEF."(比较[lami]"朋友-3sg. DEF.")。Clements & Keyser(1983)认为,aš 在底层表达中的主干音层形式是CVC,但音段仅同 VC 联接。当然,在底层和表层上的 C/V 都为空的现象少见。在大多数情况下,底层表达的空位在推导过程的某个阶段都能被音段充填,即在表层不再为空。

在希伯来语蒂贝尔方言(Tiberian Hebrew)里,表定指的成分ha-在底层表达中,语素末有一个空位。这个空位诱发随后的短辅音变长;当随后的辅音是一个不能变长的喉塞音[ʔ]时,ha-里的元音变成长元音,如(65)所示(Prince 1975;Kaye & Lowenstamn 1986):

(65)　名词　　限定词＋名词

　　a. bayit　　habbyit　　　　　　"房子"

　　b. ʔiiš　　haaʔiiš　　　　　　"男人"

诚然,这个例子实际上更能证明空 X-位的存在,如(66)所示:

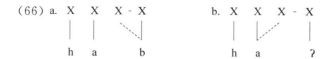

推导过程中音段脱落也有可能导致产生空位,补偿性音段变长现象是空位被充填的典型。Ingria(1980)报告了一例古希腊语补偿性音段变长现象。在底层表达里,/es+mi/("我是")在推导过程中/s/脱落。在有些方言里,/s/的脱落导致元音/e/变长,词的表层形式是[eemi];在其他方言里,/s/的脱落导致辅音 m 变长,词的表层形式是[emmi]。元音变长和辅音变长的现象表明,空位既可以由相邻的元音也可以由相邻的辅音充填。这一现象证明了主干音层由 X-位构成的假设。

从空位角度看,法语的 h-送气现象为空 C/V 位提供了证据,但是希伯来语和古希腊语却证明空 X-位的存在。至此,非线性表达理论再次面临如何定义主干音层的问题。

7.5.4 主干音层的本质:C/V 位还是 X-位?

McCarthy(1979a, 1979b, 1981)认为,主干音层时位的特点在于它由[**音节性**]特征定义。这个观点具有相当的影响。有些研究认为仅用[**音节性**]定义时位过于严格,Yip(1982)对汉语黑话的分析使用了主要音类特征[**辅音性**]和[**响音性**]来定义滑音的时位。随后的研究认为,用主要音类特征定义时位过于严格。在希伯来语蒂贝尔方言和古希腊语里,映射至模架的音段并不严格地区分辅音和元音。特别值得注意的是,在补偿性音段变长现象里,辅音的脱落往往使元音变长。进一步看,在语素模架化的语言里,同样会发生元音和辅音互换现象。例如,在莫基里兹语(Mokilese)里,叠式前缀既可以是元音也可以是辅音(Levin 1985):

(67) a. wadek　　wad-wadek　　"读"
　　 b. poki　　　pok-poki　　　"打"
　　 c. pa　　　　paa-pa　　　　"织"
　　 d. andip　　 and-andip　　 "吐口水"

在(67a)和(67b)里前缀是 CVC;在(67c)里前缀是 CVV,第三个时位通过元音的扩散得以充填。帕劳语(Palauan)也有类似的现象(Finer 1986),即空时位由两个不同的元音充填,在表层上形成了一个由两个元音组成的元音串。为此,Levin(1985)建议,时位应当排除基本音类特征,使所有的时位成为无任何音系信息的纯"时量单位"。就这个观点而言,"时量单位"并非代表音段的实际长度。音段的实际长度往往受到诸如音段所处的位置和发音类型等因素的影响,而且,同一音段在不同的语言里长度也不尽相同。"时量单位"的唯一作用是音段"计数器"。由于时位没有任何音段信息,所以 C 和 V 都用 X 表示。这样一来,莫基里兹语叠式前缀 CVC 模架就是三个时位 XXX。

　　然而,重叠构词过程并非仅仅复制词干的音段那么简单。正如 Moravcsik(1978)所指出的,如果重叠过程复制辅音起始的词干中的头几个 CV(C)的话,那么也会复制元音起始的词干里的头几个 VC。例如在阿格塔语(Agta)里:

(68) 阿格塔语叠式复数前缀
　　 a. takki　　taktakki　　"腿"
　　 b. uffu　　 ufuffu　　　"大腿"

这样一来,如果说主干音层 C/V 位由主要音类特征定义过于严格

的话,那么由无音段特征的 **X** 位定义又过于宽泛。Levin 对这类
事实的解释是,前缀模架的某个时位含有"音节性"信息,即在三个
XXX 里,第二个 **X** 底层里已经设定了音节核。和以 C/ V 为基础
的分析一样,音段音层和主干音层之间从左到右依次联接。这样
一来,第一个被复制的元音只能映射到含有音节核的时位上,导致
第一个时位仍然还是一个空时位。构词过程和音系机制如(69):

(69)

在 Levin 的表达系统里,主干音层 **X** -位仅含关于音节性的信息,
可预测的信息则完全通过音节化规则推导出来。然而,底层表达
仍然需要关于前缀模架音节结构的信息,例如在莫基里兹语里,虽
然前缀三个时位总是要被充填的,但充填并非复制词干头三个
音段:

(70) **莫基里兹语叠式前缀**
  a. diar diidiar "发现"
  b. alu   allalu   "走"

在重叠构词过程中,音段和时位之间并不是简单地一对一联接;如
果是有一对一联接的话,表层上应当出现诸如 *diadiar 和 *alualu
之类的形式。实际上在构词过程中,第二个被复制的音段变成长
音段,这正是通过音段扩散至第三个时位。因为每个词干的头三
个音段中都有一个元音,同时又因为莫基里兹语里的每一个元音
必须是独立的音节核,所以要解释这些事实只能假设莫基里兹语
对前缀 **XXX** 还有其他的限制。这个限制是:前缀必须是一个音

节(Levin 1985)。然而,模架化的语素又可以从音节结构的角度
加以定义。毫无疑问,从音节结构的角度定义模架更新了模架语
素概念,但是,我们也需要指出,作为具有音节结构模架的主干音
层和作为纯粹的音段计数器的主干音层,已经是两个性质完全不
同的范畴。

7.5.5　韵律模架假设

　　一旦从音节的角度定义模架化语素的话,对音段排列的限制
实质上是具体语言对音节结构的限制,因此,主干音层所包含的关
于音段数量和音段音节性信息变成羡余的。如果是这样,主干音
层便没有存在的必要。在"韵律形态学"(Prosodic Morphology)
一文中,McCarthy & Prince(1986)认为,与伊洛卡诺语(Ilokano)
重叠构词模式有关的构词模架是音节性的,而不是主干音层。在
伊洛卡诺语里,叠式前缀可以是 CVC、CCVC、CV 和 VC,如
(71a, b, c, d)分别所示:

　　(71) 伊洛卡诺语叠式前缀

	词根	叠式(进行体)	
a.	basa	ag-basbasa	"正在读"
b.	trabaho	ag-trabtrabaho	"正在工作"
c.	dait	ag-dadait	"正在缝"
d.	adal	ag-adadal	"正在学习"

McCarthy & Prince 认为,被复制的音段所映射的模架只能是音
节。复制和映射后能保留下来的音段是语言单个音节所能最大限
度承载的音段数量。(71b)里的 tr 之所以能被复制且得以保留,
正是因为在这种语言里 tr 是可能的音节首音。但是,如果从 C/ V
或 X-位的角度定义前缀模架,描写势必失去对这一事实的概括。

在(71c)里,第二个元音(即 ai 里的 i)没有被复制,其原因是,在伊洛卡诺语里,相邻两个元音属于两个音节。这又说明,语素模架必须从音节结构角度来定义。

从音节结构的角度定义语素模架的方法同样可以应用到莫基里兹语[见 7.5.4 节(67)]。我们不再把三个音段组成的前缀理解为三个 X 或三个 C/V,而是把它看成一个重音节。这就是说,前缀以 CVV 和 CVC 两个形式的交替正是满足了词缀必须是一个重音节的韵律结构条件,例如(67)pokpoki 和 paapa,(67d)and-andip 和(70b)allalu 是通过尽可能多地把所复制的音段与前缀模架联接起来的方式推导出来。allalu 里/l/的长音化是其向后音节首音位置扩散的结果:

McCarthy & Prince 认为,跨语言观察,叠式语素具有韵律结构的特点,构词需要满足韵律结构的要求。如果这种假设能够成立,那么,主干音层由 X-位构成的假设恐难以成立。

在 McCarthy & Prince(1986)提出韵律形态学之前,韵律结构并不是主干音层的内容。如前所述,Kaye & Lowenstamm(1986)把音段变长现象都分析成音段向音节结构终端节点扩散的结果。然而,在韵律形态学框架内,模架式语素的音系结构单位是韵律单位,而非主干音层的时位。根据 McCarthy & Prince(1986)的定义,韵律结构单位包括音节、比音节小的"韵素"(mora)和比音节大的"音步"(foot)。① 在随后的研究里(McCarthy & Prince 1990),韵律形态学重在探讨韵律结构单位在形态过程中的作用,

---

① 当 mora 被视作韵律结构的基本成分时,mora 可以译作"韵素";在其他概念系统里,如音节重量系统里,mora 译作"莫拉"。

不再关注主干音层,但是,对于主干音层来说,其理论后果是,主干音层是韵律结构单位。

7.5.6 莫拉作为主干音层的成分

音节的莫拉说对主干音层的本质和功能也提出了另一个不同的假设。

在以时位为基础的分析中,长音段通过一个特征集合映射至两个时位的方式得以表达。在以莫拉为基础的分析里,长元音通过一个特征集合映射至两个莫拉的方式得以表达。对于长元音来说,同一音段映射至两个莫拉,这在形式上没有任何不妥之处。然而,对于长辅音来说,这种表达则显得复杂甚至不符合逻辑:作为真性长辅音,这个音段既是前一音节的尾音,又是后一音节的首音。由于首音直接同音节节点联接,因此,归属两个音节的长辅音是一个音段同时占据音节首音和韵部的莫拉。就长辅音和长辅音表达的不同质问题,**McCarthy & Prince**(1986)和 **Hayes**(1989)认为,短辅音和长辅音的区别在于底层表达形式的不同:长辅音和一个莫拉联接,而短辅音则没有莫拉可联接。因为只有韵部辅音才有可能是莫拉性的,又因为位于元音之前的辅音必须同这个元音同音节,成为这个音节的首音,所以,底层的莫拉性辅音必须占据两个音节位置。短辅音和长辅音的表达如(73):

(73) a.　　　　ata　　　　b.　　　atta

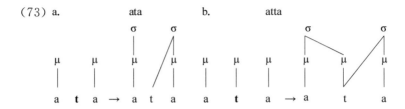

不同于以时位为基础的表达,在以莫拉为基础的分析里,长辅音是

一个仅仅占据一个莫拉的音段。现在的问题是,莫拉取代了 X 位和音段根节点 C／V 位,那么,主干音层的本质和功能又是什么?对主干音层的定义具有解释和预测作用,涉及音段的分布、音段的音系表现、音段的长度、音节结构、音节重量等诸多方面。不同定义给出的解释和作出的预测是完全不同的。

Selkirk(1990)认为,长辅音的表达是,一个单个的特征集合映射到两个根节点上。她的论点是,如果音系规则能够改变长辅音的某一部分,那么长辅音的一体性将不成立。在冰岛语北部方言里,一个长辅音可以分裂成两个不同的辅音,长的送气塞音 pp^h 可以被转换成 hp 的音段串。Selkirk 指出,单个根节点表达难以解释这种现象。进一步看,单个根节点也无法区分真正的长辅音和辅音丛。所谓的长辅音一体性实际上是制约要求的结果:一对多联接的特征集合的首部(head)必须相同。如果把长辅音分析成同一个特征集合与两个根节点联接,那么,在冰岛语北部方言里,音系规则仅使两个音段失去**某些**特征,即这些特征脱落,而且,失去这些特征并不违反该制约。

Selkirk 还讨论了单根节点和双根节点的区别在于音段分布方面的预测作用。根据莫拉分析,在没有特殊允准条件下,在单个语素的边缘位置上一般不出现长辅音,长辅音一般出现在两个语素(或音节)的结合部。Selkirk 同时指出,禁止同音节内的长辅音可能是对音段响度限制的结果,例如,可以限制塞音丛的制约同样也可以限制两个管辖相同部位特征的根节点(长辅音)。

Tranel(1991)讨论了莫拉分析法在音节重量方面的预测功能。他指出,就莫拉表达方式来说,没有任何一种语言把由长辅音的第一部分构成的闭音节(CVGm)作为轻音节处理。① 这是因为,根据单根节点分析,这个长辅音的第一部分是莫拉性的,即 CVGm 是 C$\mu\mu$。据此,我们可以说,在没有"位置决定重量"的语

---

① 在 CVGm 里,G 表示长辅音(geminate),m 表示具有莫拉地位。

言里,以长辅音第一部分结尾的音节和以真正单个辅音结尾的音
节的重量是不同的:CVGm 是重音节,而 CVC 是轻音节。Tranel
引用诸多语言重音分布方面的事实说明,这些语言的重音节局限
于 CVV,但 CVGm 和 CVC 却是轻音节。他进一步认为,不存在
CVGm 是唯一重音节的语言。莫拉模式分析和长音段的双音段
分析是一致的:长辅音的第一部分和音节尾音的短辅音相同。

如 Tranel 所认为的那样,在特定的语言里,如果 CVGm 和
CVC 的音节重量相同的话,莫拉理论就应当对此给予解释。如果
莫拉是主干音层成分的话,那么,主干音层应当对音节的重量作出
预测。

如果莫拉是主干音层成分的话,那么所有与主干音层相关的
音系现象都能得到一致的描写。莫拉分析一致性原则要求对相关
现象给出一致的解释和预测。相关的现象应当包括词重音分布、
模架式形态过程、最小词、补偿性音段变长、元音短化、长辅音
(化)、辅音丛等。如果莫拉是一个普遍客观存在的音系成分,那
么,这个音系成分应该在所有的语言里以某种方式显露其存在和
功能。例如,严格地说,如果语法某个方面表现出其系统配列与音
节重量有关,那么语法的所有方面都应当与音节重量有关。阿拉
伯语是典型的莫拉型语言的实例。然而,在其他一些语言里,某类
音段有莫拉性,而其他音段不具莫拉性。例如,在立陶宛语里,响
辅音在音节尾音位置上具有莫拉地位,而阻塞音则没有。例如,在
动词屈折形态诱发的音系过程中,响辅音和阻塞音的作用不同
(Zec 1988):

(74)　　现在时　　　　不定式

　　a.　tupia　　　　tuupti　　　　"(鸟)落"

　　b.　drebia　　　dreebti　　　"灭"

　　c.　karia　　　　karti　　　　"悬挂"

　　d.　kawja　　　　kawti　　　　"打"

在(74a)和(74b)里,元音映射到双莫拉的不定式词干上,表现为长元音;在(74c)和(74d)里,由于不定式词干已经有两个莫拉(分别是元音和响辅音),满足了双莫拉要求,所以元音仍然是短元音。另外,与(74)相关的另一个现象是奥斯陀夫定律(Osthoff's Law):在同一音节内,长元音在其后是一个响辅音时变短,但其后辅音是阻塞音的话,长元音则不会变短。

然而,并非立陶宛语的所有事实都支持响辅音和阻塞音在莫拉性方面的差异。根据 Steriade(1991)的描述,立陶宛语对最小的单音节词根有严格的限制:单音节词根只有 CVV 和 CVC 两类音节,没有 CV 音节。显然,最小词与词末音段的响度无关,即音段的莫拉地位并不相同。其他语言也有类似现象,如希腊语(Steriade 1991)和图巴土拉巴尔语(Tübatulabal)(Crowhurst 1991)。

7.5.7 莫拉分析不一致性问题

音段的莫拉性差异是坚持莫拉分析一致性原则遇到的主要困难之一。解决莫拉性差异是莫拉理论的主要课题。研究者提出多种处理方法,包括改变音系规则的应用顺序,把莫拉计数从有关音系过程排除出去;或者假设直到某个表达层次音段的莫拉性才成为显突范畴,才能被音系规则所见和操作,而在其他层次上莫拉性则不为音系规则所视,等等。

在 Archangeli(1991)对亚维尔玛尼语的分析中,"位置决定重量"被视作一条在推导过程后期才应用的音系规则。Archangeli 的证据令人信服:在亚维尔玛尼语里,当一个 CVC 词根映射至双莫拉音节语素模架时,词根元音变长。这表明,音节尾辅音不能充填第二个莫拉,因此这个辅音不具莫拉性。但是,闭音节里的长元音却能变短,而这类的长元音短化通常和对音节的双莫拉限制有关,这意味着音节尾辅音又具有莫拉性。

Archangeli 解决矛盾的方法是采用了下面的推导过程：一是词根音段映射至语素模架；二是"位置决定重量"规则把莫拉指派给尾音位置上的辅音；三是长元音短化。也就是说，在推导的早期阶段辅音附着在音节尾音位置上，没有音节重量；"位置决定重量"规则并不会自动地使处于节尾位置上的辅音具有莫拉性。

采用推导来解决不一致和对立现象的描写是经典生成音系学最常用的方法。仅从同一表达层面看，关于不一致和对立现象的概括是存在的，但从不同推导阶段和不同表达层次看，不一致和对立现象不复存在。

在某种意义上，同亚维尔玛尼语情形恰恰相反的是阿拉伯语。在阿拉伯语开罗方言里，CVVC 只出现在短语末，不出现在短语中位置。这种分布可以视作对音节后节律结构外的短语末位置上辅音的双莫拉结构限制的结果。也就是说，在这个方言里，音节尾辅音不具莫拉性。然而，包括开罗方言在内的阿拉伯语其他方言在重音分布、构词和最小韵律词方面则说明音节尾辅音具有莫拉性。

很明显，莫拉性不一致对莫拉理论是一个严重的挑战，它不仅涉及音节结构和韵律结构，而且涉及主干音层的性质和功能。在各种语言里发现的音节重量不一致的现象，在相当大程度上削弱了音节莫拉论以及主干音层莫拉说。

7.5.8　主干音层：小结

主干音层，无论是 X-位说，还是 C/V 位和语素模架说，其内部成分是同质的。然而，莫拉说的主干音层存在内部成分异质性之嫌。相比之下，X-位说、C/V 位说都没有这个缺陷。

从主干音层包含音系信息量来说，不同假设里的主干音层所包含的语法信息是不同的，以音段串 CVC 为例：

	表达方式	语法信息
X -位说	XXX	音段长度
C/V 位说	CVC	音段长度＋音段根节点（由[α 辅音性，β 响音性]定义）
语素模架说	CVC	音段长度＋根节点＋语素
莫拉说	(C)$\mu\mu$	音节韵部＋音段长度＋音段重量

构建主干音层的初衷是建立纯形式和具有普遍意义的音系表达，尽可能排除可通过其他层面的形式特点来表达特定范畴的音系信息。从这个意义上说，X -位说最符合非线性表达的理论构建目标。在 X -位说里，主干音层仅仅是时位层，定义音段的音系长度。在其他假设里，除了表达音段长度，主干音层还包含根节点（和主要音类特征）、语素和音节重量等方面的信息。

构建具有普遍意义的主干音层，是非线性表达理论尚未完成的重大理论课题。主干音层联接着音段和音节两个独立的模块，事关不同范畴的结构单位之间的匹配和整个形式化表达系统的内部结构。

第八章

句法-音系接口理论

生成语言学的句法-音系接口理论涉及语法系统的内部结构,主要关注句法和音系的关系及二者的交互作用。具体地说,这个领域的核心问题包括:音系规则是否参照句法信息? 参照哪些句法信息? 是直接参照还是间接参照? 句法信息以何种方式映射到音系模块? 实现句法-音系映射的算法和机制是什么? 音系信息是否干涉句法推导? 本章考察从 SPE 时期到 MP 时期的句法-音系接口研究的发展,阐述语法理论、句法理论和音系理论的嬗变是如何推动句法-音系接口研究进展的内在逻辑。

8.1　SPE 假设中的句法-音系接口

形态-句法信息和音系推导的关系自结构主义语言学时期就受到关注。美国结构主义语言学接受了布拉格学派提出的边界(boundary)概念,发展出一套形态-句法边界符号,如"＋,＝,♯",并赋予这些符号以音渡音位的地位(juncture phoneme)(Trager & Bloch 1941; Trager & Smith 1951)。然而,在实际音系分析中,上述符号只起边缘性作用,"平面分离"原则要求对特定语言层面的分析无须参照其他层面的信息(Hockett 1942: 20-21)。语言的分析程序自下而上,从音系到形态再到句法。因此,音系分析不应也无法参照形态-句法信息。上述假设受到 Pike(1947)的质疑和批评,他认为语言各平面之间存在密切关系,"平面分离"原则和自下而上的分析程序忽视、割裂了音系与其他平面的关系,有可能导致产生不符合语言直觉的音系分析结果。正如第一章介绍的,

Pike 的观点因与当时的主流观点相左而被冠以"派克邪说"的恶名。

Chomsky，Halle & Lukoff(1956)的论文《论英语的重音和音渡》(*On accent and juncture in English*)是 SPE 之前关于句法-音系关系的一篇重要文献,探讨英语表层句子结构与句重音和音渡的关系,开启了句法和音系接口研究的先河。标准理论背景下的 SPE 框架确定了句法在逻辑上作用于音系推导的观点。① 音系是语法的组成部分,句法模块的输出项(即句子表层结构)是音系模块的输入项。虽然音系可参照表层句法信息,但无法获得更深层的句法信息。此外,在 SPE 框架里,句法模块在推导过程的上游,音系模块在推导的下游;句法到音系的推导是单向的且是不可回流的,因此句法推导不可能获得并参考音系信息,句法是"无音系之句法"(phonology-free syntax)(Pullum & Zwicky 1988)。以上观点是生成语言学接口研究对 SPE 确定的句法-音系关系的基本共识。

由于音系模块和句法模块相对独立又彼此关联,对进入各自模块参与计算的语法范畴和信息有不同要求,因此句子表层结构需要先被转换成可以被音系识读的成分才能进入音系模块。SPE 采用再调整规则(readjustment rule)实现上述转换。此外,语法系统允许某些形态-句法信息直接进入音系模块并参与音系计算。再调整规则的作用之一是在句法表层表达中插入边界符号以标识形态-句法结构范畴,使表层句法结构中的形态-句法信息能够映射到音系模块。边界符号是音系语符串的组成成分,可被音系模块辨识、解读甚至操控,它们和音段的差异在于具有[**－音段性**]特征,后者则具有[**＋音段性**]特征。SPE 沿用"＋""＝"和"♯"等边界符号,前两个标示形态信息,第三个标示句法信息。不同范畴的

① Kager & Zoonerveld (1999) 认为音系-句法直接参照论和间接参照论的源头可以分别追溯到 Chomsky，Halle & Lukoff (1956)和 Bierwisch (1966)。

形态、句法边界符号都是语法符号,是形式符号的一部分,可被计算系统运算。

　　根据 SPE 提出的句法-音系映射机制,再调整规则在所有主要句法成分范畴(指 N、V、A、NP、VP、AP 和句子)两端插入词界符号"♯",非主要成分范畴两端则无词界符号。例如,句(1)采用再调整规则去掉表层句法结构中的加标括号,加上边界符号后变成(2)(Chomsky & Halle 1968:13):

(1)　$[_S[_{NP}[_N$ we$]_N]_{NP}[_{VP}[_V[_V$ establish$]_V$ past$]_V[_{NP}[_A[_N[_V$ communicate$]_V$ ion$]_N]_{NP}]_{VP}]_S$
graph$]_N$ ic$]_A[_N[_V$ communicate$]_V$ ion$]_N]_{NP}]_{VP}]_S$

(2)　♯♯♯ we ♯♯♯♯♯ establish ♯ ed ♯♯♯♯ tele＋graph ♯ ic ♯♯♯ communicate ♯ ion ♯♯♯♯

　　再调整规则还为某些句法表层表达中只有抽象句法标志的语素提供了语音内容,如(2)中过去时语素{-past}被赋予-ed 形式。[①]此外,标示语素内部结构的界线符号"＋"(tele＋graph)在进入音系模块后依然保留,因为"＋"可能是音系规则结构描写的符号,为音系规则应用与否提供参照。[②]

　　受再调整规则作用后的表达含有形态-句法信息。首先,成对的"♯____♯"可定义词范畴,如♯we♯、♯establish♯、♯established♯、♯communication♯等,为在词范畴内应用的音系规则定义了作用域。词以上范畴的域也可通过增加词界符号的方式加以定义。其次,句法成分之间关系的密切程度可从相邻词之间的词界符号数量上得到间接体现。如(2)中 *established* 和

---

　　① 　关于再调整规则改变特殊语素决定的屈折形式的作用,我们在第九章再详细介绍讨论。

　　② 　Chomsky & Halle(1968:364)假设定义边界符号的[±音段性]、[±词边界]和[±构形边界]等特征属于普遍语法。"＋"和"＝"在词库中生成,语法规则无法增加或删除这两个构形边界符号,而"♯"由普遍的或具体语言的再调整规则引入。这些边界符号都可能成为音系规则的重要参照。

telegraphic 之间有四个♯, *telegraphic* 和 *communication* 之间有三个♯。*telegraphic* 和 *communication* 是 NP 节点下的姊妹节点,句法关系最近; *established* 和 *telegraphic communication* 分别构成 VP 节点下的姊妹节点 V 和 NP, 但 *established* 和 *telegraphic* 不是姊妹节点。虽然词界符号数量有助于反映句法关系,但通过词界符号的数量难以准确反推这些成分之间的句法结构关系。不过,音系规则无须参照所有的句法信息,只有部分句法信息对音系过程产生影响。那么,究竟哪些句法信息是音系规则必须参考的? 这个问题是当时的主要课题。

除了插入边界符号外,再调整规则还可重构句法表层结构,这种调整往往针对短语层面以上的小句。例如,句(4)是句(3)重构后的结果(Chomsky & Halle 1968:372):

(3)［This is ［the cat that caught ［the rat that stole ［the cheese］］］］
(4)［This is the cat］［that caught the rat］［that stole the cheese］

从观察的角度看,短语层面上的音系重构并非全由句法驱动,也可能受语用或行为因素(如语速)的影响。上述事实反映句法结构和音系结构之间的映射可能错位(mismatch),而结构错位正是句法-音系接口的重要理据。

再调整规则是句法和音系模块之间的介质。再调整规则的主要作用是插入词界符号和重构句法结构,向音系模块提供音系操作所需的句法信息。音系规则的应用参照的是含有词界符号的音系表达,而非直接参照句子的句法表层表达,这种方法被称为间接句法(indirect syntax)或间接参照(indirect reference)。然而,SPE 里并非只有间接参照法,其中有些分析允许句法结构及句法信息不加转换地直接进入音系模块,这种方式被称作直接句法

(direct syntax)或直接参照(direct reference)。

在 SPE 里,音系规则能直接参照某类句法信息,如反映句法成分结构信息的加标括号。以复合名词$[_N \# [_A \# \text{black} \#]_A$ $[_N \# \text{board} \#]_N \#]_N$ 和 名 词 短 语 $[_{NP} \# [_A \# \text{black} \#]_A$ $[_N \# \text{board} \#]_N \#]_{NP}$ 的重音推导为例。首先,主重音规则应用在不含括号的形容词 *black* 和名词 *board* 上,重音被指派到二者的元音上。随后,最内层的括号抹消,分别得到$[_N \#\# \text{bla}^1\text{ck} \#\# \text{boa}^1\text{rd} \#\#]_N$和$[_{NP} \#\# \text{bla}^1\text{ck} \#\# \text{boa}^1\text{rd} \#\#]_{NP}$。然后,二者分别应用复合词重音规则和核心重音规则,之后再将最内层的括号抹消,得到$\#\# \text{bla}^1\text{ck} \#\# \text{boa}^2\text{rd} \#\#$ 和 $\#\# \text{bla}^2\text{ck} \# \# \text{boa}^1\text{rd} \#\#$ 表层重音分布。从以上过程可以看出,加标括号用于定义重音规则的域,指引重音规则循环推导。句法标记 **N** 和 **NP** 对于选择合适的重音规则是必不可少的信息:音系模块必须参考句法标记才能恰当地应用音系规则。

某些情况下句法信息可能需要保留至音系推导阶段,但到底有哪些句法信息能影响音系,这些信息能否通过再调整规则处理,是否需要同时保留采用直接参照与间接参照两种映射方法,尤其是词界符号插入是否合理等,都有待研究。基于再调整规则的间接参照法体现了生成语言学的语法模组论观,但 SPE 也为音系直接参照句法信息开了口子,这又不符合模组论的基本要求。正是这种不一致的做法导致了 20 世纪 80 年代部分研究对词界符号插入机制的否定和扬弃,促成了直接参照法和间接参照法分道扬镳,并依据各自假设和方法提出了更多的研究问题,进一步加深了句法-音系接口的认识。

纵观生成语言学的发展,尽管关于语法模块之间关系假设有较大变化,但句法-音系关系的基本假设没有实质性变化。直至最简方案时期,Chomsky(1995)仍然坚持认为,虽然 PF(音系部分)不属于狭义句法,而是一个接口层次,但诸多音系现象的分析表明,句法推导很可能延续至音系部分,对音系规则的推导起到作用。正是在这个宏观假设背景下,句法-音系的接口得到空前的关注,成为核心领域和显学。

8.2 直接参照论

SPE 使用的直接参照和间接参照两种机制为后来的句法-音系接口理论奠定了基础。然而,后来发展出的直接参照论和间接参照论都放弃了词界符号插入的映射方法,但二者此举的出发点不同。直接参照假设认为对音系规则重要的句法信息是成分的结构关系、终端及范畴等,这些信息本就包含在句法表层结构中,无须转换便可直接进入音系模块;词界符号不仅无法完全体现这些信息,而且插入词界符号造成符号羡余,程序复杂而又无用。因此,以插入词界符号为主要功能之一的再调整规则没有存在的必要,句法和音系之间不存在再调整规则。语法系统可以排除"再调整规则"。间接参照假设则认为句法信息必须通过转换才能映射到音系模块,只不过词界符号不是理想的转换工具;靠音段加词界的表达只能处理外在音变(external sandhi),即词单位以上结构范畴的音段交替,①但无法处理韵律现象;而具有自主音段性质的音系成分、韵律特征和范畴与韵律域共同构成的概念系统,不仅能实现再调整规则的转换作用,也能同时处理音段和大于音段的韵律现象。总之,直接参照论放弃词界插入是因为它多此一举,而间接参照论放弃词界插入是因为它作用有限。

直接参照论起源于对词界符号及其插入机制的质疑。Scheer(2011:93-121)总结了从 SPE 之后到 1980 年之前这段时间形式语法对词界符号的质疑和反思。首先,SPE 之后词界符号的滥用问题突出(如 Stanley 1973),不断有新的词界符号提出(如 McCawley 1968),因此有些研究主张限制词界符号的类型与使

---

① 关于外在音系过程,见 Selkirk(1972:9-10)和 Kaisse(1985)第 7 章。

用,如 Basbøll(1975，1978)、Hyman(1975，1978)等。其次,由于提出词界符号的动因主要来自句法学的考量,但从音系角度看,词界符号与附加符号无异;有些研究试图界定其性质(如 Devine & Stephens 1976),但收效甚微。最后,词界符号导致过度生成,预测了一些不可能的音系规则和音系现象,这也导致很多研究者主张放弃词界符号。Pyle(1972)指出,如果词界符号是音系符号,理论上就应该像音段一样参与增音、换位或替换(即变成其他音段或词界符号)等音系过程,但事实上词界符号极少或从不直接参与这些常见的音系过程。

Rotenberg(1978)持与 Pyle 类似的观点,明确反对词界符号及插入机制,其论点是词界符号不是音系符号,而是一种披着音系符号外衣的附加符号,音系只能处理属于本模块的符号,因此,词界符号应该从音系中剔除。在质疑 Selkirk(1972)用词界符号机制来分析法语连读增音后,Rotenberg 提出音系直接参照句法信息的假设,因此他也是最早明确主张直接参照假设的研究者之一(另见 Kaisse 1977)。

Selkirk(1972)对法语连读增音现象的分析是明确支持 SPE 词界符号插入机制的代表性研究。Selkirk(1972：12)认为,除了在句法表层结构中插入词界符号的机制外,SPE 还有一个隐性的词界符号删除机制,即:"在语符串 W♯x] ♯y]Z 或 W[y♯[x♯Z 中,如果 Y≠S',则去掉内层词界符号。"这里 S' 指句子的最大投射,X 和 Y 为词汇或短语范畴标记。运用上述机制后,任意两个句法成分之间的词界符号都不会超过两个,即只存在无词界符号、一个和两个词界符号三种可能。例(5)显示了在四种词汇和非词汇范畴的搭配环境中应用词界符号插入机制后的结果:

(5) a. [$_{XP}$ ♯[非词汇范畴][♯词汇范畴♯] ♯]$_{XP}$

　　 b. [$_{XP}$ ♯[非词汇范畴]♯]$_{XP}$[$_{YP}$ ♯ [♯词汇范畴♯] ♯]$_{YP}$

　　 c. [♯词汇范畴♯][♯词汇范畴♯]

d. $[_{XP} \sharp [$非词汇范畴$][$非词汇范畴$] \sharp]_{XP}$

应用词界符号删除机制后,(5c)和(5d)不变,而(5a)和(5b)分别变成:

（6）a. $[_{XP} \sharp [$非词汇范畴$][\sharp$词汇范畴$] \sharp]_{XP}$

b. $[_{XP} \sharp [$非词汇范畴$] \sharp]_{XP}[_{YP} \sharp [$词汇范畴$] \sharp]_{YP}$

(6a)和(6b)的主要变化是词汇范畴两侧的内层词界符号被删除。Selkirk 认为,法语连读增音只发生在两个句法范畴间有不超过一个词界符号的环境中,如(7)所示:

（7）a. $[$très$][\sharp$incommode$\sharp]$ "很方便的"

b. $[$tout$][\sharp$ému$\sharp]$ "都不安的"

c. $[\sharp$extrêmement$\sharp][\sharp$amusant$\sharp]$ "极度好笑的"

d. $[\sharp$tout à fait$\sharp][\sharp$inutile$\sharp]$ "完全无用的"

(7)中都是"副词＋形容词"结构,但(7a)和(7b)中充当副词成分的单音节是非词汇范畴,两侧无词界符号插入,和后续的形容词之间只有一个词界符号,Selkirk 认为该条件是运行连读增音规则的关键。在(7c)和(7d)中,形容词的修饰成分是具有词汇地位的词或短语,因此两端都插入词界符号,和后面的形容词之间有两个词界符号,不符合连读增音的结构描写,因此规则不运行。

  Rotenberg(1978)认为,诸多的法语连读增音现象与 Selkirk 的预测不符,例如,在"形容词＋名词"结构中发生连读增音,而 Selkirk 预测此环境中不能发生连读增音。还有些例外现象显示,连读增音与句法成分的内部结构相关,表层结构中相邻的两个词即便满足中间只有一个词界符号的条件,也可能因相关句法结构的不同而在连读音变上表现不同。对法语连读增音而言,词界符号的数量多寡既非充分条件也非必要条件,Rotenberg(1978)认为,如果要维持 Selkirk(1972)的假设,可以引入一些针对具体语言及特定结构的再调整规则来解释这些例外,但这种打补丁式的做法难以真正概括这些音系过程的全貌。Rotenberg 提出的解决方案是,取消词界符号,让音系规则直接参照句法信息。这种观点实质上就是直接参照假设。

Kaisse(1985)是直接参照假设的代表性研究,她将句法-音系接口研究置于整个语法模块的结构中加以讨论,尤其结合了当时刚出现不久的词库音系学的理论成果。根据 Kaisse(1985:6),经句法模块推导而来的句法表层结构与经词库模块推导而来的词汇表达结合,形成经词汇解读(lexically interpreted)的表层结构,再经由简单附着语素化(simple cliticization)模块进入后词库音系模块。后词库音系模块含两个规则模块,即外在音系规则和快速话语(fast speech)规则模块。两类规则都可在短语或更大的结构里应用,二者的差别在于前者参照句法信息而后者与句法信息无关。句法-音系接口研究的关键问题是外在音系规则,直接参照假设的主要证据来自外在音系现象。

与 Rotenberg(1978)的论证逻辑类似,Kaisse 首先论证了词界符号插入、删除等机制无助于外在音系规则的描写。例如,希腊语雅典方言的后词库音系模块有三条连拼分读规则(hiatus rule),都属于外在音系规则。三条规则都涉及位于词界的两个元音,结果都是前一元音脱落。虽然这些规则也涉及音系条件,但这里关注的重点是通过词界符号反映的句法信息。由于外在音系现象发生在比词大的范畴,规则的结构描写中都涉及句法信息。如果词界是唯一可以参照的、间接反映句法结构关系的信息的话,那么确定词界符号的数目对于规则的结构描写至关重要。Kaisse 的分析显示,无论采用何种假设,仅靠词界符号,音系规则不能获得必要的句法信息。

为何只靠词界符号多寡不能为音系规则提供合适的句法信息

呢？或者更值得探究的问题是，词界符号能为音系规则提供哪些句法信息？词界符号依据句法范畴的嵌套层次插入，其数量仅能间接反映句法嵌套程度。如果再应用词界符号删除机制，并假设任何两个词汇范畴间的词界符号不超过两个，那么连间接反映句法嵌套程度的作用也难以实现。究其症结，如果不参照加标括号，词界符号仅能对两个词汇范畴之间的关系作出间接的、不确定的描写，而一些可能对音系规则起作用的句法信息无法依据词界符号的数量来确定。

正因为词界符号无法为音系规则提供某些必要的句法信息，以 Kaisse 为代表的直接参照论主张放弃词界符号，直接采用句法表层结构为音系模块提供所需的参照信息，尤其是句法嵌套结构关系、中心或终端位置以及句法范畴等信息。通过对包括意大利语句法性叠音（raddoppiamento sintattico）、法语连读增音、汉语连读变调等多种语言中的外在音变现象的研究，Kaisse（1985：185－186）提出音系模块至少参照两种重要的句法信息（或参数）：c－统辖条件和终端条件。前者要求一个词 c－统辖另一个词，后者要求参与外在音变的两个词处于包含二者的句法成分的一端，两个参数均有若干取值，不同语言的外在音变现象为这些参数及取值提供了证据。Kaisse 还指出 c－统辖和终端条件仅是两个默认参数，可能的参数还包括词汇范畴类型。其他研究者也提出另外一些参数，如 Napoli & Nespor（1979）提出的左分枝条件，Odden（1987）提出的中心语位置及 Rizzi & Savoia（1993）提出的管辖关系。

在后 SPE 时期，研究者们对通过词界符号及其多寡来处理句法-音系接口的合理性感到怀疑：词界符号只能间接反映部分句法结构关系，更重要的是，对以外在音系过程为代表的后词库音系规则而言，它们既非充分条件也非必要条件。正是这种怀疑导致了直接参照论的提出。然而，直接参照论虽然"直接"，但在严格意义上的语法模组论者看来具有致命的理论缺陷：句法和音系是两个独立模块，有各自的"词汇""语言"和算法，无法直接"对话"。从这个意义上说,只有间接参照论能够满足语法模组论的要求:建立一个能真正地把两个模块联接起来的"接口"装置。

8.3　间接参照论——韵律音系学

8.3.1　韵律音系学的产生

与直接参照论不同,间接参照论承认句法、音系之间介质的必要性,但其解决方案是用韵律范畴这一新介质取代词界插入。间接参照论的合理性取决于能否证明用韵律范畴处理句法-音系接口不仅优于词界符号,而且还优于直接参照句法信息。要论证前者就需要证明韵律范畴具有独立动因,要论证后者则需要证明间接参照论比直接参照论更严格,能够更多地解释语言现象(Hayes 1984/1989)。然而,即便以今天的眼光看,证明间接参照假设的理论探讨仍然不够充分。Scheer(2008,2011)指出,语法模组论是间接参照论的最根本的理论动因,但模组论的奠基之作 Fodor (1983)及其理论地位却从未在任何重要的间接参照理论文献中被提及。此外,词以上范畴的音系过程是证明韵律范畴有其独立动因的核心证据,但这些过程在世界语言中并不丰富。Selkirk (2011)也承认,仅就目前掌握的语言事实看,在三类支持韵律范畴独立存在的关键证据中,除音系过程中的非句法因素外,严格层级假设(Strict Layer Hypothesis)和句法-音系非同构性(non-isomorphism)假设也都未得到充分的论证。

间接参照论的代表是韵律音系学(Prosodic Phonology)(Selkirk 1978/1981,1984,1986;Hayes 1984/1989;Nespor & Vogel 1986)。作为音系研究的主要领域,韵律音系学受到非线性理论的自主音段音系学和节律音系学的影响。自主音段、音系范畴层级等新概念不仅促使研究者们从新的角度思考句法-音系关系,更为处理二者的接口提供了新工具。在 SPE 时期,受线性表达方式的限制,外在音系过程一般通过音段加词界的表达方式来处理(如 Selkirk 1972),但在处理重音现象时用加标括号划分特定域的表达方式已显示出潜在的优势,非线性表达理论的出现则使在多层面框架内统一处理韵律现象和外在音系过程成为可能。随着音步、音节、音系词等概念被独立提出,它们在处理词内音段交替、重音分布中的作用被广泛认同。在这种背景下,"句子的音渡特性也必须通过某种'超音段化'(represented 'suprasegmentally')方式来表达,而不必用 SPE 的以音段边界的形式来表达"(Selkirk 1984:8)。更高层次的韵律范畴,如音系短语、语调短语、音系语句等,也逐一被提出来处理短语以上范畴的音段交替和韵律过程。最终,韵律范畴取代了词界符号,成为处理音系-句法接口的新工具。

韵律音系学涉及韵律范畴和映射机制两个方面的内容。在讨论它们前,有必要先考察韵律音系在语法系统中的地位。研究者们提出的模型(Nespor & Vogel 1986:302;Selkirk 1984:34;Selkirk 1986:375;Scheer 2011:319)大同小异,下面给出 Nespor & Vogel (1986)和 Scheer (2011)两个有代表性的模型:

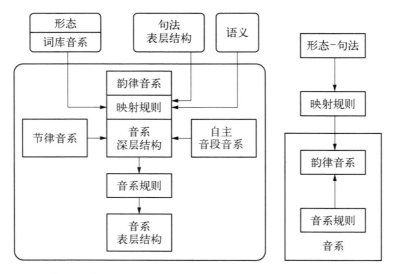

图 8.1 (Nespor & Vogel 1986:302)　　图 8.2 (Scheer 2011:319)

根据图 8.1,韵律音系属于音系模块,它既和句法、形态及语义等音系之外的语法模块联系,也和音系模块中的其他子模块联系。相关的句法、形态、语义信息透过映射规则将韵律音系表达映射为音系深层结构,该结构还同时受节律音系和自主音段音系模块影响。因此,音系深层结构除了含有源于词汇音系模块和词项插入机制所带来的音段结构外,还含有生成于韵律音系模块的韵律结构,以及经节律音系和自主音段音系等模块生成的音节、节律和声调等多层面结构等。在图 8.2 模型里,映射规则模块被置于音系模块之外,映射规则类似于 SPE 模式里的再调整规则。

8.3.2　韵律范畴

韵律音系学处理句法-音系接口的基本思路是,用具有独立动因的韵律范畴定义对句法信息敏感的音系过程的作用域,因此,定义韵律范畴、探讨韵律范畴的性质及其独立动因、寻找语言中受韵律范畴制约的音系过程等,自然成为韵律音系学的重要课题。本节讨论这些问题。

8.3.2.1　韵律范畴及其性质

韵律音系学假设音系规则不直接参照句法结构,而只能参照韵律结构;句子的韵律表达是由数量有限的、普遍的、非递归性的韵律范畴构成的韵律层级结构。Selkirk(1978/1981)最早提出韵律范畴集合:音节(σ)、音步(Σ)、音系词(ω)、音系短语(φ)、语调短语(I)和音系话语(U)。尽管并非所有韵律范畴都为某一具体语言的音系规则所利用,但一般认为韵律层级具有普遍意义,属于普遍语法。根据 Nespor & Vogel(1986:7-8),韵律范畴的性质和组构原则有别于其他音系范畴,主要表现为以下四点:

(8) 原则 1:韵律层级的非终端范畴 X^P 由一个或多个次级范

畴 X^{P-1} 构成。

原则 2：韵律层级中的每个次级范畴 X^{P-1} 仅属于唯一一
个上级范畴 X^P。

原则 3：韵律层级结构为多向分枝结构。

原则 4：韵律层级的姐妹节点中只有一个节点为重，其他
节点均为轻。

原则 1 要求韵律范畴具有严格的等级关系，同级韵律范畴只能处
于同一层面，上级范畴只能统辖一个或多个次级范畴。原则 2 要
求任何韵律范畴不能兼属两个上一级范畴。原则 1 和原则 2 合在
一起称作严格层级假设（Strict Layer Hypothesis，SLH），SLH 要
求各级韵律范畴由且仅由次一级范畴构成，次一级范畴属于且仅
属于唯一的上级范畴。严格层级假设既不允许下级范畴统辖上级
范畴，例如附着语素组（clitic group，用 C 表示）不能统辖音系短
语，也不允许上级范畴跨层统辖下级范畴（no level-skipping），如
音系短语不能越过附着语素组统辖音系词。严格层级假设意味着
韵律结构不具有递归性（no recursivity）。在这方面，韵律结构不
同于句法结构，因为后者一般被认为具有递归性。原则 3 假设韵
律层级结构多向分枝而非偶向分枝。Nespor & Vogel 认为原则 3
符合简单性原则，而且认为没有证据表明偶分结构有更强的解释
力。原则 4 与原则 3 有关，如果韵律结构是多向分枝而非偶向分
枝，那么音系规则可以通过对节点是否分枝的判断来确定重-轻关
系的重音分布（Liberman & Prince 1977）。这也说明，韵律单位的
构建原则亦有别于节律单位的构建原则。

在 Selkirk（1978/1981）提出了韵律范畴集合之后，Hayes
（1984/1989）和 Nespor & Vogel（1986）在集合中增加了附着语素
组，Zec（1988）、Itô（1988）和 Inkelas（1990）提出韵律范畴层级的
最低层单位为韵素（mora；μ）。韵律层级可分为韵律词以下和以
上两部分，分别构成词库音系规则的作用域和后词库音系规则的

作用域。(9)里是综合以上各家建议并广为采用的韵律结构层级假设:

(9)

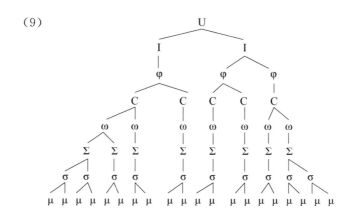

　　根据具体语言的事实,研究者们在上述韵律范畴集合的基础上增加了其他韵律范畴。基于对日语的分析,Poser(1984)、Kubozono(1988)提出音系短语应分解为"小短语"(minor phrase)和"大短语"(major phrase),Pierrehumbert & Beckman(1988)则提出音系短语包括"重音短语"(accentual phrase)和"中间短语"(immediate phrase);Kanerva(1989,1990)认为齐切瓦语(Chichewa)有一个称之为"焦点短语"(focal phrase)的韵律范畴,其层级位于音系短语和语调短语之间。然而,正如 Itô & Mester(2013)所指出的,没有证据显示所有新提出来的韵律范畴在任何一种语言里都起作用,这些针对具体语言提出的韵律范畴是否具有普遍性值得怀疑,很有可能是其他机制(比如说制约)作用的结果。韵律范畴集合中有哪些范畴是经验问题,可以通过具体语言的事实来求证。

8.3.2.2　韵律范畴的动因

　　韵律范畴的主要目的是定义音系过程域。如上节所述,仅依靠句法结构范畴无法精准定义音系过程域。韵律范畴虽然和句法范畴相关,但独立于句法范畴。韵律范畴独立性和能够定义音系过程域是其存在的价值所在。支持韵律范畴存在的三个关键证据是:(一)严格层级假设,(二)句法域–音系域非同构性,(三)音系域构建中的非句法因素。这三个证据能为韵律范畴提供独立动因。第一,如果严格层级假设成立,这意味着韵律范畴的性质和构建原则不同于句法范畴。句法范畴不具备严格层级关系和非递归性。第二,句法域–音系域的非同构性指音系规则的作用域不能由句法域充分定义,因为句法成分定义的作用域和音系规则的作用域涵盖的范围不一致。这种不一致也印证了音系范畴(尤其是词以上范畴)有着不同于句法范畴的组构规律。第三,音系范畴的组构涉及某些非语法因素,如语速和特定成分的长短都可能影响音系范畴的组织和调整。证据(三)否定了直接参照论的预测,即只有句法结构作用于音系结构或音系表达。以上三点说明,句法范畴可能干涉但不能决定韵律结构的构建,因此韵律范畴的客观存在和独立于句法范畴的假设是必要的。

严格层级假设最初是由 Selkirk(1981)作为一个工作假设(working hypothesis)提出来的,但对此的反应几乎全是质疑和批评。不过,诚如 Hyman *et al*.(1987)所指出的,只有能够被证伪的假设才是真正的科学假设。Hyman *et al*.发现,在卢干达语里,声调过程域和音段过程域并不一致;虽然同属音系范畴,但二者交错重叠。这种现象显然违反了严格层级假设的预测(Hayes 1989:205)。不过 Hyman *et al*.指出,只需假设卢干达语在句子声调表达和音段表达两个层面上分别构建韵律结构,声调过程和音段过程便可分别在两个韵律表达层面的基础上加以描写。这种方法不仅可以避免韵律域重叠,而且维持了严格层级假设。关于严格层级假设,我们在后面还会讨论;关于对该假设后续发展的讨论可参见 Vogel(2019)。

句法域-音系域的非同构性是证明韵律范畴存在的另一个重要证据。非同构性的可能表现是：（一）相同的句法结构并不总能定义特定音系规则的作用域，而不同的句法结构也可能形成特定音系规则的作用域；（二）存在以两个句子为作用域的音系过程。意大利语佛罗伦萨方言中的句法性叠音符合（一）描述的情形，如（10）所示（**Nespor & Vogel** 1986：39）：

（10）a. Ha appena comprato un colibrí[b:]lú[k]on le ali
　　　　　　　　　　　　　　w1　　w2　　w3

　　　sottilissime.

　　　他才买了只长着薄薄翅膀的蓝色蜂鸟。

　　b. Disegnó[b:]aleneblú[k]on inchiostro di lapislazzuli.
　　　　w1　　　w2　　w3　w4
　　　他用琉璃色的墨水画鲸鱼。

在（10a）中，w2 和 w3 都满足句法性叠音的音系条件，即前词（w1或 w2）词末音节重读且后词以单个辅音开头，但只有 w2 应用了该规则，而 w3 则未应用。这说明在音系条件都得到满足的前提下，音系规则是否能应用还取决于某些句法条件。（11a）显示，（10a）中的 w2 处于动词短语 **VP** 的补语位置 C，紧邻中心语位置 H 且直接和中心语（w1）构成姊妹节点；w3 也处于补语位置，但属于另一个补语成分，不紧邻 H 且不直接和中心语构成姊妹节点。在（10b）中，w2 和 w4 满足句法性叠音规则的音系条件，但只有前者应用该规则，这同样说明句法条件制约了该规则的应用。（11b）显示 w2、w3 和 w4 均处于补语位置 C，w2 紧邻中心语但不和中心语构成姊妹节点。（11a）和（11b）的差别仅在于：w2 在（11a）中与中心语 w1 构成姊妹节点，在（11b）中则和 w3 构成姊妹节点。以上两句中，w2 都应用句法性叠音，然而，两种情形中的 w1 都无法和 w2 构成一个句法成分。

（11）a.

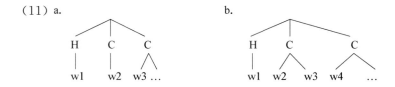

句法域-音系域的非同构性还表现在同一条音系规则可能作用于不同的句法域,但从句法角度看这些句法域没有共同之处,因此在音系规则的结构描写里不能从句法角度有效概括规则所需要的句法信息,如(12)里的两个句子:

（12）a. [ᵢ In Pakistan,] [ᵢ Tuesday,] [ᵢ which is a
weekday,][ᵢ is a holiday](Selkirk 1978)

b. [ᵢ Emmet,] [ᵢ alias the Rat,] [ᵢ eat only cheese]
（Pierrehumbert 1980）

(12a)和(12b)中分别有四个和三个语调短语,这种划分可从语调短语中的语调成分分布得到印证。(12a)的四个语调短语分别为介词短语、名词、非限定性定语从句和述表结构,(12b)中的三个语调短语分别为名词、插入语和动词短语。这些成分从句法角度看没有共性,为何都能具有相同的语调模式,无法单从句法角度得到解释。

非同构性还表现在有些音系规则的应用跨越了句子范畴。例如,英语闪音规则不仅能跨越词界还能跨越两个句子,如(13b−c)(Nespor & Vogel 1986:46)所示。单句一般是句法分析的最大单位,没有适当的句子成分结构能用来定义两个句子。

（13）a. Wait a minute. → Wai[ɾ] a …

b. It's hot. Open the window. → …ho[ɾ] Open …

c. Don't shout. It's rude. → …shou[ɾ] It's …

d. Where's Scott? Open the window　→　*...Sco[ɾ]
  Open ...

e. Don't shout. Is Ed here.　→　*...shou[ɾ] Is ...

另外,英语闪音规则并非在任何两句话间都能应用,只有在前后两句话有密切语义关联时才能应用,如(13b - c)所示;当前后两句话相对独立、缺乏密切语义关联时,齿龈塞音则不闪音化(如 13d - e)。上述事实说明语义(或信息结构)可以影响韵律结构的构建。非句法因素对韵律结构的影响不仅反映在语义上,还反映在语速上,同一个句子在不同语速情况中可以划分成不同的语调短语。例如,在汉语普通话中,当"老李买好酒"的语速不同时,韵律结构的划分结果可能不同,其依据是第三声(上声)变调发生的位置,如(14)所示(Cheng 1973):

(14)	老	李	买	好	酒
底层表达	3	3	3	3	3
表层表达(慢速)	**2**	3	3	**2**	3
表层表达(快速)	**2**	**2**	3	**2**	3

韵律结构的构建受诸如语速等非语法因素的影响,是假设难以被充分证明的主要原因之一。语速是实现话语的不可缺少的因素。如果排除语速因素,话语作为证据的现实性和可靠性又会被质疑。

8.3.2.3　韵律范畴的证据

支持韵律范畴存在的证据包括语音学证据(见 Cohen *et al.* 2011 第 11 章; Beckman & Pierrehumbert 1988; Jun 2005)、音系学证据(Selkirk 1978 / 1981, 1980, 1984, 1986; Hayes 1984 / 1989; Nespor & Vogel 1986; Inkelas & Zec 1990; Ewen &

生成音系学基础理论

Anderson 1987)和心理语言学证据(Shattuck-Hufnagel & Turk 1996；Cutler *et al*. 1997；Speer & Blodgett 2006)。在此我们仅讨论音系学证据。一般来说，如果特定韵律范畴在音系过程中起作用的话，即可认定为该韵律范畴的证据。Nespor & Vogel (1986：58-59)将这些证据的表现形式归纳为：（一）音系过程的结构描写涉及特定韵律范畴；（二）音系过程以特定韵律范畴为作用域；（三）特定韵律域是音段配列制约的作用域；（四）重音分布模式不能根据句法结构范畴定义，而只能参照特定韵律域来确定。Selkirk(1981)则归纳了与音系规则有关的三类韵律范畴位置，即范畴内、范畴端、跨范畴等。证据的归纳都以确定音系过程的韵律域为关键。

以音系短语范畴为例。英语的节奏规则(rhythm rule)以音系短语为其作用域。这条规则指在一个短语中为避免出现位置相邻重音冲突，前一个词的主重音前移，使该词中的轻-重模式变为重-轻模式，因此这条规则也称作抑扬颠倒规则(iambic reversal)。例如，在英语的短语 thirteén mén 中，thirteén 的主重音前移，形成 thírteen mén 的重音分布。Hayes(1984/1989)认为该规则不仅可应用于名词短语，而且还能在动词短语和形容词短语里应用，如(15)所示：

(15) 名词短语　　horizóntal líne→hórizontal líne

　　形容词短语　evidéntly trúe→évidently trúe

　　动词短语　　he'll absolútely flíp→he'll ábsolutely flíp

(15)中的例子都是"限定语＋中心语"型短语结构，而(16)里的句子则显示，该规则在"中心语＋限定语"型短语结构中也起作用。不过，(16)中各句应用节奏规则没有(15)里的句子那么自然，可以认为(15)是应用该规则的无标记结构，(16)是有标记结构。

（16）动词短语　　it'll interséct the órigin → it'll íntersect
the órigin

名词短语　　the Japanése of Hónshu → the Jápanese
of Hónshu

形容词短语　he's not as Japanése as Sám → he's not as
Jápanese as Sám

无论是在(15)还是在(16)里,无论中心语和指示语如何分布,只要
在同一个音系短语中出现重音冲突,节奏规则都会起作用。然而,
如果重音相邻出现在两个独立的音系短语中,节奏规则将不应用,
如(17)里的句子所示:

（17）小句＋小句　　　　　　*When you visit Mississippi, call me.

名词＋小句　　　　　　*Tennessee, I visited.

名词短语＋动词短语　　?? Mississippi outlawed it.

动词＋名词短语＋介词短语　?? He conceded Tennessee to
Carter.

动词＋名词短语＋副词短语　?? He visited Mississippi
twice.

名词＋介词短语＋介词短语　?? a book on Tennessee
by Knight

Hayes(1984/1989)综合了 Nespor & Vogel(1982)关于英语
中心语补语是否分枝会影响音系短语构建的洞见,将英语音系短
语的构建条件归纳为:

（18）在结构[X"…X⁰ Y"…]里:

a.[…X⁰]必须属于音系短语;

b.如果 Y"只含一个附着语素组,Y"可加入中心语为 X⁰

音系短语中；

    c. 所有不受 a、b 条件影响的附着语素组构成其他音系短语。

8.3.3　句法-音系映射的算法

句法结构或特征以特定映射算法转换为音系结构或特征。根据间接参照论,并非所有句法结构或特征都会映射到音系模块中,如词的范畴、论元结构、空语类和语迹等,但中心语-补语关系、词汇范畴的最大投射以及句法节点是否分枝等信息则被认为可能映射到音系模块,因为这些信息可能影响音系规则的运行。韵律音系学假设相关句法结构和特征信息映射到音系模块形成的结果是韵律范畴层级结构,音系规则的施用参照韵律范畴,以这些韵律范畴为规则作用域。

根据 Inkelas & Zec(1995)的归纳,有基于句法关系(syntactically relation-based)、基于成分终端(end-based)和基于树形结构(arboreal-based)等三种句法-音系映射算法,三者的差异正好反映了对哪些句法结构或特征映射到音系模块并成为构建韵律结构依据所存在的分歧。下面分别叙述。

8.3.3.1　基于句法关系的算法

基于句法关系的算法强调句法成分关系,尤其以中心语-补语关系对构建韵律范畴起到关键作用,如上一小节中的意大利语和英语例证说明二者在构建音系短语时虽然有各自的原则,但都是基于中心词和补语关系来划分韵律成分。下面仍以音系短语的构建为例说明。在(19)中,词汇投射 X"的中心语为 X^0,补语为 Y"。

(19) a.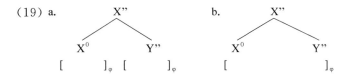

特定语言或将中心语和补语分成不同的音系短语(如 19a),或将中心语和补语合为一个音系短语(如 19b)。前者如吉姆维尼语(Chi Mwiːni)(Nespor & Vogel 1986;Hayes 1984/1989;Selkirk 1986),后者如法语(Nespor & Vogel 1986;Selkirk 1986)。上述算法不仅针对中心语在前的语言,也适用于中心语在后的语言,如日语被认为采用了类似(19a)的中心语和补语分开划分短语的方法(Poser 1984;Nespor & Vogel 1986;Selkirk 1986),朝鲜语被认为采用了类似(19b)的中心语和补语并为一个音系短语的划分方法(Cho 1990)。

根据 Inkelas & Zec(1995:540)的描写,有些语言,如英语、豪萨语和基洋波语(Kiyambo)等呈现出混合类型的特点:当补语不分枝时,补语和中心语形成一个音系短语;当补语分枝时,补语和中心语构成各自的音系短语,(18)中的英语音系短语构建原则就证明了上述规律。此外,意大利语更复杂,即便不分枝,补语有时候单独形成音系短语,有时候和中心语一起构成一个音系短语。基于句法关系的算法需要增加额外的假设来处理补语是否分枝和韵律范畴划分的关系,这也是另外两种算法需要解决的问题。

8.3.3.2 基于成分终端的算法

基于成分终端的算法,指构建韵律结构时,要求韵律范畴的某一端必须和词汇投射(如 X⁰ 和 X")范围的某一端(左或右)对齐。这个算法源自 Chen(1985,1987)对汉语厦门话连读变调的研究。厦门话的连读变调域是音系短语,音系短语的右边界和句法结构

中词汇最大投射的右边界对齐。句法短语映射为音系短语的过程
如(20)所示：

（20） a.

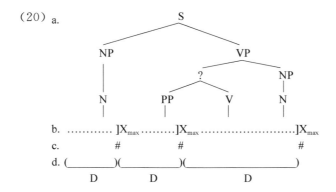

(20a)为句法表层表达,(20b)中所有词汇最大投射(NP、PP、NP/
VP)的右边界用]X_max 标记,(20c)是由句法表达映射为音系表达
的转换步骤,去掉了所有句法信息后仅保留词汇最大投射右边界
信息,即♯标记所在位置,该位置在(20d)中即韵律范畴 D 的右括
号,在同一个韵律层级中确定了右边界,左边界也就相应确定了。

　　因为表层句子结构主要标记词和短语范畴,所以 Selkirk
(1986)认为基于成分终端的算法是参照了这两个句法范畴构建的
音步和语调短语之间的几个韵律层级。这个算法的主要参数有两
个：a. 句法范畴的投射层级 A^0 或 A″；b. 左右边界。例如,在最大
词汇投射 X″→X^0 Y″和 X″→Y″ X^0 中,若采用最大投射左边界
[A″和最大投射右边界 A″]两个参数,韵律范畴的划分如(21)
所示：

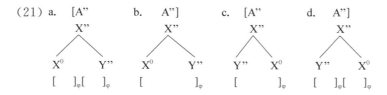

不难看出,法语采用(21a),吉姆维尼语采用(21b),朝鲜语采用(21c),日语采用(21d)。这意味着,基于成分终端的算法和基于句法关系的算法能作出基本相同的预测。然而,对于英语、豪萨语和基洋波语等混合类型,基于句法终端的算法则会作出错误预测;这是因为,当补语不分枝时,这三种语言构建音系短语的参数为最大投射右边界 A"],而根据该参数,当补语分枝时则会错误地划分音系短语。

不仅类似英语这样的混合类型,像意大利语之类更为复杂的混合类型也必将给基于成分终端的算法带来挑战。Inkelas & Zec(1995)认为由于在句法-音系映射算法没有将结构的分枝因素与否考虑进来,因此不论是基于句法关系的算法还是基于成分终端的算法都无法预测类似英语这样的混合类型。

8.3.3.3　基于树形结构的算法

基于树形结构的算法(Zec & Inkelas 1990)把句法结构是否分枝,或者说句法结构的姊妹关系作为句法-音系映射算法的主要参考因素。根据这种算法,有分枝的句法成分将两个姊妹节点划分为一个音系短语,因此对句法分枝特别敏感的混合类型语言的音系短语划分可得到解释,如(22)所示:

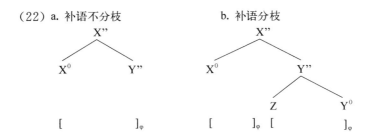

（22）a. 补语不分枝　　　　　　b. 补语分枝

Inkelas & Zec(1995)认为,基于树形结构的算法对主语在韵律结构中的划分不同于前两种算法。如果句子中的主语和谓语均不分枝,该算法预测主语和谓语构成一个音系短语。如果主语不分枝,谓语分枝,则主语和谓语分别构成音系短语。(23)中各句英语节奏规则的应用说明上述预测成立。

(23) a. Ánnemarìe's hérd
　　b. Ánnemarìe héard.
　　c. Ànnemaríe héard about it already.

不同的句法-音系映射算法和研究者们对哪些句法信息影响韵律结构,进而影响音系规则使用的假设相关。一些语言的音系也许对某类句法信息敏感,对其他句法信息不敏感,而另一些语言则可能恰恰相反。因此,用一种算法囊括所有语言很困难,甚至是不可能的。

8.4　句法-音系接口研究的进展

自 20 世纪 90 年代中期起,随着优选论、最简方案和分布形态学等理论的出现,句法-音系接口研究的深度和广度得到了前所未有的发展。[①] 下述原因推动了句法-音系接口研究的发展。首先,韵律研究尤其是对各种语言的韵律类型的持续研究(例如 Jun 2005, 2014;Gussenhoven & Chen 2020),使得句法-韵律接口研究已成为句法-音系接口的代名词,新发掘出的事实不断为句法-音系接口研究输送养分,更对既有理论提出了变革的动力。其次,优选论的出现使句法-音系接口研究者从制约的角度思考句法-音系交互作用的主要因素,提出并迭代优化制约系统,有利于凸显影响

[①]　这可以从一些专业期刊的句法-音系/韵律接口专号数量看出来。据不完全了解,句法-音系研究专号的期刊有 *Phonology* (2015)、*The Linguistic Review* (2007, 2010, 2019)、*Lingua* 2011、*Transactions of the Philological Society* (2011)、*Glossa* (2017)等。

句法-音系接口的因素及因素间的相互作用。最简方案要求句法研究不仅要重新审视句法机制,而且还要更多关注句法-音系接口机制。分布形态学(Distributed Morphology)"肢解"了形态模块,把句法推导延伸至词库内部和后句法阶段,使得后句法阶段的句法-音系接口又加入了形态因素,使得"接口"愈加复杂。本节归纳20世纪90年代中期以来优选论和最简方案背景下的句法-音系接口研究。

8.4.1　优选论的句法-音系接口研究

原则的参数化导致语法理论普遍意义的弱化是优选论产生的理论背景之一。优选论有其独立的语法观。我们将在第十章里集中讨论优选论的基础假设,故不在此介绍。这一节主要讨论与音系-句法接口相关制约的构建和以制约为基础的分析。

8.4.1.1　从原则参数化到制约

原则参数化是生成语法原则-参数理论阶段的常规做法(Chomsky 1981),如句法语杠理论的左/右中心词参数、节律音系理论中的音步左重/右重参数。原则参数化也体现在韵律音系中。在优选论出现前,以严格层级假设为代表的韵律构建原则被认为是不可违反的,这些原则既引导和诱发合格韵律结构的构建,也限制并过滤不合格的韵律结构的生成。然而,跨语言的研究却表明,除了下级韵律范畴不能统辖上级韵律范畴之外,上级范畴跨层统辖下级范畴、韵律范畴递归生成等都能观察到,因此这些原则都有被参数化的必要。此外,为了解释跨语言韵律过程、韵律结构的类型学差异,句法-音系映射机制也被参数化,如8.3.3节所示。原则的参数化导致语法理论普遍意义的弱化。

优选论以普遍的但是可违反的制约为语法内容,语言差异是制约层级排列差异的结果(Prince & Smolensky 1993)。从精简语法的角度看,优选论的制约比参数化的韵律构建原则有一定的优势。在优选论框架内处理句法-音系接口的主要工作之一是构建相关的制约系统。根据 Selkirk(2011),有三类制约影响韵律构建,也影响对韵律敏感的音系或语音过程的解释:(一)句法-韵律成分对应制约;这类制约的本质是句法-音系的映射算法,负责句子层面韵律范畴的构建和界定;(二)触发韵律音系或语音过程的制约,常体现为韵律实现的标记类制约(如厦门话的短语内变调、日语的短语左首高调重设等);(三)韵律结构的标记类制约,如反映韵律单位数量要求的 BinMin(φ,ω)和 BinMax(φ,ω),避免韵律域左首出现离群成分的 StrongStart 等。鉴于第一类制约的核心地位,本节主要讨论从 Selkirk(1996)的同界制约(Alignment constraint)到 Truckenbrodt(1995)的覆盖制约(Wrap constraint)再到 Selkirk(2011)的匹配制约(Match constraint)的发展,并通过比较说明这些制约的层级排列处理法的优劣。

McCarthy & Prince(1993)将基于成分终端的句法-韵律映射算法(Chen 1986;Selkirk 1986)扩展为广义同界制约(generalized alignment constraint),这是一大类制约。此类制约要求某个形态句法成分的左/右边界与某一韵律成分的左/右边界对齐,或者某个韵律成分和另一个韵律成分左/右边界对齐。在 Selkirk(1996)中,作者从功能词(助动词、介词、冠词、代词等)和词汇词(lexical word)的韵律差异角度讨论了二者结合后可能产生的不同韵律结构。此外,Selkirk 借鉴了优选论提出的关于句法-音系映射的同界制约和关于韵律层级的标记类制约,分别如下:

(24)句法-音系同界制约①

①　Selkirk(1996)给出的制约表达是 Align(Lex^{max}, L/R;PPh,L/R);此处采用简略形式。

Align-L/R(Lex，PWd)：每个词汇词和音系词左/右边界一致。

Align-L/R(PWd，Lex)：每个音系词和词汇词左/右边界一致。

Align-L/R(Lex^{max}，PPh)：每个词汇词最大投射和音系短语左/右边界一致。

Align-L/R(PPh，Lex^{max})：每个音系短语和词汇词最大投射左/右边界一致。

(25) 韵律层级标记类制约（C_n 为韵律范畴）

    a. 层级性制约（Layeredness）：若 $j > i$，则 C_i 不可统辖 C_j。

    例如：音节不能统辖音步。

    b. 中心语制约（Headedness）：C_i 必须统辖 C_{i-1}，$C_i \neq$ 音节。

    例如：韵律词必须统辖音步。

    c. 穷尽性制约（Exhaustivity）：若 $j < i-1$，则 C_i 不能直接统辖 C_j。

    例如：韵律词不能直接统辖音节。

    d. 非递归性制约（Non-recursivity）：若 $j = i$，则 C_i 不能统辖 C_j。

    例如：音步不能统辖音步。

同界制约被假设为忠实类制约，反映语法对不同层面范畴结构对应关系的要求，它们和音系尤其是韵律标记类制约交互，决定合格的表层韵律结构。这些制约看上去是对原则-参数理论中韵律构成原则的另一种表述，但应该看到，从原则到制约反映了对韵律层级性质理解所发生的根本变化：原则一般不能违反，而制约的本质特点之一是可违反性。站在当时的角度看，Selkirk 认为层级性制约和中心语制约在制约层级中排列较高,而穷尽性制约(即"禁止跨层统辖")和非递归性制约(即"禁止递归结构")在某些语言中则可能排列低于标记类制约;其后果是,韵律范畴跨层统辖和递归生成从优选论的角度看是必然会产生的,而在此前的理论体系中只能通过参数设定来处理。

自 Selkirk(1986)后,新的研究显示基于单边成分终端的句法-音系映射算法,无论是参数化的原则还是后来的制约论,都无法充分表现句法成分组构在韵律成分组构中的作用。齐切瓦语(Chichewa)中动词-宾语-介宾结构形成的动词短语在整体上构成一个韵律短语,主要的音系表征是韵律短语倒数第二音节元音变长,如(26)所示(引自 Truckenbrodt 1995:100):

(26) [$_{VP}$ V NP NP]　(anaményá nyumbá ndí mwáala)$_{\varphi}$

　　　(　　　　　　)$_{\varphi}$　he-hit　the-house　with　a-rock

　　　他拿石头砸房子

不论采用 Align-L 还是 Align-R,抑或二者兼用都难以得出齐切瓦语中的音系短语划分,如(27)所示:

(27)　　　　　　　　　　　　　[$_{VP}$ V NP NP]

　　A)Align-L　　　　　　　$_{\varphi}$(　$_{\varphi}$(　$_{\varphi}$(

　　B)Align-R　　　　　　　　　　　)$_{\varphi}$　)$_{\varphi}$

　　C)Align-L & Align-R　　($_{\varphi}$　($_{\varphi}$)($_{\varphi}$))

　　D)??　　　　　　　　　　($_{\varphi}$　　　　　　)

上述语料和同属班图语族的齐姆维尼语、吉玛图姆比语类似语料进行对比时,则更能看出句法成分和韵律成分的紧密联系,如(28)、(29)所示(转引自 Truckenbrodt 1995:100;109):

（28）齐姆维尼语

　　[_VP V NP NP] (panzize cho:mbo)_φ　(mwa:la)_φ

　　（　　　）_φ（　）_φ　he-ran　the vessel　onto-the-rock

　　　　他把船撞到礁石上了

（29）吉玛图姆比语

　　[_VP V NP NP]　((naampéi kikoloombe)_φ Mambóondo)_φ

　　((　　　)_φ　)_φ　I-him-gave　shell　　　Mamboondo

　　　　我把贝壳给了 Mamboondo

齐姆维尼语与齐切瓦语的情况类似，也存在音系短语内倒数第二元音变长规则。吉玛图姆比语则恰好和这两种语言相反，音系短语内有一个长元音缩短规则，但音系短语内最后一个韵律词例外，（29）中的 kikoloombe 和 Mambóondo 都是音系短语内最后一个韵律词，均未受到元音缩短规则的作用，而正是这两个词标记了音系短语右边界。吉玛图姆比语还有一个"在音系短语左边界外增插一个高调"规则，但该规则并未执行，体现在 kikoloombe 上未负载高调，这意味着 Mambóondo 左边无音系短语边界。可见，正是这两条分别对音系短语左、右边界敏感的规则决定了（29）中韵律短语的递归形成和划分。基于三种班图语族语言的音系短语划分，Truckenbrodt（1995：81）认为，如果要合理解释上述事实，除了同界制约外，还需一个尽可能将句法短语映射为音系短语的覆盖制约 Wrap-XP：

（30）Wrap-XP（覆盖制约）：每个词汇最大投射 XP 都需被一个音系短语覆盖。

上述三种班图语言的材料可由覆盖制约、同界制约及非递归性制约的不同排列进行解释：

(31) a. 齐姆维尼语　　 Wrap-XP，NoRec » Align-R（XP，φ）

　　 b. 齐切瓦语　　　 Align-R（XP，φ），NoRec » Wrap-XP

　　 c. 吉玛图姆比语　 Wrap-XP，Align-R（XP，φ）» NoRec

　　Truckenbrodt 提出的覆盖制约虽然仍采用间接参照理论框架,但更直观地体现了句法短语在音系短语构建中具有更大约束力和"权重"。此外, Hale & Selkirk（1987）及 Selkirk & Shen（1990)提出了音系短语构建中的词汇管辖（Lexical government）参数,[①]但此参数基于管辖这一句法关系概念,含有浓重的直接参照色彩,覆盖制约既能实现词汇管辖的要求,也无须在音系短语划分中使用这一参数。然而,覆盖制约体现了早期理论里的句法-韵律映射算法,虽然能通过和其他的同界条件排序交互推导出正确的结果,但二者功能和性质上有重叠,使得制约体系有冗余之嫌。[②]

　　Selkirk(2009，2011)提出的匹配制约（Match-XP）和覆盖制约类似,也要同时参照句法成分左右边界,但却能实现覆盖制约加同界制约共同起到的作用,因此可以简化制约体系。匹配制约也是一类处理句法成分-音系成分映射关系的对应制约（Correspondence constraint）,本质上是（句法）输入-（音系）输出对应关系的忠实类制约。根据 Selkirk(2011)有 Match(α，π)和 Match(π，α)两种匹配制约:

(32) Match(α，π)(句法-音系忠实类制约):

　　句法表达中某个句法成分的左、右边界和该句音系表达中某个音系成分的左、右边界匹配;

---

　　① 音系短语的构建或音系短语内规则的应用与否或取决于相关句法短语是否被词汇中心语管辖。

　　② 覆盖制约的羡余,除了制约自身的问题外,还与优选论的制约仅作用于语音表达有关。

（33）Match(π，α)（音系-句法忠实类制约）：

音系表达中某个音系成分的左、右边界和该句句法表达中某个句法成分的左、右边界匹配。

Selkirk 采纳 Itô & Mester（2007，2009）关于音步以上只有音系词、音系短语、音系小句(即语调短语)三个韵律范畴的假设,认为普遍匹配制约集合中只有 Match（Lex，ω）/Match（ω，Lex）、Match（XP，φ）/Match（φ，XP）和 Match （Clause，ι）/Match（ι，Clause）三对制约。

　　与覆盖制约相比,匹配制约从观念上朝直接参照法回撤了一大步。如果说覆盖制约只是试图加大句法推导在韵律组构中的权重,匹配制约则明确认为韵律划分通常基于句法划分(syntactically grounded),这也意味着承认句法推导对于音系推导,尤其是音系范畴构建的影响比韵律音系学标准理论时期(Selkirk 1986;Nespor & Vogel 1986; Pierrerhumbert & Beckman 1988)所理解和假设的程度要更大一些。在标准理论时期,韵律范畴被看成是音系基本成分,与句法成分无内在联系,而匹配制约则假设二者天然具有关联。如果匹配制约在制约层级中处于高位,则句法成分与韵律成分完好匹配,甚至能从韵律划分中反推句法划分。如果匹配制约受制于其他音系标记类制约,则句法推导的影响被削弱乃至抵消,出现句法成分和韵律成分的不匹配。然而,正是这种广泛存在的不匹配(即所谓音系-句法非同构性)说明韵律虽然很大程度受句法影响,但句法不是唯一的影响因素,光靠纯句法推导无法得出正确的句子韵律表征,因此句法-音系接口需采用间接参照而非直接参照。

　　此外,匹配制约不仅取消了同界制约和覆盖制约,还使得穷尽性制约(Exhaustivity)和非递归性制约(NoRec)也失去存在的必要,因为二者的作用完全可以通过匹配制约和其他音系标记类制约的交互得以实现。这样不仅简化了制约体系,更可能是对语言

生成音系学基础理论

现象作出的更深层次的概括。下面以分布于南非和莫桑比克的西宗加语（Xitsonga）为例说明。① Selkirk 认为西宗加语对匹配制约具有特殊意义，这不仅因为该语言为音系短语 φ、音系小句 ι 两个韵律范畴提供了证据，而且更因为这两个范畴的左右边界同时成为影响音系过程的关键因素。

（34）a. ₍cₗₐᵤₛₑ[₍cₗₐᵤₛₑ[[y-â:-j!á ᵥₑᵣᵦ]]₍cₗₐᵤₛₑ[n-gúlú:ve]]₍cₗₐᵤₛₑ

　　　　"it　is　eating，　the pig"

　　　正在吃，那头猪。

　　b-i. ₍ι(ₗφ(yâ:j!á)ₗφ n-gúlú:ve)ₗ

　　b-ii. *ₗ(yâ:j!á)ₗₗ(n-gúlú:ve)ₗ

（35）a. ₍cₗₐᵤₛₑ[[ti-ho:mú]₍cₗₐᵤₛₑ[[ndz-a-xa:v-a ᵥₑᵣᵦ]]₍cₗₐᵤₛₑ]₍cₗₐᵤₛₑ

　　　　'as for the cattle，I am buying'

　　　这头牛，我正在买。

　　b-i. *ₗ(ti-homú ₗ(ndz-a-xa:va)ₗ)ₗ

　　b-ii. ₍ι(ti-ho:mú)ₗₗ(ndz-axa:va)ₗ

（34）和（35）分别为主语后置和宾语前置句。从句法角度看，后置主语和前置宾语都是主句的附加成分，和主句递归生成一个小句。然而，只有（34b-i）的韵律结构反映了（34a）的句法结构，而（35b-ii）则将（35a）的前置宾语和主句各自划为一个音系小句。上述韵律结构的划分依赖两个音系规则：元音变长规则和高调扩散规则（High Tone Spread）。元音变长只出现在音系小句的倒数第二音节，因此该规则能标记音系小句的右边界。音节负载的底层高调会往右扩散，但在音系短语和音系小句内只能扩散至倒数第二音节，不可扩散至二者域内的最后一个音节，因此该规则能标记音系短语和音系小句的右边界，该制约被称为 Nonfinality(φ，H)；此

---

① 　语料引自 Kisseberth(1994)和 Cassimjee & Kisseberth (1998)。

外,高调扩散不可跨越下一个音系短语或音系小句的左边界,因此该规则还能标记音系短语和音系小句的左边界,该制约被称为CrispEdgeL(φ, H)(Itô & Mester 1999)。这里需要特别指出的是,高调扩散如果发生在音系词内则不受上述限制,可以扩散至词内最后一个音节,可以跨越音系词的左边界。根据上述两个规则的特点可以得出(34b-i)和(35b-ii)的正确韵律划分,但不会出现(34b-ii)和(35b-i)中的情形和划分。

(36) a. [[ndzi-xavela [xi-phukuphuku] [fo:le]]]

　　　'I am buying tobacco for a fool'

　　　我在给一个傻瓜买烟。

　　b. [[vá-xávélá [xí-phúkúphúku] [fo:le]]]

　　　'they are buying tobacco for a fool'

　　　他们在给一个傻瓜买烟。

　　c. ₍(φ(vá-xávélá xí-phúkúphúku)φfo:le)₎

(36)和(34)类似,用来说明音系短语范畴,也说明一种语言内存在规则同时对音系短语左右边界敏感的情形。(36)的主体结构是一个小句,这点从句中只有一个位于倒数第二音节的长元音可以得出。从(36b)的高调扩散〔源于vá"他们"中的高调,可与(36a)中无调的ndzi"我"对比〕可以看出xí-phúkúphúku前面不可能有音系短语界线,因为高调扩散不能跨越短语界线;但其后需有一个音系短语右界,因为最后一个音节无高调,符合高调扩散的制约。最后一个词作为音系词附加于前面的音系短语上。

　　西宗加语表明,韵律范畴的左右界同时对规则敏感,这一事实为设立匹配制约提供了依据。匹配制约要求句子的韵律划分原则上遵循词、短语和小句的句法划分进行,但由于诱发小句末倒数第二个元音变长及高调扩散的标记类制约排序更高,句法因素的作用可能被减弱,而音系因素的作用占据上风,为了韵律划分才对句法划分作出调整,从而出现递归韵律结构和跨层统辖,如(34b-i)和(36c)所示。① 上述语言事实可用(37)里的制约体系解释:

(37)西宗加语制约体系
Nonfinality (ι, H), Nonfinality(φ, H), CrispEdgeL (ι, H), CrispEdgeL (φ, H)

$$\gg$$

H-Spread

$$\gg$$

Nonfinality (ω, H), CrispEdgeL (ω, H), Match

Selkirk (2011)比较了匹配制约和同界制约的优劣。首先,不论是单边的同界制约还是双边的匹配制约很大程度上都能得出相同的分析结果,但前者受制于严格层级假设,更容易导致句法-音系的非同构性,如 Selkirk(1986)中的分析就是如此,而后者则放松了严格层级假设,使得句法和音系结构不匹配的概率和必要性降低。其次,单边同界制约可能导致分析中出现分析结果不确定的问题。例如,采用同界制约分析厦门话,依变调与否可确定音系短语的右边界,但该短语是否需要向左延伸至上一个短语的右边界则是个经验问题,如果采用匹配制约上述操作则于理有据,音系短语依句法短语构成,功能成分作为附着语素递归并入音系短语中形成新的音系短语。最后,单边同界制约可能对西宗加语中对双边界都有要求的语料作出错误解析。齐姆维尼语、厦门话、日语的短语构建都是单边界敏感型,因此无论是同界制约还是匹配制约,虽然解析出的韵律结构略有差异,但都能成功预测各自的短语范畴内发生的音系过程,而西宗加语中由于韵

① (36c)实际应为 ι(φ(vá-xávélá xí-phúkúphúku)φ ω(fo:le)ω)ι,因为 Match(Lex, ω)要求把所有句法词解析为音词。Selkirk 在文中虽然没有标出 fo:le 的音系词范畴,但可据原理推出。此外,还有其他类似句子能够佐证这个分析。

律范畴内的音系过程对双边界都敏感,因此能对二者的优劣作出判断和选择,如(38)中对西宗加语材料(38a)的预测显示,匹配制约能正确解析(38b),而同界制约则可能作出错误解析〔带星号的(38c)及(38d-i)〕:

(38) 西宗加语音系短语划分预测

a. $[_{NP}[\text{noun adjective}]_{NP\ VP}[\text{verb}_{NP}[\text{noun adjective}]_{NP}]_{VP}]$

b. Match(XP, φ)/Match(φ, XP)：$_\varphi$(noun adj)$_{\varphi\varphi}$(verb $_\varphi$(noun adj)$_\varphi$)$_\varphi$

c. Align-R(XP, φ)：$^*{}_\varphi$(noun adj)$_{\varphi\varphi}$(verb noun adj)$_\varphi$

d. Align-L(XP,φ)：(i) $^*{}_\varphi$(noun adj)$_{\varphi\varphi}$(verb)$_{\varphi\varphi}$(noun adj)$_\varphi$

　　　　　　　　　　(ii) $_\varphi$(noun adj)$_{\varphi\varphi}$(verb $_\varphi$(noun adj)$_\varphi$)$_\varphi$

　　至于同为双边界制约的覆盖制约,二者具有以句法结构划分为基础、主张放松严格层级假设、允许韵律范畴跨层统辖和递归生成的共性,其优劣可能主要还得靠是否能合理充分解释现有语料,是否能有效预测可能的跨语言类型来判断。Selkirk 指出,匹配制约能准确预测德语[DP [DP V]$_{VP}$]中 VP 短语重音只能落在 DP 上,而覆盖制约和同界制约预测该短语重音既可落在 DP 上(符合德语事实)也可落在或 V 上(不符合德语事实),而后者是类型学研究(Kahnemuyipour 2009)尚未观察到的情形。显然,要判断二者优劣,仍需更多的证据。

8.4.1.2　严格层级假设的弱化

8.4.1.2.1　附着语素组的去留

　　附着语素(clitics)是一种介乎词和词缀之间的语素,多属语法功能范畴,如英语的所有格 's、助动词和情态动词的弱化形式 've和 'd,法语的主格代词 je 和 tu 等。从韵律角度看,附着语素一般不单独成词,成音节的附着语素也不接受重音,含单韵素音节核或

无音节核,多附着在其前后的音系词或韵律词上,因此得名
(Zwicky 1977,1985;Klavans 1985;Anderson 2005 等)。在有
第二位置附着语素(second position clitics)的语言里,例如伊朗语
族的瓦罕塔吉克语,在特定的形态条件下,动词屈折范畴的人称-
数标记从动词词干后屈折语素位置转移并寄生在句首名词短语上
(胡伟 2017;胡伟、李兵 2017)。附着语素本身会经历音系过程,如
弱化或脱落,但这些音系过程仅仅发生在特定的形态-句法环境
中。附着语素通常和其宿主构成一个附着语素组。Hayes(1984/
1989)主张建立附着语素组这个韵律层级。在韵律音系学的标准
理论中,附着语素组的层级位于音系词和音系短语之间。英语的
v-脱落和 s/z 腭化(Hayes 1984/1989),希腊语的重音调整、鼻音
脱落和塞音浊化(Nespor & Vogel 1986),土耳其语的重音指派、元
音和谐(Kabak & Vogel 2001),法语的后词库重音指派(Hannahs
1995)等音系过程被用作论证附着语素组存在的证据。然而,在
严格层级条件限制下附着语素组产生诸多与理论和事实相矛盾
的问题,因此有不少研究者反对在韵律层级中设置附着语素组,
如 Anderson（2005）、Booij（1988,1996）、Selkirk（1995）、
Truckenbrodt(1999)、Werle(2009)、Zec & Inkelas(1991)等。反
对的意见包括四个方面:(一)附着语素组并非只能附着在音系词
上,也能附着在音系短语或语调短语上;(二)附着语素组混淆附
着语素与音系词的界线;(三)附着语素组存在的证据不足;
(四)前附着语素组(proclitics)和后附着语素组(enclitics)呈现不
对称性特点。下面简要论述上述意见。

首先,附着语素组位于韵律词和音系短语之间,这意味着附
着语素只可能和韵律词结合构成附着语素组,而不能和其他词以
上的韵律范畴构成附着语素组。然而,跨语言研究显示,附着语素
的宿主不仅仅是韵律词,还包括音系短语或语调短语。Zec &
Inkelas(1991)指出,豪萨语的附着语素寄生在音系短语上,而佐
齐尔语(Tzotzil)(墨西哥的玛雅语言)、格卡那语(Gokana)(尼日

尔-刚果语言)、吉南德语(Kinande)(尼日尔-刚果语言)等语言的某些附着语素则寄生在语调短语上。Spencer & Luís(2012：68)中举了一个例子,英语所有格标记-'s 也是一个附着语素,既能附着于单个词上,也能附着于短语上,如(38)中-'s 附着于任何由"名词＋后置定语"构成的名物化指人成分后,后置定语可以是 of 结构、形容词或定语从句,而-'s 的宿主也表现出任意性和特殊性,如形容词、动词、分词乃至前置词等。

(39) a. [the Queen of England]'s hat

　　 b. [the girl you met]'s name

　　 c. [the man responsible]'s name

　　 d. [the boy that seemed tired]'s name

　　 e. [the girl we were talking to]'s name

　　 f. [the woman you met yesterday]'s name

　　其次,严格层级条件要求附着语素组只能由音系词构成,这意味着所有附着语素必须以音系词的身份参与韵律解析,二者形成重叠。附着语素虽然有可能解析为音系词,但通常二者间有明显区别。Booij(1996)指出,荷兰语的作为附着语素的冠词、人称代词等由含弱化元音的(C)əC 单音节构成,而音系词由一个或多个含非弱化元音的音节构成,且 ə 从不位于词首。附着语素组的存在不仅会混淆附着语素和音系词,而且在实际分析中也常导致"附着语素组"根本不含附着语素的窘境。Booij(1988)还指出,韵律音系学标准理论假设词库里不存在韵律结构(Selkirk 1986)。如果是这样,附着语素和宿主的结合属于后词库过程,但诸多证据显示,附着语素和宿主构成附着语素组的过程可以发生在词库里。①

――――――――――

　　① Inkelas(1989)论证了词库有韵律结构的必要性；McCarthy & Prince(1990,1993)从韵律在构词中的作用进一步加强了这个观点。

如果是这样的话,假设中的附着语素组的形成过程隐藏着一个更为隐蔽的逻辑矛盾:形成附着语素组的前提是区分附着语素和音系词,但附着语素组只能由音系词构成则意味着在构建附着语素组时无须区分附着语素和音系词(Anderson 2005:42)。

研究者还对证明附着语素组的证据提出质疑和重新分析。一方面,跨语言观察显示,附着语素并非存在于所有语言中。由于判断附着语素的最主要的音系标准是附着语素无重音,因此附着语素多见于重音语言,而在缺少重音的语言中难以发现附着语素。① 另一方面,附着语素组的另一音系证据是附着语素和音系词的结合界定音系过程域,且这些音系过程不发生在音系词或音系短语构成的韵律域。然而,上述证据中的多数语言现象即使不依赖附着语素组范畴也能得到充分合理分析。以 Hayes(1984 / 1989: 207 - 209)讨论的英语 v-脱落为例。Selkirk(1972)首先描述了 v-脱落,这个过程的条件是:a. 在快速语流中;b. 涉及附着语素 *of* 或 *have* 和某些以 v 结尾的词汇词,如 *leave / save / give*,如 (40)所示:

(40) a. Please lea*ve* them alone.

　　a'. Give Maureen some.

　　b. Will you sa*ve* me a seat?

　　b'. We'll save those people a seat.

　　c. John would ha*ve* left.

　　c'. He wouldn't do it this week,but he would have last week.

　　d. a piece *of* pie

　　d'. It was thought *of* constantly.

----

① 关于汉语方言(如平遥话、宁波话、福州话、重庆话等)的附着语素,见 Zhang (1992;2017)、Zhang(2006)、You(2020)、董思聪(2019)等。

句子(40a－d)里都有 v-脱落,其共同之处是含-v 尾的词汇词或附着语素后都跟着一个属于同一个句法范畴成分的词,二者结合成一个韵律范畴。如果含 v 的是词汇词,则后接附着语素,如(40a－b)中的 *them* 和 *me*,如果含 v 的是附着语素,其后接词汇词,如(40c－d)所示。在(40a'－d')中这些词和其后续接的另一个词分属不同的韵律范畴,因此不适用 v-脱落规则。Hayes 把这个韵律域定义为附着语素组,即(40a－d)中句子的下画线部分,他认为采用 SPE 时期加词界符号 ♯ 的办法难以定义韵律域,因为附着语素组内部不含双词界符号 ♯♯,但又不等同于单个词界定义的 ♯ ＿＿ ♯,似乎是一个介于 ♯ ＿＿ ♯ 和 ♯♯ ＿＿ ♯♯ 之间的中间层次结构。简言之,附着语素组概念试图反映“附着语素和前后词汇词”有着比“词汇词＋词汇词”更为紧密内部关系这个语言直觉。

Peperkamp(1997)认为,解释(40)里的现象不需要附着语素组范畴。一是,如果使用附着语素组概念的话,分析需要区分前附着和后附着语素,英语中的 *of* 和 *have* 的简化形式 'v 为后附着语素。二是,假设 *of* 和 *have* 的语素有一个变体形式[ə],它可能出现在属于同一个音系短语的另一个词汇词前面。这里的关键在于假设[ə]变体是音系短语层面而非附着语素组层面的变体。三是,受 v-脱落规则作用的是极少数词汇词,即 give、forgive、save 等,而且这些词末的-v 后面只跟着 *me* 和 *them* 时才脱落,如后接 *her* 和 *him* 则不能脱落。至此,如果假设在词库中列出-v 的特性的话,这个假设是合理的,也是经济的。

最后,前附着语素和后附着语素的不对称表现也是反对附着语素组的重要证据。在含附着语素组的严格层级韵律体系中,所有附着语素都以韵律词的身份解析,其后果是规则对“前附着语素＋实词”还是“实词＋后附着语素”构成的作用域一视同仁;然而,事实显示前附着语素往往和后面的实词构成两个不同的作用域,而后附着语素往往和前面的实词构成一个作用域,这种不对称现象非常普遍。以荷兰语 ə-脱落规则为例,语料来自 Booij(1996)。

(41) a. Romein　　"罗马人"　/romə＋ɛin /[romɛin]
　　 b. pakte ik　"我拿(过去时)"/paktə ik /[paktik]
　　 c. de avond　"(定冠词)夜晚"/də avɔd /[də avɔt]

ə-脱落规则发生在(41a - b)中,条件是:ə 出现在属同一个词的后缀首元音前(41a),或位于词汇词词末且紧邻后附着语素(ik"我")的词首元音(如 41b)。(41c)中的定冠词 de 为前附着语素,其末尾的 ə 也紧邻后续实词的词首元音 a,但并没有发生 ə-脱落。Booij 认为,荷兰语中的后附着语素和前面的词汇词发生合并(incorporation),也就是说,后附着语素和其前面的词汇词共同形成一个音系词,和(41a)中的词干＋后缀一样,形成一个[实词＋后附着语素]。结构;前附着语素和后接词汇的结合是一种附加过程(adjunction),形成的是一个[前附着语素[实词]]。递归结构。显然,如果前附着、后附着语素和其前、后的词汇词所形成附着语素组呈现不对称表现则无法得以表达。

　　Selkirk(1996)对功能词的处理可以看成是对附着语素韵律地位的进一步讨论。很多语言中的附着语素都是功能成分(如代词宾格、介词、时体范畴等,尤其是弱化形式),因此这里的功能词包括但不限于附着语素。Selkirk 将它们分为三类(42a - c),即自由型(free)、词缀型(affixal)和内部(internal)附着语素。最后一种情况(42d)中,弱化的功能成分一般不能成为音系词,但非弱化形式则是可能的。[①] Booij(1996)描写的荷兰语前附着语素相当于Selkirk 定义的词缀型附着语素,荷兰语后附着语素相当于内部附

----

① 附着语素通常不接受重音,但并非总与重音无关,有些语言中的附着语素会吸引词重音至其宿主的最末音节,如拉丁语 que"和",详见 Spencer & Luís(2012)的讨论。

着语素。不论是 Booij 对荷兰语的分析还是 Selkirk 提出的附着语素类型,都摒弃了附着语素组这个韵律结构单位,其后果是突破了韵律层级跨层统辖和递归生成性两个严格层级假设的关键原则。

（42）Selkirk(1996)提出的功能词韵律结构类型

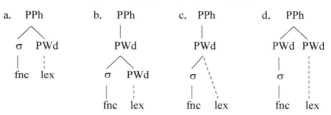

　　尽管诸多研究把附着语素组排除在韵律层级体系之外,但宣布附着语素组"寿终正寝"还为时过早。Vogel(2009,2019)认为问题不在于附着语素组范畴本身,而在于严格层级假设本身确实过于严格,她也不认为允许跨层统辖和递归结构是解决附着语素组乃至严格层级假设所面临困境的唯一出路。Vogel 提出了一个新概念"复合组"(composite group,简称κ),以此区别于原来的附着语素组(CG)范畴并取代原来的附着语素组,"复合组"仍然处于音系词和音系短语之间。"复合组"包含一个音系词或复合词以及任何离群韵律成分,如第二层面词缀(level 2 affixes)、附着语素及其他功能成分。此外,允许韵律成分跨层统辖但不允许递归韵律结构。Vogel 把含有"复合组"的韵律音系理论称作"复合韵律模型"(Composite Prosody Model),感兴趣的读者可以参考她近期的文献。

　　诚如 Vogel 所指出的,围绕附着语素组的讨论体现了生成音系学对滥用韵律范畴的担忧,一如 20 世纪 70 年代对滥用词界符号、20 世纪 80 年代对词库理论滥用层面的担忧。这种担忧体现了生成音系学一贯秉持的语法构建原则:音系生成而且仅仅生成符合语法的语言形式。

8.4.1.2.2　跨层统辖和递归生成

严格层级假设禁止韵律结构的跨层统辖和递归生成。然而，这个限制掣肘对诸多韵律现象的分析，因而屡被突破。这里有两个原因。原因之一是韵律音系学理论自身的问题，其二在于句法和音系表达的性质所涉及的语法系统的结构。严格层级假设限定韵律范畴上下级之间的结构关系的初衷在于区别、定义各个范畴，同时也为了限制那些不同的韵律范畴的不可能的组合。此外，"句法表达有别于音系表达"是生成语法理论坚持语法模组论的重要证据。递归是句法结构的属性，如果音系结构也是递归的，那么，音系结构与句法结构无异，二者也无各自的独立性，尤其是音系模块的独立性就少了特有的"区别性特征"。因此，证明韵律结构(或音系结构)具有独特的组构方式有利于间接参照假设，也有利于保持语法各子系统的模块性。

跨层统辖和递归生成关系紧密，相辅相成。韵律音系理论对二者的取舍包括三种主张：(一)遵守严格层级假设，禁止跨层统辖和递归生成；(二)允许跨层统辖但禁止递归生成；这个观点的代表是 Vogel 提出的"复合韵律模型"，其动因是如放松对后者的限制则难以限制不符合语法的韵律组合；(三)允许跨层统辖和递归生成，以 Selkirk、Itô & Mester、Truckenbrodt 等为代表。由于递归结构往往伴随着跨层统辖，因此下面集中讨论递归生成。

可递归的韵律结构可以是对称的，也可以是非对称的(van der Hulst 2010)，前者涉及跨层统辖，如荷兰语的递归型音系词[前附着语素[实词]$_ω$]$_ω$，后者的实例是复合词，即[[实词]$_ω$[实词]$_ω$]$_ω$。诸多证据显示，各个层级上都可以出现递归结构，如音系词(Itô and Mester 2007；Peperkamp 1997)，音系短语(Elfner 2012,2015；Itô & Mester 2012,2013)，语调短语(Ladd 1988；Selkirk 2009；Myrberg 2013)。我们以 Ladd 和 Itô & Mester 的研究为例说明问题所在。

Ladd(1986;1988)是最早质疑严格层级假设合理性并支持递归韵律结构的研究。① Ladd(1986)指出,英语句调层面的定义标准不同,从而导致韵律结构范畴混乱,如大、小调组(major and minor tone groups)(Trim 1959),单、双杠边界(single and double bar boundaries)(O'Connor & Arnold 1973)以及语调短语和中间短语(intonation and intermediate phrases)(Beckman & Pierrehumbert 1986)等。这些分类的基本做法是把语调短语分成大、小两种,大语调短语由一个或多个小语调短语构成。然而不同分类的所指并不相同,如 Trim 所说的大语调短语相当于 O'Connor & Arnold 定义的小语调短语。这些分类一方面反映了根据语调规律区分整句和更小语调单位确有实际需要,另一方面也说明准确定义二者有难度。Ladd(1986;1988)指出,如果不允许递归语调短语范畴,英语中的插入语、并列句等都会对分析,尤其是对严格层级假设带来挑战。以英语 A and B but C,A but B and C 型并列句(Ladd 1988)为例说明问题所在。

(43) a. Warren is a stronger campaigner,*and* Ryan has more popular policies,*but* Allen has a lot more money.

b. Warren is a stronger campaigner,*but* Ryan has more popular policies,*and* Allen has a lot more money.

如果不允许递归型韵律范畴,(43)中两句的韵律结构都应是如(44)中的扁平结构:

---

① 在严格层级假设提出之前,Selkirk(1980)和 Nespor & Vogel(1982, 1983)等人并不排斥递归结构。

（44）

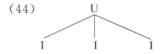

Ladd 指出，上述句子里 *and* 和 *but* 标示着边界内嵌深度（embeddedness）或强度（strength）的不同，最自然的结构划分是先由 *but* 将句子一分为二，再由 *and* 做二次划分。Ladd（1988）的语音实验研究结果也证实了这个划分结果，其主要发现是：（一）不论是在三个小句里还是在整个句子里，语调都呈下降走势（F₀ declination），每个小句末都有明显的边界调；（二）*but* 后小句的起始调高显著高于 *and* 后小句的起始调高；（三）*but* 前的停顿明显长于 *and* 前的停顿。这说明 *and* 和 *but* 前的边界深度不同。这些实验结果支持（45）的韵律结构分析。

（45）a.   b.

Itô & Mester 的系列研究探讨了韵律层级的普遍范畴和结构，提出了"弱层级假设"（Weak Layering Hypothesis）（1992／2003）和"韵律附加"（Prosodic Adjunction）（2006；2009；2012）等重要假设。"弱层级假设"通过允许跨层统辖来丰富词内韵律表征，以增强韵律层级的解释力；"韵律附加"则依靠递归生成来限制普遍韵律范畴，以期对跨语言韵律范畴的变异做统一描写。"弱层级假设"关注韵律词以下的韵素、音节、音步等范畴的组织方式，计有三个原则：（一）韵素限制（Mora Confinement）原则，即韵素只能由音节允准；（二）中心语（Proper Headedness）原则，要求非终端范畴必须有一个中心语，如 C_i 必须统辖次一级范畴 C_{i-1}；（三）最大解析（Maximal Parsing）原则，即韵律范畴须在满足普遍或特定语言制约前提下最大程度解析。根据以上原则，(46a－c)为合格结构，而(47a－c)为不合格结构，(47a)违反中心语原则，(47b)违反最大解析原则，(47c)符合最大解析原则但违反中心语原则。

（46）合格结构

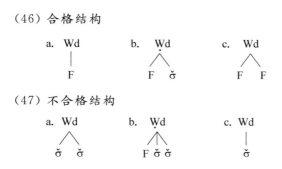

（47）不合格结构

"弱层级假设"排除了韵素被音步、韵律词统辖的可能，只允许音系词跨层统辖音节。与严格层级假设相比，"弱层级假设"的变化并不大，主要差异就在于允许(46b)这类结构，或者说，"弱层级假设"主要"弱"在允许跨层统辖。

"韵律附加"假设对韵律构建有实质性的作用(Itô & Mester 2009, 2012)。这个假设关注词以上韵律范畴。Itô & Mester 指出，在严格层级假设背景下，确定普遍性的韵律范畴和具体范畴面临诸多困难。首先，不同语言中或多或少都缺失韵律层级中的某些范畴，似乎还没有哪种语言的音系/语音过程对韵律层级中的所有范畴全都敏感。其次，同一范畴在不同语言中可能有不同的表现，给识别该范畴带来困难。最后，严格层级假设提出后，韵律范畴的使用呈泛滥之势且命名混乱，冠以不同名字的范畴可能所指相同，如 Jun(1998)指出音系短语在英语中也被称为中间短语(intermediate phrase)，在朝鲜语里被称为重音短语(accentual phrase)，而中间短语和重音短语大致又相当于日语中的大、小短语(major and minor phrase，以下简称 MaP 和 MiP)。范畴的滥用动摇了韵律范畴普遍性的基础。

　　为了避免韵律范畴混乱,"韵律附加"假设只承认三个普遍的韵律范畴:音系词、音系短语和语调短语,并通过附加操作形成三个范畴的最大和最小递归投射域,如(48)所示:

（48）韵律递归结构

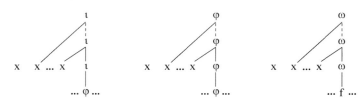

每个范畴的最小递归投射不统辖自身递归结构,最大递归投射则不被自身递归结构统辖。在普遍韵律范畴中没有话语(Utterance,U 或 ʋ)和附着语素组(CG)或复合组(κ)等范畴,前者为语调短语 ι 的最大递归投射,后者可为音系词 ω 的各级递归投射。

　　"韵律附加"假设和递归韵律结构的部分证据来自日语。基于不同的音系/语音过程,研究者提出了大、小短语两个范畴(McCawley 1968;Kubozono 1988;Beckman & Pierrehumbert 1986;Selkirk & Tateishi 1988, 1991)。大短语对应的音系/语音证据是音高降阶(downstepping),即在大短语域内含音高重音的词项的音高逐级降低的过程。小短语对应的音系/语音证据是起首低调(initial lowering),即短语左边界低调后接高调,用 L% H 表示。另外,小短语还是音高重音的韵律域,每个小短语里只能有一个短语音高重音 H*L。

（49）日语小短语内的起首低调(Itô & Mester 2012:284)

[_MaP_(_MiP_ Oomiya-no)(_MiP_ Inayama-no yuujin-ga inai)]

         friend isn't there

  'Mr, Inayama's friend from Oomiya isn't there.'

（50）日语大短语内的音高降阶（Itô & Mester 2012：285）

[_MaP_(_MiP_ Aoyama-no)(_MiP_ Yamaguchi-ga)][_MaP_(_MiP_ aniyome-o yonda)]

         sister-in-law called

  'Mr, Yamaguchi from Aoyama called his sister-in-law.'

  由于每个小短语左边界都有起首低调 L% H,因此(49)句含两个小短语,整句为一个大短语,韵律结构为[_MaP_(_MiP_)(_MiP_)]。由于小短语也是短语音高重音的韵律域,短语音高重音 H*L 也是小短语的标志,因此在(50)中有三个小短语;音高降阶只出现在大短语中,因此(50)中的前两个小短语构成一个大短语,再根据严格层级假设的要求,不允许跨层统辖且不允许出现递归结构,第三个小短语只能独自形成另一个大短语,由此(50)的韵律结构就是[_MaP_(_MiP_)(_MiP_)][_MaP_(_MiP_)]。若句子有两个大短语,各含两个小短语构成,其结构为(51)[①]:

（51）大、小短语构成的韵律结构（Itô & Mester 2012：285）

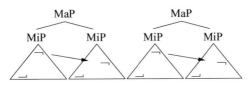

------

①　MiP 内的 ⌐ 表示短语音高重音 H*L,⌐ 表示起首低调 L% H,MiP 之间的 ↘ 表示音高降阶。

（52）递归短语构成的韵律结构（Itô & Mester 2012：286）

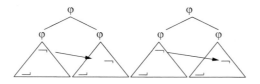

Itô & Mester 认为采用(52)中的递归短语不仅能同样有效地描写(51)中日语大、小短语描写的韵律结构,而且从理论上说更为经济。区分大、小短语的动因在于二者能分别预测音高降阶和起首低调/短语音高重音,然而这种区分并非必要。首先,音高降阶的前提是要有两个短语重音,而两个短语重音意味着需要两个小短语,因此无须担心小短语会成为音高降阶的作用域,但也无须另立大短语范畴,可以认为音高降阶的作用范畴仍旧是一个音系短语,只不过这个短语要含至少两个短语重音而已。其次,起首低调只发生在小短语左边界是不确切的,因为每个小短语的左边界也是某个大短语的左边界,故此无须区分大、小短语,只需说明起首低调发生在音系短语左边界即可。总之,如果无须为了区别音系过程的作用域而建立大、小短语两个范畴的话,这个区分就失去了存在的理由,大、小短语可以合并为一个音系短语范畴及其递归结构,可以将起首低调和短语音高重音的作用域定义为音系短语的最小递归投射,将音高降阶的作用域定义为音系短语的最大递归投射。

韵律结构跨层统辖和递归生成一直是研究的热点,是一个几乎所有句法-音系接口研究都无法回避的问题。从目前的状况看(可参考 *Languages* 2021 专号对韵律递归问题的讨论),多数研究者支持跨层统辖和递归生成,这里面包括几乎所有参与句法-音系接口讨论的句法学家和大部分音系学家,尽管在细节方面还有些争议,但只有少数人对递归生成持质疑或反对态度。

8.4.2　最简方案与句法-音系接口

20世纪90年代出现的最简方案(MP)代表了形式句法理论的最新发展。驱动MP的理念是人类的语言机制是完美的,语法设计应当揭示语言机制的完美性,与之相应的语法理论应当是最简洁和最优化的。在上述理念的指导下,Chomsky在一系列文章中(Chomsky 1993,1995,1999,2000,2001)提出了MP的基本构想。较之管约论(GB),MP从观念和技术层面上都有很大改变,这也为MP框架下的句法-音系接口提出了新的研究课题。

8.4.2.1　句法和音系本体的新认识

MP修订了语法本体的假设。在GB中,语法由句法、音系和语义三个模块构成,句法深层结构经过一系列转换操作(移动-α)和一系列制约的过滤推导出表层结构,再进入音系和语义模块进行解读。在MP中,语法由被称为狭义句法(narrow syntax)的部分组成,音系和语义被排除在语法核心之外(也见Hauser *et al*. 2002;Fitch *et al*. 2005)。狭义句法依然是个符号计算系统,它从词库中选取包含句法、语义、音系特征的词项,通过合并(merge)循环生成句法推导式。在推导的某个阶段,句法推导式通过"转移"(transfer)分别输入到音系模块和语义模块生成语音式(phonetic form;PF)和逻辑式(logical form;LF),生成一系列具有音-义对应的表达,EXP=〈PF,LF〉。将狭义句法表达实现为PF和LF过程称为拼读(spell out),该过程将句法推导式中无法为PF、LF识读的句法信息剥离,只保留能为PF、LF识读和处理的信息。PF和LF分别与人类发音-感知和语义-概念两个认知子系统相连。受制于这两个系统,PF和LF有各自计算和表征要求。例如,PF能处理的信息具有如下特点:时序性、有韵律和音节结构、具备某些特点的语音性质和关系(Chomsky 2001:94)。

MP 要求句法通过最直接、最经济的表达与操作,生成最低限度满足 PF 和 LF 要求的表达,语言之间的差异则体现在 PF 和 LF 层面的不同操作上。例如,某些语法特征在有些语言中是 LF 不可解读的强特征,要在拼读之前核查,在 PF 层面上有相应的语音实现,而在另一些语言中是 LF 可以解读的弱特征,在拼读之后核查,在 PF 层面上无相应的语音实现。

在 MP 中处理句法-音系接口的关键之一是被称为拼读的部分,Chomsky 对拼读的设想和论述不多,许多重要的细节有待于在新的框架内重新思考。例如,PF 是否包含句法信息? 包含哪些句法信息? 狭义句法的推导及制约是否会延伸至 PF? 另外,从技术层面上看,在句法表达和操作上,MP 较之 GB 也发生了很大变化,这些变化直接影响到句法-音系接口的假设。例如,无论是直接参照假设还是间接参照假设,句法-音系映射的源结构都是句法表层表达,然而在 MP 中,句法底层和表层结构都取消了,因此,句法-音系映射的对象是什么需要进行重新定义。又如,韵律音系学假设韵律范畴的构建参照部分句法成分信息,如基于成分终端的映射机制要求参照词汇最大投射(XP 或 X")等句法成分的终端信息,或参照中心语、补语或指示语等 XP 中特定成分的信息。然而,MP 在构建句法结构时扬弃了 X -阶标理论,而采用合并(merge)手段循环构建句法结构(也即推导式),这样做的直接后果是句法表达中类似词汇最大投射、终端、中心语、补语或指示语等信息不明确。更有甚者,有些最简方案理论假设所有句法表达中不出现任何句法成分标记(如 Collins 2001,Dobashi 2003),这样一来,参照最大投射、补语等相关句法信息的句法-音系映射机制如何在这些理论框架下实现? 同理,在 MP 中,虽然 c -统辖,姊妹关系(sisterhood)和统辖(domination)一些基本句法关系概念得以保留,但也取消了类似"管辖"这样在 GB 理论框架中的核心概念。这对于像 Rizzi & Savoia(1993)那样依赖"管辖"概念来定义句法-音系映射机制的理论有着直接的影响。

MP 是一个有待完善的理论,一些重要的和基本的问题仍处于讨论中。在 MP 框架下讨论句法-音系接口关系更多的是句法学家。这些研究利用相关 MP 句法表达、或推导工具、或将表达和推导结合起来,直接或间接地构建音系作用域。Elordieta(1997)利用特征核查关系来定义巴斯克语的韵律域可以看成是早期 MP 框架内韵律研究的先驱,之后的研究主要利用语段(Uriagereka 1999;Chomsky 2000,2001,2008)和拼读来生成韵律域,因此也被称为基于语段(phase)或基于拼读的句法-音系接口研究(Samuels 2009,2011;Sato 2009;Miller 2018)。以下介绍基于特征核查,尤其是基于语段的句法-音系接口研究。

8.4.2.2　特征核查与韵律域

依据巴斯克语元音同化只发生在特定句法环境的事实,[①] Elordieta(1997)认为,元音同化域是一个特定的音系范畴,由两个相邻的、具有特征核查关系的中心词形成一个形态句法词(morphosyntactic word,简称 MS-词)映射至 PF 而构成。根据 Elordieta(2008:256-258),巴斯克语的元音同化主要出现在两种环境中,如下所示:

(53) 名词＋屈折限定语
    a. /orma-a/ "那堵墙"　　　　or.mi.a　or.mi.i
    "墙壁"-限定.单数
    b. /seme-a-ri/ "(给)那个儿子" se.mi.a.ri　se.mi.i.ri
    "儿子"-限定.单数-与格
    c. /ume-en/ "那些孩子的"　　u.mí.en　u.mí.in
    "孩子"-属格.复数
    d. /polisi gaixto-ak-kin/ "(和)坏警察们"　polísi

---

① 指巴斯克语莱克提欧方言(Lekeitio)。

gaix.tu.á.kin polísi gaix.tu.ú.kin

"警察""坏"-限定.复数-伴随格

(54) 动词＋屈折助动词

　　a. /dxo e-ba-n / "他／她打过他／她／它" dxo
eban　　dxo oban

"打" 第三人称作格-现在时词根-过去时

　　b. /galdu e-ba-s-an / "他／她失去了它们" galdu
ebasan　　galdu ubasan

"失去" 第三人称作格-现在时词根-第三人称独立
格复数-过去时

　　c. /ikasi e-b-e-n / "他们学过了它" ikasi ében
ikasi íben

"学习" 第三人称作格-现在时词根-作格复数-过
去时

　　d. /atrapa e-b-e-s-en / "他们抓住了它们" atrapa
ebésen　　atrapa abésen

"抓住" 第三人称作格-现在时词根-作格复数-第三
人称独立格复数-过去时

(53)和(54)显示,巴斯克语的元音同化是一条变体规则,可应用也可不应用。当处于"名词＋屈折限定语"和"动词＋屈折助动词"环境中时,名词和动词末的元音将紧随其后的元音同化。(53)中还存在罗曼语族语言中常见的元音提升现象,即在由两个元音构成的序列中,前一个非高元音先变成高元音,再将后一个元音同化,如 a-a、e-a、e-e 变成 i-i,o-a 变成 u-u。上述元音同化过程在很多其他句法条件下并不会发生,如(55)所示:

(55) a. 复合词

　　buru-andi　　"大头的" buruándi *buruúndi

"头"–"大"

b. 短语

seru ausla　　"蓝天"　　　　　　　*seru usula

"天""蓝"

c. 动词＋使动词

altza erain dotzat　"我让他/她站起来"　*altza arain

站立 使

d. 动词＋语态小品词＋屈折助动词

etorri ete díras?　"我怀疑他们是否来过"　*etorrí ite diáras?

来 语态小品词　屈折助动词

Elordieta 认为,我们既无法从词库音系规则、后词库音系规则的角度来定义元音同化规则,也无法根据现有的直接参照法或间接参照法定义元音同化规则的作用域。首先,虽然(53)显示同化规则作用于词内的两个语素结合部,但(54)显示该规则也可以跨越词界应用,因此难以从词库或后词库规则角度来定义这条规则。其次,直接参照法(Kaisse 1985)所采用的 c–统辖、成分终端等概念也无助于定义该规则的作用域。例如,假设巴斯克语是中心语在后的语言,①"动词＋屈折助动词"(54)、"动词＋使动词"(55c)和"动词＋语态小品词"(55d)等具有类似的句法结构,如(56)所示:

（56）　"动词+屈折助动词"　　"动词+使动词"　　　"动词+语态小品词"

①　Elordieta(2008:259)指出,学界对巴斯克语是中心语在前还是中心语在后的语言有分歧。不过,无论采取何种假设,都不会影响对相关动词结构的分析。

(56)显示,在这三种动词结构中,动词 V 和 T、Vcaus 及 Mod 等中心语相互 c -统辖,①且都位于屈折成分中心语的左边终端位置。因此,从 c -统辖或成分终端等句法参数角度无法将"动词＋屈折助动词"和另外两种结构区分开来。事实上,如果不考虑句法结构中的标记,(54)和(55c－d)中的结构同样也无法通过 c -统辖和成分终端等参数区分。

若依据间接参照法的分析则会发现,要确定该规则作用的韵律作用域也非常困难。(53)似乎显示该规则的作用域是音系词或附着语素组。一个普遍被接受的观点是该语言中音系词和附着语素组都以包含一个负载主重音的音节为标志。然而,(54)显示,该规则的作用域可以跨越音系词或附着语素组,因为动词和屈折助动词分别都可以包含一个主重音,例如,*ekarrí ibésen edarí dxak*("带来"助动词"饮料")"他们带来了饮料"。如果将规则的作用域定义为音系短语则会涵盖不运行该规则的(53)各句。在无法确定参照何种句法范畴来构建韵律域的前提下,采用何种句法-音系映射算法也无补于事。

基于元音同化发生在"词汇中心语(名、形、动)＋屈折成分(如限定 D、一致 Agr、时态 T、体 Asp、语态 Mod 等)"这一句法环境中,Elordieta(1997,1999)提出该规则的作用域参照句法结构中的特征核查域。根据 Chomsky(1995,1998,1999),特征核查是句法形式特征(formal feature)移位的驱动因素。在句法结构的生成过程中,同一个不可诠释的形式特征由一个词汇成分和一个功能成分(即屈折成分)携带。由于不可诠释的形式特征是 LF 所无法辨认解读的,因此要在拼读前删除,而删除的前提是含有该特征的功能成分吸引词汇成分并使其移位,最终二者形成特定

---

① 这里假设 V 经过移位提升至中心语 T,Vcaus 和 Mod 的指示语位置。另一种分析假设 V 无须移位,始终处于 VP 之下。不管选择哪种分析,V 和上述中心语的 c -统辖关系不变,只不过在(56)的移位分析中二者相互 c -统辖,而在另一种不移位的分析中,中心语和 V 的 c -统辖是非对称性的,即中心语 c -统辖 V。

的结构关系(如中心语-指示语关系或中心语间的附加关系),或者说形成核查关系。"词汇中心语＋屈折成分"可以看成是携带有限定、一致、时、体、语态等特征的动词、名词或形容词等在携带有相同特征的屈折成分的吸引下移位至其指示语位置,进而形成核查关系。与之形成对照的是,"动词＋使动词""动词＋语态小品词"等没有可供核查的形式特征,无法构成核查关系。至此,发生元音同化的句法环境和不发生元音同化的句法环境得以区分。

Elordieta 认为,巴斯克语中词汇成分和功能成分的核查关系是普遍语法中包含的核查关系或特征链,如 $\{C,T\}$、$\{T,v\}$、$\{T,D\}$、$\{v,D\}$、$\{D,N\}$ 的一个子集,是否在 PF 中以音系规则作用域或其他的方式来体现、选择哪些核查关系来体现是具体语法的参数决定的。巴斯克语选择了通过以构成元音同化作用域的方式在 PF 中体现 $\{T,v\}$ 和 $\{D,N\}$ 这两种核查关系。Elordieta 还假设,特征核查关系并不直接映射到 PF,而需通过形态句法词(MS－词)的中间阶段。MS－词是构成核查关系的两个词构成的范畴,是具有核查关系的两个中心词在拼读后的产物,但在 PF 中解读。MS－词进一步映射为音系范畴,在巴斯克语中是元音同化的作用域。需要指出,以 MS－词为基础的音系范畴本质上有别于以往的韵律范畴,因为它可能体现为传统意义上的、不同层面的韵律范畴(如韵律词、附着词组等)。(57)反映了特征链 $\{T,v\}$ 和 $\{D,N\}$ 从句法经拼读至 PF 的形成过程:

(57)　$\{T,v\}$　　　$\{D,N\}$　　　句法阶段
　　　　↓　　　　　↓　　　　　移位
　　　$\{v/V\ T\}$　　$\{N\ D\}$
　　　　↓　　　　　↓　　　　　拼读
　　　$[v/V\ T]$　　$[N\ D]$　　　MS-词
　　　　↓　　　　　↓
　　　$[v/V\ T]$　　$[N\ D]$　　　PF

8.4.2.3　基于语段的句法-音系接口研究

　　语段(phase)是词项合并循环推导句法结构形成的大小不一的语块,是进入拼读操作前狭义句法的产物。语段假设能降低句法的计算负荷,且为句法、语义乃至音系规则和操作提供局部性限制。从某种意义上说,语段类似韵律音系学标准理论中的句法表层输入,但由于 MP 中的句法结构是自下而上推导形成,因此语段是句子形成过程中各个阶段的产物,如 vP 或 CP 等。一般认为,语块进入拼读后首先在 PF 层实现的是其补足语,而中心语要等下一轮拼读时和下一个中心语的补足语一起在 PF 层实现,如(58)所示(引自 Revithiadou & Spyropoulos 2009:207):

（58）语段及其拼读

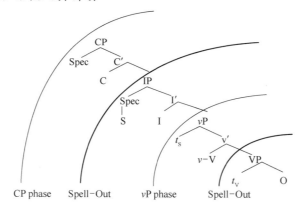

　　在这个单句 SVO 的推导过程中依次形成 vP 和 CP 两个语段,二者的拼读对象是中心语 v 和 C 的补足语 VP 和 IP,拼读的结果依次为宾语 O 和主语及动词 SV[①]。因为语段分阶段生成,具有循环性,通过拼读输送到 PF 中形成天然的成分划分,这使得将各阶段

　　[①]　V 通过移位从 VP 中移出后留下的语迹仅在句法中可及,语迹在音系层不可及是经典韵律音系学的看法,也是证明句法、音系差异的证据之一。

的语段拼读结果作为韵律域具有理论上的可行性,如(58)拼读后形成的两个拼读域(SV)及(O)可以作为音系规则的作用域。

在基于语段假设的句法–音系接口研究中(参见 Elfner 2018,Frota & Vigário 2018,Bennett & Elfner 2019 以及 Miller 2018 的归纳),主要的议题包括:(一)哪些中心词可以诱发语段生成?(二)拼读的对象是部分语段(仅中心词的补足语)还是全部语段(包括中心词和补足语)?(三)语段不可透条件(Phase Impenetrability Condition,简称 PIC)是否影响语段拼读及后续推导?如何影响?(四)是直接参照还是间接参照?前三个议题(即有哪些语段、拼读哪部分语段、PIC 的作用)属于句法研究的范畴(详见 Uriagereka 1999;Chomsky,2000,2001,2008;Scheer 2011;D'Alessandro & Scheer 2015;Bonet *et al*. 2019 等),这里不讨论,只在必要时涉及。以下仅介绍在 MP 框架内直接参照和间接参照之争。

如果语段和拼读是狭义句法推导必不可少的要素,有独立存在的动因,通过语段拼读生成的语块形成天然的韵律岛(prosodic island),供音系规则"搭便车"使用,那么假设音系规则直接参照句法拼读域就是一举两得、顺理成章的事。从精简理论工具和要素角度看,这种直接参照假设的主张符合最简方案的理念,很有吸引力,得到很多研究者,尤其是句法学家的拥护。然而,句法拼读域能完全实现或匹配(后词库)音系规则所需的韵律域吗?事实并没有这么简单。句法–音系非同构性是自 SPE 以来贯穿句法–音系接口研究始终的重要命题,假设音系必须参照独立的韵律域可能并非"多此一举"。以上争议是在 MP 框架下升级版的直接参照与间接参照之争,争议双方都有大量支持者,如支持前者的 Siedl(2001)、Pak(2008)、Sato(2009,2012)和 Samuels(2009,2010,2011)等,支持后者的 Dobashi(2003,2009,2014)、Cheng & Downing(2007,2012,2016)、Kratzer and Selkirk(2007)和 Ishihara(2007,2015)等。

Siedl(2001)的"最简间接参照模型"(Minimal Indirect Reference Model,简称 MIR)虽被冠以间接参照之名,但实质上是一种 MP 框架下的直接参照假设。根据 Siedl,MIR 由三部分组成。第一部分涉及后句法模块的性质。MIR 假设后句法模块中没有单独的音系模块,而是一个含两类音系规则的模块,一类为 M-规则,一类为 P-规则,M-规则在 P-规则之前运行。第二部分涉及规则参照的句法信息可及性。上述两类音系规则参照不同的句法信息,M-规则直接参照句法信息,更确切地说是"语段"(Chomsky 1999)提供的信息,尤其是两个终端信息;P-规则最低程度"间接参照"句法信息,MIR 以此得名。第三部分为"音系作用域生成器"(phonological domain generator),其任务是生成 P-规则的音系作用域。这些作用域依据指派 θ-角色的句法范畴(VP、νP 和 NP)映射而成,既不是经典韵律音系学中的韵律范畴,也没有层级结构,只是一个单一范畴。事实上,MIR 从根本上否定了韵律范畴的存在,这样也否认了存在参照独立韵律范畴的音系规则。两类规则对应于两个表达层面:形态句法表达层(M_0)和韵律表达层(P_0)。MIR 模型如(59)所示(Siedl 2001:15):

(59) MIR 模型

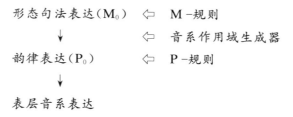

MIR 有如下特点。首先,明确 PF 中存在句法信息,并区分两类规则。Siedl 采纳分布形态学(Halle & Marantz 1993,1994)的观点,假设 M-规则作用的对象是保留了全部句法信息的"形态结构"M_0。这很容易让人想起词库规则。但是,P-规则和典型的后词库规则是有区别的,因为 P-规则仅能间接参照 θ-角色信息,不能参照其他句法信息。其次,虽然使用了韵律表达这一概念,但 P_0 和传统意义上的韵律范畴表达不同,因为句法中根本不存在韵律范畴。P-规则的作用域虽然称为音系作用域,但其构成参照句法范畴,本质上和 M-规则一样,所谓最简间接参照实际上无异于直接参照,只不过参照的句法信息只是 θ-角色罢了。

MIR 最大的特点当数区分 M_0 和 P_0 两个表达层面。在早期的韵律音系假设中,韵律结构一次性构建完成,音系规则在构建好的韵律范畴中去匹配合适的作用域。在 MIR 中,音系规则的作用域有可能是在由句法到 M_0 的映射过程中构建,也有可能是在由 M_0 到 P_0 的映射过程中构建,这样做的优势之一是能够解决所谓的韵律范畴重叠问题。下面以尤鲁巴语的声调 OCP 诱发的过程和[**舌根前伸**]元音和谐过程为例。这两个音系过程分别涉及声调和音段,而这两个过程的作用域却是部分重叠,如(60)所示:

(60) a.｛ó(kó)　wá)　→　ọ́kọ́wa　"他教过我"
　　　b.｛ó(lé)　wá)　→　óléwa　"他追过我"

OCP 诱发的过程只发生在"动词＋后附着语素"结构中,即(60a - b)中圆括号所辖范围,前一个升调将紧随其后的升调变成中调,如语素 wa 所示;元音和谐过程只发生在"前附着语素＋动词"结构中,即(60a - b)中花括弧所辖范围,后一元音要求前一元音在[**前位性**]或[**后位性**]特征上与其一致。显然,两个过程都涉及动词,也就是说动词是两个过程发生重叠的部分。二者的作用范围可以是韵律词或附着语素组。从韵律音系学的角度看,两条规则所涉及的韵律范畴作用域重叠,违反了严格层级假设,因为同一个句法表层结构只对应一个韵律结构表达,音系规则参照和定义韵律范畴,如果是上下级范畴可以包含,但同级范畴不能交叠。尤鲁巴语的事实对严格层级假设和经典韵律音系学形成了严重挑战。在 Hyman et al.(1987)对卢干达语的讨论中,我们也看到类似的问题。Hyman *et al*. 的解决方案是维持严格层级假设,但又假设在音段层和声调层分别构建韵律结构。这意味着同一个句法表层结构对应着两个韵律结构。

Siedl 的方案不是维持严格层级假设,而是假设上述两条规则的作用域并非参照同一个表达层面,也就是说这两条规则在不同的推导层面上运行,因此势必参照不同层面所包含的各自的信息。OCP 诱发的规则运行参照 M_0 层面,作用于语段 *v*P 实现拼读之后,作用范围是动词及其宾语,也即"动词+后附着语素",因此这条规则是 M -规则。元音和谐规则发生在动词和起主语作用的前附着语素合并之后,参照 P_0 层面,作用于"前附着语素+动词"范围,因此是 P -规则。

Siedl 的研究具有相当大的影响力,不仅因为她所持的直接参照假设对当时如日中天的间接参照假设提出了挑战,更因为她提出的以句法差异主导、解释跨语言音系作用域构建差异的方法论代表了许多研究者的想法,被 Dobashi、Pak 和 Samuels 等研究者称为"基于语段的句法-音系接口研究零假设"(Null Hypothesis)。

> "这里的假设是短语音系规则作用域大小差异的根源,应该首先归结于句法。要论证的是,即便音系作用域构建的差异可能存在于语言的音系差异中,但是导致音系作用域差异的主要根源来自句法。"(Siedl 2001:IX)

在 Siedl(2001)用参照不同句法信息、建立不同表达层面来解释韵律域重叠这样的难题后,Dobashi(2003)和 Pak(2008)探索了移位和线性化(linearization)等句法循环推导操作差异对于解释音系规则域的跨语言差异的作用。值得注意的是,Dobashi(2003)持间接参照假设立场,而 Pak(2008)持直接参照假设立场。

Dobashi(2003)详细演示了基于语段和多重拼读假设进行韵

律域推导的过程。先通过合并词项分步形成语段,反复拼读,循环进入 PF 实现语段的语音式。由于合并操作不考虑成分间的线性顺序,而进入 PF 后句法成分又要体现为线性顺序,因此一般假设语段内部成分的线性顺序是拼读阶段确立的,Dobashi 假设在拼读阶段语段内部成分的线性顺序通过类似"非对称性 c -统辖"关系(Kayne 1994)等来确定。此外,语段拼读后的语音式构成潜在的韵律短语范畴,为音系规则提供作用域。根据"语段生成→拼读→语音式→音系范畴映射"等步骤,(61)中的句法结构实现为(62)中的音系范畴(标记为 φ):

(61) $[_{CP}$ C$[_{IP}$ Subj Infl $[_{vP}$ XP $_v[_{VP}$ V Obj$]]]]$

(62) a. 拼读 vP(即 v 的姐妹节点 VP):(V Obj)$_\varphi$

b. 拼读 CP(即 C 的姐妹节点 IP):(Subj Infl XP v)$_\varphi$

根据语段和多重拼读等相关假设,在不考虑 C 的情况下,(61)中的句法表达式映射至 PF 通常会划分为(Subj Infl XP v)$_\varphi$(V Obj)$_\varphi$ 两个音系范畴。如果进一步假设 V 提升至 v(Chomsky 1995),则最终会形成类似 (Subj Infl XP V)$_\varphi$(Obj)$_\varphi$ 的音系范畴划分。这和韵律音系学的预测不同。例如,根据基于成分关系的算法,上述句法表达式一般映射成(Subj)$_\varphi$(Infl XP V)$_\varphi$(Obj)$_\varphi$ 三个音系范畴,而根据基于成分终端的算法(参数选择为和 XP 右端对齐),上述句法表达式一般映射成(Subj)$_\varphi$(Infl XP V Obj)$_\varphi$。然而,无论是哪一种算法,得出的音系范畴划分都有别于基于语段和多重拼读的划分结果,差异集中在主语 Subj 的归属:前者将其和谓语动词 V 划分为一个音系范畴,后两种将其划分成一个独立的音系范畴。由于韵律音系学对于上述句法表达式的划分得到了许多语言事实的支持,因此,如何改造基于语段和多重拼读的句法-音系映射机制,得出类似韵律音系学对于该句法表达式的分析结果就成为 Dobashi(2003)的任务。

Dobashi(2003)注意到,根据语段和多重拼读假设,虽然在拼读时 vP 和 CP 两个语段内部各自的成分顺序可以确定,但在 CP 和 vP 合并时,由于前一循环中 vP 拼读后的语音式(V Obj)在当前循环的推导中不可及,这使得 CP 拼读后的语音式(Subj Infl XP v)缺乏 c-统辖的对象,从而导致(Subj Infl XP v)和(V Obj)线性顺序无法确定。为解决此问题,Dobashi 假设每一语段拼读后实现的语音式中第一个成分在拼读下一个语段时是可及的,为此需要进一步假设该成分在向音系范畴映射时"逃脱",即不参与音系范畴的构建。例如,vP 的语音式(V Obj)映射成音系范畴时只有(Obj)参与,而 V 不参与该映射过程,以此保证 V 在推导下一个语段时是可及的。同理,CP 的语音式(Subj Infl XP v)映射成音系范畴时,语音式的第一个成分 Subj 也不参与,其结果就是只有(Infl XP v)映射为音系范畴,而理论上 Subj 和 C 构成一个音系范畴。(63)显示了上述完整的推导过程(参见 Dobashi 2003 第一章):

(63) a. 语段 vP 的拼读和映射

——确立成分顺序、拼读　　　　V≪Obj

——投射为音系范畴　　　　　　Obj

——构建音系作用域　　　　　　(Obj)$_\varphi$

b. 语段 CP 的拼读和映射

——确立 v 的 c-统辖范围及成分顺序　v≪V

——确立 Infl 的 c-统辖范围及成分顺序

　　　　　　　　　　　　　　Infl≪XP≪v

——确立其他成分的顺序　　　　Subj≪Infl

——确立 CP 的成分顺序、拼读　Subj≪Infl≪XP≪v≪V

——投射为音系范畴　　　　　　Infl≪XP≪v≪V

——构建音系作用域　　　　　　(Infl≪XP≪v≪V)$_\varphi$(Obj)$_\varphi$

c. 句子中心语 C 的拼读和映射

——确立 C 的 c-统辖范围及成分顺序　C≪Subj

——投射为音系范畴　　Subj
——构建音系作用域　　$(Subj)_\varphi (Infl \ll XP \ll v \ll V)_\varphi (Obj)_\varphi$

Dobashi 还通过 SVO 语言不同的韵律划分类型检验了以上基于语段,尤其是采用拼读和线性化等操作来解释跨语言差异的可行性(详见 Dobashi 2003 第二章)。以埃维语(Ewe)和基玛图姆比语为例,(64)显示二者的韵律划分差异:

(64) a. 埃维语：　　　　　$(NP_{Subject})\varphi (V)\varphi (NP_{Object})\varphi$
　　　b. 基玛图姆比语：　$(NP_{Subject})\varphi (V\ NP_{Object})\varphi$

Dobashi 认为二者韵律划分差异是由纯句法因素导致的：Ewe 语有 V 移位,而基玛图姆比语不仅有 V 移位,还有宾语 O 移位。二者的句法结构差异可由(65a)和(65b)中看出:

(65) a. 埃维语：$[_{CP}C [_{TP} NP_{Subj} V\text{-}v\text{-}T [_{vP} t_{v\text{-}v} [_{vP} t_v NP_{Obj}]]]]$
　　　b. 基玛图姆比语：$[_{CP}C [_{TP} NP_{Subj} V\text{-}v\text{-}T [_{vP} NP_{Obj} t_{V\text{-}v}$
　　　　$[_{vP} t_v t_{Obj}]]]]$

(65a)的推导与(63)相同。(65b)同样也有 vP 和 CP 两个语段,在基玛图姆比语中 V 一样先移位至 v 再移位至 T(即 Infl)位置,然而由于该语言中的 v 具有强特征(Dobashi 称为 OCC 特征),需要驱动宾语 NP_{Object} 移位至 v 的指示语位置核查该特征,因此当语段 vP 在拼读时,作为补足语的 VP 只剩下 V 和宾语的语迹 $[_{vP} t_v t_{Obj}]$,导致在 PF 层没有任何语音实现。之后对于语段 CP 的拼读和前面(63b–c)步骤一致,直至最后形成 $(NP_{Subject})\varphi$ $(V\ NP_{Object})\varphi$ 的结果。

Pak(2008)采用基于语段的直接参照法解释短语音系过程。其基本假设是：PF 是个后句法推导模块,以语段为应用单位,通过若干操作,将句法结构推导为满足感知-运动系统要求的语音式。[1] 其中一个关键步骤是通过线性化(Sproat 1985;Embick & Noyer 2001;Embick 2006)确定拼读后语段内显性句法成分的先后顺序。线性化操作会在拼读域内先后生成大小不一的中间表达,音系规则的应用直接参照这些中间表达。更确切地说,音系规则和线性化操作交叉应用,且音系规则能参照的作用域只能是线性化操作的可能结果。Pak 区分两种线性化操作,一种是词层面的线性化,另一种是短语层面的线性化,如下所示(转引自Dobashi 2014:381):

(66)线性化

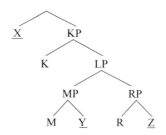

假设(66)为某语段输入拼读的层级结构,其中仅 X、Y、Z 为显性词成分,其他如 K、M、R 为隐性成分,KP、LP、MP 和 RP 为短语节点。首先执行词层线性化操作,通过左邻(left-adjacency)和 c -统辖关系确定 X 和 Y 之间的顺序为 X≪Y,在此阶段 Y 和 Z 的顺序暂时不能确定,因为二者之间无 c -统辖关系。接下来运行短语层线性化操作,MP 左邻且 c -统辖 RP,二者的下位节点 Y 和 Z 之间的顺序据此确立为 Y≪Z。最后将所有确定了顺序的线性成分链接,得出 X≪Y≪Z。理论上说音系规则作用域只能在 X≪Y、Y≪Z 及二者合并后的 X≪Y≪Z 中选择。Pak 认为上述分层线

---

① 包括有限的移位、功能词项插入、括号重排、增删、线性化等,句法-形态不匹配往往由这些操作产生。

性化可以解释卢干达语的多域效应(multi-domain effects)问题。在卢干达语里,低调脱落和高调扩散的域不同,如下所示(Pak 2008:29-30):

(67) 低调脱落不应用于直接宾语

i. bá-lìs-a　　　kaamukúúkùlu doodô
sbj2-feed-ind la.dove　　la.greens
他们在给鸽子喂菜叶。

ii. →(bálísá káámúkúúkùlù)(dòòdô)

(68) 高调扩散应用于间接宾语和直接宾语

i. a-lis-a　　　empologoma doodô
sbj1-feed-ind 9.lion　　la.greens
他/她在给狮子喂菜叶。

ii. →(àlísémpólógómá dóódô)

卢干达语的低调脱落是 OCP 效应,作用于同由 HL 调构成的两词词组,前词低调脱落,高调向后扩展并越过第二个词,影响后者中 H 调前所有的无调元音,因此低调脱落规则的作用域为两个词,判断依据是前一个词的高调能扩展到后一个词。低调脱落并非作用于所有 HL.HL 型词组,其典型应用环境为动词+宾语,除了应用于(67)中动词+间宾外,还出现在动词+单宾语中。① 此外,动词须有时体标记(如现在、完成、过去、将来、虚拟、条件等),动词不带时体标记的(包括否定、祈使、不定式、起始体、持续体)规则不运行。高调扩散的最小作用域是一个含 HL 调的词前接邻一个含无调词尾元音的词,高调往左扩散至邻词无调元音之上。理论上说,高调可以无限扩散至其作用域内第一个元音以外的所有无调元音上,如(68ii)所示。同样,可以通过高调扩散范围来识别该规则的作用域。

① 详见 Pak(2008 第五章)。

生成音系学基础理论

从(67ii)和(68ii)可知,两条规则的域分别为(动词＋间宾)和(动词＋间宾＋直宾)。卢干达语的多域效应的困难在于,不论根据经典韵律音系学还是根据其他的基于语段的韵律划分,都难以得出上述音系作用域。首先,经典韵律音系学的划分是静态的,是基于完整的句法表层结构作出的划分,如果选择(动词＋间宾)则另一个作用域只可能是(直宾);如果选择整个结构(动词＋间宾＋直宾)为作用域,则(动词＋间宾)根本没机会出现。即便允许递归结构也不能解决问题,因为这样两个规则的作用域无法区别。再来看其他基于语段(如 Dobashi)的划分。如果假设语段为 DP、vP、CP,则会出现(动词)(间宾)(直宾)的划分,如果假设 vP、CP 为语段,则会出现(动词)(间宾＋直宾)的划分;如果只采用 CP 为语段,则出现(动词＋间宾＋直宾)划分;即便我们采取移位等方法能得出(动词＋间宾)(直宾)的划分,如何同时能获得(动词＋间宾＋直宾)划分也同样会是个难题。

Pak 的解决办法是她提出的分步骤线性化推导。首先她假设卢干达语的语段为 CP,输入拼读的是整个 TP 的层级结构,如(69)所示。虽然拼读的是 TP,但并不意味着 TP 中的动词、间接宾语和直接宾语等显性成分能一步到位确定顺序,如果那样的话,与其他基于语段的推导无异,只能得出(动词＋间宾＋直宾)的划分。Pak 假设该语段拼读内容的线性化是分步骤分层次进行的。词层线性化操作先运行,含时体标记的动词 *bálìsa* 根据左邻和 c－统辖关系找到间接宾语 *kaamukúúkùlu*,二者确立先后顺序,形成的结果即(动词＋间宾)。由于间接宾语和直接宾语都位于各自的 DP 节点下,因此在第一轮线性化过程中不具有左邻关系,二者顺序无法确立。第一轮线性化仅能得到(动词＋间宾)的划分,此时运行低调脱落规则。在第二轮的短语层线性化过程中,间接宾语和直接宾语通过各自的 DP 节点的左邻关系确立先后顺序,并和之前的(动词＋直宾)链接(chaining),最后组合成一个完整的(动词＋间宾＋直宾)链条,为高调扩散提供作用域。

Pak 的分析不依赖独立的韵律范畴,句法操作后形成的结构直接为音系规则提供作用域,是典型的直接参照法。此外,她将线性化操作动态化细化,先处理满足局部条件的中心词和补足语的先后顺序,再处理不直接满足局部性条件的、包含更深的分属不同短语的成分间的先后顺序。与其他基于语段的韵律划分相比,Pak 的分析有更大的灵活性。根据她的方法,上述线性化不仅能提供(动词＋间宾)和(动词＋间宾＋直宾)的划分,还能提供(间宾＋直宾)的划分。此外,上述分析显示,分步线性化并不要求语段的拼读只能是单向的、体现为表层的由右向左的顺序,还可能为由左向右的顺序。当然,Pak 的分析还有些不能忽视的理论后果,如短语音系规则的作用是有先后顺序的,作用域也只能先小后大。另外,她否认独立的韵律范畴的作用,音系和其他因素不能将句法推导的结果完全颠覆和覆盖,只能在句法推导的结果上做有限调整,如语速对作用域的调整(细分或合并)需尊重句法划分而不能随意划分。

(69) 卢干达语双宾语结构(Pak 2008:31)

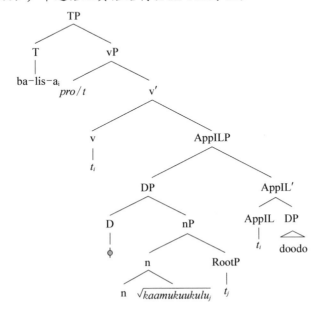

直接参照和间接参照争议的源头是句法-音系非同构性,从我们对 MP 框架下不同假设的归纳可以看出,持直接参照假设的研究者认为 MP 中有足够的手段来实现音系所需的作用域,二者之间的非同构性可以降到最低乃至消除,因此不必假设多余的韵律范畴及间接参照。以 Selkirk(2011)为代表的最新版本的间接参照理论也认识到语言中的句法-音系非同构性并非如之前想象得那么普遍,而且倾向于认同句法-音系同构为常态、非同构是音系所致的非常态,但是,即便如此,其他非句法因素(如节奏、结构大小)所导致的句法-音系非同构性依然是假设独立韵律范畴和间接参照的关键理由。

还有一类看法值得重视,其代表是 Scheer(2003,2011)。他认为,如果坚持语法的模块性,根本不存在直接参照和间接参照之争,句法和音系是无法沟通的,句法信息只能通过间接的方式进入音系,仅凭这一点就能决定只可能选择间接参照。句法-音系非同构性不是支持间接参照假设的好理由,因为所谓句法-音系非同构现象只是 SPE 理论中的边界概念经过"自主音段化"而产生的幻觉,所谓音系规则参照韵律范畴也可以看成是规则选择性地参照或忽略某些边界;从后一角度看,多数句法-音系非同构现象不复存在。不但如此,韵律范畴并不是表达间接参照的可靠的概念工具。虽然韵律范畴已经普及为基本音系单位,但其本质是自主音段化的边界,其唯一功能是映射和实现句法-音系非同构,如果 SPE 定义的边界符号是附加符号的话,那么韵律范畴也近乎附加符号,而附加符号是没有资格存在于音系和语法中的。此外,MP 的语段理论有实现所有潜在音系作用域的工具,如"模块 PIC 假设"(Modular PIC,D'Alessandro & Scheer 2015),从而使得韵律域成为多余,这个论点也是 Siedl 和 Pak 等提出的 MP 框架下句法-音系接口理论的初始假设。

从本节的讨论可以看出,MP 假设更新了关于语法系统内部结构的假设,对句法-音系接口界面提出了新的原则,既提出了一系列新的要求,也提供了一系列新的概念工具(**Chomsky** 1995)。在句法表达、句法推导过程、句法-音系关系都还处于探索阶段的现状下,句法-音系映射的研究无疑面临诸多课题,但也启发语言理论研究从一个更新的角度重新审视句法-音系关系乃至音系理论本身:如果语法是最简的和完美的,音系表达理论和推导理论如何满足上述这些? 这也是当前音系理论需要考虑的。

　　对音系理论本身来说,更加重要的是,根据 **MP** 的假设,**PF** 是一个接口装置:一方面与句法系统接口,另一方面又与发音-感知系统接口。音系需要接受、识别和解读句法范畴、句法结构和句法成分,使其获得音系形式并被音系机制操作,而且,基于音系决定语音的经典生成音系学假设,音系语法使抽象的结构表达获得语音实现,这无疑需要对音系本体和其功能做更加深刻的思考(参见 **Bromberger & Halle** 1989,2000)。

第九章

词库音系学

在生成音系学里,词库音系学(lexical phonology)是最接近 SPE 理论的理论体系。词库音系学提出了一系列关于词库内部结构的假设,以此探讨形态过程和音系过程的交互作用,区分性质不同的音系规则,并在这个基础上提出关于语法系统各个模块之间关系的假设以及一系列具有重大理论价值的问题。①

9.1　词库的结构

如果词库(lexicon)是一种语言全部语素的集合,那么,语素是以什么方式储存在词库里? 词库有内部结构吗? 语素是如何组织起来构成词? 语素特性和形态范畴对音系过程有何作用? 形态过程与音系过程的关系是什么? 音系表达和音系过程对形态过程的作用又是什么? 回答这些问题使得音系学理论需要首先对词库是否有结构和有什么样的结构作出假设。

9.1.1　SPE 的词库假设

早期的生成语法理论(Chomsky 1957)对词库和形态的认识相当粗略,认为句法规则不仅负责句子结构的生成和转换,而且负责词的生成。在句法、音系和语义三个子系统里,句法是唯一的生

---

①　这里所说的形态(morphology)包括屈折(inflection)、派生(derivation)、重叠(reduplication)、附着语素(clitic),甚至复合(compound)等过程。在不同的具体研究中,"形态"的外延不尽相同。

成装置,词库和形态没有独立的自主的生成模块地位。

在标准理论(Chomsky 1965；SPE 1968)中,词库只是一种语言全部语素的集合。词库里的语素是抽象的语言单位,有其抽象的音系形式,包含着语素特有的语义、形态和句法信息。[①]词库本身没有结构。词的形态过程不是一个独立的分析层面,而是句法规则的一部分。在语法系统里,传统意义上的"词"没有理论意义。语素的句法功能是句法处理的对象,即词的内部结构和句子的句法结构都是由句法模块决定的,把语素组织起来构成词的方式和把词组织起来构成句子的方式实质上是相同的:语素直接映射到句子的深层结构。这个过程称为词项映射(lexical mapping)或词项嵌入(lexical insertion)。在句法的同一转换部分里,以英语为例,词缀 -al 被加在动词词干 arrive 的后面构成 arrival；does 被移至句首位置,推导出 Does he come?(Chomsky 1965；SPE 1968)。词库仅仅是语素的"存储仓库",没有形态规则(构词规则和屈折规则),其本身既没有生成功能,也没有解释作用。

在标准理论的语法框架里,唯一与形态有关的部分是一套位于句法和音系部分之间的"再调整规则"(re-adjustment rule),如(1)所示。

(1) *句法的输出项→(再调整规则)→音系的输入项*

句法部分的输出项具有相当程度的抽象,例如 *she hit me* 和 *I treated him as my friend* 两个句子的输出项里的动词分别是:

语素结构：{hit}＋{past tense}　　　{treat}＋{past tense}
音系形式：/hit/＋{past tense}　　　/tri:t/＋{past tense}

---

① 词库里语素的音系形式称作词项音系表达(lexical phonological representation)。

根据词干语素的形态信息，{treat}的过去时形式是加后缀-d，构成
{treat}-{d}；其音系表达形式（底层形式）是♯triːt＋＋d♯，[①]作为
输入项进入音系部分。i-增音规则在词干末的 t 和后缀 d 之间增添
i，词的表层形式是[triːtid]。然而，根据{hit}的形态信息，hit 的过去
时后缀是零形式。据此，再调整规则为 hit 提供零后缀-∅[过去时]；接加
后缀后，过去时 hit 的音系形式是♯hit＋＋∅♯。作为输入项，♯
hit＋＋∅♯进入音系部分后不受音系规则的作用，在表层表达层次
上表现为[hit]。如果没有再调整规则，{hit}＋{past tense}的音系输
入形式是♯hit＋＋d♯，经音系部分里 i-增音规则的作用，其表层形
式则是不符合语法的形式*[hitid]。音系规则是盲目的，没有判断语
素音系形式正确与否的能力，因此，判断和选择语素正确的音系形
式的任务则要由再调整规则完成。再调整规则不是语法里主要的
和必不可少的机制，而仅仅是在需要时才起到选择语素的底层形式
的作用。例如，当英语弱动词增加过去时范畴时，后缀-ed（／d／）自
动接加在动词词干后；但是，当强动词增加过去时范畴时，再调整规
则对词干语素的形态特点给予界定，并为其选择恰当的后缀或动用
动词词干内部屈折机制，例如上述的 hit-～hit-[past tense]。

　　SPE 模式正是建立在上述关于语法内部结构假设基础之上。
语素或词的语音形式由音系部分给予描写和解释。音系部分不考
虑音系和形态之间的关系。对于语素变体的交替，SPE 模式不区
分哪些与形态过程有关，哪些与形态过程无关。其后果是，在理论
上，音系过程和形态过程被割裂开了，无法在二者之间建立可供推
导的逻辑关系。

9.1.2　词库论和词库的功能

　　SPE 之后的研究提供的大量证据表明，形态过程和音系过程

---

　　①　再调整规则的两个功能之一是为每一个词提供一对词界符号，例如♯dog♯。
第八章讨论了再调整规则的这个功能，在此不再重复。

之间存在交互作用。一方面,从音系规则的角度看,有些音系规则本身的结构描写必须包括语素范畴等形态信息,音系规则的应用必须参考语素的特性、词的内部结构或形态范畴。另一方面,从形态过程看,形态过程受到音系条件的限制。

然而,在标准理论的背景下,句法转换规则(transformation rule)的作用被不受限制地扩大了,研究致力于丰富和加强句法的转换功能,力图通过转换规则把表层结构不同但意义看起来相关的不同句子联系起来,导致表层结构与深层结构差异甚大,导致深层结构愈发抽象。句法学这个局面和当时的音系底层表达极度抽象的情景非常相似。句法深层结构过度抽象的做法导致出现"深层结构无用论"和"词项分解"之类的观点,直接冲击着句子深层结构是句法结构的假设。

诸多的句法研究表明,能够解释句法结构的句法规则不能说明词的结构,能够推导出合格句子的句法规则不能推导出合格的词。构词有其自身的规律,不同于句子的生成和转换。构词和屈折研究都表明,形态有着不同于句法的特有规则。针对这一情况,同时也是为了维持句子深层结构是句法结构假设,否定句子深层结构由语义定义的观点,Chomsky 在"论名物化"(*Remarks on nominalization*)(1970)一文里重新考虑了词库的作用和语法地位。他认为,词的内部结构的规律可以通过构词规则(lexical rule)加以表述,构词规则本质上不同于句法规则。构词规则是对构词规律的概括,因此,对于句法来说是"羡余规则"。构词规则应该在词库里实施,词库的输出项是词。Chomsky 在这篇论文里提出了词库独立于句法的假设,并赋予词库特殊的功能。这个假设是词库论(Lexicalism)假设:词的内部结构和句子的句法结构并非受制于同一套原则,决定词的内部结构和决定句子的句法结构的原则属于语法的不同模块。建立词库之举使句法推导摆脱了词的派生形态和语素特性的纠葛,减轻了句法推导的负担。在标准理论(Chomsky 1965;SPE 1968)里,词库的输出项是语素;但在词

库论里,词库的输出项是词。然而,Chomsky 认为,只有构词过程
(word formation)是在词库内完成的,而与句法关系更为密切的
屈折形态(inflectional morphology)过程仍由句法操作。这就是
所谓的弱词库论(Weak Lexicalism)。针对弱词库假设,Lieber
(1980)等同时期研究提出强词库论(Strong Lexicalism),即构词
过程和屈折过程都是在词库里完成的。Bresnan(1978)和 Baker
(1979)甚至认为,构词规则的应用范围甚至可以扩大到原本由句
法模块处理的现象,如与格移动(dative movement)、被动化
(passivization)和提升(raising)等过程都可以从构词过程的角度
加以描写。① 至此,虽然就二者之间的界线还有争议,但语法系统
包括"句法+词库"的"双引擎生成装置"(double engine)假设被广
泛接受。弱词库假设受到句法学家的偏爱,而强词库假设则得到
音系学家的赞同。②

　　在词库论的背景下,Halle(1973b)提出词库结构的假设。
Halle 采用的是强词库假设,派生形态、屈折形态和复合构词过程
都在词库里完成。词库结构如(2)所示:

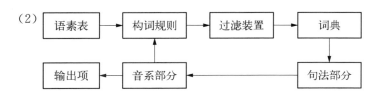

　　语素表(list of morphemes)是一种语言全部语素的集合。构
词规则(word formation rule)把语素组织起来构成词,构词规则
具有高度能产的生成力,不仅能够生成符合语法的词,也能生成

---

① Chomsky 认为词库和句法各自功能的多寡仅仅是一个经验问题。
② 强词库论和弱词库论之争推动了形态学研究,特别是派生形态和屈折形态的
区别成为当时一个得到格外关注的课题。关于这个课题的讨论超出了本书内容的范
围,故不介绍和讨论。

不存在或不符合语法的词；过滤装置的作用在于排除不符合语法的词，经过滤后的词项进入词典（dictionary）。词典是一种语言里实际存在的词的集合。语素表、构词规则、过滤装置和词典属于词库模块。词项通过映射进入句子结构的终端位置。如同标准理论，音系位于句法之后，赋予句子语音解释（输出项）。Halle 模型的核心理念是，词库是一个独立于句法的模块，具有丰富的内在结构，而且位于句法部分之前。为了说明音系对构词过程的作用，Halle 假设音系可以回流至构词过程。从语法系统的结构看，Halle 模型改变了标准理论的语法系统。语法系统由四个模块构成：词库、句法、语义和音系，其中词库和句法都具有生成功能。

Halle 模型涉及许多需要进一步探究和值得讨论的问题，例如构词规则的生成力过强以至生成不符合语法的词项，并因此不得不额外设置一个过滤装置来排除这些不符合语法的形式；再如，位于句法部分之后的音系又是如何作用于构词过程。这些问题都成为音系学和形态学后来的研究课题（见 Spencer 1991）。Halle 模型的核心假设是词库有其内在结构。围绕这一假设，Aronoff（1976）、Siegel（1974）、Jackendoff（1975）、Allen（1978）、Hust（1978）和 Pesetsky（1979）等作出有意义的探索。归纳起来说，词库是一个独立于句法部分的模块；有些音系过程是在词库里发生的；词库的结构与音系规则的应用顺序有关；某些音系规则与构词规则相关；构词规则可以解释与音系规则循环性有关的问题。

词库论和 Halle 的假设以及他人的研究为音系和形态的交互作用研究提供了语法系统结构的理论依据，尽管当时某些概念和诸多技术细节仍不甚清晰。由于当时的句法理论的关注重点仅仅是屈折的句法功能，所以对形态（包括构词和屈折）本身的研究非常薄弱，而词库论的出现不仅使研究更加关注形态本身，而且还促进了形态-音系以及形态-句法关系的研究。

9.1.3　词库音系学的产生过程

对词库音系学的产生起到直接作用的研究包括五个相对独立但又关系密切的观察和假设。第一个是语素的音系功能和构词过程的晦暗性;第二个是层面排序假设;第三个是音系规则是否对构词过程敏感;第四个是关于推导性环境和非推导性环境音系规则效应的差异;第五个是音系规则的循环性。

9.1.3.1　语素的音系功能和构词过程的晦暗性

我们首先讨论语素的音系功能和构词过程晦暗性。Aronoff (1976)认为,虽然语素是语音-意义结合的最小单位,但语素的意义并非在任何情况下总是清晰的和确定的;有些语素的意义模糊,有些甚至没有意义。例如,在英语里,对 *permit*、*remit*、*commit* 和 *perceive*、*receive*、*conceive* 等词的语素结构分析可以得出 per-、re-、com- 之类的前缀以及 -mit- 和 -ceive- 之类的词根。尽管这些是语义晦暗的语素(semantically opaque morpheme),但语法仍然把它们视为独立的单位。当这些词根接加后缀时,词根以不同的语音形式交替(即语素变体的交替),如在 *permit* ～ *permissive*, *remit* ～ *remissive* 里,词根呈现两种形式:[mit]和[mis]。然而,并非所有的音段序列 mit 里的[t]都可以擦音化为[s],例如 *vomit* 含有[mit],但这个[mit]里的[t]不能擦音化为[s],英语没有 *vomissive 这个词。Aronoff 指出,[t]-擦音化规则仅仅应用于具备语素地位[mit]的音段序列。虽然 *permit* 的词根语素[mit]没有清晰的语义值,但它仍然是一个诱发音系过程的语言结构单位。语素可以没有清晰的语义,但有诱发音系过程的功能。

Aronoff 还讨论了形态过程被阻断现象(morphological blocking)。一般说来,词项可以被置于特定的抽象的"构词空间"(morphological space)或"栅"(grid)内。在构词空间内,占据同一部分(或扇形面, sector)的词项是构词规则(Word Formation Rule, WFR)作用的产物。① "阻断"指这样一类的现象:某个特殊的、能产性较差的构词规则在某个较普遍意义和能产性较强的规则之前应用时,前者的输出项不再是后者的应用对象。例如,英语过去时的构成可以是在词干接加能产性后缀-ed,如 walk-ed,也可以通过不具能产性的内部屈折规则构成,如 *sing~sang*,或异干形式,如 *be~was*。这些不具能产性的形态过程阻断了能产性形态规则(如 V+ed)的应用。又如,构成表示施动者的一般的和能产的后缀是-er,如 *compute~computer*;此外还有不能产的后缀,如-ant, *inhabit~inhabitant*;或直接把动词变成相应的名词,如 *guide~guide*。这些能产性较差的形态规则首先占据了词项构建位置,阻断了潜在的能产的形态过程 * *inhabiter* 和 * *guider*。Aronoff 观察的意义在于,能产程度不同的形态规则的应用有其先后顺序,能产程度较低的规则应用在先,能产程度较高的规则应用在后;前者的应用阻断了后者的应用。

我们再来讨论形态过程晦暗性(morphological opacity)。Siegel(1979)发现,构词过程具有晦暗性。某些构词规则和词干自身的特点有关,例如词干是否来自拉丁语。以后缀-ity 为例,如果将其加在词干 *weird* 后将会构成一个奇怪的不存在的 * *weirdity*;但是加在 *equal* 后构成的 *equality* 却很正常。*drinkable* 是由一个非拉丁语的词根和一个拉丁语词缀构成的。由于-ity 能够加在词干上构成 *drinkability*,因此,当词干含有相互冲突的语源特征[±Latinate]赋值时,在前一个循环域增加的成分决定着词缀-ity 能否接缀在这个词干上。换句话说,词干里词根[drink]的[−Latinate]赋值对于[+Latinate]词缀-ity 具有晦暗性;或者说,[+Latinate]定义的-ity 只能"看见"左边的由[+Latinate]定义的-able,但"看不见"由[−Latinate]定义的 drink-。再如,前缀

---

① Aronoff 使用的"构词过程"指广义的形态过程,包括构词过程和屈折过程。

un-一般不能加在含有前缀 dis-的词基前面。这个限制必须写进构词规则里:

(3) *un[dis[sonant]]   *un[dis[tinct]]

     *un[dis[loyal]]   *un[dis[honest]]

然而,诸如 *undismayed*、*undiscoverable* 之类的词项却是合格的形式。正如 Siegel 指出的,*undismayed*、*undiscoverable* 之所以能够成立,原因在于词干的内部结构:这两个词分别是从[dismay]ed 和[discover]able 派生而来的,也就是说,前缀 dis-是在最早的循环域加上去的,如(4)所示:

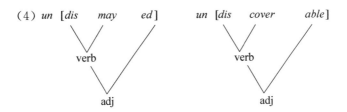

(4) *un* [*dis*   *may*   *ed*]   *un* [*dis*   *cover*   *able*]

可以看出,前缀 un-无法得到词干含有前缀的 dis-这一事实的信息;其结果是,在当前循环域应用的构词规则是否只能从前一个循环域获得有关信息,而无法从更早的循环域获得信息。如果是这样的话,*dismayed* 和 *discoverable* 的直接成分应当分别是[dismay]ed 和[discover]able。

晦暗性是构词过程的特点。为了保证晦暗性在构词过程中的作用,内部括号一直保留到特定循环域的结束便是一个必要的机制。以 *undiscovered* 和 *undisloyal* 的推导为例:

(5) a. cover→dis[cover]

       dis[cover]→[dis[cover]]ed

[discover]ed→un[[discover]ed]

b. loyal→dis[loyal]

dis[loyal]→ *un[dis[loyal]]

在从第二步到第三步的过渡过程中,内部括号说明 *discover* 是由一个含有前缀 dis-和已经抹除括号的词根[cover]构成的复杂词干,*discovered* 里的 dis-获得了音段序列的地位(如同 *discotheque* 里的 dis-),所以前缀 un-可以加在词干上。与此不同的是,在加前缀 un-时,因为 dis-和 loyal 分别出现的循环域相邻,所以构词规则仍然可以得到词干里 *disloyal* 是由前缀 dis-和词根 loyal 构成的信息,因此阻断了加前缀 un-的过程。据此,对于一个多语素词来说,词内语素界线括号必须在构词过程中一直保留着,否则无法解释晦暗性。

基于构词过程晦暗性和符号设定悖论,Siegel 假设,语法的构词模块由若干个层面组成;构词过程分为不同的阶段,每个阶段的构词过程发生在特定的层面上。例如在英语的构词模块里,重音指派规则在每加一个词缀之后便重复应用一次。更重要的是,Siegel 还假设,并非所有的音系规则都是在音系部分里才应用的,某些音系规则实际上在词库里就已经得到了应用。在当时看来,因为 SPE 模式的音系过程发生在音系模块的假设占据主流和强势地位,所以 Siegel 的假设一度被认为偏离了主流甚至是一种极端的观点。

Siegel 观点得到了 Pesetsky(1979)的支持。Pesetsky 通过俄语事实说明,除了重音指派规则以外,其他类型的音系规则也有在词库里应用的可能性。Pesetsky 还指出,除了词界符号能使音系规则系统获得必需的构词信息之外,语素自身的特性也是音系规则应用与否的决定性因素之一。此外,Pesetsky 还演示了词库内应用的音系规则可以解释诸多与循环性有关的现象。然而,Pesetsky 也指出,虽然抹除括号能够解释构词过程晦暗性,但抹除构词过程早期阶段上的词干括号对于界定音系规则域却是一个严重的问题。在词库里,加括号的作用在于界定音系规则的应用域,而抹除括号意味着词库里的音系规则失去了应用域。为了能够同时解决构词过程晦暗性和音系规则域,Pesetsky 提出一个宏观的方案:在词库内,每一条构词规则应用之后,音系规则以循环的方式应用。此方案如(6)所示:

（6）　一组构词规则 ⇔ 循环性音系规则

方案中有两个具有理论意义的观点值得讨论。第一,从方案所描述的语法系统结构来看,由于词库内的音系规则都可以循环应用,因此音系语法不再需要规定音系规则应用的循环性;也就是说,循环性是词库里音系规则的自身属性。第二,更加重要的是,音系规则自然地分成两大类,一类在词库内应用,另一类在词库之外应用。

9.1.3.2　层面排序假设

　　Siegel(1974,1979)根据英语词缀语素和音系过程之间的关系,区分了两类词缀:第一类词缀(Class I affix)和第二类词缀(Class II affix)。两类词缀的代表如(7)所示:

（7）第一类后缀:-ity, -ion, -al, -ic, -ate, -ous, -ive, -en
　　第一类前缀:re-, con-, de-, sub-, pre-, in-, en-, be-
　　第二类后缀:-ness, -less, -hood, -like, -ful, -y, -ly
　　第二类前缀:un-, non-, semi-, anti-, circum-

　　两类词缀有各自的音系、语素、语义和分布特点。在音系方面,接加第一类词缀会改变词干或词缀自身的语音形式或词重音位置,如 *divine – divinity*、*atom – atomic*、*legal – illegal*;接加第二类词缀不改变词干的语音形式或词重音位置,如 *happy – happiness*、*lawful – unlawful*。接加第一类词缀的词干一般是黏着语素(bound morpheme),词干本身不能充当独立的词,例如 *divinity* 的词干形式是[divɪn],*children* 的词干形式是[ʧɪld];而接加第二类词缀的词干是自由语素(free morpheme),能够独立成词,如 *curiousness* 和 *childhood* 里的词干。在语义方面,接加两类词缀构成的新词的语义预测性不同;接加第二类前缀 un-构成的 *uncredible* 的语义可预测性较强,而接加第一类前缀 in-构成的 *incredible* 的语义可预测性较弱。在分布方面,第一类词缀一般紧邻词根,第二类词缀趋于出现在词的边缘,例如在 *productiveness* 里,第一类后缀-ive 紧邻词干,第二类词缀-ness 在词末。基于词缀对词干的音系作用、词干语素特点、词的语义特点和词缀的分布特点,Siegel 假设,第一类词缀是加在词干语素上,词干带有语素界线符号"+",如+child++en+,第二类词缀是加在带有词界符号的词上,例如 ♯ child ♯ + hood+。基于传统的以语素为基础的构词假设(morpheme-based word formation),Siegel 提出层面排序假设(Level Ordering Hypothesis),如(8)所示:

(8)层面排序假设

第一层面　接加第一类词缀

　　　　　重音指派规则(以及第一类词缀诱发的音系过程)

第二层面　接加第二类词缀

根据这个假设,构词过程是在两个层面上完成的。在第一层面上,pro-,+duct+,和-ive 组合构成 *productive*,词重音指派规则把重音置于 pro'ductive;在第二层面,第二类词缀-ness 加到词 ♯ pro'ductive ♯ 上,构成 *productiveness*。

Siegel 的层面排序假设是词库音系学核心概念的雏形：词库有其内部结构，由两个层面构成。Siegel 没有区分派生词缀和屈折词缀，也没有涉及复合构词。作为对 Siegel 的层面排序假设的补充，Allen(1978)提出了扩展的层面排序假设(Extended Level Ordering Hypothesis)。Allen 把接加派生词缀和屈折词缀的过程置于不同的层面，并增加了复合构词(compounding)层面；至此，词库层面的数量从两个增加到四个，如(9)所示：

（9）扩展的层面排序假设
　　　第一层面　接加第一类词缀(＋派生词缀和屈折后缀)
　　　　　　　　重音指派规则(以及第一类词缀诱发的音系过程)
　　　第二层面　接加第二类词缀(♯ 派生词缀)
　　　第三层面　复合构词
　　　第四层面　接加规律的屈折后缀(如动词现在分词-ing)

Allen 的假设进一步丰富了(英语)词库的结构，对层面区分和勾画更加细致。

9.1.3.3　对构词过程敏感和不敏感的音系规则

从音系规则在词库内和词库外应用的角度看，音系规则可以分成两类：一类是对语素特性和形态不敏感的音系规则(morphology-insensitive rule)，另一类是对语素和形态敏感的音系规则(morphology-sensitive rule)。例如在英语里，前者的代表是闪音规则，后者的代表是三音节元音松化规则(trisyllabic laxing rule；TSL)。闪音规则把元音之间的齿龈塞音[t, d]变成属于响辅音类的闪音[ɾ]；TSL 规则的作用是把倒数第三音节的紧元音(包括长元音和双元音)变成松元音。这两条规则的不同之处表现在以下四个方面(参考 Kenstowicz 1994)。

（一）是否和构词过程相关？闪音规则是纯音系规则，它的结构描写仅仅包括音系信息,即 'CV ＿＿ V。这条规则把位于元音之间的齿龈塞音/t, d/毫无例外地变成闪音[ɾ];闪音规则的应用不受词的内部结构的限制:它不仅可以在语素内部应用,而且可以越过语素界线符号发生作用,如(10b)所示;甚至可以在短语层次上应用,如(10c)所示:

（10）a. a[ɾ]om　　　　cf.atom-ic

　　　b. mee[ɾ]-ing　　　cf.meet

　　　c. wha[ɾ] is wrong?　cf.what

与闪音规则不同的是,TSL 规则不能在词根内应用,例如在单语素词 *nightingale*, *stevedore* 和 *ivory* 里,倒数第三音节里的元音或者是双元音或者是长元音。元音松化是某些词缀加在词干时发生的,例如:

（11）-ity　clear　clarity　　-al　rite　ritual

　　　-ous　tyrant　tyrannous　-ic　Titan　Titanic

这说明 TSL 规则是构词过程诱发的音系过程。但是,并非所有的词缀都能诱发 TSL 的应用,如派生词 *bravery* 和 *pirating* 里倒数第三音节里的元音还是双元音。这说明,-y 和-ing 虽然也是后缀,但不能诱发 TSL 的应用。

　　（二）是否允许例外。闪音规则毫无例外地把满足结构描写的/t,d/变成了闪音[r],但是 TSL 规则却不同。TSL 允许例外,如 *obesity*。

　　（三）规则的输出项是不是对比性音段。闪音规则的输出项[ɾ]在英语里是一个无对比作用的表层音段,是/t/和/d/在特定环境里中和的结果,而 TSL 规则的输出项是英语里的对比性元音/ɪ, e, æ, ʊ, ɔ, ʌ/。

生成音系学基础理论（页眉）

（四）在音系规则是否具有语音学动因方面，闪音规则是元音之间辅音的弱化过程，是辅音和相邻元音在音段响度方面同化的结果。TSL 规则诱发的过程里，词干长元音和双元音的松化缺少明显的语音学动因，具有任意性，难以从语音机制的角度给予解释。

归纳起来，TSL 规则是构词过程中应用的音系规则，它的特点是：不能在词根内应用，与特定（类）的词缀有关，有例外现象，音系规则的输出项是对比性音段，缺少明显的语音学动因。

对其他语言里音系规则的研究也提供了支持区分词库内和词库外音系规则的证据，例如波兰语元音舌位上升规则（o→u/ ___ [＋辅音性，浊音性，－鼻音性]）和英语里的 TSL 规则有共同的特点，词末阻塞音清化规则和英语的闪音规则有共同的特点。除了这些共同特点之外，波兰语的两条规则也存在应用顺序的问题：元音舌位上升规则在阻塞音清化规则之前应用（Rubach 1984）。

另外，波兰语还有一条把齿龈音[t，d，s，n]分别变成硬腭音[c'，z'，s'，n']的硬腭化规则（Rubach 1984）。硬腭化规则应用的条件是，齿龈音后有一个前元音起始的后缀，如（12a）所示：

（12）a. 主格单数　　位格单数　　　　　　b. wtedy　　然后
　　　　brat　　　　bra[c']-e　兄弟　　　deptac'　线
　　　　cud　　　　cu[z']-e　奇迹　　　sejm　　　议会
　　　　pas　　　　pa[s']-e　带子
　　　c. [c']en'　　　阴影
　　　　[z']en'　　　天、日
　　　　[n']e　　　　不，没

波兰语还有相当为数不少的含有"齿龈音＋前元音"的词根语素，如（12b）所示。语素内部的"齿音＋前元音"不受硬腭化规则的作用。此外，波兰语还有大量的含有"硬腭音＋前元音"的词干，如

(12c)所示。根据 Rubach 的分析,硬腭化规则是构词过程诱发的,作用于词根和后缀的结合部;(12c)里,词首位置上硬腭音源于底层表达,不是硬腭化规则推导的结果;(12b)里,前元音之前的齿龈音也直接源于底层表达,因为硬腭化规则不在词根语素内应用。波兰语的硬腭化规则和英语的 TSL 规则类似,都是构词过程诱发的音系过程,都不是偶然现象。

9.1.3.4 推导性环境音系规则

Kiparsky (1973a)发现有一类音系规则有时可以在语素内部应用,但有时却不能。芬兰语有一条擦音化规则,如(13a)所示。这条规则可以解释 (13b)里的词干交替。这条规则和波兰语的硬腭化规则相似,仅仅作用于处在语素结合部位置上的音段序列,但不能作用于语素内部的音段序列[ti],如(13c)所示:

(13) a. [t]→[s] / ____ [i]
       b. halut-a   想要(不定式)   c. tila   房间
         halus-i   想要(过去时)   äiti   母亲

芬兰语还有一组词,其语素内部的[ti]的确受到擦音化规则的作用。这组词里的[ti]是根据元音舌位升高规则从底层的/te/推导出来的。元音舌位升高规则(14a)把词末/e/变成[i],如(14b)里joki-~joke- 所示。(14c)里的词项表层形式是元音舌位升高规则和擦音化规则共同作用的结果。

(14) a. [e]→[i] / ____ ♯
       b. joki   河   joke-na   *存格单数*
         äiti   母亲   äiti-nä   *存格单数*
       c. vesi   水   vete-nä   *存格单数*
         käsi   手   käte-nä   *存格单数*

其中 vesi 和 äiti 的推导过程如(15)所示：

(15) a. [vete]　　b. [äiti]　　底层表达

　　　veti　　　　 n.a　　　　元音升高规则

　　　vesi　　　　 受阻　　　　擦音化规则

　　　vesi　　　　 äiti　　　　表层表达

这里的问题是，如何既允许擦音化规则对 veti 里的[ti]产生作用，同时又不允许它对 äiti 里的[ti]产生作用？虽然 veti 和 äiti 都包含[ti]，但从推导的角度看，二者有着实质性区别：äiti 里的[ti]在底层表达已经存在，而 veti 里的[ti]的底层形式是／te／，[ti]是经元音升高规则推导而来的。这表明，擦音化规则只能应用于经元音舌位升高规则推导出来的[ti]，但不能应用于底层表达已经存在的／ti／。

Kiparsky 的发现具有重要的理论意义。未经音系规则推导的底层表达和经音系规则推导出来的环境是决定音系规则能否应用以及应用顺序的因素之一：擦音化规则必须是在元音升高规则应用之后才能够应用，据此，语法中必须包括这一机制：允许擦音化规则仅仅应用于推导出来的结构描写，同时阻断同一规则对底层表达产生作用。

继 Kiparsky(1973a)之后，研究又发现有些音系规则的应用局限于推导性环境的实例。梵语的 ruki 规则是其中之一。根据 ruki 规则，当[s]出现在[r]、舌根辅音或高元音之后的位置上变成卷舌音[ṣ]（卷舌化规则）。卷舌化规则的应用可以跨过语素界线符号，如(16)所示(Kenstowicz 1994：202)：

(16) 第二人称单数-si　　　　　将来时-sya

　　　da-dā-si　　　你给　　　 kram-sya-ti　　他将去

　　　bi-nhar-ṣi　　你携带　　 vak-ṣya-ti　　他将说

过去时-s		方位格复数-su	
a-yā-s-am	我想要	senā-su	军队
a-bhar-ṣ-am	我携带	agni-ṣu	火

但是,梵语里还有许多出现在 *ruki* 环境里但没有被卷舌化[s]的词语,例如 bi<u>s</u>a"莲花",bu<u>s</u>a"雾",dar<u>s</u>a"梢"。根据 Kiparsky 的分析,卷舌化规则仅在两个语素的结合部应用,而且仅在推导性环境里应用。例如,当某些元音音变规则的应用在语素内部创造了 *ruki* 环境时,卷舌化规则便可以应用,比如动词词根 sās"教"的分词形式是[sis-],满足了卷舌化规则的结构描写,得到[siṣ-ta]的形式。梵语和芬兰语以及波兰语的情况相似,在语素内部,卷舌化规则不作用于底层表达中处于 *ruki* 环境的[s],只能作用于推导性 *ruki* 环境的[s],所以 bi<u>s</u>a 里的[s]没变成[ṣ]便不足为奇:*ruki* 环境在词根语素内部,bi<u>s</u>a 直接源于底层形式。

只能作用于跨语素环境或推导性环境但不能作用于底层表达〔或非推导性环境(non-derived environment)〕的音系规则被统称为推导性环境规则(derived environment rule)。至此,推导性环境规则面临一个逻辑问题:如何防止推导性环境规则作用于非推导性环境(底层表达)?从机制上讲,推导性环境规则应当识别当前阶段语素音系表达里包含的前一阶段的推导信息,但是,再依据当时的 SPE 推导原则,音系规则没有追溯早期推导过程的功能,其应用与否完全取决于当前阶段音系表达是否满足音系规则的结构描写。

在 Kiparsky(1973a)提出问题时,人们对能否找到这样的一般性机制还持怀疑态度。这种怀疑来自对非推导性音系规则的认识。在许多情况下,音系规则的确能够在非推导性环境中应用。这类规则大体上有四类:a. 音位变体规则;b. 可循环的重音指派规则;c. 绝对中和规则;d. 有条件的中和规则。从规则输出项的性质看,芬兰语的擦音化规则和梵语的卷舌化规则也属于中和规则。那么,既然都是中和规则,为什么有些中和规则不受任何限制而有些却受限制呢? 推导性环境规则和非推导性环境规则的本质区别是什么? 根据 SPE 的推导原则,无论是区分两种性质不同的音系规则,还是建立某种对推导过程的回溯机制,都存在困难。造成困难的根本原因是词库没有其内部结构。

9.1.3.5　严格循环条件

Mascaró(1976)提出的严格循环条件(Strict Cyclic Condition, SCC)也对词库音系理论的产生起到重要的作用。我们在第三章概要介绍了 SCC。SCC 区分循环性和非循环性规则。例如,芬兰语的擦音化规则(t→s/＿i)被阻断现象正是和规则的循环性有关。如果我们假设擦音化规则(和元音升高规则)是循环规则的话,那么,正确的规则应用方式如(17)所示:

(17) [halut]i	[vete]	[tila]	**第一循环域**
—	—	—	元音升高规则
—	—	—	擦音化规则
			第二循环域
—	veti	—	元音升高规则
halusi	vesi	—	擦音化规则

根据 SCC,词根层次上的第一循环域里不能使用任何循环规则。在第二循环域里,由于诱发规则作用的词界符号位于词根之外,即[♯[vete]♯],满足了元音升高规则的结构描写,因此这条规则能够应用,输出项是[[♯veti]♯]。这里,规则的应用实际上满足了SCC 的第一个条件。由舌位升高规则引进的[＋高舌位]构成了SCC 的第二个条件,因而又诱发了擦音化规则的作用。halusi 是根据 SCC 的第一个条件直接推导出来的,因为[halut＋i]的环境是两个语素之间存在循环域的界线。由此可以看出,Mascaró对循

环性和非循环性规则应用的区分实质上是对推导性环境和非推导性环境的区分。如果我们从音系规则在词库里可应用性的角度看，Mascaró实际上在理论上承认并区分两类音系规则：在词库应用的音系规则和在词库之后应用的音系规则。循环性是词库规则的属性，即如果一条规则的应用局限于推导性环境，那么这条规则必然具备循环性特点。同样，任何一条循环性规则的应用环境也一定是推导性环境。除此之外，如果循环性是词库规则的特点，那么可以进一步推测，音系语法由两大类音系规则构成：词库规则和后词库规则。从循环性和规则应用顺序二者之间的关系看，如果规则 A 的应用先于规则 B，而且规则 B 的应用局限于推导性环境，那么，规则 A 必然是词库规则；如果规则 X 的应用先于规则 Y，而且规则 Y 不受严格循环限制，那么，规则 Y 必然是后词库规则。

9.2 词库音系学的基本假设

词库音系学是在词库论背景下的重要的理论创建。我们首先介绍 Kiparsky 的词库-音系假设，演示 Kiparsky 的词库模型里形态过程和形态-音系交互作用的过程，讨论 Kiparsky 的词库-音系假设的理论意义。Kiparsky 的词库-音系理论是生成音系学里与 SPE 理论最接近的理论，也是 SPE 规则推导论在词库论中的发展。因此，对词库音系学的讨论也必须以 SPE 假设为背景。我们还对词库音系学里一些凸显的问题作一简要讨论，最后说明词库音系学的后期发展。

9.2.1 Kiparsky 的词库-音系假设

语素作为一类语言结构单位在音系中的特殊功能、形态过程的晦暗性、音系对形态过程是否敏感、推导性环境和非推导性环境对音系规则应用的作用、音系规则的循环性、Siegel 提出的层面排序假设，尤其是 Pesetsky（1979）最初提出的词库假设都为词库音系学的产生提供了必要和充足的理论知识。Kiparsky（1982）在对上述问题综合考虑的基础上，提出了一个系统的词库音系学（Lexical Phonology，LP）假设，其语法框架如（18）所示：

（18）Kiparsky 的 LP 理论模型（Kiparsky 1982：132）

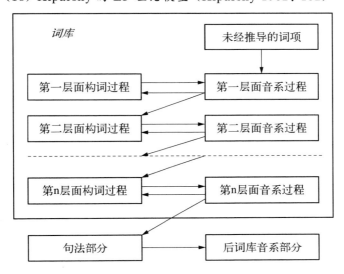

根据这个理论模型，语法系统由四个模块组成：词库、句法、语义（这里没有显示）和后词库音系部分。词库由若干个层面构成；层面是由形态过程定义的，即形态的基本范畴和特点是定义层面的语言学基础；未经推导的词项（underived lexical entries）是一种语言全部语素的集合，这意味着这个模型继承了传统的以语素为基础的形态理论（morpheme-based morphology）。每个层面上都有特定的形态过程和音系过程；在这些层面上，形态过程和音系过程交互作用。每个层面上形态过程和音系过程的输出项被送至下一个层面，再受这个层面上形态过程和音系过程的作用，直至构词过程完成。在最后一个层面上，形态过程和与形态过程有关的音系过程完成后，词库的输出项，即特定音系形式的词，被送至句法部分，经词项映射投射至句子结构的终端位置。词或短语在后词库部分可受后词库音系规则的作用，表现为句子层面上的音系过程。此外，(18)中的词库音系学模型还有两点需要说明。第一，层面是串联式的，即任何一个词项的推导必须经过所有的层面，也就是说，推导不能从第一层面越过第二层面而直接进入第三层面或直接进入句法部分。第二，作为组成整个推导过程的所有层面具有不可逆性，即当前层面的输出项不能回流到前一个层面上。

Kiparsky 的 LP 假设中另一个重要的原则是严格区分词库音系规则〔lexical phonological rule，简称词库规则（lexical rule）〕和后词库音系规则〔post-lexical phonological rule，简称后词库规则（post-lexical rule）〕。词库规则在词库里应用，后词库规则在句法之后的后词库音系模块里应用。两类音系规则有各自的属性，如下所述。①

第一，在对语素、形态信息（morphemic and morphological information）是否敏感方面，词库规则对语素特性、语素类别、语素来源、语素范畴、语法范畴、形态范畴、词界符号或语素界线符号等信息敏感；语素和形态信息可能诱发、改变或阻断音系过程。与词库规则比较，因为后词库规则无法获得那些仅在词库里才有的信息，所以对语素和形态信息不敏感。

第二，词库规则的应用可以有例外，而后词库规则的应用没有例外。

第三，在循环性方面，词库规则可以循环应用，后词库规则不具循环性。循环应用的词库规则受到（严格循环条件）SCC 的限制，而后词库规则不受 SCC 的限制。

---

① 这些属性是 Kiparsky 提出的，随后的研究又有补充和修改。

第四,词库规则最大域是词;词库规则不跨词界符号运用。后词库规则的应用不受词界符号限制,可以跨词界符号应用。

第五,在结构维持(structure-preserving)方面,词库规则受到结构维持的限制。根据结构维持,词库规则的输出项必须是语言里具有对比作用的音系成分(例如音段或声调)。① 例如英语三音节元音松化规则是词库规则,其输出项里的松元音是对比性音段。后词库规则不受结构维持的限制,例如英语闪音规则的输出项[ɾ]是非对比性音段。

第六,至少部分词库规则缺少明显的语音学动因,例如deep→depth 里长元音短化具有任意性,是"纯音系规则";②而后词库规则一般有明显的语音学动因,例如闪音化过程的本质是元音之间的塞音弱化现象。

第七,母语者对词库规则的输出项敏感,能够意识到规则输出项的存在,例如母语者能够意识到 *divine* 和 *divinity* 里交替出现的/ai/～/ɪ/是不同的元音音段。母语者对后词库规则的输出项不敏感,一般意识不到后词库规则输出项的存在,例如英语母语者不能区分清塞音和清塞擦音是否送气,说不出甚至意识不到 speak 的[spiːk]和[spʰiːk]两种语音形式的差别,这是因为英语清塞音和清塞擦音送气规则是后词库规则。

第八,所有的词库规则在后词库音系规则之前应用;所有的词库规则应用完成之后才能应用后词库规则。

区分词库音系规则和后词库音系规则是 Kiparsky 词库音系假设里最重要的理论贡献,但是,同时也是最有争议的问题。

每一种语言的词库结构可以不同,层面的数量或定义可以有所不同,这些都由具体语法决定。这就是说,不同语言的词库结构取决于这种语言的形态过程和音系过程交互作用的特点。

---

① 从这个意义上说,传统音位学理解的音位是词库音系规则推导的产物。
② 在 SPE 里,"纯音系规则"(pure phonological rule)指无语音学动因,但与形态和句法密切相关的音系规则。

基于英语的形态特点和音系特点，Kiparsky 提出了关于英语词库结构的假设，如(19)所示：

(19) 英语的词库结构（Kiparsky 1982：133）

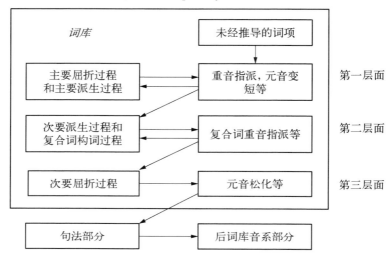

英语词库由三个层面构成。第一层面有主要屈折过程（primary inflection）和主要派生过程（primary derivation）。主要屈折过程包括元音曲音（umlaut），如 *tooth - teeth*；元音转音（ablaut），如 *sing - sang*；以及接加第一类屈折后缀，如-t（slep-t）和-en（driv-en）。第一层面主要派生过程是接加第一类派生后缀，如-ity、-al、-ous、in-、re-、sub-等。这一层面上的屈折过程和派生过程的显著特点是能产程度较低，例外现象多，且多与词根或词缀语素自身特点有关，具有较强的任意性。

第二层面上是次要派生过程和复合构词过程；次要派生过程接加第二类派生词缀，如-ness、-er、-ly、un-等。这个层面上还有复合构词过程。

第三层面是次要屈折过程，即接加第二类词缀里的屈折后缀，如动词的屈折后缀-ing 和-s，名词复数后缀-s。

在每一个层面上都有一组与这个层面的形态过程有关的音系规则和音系限制条件,以表现特定层面形态过程与音系过程交互作用。例如,在第一层面有重音指派规则,在形容词词干 *curious* 后接加-ity 构成 *curiosity*,词主要重音被指派至倒数第三音节;又如,在元音变短规则的作用下,deep 加-th 后长元音变成短元音。这些音系规则或是形态过程的必要条件或是形态过程诱发的。在有些情况下,语素的音系表达特点限制了形态过程。例如-en 只能接加在以阻塞音结尾的形容词词干后,如 *redden* 和 *blacken*;不能接加在以响辅音或元音结尾的词干后,如 *greenen 和 *bluen。又如,名物化后缀-al 可以加在 *arrive*、*propose* 动词词干后,构成 *arrival* 和 *proposal*,却不能加在 *promise* 和 *visit* 后分别构成 **promisal*和*visital。① 这是因为加-al 要求动词词干第二音节必须是由紧元音和音节尾辅音共同构成的重音节。② 形态过程需要参考语素的音系信息。

在同一层面上,构词过程可以诱发音系过程,音系过程的输出项也可以受到构词规则的作用,都可以是下一步构词过程或音系过程的输入项。换句话说,在特定的层面上,音系过程和构词过程的输出项可以互为输入项,如(20)所示:

（20）

Kiparsky 提出的关于词库结构的假设不仅能够说明英语的形态过程特点,而且能够说明英语里与形态过程有关的音系过程。从

---

① 因词干音系形式不能满足构词要求,*promise* 不能接加-al,所以只能通过转类变为名词,即 promise$_V$→promise$_N$。

② 一般说来,理论上应当允许形态规则参考语素的音系形式。就此例来说,重音指派规则应该在加词缀-al 之前应用。

形态过程角度看,以 *parentalness* 为例,在第一层面上词根 *parent* (获得词重音后)接加第一类后缀-al 并改变词重音位置,成为 pa'rental;然后 *parental* 被送至第二层面并接加后缀-ness,构成 *parentalness*。先加-al 和后加-ness 的构词顺序是由层面顺序决定的,因此语法无须对构词规则顺序作出另外的假设。

又如,英语可以有 *unirregular*,但是不能有 **inunregular*。这与 in-和 un-所处的层面顺序有关。in-和 un-分别处于第一和第二层面。构词过程是,首先在词干 *regular* 上接加前缀 in-,构成 *in-regular*,再经同一层面上同化规则作用成为 *ir-regular*。在第二层面上,*irregular* 接加前缀 un-,构成 *un-irregular*,完成构词。但是,如果首先在词干 *regular* 上接加前缀 un-,构成 *un-regular*,那么,因为接加 in-的构词规则只在第一层面上应用,每个构词规则都有其各自的应用层面,而且层面顺序具有不可逆性,所以一旦在第二层面上构成 *unregular*,接加前缀 in-的构词规则不能应用。由于层面效应,第一类词缀不能出现在第二类词缀的外侧。

英语名词复数形式的构词过程也是词库由层面构成假设的证据之一。(21a)是有规律的、能产程度最高的外部屈折过程;(21b)复合词第一个名词成分的复数形式是内部屈折的结果;(21c)复合词第一个成分的复数形式看似是外部屈折的结果。

(21)(a) books, dogs
  (b) teeth marks   *claws marks
    lice-infected   *rats-infected
  (c) almsgiving   *almgiving
    oddsmaker   *oddmaker
    painstaking   *paintaking
    clothesbrush   *clothbrush

根据 Kiparsky 的理解,(21a)里的复数后缀是在第三层面上加在词干上的;而(21b)中复合词第一成分的名词内部元音变化发生在第一层面,然后在第二层面完成复合构词,即[teeth]+[mark],然后在第三层面上[teeth mark]+s。对于(21c)里的复合词第一个成分名词的后缀,Kiparsky 认为这些复数形式是名词固有的,即复数后缀已经词汇化,其底层形式分别是 *alms*、*odds*、*pains* 和 *clothes*;在第二层面上构成复合词,如[clothes]+[brush]构成 clothesbrush。根据构词过程严格遵守层面顺序,词库不能推导出不符合语法的形式,如 *claws marks*。

复合动词 *grandstand* 的过去时形式是 *grandstanded*,而不是 *grandstood*。这个现象也可以通过不同层面上的过程加以说明。完整的过程如(22)所示(Kiparsky 1982:40):

(22) 第一层面:stand$_V$→stand$_N$(转类)
　　　第二层面:grand$_A$+stand$_N$→grandstand$_N$(复合构词)
　　　　　　　　grandstand$_N$→grandstand$_V$(转类)
　　　第三层面:grandstand$_V$+ed→grandstanded(加第二类的屈折后缀)

这个模型也可以说明英语里比较常见的形态过程和音系过程交互作用现象。以 *codifiers* 为例。词根是 *code*,储存于未经推导的词项内。词根 *code* 首先被送到第一个层面。在这个层面上有一组音系规则,但是对于 *code*[koud]来说,此层面上只有一条可以应用的规则,即重音分布规则;在此层面上,'code 获得词重音。根据构词规则动词化词缀-ify 加在词根上,其表达为 'cod-ify。这个表达又受到第一层面上 TSL 规则的作用把表达变成 'codify['kɔdifai]。随后,*codify* 被送到第二层面;在这个层面上没有可以应用的音系规则,只是构词规则增添了一个施动者词缀-er,得到 *codifier*。最后,*codifier* 进入第三个层面,构词规则增添复数后缀,得到 *codifiers*,作为词库的输出项,其形式是['kɔdifaiəz]。

又如,英语里有一些经历同一形态过程但词重音分布却不同的现象,例如,(23a)和(23b)的形态过程都是转类,但是(23a)词的重音分布不同,而(23b)词的重音分布却是相同的。

（23）（a）torment$_V$ → torment$_N$
　　　（b）pattern$_N$ → pattern$_V$

就这方面的差异现象,Kiparsky 的解释是,重音指派规则在第一层面上应用;动词转类成名词发生在第一层面,而名词转类成动词发生在第二层面,所以重音指派规则只能应用于第一层面上形成的词,即:

（24）	形态过程（转类）	重音指派规则
第一层面	torment$_V$ → torment$_N$	torment$_V$ → torment$_N$
	pattern$_N$	pattern$_N$
第二层面	pattern$_N$ → pattern$_V$	不能应用
输出项		torment$_N$　pattern$_N$

再如,*bomb* 词末塞音 b 脱落,即[bɔm];但在元音之间时,时而脱落,如 *bombing* [ˈbɔmiŋ],时而不脱落,如 *bombard* [ˈbɔmbəd]。这是因为以元音起始的后缀-ard 和-ing 是在不同层面上加上的:加第一类词缀-ard 在第一层面,加第二类词缀-ing 在第三层面。b-脱落规则(b→∅/[**＋鼻音性**]__♯)在第一层面上应用。推导过程如(25):

（25）底层形式	bomb	bomb -ard	bomb -ing	
第一层面	bom[b]	bomb-ard	bom[b]	b-脱落规则
第二层面	–	–	–	
第三层面	bom	bombard	bom-ing	

bomb 词末 b 和 *bombing* 词干末 b 在第一层面脱落；词干形式 [bɔm] 在第三层面接加词缀 -ing，因此词的形式是 [bɔmiŋ]；对于 *bombard*，因 b-脱落规则的结构描写未能得到满足，词干末的 b 不受音系规则的作用而得以保留。词干末 b 的隐现通过不同层面上的形态过程和第一层面 b-脱落规则的应用与否而得以说明。

　　除了能够说明英语里部分形态过程的顺序以及形态–音系交互作用之外，Kiparsky 的词库音系假设具有一系列重要的理论意义。

9.2.2　Kiparsky 假设的理论意义

　　正如第三章所述，在 SPE 时期，诸如抽象程度、绝对中和、交替条件、循环性、推导性环境、别处条件、音系规则能产程度之类的涉及音系规则应用顺序和方式等诸多问题困惑着当时的理论思考。在 SPE 模式里，由于音系模块的输入项是句法模块的输出项，与形态过程、词项的音系表达以及音系过程完全脱节，使得这些问题似乎并不相关。例如，SPE 为了解释语素特性导致的特殊音系现象，只能构拟更为抽象的语素底层形式、写出包括绝对中和规则在内的更多的音系规则或规则组合式，其后果是，语素底层表达形式高度抽象且难以证实、音系规则繁多、推导过程复杂。唯一能为解决形态和音系推导之间关系而设立的再调整规则只是一个弥补手段，其自身没有特别的理论价值。

　　Kiparsky 的 LP 假设为解决上述问题提供了一个统一的理论框架。在这个框架内，由于形态过程和音系过程的交互作用得到形式化的表达，上述诸多看似互不相关的问题之间存在的内在逻辑在词库音系框架里得以体现。

　　Kiparsky 的假设的核心概念是层面以及对词库规则和后词库规则的区分。诸多长期争论不定的问题都可以通过层面以及对两类音系规则的区分得到符合逻辑的描述。

9.2.2.1　语法系统的结构

SPE 的语法系统由句法、音系和语义三个模块构成,音系部分位于句法部分之后。从这个角度看,在 SPE 假设里,所用的音系规则都是后词库音系规则。与 SPE 的语法系统比较,LP 的语法系统是增加了词库;语法系统由句法、词库、后词库音系和语义模块构成;音系规则不再集中在音系模块里,而是分布在词库和后词库模块。分布在词库里的音系规则直接与形态过程交互作用。这一假设不仅是对 SPE 理论的重要改进,而且,从语言学史的角度看,Kiparsky 的词库音系学是第一次把形态和音系联系起来,并把二者之间的联系加以理论化的假设。之前,在包括美国结构主义在内的传统音位学里,形态和音系是相互无关的。

9.2.2.2　形态过程的晦暗性和阻断现象

LP 假设具有形态学意义。词的语素结构层级性源于词库结构的层面性。层面顺序决定了形态过程的顺序,词的语素结构层级特点是不同形态规则在不同层面上分别应用的结果。语法无须额外地规定形态过程的顺序。形态过程的晦暗性、阻断现象都可以通过层面概念得以解释。

在词的语素结构方面,LP 模型能够说明未经推导的词项和第一层面构词过程的关系。Kiparsky 假设,每一个层面的输出项是一个形式完整的词项(lexical item)。如果该假设成立的话,那么我们就能解释为什么黏着语素只能和第一层面上的词缀同现,例如 *inept*,而没有 *unept*:in-是第一层面上的词缀,而 un-是第二层面上的词缀。形态过程在串联式的层面上具有方向性,因此,黏着语素[ept]必须经过第一层面并受到形态规则的作用,得到而且只能得到 *inept*。这说明未经推导的原始语素不可能越过第一层面而直接进入第二层面或后续层面。

9.2.2.3　语素、形态和句法因素诱发的音系过程

由于特定的词库规则和特定的形态规则位于同一层面,词库规则能够直接获得词的直接成分的信息,同时,形态规则也能直接获得语素的音系形式,因此,层面为描写形态过程和音系规则的交互作用提供了平台。具有不同特性的语素(例如英语第一类和第二类词缀),特定的屈折过程和构词过程分布在不同层面上,这在理论上为语素诱发的音系过程、形态诱发的音系过程(以及后词库音系部分里的纯音系过程或句法因素诱发的音系过程)提供了音系语法的描写框架。从音系规则的角度,区分词库规则和后词库规则解释了为什么有些音系规则对语素的特性和形态信息敏感,而有些音系规则对句法信息不敏感。

与词库规则不同,后词库规则位于句法模块之后的后词库模块里,应用对象是句法模块的输出项。据此,我们可以推测后词库规则的某些特点:后词库规则应用环境可以是短语,因此可以跨词界应用;可以受句法因素的作用;由于括号消除机制(bracket erasure)的作用关闭了获得词内语素结构和语素特性信息的通道,所以后词库规则无法获得关于词的内部成分以及词内语素特性的信息,从而解释了为什么后词库规则的应用没有受到语素特性和词的语素结构影响产生的例外现象。

在 SPE 框架内,语法无法区分词库音系规则和后词库音系规则(例如无法解释为什么有的音系规则的输出项是对比性音段,而有些音系规则的输出项则是非对比性音段),因此,区分和建立词库音系模块和后词库音系模块是重要的理论进展。同样重要的是,关于后词库规则特点的假设为描写音系-句法接口现象提供了理论上的可能性。

9.2.2.4　层面与音系规则的顺序、循环性和推导性环境

音系规则分布在词库里不同层面和后词库音系部分。由于词

库假设是以(英语的)语素特点、形态范畴和形态过程为基础,因此在词库的层面是串联的,即从最内的层面到最外的层面,[①]音系规则的顺序是由层面在词库里所在的位置决定的,因此语法无须额外地规定音系规则的应用顺序。[②]

词库规则是在每一个形态规则之前或之后应用的,那么,词库规则本身就是循环的。循环性是不同层面上形态规则作用的产物,因此,语法没有必要规定词库规则必须循环应用,至此,SCC 因多个层面的存在而失去其存在的必要性。[③]

层面也与推导性环境有关。在特定层面上,直接源于底层的环境和来自推导性环境的语素所包含的信息是不同的。音系规则的结构描写与这些不同来源的语素形式所包含的信息直接相关,音系规则能否应用取决于潜在的输入项所包含的信息。这样一来,推导性环境制约(derived environment constraint)(Kiparsky 1979)自然成为词库规则的属性。推导性环境制约与更早的修订的交替条件(Kiparsky 1973a)相似。后者的作用在于禁止绝对中和规则应用于非推导性环境,从而防止滥用绝对中和规则。因此,从这个意义上说,修订的交替条件和推导性环境制约都具备词库音系的属性,从理论上排除了绝对中和规则和其他非推导性环境音系规则在词库里应用的可能性。

---

① 词库层面串联结构也是 Kiparsky(1982)假设的特点之一。串联结构是否具有普遍意义也是值得讨论的问题。

② 特定层面上可能有若干条音系规则,这些规则也有应用顺序的问题,也需要参考形态过程确定应用顺序。

③ Kiparsky 认为,严格循环性是别处条件(Elsewhere Condition)的一种功能。别处条件是针对 SPE 的合取式和析取式规则组合式提出的(1979)。Kiparsky 指出,语法需要一种具有普遍意义的方式对规则之间的关系和应用顺序加以定义,说明音系规则的组合为何是合取式的,为何是析取式的,进而从形式上定义规则应用方式。为了解决这个问题,Kiparsky(1979)提出了别处条件。根据别处条件,当规则 A 和规则 B 在同一部分(从词库音系学角度看,可以是同一层面或后词库的音系部分内),对同一音系形式为 X 应用时,二者只有满足下列条件时,它们的关系才属于析取关系:(1)规则 A(比较具体的规则)的结构描写包含了规则 B(一般性的规则)的结构描写。(2)规则 A作用于 X 的结果和规则 B 作用于 X 的结果不相等。如果规则 A 先应用而且产生效应,那么规则 B 则不能应用。

9.3　词库音系理论的主要课题

Kiparsky 的 LP 假设把诸多 SPE 时期讨论的理论和分析性问题纳入统一的词库音系框架内,在理论上具有巨大的诱惑力。正是如此,Kiparsky 的 LP 理论和主要分析方法迅速成为当时的研究热点。因为 LP 理论主要涉及音系和形态过程的关系,所以,无论是从与当时的其他理论(主要是非线性的音系表达理论)相比,还是从生成音系学的发展过程角度看,LP 是同 SPE 理论关系最密切的理论。LP 理论逐步系统化和完善的过程正是非线性理论迅速发展的时期,前者不断地从后者引入新概念和新方法,所以,从 20 世纪 80 年代至今,词库音系理论的研究重点也有很多的变化。

在对 Kiparsky 提出的假设和分析框架不断修订的过程中,出现了多个不同版本的词库音系学。当时的讨论几乎涉及 Kiparsky 的 LP 理论和分析方法的各个方面,观点繁杂。我们在这一节里概要介绍这一时期关于 LP 内部集中讨论的主要课题。这些课题包括层面顺序和音系规则顺序;形态规则和音系规则的顺序;词库规则和后词库规则的属性,层面的界定,括号设定悖论和推导过程的方向性。

9.3.1　层面与音系规则的应用顺序

从理论上说,LP 在原则上解决了音系规则应用的内在顺序和外在顺序问题,即规则应用的顺序是内在的。首先,根据 Kiparsky 的模型,语法系统由词库、句法和后词库音系三个模块组成,如果能够区分词库规则和后词库规则的话,音系规则应用顺序不再需要设定。语法系统的内部结构决定音系规则的应用顺序:词库规则在词库里应用,后词库规则在句法模块之后应用。其次,在词库内部,词库规则的应用顺序取决于词库内的层面顺序;层面顺序决定了词库规则的应用顺序。虽然 Kiparsky 的理论模型没有完全排除音系规则外在顺序的可能性,但是,层面顺序概念淡化了音系规则外在顺序的概念,弱化了音系规则外在顺序的作用。然而,如果不能区分词库规则和后词库规则,并由此不能确定语法系统的内部结构,再加上不能确定词库层面数量和顺序的话,音系规则的顺序仍然是一个没有彻底解决的问题。

9.3.2　形态规则和词库音系规则的应用顺序

在 Kiparsky(1982)LP 模型里,就形态规则和音系规则交互作用而言,在同一层面上,两类规则应用的顺序似乎不甚明确。在 Kiparsky 理念中,对词库音系过程的描写必须参考形态过程、形态范畴或语素特性,而且形态规则的输出项定义音系过程域。虽然 Kiparsky 没有明确定义形态规则和音系规则的应用顺序,但是,从形态环境和语素特性对音系过程的诱发或抑制作用方面看,在同一层面上形态规则的应用总体上先于音系规则。Kiparsky(1982)更多地关注形态对音系的作用,较少涉及音系对形态的作用。本章(17)、(18)和(19)给出的模型明确显示,形态和音系的作用是相互的;在同一层面上,不仅存在形态规则的应用先于音系规则的可能,而且存在音系规则的应用先于形态规则的可能。

关于这个问题,Borowsky(1993)的观点有代表性。她认为,如果所有的形态规则先于(词库)音系规则的话,词库音系学的模型将无法表现音系表达的形式特点对形态过程的诱发和限制作用。为了既能反映形态过程对音系过程的作用,同时又能反映音系表达形式特点对形态过程的作用,Borowsky 提出了新的假设:形态规则分成两个板块,一个是词干构成板块(stem morphology)(简称词干板块),另一个是词项构成板块(word morphology)(简称词项板块)。在词干板块内的同一层面上,形态过程先于音系过程;而在词项板块里,音系过程先于形态过程。Borowsky 提出的模型如(26)所示(Borowsky 1993：200)：

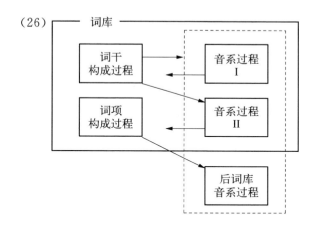

在这个模型里,音系规则被分成三个板块,一是词干板块的音系规则(音系过程Ⅰ),二是词项板块音系规则(音系过程Ⅱ),三是后词库音系过程。

Borowsky 假设,形态过程和音系过程的交互作用的表现分为两大类。第一类交互作用表现为形态过程对音系过程的诱发或阻断作用。这一类交互作用发生在词干板块和同层面的音系过程之间。第二类交互作用表现为词干的音系结构特点是否允许形态过程。词干构成过程影响的音系规则呈现结构维持和循环性等词库音系规则的特点,并且遵守 SCC。词干板块的输出项被输送到音系过程Ⅱ。音系过程Ⅱ的输出项被送到词项板块。音系过程Ⅱ里的音系规则不一定具备音系过程Ⅰ里的词库音系规则的特点,例如,这个板块里的音系规则可以不遵守结构维持、循环性和 SCC。词项板块的输出项被送到后词库音系板块。在这个板块里,音系过程域是音系词(phonological word)。

形态过程分布在两个不同的板块,不同板块构词过程输出项具有不同的特点。在词干板块构词规则的输出项,词干内部界线符号被抹消,语素与语素结合得更加紧密,新词干的语音形式如同

一个未经推导的底层语素,例如 *innumerable*,／in＋numerable／
的语音形式是[inumərəbl]。词干板块的输出项受更加严格音段
配列限制,例如,这个板块的输出项不允许词干里有假性长辅音;
一旦出现潜在的长辅音,音系规则将会删除其中一个辅音音段。
例如／in＋numerable／的构词过程输出项出现潜在的[-nn-],音系
规则删除其中一个[n]。与这个板块对应的音系过程Ⅰ以循环应
用的方式作用于形态规则的输出项。以音节构建为例,每一个新
词干形成之后,音节结构规则抹消原有的结构,构建新的音节树,
以 *rhythmic* 为例,如(27)所示:

(27) 未经推导的词干　／rɪðm／

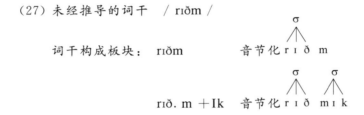

词干构成板块：　rɪðm　　　音节化 rɪðm

rɪð.m＋Ik　音节化 rɪðmɪk

词项板块的输出项具有如下特点：语素之间的界线相对清晰;音
段线性配列允许保留由于接加词缀导致的假性长辅音,例如
unnatural[ʌnnætrəl]中的[nn]。

　　Borowsky 论证了词项板块和与其对应的音系过程Ⅱ的关系。
英语苏格兰和爱尔兰方言有一种被称作艾特肯定律(Aitken's
law)的现象：长、短元音没有对比作用,呈互补分布,长元音出现
在重读开音节和以浊擦音结尾的闭音节里,如(28)所示:

(28) 长元音　　　　　　　　　短元音

agree　　[i:]　　　feet　　　[it]

seize　　[i:z]　　　feed　　　[id]

breathe　[i:ð]　　　cease　　[is]

beer　　[i:r]　　　feel　　　[il]

由于长、短元音没有对比作用,长元音可被视作底层短元音在特定
环境中的语音表达,因此,艾特肯定律不符合结构维持,不可能是
音系过程Ⅰ里的音系规则。那么,艾特肯定律是不是后词库规则
呢? Borowsky 认为,元音变长也可以是在接加过去时后缀之前发
生的,因此艾特肯定律必须是词库音系规则。比较(29)里的多语
素和单语素词的元音长度:

(29) 多语素词　　　　　　　单语素词

词干＋d]♯　　　　　　-d]♯

agreed[i:d]　　　　　greed[id]

kneed[i:d]　　　　　need[id]

brewed[u:d]　　　　　brood[ud]

stayed[e:d]　　　　　staid[ed]

toed[o:d]　　　　　toad[od]

gnawed[ɔ:d]　　　　　node[od]

Borowsky 认为,艾特肯定律是一条典型的音系过程Ⅱ规则。音系
过程Ⅱ的音系规则在词项板块里的形态(构词)规则之前应用。据
此, *agreed* 和 *greed* 的推导过程如(30)所示:

(30) 词项构成板块　　　agree /əgri/　　　greed /grid/

艾特肯定律　　　　əgri:　　　　　n.a

接加词缀-d　　　　əgri:d

输出项:　　　　　[əgri:d]　　　　　[grid]

Borowsky 的观察值得肯定。在英语里,词库规则是否具有结构维
持特点与以词干为域还是以词为域有密切关系。我们在下面一节
再讨论结构维持。

9.3.3　词库音系规则和后词库音系规则的区分

根据 Kiparsky(1983)对词库规则和后词库规则特点的总结，词库规则受语素范畴及属性影响，具有循环性，只用于推导性环境，受结构维持限制，可能有例外；而后词库规则不受语素范畴及属性影响，在词库规则之后应用，不具有循环性，不受推导环境制约，不受结构维持限制，无例外等。

区分词库规则和后词库规则是 Kiparsky 的 LP 假设最主要的理论贡献，同时也是最有争议的问题，其中争议较大的包括词库规则的循环性、结构维持、词界符号的作用以及后词库规则的应用方式。

9.3.3.1　循环性和非循环性

在 Kiparsky 的假设里，循环性是词库规则的主要特点之一。然而研究表明，在已知的语言里，属于词库规则的绝对中和规则最多能应用一次，不具循环性，这是后词库规则的特点。那么，如何处理这类音系规则呢？

绝对中和规则不属于后词库规则。Booij & Rubach(1987)把这一类规则称为后循环(postcyclic)词库规则。Booij & Rubach 认为，在某些语言里，后循环词库规则和后词库规则有相似之处，例如两类规则的应用都是自动的，音系规则有比较明显的语音学动因，而且规则的应用大多无例外。另外，后循环词库规则和循环词库规则的共同特点是只能在词库里应用，而不能在短语层次上应用。因此，从规则应用所在的位置看，后循环词库规则仍然是词库规则。根据波兰语的音系现象，Booij & Rubach(1987)讨论了后循环词库规则。

在波兰语里，词末浊的非鼻辅音之前的位置上，中元音[o]的舌位升至高元音[u]；另外波兰语含有词末浊阻塞音清化过程，这两个音系过程把词根[rob]变成了[rup]"做"(祈使)。因为元音升高规则是词界符号诱发的,所以这条规则不可能循环应用。在形态过程中,所增添的词缀会取代原来的具有诱发元音升高规则作用的词界符号,例如 rob'-e(1sg.),即元音升高规则必须等到所有的词缀加完之后才能应用。这条规则的应用有例外,例如[skrob]"抓挠"的表层形式是[skrop](比较[scrob-e]1sg.),而不是*[skrup]。这些现象说明元音升高规则是词库规则。

波兰语还有一条在非推导性环境里应用的词库规则,即隐现元音脱落规则。如同其他斯拉夫语言,波兰语有一个隐现元音(yers)。这个隐现元音具有其他元音所没有的音系特点:它在特定的环境中脱落。例如 lew 和 sweter 可以分别同另一形式交替,而和这两个词语音结构几乎相同的 zlew 和 krater 却不表现出类似的交替(31a);因为还有一些不被隐现元音分开的辅音丛,所以隐现元音又不能分析成元音的增音现象,如(31b)所示:①

(31)	a. lew	狮子;主格,单数	zlew	阴沟;主格,单数
	lw-em	狮子;工具格,单数	zlew-em	阴沟;工具格,单数
	sweter	汗衫;主格,单数	krater	火山口;主格,单数
	swetr-y	汗衫;复数	krater-y	火山口;复数
	b. mask-a	面罩;主格,单数	trosk-a	关切;主格,单数
	masek	面罩;属格,复数	trosk	关切;属格,复数
	dek-la	帽子;属格,单数	cykl-u	脚踏车;属格,单数
	dek'el	帽子;主格,复数	cykl	脚踏车;主格,复数

在隐现元音后面有派生词缀的情况下,有时词根内的隐现元音在表层出现,但有时没有任何表现形式。观察表明,当词缀含有元音时,词根里的隐现元音就不出现。进一步看,含有隐现元音的后缀

---

① 隐现元音一般被视作存在于底层表达里仅由元音根节点构成的抽象元音。

的后面跟着另一个含有隐现元音的后缀时,前一个词缀里的隐现元音就表现出来了。总之,当后面跟着一个隐现元音的后缀或零形式的主格单数或属格复数后缀时,隐现元音以元音音段的形式表现出来。这说明隐现元音的音段化规则属于循环的词库音系规则。在其他环境中,隐现元音表现为零形式。根据隐现元音从不在词末出现的事实,我们假设零形式后缀仅由隐现元音构成。据此,我们可以作出基本概括:除了在其后还有另一个隐现元音的环境之外的其他环境中,隐现元音脱落。

在有两个连续的隐现元音的环境里,隐现元音表现为[e],即隐现元音的音段化(the vocalization of the yers)。规则(32a, b)表示隐现元音的音段化现象。(32c)是推导过程(**Y** 表示隐现元音)。

（32）a. yer→[e] /＿＿＿ C₀ yer

　　　b. yer→Ø

　　　c. [lYw-Y]　[LYw-em]　[zlew-Y]　[zlew-em]

　　　　lew-Y　　n/a　　　n/a　　　n/a　　隐现元音音段化

　　　　lew　　　lw-em　　zlew　　　n/a　　隐现元音脱落

(32)的推导过程说明,隐现元音脱落发生在非推导性环境里。如同亚维尔玛尼语长高元音降低规则和英语的元音转移规则,波兰语的隐现元音脱落规则在不受环境限制的条件下(即无条件地),导致底层的对比性音段中和,因此,隐现元音脱落规则是后循环词库规则。根据规则顺序命题,任何一条紧排在隐现元音脱落规则之后的词库规则是后循环词库规则。为此,元音舌位升高规则也是后循环词库规则,其原因在于,只有在词末隐现元音[vozY]脱落之后,诱发元音升高规则的浊擦音[z]才能位于词末位置,[voz]才能变成[vos],最后再变成[vus]。

针对 Kiparsky(1982)提出的 LP 模型不能区分循环性规则和非循环性规则(或后循环性规则),Booij & Rubach (1987)提出,在

词库内,根据是否具有循环性,词库规则被分成两个板块:循环性
词库规则构成一个独立系统,后循环词库规则组成另外一个系统,
如(33)所示:

（33）

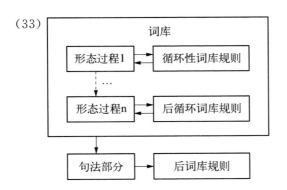

根据隐现元音脱落规则所处的板块,Booij & Rubach 推导出其他
一些音系规则的位置,如(34)所示。

（34）**词库规则**　　　　　*循环性词库规则：*

　　　　　　　　　　　　硬腭化规则

　　　　　　　　　　　　隐现元音音段化规则

　　　　　　　　　　后循环性词库规则：

　　　　　　　　　　　　隐现元音脱落规则

　　　　　　　　　　　　元音升高规则

　　　　后词库规则　　　*词末浊阻塞音清化规则*

　　　波兰语里还有一条辅音清浊顺同化规则。根据这条规则,浊
擦音[v]和[ž]在清辅音之后被清化。[ž]不是底层音段,而是通过
一条特殊的[r']→[ž]规则从硬腭化的[r']推导出来的。这条规则
的特殊性在于,在[r']被[ž]取代的环境中,其他浊辅音却被硬腭
化了,如(35)所示:

（35）a. vus　　　（马）车　voz'-e　　位格，单数　　词根：[vos]

　　　　kar-a　　　惩罚　　kaž-e　　与格，单数　　　　　[kar]

　　　b. Piotr　　　Peter　Piot[š-e]　呼格，单数　　　　　　[Piotr]

　　　c. kufer　　　树干　　kuf[š-e]　位格，单数　　　　　　[kufYr]

　　　　list[f-a]　木板　liste[v]-ek　指小；属格，复数　　　[listYv]

在 Piot[š-e] 里，辅音清浊顺同化规则的作用域是语素。根据
Booij & Rubach 提出的词库规则板块化的假设，由于辅音清浊顺
同化规则的应用总是在隐现元音脱落规则之后，因此这条规则是
一条后循环板块的规则。这一点可以通过（36）里的 kuf[š-e] 的推
导过程加以说明：

（36）[kufYr-e]　　　循环性词库规则：

　　　kufYr'-e　　　　　硬腭化规则

　　　　　　　　　　后循环性词库规则：

　　　kufYž-e　　　　　[r']→[ž]

　　　kufž-e　　　　　隐现元音脱落规则

　　　kufše　　　　　辅音清浊顺同化规则

根据 Booij & Rubach 的分析，波兰语后循环板块里有三条规则：
隐现元音脱落规则、元音升高规则和辅音清浊顺同化规则。他们
排除了这三条后循环规则是后词库规则的可能性。元音升高规则
是词界符号诱发的，而且有例外，显然不属于后词库规则范畴。隐
现元音脱落本质上是绝对中和规则，因此也不可能是后词库规则。
那么，辅音清浊顺同化规则和词末浊阻塞音清化规则的区别又是
什么呢？

　　波兰语还有一条比较普遍的规则：非词末位置上阻塞音丛内
的清浊逆同化规则。这条规则既可以在词内应用作用，也可以跨
词界应用，如（37）所示：

（37）a. Warsza[v-a] 华沙（名词）Warsza[f]-ski　　　华沙（形容词）

　　　　pros'-ic'　要求（动词）pro[z']-ba　　　　要求（名词）

　　　b. zakaz-y　　禁止　　　zaka[s] postoj-u　　禁止停车

　　　　kryzys-y　　危机　　　kryzy[z] gospodarczy 经济危机

清浊逆同化和清浊顺同化的差别在于前者可以跨词界作用，而后者则不能。这一点可以通过实例说明：but vojtk-a "Wojtek's shoe" 的语音形式是［bud vojtka］，但是不能说成*［but fojtka］。对这个差异的解释是，清浊顺同化规则是（后循环板块的）词库规则，而清浊逆同化规则是在后词库的短语层次上应用的规则。至此，所有相关的音系规则可以分成三个板块，如（38）所示：

（38）词库规则　　　　　　循环性词库规则：

　　　　　　　　　　　　　　硬腭化规则

　　　　　　　　　　　　　　隐现元音音段化规则

　　　　　　　　　　　　　后循环性词库规则：

　　　　　　　　　　　　　　隐现元音脱落规则

　　　　　　　　　　　　　　元音升高规则

　　　　　　　　　　　　　　辅音清浊顺同化规则

　　　后词库规则　　　　　　词末浊阻塞音清化规则

　　　　　　　　　　　　　　辅音清浊逆同化规则

根据 Booij & Rubach 的论证，词库规则未必都是循环性规则；在一种语言里，有些词库规则具有循环性，有些词库规则不具循环性。据此，循环性不必是词库规则的必然属性。对波兰语的分析表明，词库里存在一个由后（非）循环词库规则构成的独立板块；它与循环性的词库规则的主要区别在于前者不能循环应用；它与后词库音系规则的主要区别在于，前者具备后者所没有的词库规则的特点，如允许例外和对词界符号敏感。

SCC 一度被认为是 SPE 最重要的理论贡献之一,Kiparsky 也曾试图将音系规则在非推导环境被阻断的原因归结于音系规则的循环性,认为所有词库规则都具有循环性。Booij & Rubach(1984)的分析证明这一论断的片面性,指出某些词库规则虽然应用于推导性环境,但并不具循环性。Kiparsky(1985)接受了 Booij & Rubach 的观点,把词库规则分成循环性规则和后循环规则(postcyclic rule),而且只有词干层面的音系规则才具有循环性。Booij & Rubach(1987)提出了一个名为"后循环词库音系规则"(post-cyclic lexical phonological rule)板块的假设。

以 LP 假设为背景的实证研究说明 SCC 的片面性。Liu(1980)对汉语北京话上声连读变调的研究发现后词库规则也具循环性,循环性并不是词库规则的特有属性。循环性规则最初用于句法推导,后被用于音系推导,是对规则应用顺序的界定,但并未涉及非推导性环境的阻断效应。LP 假设中的 SCC 是把推导性环境概念同循环性相结合的产物,但是两者之间是否存在必然的逻辑关系,仍需要进一步论证。跨语言研究说明,在具体语言里,并非所有的形态和句法成分都能够触发音系规则的循环应用,而且循环性音系规则是否用于非推导性环境也因语言而异。正如 Halle & Mohanan(1985)所认为的那样,词库规则的循环性或许与具体语言的词库结构特点有关。

9.3.3.2 结构维持

另一个区分词库规则和后词库规则的标准是音系规则是否遵守结构维持。根据 Kiparsky(1982),结构维持是词库规则的属性之一。根据结构维持,词库音系规则的输出项是对比性音系成分。每一种语言都有一套对比性音段(和其他范畴的音系成分,如声调),词项表达由这些对比性成分构成。一种语言的对比性音段系统对音系规则在词库中的应用具有限制作用。如果某音系规则的应用推导出非对比性音段,那么,这条音系规则

只能是后词库规则,而不能是词库规则。例如,在英语里,
president[t]-和*presidency*[si]里[t]变成[s]的擦音化规则的输
出项[s]是对比性音段;而[aɾom]里的闪音[ɾ]不仅没有对比功
能,而且其出现是完全可以预测的。根据结构维持,擦音化规则
是词库规则,而闪音规则是后词库规则。据此,我们可以说,传
统音位学里的"音位"是词库音系规则的输出项,是推导的结果。
结构维持具有解释作用。例如,结构维持解释了为什么重音指
派规则可以循环应用,而闪音规则却不循环应用,例如英语有
[aɾom]的形式,却没有*[aɾomik]的形式。结构维持的作用在于
防止后词库规则在循环域内应用。如果我们假设对比性音段系
统与后词库规则无关,那么可以断定,任何一个由后词库规则推
导出来的音段都不具有辨义功能,而仅仅是某个对比性音段的
变体。

　　然而,结构维持是不是词库规则的特点? 他人的研究提出不
同的看法,其中 Borowsky(1986)的研究具有代表性。

　　Borowsky 对英语词库第二层面分析后指出,词库规则可以违
反结构维持:某些词库规则的输出项是对比性音段的变体,
见(39):

(39) /b, g/　→　Ø/[＋鼻音性] ＿＿＿

lon[g]	lon[g]-ing	elong-ate
stron[g]	stron[g]-ly	strong-est
bom[b]	bom[b]-ing	bomb-ard

(39)是一条使同音节内鼻音后的非舌冠(浊)辅音脱落的规则。很
明显,这条规则是词库规则:其能否应用取决于后缀的类别,在
lon[g]-ing 里可以应用,但在 strong-est 里则不能应用。如果这条
规则是词库规则的话,那么,把底层舌冠鼻音／n／推导成软腭鼻音
[ŋ]的鼻音部位同化规则应当是一条词库规则,两条规则的应用顺

序如(40)所示：

(40) 底层表达：　　　　　　　　　　lɔng♯
　　　鼻音部位同化规则　　　　　　　lɔŋg♯
　　　辅音脱落规则　　　　　　　　　lɔŋ_♯
　　　输出项　　　　　　　　　　　　[lɔŋ]

如果我们认定在英语里[ŋ]不是对比性音段的话，那么，作为词库规则的鼻音部位同化规则显然违反了结构维持。

我们再来看(41)给出的材料：

(41) [l]　→[l̩]/C__]
　　　cyc[l̩]e　　　cyc[l̩]-ing　　　cyc[l]-ic
　　　bott[l̩]e　　　bott[l̩]-ing　　　cent[r]-al
　　　（[l̩] 表示音节核位置上的软腭化的 l）

规则(41)把尚没有进入音节结构的[l]投射至音节核；在这个位置上[l]受到软腭化规则的作用。因为音节化过程必须等到构词过程完成之后才能实施，所以[l]-软腭化过程显然不是在第一层面发生的，而只能在第二层面上发生。然而，软腭化的[l̩]没有对比功能。显然，作为词库规则的软腭化规则违反了结构维持。

再如，在英语贝尔法斯特(Belfast)方言里，齿化规则的输出项是非对比性的变体形式。Borowsky 指出，非延续性的齿龈辅音在其后有[r]时也可以被齿化，如[t]rain、[d]rain、sani[t]ary；但是当[r]前有一个强音渡(strong juncture)时，[t, d, l, n]并不被齿化，如 *bedroom*、*hard rain*。显然，齿化规则的输出项是非对比性的音段，但齿化规则显然又不是后词库规则。这条规则在第二层面上加形容词比较级后缀-er 和动词的实施者后缀-er 时，齿龈辅音并没有发生变化，如 *wider* 里的[d]和 *fighter* 里的[t]并没齿化。即使我们假定括号消抹机制起了作用,即齿化规则是后词库规则,那么这条后词库规则又如何把单语素的 *spider* 同双语素的 *wider* 区分开,从而仅仅作用于 *spider* 而又不作用于 *wider* 呢? Borowsky 认为,结构维持不是词库所有层面上词库规则的属性。依据英语方言事实,Borowsky 认为作为一种限制,结构维持仅仅是第一层面音系规则的特点。

遵守或违反结构维持不仅仅是结构维持自身对音系规则应用的限制问题,而且直接涉及(英语)第一和第二层面构词过程和音系过程的特点。由于结构维持仅在第一层面起作用,因此,第一层面音系规则的输出项和缺少内部语素结构的词在音段序列配列上是完全相同的。但是,第二层面音系规则的输出项有一个特点,即音系表达式包含对比性音段的变体以及语素内部所没有的音段丛,例如 world-ly 里的 [rldl]。为此,Borowsky 认为,Kiparsky 定义的"词项"(lexical item)概念应当局限于第一层面音系规则的输出项。这些词项在词库里独立出现;第一层面音系规则仅仅把这些独立的词项联系起来,从而避免出现非对比性音段。

随后对其他语言的研究表明,结构维持不仅是词库规则的属性,而且后词库规则也表现出结构维持的特点。Kaisse(1990)认为,作为限制,结构维持的作用可以从词库延续到后词库模块。Hyman(1993)对达哥巴尼语(Dagbani)声调现象的分析也证明后词库规则仍然具有结构维持特点。

9.3.3.3　界线符号的性质

根据 Kiparsky(1982)的假设,语素界线符号和词界符号不是音系成分或实体(如音段和声调),而是一种具有特定功能的标记,其作用在于界定音系规则的域。

关于界线符号的性质,Borowsky 提出不同的观点,认为英语词库第二层面音系规则需要区分词干和词缀,并需要对它们分别单独处理。也就是说,这个层面上音系规则的应用或者参考词干,或者参考词缀,但从不同时参考词干和词缀。这就要求语素界线符号是实体性的,以便音系规则能够识别不同的界线符号。

然而,有的研究认为,仅仅区分语素界线符号和词界符号不足以说明语言现象。根据 Sproat(1993)的分析,英语的 l-暗音化是后词库音系过程。虽然 l-暗音化是在后词库模块里发生的,但不同的[1]的暗音化存在着程度上的差别。这种差别与位于底层/l/和随后元音之间界线符号的性质有关。Sproat 认为 Kiparsky (1982)的括号(界线符号)实际上包含多种性质不同的符号。这些界线符号包括(Sproat 1993:175):

0=没有界线;例如 Mr. Beelik

+=第一层面语素之间界线符号,如 beel+ic

#=第二层面语素之间界线符号,如 beel#ing

%=第三层面上的复合词内自由语素之间界线符号,如 beel % equator

@=独立词项之间的界线符号,例如 I gave Beel @ equated actors.

&=句首呼格用法,例如 Beel &, equate the actors.

根据 Sproat 的描写,当在/l/后是 0 符号时,l-暗音化程度最低;随着分别用+,#,%,@和&依次取代 0,l-暗音化程度逐渐增高。在语音层面上,l-暗音化程度的差异只能用不同性质的界线符号来解释。

在所有界线符号里,争议较大的是词界符号。词库规则的最大作用域是词,不能跨词界应用。词库规则能否跨词界应用涉及词界符号的功能。关于这个问题,研究者有不同的答案。最突出的问题是,在某些语言里,词界符号具有诱发音系过程的作用。例如,在荷兰语里,浊阻塞音在音节尾音位置的清化是典型的案例(Booij & Rubach 1987)。根据阻塞音清化规则,底层/hɛld/"英雄"的表层形式是[hɛlt];当词干后面加上以元音起始的后缀时,经过重新音节化过程之后,音节尾音位置上的浊阻塞音被投射至后一音节首音位置。也就是说,重新音节化过程改变了浊阻塞音清化规则的结构描写。例如,底层的 /hɛld/ 加上后缀 -in 在表层上表现为 [hɛld.in]"女英雄"。根据一般理解,重新音节化规则具有循环性,据此,浊阻塞音清化规则便不可能是循环性规则。这就是说,清化规则必须等到所有的构词过程和重新音节化过程完成之后才能应用。然而,浊阻塞音清化规则又不可能是后词库规则。Booij & Rubach 提供的证据之一是重新音节化规则可以跨词界应用。然而,跨词界应用的重新音节化规则并不改变音节尾音位置上浊阻塞音清化规则的结构描写,因此,虽然浊阻塞音并不在音节尾音位置上,但是仍然可以被清化,例如 *een hoed opzetten* "戴帽子"的表层形式是 [ən. hu. tɔp. sɛ.tən]。这里,虽然 /hud/ 的 /d/ 出现在后一个音节首音位置上,但仍然被清化成 [t]。据此,浊阻塞音清化规则又不是后词库规则。

荷兰语的事实表明,在所有的构词过程完成之后和把词投射至短语结构之前,还有一个音节尾音位置上浊阻塞音清化过程的中间阶段。这个阶段就是后循环词库音系规则板块(Booij & Rubach 1987)。

9.3.4　括号消除

如果考虑 SPE(1968：20)的括号消除原则,特定层面上的输出项不含任何括号;最后一个层面上的形态过程和音系过程完成之后,定义该层面的词界符号也随之被消除。据此,词库的输出项不含任何界线符号。① 如果形态过程在词库内发生并完成,而且

---

① 根据 Chomsky(1970)提出的词库完整假说(Lexical Integrity Hypothesis),句法规则应用与词内语素结构的信息无关。提出词库完整假说的目的在于防止句法规则把诸如 *fatherless* 之类的多语素词里的 *father* 当作人称代词的先行词,防止句法制约把 *self-destruction* 里的 *self* 当作回指。

词库输出项的括号(词界符号)被抹除,那么,句法规则自然不会参考词库建立的词内语素结构。如果词库的输出项保留着词内括号,句法规则势必会识别并参考这些括号所表达的词内结构信息。

我们首先从词库内部结构的角度讨论括号消除原则。在 SPE 理论里,括号包括内部括号(internal brackets)和外部括号(external brackets),前者表达一串语素的内部结构信息;后者表达这串语素作为句法部分的输入项的信息。Kiparsky 的 LP 理论实质上几乎无保留地接受了这些括号以及它们的作用,用括号定义词库的每个层面。从这个意义上说,界线符号界定音系过程的域,也具有诱发或阻断音系规则的作用。根据括号消除原则,在特定的层面上,构词规则和音系规则应用之后,括号消除机制抹消了所有的内部括号和外部括号。语素包含不同种类的信息。除了词汇意义信息,语素还包含关于诸如词源特征和例外性等语素特有属性的信息以及句法信息。从词的地位看,词还包含着作为独立句法单位的信息。然而,在特定层面上,在形态规则和音系规则应用之后,括号消除机制抹消了所有内部和外部界线符号。这里的问题是,括号消除机制仅仅消除了词内语素界标,但并没有说明失去界标的语素是否仍然保留着其特有属性和句法信息。语素特有属性和句法信息是否会随着语素界线符号的消失而变得无法被识别? 如果说诸如词源特征和例外性等语素特有属性以及句法范畴在词库内是以加括号的方式得以编码的话,那么消除词内括号仅仅说明了词内语素括号与即将应用的音系规则无关;消除语素界线符号则意味着所有关于这些语素和由这些语素构成的词所包含的特有属性和句法范畴信息的消失。进一步看,随着词界符号抹除而失去的语素特有属性和句法信息是不可能恢复的。例如,第一层面的输出项 *happy* 不含有任何括号,那么,在第二层面上,构词规则根据什么把后缀-ness 加在词干上呢? 在第三层面上 *under* 和 *went* 如何构成 *underwent* 呢? 这些问题说明,第一层面上 *happy* 所具有的形容词信息必须保留到第二层面,went 是 go

的异干信息必须分别从第一层面保留到第二和第三层面。

对此,Mohanan(1986)提出不同的方案,即在某个层面上括号消除原则抹除了外部括号;在下一个层面上又重新被加上外部括号。例如 *happy* 离开第一层面时不带任何括号,在进入第二层面后又被加上外部括号₊happy₊;如此重复,*happy* 的形容词地位一直保持在词库的输出项里。

我们再来从词库和句法之间的关系角度考察括号消除机制。一般说来,虽然诸如词源特征和例外性等语素特有属性信息对句法短语层次上音系规则的应用没有明显的影响,但是,句法范畴信息对句法规则的应用却是至关重要的。例如,名词短语 *transformational grammarian*。*Transformational* 和 *grammarian* 两个词项的构词过程是在词库里分别独立完成的,在句法模块里通过短语规则组织起来。从语义结构角度看,*transformational* 修饰的是 *grammar*,而不是 *grammarian*,即 [transformational grammar]＋[-ian],但是句法结构分析却是[[transformational]＋[grammarian]]。语义结构与句法结构不一致正好说明建立句法结构所依赖的完全是词项所包含的句法范畴信息。虽然词项的语义结构与括号问题无关,但句法结构则必须参考外部括号。据此,外部括号应当在句法的输入项中得以保留。

我们再来看内部括号的保留问题。在某些情况下,句法规则仍然需要参考内部括号。以 *underwent* 所包含的[过去时]信息为例。如果假设这个词是由 *under* 和 *went* 两个语素以串联方式构成的,即[[under]＋[went]],而不是[[under]＋[go]]＋[过去时],那么 *underwent* 必须并且只能以某种特殊的方式把 *went* 的[过去时]特有的信息带进句法模块。至于句法规则是如何识别并获得[过去时]信息的,Mohanan(1986)提出的解释是,该时态特征从复合词的中心(head)投射至句子的根节点。然而,至于为什么[过去时]特征可以投射至句子根节点,而诸如[拉丁语词源]之类的语素特有属性却不能在句法模块里出现,

Mohanan 没有说明。但是,不管如何,句法规则需要参考词乃至语素自身特有属性信息的事实说明括号消除原则和词库完整假说是有问题的。

概括起来说,从词库各层面之间的关系、后词库规则应用对词内部结构的依赖以及句法和构词的关系方面看,括号消除机制具有严重的理论后果。然而,如何保留词界符号和其表达的必要信息仍没有形成一致的意见。

9.3.5 后词库音系规则

在 Kiparsky(1982)的 LP 模型里,词库规则和后词库规则是截然不同的两类音系规则。后词库规则是自动的、无例外的、不遵守结构维持的和非循环的。然而,Kaisse(1985,1987)通过对英语的研究发现,有一些后词库规则也具有词库规则的一些特点。根据有无词库规则特点,后词库规则又可以分成两大类:第一类后词库规则(简称 P1 -规则)和第二类后词库规则(简称 P2 -规则)。P1 -规则的特点是,这类规则必须参考句法信息,例如,音系规则的应用要求区分名词和动词,或区分中心成分和补足成分。某些在短语层次上应用的音系规则(简称短语音系规则)还可以循环应用,或应用范围局限于词与词之间音渡,表现出严格的循环性。此外,某些属于 P1 -规则的短语音系规则还允许词项方面的例外。根据 Kaisse(1985)的理解,只有 P2 -规则才具有 Kiparsky 所定义的后词库音系规则的特点。

英语有一条属于 P1 -规则的重音后移规则(stress retraction)。当两个词的词重音处于相邻位置上时,前一个词的词重音向后移动,从而避免与随后相邻的词发生重音冲突,例如 Míssissípi 和 Míssissipi Délta 中的 Míssissipi 的重音位置是不同的。重音位移规则具有词库规则的某些特点。首先,规则输入项和输出项都有独立的对比性词重音曲线,例如 álligàtor 和 màcaróni(比较

Mississipi Delta),符合结构维持的特点。其次,对于某些双音节词来说,这条规则允许例外,例如在 *abstract* 和 *complex* 里发生重音位移,但在 *absurd* 里却没有重音位移(比较 *abstract notion* 和 *absurd notion*)。根据 Kiparsky(1982)的定义,重音位移规则的输出项具有词库规则的特点。

Odden(1987)认为,班图语系的基玛图姆比语(Kimatuumbi)里的元音短化规则也是一条具有词库规则特点的短语音系规则。当动词或名词后有短语性补足成分时,动词和名词里的长元音变短,如(42)中的规则所示。当长元音处于 X-短语中心成分位置上并且后面跟有属于同一短语的某些音系材料 Y 时,长元音变短。"同一短语"是区分(42b)和(42c,d)的句法参数。在(42b)里,两个词共享同一最大映射位置 NP。在(42c,d)里,例如,kikoloombe 占据单独一个映射位置,这个映射位置不同于后一个词映射位置。在(42e)里,kikeele 的元音没有变短,说明元音短化规则必须参考短语的中心成分。

(42) a. [V:]→[V]/[[＿＿＿] XY]X'

     b. kikolombe chaangu   "my cleaning shell"

     c. kikoloombe chaapuwaaniike   "the shell broke"

     d. naampei kikoloombe Mamboondo

                        "I gave Mamboondo the shell"

     e. kikolombe kikeele chaangu   "my red shell"

基玛图姆比语还有一条和元音短化规则交互作用的滑音形成规则(glide formation)。滑音形成规则和名词或动词短语的内部成分相关。Odden 区分了短语内的三个层面:

第一层面:词根＋派生后缀

第二层面:屈折前缀＋词干

第三层面："表处所的"前缀

滑音形成规则首先使元音丛中位置在前的高元音非元音化,同时使位置在后的元音变成长元音:i／u＋V→j／w V→j／w VV。在第二层面加上去的第四类名词前缀 *mi*-能够说明滑音形成规则的作用:／mi＋oto／→[mj-ooto](大火)。又如,在第三层面添加的"表处所"前缀 *ku*-里的元音在第八类前缀的前面变成滑音,例如kw-iiswa"到岛子"。现在让我们考虑长元音短化和滑音形成两条规则之间的相互作用。在第二或第三层面因滑音化导致的长元音不受长元音短化规则的作用;但在第一层面上因滑音化导致产生的长元音却受长元音短化规则的作用,例如:

（43）a. ak-a　　　　　　　　用网捕

　　　　ak-an-a　　　　　　　用网互相捕

　　　　ak-j-aan-a　　　　　相互为对方用网捕[ak-j-an-a]

　　　b. twaakyana itumbili　　我们相互为对方用网捕捉猴子

　　　　＜[tu-ak-i-an-a]

　　　　twaamamanduile nuumba　我们必须用泥糊房子

　　　　＜[tu-a-mamaanduile]

（43）中的最后一个形式说明了第一层次上[词干＋后缀]／ak-j-aan-a／的滑音形成和长元音短化的过程。当词进入短语时,长元音变短,即[ak-j-an-a]。与此不同的是,在（43b）里,前缀里因滑音化导致的长元音在短语层面上却没有变短,输出项是[twaakjana]。

　　为了解释二者的区别,Odden(1990)认为,长元音短化规则是词库第一层面的音系规则;作为词库规则,长元音短化规则仍然可以在短语层次上应用。Odden 的观点质疑甚至实际上否定了Kiparsky 的词库-音系模块位于句法模块之前的假设。

9.3.6　层面的界定

词库有其内部结构的假设要求分析上必须说明层面的数量和定义层面的语言学基础。LP 在理论上允许不同语言的词库结构可以有所不同,例如,根据 Wiese(1996)的分析,德语词库区分词根、词干和词三个层面。然而,对于同一语言,研究者在层面数量、顺序以及如何定义每个层面则有不同的理解。

在 Kiparsky(1982)假设中,英语词库区分三个层面,层面定义的基础是词缀的类别、形态规则以及相应的音系规则,如(44)所示:

(44) 第一层面　第一类派生词缀和不规则的屈折过程
　　　第二层面　第二类派生词缀和复合构词过程
　　　第三层面　第二类屈折过程

Halle & Mohanan(1985)也采用词缀和形态过程定义层面的方法,但他们认为,从构词过程和英语复合词重音指派规则的角度看,英语词库必须把复合构词过程同加第二类派生词缀的过程区分开,为此专门为复合构词设立了第三个层面。至此,英语词库由四个层面构成。另外,考虑到第一层面和第二层面词基性质的不同,第二层面上的词基是词,应带有词界符号♯,而第一层面上的词基是黏着词根语素,必须带有语素界线符号＋。二者的作用在于,语素界线符号＋允许循环性音系规则的作用,而词界符号则阻断循环性音系规则的应用。例如,重音指派规则的循环性应用:*a*tom - at*o*m＋ic - atom＋*i*c＋ity, atom – atom♯less – atom♯less♯ness。Halle & Mohanan 的词库结构假设如(45)所示:

(45) 第一层面　　＋;第一类派生词缀和不规则的屈折过程

第二层面　＃；第二类派生词缀
第三层面　复合构词过程
第四层面　第二类屈折过程

　　然而,主要依据词缀的构词和构词过程诱发的音系过程来定义层面遇到了一系列问题。首先,如 Selkirk(1982)、Aronoff & Sridhar(1983, 1987)和 Giegerich(1983)等人指出,从共时的角度看,依据词缀来区分和定义第一层面和第二层面难以解释英语里诸多的"例外"现象。例如,派生后缀-able／-ible、-ment、-ify 加在某些词干后能够诱发音系过程,但加在另外一些词干后却不诱发音系过程或诱发不同的音系过程,如 com'pare ～ 'comparable, clea[i:]r ～ cla[æ]rify; com'pare ～ com'parable, co[əu]de ～ co[əu]dify。同一词缀的不同音系功能对区分第一类和第二类词缀以及区分第一和第二层面提出严重的质疑。从历时的角度看,这两类词缀的区分大致反映了英语词汇的不同历史层次(Plank 1981):第一类词缀多来自罗曼语族语言,而第二类词缀多为日耳曼语言的固有词缀。从词库层面角度看,第一和第二层面分别与不同来源的词缀相对应。如果共时的词库层面与语素来源的不同历史阶段对应的话,那么,从历时角度来看,在原则上词库有多少个层面是无法确定的。如果不同来源的词缀能够诱发 n 个音系过程,那么词库就会有 n 个层面。据此,现实的问题是,层面数量具有不可预测性。

　　此外,由于依据不同类别的词缀来定义层面,同一词缀分布在不同层面现象和层面的严格顺序假设将导致括号设定悖论(Selkirk 1982;Fabb 1988)。

　　词库究竟有几个层面一直是词库音系学的主要问题之一,关于这个问题的讨论可见 Gussmann(1988)、Giegerich(1999)和 Itô & Mester(2003)。就英语的词库层面数量而言,除了上面提及 Kiparsky(1982)的三个层面假设和 Halle & Mohanan(1985)的四个层面假设之外,词库音系学后期的研究倾向于认为词库有两个层面（Kiparsky 1985；Booij & Rubach 1987；McMahon 1990；Borowsky 1993）。诚然，这个问题实际上并没有真正地解决。词库的结构可能与语言的语素来源、构词方式以及屈折形态特点有密切的关系，理论上可以随语言而异，但是如果不能在形式上对词库构词层面数量加以限制，那么词库音系学的理论价值将会大打折扣。

　　针对根据词缀的音系功能和形态特点来定义词库层面带来的一系列分析上的缺陷和理论后果，Giegerich（1999）认为应当依据词基的属性来定义词库的层面。Giegerich 指出，词缀能否加在词干上，加词缀能否诱发音系过程，并非像 Kiparsky 所认为的，由特定某类词缀决定；在词基和词缀的权重上，词基（base）是决定性因素，词基的不同决定了新词的音系和语义特点。Giegerich 认为，在英语里，词基包括词根（root）、词干（stem）和词（word）三种类型，因此，词库由三个层面构成：词根层面、词干层面和词层面。考虑到英语屈折形态贫化，承担表现屈折形态的词干失去存在的意义，因此从共时上，英语词库仅包括词根层面和词层面。[①] 不同的构词过程在不同的构词层面上发生，词根层面发生的构词过程的词基类型为词根，词层面发生的构词过程的词基类型为词。就英语而言，Giegerich 提出的词基驱动的词库分层模型（r＝词根）如（46）所示：

（46）　　　　形态操作　　　　　　　音系操作

词根层面 输入项　词根　词缀

　　　　　[词根＋词缀 1]r　　　　　重音位移　　　　 I 类词缀：
　　　　　[[词根＋词缀 1]r＋词缀 2]r　音节重新划分　　-al, -ity,
　　　　　[词根＋词根]r　　　　　　三音节元音松化　-ic 等
　　　　　词根→词
　　　　输出项　词

---

① 同语族的德语屈折形态丰富，因此德语词库由词根、词干和词三个层面构成。

词层面	输入项	词　词缀		
		词＋词缀 1	重音指派	Ⅱ 类词缀：
		[词＋词缀 1]＋词缀 2		-ness,-hood,
		词＋词		-less等
	输出项	词		

　　在 Giegerich 的英语词库结构假设中,词根层面和词层面上各自发生的形态-音系过程与 Kiparsky(1982)假设第一层面和第二层面上发生的形态-音系过程没有大的出入,但是 Giegerich 认为第一类词缀构成的派生词在音系和语义上的特殊表现是词根作用的结果。Giegerich 还假设词根和词具有递归性。借用分布形态学(Halle & Marantz 1993, 1994)假设,Giegerich 认为词根仅有词汇意义而没有具体的语类特征;与词根不同的是,词有确定的语类特征。词根层面的输入项(即词基)为词根,词根层面上的构词操作生成的形态结构在离开词根层面之前均为词根,因此也就没有与形态-句法有关的语类信息;而在词的层面上,构词的输入项(即词基)和输出项均为词,因此词根层面生成的词根结构(原始词根和衍生的词根)在离开词根层面进入词层面之前需要进行"词根→词的转换"(root-to-word conversion),目的在于赋予词根层面生成的词根结构具体的语类信息。词根层面的形态过程和词层面的形态过程有不同的特点。

（47）**词根层面（词根为词基）**　　　**词层面（词为词基）**

　　a）无语类特征;　　　　　　　a）有语类特征;

　　b）语义的可分析性弱;　　　　b）语义组合性强;

　　c）能产程度较低;　　　　　　c）能产程度较高;

　　d）储存词库里。　　　　　　　d）形态过程生成。

　　对于呈现双重层面性(dual membership)的词缀,Giegerich

认为,这类词缀是历时因素导致的。例如,历时因素造成的语义不可分析性会导致词的音系结构和语素结构呈晦暗状态。在这种情况下,某些词缀在词根层面和词层面之间的移动是可能的,取决于说话人对词的语义结构、音系结构或语素结构的分析。Giegerich认为词根层面的词缀和词层面的词缀在移动能力上并不对等,这种不对等性源自两类词缀加缀对象,即词基的不同。词层面的词缀向词根层面移动的可能性较大,因为该层面的词基是词,而词具有词和词根的双重身份。相对而言,词根层面的词缀向词层面移动的可能性较小,因为该层面的词基是词根,需要把黏着的词根语素转换为能够充当词的自由语素。在某些情况下,转换可以通过逆构方式(back formation)完成,如 *burgle*＜*burglar* 的转换。

对于词根层面上发生的形态过程而言,Giegerich 认为词基对词缀的选择是由词库决定的,相关信息属于词基和词缀,储存在大脑里。词缀不属于具体层面,在哪个层面上与词基构词,取决于词基。例如词缀-ity 既可以在词根层面上与词根 matern-共同构成 *maternity*,也可以在词层面上与词 national-共同构成 *nationality*。至于这些词缀-ity 触发的音系过程,如重音位移,既不是特定构词层面的属性,也不是由词基决定的,而是罗曼语族语言后缀语素的特有属性。对于词层面上的形态过程而言,词基与词缀组合的兼容度较高,相关信息无须列入词基和词缀的次范畴里,用构词规则加以概括即可。词根层面与词层面在信息储存方面的差异涉及语言知识的储存和运算之间的分工(Jackendoff 1997;Bermúdez-Otero 2012)。

9.3.7　括号设定悖论

括号设定悖论(bracketing paradox),广义地说,指同一构成(construction),例如一个多语素词呈现两种必要的但又不同的成分结构关系分析(Spencer 1991:397)。在以 LP 理论为背景的分析中,对同一个词,例如英语的 *ungrammaticality*,两种不同的分析得出不同的语素结构和不同的构词过程。一种分析以传统的语素范畴和语义关系为基础,分析结果如(48a);另一种分析以词库层面顺序为基础,分析结果如(48b)。

（48）a.

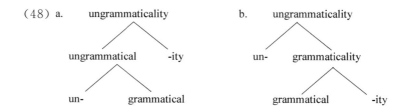

如(48a)词的语素结构所示,根据对语素范畴的要求和语义关系,派生前缀 un-先加在形容词词干 *grammatical* 上,得到形容词 *ungrammatical*;然后,名物化后缀-ity 再接加在形容词词干上,构成名词 *ungrammaticality*。然而,从词库层面的角度看,如(48b)所示,属于能够诱发词干形式发生变化的第一类词缀的名物化后缀-ity 位于词库第一层面,在这个层面上与词干 *grammatical* 一起构成 *grammaticality*;un-是第二类词缀,位于第二层面上,在这个层面上,un-与名词词干 *grammaticality* 构成 *ungrammaticality*。两种分析各有理据,但同一词的语素结构和构词过程不同,形成括号设定悖论。①

括号设定悖论的本质是形态过程和音系过程的交互作用方式是什么。

如何解决括号设定悖论问题,词库音系理论曾提出若干个方案。概括起来说,这些方案分为两类:一类是推导法(derivational approach),另一类是表达法(representational approach)。前者

---

① (48a)和(48b)可以用语素界线括号表示,分别是[[un[grammatical]]ity]和[un[[grammatical]ity]],故得名括号设定悖论。英语里括号设定悖论的现象很多,主要涉及［第二类词缀＋词干］＋第一类词缀的词,如 *untruth*、*vice-presidential*、*underestimation reburial*、*decongestant* 等。

采用把一种结构推导或转换为另一种结构,不同的结构存在于不同的推导阶段;从推导过程的不同阶段看,括号设定悖论是不存在的。后者注重在同一平面上对词的语素结构分析,试图通过语素之间的关系说明括号设定悖论,例如 William(1981)提出的词项相关论(theory of lexical relatedness)。推导法能够解释多数括号设定悖论现象,影响较大。下面主要讨论推导法。

Kiparsky(1983)提出语素结构重新分析(morphological reanalysis)的转换方案。他首先假设,在每一个层面必须满足语素的选择条件或次范畴信息。据此,un-在任何层面上都是一个形容词派生前缀。其次,他采用语素结构重新分析把[un [[grammatical]]$_A$+ity]$_N$ 转换为[[un+[grammayical]$_A$]$_A$+ity]$_N$,如(49)所示:

(49) **第一层面**   [[grammatical]$_A$+ity]$_N$

    第二层面   [un [[grammatical]]$_A$+ity]$_N$

    重新分析   [[un+[grammayical]$_A$]$_A$+ity]$_N$

根据(49),不同的结构存在于不同层面上,同一层面上只有一种结构,据此,括号设定悖论不复存在。然而,(49)里的推导过程存在明显的问题。根据 Kiparsky(1982)的括号消除机制,第二层面的输出项不包括语素界线符号,即[ungrammaticality]$_N$,因此,词内已经没有可供重新分析规则操作的语素界线符号,为此,重新分析不可能改变词的语素结构。

严格遵守括号消除原则导致重新分析规则无法改变词的语素结构。为此,有人提议是否可以考虑放宽括号消除原则的限制,保留一些特殊语素的界线符号专供重新分析操作。由于括号消除原则是词库音系理论的关键性概念和原则,放宽括号消除原则的限制势必弱化词库音系理论的价值。还有人提议把呈现括号设定悖论现象的词项作为例外现象处理,在词库里给其加以标记,标明这些词项不受层面不同的限制。更多的研究反对"例外现象"说,坚持认为括号设定悖论是规则作用和推导的产物（见 Zwicky 1987）。

解决括号设定悖论的另一个思路是把语素标记说和规则推导说结合起来。其要点是，在不改变词库层面结构的前提下假设，作为语素自身的特点，某些具体的（词缀）语素带有在特定层面上能否诱发音系规则循环应用的标记[±循环性]（Booij & Rubach 1984；Halle & Vergnaud 1987；Inkelas 1989／1990）。① 据此，词的语素结构是由构词规则决定的，语素结构是（48a）。前缀 un-的标记是[−循环性]，即作为第二类词缀，不具诱发音系规则循环应用的能力，其结果是，第二层面上构成 un[grammatical]，不受诸如三音节元音松化规则和重音指派规则的作用。后缀-ity 带[＋循环性]标记，要求输入项[ungrammatical]ity 受三音节元音松化规则和重音指派规则的作用。对此，Halle & Vergnaud（1987）指出，如果-ity 带[＋循环性]标记的话，那么，-ity 不仅出现在第一层面，而且可以出现在第二层面，这样一来，Kiparsky（1982）界定和区分层面的基础将被动摇。另外，词库规则未必固定在某个层面上。从这个角度看，Mohanan（1982）提出的音系规则不属于特定模块和特定层面的假设似乎更有利于解决括号设定悖论。

处理括号设定悖论不仅涉及词的语素结构、形态−音系交互作用，而且涉及对词库结构的认识。Aronoff & Sridhar（1983，1987）不承认层面顺序假设的有效性。他们认为，含有第一类语素和第二类语素的多语素词，如 *compartmentalization* 里，词的语素结构不符合层面顺序假设。② 所谓括号设定悖论在本质上是词的语素结构和音系结构之间的错位（mismatch）。例如，*compartmentalization* 是一个含有三个音系词（p-word）的形态词

---

① 除了这个思路外，还有其他的思路，例如 Selkirk（1982）认为，有些词缀兼类，如 un-，兼有第一类和第二类词缀的属性。

② Aronoff & Sridhar 把英语词缀分为以词干为基础的词缀（stem affix）和以词为基础的词缀（word affix），大体上分别对应第一类和第二类词缀。前者加在黏着词根或词干上，后者加在已有的词上。

（m-word），如（50）所示：

（50）$[(\text{compart})_{\text{PW}}(\text{mental})_{\text{PW}}(\text{ization})_{\text{PW}}]_{\text{MW}}$

在这个分析里,-al 和-ation 都是词干词缀(stem affix)。词干-词缀必须和词-词缀(word affix)-ment 和-iz 分别共同构成一个音系词。从音系的角度看,词-词缀只能附着在词基上,如同附着语素只能寄生在宿主上,构成一个更大的音系词。从音系的表现看,词-词缀如同音系附着成分(phonological clitic)。从形态过程和音系过程二者的关系看,主要词汇范畴(lexical category),如名词、动词、形容词,本身可以独立地构成一个音系词;带有词干-词缀的复杂词基构成另一个音系词,词-词缀和词干-词缀又构成另一个音系词。任何不属于词的那一部分是音系附着成分,其音系实现必须以承载重音的宿主为前提条件。我们再以 *ungrammaticality* 为例说明对括号设定悖论现象的处理,其语素结构和构词构成如(51a)所示:

（51）a. [[ungrammacal] -ity]
　　　b.（un(grammaticality)）

形容词 *grammatical* 属于主要词汇范畴,-ity 是词干-词缀;词基和词缀共同构成一个音系词,如(51b);前缀 un-在音系上仅仅是一个附着成分,必须寄生在宿主 *grammaticality* 上,与词干共同构成更大的音系词 *ungrammaticality*。据此,括号设定悖论不复存在:所谓的括号设定悖论不过是词的语素结构和词的音系结构不匹配。Aronoff & Sridhar 的分析方法通常称作韵律分析法(prosodic approach)。韵律分析法得到形态学研究的重视,但是由于它否认词库的内在结构,弱化词库层面概念的解释作用,因此没有得到词库音系研究者的普遍认可。

Booij & Rubach(1984)也从韵律结构角度提出一个方案。他们认为,括号设定悖论的实质是不同的韵律结构层级上音系词边界的差异。从韵律角度,词缀可以分成附着型(cohering)和非附着型(non-cohering),前者必须要和词干结合,共同构成一个音系词,而后者能单独构成一个音系词(un♯ 就属于这类词缀)。*ungrammaticality* 由两个音系词构成:[un]pw[grammaticality]pw。词重音指派规则的作用域是音系词,所以接加[un]pw 的构词过程不会影响另一个音系词[grammaticality]pw 的词重音的转移。

括号设定悖论不仅是当时音系学和形态学的热点课题,而且引起句法学的关注。Pesetsky(1985)采用管约论的量词提升法(Quantifier-Raising, QR)处理括号设定悖论。为了说明 QR 的机制,我们给出管约论的语法框架(Chomsky 1981a),如(52)所示:

(52)
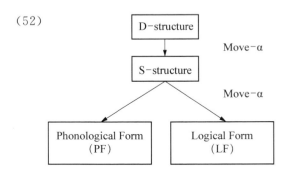

参照把量词从 S-structure 层次上的位置在逻辑式(LF)里提升的原理来处理歧义句的做法,Pesetsky 把表达数量意义的词缀视作量词,例如,从语素结构关系看,*unhappier* 有两种结构:[un-[happy-er]]和[[unhappy]-er]。比较级后缀-er 意为"更多"(more),前缀 un-意为"无"(not)。根据层面顺序限制,*unhappier* 在 S-structure 上的结构如(53a)所示:

（53）a.

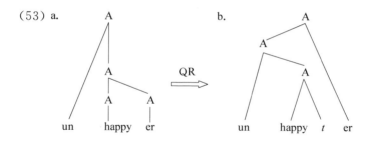

（53a）的结构投射至语音式（PF）；从 S-structure 到 PF 的投射一般不受 Move-α 的作用，因此，*unhappier* 在语音式和 S-structure 里的结构相同。*unhappier* 在从 S-structure 投射至 LF 的过程中受到量词提升机制的作用（量词提升是 Move-α 的位移），把-er 从下位节点提升至最高位节点，在 LF 里形成（53b）里的结构（t 是-er 提升后留下的语迹）。

Pesetsky 把 QR 方法应用于英语里包括-ity 在内的所有词缀。仍以 *ungrammaticality* 为例。首先，根据层面顺序限制，相关语素组合起来构成词 *ungrammaticality*，其语素结构是［un［grammaticality］］，如（54a）所示。然而，在 LF 层次上，un-必须是形容词词干的前缀，而不能是名词的前缀。为此，量词提升把-ity 提升至最高节点 N 的位置，形成（54b）里的结构。

（54）a.

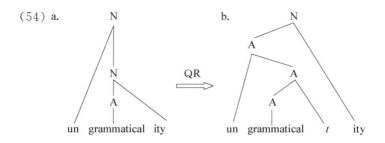

grammaticality 里的中心成分（head）-ity 提升后，其语迹 t 本身不表达句法范畴，因此［grammatical *t*］缺少中心成分。虽然缺少中

心成分,但根据 William(1981)提出的渗透原理(Percolation Convention),[grammatical *t*]$_A$ 仍保留其形容词的范畴,成为前缀 un-接加的词干。在(54a)里,*grammaticality* 的中心成分提升至最高节点 N,成为 *ungrammaticality* 的中心成分。[①]

这里关键性的假设是,对构词过程起到限制作用的层面顺序制约在 PF 里产生作用,而句法的选择性限制在 LF 里产生作用。据此,(54a)是构词过程的产物并投射至 PF,而(54b)则是句法对(54a)里结构操作的结果。Pesetsky 认为,诸如括号设定悖论之类的现象都是音系机制和句法机制共同运作的结果。

至此,根据 Pesetsky 的分析,*ungrammaticality* 包括两种范畴的不同的结构分析:形态结构和语义结构的差异。句子表层结构进入两个平行的音系和语义模块后被赋予不同的结构分析:[un[[grammatical]$_A$ity]$_N$]$_N$ 是词的音系表达,直接反映其形态结构;而[[un[grammatical]$_A$]$_A$ity]$_N$ 则是词在语义模块中的逻辑表达,音系-形态表达和语义表达同时但分别出现在不同的语法模块里。

Pesetsky 的 QR 分析受到一些形态学家的批评。Sproat(1985)对 QR 的普遍性和过强的生成力提出质疑,指出英语里毕竟只有少数词涉及括号设定悖论。如果 Pesetsky 的推导是正确的话,英语应该有 *unfitter 一词。Spencer(1988)指出,如果 QR 对句子成分(短语或词)的操作可以不受任何限制的话,那么这一机制对词的成分(语素)操作应当受到限制,因为词的成分毕竟不同于句子成分。

9.4　Mohanan 的词库音系假设

在 Kiparsky(1982)提出的 LP 语法框架的基础上,Mohanan

---

① 　这里假设是,在英语里,词内最右边的非屈折语素是词的中心成分。

(1982,1986)和 Pulleyblank(1983,1986)提出关于音系规则的分类、层面数量和推导过程的新的假设。其中,Mohanan 的假设再次涉及语法系统的模块性。

下面主要介绍讨论音系规则在不同模块里的应用、回流机制和语法模块性。

9.4.1　在词库里应用的音系规则和在后词库里应用的规则

Kiparsky(1982)严格区分词库规则和后词库规则,认为两类规则各有其属性,并且强调词库规则只能在词库里应用,后词库规则只能在句法之后的模块里应用。Mohanan (1982,1986)和 Pulleyblank(1983,1986)对严格区分两类音系规则以及规则所处模块的假设提出质疑。首先,Kiparsky 的假设不能解释英语里后词库规则(鼻辅音部位同化)的应用在先,而词库规则(词末-g)脱落的应用在后的现象,例如 *stron*[*g*]~*stronge*r 词干语音形式的交替。其次,Kiparsky 的假设不能解释在同一语言里同一音系规则既可以在词库也可以在后词库模块应用的现象,例如,在英语里,齿龈音硬腭化规则[s]→[ʃ]既可以在词库里也可以在短语层次上应用,如 *racial* 和 *I miss you*。最后,Kiparsky 的假设不能解释为什么后词库音系规则也可以循环应用的事实。

针对上述问题,Mohanan 和 Pulleyblank 提出不同的假设。一种语法的音系规则构成一个独立的系统,但在 Kiparsky 的语法模型里,系统内的具体音系规则被分配到特定词库层面或后词库模块里。音系规则本身没有词库规则和后词库规则之分,而只有在词库里应用(lexical application)和在后词库里应用(post-lexical application)之分。(55)是 Mohanan(1982)提出的词库音系模型。

（55）　**词库**

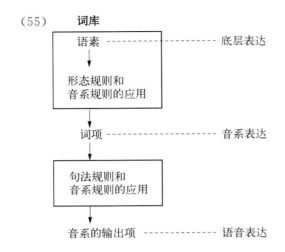

根据这一模型，同一条音系规则既可以在词库里应用，也可以在后词库模块里应用。诸如结构维持等所谓词库规则的特点不是 Kiparsky 定义下的词库规则自身的特点，而是音系规则在词库内应用的特点。同一音系规则在不同的模块里应用会呈现不同的特点。

就词库内形态规则和音系规则的交互作用方面看，Mohanan 的假设和 Kiparsky 的模型没有实质性的不同。虽然词库和音系规则系统之间没有输入-输出上的逻辑关系，但词库内的形态规则系统和音系规则系统之间却存在这方面的关系。这种关系并不是不对称的：受到音系规则作用的形式同样可以再受到形态规则的作用，同样，形态规则的输出项也仍然可以是音系规则的输入项。

那么，语法根据什么把特定的音系规则指派到词库里，并使该规则在词库里得以应用？Mohanan 提出了三条原则。

第一，在词库内应用的音系规则需要参考语素信息。语素信息包括词内是否出现语素之间的界线符号、词源特征、例外性等。这些语素信息或者诱发或者阻断词内的音系过程。在词库之外应用的音系规则不受语素信息的作用。第二，跨词界符号应用的音系规则一定是在词库之外应用的规则。在词库里,语素以串联方式构成词;在句法模块里,词以串联方式构成短语。因此,词库里应用的音系规则作用的对象是语素串;在句法模块里的音系规则的作用对象是短语,是一串词。第三,在应用顺序方面,需要参考语素的音系规则应用在先,跨词界作用的音系规则的应用在后。

就词库内音系规则的应用,Mohanan 进一步提出两条原则。第一是结构维持原则,即词库里应用的音系规则必须遵守结构维持。根据这一原则,同一规则在词库和后词库部分里应用将推导出音系功能不同的输出项。第二是层面连续原则(continuum),即如果同一音系规则在词库内多个层面上应用,这些层面必须相邻。观念上,连续原则和句法里的相邻原则极为相似。

下面以加泰罗尼亚语(Catalan)为例,说明同一音系规则在词库和后词库模块里的应用。加泰罗尼亚语有四个对比性鼻辅音 /m, n, ɲ, ŋ/。除此之外,还有另外几个由部位同化规则导致的鼻辅音。发音部位特征和[**±分布性**]特征能够把双唇鼻音、齿间鼻音、唇齿鼻音和齿龈鼻音区别开。不同部位的鼻辅音见(56)(引自 Kenstowicz 1994:225):

(56) 未被同化的齿龈音 so[n] amic 他们是朋友

双唇音 so[m] pocs 他们几个

唇齿音 so[ɱ] felicos 他们快乐

齿尖音 so[n̪] dos 他们两个

齿龈音 so[n] sincers 他们忠实

后齿龈音 so[ň] rics 他们富有

硬腭音 so[ɲ] lʲiures 他们自由

软腭音 so[ŋ] grans 他们身材高大

根据诱发音段的部位,鼻辅音的部位是可以预测的;根据结构维持,鼻辅音部位同化规则不在词库里应用。(56)还表明,鼻辅音部位同化可以跨词界符号。

　　加泰罗尼亚语有另一条音系规则：同部位鼻音–塞音辅音丛里的塞音脱落，从而简化辅音丛。辅音丛简化规则仅仅作用于词末音节尾位置上辅音丛里的塞音。(57)里的两个词干可以说明辅音丛简化规则的作用。

```
(57) kamp-et    田地（指小）    bi[nt]-e     第二十
     kam-s      田地（复数）    bi[n]        二十
     kam        田地           bi[m]pans    二十个面包
     kam es     田地＋系动词    bi[ŋ]kaps    二十颗
```

(57)中的事实还说明，由于辅音丛简化规则的应用使齿龈鼻音出现在词末位置上，那么这个词末位置上的齿龈鼻音还要和其后塞音发生部位同化。这就是说，同一条鼻音部位同化规则在简化规则之前和在简化规则之后都发生过作用。根据 Mohanan 的假设，同一条音系规则在语法的两个不同模块的应用是完全可能的。由于结构维持条件的限制，在词库内应用的鼻音部位同化规则的输出项只能是具有对比作用的鼻音音段[m，n，ɲ，ŋ]，对于这些音段来说，特征[**分布性**]是一个无关的特征。同一规则在后词库模块里的应用得到的输出项是那些没有对比作用而且必须依赖[**分布性**]特征才能得以区分的鼻辅音音段(唇齿鼻音、齿尖鼻音和后齿龈鼻音)。

　　Kiparsky(1985)接受同一条音系规则既可以在词库里应用也可以在后词库里应用的假设，但是坚持认为，词库规则有三个特点：符合结构维持，在推导性环境里应用，具有循环性。

9.4.2　回流

　　与 Kiparsky 的 LP 模型比较，Mohanan 模型的另一个重要不同之处是,在某些情况下推导过程具有可逆性。在 Kiparsky 的模型里,作为组成整个推导过程的各个层面具有不可逆性,即当前层面的输出项不能回流(loop)到前一个层面。在 Mohanan 模型里,推导过程可以回流,可以从当前层面回流到前一个层面。

为了说明 Mohanan 提出回流机制的原因,我们首先比较两个模型在词库结构方面的差异。在 Kiparsky 的英语词库假设里,词库由三个层面组成。复合词的构成和词干接缀第二类词缀同处第二层面。基于层面之间具有不可逆关系的假设,Kiparsky 认为复合词的构成和词干接缀第二类词缀处于同一层面,有利于解释二者之间存在的相互馈给关系,即复合词也可以接缀第二类词缀,已经接缀第二类词缀的词项也可以成为复合词的构词成分,例如 [[re][air condition]] 和 [[hard hearted]ness]。Mohanan 从音系过程的角度比较了接加第二类词缀的派生词和复合词,提出英语词库由四个层面构成的假设,接加第二类词缀过程发生在第二层面,复合构词过程发生在第三层面。为了解释复合词也能够接加第二类词缀的事实,Mohanan 提出了回流机制。"回流"把第三层面的输出项(复合词)送回第二层面,以便使复合词能够获得某个第二类词缀。回流过程如(58)所示(Mohanan 1986:51):

(58) 词库　第一层面

　　　　第二层面　re [air condition] (接加第二类词缀)

　　　　第三层面　[air condition] (复合词构成过程)

　　　　第四层面

回流受层面连续原则的限制,即层面 n+1 的输出项只能回流到层面 n,而不能越过层面 n 回流到层面 n−1。回流机制实际上要解决的是构词过程的顺序问题。为了避免回流到第二层面的复合词再次受到该层面音系规则的作用,Mohanan 只能依赖 SSC 的限制。

Mohanan 认为,回流机制解决了马拉亚拉姆语(Malayalam)里的规则顺序悖论问题,同时也能够解释英语第一类和第二类词缀的分布不对称性现象。

对于 Mohanan 来说,回流机制的意义在于,构词过程并非总是严格遵守层面顺序,而这无疑是对层面严格顺序假设的否定。根据 Kiparsky 最初的假设(1982),接加第二类词缀和复合构词都是在同一层面(即第二层面)上完成的。然而事实是,在英语一些方言里,词干末音节元音松化规则仅仅应用于复合词,例如 *cityhall* 的语音形式是[sɪtihɔl],①但不能应用于含有第二类词缀的多语素词,例如 *happiness* 的语音形式是[hæpɪnɪs],而不是*[hæpɪnɛs],因此,接加第二类词缀和复合构词应当发生在不同层面上。Halle & Mohanan(1985)认为,词干末元音松化规则是一条对括号敏感的规则。在第三层面上存在定义复合词的括号,所以这条规则能够应用;这条规则不能应用于含有第二类词缀的多语素词的原因是,在第二层面上定义派生词的括号在第三层面上被消除,所以这条规则不能在第三层面应用。据此,接加第二类词缀和复合构词是在不同层面上完成的。如果接加第二类词缀发生在第二层面上,复合构词便在第三层面上;据此,回流是唯一的符合逻辑的分析。

根据 Halle & Mohanan 的理解,回流只是一种表示词库内不同层面之间关系的手段,而不是对词库内全部构词过程在分布上的限制。然而,根据 Kiparsky 的理解,词库区分若干个构词层面的动因是为了通过词库内部结构对音系规则的应用顺序和应用方式给予最终解释,那么,如果允许回流,这个机制势必弱化为实现这一目的而提出的层面严格顺序假设,有悖于词库音系学的初衷,从而使词库音系学失去原本应有的理论价值。

然而,回流现象并非局限于词库内部。Pulleyblank(1985)发

---

① 这里的假设是,*hall* 的底层形式是含有紧元音的/hɔːl/。

现从句法模块向词库回流的现象。在尤鲁巴语(Yoruba)里,施事格构词规则的输入项是句法模块生成的动词短语(动词＋前置词短语)和带有关系从句和格标记的名词。根据 Pulleyblank 的分析,这些短语在进入后词库模块之前回流到词库,并且在词库内受到某些词库规则的作用。如果句法模块的输出项可以回流到词库的话,那么,语法理论则需要重新思考词库和句法的关系。

9.4.3　语法模块性问题

Mohanan 的假设不仅涉及音系规则的应用方式和应用时所表现出来的特点,更重要的是,它直接涉及对语法系统内部结构的认识,涉及语法各模块的本质以及规则系统和各模块之间的关系。在 Kiparsky(1982)的 LP 模型里,语法系统各模块由规则和音系表达构成,但是在 Mohanan 的模型里,由于音系规则从词库和后词库模块里被抽取出来,构成一个独立于各模块的规则系统,这样一来,词库和句法模块只有音系表达。

在这个问题上,Mohanan 的假设受到管约论(Government and Binding Theory)(Chomsky 1981a)的直接影响。在标准理论里(Chomsky 1965;SPE),一个模块是一类规则的集合,即特定类的规则"属于"特定的模块。句法里的短语规则属于基础部分,转换规则属于转换部分,音系规则属于音系部分。在管约论(Chomsky 1981a)里,模块不再由特定的规则系统定义。管约论的模块理论允许同一套句法规则可以在几个不同的模块里应用,分别推导出各自的输出项。例如,Chomsky 假设 Wh-移动规则可以在句法、逻辑式乃至音系模块里应用。在句法部分里应用时,Wh-移动规则必须遵循相邻原则(subjacency),而在逻辑式内的应用,Wh-移动规则可以违反该原则。

Mohanan 的模型突出并强化了"模块序列性"和"规则系统"

概念。这种做法和管约论很相似。在句法的标准理论里,语法内各子系统具有序列性,前一个子系统的输出项是后一个子系统的输入项,两个子系统的顺序是不可逆的;如果模块 A 的输出项是模块 B 的输入项的话,那么模块 B 的输出项则不能是模块 A 的输入项。因此,基础部分的输出项是转换部分的输入项,转换部分的输出项是语义部分和音系部分的输入项。各子系统内的中间表达层次之间不存在任何关系。管约论采用了把模块之间的序列性和其他子系统对不同模块作用的同时性结合起来的方法:句法和另外两个模块(LF 和 PF)的关系仍然是序列性的,即句法的输出项是逻辑式和音系模块的输入项。其他子系统,如 θ-论(theta theory)和控制论(control theory)同时作用于同一表达式。这些子系统之间不存在输出项和输出项的关系。例如,α-移动不是句法内仅仅某个层次上的规则,只要满足相邻原则和 c-统辖(c-command),它可以在任何一个句法结构层次上应用。根据 Mohanan 的理解,音系规则系统的地位相当于诸如控制论或 θ-论之类的相对独立的子系统。据此,模块的实质是音系表达的形式,而相对独立的规则系统的作用仅仅在于改变音系表达的形式。Mohanan 的模型表现出和句法模块相似的序列性和同时性:词库模块和后词库模块是序列关系,词库模块的输出项是后词库模块的输入项,但后词库模块的输出项却不能成为词库模块的输入项;音系规则的同时性表现为它们可以(不分先后地)同时在词库和后词库模块里应用,因此,音系语法里不存在音系规则系统的输入项/输出项是词库模块和后词库模块的输入项/输出项之类的因素。

9.5 后词库模块与语音和句法的关系

Kiparsky(1982)和 Mohanan(1982)词库音系模型的共同特点在于区分了三个模块,即:

（59）

这个模型是对 SPE 假设的语法系统结构的修改。语法系统的修改涉及后词库的性质和功能。语法理论需要重新考虑词库与句法、句法与后词库、后词库与语音的关系。下面我们讨论 Kiparsky 和 Mohanan 之后的词库音系理论研究在这些问题上的一些观点。

9.5.1　后词库部分和语音部分

我们首先从语音学的角度考察后词库音系。根据 Kiparsky（1982），后词库规则的作用对象是句法部分的输出项，其应用不受语素特性和词的语素结构的影响，也不能循环应用。同词库规则相比，后词库规则有比较明显的语音学动因。从这个角度看，后词库规则和 Stampe（1973）定义的自然音系过程（natural phonological process）极为相似。根据 Stampe 的理解，自然音系过程完全是由人类语音机制和听觉感知机制决定的，与语言结构无关。但是，如 Pierrehumbert（1980）以及 Liberman & Pierrehumbert（1982）所指出的，即使严格意义的纯语音规则也往往是具体语言特有的。例如，跨语言比较表明，不同语言的阻塞音在送气的程度方面呈现系统的差别。因此，后词库模块应当由具体语言特有的语音规则（相当于传统音位学的音位变体规则）构成。这就是说，后词库模块等同于语音模块，语音模块为音系部分的输出项提供语音解释。

Pulleyblank（1986）认为，Liberman & Pierrehumbert 提出的后词库模块等同于语音模块的假设过于极端。他坚持区分词库规则和后词库规则的观点，同时把语音部分纳入语法系统，提出了一个如（60）的语法系统（Pulleyblank 1986：31）。

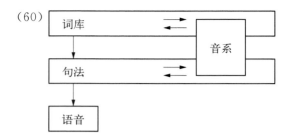

根据 Pulleyblank 的理解,语法由词库、音系、句法和语音四个部分组成。音系部分由词库规则和后词库规则组成。词库里的构词过程受到词库规则的作用,在句法层次上词项嵌入句法结构后所形成的句法短语受到后词库规则的作用;词库规则和后词库规则分别对词项和短语的语音形式给予音系解释。在句法里通过后词库规则的应用得到音系解释的输出项是语音部分的输入项。诚然,正如 Pulleyblank 所承认的,区分音系部分和语音部分并不是一件容易的事情。大体上说,音系规则和语音规则的主要不同之处在于:第一,音系规则中的区别特征必须是偶值的,而语音规则中的区别特征可以是多值的;第二,音系成分的集合必须是有限集合,而语音成分的数量在原则上不受严格的限制;第三,音系规则允许语素特性造成例外现象,而语音规则没有这方面的例外。虽然在音系向语音转换的过程中需要细化,需要说明音系的范畴式表达(偶值特征)是如何变成连续式表达(多值特征),音系成分的有限集合如何变成语音成分的无限集合,以及语音规则为何无视语素特性,但是,Pulleyblank 所遵循的音系语法构建原则是明确的:音系决定语音。在这个意义上,后词库模块或许是音系-语音的接口。

9.5.2　句法对后词库音系规则的作用

我们从句法的角度考察后词库模块。在 LP 模型里,后词库模块的输入项是句法的输出项。然而,如果我们回顾 SPE 关于句法和音系之间关系的论述,问题显得并非如此直截了当。Chomsky & Halle(1968:9-10)认为:

　　句子的表层结构必须满足两个独立的条件:首先,句子在形式上适于音系规则对句子的音系解释;第二,句子必须有其句法结构基础。……据此,我们得到两个不同的表层结构的概念:音系的输入项和句法的输出项。……虽然这两个概念在很大程度上是吻合的,但事实上仍然存在着不一致的地方。……这就要求语法里必须有这样一些规则[指再调整规则],其作用在于把作为句法输出项的表层结构转换成作为音系输入项的适于音系规则应用的形式。在结构表达的复杂程度较高的情况下,结构表达将被分成若干个连续的部分,我们把这些连续的部分称作音系短语(phonological phrase)。音系短语是音系过程最大的作用域。简单的情况是,一个句子就是一个音系短语;比较复杂的情况是,一个句子可以分析成由若干个音系短语构成的序列。虽然对音系短语的分析取决于句法结构,但是音系短语并非总以句法结构为基础。

在 SPE 时期,再调整规则和音系短语概念几乎被完全忽视了;在词库音系理论里,这些概念被重新认识并被嵌入词库音系模型之中。在词库音系学里,与再调整规则对应的是词库规则和形态规则。从逻辑上讲,与句法结构关系密切的音系短语自然成了后词库模块里音系过程的域。这里我们不详细讨论句法和音系的交互作用,而仅限于说明词库音系理论为句法和音系的接口提供的语法模块基础。

　　从原则上讲,参考句法结构来识别音系短语的做法是可行的。我们再以英语里的重音后移规则为例,说明根据句法结构定义音系短语域的可能性。除了具有词库规则的循环性和结构维持特点之外,重音后移规则与句法短语的结构有关。为了避免出现词重

音冲突,前一个词的词重音向后移位,如(61)中的词语所示:

（61）a. *Ja*panese *ra*ilways　（62）a. Japan*e*se *ra*ilways and
　　　　　　　　　　　　　　　　　motorways
　　　b. Tennesee's *po*litics　　　b. Tennes*ee*'s *po*litics and
　　　　　　　　　　　　　　　　　religion
　　　c. Rabbits *re*produce　　　c. Rabbits reprod*u*ce
　　　　quickly　　　　　　　　　qu*i*ckly enough
　　　d. Mary pr*e*serves　　　　d. Mary preserves *fi*rmly
　　　　*fi*rmly　　　　　　　　　but gently

但是,在(62)里,短语并没出现所预测的重音后移。(61)和(62)里的每对短语的句法成分和短语范畴相同,但重音分布却不同。这一事实说明句法短语的扩展和音系短语的扩展不是同步的,而且重音后移规则的作用域是音系短语而不是句法短语。正如 SPE 所指出的,虽然音系短语是由句法短语决定的,但各自的域有时并不相同。例如,如果从递归性的角度看,两类结构不尽相同。在英语里,在句法短语的递归性表现为短语中心成分(head)右边的补足成分不受数量的限制,如(63)所示:

（63）

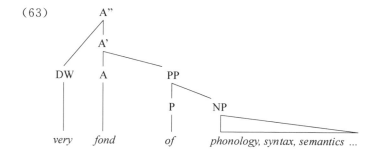

同补足成分相比,短语中心成分左面的限定成分(specifier)不具

递归性,即其数量受到限制。句法短语在递归性方面的不对称性为音系短语的构建提供了参照。据此,界定音系短语的因素包括:第一,句法短语的中心成分;第二,中心成分左边属于同一句法短语的那些不具递归性的限定成分;第三,句法短语中心成分右面一个单个的音系词。任何一个具有句法短语中心成分地位的成分必须是一个独立音系短语的中心成分(nuclear)。据此, *Japanese railways*, *Japanese railways and motorways*, *rabbits reproduce quickly* 和 *rabbits reproduce quickly enough* 内的音系短语构建如下所示(pp=音系短语):

(64) a. [*Ja*panese r*a*ilways]$_{pp}$

b. [Japan*e*se]$_{pp}$[r*a*ilways and moterways]$_{pp}$

c. [rabbits]$_{pp}$[r*e*produce qu*i*ckly]$_{pp}$

d. [rabbits]$_{pp}$[reprod*u*ce]$_{pp}$[qu*i*ckly enough]$_{pp}$

在(64a)和(64c)里,因为两个音系词位于同一音系短语域内,所以发生了重音位移;在(64b)和(64d)里,两个音系词出现在两个独立的音系短语域内,即两个音系词并不相邻,所以没有发生重音位移。这就是说,对重音冲突的描写必须参考音系短语的域。

英语重音后移规则要求其作用域是完全根据句法短语内部成分定义的音系短语。这是一个句法短语结构直接定义音系短语的实例。

在 Chen(1985)的研究基础上,Selkirk(1986)发现后词库模块还有一类比较特殊的"韵律规则"。一方面,"韵律规则"具有自主性,其应用没有例外,而且不区分名词和动词,也不区分中心成分和补足成分。另一方面,"韵律规则"又不同于"纯语音规则"(类似于 Kaisse 定义下的 P2 规则),"韵律规则"的应用受到对短语内部结构的限制。根据 SPE 的语法系统结构和词库音系假设,在后词库部分里,影响音系规则应用的句法信息只能来自句子的表层结构,音系短语也只能根据表层句子的短语结构得以界定。然而,短语的表层结构和句法成分结构之间的关系并非直接地和一对一地对应。在这种情况下,决定韵律结构的是表层句法结构里保留下来的句法成分界线符号。在后词库模块里,这些保留下来的句法短语界线符号可以用来定义特定音段串的范围。据此,音系规则的应用只能受到极为有限的句法信息的限制。根据 Selkirk 的分析,在音系短语层面上保留下来的句法成分界线符号依靠两个参数加以定义:第一,句法映射的层次:一是 X^{LEX} 层次($X=$名词,动词,形容词);二是 X^{MAX} 层次($X=$名词短语,动词短语,形容词短语)。第二,被映射的句法成分的左或右边界。由于被映射的边界只有一个(或左边界或右边界),因此,相对应的音系短语没有必要限定句法成分的范围。从一些具体分析可以看出,Selkirk 通过句法结构范围和韵律结构范围不同一的特点确定音系过程的范围。下面通过齐姆维尼语说明她的分析。

　　齐姆维尼语呈现长、短元音的交替。表层的长元音有若干不同的底层来源:一是直接来源于底层表达里的长元音,如x-so:ma "读";二是词干末的短元音,当词干后接加某些后缀时,词干末短元音变长,例如表处所后缀-ni 导致词干短元音变长,比较 madrasa "学校"和 madrasaa-ni "在学校";三是来自句法短语里某个词的词末短元音,例如 na- "附近"在 naa-noka "在蛇附近"里。在句法短语里,短元音变长局限于音系短语里的最后三个音节,例如 x-soom-a "读"和 x-soom-esh-a "教";在这个范围之外,长元音则变成短元音,例如 x-som-esh-an-a "互相教"。进一步看,如果句法短语里的倒数第二个音节是重音位置的话,短元音变长现象局限于最后两个音节:suuxu "市场",suxuu-ni "在市场上",xsomaa chuwa "读一本书"。如果倒数第二音节是轻音节的话,倒数第三音节元音变长;如果倒数第二音节是重音节的话,这个音节的元音则是长元音。(65)是推导过程:

(65)　[xsoomesha]　　[suuxu-ni]　　[xsooma chuwa]　　底层表达

　　　—　　　　　suuxuu-ni　　　xsoomaa chuwa　　　元音变长

　　　{[xsoomesha]}　suu{xuu-ni}　xsoo{maa chuwa}　构建韵律短语

　　　—　　　　　su{xuu-ni}　　xso{maa chuwa}　　元音变短

　　我们再来考察元音短化现象的某些特点和其在构建音系短语的作用。齐姆维尼语有一些成对的词能够合起来构成不同的韵律短语,见(66):

(66) a. [nthiinkhavu]_{pp}　　　干燥的土地(名词短语)

　　 b. [nthi]_{pp}[nii nkhavu]_{pp}　土地是干燥的(主谓结构)

　　 c. [maji malada]_{pp}　　　清澈的水(名词短语)

　　 d. [maaji]_{pp}[ni malada]_{pp}　水是清澈的(主谓结构)

例如,nthi"土地"和 nkhavu "干燥的"可以构成一个韵律短语(66a)。构建韵律短语涉及两条规则:即短元音变长和倒数第四音节长元音变短。由于 nthi 的元音处于韵律短语内,因此在表层上表现为长元音[i:];但是当 nthi "土地"和 nkhavu "干燥"构成一个主谓结构(66b)时,两个词分别属于不同的韵律短语,其结果是 nthi 的元音不变长;相反,由于系词 ni 和形容词 nkhavu 构成一个独立的音系短语,并且处于音系短语内和词末位置上,因此元音变长,即 [nii]。在(66c)里,/maaji/底层中的长元音和 malada 构成一个音系短语,并因此落在短语末三音节节律模范围之外,最终在表层上是短元音。出于同一原因,maaji 第二音节的短元音在表层上也呈短元音。在带有系词的结构里,如(66d),/maaji/单独构成一个名词短语,底层的长元音在表层上是长元音,但是系词 /nii/ 底层的长元音因为落在短语末三音节(malada)韵律模之外,所以在表层上是短元音。

　　上面以及(67)中的例子表明句法短语右边界的映射界定音系

短语的域。

  （67）动词＋宾语 NP

    xfungula xalbi　　　　　　"打开某人的心"；比较：xfuungula
    　　　　　　　　　　　　　"打开"

    <u>前置词＋NP</u>

    naa noka　　　　　　　　　"在蛇附近"；比较：na"在＿＿＿
    　　　　　　　　　　　　　附近"

    NP＋VP

    Mwaaradu vete chileembe"阿拉伯人戴头巾"；比较：veete"戴"

这说明音系短语形成是由两个贫化参数决定的：短语映射（X^{MAX}）和句法短语的右边界（RIGHT）。贫化后保留下来的句法结构边界符号转换成音系短语边界符号。（68）是推导过程（贫化的结果用"⌉"表示）：

  （68）$[\text{mwaarabu}]_{NP}$　$[\text{veete }[\text{chileembe}]_{NP}]_{VP}$　底层表达

    mwaarabu ⌉　　　veete chileembe ⌉　　　贫化

    —　　　　　　　veetee chileembe ⌉　　　短语内元音变长

    {mwaarabu}　　　veetee chi{leembe}　　　节律模

    —　　　　　　　vete chi{leembe}　　　　元音变短

    mwaarabu　　　　vete chileembe　　　　　表层表达

由于只有短语的右边界跟韵律短语的构成有关，因此位于短语两个边界符号之间的语音材料本身并不能构成句法成分。例如，在（69）里，作为补足语从句主语的 NP 映射至右边界，因此把其前面的补足标志和中心名词 munthu 定义为同一个韵律短语，但 munthu wa Jaama"the man who Jaama"显然不是一个句法成分。

（69）

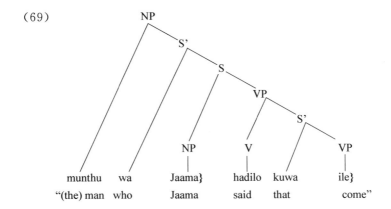

munthu	wa	Jaama}	hadilo	kuwa	ile}
"(the) man	who	Jaama	said	that	come"

在（70）里，PP 以 NP 为补足语，而这个 NP 本身又是由一个 NP 和一个 PP 补足成分构成的。这再次说明句法单位和音系单位并不同界。

（70）

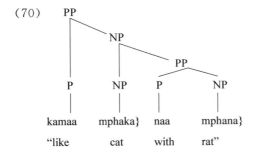

kamaa	mphaka}	naa	mphana}
"like	cat	with	rat"

　　通过 9.5.1 节和本节的讨论可以看出，后词库模块具有双重功能：一方面，后词库模块是音系-语音接口；另一方面，后词库是句法-音系接口。需要继续探究的问题是，后词库音系模块是否有其内部结构，后词库音系规则又是如何分类。

9.6　词库音系学中的语音演变

　　除了共时分析，词库音系学对语言的历时研究也显示了理论优势。词库音系学能够覆盖不同的音变模式。关于音变的模式，历史语言学一直存在争议，其中最突出的是新语法学派的学说和词汇扩散说(Lexical Diffusion)之间的争论。新语法学派认为，无例外的音变定律是音变的唯一模式，音变是一种自上而下的、循序渐进的、跨词类的和质变性的变化。词汇扩散说(Chen & Wang 1975)则认为，语音演变模式是以词为单位逐个发生的，这种音变在语音上是跨类型的，非渐进的，但在词项上是渐进的，是自下而上的；在音变发生的中间阶段，某些词的语音形式发生了变化，而某些词的语音形式没有变化，从而产生音变的例外现象。两种学说针锋相对，各有各的优势和不足。目前被广泛接受的观点是，两种音变模式同时存在，不能相互取代，触发两种模式的音变过程的机制不同(Labov 1981)。那么，词库音系理论如何看待两类不同的音变模式呢？

第一，在词库音系学看来，词汇扩散是词库优化的过程。词库优化并不产生新的音位，这个特点符合词库规则的结构维持原则。此外，音变的非渐变性和例外性也都是词库规则的特点，词汇扩散说所描述的音变现象大多与语素的来源、语素特性以及语素的形态特点有关，符合词库规则的特点。据此，词汇扩散可以视作词库里发生的音系变化。新语法学派式的语音变化，大多有其语音基础且无例外，这些语言现象正是后词库规则特点。据此，新语法学派式的语音变化可以被视作后词库模块里的音系变化(Kiparsky 1988,1995)。词库音系学把新语法学派假设和词汇扩散假设的两种性质不同的语音演变模式统一在词库音系框架内，赋予每个音变模式以词库里不同模块音系规则属性的定义，并说明各自定义的音变表现受到所在模块的限制。词库音系学把两种看似互不相容的语音变化理论统一在同一语法框架内，意义重大。

第二，词库音系学的层面概念为分析音系规则的产生和演变提供了基础，决定了音系规则的生命周期(life cycle of phonological rules)。诸如音系规则能产程度的变化，固有语素和外来语素的音系功能的变化,都可以通过音系规则所在层面的变化得以有逻辑地说明。例如,对于音变规则对语素特性或特定的形态特点的敏感程度发生了变化,那么,这意味着,与音变规则相关的词库音系规则所在的层面发生了变化。再如,音变规则能产程度的变化可以理解为相关音系规则所在层面的变化。从理论上说,位于层面 n 的音系规则转移至层面 n+1,相应的音变规则的能产程度提高。

第三,词库音系学还能够描述类推导致的音变现象。[①] 如果一个新的音系变化出现在特定语法结构中,其作用域会在类推的作用下发生一系列改变,这一变化轨迹可以在词库音系学框架中再现。

McMahon(2000)利用词库和后词库模块的顺序关系解释了英语苏格兰方言里两条音变规则的应用顺序的变化。英语苏格兰方言有两条规则:中元音变长规则和低元音变长规则。从历时角度看,低元音变长规则出现得较早,而中元音变长规则是由这一规则衍生而来,但是在后来的元音系统演变过程中,中元音变长规则的应用却先于低元音变长规则。[②] McMahon 发现,中元音变长规则的结构描写含有语素界线符号,而低元音变长规则则不受语素界线符号的限制。McMahon 认为,结构描写含有语素界线符号中元音变长规则具有词库规则的特点,属于词库规则。这条规则的应用顺序发生变化的原因是,原本属于后词库模块的音系规则进入词库,成为一条词库规则,从而导致规则的性质和应用顺序发生了历史变化。低元音变长规则仍然位于后词库模块。两条规则所在模块的不同决定了二者应用顺序的差异:作为词库规则的中元音变长规则应用在先;而位于后词库模块的低元音变长规则应用在后。据此,音变规则变化的根本原因是相关音系规则所在的

---

① 在生成音系学看来,类推本身不是语法机制,而是非语法因素,但是类推可以诱发对语素底层音系表达形式的重新分析(reanalysis)(Kiparsky 2000)。重新分析导致底层音系表达形式变化。底层表达形式变化是导致表层语音变化的主要因素之一。

② 根据经典生成音系学关于语言演变的观点,新出现的音变规则是相关音系规则系统中的最后应用的音系规则(King 1973),而苏格兰英语中的这两条规则的应用顺序正好相反。

位置(语法模块)发生了变化。

Bermudez-Otero(2006)和 Garrett & Blevins (2009)采用词库音系方法描写了英语软腭鼻辅音丛的简化过程:ŋg→ŋ。这个历时过程经历了三个阶段。

简化过程最初发生在早期现代英语的短语里;辅音丛简化参考短语右边界。例如,输入项形式分别是 laŋg ifɛkt 和 laŋg,输出项形式分别是 laŋ.gi.fɛkt 和 laŋ;短语中的 g 保留在输出项里;短语右边界之前 g 脱落了。在演变的第二阶段,第一阶段的短语环境里的输出项形式 laŋg 被重新分析为词层面的输入项 laŋg ♯,至此,简化规则的作用域从短语层面进入词库的词层面,输入项形式 laŋg ♯ ifɛkt 和 laŋgifɛkt 的输出项形式分别是 la.ŋi.fɛkt 和 laŋ.gifɛkt。在演变的第三阶段,词层面输出项形式[laŋ]再次被重新分析为词干层面输出项,导致简化规则的作用域从词变为词干,规则仍然参考右边界。例如,输入项形式 laŋ ♯ ifɛkt 和 laŋg + itju:d 的输出项分别是 la.ŋifɛkt 和 laŋ.gi.tju:d。[①] 在三个阶段里,重新分析的层面不断提升,导致规则作用域不断缩小:即短语]p→词 ♯ →词干 +。通过词库音系的分析框架,我们能够清晰地看到这个演化过程(71)(Bermudez-Otero 2006:504)。

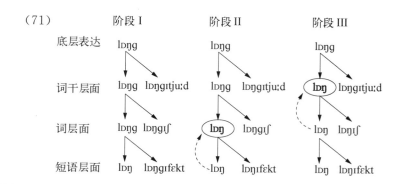

----

① 在这些发展阶段中,这个结构里的鼻辅音因没有处于词干边界位置而不能被删除。

9.7　词库音系理论的后期进展

自从 20 世纪 80 年代初 **Kiparsky** 提出词库音系理论和 20 世纪 80 年代中后期围绕词库音系理论讨论以来,音系学理论有新的发展,经历了非线性表达和优选论两个阶段。与此同时,生成语言学的语法理论也有新发展,相继产生最简方案(MP)(Chomsky 1993,1995)和语段理论(**Chomsky** 2001)以及分布形态学(Distributed Morphology,DM)(Halle & Marantz 1993,1994)。就音系学内部,词库音系学一方面表现出与新的假设和方法的融合,不断丰富自身的内容;另一方面,新的假设和方法的出现也对经典词库音系理论提出新的问题。从词库音系理论和其他语法理论的关系看,词库音系的研究者也从其他理论中汲取新的概念和方法,将其融入词库音系框架。

本节讨论韵律词库音系学(9.7.1 节)和不充分赋值理论在词库音系分析中可能的应用(9.7.2 节)。第十章讨论与词库音系理论相关的层面优选论。

9.7.1　韵律词库音系学

在非线性理论时期,韵律结构研究取得重要的进展,其中影响较大的是韵律层级理论(Prosodic Hierarchy Theory)(Selkirk 1972,1984)。[1] 研究者意识到韵律结构在形态过程中的作用以及韵律结构对形态-音系交互作用分析的价值。研究主要有两个思路。第一个思路是韵律形态学(Prosodic Morphology)(McCarthy 1984;McCarthy & Prince 1986)。韵律形态学参照韵

---

　　[1]　从词库音系理论的角度看,Selkirk 的假设主要涉及句法和后词库音系。本节主要讨论词库里的韵律结构问题。

律层级中最小词、音步、音节、韵素等大小不同的韵律结构单位
解释一些非串联式形态(nonconcatenative morphology)现象。①
第二个思路是 Inkelas(1990,1993)提出的韵律词库音系学
(Prosodic Lexical Phonology；PLP)。在这两种理论里,就词库结
构假设来说,PLP 与经典词库音系学更加接近,是词库音系学在
韵律结构研究背景下的发展。这里我们讨论韵律词库音系学
(PLP)。

与词库音系学假设一样,PLP 认为词库内形态过程与音系
规则的运用以交叉方式相互作用;重要的是,词库不同层面对应
着特定的韵律结构单位。韵律结构成分构成层级关系,最大的
韵律结构是音系词。参照 Kiparsky(1982a)英语词库三个层面
假设,Inkelas 假设,三个层面对应的是三类不同的韵律结构成分
α、β 和 γ。α、β 和 γ 分别定义不同层面上音系规则的域,如(72)
所示:

(72) 话语

语调短语

音系短语　　　　　　　　　　　　　　　　**后词库**
_____
音系词　　　　　　　　　　　　　　　　　**词库**

韵律结构成分 γ

韵律结构成分 β

韵律结构成分 α

英语词库三个层面上生成的形态结构和它们对应的韵律结构如
(73)所示:

_____

① 韵律形态学重在韵律结构对构词的要求和限制,但较少涉及词库结构。

（73）a. 加第一类词缀　　　b. 加第二类词缀　　　c. 复合构词

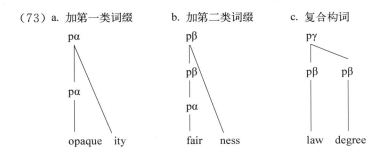

p 指的是韵律结构成分（prosodic constituent），α、β 标记不同类型的韵律结构成分，pα 相当于经典 LP 里词库第一层面构建的韵律结构成分，pβ 则相当于第二层面构建的韵律结构成分。不过，Inkelas 并未明确定义词库内这些不同的韵律结构成分 pα、pβ 和 pγ 究竟具备怎样的形式特点以及它们有哪些形式上的差异。

　　PLP 沿用了韵律音系学提出的处理句法-音系接口的间接参照假设来处理词库内形态-音系的交互作用，语素的韵律结构分析在 PLP 里起到关键作用。具体来讲，在词库里，语素具有两类结构：形态结构（M-structure）和韵律结构（P-structure）。音系规则仅仅参照韵律结构的音系表达来界定其作用域，并非参照形态结构。在 PLP 看来，这两类结构彼此独立，两者之间不存在转换关系（transformational relation）（Zec & Inkelas 1990），这一点与韵律音系学认为短语韵律结构由句法结构转换而来的观点又有所不同。

　　词库有两套不同的算法来分别用于构建语素的形态结构和韵律结构，即构建形态结构的算法（morphological constituent formation algorithm；MCF）和构建韵律结构的算法（prosodic constituent formation algorithm；PCF）。MCF 和 PCF 在词库内循环应用，而且 MCF 先于 PCF。每进入一个新的层面以及每实施一次形态操作（如加词缀、复合），MCF 和 PCF 就会相应地自动运算。MCF 和 PCF 算法分别如（74）和（75）所示：

（74）构建形态结构的算法

自由词根 → αMCF → βMCF

x　　　[x]mα　　[[x]mα]mβ

（75）构建韵律结构的算法

自由词根→αMCF　αPCF → βMCF　　　βPCF

x　　[x]mα　[x]mα　[[x]mα]mβ [[x]mα]mβ

[x]pα　[x]pα　　　[[x]pα]pβ

韵律结构的构建以已经构建起来的形态结构为基础,也就是说,形态结构的构建（MCF）与韵律结构的构建（PCF）之间是馈给关系。词库内每构建一个新的形态结构,就会有相应的韵律结构的构建过程。因此,在某些情况下,韵律结构与形态结构体现为一一对应的关系,词库内音系规则的作用域应该对应形态结构的构成成分。然而,在更多的情况下,词库音系规则域与形态结构定义的语法域并不一一对应,呈现"错位"。错位现象的广泛存在,说明韵律结构和形态结构都有着各自的独立性和自主性。

Inkelas 重点分析了两大类错位现象:一类是复合词当中形态结构与音系结构的非对应关系;另一类是某些音系成分或语素所体现出的不可见性（invisibility）,既不为音系规则所见,也不受音系规则作用。这里考察 Inkelas（1990,1993）对复合词里错位现象的处理方法。

在复合词里,词库规则的应用有两类情况。第一种情况是,音系规则对复合词的内部结构不敏感,把整个复合词视为一个独立的音系域;第二种情况是,音系规则能够识别复合词的组成成分,复合词内有两个或多个音系域,每个组成成分对应一个音系域。很多语言的复合词都有这两种情况,如马拉亚拉姆语当中的从属复合词和并列结构复合词（Mohanan 1982, 1986）;再如,希腊语的词干复合词（stem compound）和成词复合词（word compound）。对于这两类复合词的差别,Inkelas 的处理方法是,把复合过程分为两类：一类是语素的形态结构的复合（M-compounding），马拉亚拉姆语的从属结构复合词属于这一类；另一类是语素的韵律结构的复合（P-compounding），马拉亚拉姆语的并列复合词属于这一类。形态结构的复合在两个语素的形态结构构建（MCF）之后、韵律结构构建（PCF）之前发生，韵律结构的复合则是在两个语素的形态结构和韵律结构构建完成之后发生。

（76）形态结构的复合：

	输入项		$[x]m\alpha$ $[y]m\alpha$
			$[x]p\alpha$ $[y]p\alpha$
β 层面	βMCF		$[x]m\beta$ $[y]m\beta$
			$[x]p\alpha$ $[y]p\alpha$
	形态结构复合		$[x+y]m\beta$
			$[x]p\alpha$ $[y]p\alpha$
	βPCF		$[x+y]m\beta$
			$[x+y]p\beta$

（77）韵律结构的复合：

	输入项		$[x]m\alpha$ $[y]m\alpha$
			$[x]p\alpha$ $[y]p\alpha$
β 层面	βMCF		$[x]m\beta$ $[y]m\beta$
			$[x]p\alpha$ $[y]p\alpha$
	βPCF		$[x]m\beta$ $[y]m\beta$
			$[x]p\beta$ $[y]p\beta$
	音系结构复合		$[x+y]m\beta$
	βPCF		$[x]p\beta$ $[y]p\beta$

就(76)的形态结构复合过程而言，当语素 x、y 从 α 层面出来进入 β 层面后，MCF 首先运用，但此时 x、y 尚未获得 β 层面的语素应该

具备的韵律结构,随后发生的复合操作将两个语素组合为一个结构单位,因此βPCF应用的对象是整个复合词,构建出来的韵律结构只能构成一个音系域。相反,就(77)的韵律结构复合过程而言,复合在βPCF之后发生,此时语素 x、y 已经获得了 β 层面的韵律结构,在该层面是两个独立的音系域,因此两个语素复合后对应在韵律结构上是两个独立的单位。

英语第一类词缀和第二类词缀相关的形态表现和音系表现是词库音系理论的经典研究问题,PLP 又是如何处理这个问题呢?PLP 的方法实际上并不比经典 LP 方法简洁。经典 LP 把两类词缀分派到词库的不同层面上,特定词缀所在的层面实际上是这个词缀的底层表达。Inkelas 则认为,在词库里,不同类别的语素的底层表达都包含一个次范畴信息结构(subcategorization frame),这个次范畴信息结构规定了不同类别的语素所具备的形态属性和韵律属性。这些属性主要包括以下信息:

一是语素可以依附的形态结构类型和韵律结构类型(α 或 β 类型);

二是语素生成的形态结构类型和韵律结构类型(α 或 β 类型);

三是语素与宿主组合的线性排列。

前两项次范畴信息决定了具体的语素分属的不同类别,标明不同语素之间发生组合的选择关系,只有结构类型一致的两个语素才可以组合并构成新的形态结构,比如 α 类词缀只能加在 α 类词根上。Inkelas 对语素的分类与经典 LP 的分类大致相同,英语派生词缀 in-、-ity、-ous 和词根-ceive、-fer、-mit 属于 α 类语素,它们附加的词基、附加的词缀以及生成的形态结构和韵律结构均属于 α 类:

(78) a. in-:$[\_\_\_[\_\_\_]_\alpha]_\alpha$ b. -ceive:$[[\_\_\_]_\alpha \_\_\_]_\alpha$

-ity:$[[\_\_\_]_\alpha \_\_\_]_\alpha$ -mit:$[[\_\_\_]_\alpha \_\_\_]_\alpha$

派生词缀 un- 、-hood 、-less 则属于 β 类语素，它们附加的词基、生成的形态结构和韵律结构属于 β 类：

(79) a. un-：[＿＿[＿＿]β]β
　　　-less：[[＿＿]β＿＿]β

PLP 主张词库规则域由语素的韵律结构定义，并指出音系词以下的韵律结构单位音步、音节、韵素并不能对词库规则域以及形态结构与音系规则的作用域之间的(非)对应关系给出充分解释，词库内的韵律结构成分"另有他人"。① 但是正如前面已经提到的，Inkelas 认为词库内不同的构词层面对应不同类型的形态结构和韵律结构，但她却未对这些不同类型的形态结构和韵律结构加以明确定义，它们分别属于哪些语素范畴(如词根、词)和韵律成分范畴(音系词或者其他)的问题也没有加以说明，这是 Inkelas 的理论和分析中的最大问题。

9.7.2　词库音系学与不充分赋值理论

非线性理论(Goldsmith，1976；Clements 1976)把研究重心从音系规则转移到音系的形式化表达。根据非线性假设，音段在表层的分布、语素的表层形式交替和音段的线性配列是非线性表达形式、普遍性原则和音系规则共同作用的结果。由于音系理论突出音系表达原则和非线性表达结构特点对表层形式的解释作用，音系规则的解释作用相对地弱化或淡化了。随着不充分赋值理论的出现，音系规则的功能从改变特征(值)转变为充填特征(值)。下面讨论经典 LP 在吸收不充分赋值的音系表达时遇到的问题。

---

① 　Selkirk(1981)认为，音系词是形态与句法的分界点或交汇点，词库内的韵律结构应该体现为音系词及其以下的音步、音节和莫拉等韵律单位。关于音步、音节是否可以作为循环性词库规则的域，读者可参考 Nespor & Vogel(1986：18)和 Zec(1988)。

 Kiparsky(1993)把对比性不充分赋值概念(Steriade 1987)引入词库音系框架,从不充分赋值的角度解读底层表达、音系规则、制约和原则。根据不充分赋值假设,在词库里,语素底层表达形式中仅包括有标记的区别性特征值。对区别性特征值加以改写的音系规则是词库规则;而羡余规则(redundancy rule)则属于后词库音系模块。词库规则的作用在于删除底层表达中的有标记信息,然后采用特征构建规则对音段赋值。为了避免 SCC 带来的分析后果,Kiparsky 试图采用不充分赋值假设重新解释非推导性环境里音系规则被阻断的现象。他首先对不充分赋值假设加以修改,认为如果一个音段的区别特征[−F]在位于语素边界时会发生中和,变为[+F],而位于语素内部时,这个音段并不触发中和过程,那么这个特征在位于语素边界并符合音系规则结构描写的情况下,底层形式应该是[0F],然后由中和规则对其赋值,使其获得输出项形式[+F];当这个特征位于语素内部时,该特征在词库中已经获得特征赋值,即[−F],那么,即使这一情况满足了触发中和规则的结构描写,这条规则也不能应用。这就是说,这个音段的底层表达在推导性环境和非推导性环境中是不同的。

 如同 SPE 假设,经典 LP 理论里的语素底层音系表达是充分赋值的。然而,把不充分赋值的音系表达和赋值机制引入词库后,词库音系的诸多条件势必随之发生变化,而且,至少部分以改变特征(值)为功能的词库音系规则需要改变其功能,变成充填特征的规则。这样一来,关于词库规则的属性需要重新考虑。McMahon(2000)指出,对底层语素过度使用不充分赋值的音系表达必然会损害经典 LP 理论中的一些原有的重要原则,使其理论价值大打折扣。

 在 20 世纪 90 年代中后期出现的最简方案里,音系(PF)是接口装置。此时,音系学对形态–音系接口的关注转移至句法–音系和音系–语音接口上来。同时,由于优选论的兴起,音系学对词库音系机制和底层表达形式的关注也转移至制约对音系表层表达的限制上。因此,不充分赋值理论对词库音系学的作用并没有得到充分论证。

9.8　汉语的词库音系学意义

用于检验形态-音系关系假设的语言多为派生和屈折形态丰富的语言。对于被认为屈折形态贫乏的汉语来说,词库音系理论是否有价值呢? 汉语虽然屈折形态贫乏,但构词手段多样,构词过程和音系过程交互现象在不同的方言里丰富多样。从词库音系假设的角度探讨汉语形态-音系交互的研究主要包括 Packard(1990,1992)、Sproat & Shih 1993、Xu(2001)、张洪明和于辉(2010)等。王晓培(2015)依据晋语事实提出了不同假设,有别于经典词库音系学假设,能够反映晋语里构词-形态和音系的交互作用。① 关于包括诸多方言在内的汉语构词和与构词有关的音系变化现象的研究很多,这里主要讨论与词库音系理论有关的研究。

较早研究汉语普通话(以下简称汉语)词库结构的是 Packard(1990,1992),他和其他类似研究的共同之处是假设汉语的词库结构和英语词库相似,都是串联式结构;词库内形态过程和音系过程彼此交叉,不同的形态操作诱发不同的音系过程;不同类型的形态过程和音系过程发生在不同的词库层面上。

在汉语词库层面定义的标准问题上,上述研究没有共识,采用的标准不一,其结果是各自建立的层面数量和性质不一,例如Packard(1990,1992)区分四个层面,Xu(2001)区分两个层面。

Packard 分别从不同构词过程之间的关系(1990)和构词-音系交互作用(1992)讨论了汉语的词库结构,得出的结论是汉语词库结构如同英语词库,是线性的多层面串联式结构。Packard

---

① 经典词库音系学指 Kiparsky(1982a,1982b)提出的串联式词库结构模型以及他人对这个模型的修订,不包括优选论的形态-音系交互理论和 Giegerich(1999)提出的词基驱动假设。

(1992)认为汉语词库由四个层面构成,层面界定取决于汉语的词重音分布。Packard 认为,双音节复合词、重叠词和派生词里第二个音节是否负载重音是决定上声变调规则能否应用的关键条件。他将汉语的重音指派规则按照中心语原则(headedness principle)分为两类:中心语重音规则(head stress)和非中心语重音规则(non-head stress)。其中双音节名词中心语在后一音节,双音节动词和形容词中心语在前一音节。分布于不同层面的词受到不同的重音指派规则的作用。Packard 假设的汉语词库结构如(80)所示①:

(80) Packard(1992)汉语词库结构假设

	构词过程		音系过程
层面 I	称谓词重叠 副词重叠	受限的动补复合词 离心动词复合词,其他	高调替换(副词重叠) 非中心语重音规则
层面 II	量词重叠 所有名词复合词	指示词/数词＋量词 动补复合词	中心语重音规则
层面 III	"子"缀词 "的"尾词 动词 AA 重叠 形容词重叠(AABB)	动词复合词 形容词复合词 动宾复合词 名词＋方位词 V1 不 V1V2	非中心语重音规则
层面 IV	动词 ABAB 重叠	屈折词缀(了、着)	上上变调 重音移除(非强制性)
后词库模块			轻声规则(强制性)

必须指出的是,Packard(1992)在没有论证的情况下认为汉语有词重音,并且认为词重音在词库里由重音指派规则指派,而且不

---

① Packard(1990)提出过汉语词库有四个层面的假设,因篇幅有限,故省略对其介绍。

同层面上的词重音指派规则是不同的。Packard 还认为,这些不同的重音指派规则的存在是定义不同层面的依据。Packard 定义层面的基础令人质疑。首先,汉语有词重音而且有多条词重音指派规则的假设缺少语言事实支持。进一步看,Packard 这种依赖所谓的"重音指派规则"来定义汉语词库结构的方法偏离了经典词库音系学的基本原理,即词库层面由语素范畴或构词/形态(包括派生、屈折和复合)过程定义。Packard 采用音系过程(重音指派)来定义词库结构,失去了构建词库的理论价值。理论上的本末倒置导致他在对具体现象的分析上显得混乱。例如,由于混淆了后缀"-子"在底层表达没有声调赋值之类的轻声语素和其他双音节词第二音节轻读导致的轻声,Packard 不得不任意地为不同结构类型的词设定不同的重音规则,不同层面上的重音指派规则发挥的作用,仅仅在于诱发或者阻断层面 IV 的上声变调规则的应用。① 这种为了说明上声变调规则能否应用而任意制造重音指派规则的做法,更不能将其作为构建词库层面的依据。更甚者,Packard 在没有独立证据的情况下假设汉语词库有"循环式的重音指派规则"。这里,我们不讨论汉语是否有词重音,而是认为,目前没有事实能够证明汉语有语言学意义的词重音。对这个问题感兴趣的读者可参阅张洪明(2014)。

在分析上,Packard 忽视了汉语的一些基本事实,例如,上声变调不仅发生在词的层次上,而且也发生在短语层面上。如果根据他定义的后词库层面,后词库也应该有"循环应用的重音指派规则"。如果是这样,仅依赖所谓的"重音指派规则",Packard 对词库和后词库模块的区分实际上没有理论意义。

总之,Packard 在假设和分析方面存在诸多明显缺陷。在他

---

① 这里,我们的分析是,后缀"-子"的语素底层表达没有声调赋值,在表层表现为"轻声",而类似"清楚"之类的词该第二个语素在底层表达有声调赋值,但在表层的节律结构(metrical structure)的作用下失去声调表征,也表现为"轻声"现象。这里,本质问题在于语素底层是否有声调和如何失去声调,也就是说,"轻声"属于声调范畴现象,与词重音无关,更不能作为语言有词重音的证据。

的分析里,汉语并不能为线性多层面串联式词库假设提供证据。关于对 Packard(1990,1992)假设和分析的批评,详见 Sproat & Shih(1993)和王晓培(2015)。[①]

Xu(1993,2001)认为汉语区分两类词缀,并依据两类词缀的接加和其他构词过程,如重叠,假设汉语词库有两个层面,如(81)所示:

(81) Xu(2001)的汉语词库结构假设

	形态过程		音系过程
层面 I 非循环性	加 I 类后缀: I 类重叠:	-子、-头、-巴、-朵 称谓词、非意愿动词重叠	轻声规则
层面 II	加 II 类前缀:	老-、小-、第-、初-	上声变调
循环性	加 II 类后缀: II 类重叠: 复合构词	-儿、-们、-化、-学、-家 形容词、动词、量词重叠	轻声规则

在层面 I 的构词过程有接加轻声后缀(统称为 I 类后缀)、名词重叠和非意愿(non-volitional)动词重叠(统称为 I 类重叠);层面 II 上的构词过程包括加前缀、加非轻声后缀(统称为 II 类后缀)、意愿(volitional)动词重叠、形容词重叠、量词重叠(统称为 II 类重叠)和复合构词。层面 I 上的音系规则不具循环性,该层面应用的音系规则只有轻声规则,因此名词性重叠词无上声变调。层面 II 上的音系规则具有循环性,该层面应用的音系规则有上声变调规则和轻声规则,且上声变调规则在轻声规则之前应用,因此,动词、形容词和量词重叠之后运用上声变调

① 针对 Sproat & Shih(1993)提出的批评,Packard(1998)观点略有改变,解释说他并非证明汉语词库是串联式结构,而是试图说明汉语不同范畴的词是由不同的构词操作生成。

规则。

Xu 依据两类词缀和两类重叠构建了两个层面,更加符合与汉语构词相关的现象。值得着重指出的是,Xu 构建的汉语词库里没有 Packard(1992)赖以建立四个层面的"重音指派规则"。

在对一些语素音系形式的处理上,Xu 和 Packard(1992)的分析相似,例如都不区分诸如"-子"之类的轻声后缀和双音节复合词里轻读的第二音节,忽略了两者底层表达在声调赋值方面的差异。①

张洪明、于辉(2010)从构词-音系交互作用的角度讨论了汉语的名词重叠和动词重叠。他们认为,名词重叠和动词重叠的性质不同,诱发的音系过程也不一样;究其原因,名词重叠过程发生在词库里,而动词重叠则发生在句法模块里。

上述内容是关于汉语词库研究较早的探究,其中不乏真知灼见,同时也存在不一致的地方。这些研究的共同之处和不同之处大致归纳如下。(一)研究对象是汉语普通话里的构词-音系交互作用。(二)它们共同的假设是,汉语词库结构的基本结构是线性多层面串联式的。(三)层面由构词过程(加词缀和重叠)的性质定义(不包括 Packard 的观点);词缀定义层面的权重较大;不同的构词过程诱发不同的音系过程;但就具体构词过程和音系过程,究竟在哪个层面,又有不同的认识。(四)关于一些构词过程,例如动词重叠,是词库内过程还是句法模块里的过程,认识也不同。(五)就词库层面的数量,没有一致认识。(六)汉语事实的词库音系理论价值有待于进一步挖掘。

从词库音系学角度探讨汉语词库结构和形态-音系交互无疑是一个艰巨的课题。困难来自两个方面。第一,如前所述,

---

① 王晓培(2015)认为,这正是 Xu 认为层面 I 音系规则不具备循环性、上声变调规则在该层面不能应用的原因。事实上,在底层表达中,I 类词缀和 I 类重叠中没有声调特征的赋值,即使上声变调规则可以在该层面应用,但也因结构描写未得到满足而无法应用。

Kiparsky(1982a)最初关于词库结构的假设的事实依据主要来自英语,后续的论证的证据多来自派生形态和屈折形态丰富的语言,而且,仅就英语词库结构和形态-音系的关系看,Kiparsky 最初的假设中,关于层面的语言学基础、音系规则的循环性、词库和后词库规则的区分以及各自的属性、括号设定悖论等诸多问题也没有形成共识。例如,英语词库层面的不确定问题实质上是以词缀为基础来定义层面的做法造成的。英语词缀语素来源多,第一类词缀和第二类词缀之间的形态和音系差异有其历史原因,是不同历史层次形态-音系过程的沉积在共时层面上的反映。第二,汉语毕竟显性的屈折形态比较贫乏,缺少屈折形态丰富语言表现出来的两类词缀的特点,缺少对建立构词过程顺序(例如加词缀的顺序)假设的可靠的事实基础。那么,以印欧语言为基础提出的词库音系假设是否能够和如何接受汉语事实的检验?尤其是以区分两类词缀并以此定义汉语词库层面的做法是否合适?

出于上述思考,王晓培(2015)依据晋语的事实细致探讨了汉语词库结构以及形态-音系交互作用。[①] 她主要考察了平遥话、盘上话和神木话。晋语的构词手段多样,既有典型的串联式构词,如加词缀、复合,也有非串联式的构词,如变韵、变调、重叠和模架式形态(templatic morphology)(王晓培 2013,2014)。不同类型的构词过程产生的词在语义解读、音系规则应用与否呈现明显的系统差异,为构建和检验词库结构提供了事实依据。

王晓培首先假设晋语词库由两个层面构成。受 Giegerich(1999)启发,她假设晋语词库两个层面由词基的两个形态范畴"词根"和"词"分别定义。词根定义第一层面,这个层面是词根作为构词成分的构词层面;第一层面的输出项是词。第二层面

---

① 这里的"形态"是一个宽泛的概念,包括狭义的派生构词、屈折、复合构词和重叠等。

由词定义,在这个层面上,现有词和其他成分构成新词。她把由不同范畴的词基定义的层面称作"词基驱动的词库分层"。这个假设如(82)所示。

(82) **词基驱动的汉语词库分层假设**(王晓培 2015)

词库	**词根层面**	输入项	词根:功能语素
			形态操作——→音系-语义拼出
		输出项	词
	词层面	输入项	词:功能语素
			形态操作——→音系-语义拼出
		输出项	词

词根和词最主要的区别在于前者无形态-句法语类特征赋值,而后者具有明确的形态-句法语类特征。词根无形态-句法语类特征赋值假设来自分布形态学(DM)(Halle & Marantz 1994；Halle 1997；Harley 2003；Embick & Halle 2005)。

王晓培对 Giegerich(1999)的词库结构假设加以修订。主要修订之处如下:(一)引入词内语段(phase)概念。在每个层面,形态操作生成的结构需要构成一个语段后方可转送至 PF 和 LF 进行解读。具备语段地位的形态结构包括名词、动词、形容词等实词语类,可作为语段中心语的功能成分包括那些可以定义语类的派生词缀。派生词缀除了界定词基的语类特征,还携带特定的语义特征。(二)在词根层面,词根仅与一个指派语类的派生词缀合并;形态操作的主要功能是词根范畴化,尚未范畴化的词根通过与可以定义语类的功能语素合并获得语类标签,该层面的形态操作只生成一个语段。在词层面上,形态操作的主要功能是改变词基已有的语类特征或语义特征来构造新词;词基可以叠加多个功能语素。修正后的词基驱动的词库分层模式如(83)所示。

(83) 修正的词基驱动词库分层假设(王晓培 2015)

	形态操作	音系拼读	语义解读
词根层面	词根作为词基 单语段 $[\sqrt{}+x]xP$ $[\sqrt{}P+x]xP$	一个音系域 音系规则不自然 语素变体 例外较多	特殊语义: 词缀、词根协商解读
词层面	词作为词基 多语段 $[xP+y]yP$ $[xP+yP]xP$	多个音系域 音系规则自然 无语素变体	组合语义: 词缀、词基语义相加

在词根层面,形态操作仅仅生成单语段的形态结构。语段结构定义这个层面音系过程的域,因而这个层面音系规则对语素界线符号不敏感,语素界线不阻断特定的音系规则的应用。因此,词根层面的音系规则数量较多,音系推导过程复杂。这个层面上的音系规则任意性强,自然程度低,推导过程多有晦暗性;由于语素特有性质,这个层面音系规则允许例外。

在词层面,词基是已经获得语类赋值的词(即语段 nP、vP、aP),这些词与其他构词成分合并后生成多语段的复杂结构。在这个层面上,形态操作能产度较高,生成的词语义透明,语义分析性强。在音系方面,生成的词包含多个语段,由于语段之间的界线可能会阻碍音系规则的应用,因此较之词根层面,音系规则数量较少,词的音系结构相对比较透明,音系规则应用的例外较少。

根据词基范畴、构词规则能产度、多语素词语义组合性、音系规则可应用性四个标准,晋语盘上话一些构词过程的特点如(84)所示(王晓培 2015:118)。

(84)	词基类型①	能产度②	语义组合性	音系规则
圪1-	词根、词	－	－	圆唇和谐、后轻读
圪2-	词	＋＋	＋	无
老-	词	＋	＋	上上变调
-家儿	词	＋	＋	无
-头	词	＋	＋	无
人称代词变韵	词	－	／	上声变调
动词变韵	词	－	－	上声变调、入声舒化
子变韵名词	词根、词	－	－	上声变调、入声舒化
儿变韵名词Ⅰ	词根、词	－	－	上声变调、入声舒化
儿变韵名词Ⅱ	词	＋	＋	上声变调、入声舒化
称谓词面称 　　　背称	词	＋	＋	面称：24；0－24 背称：53；232－0
并列复合词	词根、词	－	－	上上变调、后轻读
偏正复合词	词根、词	＋	＋／－	上上变调、(后轻读)
动宾复合词	词根、词	－	－	上上变调
主谓复合词	词根、词	－	－	上上变调
动词AA重叠Ⅰ	词	－	＋	复式轻声
动词AA重叠Ⅱ	词	＋＋	＋	上上变调、入声舒化 复式轻读

---

①　此处词基类型的区分参考的主要是音系表现，词根指音系上不独立的黏着词根，词是可以独立使用的自由词根，与词基驱动的词库分层假设和词内语段理论所定义的词根不同。

②　就能产度而言，"－"表示能产度低，"＋"表示能产度中等，词基的选择受语义等因素限制，"＋＋"意味着高度能产；就语义的组合性而言，"－"表示生成的词语义组合性可能较弱，但并非所有词的语义都不可预测，"＋"表示语义组合性强。"后轻读"指双音节词后一音节轻读，加括号表示部分轻读、部分不轻读。

续　表

形容词 AA 儿重叠Ⅰ	词	＋＋	＋	复式轻声
形容词 AA 儿重叠Ⅱ	词	＋＋	＋	复式固定调
形容词 AABB 重叠	词	＋	＋	AA 复式轻声 BB 上上变调、复式轻读

根据上述四个标准,构词过程分为两大类:Ⅰ类和Ⅱ类。两类构词过程的各自特点分别如下:

Ⅰ类构词过程

a. 能产度较低;

b. 词基多黏着词根或词;

c. 词缀多为特征词缀;

d. 语义组合性较弱;

e. 音系过程:圆唇和谐、上声变调、后轻读、音节合并;

f. 输出项是单音节词的比例较大。

Ⅱ类构词过程

a. 能产度较高;

b. 词基为词;

c. 词缀多为轻声词缀;

d. 语义组合性强;

e. 音系过程:自然的上上变调;

f. 输出项绝大多数是多音节形式。

在盘上话里,这两类构词过程以及相应的音系过程可以通过词库结构假设(85)加以描写。两个层面上构词过程如(85)所示。

（85）盘上话词根层面和词层面的形态过程（王晓培 2015）

词根层面	圪 1 - 子变韵、儿变韵名词Ⅰ、动词变韵、人称代词领属形式变韵 基础复合词
词层面	圪 2 -、老-、-家、-头 名词儿变韵Ⅱ 形容词 AA 儿重叠、形容词 AABB 重叠、动词 AA 重叠Ⅱ 称谓词面称-背称变调

　　词根层面上,与指派语类的功能语素合并的对象(即词基)为光杆词根,这些词根没有具体的语类特征,生成的词通过词根语义和功能语素的语义相互协商、参考百科知识来获得具体的语义内容,因此,可能出现语义组合性弱的情况,比如子变韵名词[pɔ53]"板子"专指厨用砧板;Ⅰ类圪头动词[kiʔ31 sʌʔ0]"圪塞","把剩下的饭菜、事情做完",而词层面上生成的Ⅱ类圪头动词[kiʔ31 sʌʔ31]"圪塞"的语义是"随便、轻微地把某物塞进去"。"特征词缀"是词根层面的构词的显著特点之一,因此输出项多是单音节的合音词。词根层面上典型的词库音系规则是上声变调规则和后轻读规则,前者只在词缀为"特征词缀"的合音词里应用,后者则应用于基础复合词。这两条规则均有例外。另外,上上变调规则也在词根层面的复合词里应用。上上变调和后轻读规则的先后应用导致输出项音系形式呈现晦暗性,例如"小米"的推导过程是/232－232/→53－232→53－0。此外,词根层面的输出项均为单语段结构,词根和词缀在同一语段内,因此仅对语段界线敏感的音系规则在这个层面应用,如圪头词中应用的圆唇和谐规则。

　　在词层面,与功能语素合并的对象是具明确语类特征和语义特征、音系独立的词,所以输出项语义结构透明清晰。音系方面,派生后缀多为轻声语素,例如"-头"[səu0]、"-家儿"[tʂjər42];前缀没有语音弱化,仍以底层调的形式得以表现,例如"老-"[lau232]、

"圪-"[kiʔ31]。此外,词层面生成的词都是多语段结构,语段之间的界线可能阻断某些音系规则的应用,如圪头词的圆唇和谐规则、后轻读规则,但动词 AA 重叠Ⅱ除外。与词根层面比较,由于受语段不可透条件的限制,词层面上的音系规则数量少,除了个别构词过程有语素调(如称谓词面称-背称变调),这个层面上应用的音系规则只有入声舒化和上上变调,而这两条规则变调也都是纯音系规则。

以往汉语的词库音系研究多以普通话为研究对象,王晓培以构词形态手段多样、词库音系现象更丰富的晋语为研究对象,发现了普通话之外汉语方言里有词库音系理论价值的现象,这对汉语其他方言的词库结构以及词库音系研究是一个很好的启示。

以词基范畴为层面定义基础不仅简化了词库结构,而且在承认词缀语素性质不同事实的基础上(例如盘上话的圪-1,圪-2),有效避免了词缀双重性带来的层面不确定性问题。进一步看,一方面,词库不同层面音系规则的数量可以在理论上得到限制,复杂的、有例外的、能产程度较低的和晦暗的音系过程发生在词根层面;另一方面,两个构词层面可以合理地构成与音系的交互关系。在语法各个模块里,词库是含有最多变异的模块;在词库内部,第一层面的构词过程、音系过程和二者的交互作用更为复杂。

晋语的词库音系分析在很大程度上能够证实 Giegerich (1999)提出的词基驱动的词库分层假设。词内语段界定音系过程域支持 Marantz(2001)区分内层形态和外层形态的假设。依据不同词基范畴建立的两个层面能够说明不同层面构词过程输出项的语音组合性、能产程度、音系规则的特点。

王晓培还认为,词内语段理论和词基驱动的词库结构理论是兼容的。词内语段理论关于内层形态和外层形态的区分、整体拼读语段和补足语拼读语段的区分(Newell 2008),表明必须承认词和短语在音系解释和语义解释上存在差异。虽然分布形态学否认词库的存在,但对晋语的研究表明,如果没有词库以及层面概念,诸多复杂的形态-音系交互作用现象难以解释。此外,研究表明,词库音系学可以接纳词内语段概念。

9.9　词库结构与词库音系：小结

　　词库音系研究推动了生成语言学对词库结构以及形态-音系接口的研究,使形态-音系接口成为一项不可忽略的重要的基础性课题。当代形态学研究无不涉及词库结构。研究者依赖具体语言的词库结构、层面的属性以及不同层面上音系规则的性质和应用方式描写形态-音系之间的关系,并通过这些概念说明语言演变。

　　词库音系研究不仅具有形态学和音系学应用价值,而且,更重要的是,这个理论直接涉及语法各子系统之间的关系。如果回顾生成语言学关于词库在语法系统里的地位和功能的探讨,我们发现这是一场持久的句法和词库之争。语法具有模块性,每个模块里的语法符号性质不同,算法和计算过程不同,因此,从逻辑上讲,不同模块之间存在着对不同范畴信息的识别、转换和解读,即模块之间的接口。那么,具有普遍意义的接口条件(interface condition)便是语法模块理论需要解决的基础性课题。在生成语言学发展的不同阶段,关于句法、音系和语义的独立模块地位,认识基本一致,而最有争议的总是词库,即词库是否具有独立的模块地位和专有功能。争论的焦点总是集中在词库和句法的分工,其中屈折形态又是关键。Chomsky(1970)为了维持句子深层结构的句法结构地位,同时也为了减轻句法推导负担,提出词库是独立模块假设,从此之后,关于词库模块一直有强词库论、弱词库论和句法管辖论三类假设。

　　直至20世纪90年代,Halle & Marantz(1993,1994)提出了否认词库论的分布形态学。Marantz(1997)声称分布形态学将取代词库论。分布形态学对词库论的摒弃主要表现在两个方面。第一,回到了SPE假设,语言系统只有一个生成装置,即句法部分,而非两个;词库没有生成功能;词和短语受制于相同的一套机制,即合并和移动。第二,短语直接由语素构成,语素是句法运算的初始项,结构层级里不存在词层面;在这个结构层级中,词没有理论地位。分布形态学对词(层次)的否定,如同生成音系学对结构主义的音位(层次)的否定:音位不再是推导的初始项,音系推导的初始项是类似于"语素音位"或"超音位"构成的底层表达,直接推导出语素的表层表达,而"音位"只不过是词库音系规则的输出项。

分布形态学提供了包括分裂(fission)、融合(fusion)和剥夺(impoverishment)在内的一套技术手段,可以处理屈折形态(Halle & Marantz 1994;Halle 1997;Harley 2003;Embick & Halle 2005)。然而,对于广泛存在的派生构词和复合构词来说,仍然缺少有效的分析方法。需要指出的是,分裂、融合和剥夺仅仅是针对屈折形态的手段,不仅与派生形态和复合构词无关,而且与句法操作无关。这说明,句法并不能取代词库和构词过程。分布形态学采用语段概念来处理形态-句法接口以及音系-语义接口,其中一个重要概念就是词内语段。然而,词内语段所揭示的第一构词语段的特点恰恰是词库音系理论定义的推导过程在早期阶段的性质和特点,例如英语词库第一层面。正是如此,Williams(2007)对分布形态完全摒弃了词库论表示质疑。再如,晋语词库里的音系过程局限在与构词相关的层面上,是词库特有的音系过程,这些音系过程是词库独立于句法的重要证据。

此外,分布形态学面临的另一个问题是句法运算负荷过大。从语素到句子的推导步骤过多。这似乎回到了 Chomsky(1970)的论名物化时期的局面。即使这样,正如李亚非(2000)所指出的,分布形态学的句法构词理论隐藏着一个逻辑问题:难道可以用句法手段分析的词就一定是在句法模块里生成的吗? Aronoff(2013)郑重建议:句法研究要重温 Chomsky 的"论名物化"。

词库音系学推动了语法各个模块本身以及各个模块之间关系的研究。除了上面介绍的词库音系假设在语言历史演变研究中的应用之外,词库音系学假设还应用于音系获得和形态获得。由于词库音系学的理论兼容性强,因此能够不断地吸收新的假设和新的方法,表现出长久的生命力。例如,优选论为了解决音系晦暗现象提出了层面优选论,利用词库音系学的层面概念再现推导过程的中间层次上的音系过程(我们在第十章里讨论层面优选论)。与此同时,词库音系理论也要接受新的和不同类型的语言事实的检验,接受新的语言理论和新的音系理论的挑战。

第十章

优选论

优选论(optimality theory)产生于 1993 年,一时兴盛,在其后十多年间曾一度和经典生成音系学并驾齐驱。进入 21 世纪后优选论逐渐衰退。早期的优选论(McCarthy & Prince 1993a;Prince & Smolensky 1993)继承语法先天性假设,因而被认为是一种形式主义音系理论。后期的优选论有诸多变种,大多呈现明显的功能主义倾向,背离了生成音系学的基本假设和语法构建原则。我们从生成音系学基本原理的角度讨论早期的优选论(简称优选论),不过多涉及以功能为导向的优选论的变种和试图打着"优选论"旗号进入形式主义音系学的各种功能主义理论。

　　优选论同经典生成音系学的主要区别在于前者否定语法是由音系规则构成的假设,认为语法由制约(constraint)构成。为了反映优选论和以往经典理论的区别,我们把以 SPE 假设为理论基础的经典生成音系学称作规则推导法(rule-based derivational approach),把优选论称作制约法(constraint-based approach)。

　　优选论首先产生于音系学领域,随后在句法、形态、儿童语言获得、第二语言习得和语用学等领域得到应用。本章主要讨论优选论产生的理论背景,优选论的基本原理和应用,优选论为解决自身存在的理论和方法问题提出新的假设以及生成音系学主流理论对优选论的批评。

10.1　优选论产生的理论背景

　　优选论的出现并非偶然,而是有其历史的、理论的和研究现状方面的背景。在理论来源方面,优选论与某些强调语音在音系语法构建中作用的理论,例如自然生成音系学和音系类型学有渊源关系。在同期问世的最简方案(Chomsky 1995)里,PF 被置于语法的边缘,成为句法–音系和音系–语音的接口,导致音系和语音的关系问题变得更加突出,直接影响到对音系本体的认识。

优选论的出现与音系语法普遍性概念的弱化有直接的关系。与此有关的是,语言理论如何处理语言类型学事实与普遍语法构拟之间的关系;如何阐述音系形式的生成与对不符合语法的音系形式的限制之间的关系;如何解决"双重性问题"(duplication problem),即对表层形式的双重解释。这些存在的理论和方法问题都成为优选论的突破口。

10.1.1　关于音系语法地位认识的转变

关于音系的本体、音系的性质与功能以及音系与语音之间的关系,生成音系学内部长期存在不同的认识。音系语法(或形式的)普遍性问题直接源于对音系和语音关系的认识。在 SPE 理论中,"音系里有没有语音"和"音系里有多少语音"的问题归结为音系的"自然性(naturalness)"问题,自然性是一个长期未能解决的问题:如果音系推导是纯形式的,那么推导的结果为什么受到语音机制的限制? 如果推导完全依赖语音机制,那么语言里为什么有那么多"任意的"和"不自然的"现象? 有些音系过程,辅音从简化、部位同化、辅音和元音的弱化、声调中和等,似乎可以解释为发音过程中语音机制简化的结果;而另外一些语言现象,例如不同方向的同化、推导性环境、绝对中和化、链移、转圈式推导、晦暗性、祖父效应(grandfather effects)、元音和谐系统中性元音的可透性、长距离音系过程以及诸如英语"三音节元音松化"之类的音系现象,显然无法从语音机制的角度给予解释。

更加重要的事实是,在不同的语言里,一些看起来相似的有语音基础的音系规则与句法和形态之间有着不同的交互作用关系。在 Chomsky 看来,纯音系规则(pure phonological rule)是音系符号定义的,是任意的,没有语音基础;真正的音系规则必然要和形态或句法产生交互作用。

就音系表达和推导而言,问题的根源在于,对于纯符号推导来说,语音的自然性和解决自然性问题的方法无法分开。在优选论之前的生成音系学历史中,主张语音具有对音系有限制作用的观点反复出现。针对 Halle(1959)中音系规则的生成力过强,以致推导出不符合语法的语音表达以及由于语素结构规则(morpheme structure rule)的作用而造成的偶值特征第三值的问题,Stanley(1967)提出用制约限制取代音系规则。他提出的蕴含性制约(implicational constraint)具有语音基础,并且对底层表达起到限制作用。[①] SPE 第九章主张采用具有语音基础的蕴含规约(implication convention)来控制过强的规则生成力。Kisseberth(1970)认为,对音系规则之间关系的解释应当以语音表达为基础。[②] 自然生成音系学(Hooper 1972, 1975)主张,音系表达应当尽可能地接近语音表达,从而最大限度地限制音系表达的抽象程度和控制音系规则的过度生成;Hooper(1976)甚至主张抛弃音系表达,认为音系规则的唯一来源是说话人关于语音表达的直觉,语素交替和变异的根源在于自然语言对语音表达的限制。在有基础的音系假设(Grounded Phonology)里,Archangeli & Pulleyblank(1994)认为,音系表达和至少部分音系机制应当具有语音基础,受到语音制约的限制。

[①] 三类制约是蕴含性制约、肯定性(positive)制约和否定性(negative)制约。三类制约既作用于音系表达又作用于语音表达。

[②] Kisseberth 认为,符合语法的语音表达往往是某些调整规则(repairs)作用的结果。他指出,调整规则实质上是对语音表达的制约。他把这些制约称为推导性制约(derivational constraint)。Kisseberth 和 Stanley 的主要不同之处在于,后者认为不同类型的制约既作用于语音表达也作用于音系表达,而前者则强调作用于语音表达和作用于音系表达的制约是两类性质不同的制约。

生成音系学基础理论

关于音系本体、音系和语音之间的关系问题的思考更多地集中在两位生成音系学奠基人的论述当中。

Chomsky(1965,1968,1972,1980,1982,1986,1995)在坚持自然主义语言观的同时和对纯符号语法系统的探索过程中，对音系本体和本质的认识一直显得犹豫不决。根据自然主义语言观，语法是自然的天赋，语法知识是客观存在的关于自然语言的知识，没有经验基础；语法知识的存在不以认知主体与外部世界之间的认知关系为基础，因此是原生的（constitutive）和非关系的（non-relational），完全独立于物质世界和社会文化。语法知识不是通过学习获得的。"语言知识"是一种"没有任何基础的知识"（Chomsky 1980：41；1986：12）。语法知识仅仅以大脑某种表征的方式存在。因此，语法是自主的和内在的。语法的另一个重要特点是语法不具任何功能。语言不是为其功能而设计的，与使用无关；语法里的许多内容根本不具功能。语法知识可以被用于言语交际，但语法知识的本质是非功能的。"凡是从功能方面能够得到解释的语言属性无助于对大脑本质的认识。我们的理解是，解释只能是形式的解释；我们提出的解释原则不是任何可以想象到的语言实质的或自然的属性，而是那些能够反映大脑状态的解释原则"（Chomsky 1971：44）。"一部语法不是关于外在语言行为的陈述"（Chomsky 1986：24）。自然主义语言观的语法属性在《最简方案》（Chomsky 1995）里得到更加清晰和充分的表述。语法知识是大脑的表征，其内容是两个子系统：一是由任意的纯符号构成的系统，二是对纯符号进行计算的运算系统。语法系统是自然存在的、先天的、先验的、自主的、纯形式的、原生的、非关系的、非功能的、无羡余的、简单的、无例外的、优化的；对于一般意义上的语言或具体语言来说，语法系统是完美的。

从科学的角度看，Chomsky 的自然主义语言观假设是能够成立的。然而，这里存在着如何认识语法知识和具体的现实语言之间的关系的问题。根据 Chomsky 的理解，内在化的语法和现实具

体语言之间应当是无关系的。Chomsky 认为,对于语法知识来
说,现实的具体语言是一种虚假事实(artefact)。从对语法系统定
义来看,语法知识没有物质表现形式,也就是说,现实具体语言不
能(哪怕是间接地)反映内在的语法知识。

　　基于对语法系统自然属性的认识,如果音系是语法的一部分,
那么音系应当具备语法知识的属性。据此,音系语法的自主性表
现为音系知识与语音产生和感知器官无关,与发音和感知行为无
关,与语音的物理属性无关,与语音的功能无关。诚然,如果语法
自然属性能够定义句法知识的话,音系是否也受制于同一语法构
建原则呢? Bromberger & Halle(1989,2000)的理解是,音系是语
法的组成部分,但是音系不同于句法。在语言系统中,音系具有特
殊的地位。Bromberger & Halle (2000)认为,语言符号和人创建
的非自然语言符号(如数学符号、逻辑符号、物理符号、化学符号
等)的重要区别之一是,虽然自然语言和非自然语言都有句法
(尽管是不同的句法)、语义和语用,但是自然语言**恰好有音系**
(happen to have phonology),而其他符号系统没有音系。因此,
自然语言最根本和最显著的特点在于它有音系。音系是以时间和
空间方式存在于大脑的事件和状态(mental event and state)。音
系是真实的存在,但其存在的形式却不是生理和物理的。

　　对于自然主义语言观来说,音系的本体的确是一个两难的问
题:一方面,如果语言知识包括音系知识,那么音系必须排除所有
物质的东西,即音系必须是纯形式的和无功能的;但是,如果音系
是纯形式的,那么音系的内容和它的语言学理据将变得非常模糊。
另一方面,如果具有功能和语音基础的音系是语言知识的组成部
分,那么语法不再是一个纯形式符号的系统。

　　《最简方案》集中反映了 Chomsky(1995)关于音系本体的思
考。一方面,在对 PF 内部结构作出假设时,Chomsky 显得犹豫不
决;另一方面,D-结构被映射至 S-结构,S-结构又被映射至 PF。
这就是说,句法范畴、结构方面的信息有可能影响音系结构,例如,

某些省略结构的形成不是在显性句法层次上完成的,而是音系推导的结果。如果没有 PF 的运算,句法学将无法回答与省略结构相关的问题(1995:130)。因此,音系具有纯符号计算过程的特点。"至于 S -结构和 PF 之间有哪些交互作用原则,目前还不十分清楚。我们采用传统的假设:除了推导简洁性原则之外,S -结构和 PF 的联接,还需要音系部分里的音系规则。此外,音系学诸多重要的课题,如 SPE 提出的音系规则的形式特点和推导程序,非线性表达的形式特点,如音段结构、音节结构、重音分布、长距离过程等都与符号的形式特点和计算程序有关。因此,从根本上讲,PF 是由语法决定的(linguistically determined)"(Chomsky 1995:132)。

但是,结构描写提供的音系信息需要语言运用系统(performance system)给予解释。Chomsky 认为,语言其他可能的属性的来源或许是接口层次上的"外部"条件。由语言提供的信息必须适应人类的感知和运动器官的特点。据此,普遍语法(UG)必须提供一个能把语言推导出来的符号转换成外部系统可以利用的形式的音系部分(phonological component):PF。如果人类通过心灵感应交际,音系部分便没有存在的必要;没有音系便没有语言的使用。在某种深刻的意义上讲,这些必要条件可能是决定计算系统内在本质至关重要的因素。然而,另一种可能也是存在的:这些因素是计算系统之外的东西,但是可以导致语言从其"完美状态"的偏离。我们还不能抛弃后一种可能(1995:221)。

在坚持音系的语法本体同时,Bromberger & Halle(1989)认为音系有其存在的原因和结果,即音系具有功能。这是音系和句法最重要的不同之处。音系具有双重功能。第一个功能是音系具有定义储存在记忆中的语素或语素类型的作用。语素是一个包含着词汇意义、功能结构、题元角色、范畴等多种信息的复杂符号,而音系的作用在于定义抽象语素符号的形式。语素的音系形式是词项储存和提取必不可少的标记或识别指数(identifying index)。

第二个功能是,从说话人的角度看,音系语法向发音器官发出关于抽象语素如何获得物质现实(语音形式)的指令;从听话人的角度看,音系语法是对感知到的语音形式进行解码的依据。音系具有功能。如果没有音系,就没有可被感知的语音形式,没有语音形式就没有语言知识外在化;没有外在化的语言,语言的交际作用便不能实现;如果儿童不能意识到外在语言的存在,那么儿童将无法学会具体语言。

音系是否具有语音基础呢?音系语法向发音器官发出关于语素如何获得语音形式的指令。虽然音系语法是非物质的,但是音系信息必须以物质形式体现出来,因此音系符号势必与语音符号之间存在一定的联系。音系学研究的理论目标之一在于说明两套符号之间的关系,而不是将二者完全割裂开。否定了音系的语音基础,语法研究将无法认识音系知识。因此,作为一种研究假设(working hypothesis),音系属于语法范畴;但又不同于句法,音系具有功能和语音基础。如果句法是一个纯符号系统的话,那么,音系则是一个有其语音功能的符号系统。

Chomsky 倾向 Bromberger & Halle(1989)的观点,认为由"语言"提供的信息必须适应人类的感知和运动器官。因此,普遍语法必须提供音系部分,以便把"语言"生成的东西转换为外在系统可以使用的某种形式,即语音形式。然而,Chomsky 极不情愿放弃音系是纯符号系统的立场。在处理 PF 和 LF 与句法的关系时,考虑到 PF 和 LF 的特有属性,他把语言知识分为核心部分(句法知识)和边缘部分(PF 和 LF)。他坚持认为,"在我看来,'核心'和'边缘'的区分应当被理解为一种叙述手段,这一区分反映的是我们目前对语言的认识水平,随着对语言研究本质认识的加深,目前的这种认识将被新的认识水平替代"(1995:163)。他的理论追求是,音系最终将被证实是一套纯的符号计算系统,这和 SPE 的理论目标一脉相承。

那么,音系语法和感知运动系统是如何相互作用的?音系语法是由音系表达和音系推导构成的,这是语法内部的(grammar-internal),音系表达和推导过程受到语法外部的感知-运动机制的限制。Chomsky 明确指出,所谓的"外部"限制只是对于语法计算系统而言的,但是对于大脑来说,它们仍然是"内部的"(1995:132),"外部"限制绝不是行为的、生理的和物理的限制。

自然主义音系纯符号观,一方面潜在地导致音系学失去研究对象,或者说,音系学研究的是与语法无关的"虚假现象";另一方面,如果音系具有语音和功能基础,而不是纯符号的,那么,音系将失去语法本体的地位,成为一种非语言的和属于行为范畴的知识。如果具体语言和自然主义定义的音系语法没有关系的话,具体语言的特点不必是语言知识的特点。据此,具有功能特点的音系不是语言知识的组成部分;或者语言知识里没有音系知识。与此相反的是,音系在语言中占有特殊的地位:如果没有音系,语言符号和其他符号系统一样,与语言知识根本没有关系。

考虑到音系在人类所具有的各种符号系统中的独特属性、其语法地位以及音系形式与功能之间的关系(Halle 1978;Bromberger & Halle 1989;Halle & Stevens 1991;Bromberger 1992),Chomsky(1995)把语法系统里音系部分视为语法核心部分(狭义句法)和运动-感知系统之间的接口装置。音系和狭义句法都属于广义句法,都具有语法本体地位。如果坚持音系是由纯符号和计算过程构成的话,那么,音系的功能则要求抽象音系语法知识外在化。在 PF 输出项层次上,具体语言的特点已经是可被观察的,而且,从自然语言的语音特点集合以及具有普遍意义的语音原则角度看,语言之间的变异是可能的(1995:23)。为了坚持对语法知识系统和语言运用系统的区分,维护音系的语法本体地位,防止接口装置的非语法化,Chomsky 提出 PF 层次必须满足三个基本条件:一是普遍性原则。PF 必须具有普遍意义;自然语言里的任何实际或潜在语言事实必须在这个层次上得到音系表达。二是充分解释原则(principle of full interpretation)。音系表达不得含有无法从运动-感知方面给予解释的符号和结构；不能从运动-感知方面给予解释的音系表达是不合格的。Chomsky把充分解释原则称作"接口条件"（interface condition）。三是一致性原则。在所有语言里，对同一音系符号的运动-感知解释必须是相同的。^①　然而，接口层次上的外部限制究竟包括哪些内容？Chomsky 认为，由于这方面的研究是初步的，诸如过滤装置、链构演算（chain formation algorithm）或制约是否可以成为外部限制，仍有待于进一步研究。

从音系符号向语音符号的转换过程中，究竟有哪些音系机制和运动-感知机制起到各自的作用？两类机制之间的关系是什么？因为转换过程的本质是语法知识外在化的过程，所以区分两类性质不同的机制，确定音系机制和运动-感知机制各自的属性和特点，了解两类机制的相互关系及其作用，对于坚持语法独立自主和无物质的语言学理论来说，确定音系语法的边界是至关重要的。需要指出的是，虽然 Chomsky 提出了音系符号和运动-感知符号之间的转换概念，但是在语法机制方面并没有说明语法知识和异质的物质是如何相互转换。只有说明这个问题，PF 才具有真正接口的作用。

最简方案关于语法内部结构的假设导致音系本体地位的不确定。至此，摆在音系学理论面前有三条路：一是坚持音系由纯符号构成的，推导是纯符号的计算，但其结果将是音系学失去语言学理据和研究对象；二是坚持音系语法系统和运动-感知系统各自的独立性，继续探讨音系机制和运动-感知机制之间的关系和相互作用，说明音系如何决定语音以及音系符号又是如何转换成语音符号的；三是重新定义音系语法，把运动-感知机制引入音系。

优选论选择了第三条道路。音系学理论"迫切要求重新考虑

---

①　另外，这里还包括对语言处理（language processing）的限制。

形式主义的基础假设;如果把音系语法和推导与应当遵守的'合格形式'原则割裂开的话,其后果是,音系学将失去理论深度,这无疑是音系学研究的重大失败"(Prince & Smolenky 1993:198)。据此,"合格形式"原则成为标记类制约的理论依据。

这三种对立的关于音系本体的假设长期存在于生成音系学的历史当中,在最简方案的背景下,这些假设之间的对立和矛盾变得更加突出。生成音系学在理论上迫切需要找到处理音系和语音关系的路径。虽然最简方案为探讨音系和语音之间的关系提供了一个操作平台 PF 和原则性接口条件,但是,如何处理音系和外部系统(感知-运动以及其他非语法因素)相互作用的机制仍然是一个没有解决的问题。正是以此为契机,优选论找到了语音进入音系的路径,为以功能为导向的观察进入音系语法打开了大门。

10.1.2 普遍语法概念理论意义的弱化

优选论的产生与生成音系学的语法普遍性概念弱化有直接的关系。生成音系学追求音系语法的普遍性,试图发现形式普遍性和内容普遍性。普遍性是音系研究的指导性假说,是检验音系结构、音系表达、音系规则和原则的重要标准。纵观生成音系学的历史,几乎所有的假设在最初提出时无不着眼于普遍性,例如词库层面结构、音系规则的应用顺序和方式,底层表达无羡余原则,联接规约和强制性非等值原则(OCP)等;假设中的各种范畴结构,如音节结构、音段结构、区别性特征系统、节律结构、韵律结构等。然而,虽然几乎所有语法内容在最初提出来时都被假设具有普遍意义,但是难以被后续研究充分证明,导致语法的普遍性大打折扣。例如,"联接规约"究竟是依次联接还是同时联接,方向性是否具有普遍性,联接方向是左向还是右向(Goldsmith 1976a, 1976b; Clements & Ford 1979; Pulleyblank 1986);又如 OCP 在某些语言里有效,但在另外的语言里无效;在特定的语言里,OCP 仅对特定范畴的结构和成分有效,但对其他范畴和结构的成分无效(Leben 1973; McCarthy 1986; Odden 1986, 1988);再如,"核心音节"概念(Clements & Keyser 1983)是否适用于所有语言;试图发现具有普遍意义的特征系统和音段结构的特征几何理论始终没有形成共识(Clements 1985; Sagey 1986; Halle 1995);多维向多音层非线性表达的结构共性何在? 具有普遍意义的 X –位为何在不同语言里的作用不同? 不同音系范畴音系成分的普遍性组织原则是什么? (Halle & Vergnaud 1980; Hulst & Smith 1982b; McCarthy 1982);不充分赋值假设(Archangeli 1988; Steriade 1987)是否具有普遍意义? 总之,诸多最初提出的具有普遍意义的假设未能得到充分的证实(Goldsmith 1990)。

　　因为音系语法内容难以被充分证明具有普遍意义,而音系规则的生成过度问题又始终没能得到有效的解决,为了满足普遍性要求和解释具体语言里的所谓"例外现象"或"非常态现象",越来越多的研究实践不得不采用参数化或制约(或过滤装置)手段来描写具体语言的特点以及不同语言之间的差异。

　　就理论发展来看,参数化和过多使用制约或过滤装置的做法导致"普遍语法"成了一个松散的框架概念,对语言现象分析实践的指导作用趋于弱化。

　　在音系原则和机制的普遍性弱化的同时,"制约"或其他具有限制功能的机制在推导过程中的作用越来越凸显。在规则推导法里,制约曾被冠以各种不同的名称,如"条件"(condition)、"过滤器"(filter)、"参数"(parameter)、"原则"(principle)、"规约"(convention)等。作为一类限制手段,制约的主要作用是排除推导过程产生的不符合语法的形式,而且显得越来越重要,如同音系规则、表达原则,成为一部具体音系语法里不可缺少的组成部分;在推导的整个过程中,过滤不符合语法的形式成为不可缺少的阶段。这一趋势与句法学的管约论以及最简方案勾画的推导过程近似。① 规则推导法里制约的合法地位和起到的作用为优选论用制约彻底取代音系规则的做法提供了理论依据。②

尽管如此,在规则推导法里,虽然制约对推导最终获得符合语法的形式起到一定的作用,但是使用制约只不过是在推导过程产生不符合语法的形式时,才不得不采用的一种修补手段(repair strategy)。如果经音系规则推导出来的形式符合语法,分析便无使用制约的必要。同音系规则的核心地位相比,制约仅仅是辅助性的和次要的。

10.1.3 类型学事实与音系语法

生成音系学追求的普遍性是音系语法尤其是形式的普遍性,与语言类型学所说的普遍性具有本质的区别。在生成音系学经典作家看来,语言类型学所说的普遍性是种属意义的普遍性(generic universal),是语言种属观(generic concept)的产物。种属普遍事实或这个意义上的类型学事实具有异质性,是语法因素和语音、生理、物理和语用等非语法因素共同作用的产物,因此不能作为构建音系语法的经验基础和直接依据。然而,经典生成音系学与语言种属观有着历史上的渊源关系,无法摆脱语言类型学的影响。SPE 第九章试图采用标记规约限制纯形式

---

① 音系学里参数化和制约的使用主要受到管约论(Chomsky 1981a)的影响。管约论的句法研究放弃标准理论的规则推导法,转向采用具有普遍意义的原则和参数。句法模块的上游是生成句法结构的装置,数量极为有限的句法机制(如 α-移动)的应用推导出各种潜在的结构。移动机制在可移动成分、移动距离和移动方向方面受到限制。这些具有制约地位和作用的限制(或者叫作条件或过滤装置)具有解释作用。在表达方面,最简方案(Chomsky 1995)取消了不必要的层次,通过特征核查部分等下游过滤装置来选择符合语法的结构。

② 制约概念产生于 SPE 时期,例如 Dinnsen(1972)提出推导全程性制约(global derivational constraint),用于限制某些音系规则的应用;Shibatani(1973)提出对表层语音表达的限制(constraints on phonetic representation)。这些不同功能的制约都是为了限制因生成力过强导致出现的不符合语法的形式。

推导的结果,以此排除不符合语法的形式。这种做法的合法性当时受到来自不同立场的严重质疑(见 Lass 1975;Stampe 1973)。由于形式语法和语音限制的本质完全不同,以类型学观察为基础的标记规约,也根本无法限制由形式符号定义的音系规则的推导。

纵观生成音系学经典作家的一贯论述,我们可以看出,SPE 的标记规约限制是因理论不成熟而采用的权宜之计。[①] 事实上,两位作家一直试图同种属意义的普遍性彻底分道扬镳。在生成语言学早期论述里(Chomsky 1957),类型学事实是统计的结果,与某一语言现象出现的频率直接相关。"符合英语语法"这个概念无论如何都不能跟"接近英语的统计近似值的等级"这个概念等同起来(Chomsky 1957:9)。由于观察有限,作为观察的结果,类型学事实是或然的,与生成理论所寻求的语法的可能性并不等同,因此"概率模型无助于对句法结构相关基本问题的理解"(Chomsky 1957:11)。他指出,在类型学里,现象是否具有语言学意义取决于现象出现的频率:常见的、频率较高的现象具有语言学意义;罕见的、出现频率较低的现象基本上没有构建语法的价值,这种方法实际上割断了常见的、频率较高的和罕见的、频率较低的现象之间的联系。Chomsky(1981b)再次重申,对特定领域内所有的相关现象,不管是常见的和罕见的,出现频率高的还是出现频率低的,科学研究应当给予同一的描写和解释。把常见的和罕见的现象视为不同的特殊情况的做法必然放弃对现象本质和科学原理的追求。据此,不管是从事实本质还是从获得事实方法的角度看,类型学事实不足以作为构建语法的经验基础。

关于语言某些音系模式呈现类型特点的事实,如 Bromberger & Halle(2000)所指出的,不管音系是否具有类型特点,但其本质不是类型的;类型上的普遍性和具体语言特性之间的关系是类型

---

① 当然,内容普遍性所包含的语音内容也和标记规约有逻辑关系。

(type)和样本(token)之间的关系。类型学事实是观察层面上的事实;在这个层面上,类型存在于样本之中,即种属意义的普遍性存在于具体语言的特性之中。Bromberger & Halle 承认样本在构建音系语法的过程中有其经验基础的作用,也有检验音系计算结果的作用,但是他们认为,虽然类型对构建音系模式具有参考价值,但是语法知识的本质不是类型的,语言和音系都不以类型的方式存在。对样本的抽象(即类型)不是音系知识,而只是观察的结果。事实上,样本数量是无限的,是经验观察无法覆盖的。音系学研究目标不在于建立所谓的类型,而在于构建一种能够预测某些语音事件,并排除其他语音事件、能够解释可能的语音事件的理论模型。概括起来讲,类型学事实对于音系语法的构建具有参考价值,但类型学概括和语法有本质的区别。

诚然,生成语言学内部对语言类型学事实的意义有着不同的态度。Newmeyer(1998)观点值得重视。他认为(1998:350-364),虽然形式语言学和类型学有不同的基础假设和不同的理论目标,但二者并非绝对不相容。对于以建立普遍语法为目标的形式理论来说,类型学事实是有意义的;而且,更重要的是,类型学的观察结果更需要形式理论的解释。如果语言类型学事实既有语法因素,也有功能因素或其他非语法因素的话,那么从形式角度对类型学事实的研究,更有助于说明语法系统和语言运用系统之间的关系。打比方说,某种疾病可能既与遗传有关,也与后天环境有关,从不同的角度说明遗传和环境之间的关系并不是互不相容的。重要的问题是,对于诸多的类型学事实,形式主义语言理论应当说明哪些是语法成因、哪些是功能成因,以及两类成因之间的关系;从形式主义立场看,把语法和功能完全割裂开的做法,使得形式语法失去了对类型学事实应有的解释作用。

Newmeyer(1998)观点具有一定的代表性和影响力。在生成音系学的研究实践中,类型学观察一般是研究的起点。例如,研究者对音段系统类型、声调系统类型、重音分布类型、音段线性排列类型、音节结构类型、韵律结构类型、节律结构类型、音系过程类型、元音和谐类型、声调过程类型等往往是分析的起点。以这些经验事实为分析对象,探究类型事实的音系成因,力图从音系规则、音系表达和相关原则的角度说明类型事实。大量的研究发现,类型学现象和音系语法并不同一,而且二者之间存在着交错复杂的关系:同一类型的语音现象可以是不同音系机制的产物,而不同类型的事实也可能是同一抽象的音系机制和原则作用的结果。生成音系学不仅关注常见的音系类型,而且关注对不常见甚至罕见现象的细致分析,并力图对所有的现象给予同一音系学解释。研究实践更加注重少见的、罕见的、特殊的和例外的现象背后的理论价值的挖掘。大量研究结果证实 Bromberger & Halle(2000)的假设,也支持 Newmeyer(1998)提出的研究策略。

在对待类型学事实问题上,优选论的态度发生了重大转变:类型学事实是制约的直接来源;优选论的内在逻辑是类型学的(Kager 1999)。[①] 从逻辑上讲,如果某一语言里的每一个语素在表层上呈变异或交替,那么完全了解这种语言里全部的制约就等于了解了所有自然语言里的制约。然而,这样的具体语言是不存在的。如果仅有对某一语言的研究,没有语言之间的对比,没有对语言之间变异范围的界定,语法研究将无法获得具有普遍意义的制约,因此构建普遍语法需要广泛的类型学事实作为依据。McCarthy(2002a)认为,如果承认类型学事实并且认定类型学事实对普遍语法理论有意义的话,以制约为基础的语法理论便获得实质性内容。[②] 在优选论里,普遍语法是具有普遍意义制约的集合,这些制约的相对层级排列以及它们之间的相互对立和冲突,是

[①]　优选论认为,制约的另一个经验基础是儿童语言事实(Kager 1999)。
[②]　优选论承认制约可能包括非语法因素,但认为含有语法因素和非语法因素(语音因素)制约对表层形式(候选项)的作用能够反映音系和语音的交互作用。这个认识可能是对最简方案定义的 PF 接口功能的一种解释(参见 McCarthy & Prince 1993a; Prince & Smolensky 1993)。

具体语言里所有细微特点的直接来源。

10.1.4 音系语法的"双重性"

规则推导法另一个突出的问题是语法的双重性问题(duplication problem)。所谓的"双重性"指的是,音系规则和相关的制约是对同一表层形式的概括和描写。在经典生成音系学背景下较为深入讨论双重性问题的是 Kenstowicz & Kisseberth(1977:131-154)。音系规则的主要目的是解释语素变体的交替,而音段线性配列往往体现了制约对它的限制作用。例如,对于英语名词复数后缀-(e)s 的表层形式[s]和[z]是通过清浊同化规则推导出来的,但是对于词干内阻塞音丛的线性配列描写则需要制约:词干内阻塞音丛的成分必须在清浊方面保持一致,例如 *text* [tekst]和 *zigzag* [zigzæg]。这里音系规则和音段线性配列制约描写的是同一类表层现象,或者说同一音系表层形式是音系规则和制约双重作用的结果。语法双重性意味着音系规则和制约本身或者不是对音系结构的真实描写,或者二者在对表层形式的作用上具有重合部分。从理论上讲,二者或者都不是对音系形式的真实概括,或者说,音系语法里存在羡余内容。

双重性看似是一个分析性问题(analytic issue),但更是一个理论问题(theoretical issue)。在优选论看来,音系规则是羡余的;如果假设音系语法不包括音系规则,而仅由制约构成,那么双重性问题将随之解决,语法得到纯化。

10.2 优选论的基本原理与应用

优选论首先产生于韵律构词研究(prosodic morphology),随后被广泛应用于音系学诸多领域,随后其应用扩展至形态学、句法学、历史语言学、儿童语言获得和语用学等领域。在发展过程中,优选论产生了诸多变种。我们主要讨论主流优选论的理论与方法。就主流优选论内部而言,在某些具体假设和方法上,也有不同的观点。对于这些不同假设和方法,如果不涉及基础理论,我们不做讨论。

10.2.1　优选论的基本假设

根据 McCarthy & Prince(1993a)和 Prince & Smolensky (1993),优选论假设,音系语法既不体现为音系表达的某种原则或形式,也不体现为音系规则,而是体现在对语音表达起到限制作用的制约(constraint)。制约可以是肯定性的,也可以是否定性的。语法由制约构成。制约是优选论里的核心概念。制约有三个基本属性:先天性(innateness)、普遍性(universality)和可违反性(violability)。

McCarthy(2002a)认为,优选论是 Chomsky 定义的形式语法理论:形式理论最重要的基本假设是语法先天性。对先天性的理解是,具有普遍意义的制约是先天设定的(constraints are innately specified)。先天性假设是对生成语法理论的直接继承。从这个意义上说,优选论是生成语言学的理论,尽管优选论还无法说明先天的制约集合是如何形成的。制约的先天性是普遍性的基础,普遍性是先天性的派生属性。关于优选论定义的语法初始态,早期观点是,所有的制约处于同一层次,或制约无层级排列(McCarthy & Prince 1993a);稍后的假设是,在初始态的语法里,所有的标记类制约(markedness constraint)的层级排列高于所有的忠实类制约(faithfulness constraint),但标记类制约集合内无层级排列,忠实类制约集合内也没有层级排列(Smolensky 1996)。儿童音系获得的过程是对相关的制约进行层级排列的过程,构建一个属于具体语法的制约层级体系。构建具体音系语法的机制是制约降级(constraint demotion)

(Tesar & Smolensky 2000)。[1]

普遍性是说,制约存在于每一种语言的语法之中,每一种语言的语法都是由同一套制约组成的。优选论认为,同经典生成音系学里那些不具有普遍意义的音系规则以及参数化的原则,与制约形成鲜明的对比,优选论里的制约的最基本和最显著的特点是普遍性。优选论否定音系规则的存在,语法仅由制约构成。从这个意义上说,优选论"纯化"了语法。

正如下面要讨论的,经典生成音系学追求的是语法形式的普遍性,而优选论追求的是类型或种属意义的普遍性。前者的普遍性是抽象音系表达层次上的语法属性,而后者则是经验观察层次上的概括。

既然制约是普遍的,那么为什么具体语言又有所不同呢?优选论认为,语言之间的差异是制约之间交互作用(interaction)的结果。在不同的语言里,同一制约的地位可能不同。制约地位的不同是它们的层级排列(hierachical ranking)的不同。制约属于普遍语法,制约的层级排列属于具体语言的。"语言的差别仅仅

---

[1] 语法先天性假说和儿童语言获得理论关系密切。语言学理论必须回答"儿童是如何学会说话的"问题。对此,优选论也不能例外。从儿童语言习得的角度看,优选论理论框架包括四项内容:制约、生成装置、词项的底层表达、制约层级体系。具体的制约和生成装置属于普遍语法,是先天的,因此不需要学习便能获得;词项的底层表达和制约层级体系属于具体语言,因此是经过学习才能获得的。据此,在优选论看来,儿童语言获得过程的本质是一个对普遍性制约进行层级排列和构建词项底层表达的过程。

在制约层级排列方面,优选论假设在儿童学习语言的初始阶段,所有的制约是无层级排列的,或者说所有的制约处于同一层级上,这同普遍语法的中性状态是相对应的(Prince & Smolensky 1993)。语言获得的过程就是一个对制约进行层级排列的过程。根据 Roca(1995)的假设,儿童根据所接触到的表层表达语音形式首先确定具体语言的制约层级体系里层级排列最高的和较高的制约,然后逐渐确定层级排列较低的制约。儿童语言获得早期阶段和中间阶段所建立起来的制约体系可能是不合适和不完整的,与成人语法有差距。儿童在以后的语言学习过程中对已经建立的制约层级排列不断地进行调整和补充,直至建立一个合适完整的制约层级体系。他认为这在逻辑上是可能的。Tesar & Smolensky (1998,2000) 认为,从神经学的角度看这也是可能的,而且更加合理的假设是,语法的初始状态是,所有的 M -制约的层级排列高于所有的 F -制约,语言获得过程是儿童把层级排列较高的制约不断降级(demotion)的过程。然而,上述作者都认为这些假设需要给予实质性的论证。这方面的研究集中体现在 Kager *et al.* (2004)。

(或主要)在于制约层级排列的差别(Languages differ only (or principally) in constraint *ranking*)"(McCarthy & Prince 1993a：34)。制约的层级排列构成严格的优势层级体系(strict dominance hierarchy)。在层级体系里,层级较高的制约对层级较低的制约有绝对优先权(absolute priority),而层级排列较低的制约只能处于从属地位。制约的层级是相对的,由具体语言决定;制约层级排列是说明语法普遍性和具体语言特殊性的最佳机制。制约的层级排列在数量上是数学的阶乘类型式的(factorial typology)。假设普遍语法有 5 条制约,那么便有 5!＝120 个制约层级排列,即有 120 种不同的具体语法。

不同于经典生成音系学里的规则和原则,优选论的制约是可以被违反的。**Prince & Smolensky**(1993：175)认为,"从原则上讲,语法中所有的制约都是可以违反的"。可违反性是制约的本质属性之一。所有的制约都是可以被违反的;不能被违反的概括不是制约。可违反性是优选论的独创。

不同的制约对同一表层形式可以提出不同的要求或限制。在某些情况下,这些要求和限制可能是一致的,但是在更多情况下,制约提出的要求和限制是不一致的,有时甚至是相互对立和冲突的。在这后一种情况里,某一个或某一类表层表达形式无法同时满足所有制约提出的要求和限制。优选论认为,具有普遍意义的制约之间的相互对立和冲突是语言表层表达形式多样性的基础。

解决制约之间对立或冲突的方式是制约的层级排列。任何一条制约都是可以违反的。优选论要求符合语法的表层形式应当最低限度地违反制约层级。在不同的制约发生冲突的情况下,对表层形式符合语法性的评估取决于这个形式是否最低限度地违反(或最大限度地满足)较高层级上的制约。凡是最大限度地满足了较高层级制约的形式(不管是否满足较低层级制约)就是符合语法的形式。我们需要指出的是,这里蕴含着一个与经典生成音系学的语法性有关的完全不同的重要命题:表层表达符合语法是个相对的概念,而在经典理论里,符合语法是绝对概念。

　　制约的层级排列是至关重要的,层级排列的不同解释了为什么同一形式在某种或某些语言里是符合语法的,而在另一些语言里却是不符合语法的。

10.2.2　优选论的类型学基础

　　正如10.1.3节所述,优选论转向了类型学。优选论认为,语言类型学事实是语法构建的基础(Kager 1999:1-3)。优选论的理论目标在于发现具有普遍意义的制约。从逻辑上讲,如果某种语言里的每一个语素在表层表达上呈交替和变异,那么完全了解这种语言里的所有制约就等于了解所有语言里的制约。诚然,这样的语言是不存在的。在任何一种语言里,只有一部分语素以若干个不同的变体形式出现,而其他语素则始终以一种形式出现,因此,构建普遍语法需要广阔的跨语言的类型学事实背景;只有在类型学事实的基础上,才能有语言之间的对比和比较,才能界定语言之间的变异范围 McCarthy & Prince(1993)。正是依赖类型学事实,优选论才能维持它的理论地位和理论价值。

　　McCarthy 认为,优选论的内在逻辑是类型学的(2002a):如果制约具有普遍意义,基础丰富假设(richness of the base)保证语素的底层表达(或输入项)具有普遍意义,那么语言之间的差异来源只有一个,即制约的层级排列不同。优选论通过制约层级的计算获得语言共项,如果计算不能推导出某个语言共项 P,那么具有P特点的语言是不存在的,因此是不可知的,也是儿童无法获得的。

　　优选论区分和定义两类制约:一类是忠实类制约,简称 F-制约;另一类是标记类制约,简称 M-制约。F-制约要求语素的表层形式与其底层形式全等,这个语素的表层形式是其底层形式"忠实"再现,如果表层音系形式和底层音系形式全等,那么,F-制约得以满足。

优选论定义的 M -制约值得讨论。在不同的理论里,"标记"有不同的含义。一般而言,标记的有无或标记程度的高低与某个语音形式是否常见、分布范围的大小、出现频率的高低、是否出现在中和位置、儿童获得时间的早晚等类型学参数有关。在优选论里,标记性被赋予语法地位,其假设是,语音系统类型的标记特点反映了以制约为形式的音系语法知识;音系语法的实质是包含标记性在内的高度概括的制约。以此假设为基础,优选论的逻辑是,如果标记性是音系语法里的成分,那么,在具体语言里,标记性的语法对应物是层级排列中那些可被违反的制约。处于不同层级排列的制约通过交互作用推导出具体语言特有的形式(**McCarthy & Prince** 1993a;**Kager** 1999)。

由于类型学概括以经验观察或统计为基础,因此类型学的标记概念体现了语音和功能。以作为语言知识的、以标记性为基础的制约解决了音系语法和语音行为之间的关系。在优选论里,自然性问题和解决自然性的方法分离开了:自然性表现为 M -制约,解决自然性的方法是 M -制约的相对层级排列。因此,决定语音系统类型的语音原则可以得以直接体现:制约体现语音的自然性程度,层级排列决定不同自然程度结构在具体语言里的可能性。①

F -制约和 M -制约在本质上是对立的:前者要求表层形式和底层形式全等,后者则要求表层形式是无标记形式或弱标记形式。

然而,在许多情况下,类型学观察与优选论 M -制约的假设是不一致的。例如,大多数语言有舌尖齿龈清塞音 / t / ,但夏威夷语却没有 / t / ;CV 型的音节结构是自然语言中最普遍和基本的音节结构类型,但语言也有 CVC 和 CCVCC 这样标记程度较高的音节

---

① 　对于优选论来说,正如 McCarthy(2002a)所承认的,语音事实如何通过标记程度获得具有音系符号意义的制约仍然是一个没有得以解决的问题。

结构类型；词缀趋于在词的两个边缘位置上出现，表现为前缀和后缀，但有些语言却又有标记程度较高的中缀。既然 CV 类型的音节结构是标记性最弱的，那么为什么世界上所有语言的音节并不都是 CV 类型的？既然词首或词末是词缀语素出现的无标记位置，那么为什么有些语言还有中缀呢？

对于这类问题，优选论认为，需要检讨的不是优选论自身的假设，而是诸如此类的所谓普遍现象或无标记项本身。在优选论看来，所谓的无标记性，事实上是低水平观察的结果，其原因在于，这些无标记项都是单一维向或单一层次上的无标记项。例如，说 CV 是无标记音节结构仅仅是把 CV 型音节同其他类型的音节比较而言的，说前缀或后缀是无标记项仅仅是从语素分布的线性位置角度考虑的。传统类型学里所谓的普遍现象仅仅是某个单一维向或单一层次上的普遍现象，而不是多维向或多层次标记类概括相互作用或共同作用的结果。这也就是说，以往建立普遍现象的原则和方法的主要缺陷在于完全忽视了语言各个维向或各个层次之间的联系和相互作用，而优选论所说的无标记或弱标记形式，是语言各个维向和各个层次相关 M-制约共同作用的结果。

在普遍现象和标记性问题上，优选论克服了类型学孤立地看待标记性的缺陷。在优选论里，语言各个维向或层次之间的相互作用表现为不同范畴的制约之间的交互作用。例如，在同一制约层级体系内，可以既有作用于音段的制约，也有分别作用于音节结构和语素结构的制约，对同一表层形式分别提出不同范畴的而且可能是相互冲突的要求或限制。这些属于不同范畴的制约之间的交互作用，正是语言各个维向和各个结构层次相互联系和作用的具体体现。因此，作为语言不同维向和不同层次共同作用结果的，不是以往类型学所理解的"尽善尽美"或"十全十美"的无标记结构或形式。从这个意义上说，优选论加深了对类型学事实的理解，赋予标记理论新的内容。

10.2.3　优选论的分析框架

在结构上，优选论的分析框架并不复杂，如（1）所示（McCarthy & Prince 1993a）：

（1）
$$
\text{输入项} \rightarrow \text{生成装置} \rightarrow
\begin{matrix}
\text{候选项1} \\
\text{候选项2} \\
\text{候选项3} \\
\text{候选项n} \\
\text{候选项n+1}
\end{matrix}
\rightarrow
\boxed{
\begin{matrix}
\text{制约} \\
\text{层级} \\
\text{体系}
\end{matrix}
}
\rightarrow \text{优选项}
$$

体系 ={制约$_1$>制约$_2$>⋯>制约$_n$}

根据 McCarthy & Prince（1993a）的假设，生成装置（generator，简称 Gen）是普遍语法的组成部分，每一种语言都有这个生成装置。它的作用是为特定的输入项（input），即词项或语素的底层表达形式，生成无限数量的表层表达形式（又称输出项或候选项），即生成候选项的无限集合（infinite set of candidates）。生成装置的唯一功能是生成不同形式的输出项。"虽然生成装置可以满足实际分析的需要，但因尚不清楚其特点而无法对它定义。根据假设，生成装置普遍存在于每一种语言里。也正是如此，我们只有在了解到每一种语言里的每一种音系变异情况之后才能充分认识生成装置的特点。然而，这在目前是一件不可能的事情。……目前我们只能采用一种稳妥的方法，即赋予生成装置那些音系分析所要求的具有广泛基础的特点"（McCarthy & Prince 1993a：20）。

生成装置不受任何限制，享有"自由分析"原则（freedom of analysis）。根据"自由分析"，生成装置制造的候选项在结构的多样性、范畴的多样性和数量上不受任何限制。"自由分析"允许生成装置制造出任何一种音系结构或任何一种音系单位，如特征组合、音段、音节结构、音步或韵律词。优选论没有改变音系结构的音系规则，也没有起补救作用的(再)调整规则，所以自由分析对制约层级体系的评估和选择功能起着最终的保障作用，以确保输出项集合包括符合语法的表层形式—优选项。^① 这就是说，"自由分析"保证每一个语素的符合语法的候选项必定包含在候选项无限集合之中。

那么，如何构拟或确定底层音系表达的形式呢？在优选论里，对语言(表层)形式唯一具有解释作用的是制约层级排列。那么，底层表达形式将不再具有解释作用。但是，如果考虑到 F-制约的要求，回答这个问题的前提是，语素的底层音系表达一定是有结构特点的。这是因为，对满足或违反 F-制约的评估需要把表层形式和底层形式加以对比。

这个问题不仅涉及 F-制约对表层形式的评估必须比较相应的底层形式，而且，更重要的是，构建底层形式还涉及儿童是如何构建语素的底层音系形式。为此，**Prince & Smolensky**(1993：192)提出了词项优化假设(**Lexicon Optimization**)，给出如下：

根据一部语法 G 的分析，假设几个不同的输入项 $I_1, I_2, \cdots, I_n$；这些输入项分别与输出项 $O_1, O_2, \cdots, O_n$ 对应；所有这些输出项有着同一个语音形式 Φ，也就是说，对于 G 来说，这些输出项在语音上是等值的。然而，这些输出项中有一个最和谐(most harmonic)的输出项，即最低限度地带有违反(制约层级体系)标记的输出项：

---

① 除了"自由分析"，早期的优选论(McCarthy & Prince 1993a)还提出了包含原则(containment)和信息一致性原则(consistency of exponence)。包含原则要求输入项的成分必须包含在每个候选项中，禁止生成装置删除输入项中的成分。优选论允许底层表达中的音系成分可以以零形式在表层表达上出现，但这和删除输入项中的成分不是一码事。信息一致性指的是，生成装置仅仅具有音系功能，禁止生成装置改变语素的语义信息。生成装置可以在候选项里增添某些语音材料，但不管增添了什么，它们都不是语素的组成部分。包含原则和语素信息一致性原则实际上是对分析随意性原则的限制，生成装置不论制造出什么样的候选项，它们必须包含输入项已有的语素单位，不得改变输入项的语素信息。后来的对应论(Correspondence Theory)(McCarthy & Prince 1995a)放弃了包含原则。

假设这是优选项 O_k。那么,和 O_k 的语音形式 Φ 对应的底层表达 I_k 就是语言学习者应当选择的底层形式。

儿童在音系获得过程中能够感知到的仅仅是词项的语音形式,因此可以假设,词项的底层表达形式是根据相对应的表层表达形式经过推导构建的。根据词项优化假设,词项的底层表达形式应当尽可能地和表层表达形式一致,尽可能不偏离表层表达形式。对于同一词项来说,音系分析构建的底层表达形式应当等同于儿童在音系获得过程中构建的底层表达形式。词项优化假设看起来同 SPE 理论中的语素结构条件(Morpheme Structure Condition)或词项羡余规则(Lexical redundancy Rule)相似,但是有所区别。词项优化假设允许语素底层形式含有羡余信息,而语素结构条件和词项羡余规则要求语素底层表达排除所有羡余信息。此外,根据词项优化假设,如果从制约的层级排列和词项底层表达形式的构建二者关系角度看,儿童语言获得过程是一个随着所感知到的同一语素的不同表层形式在数量上的不断增加,而不断地调整补充制约层级体系和不断地重新构建词项底层表达的过程。

词项优化假设"词项的底层表达形式应当尽可能地和表层表达形式一致",实际上是对底层表达的一种限制。

在理论上,因为具有解释作用的仅仅是对表层表达形式加以限制的制约,底层表达的结构特点不再具有解释作用,为此,Flemming(1995)和 Burzio(1996)提出取消底层表达的主张。[①]McCarthy(2003a)进一步提出"基础丰富性假设"(Richness of the Base,简称 ROB)。根据这一假设,语素底层表达的形式不受任何属于具体语言的制约或原则的限制。McCarthy 认为,"基础丰富性"解决了一系列具有理论价值和分析意义的问题。首先,词项优

---

① 这是在对应论(McCarthy & Prince 1995a)的背景下提出的。对应论不仅保留了早期优选论以 I-O(输入项-输出项)对应关系为基础的 F-制约,而且把对应关系限制扩展至 O-O(输出项-输出项)之间的对应。

化假设不再是对底层表达形式的限制,而是可以视作对儿童词项获得过程的描述;其次,"基础丰富性"维持了底层表达在音系理论的地位,坚持了从结构主义音系学、经典生成音系学到形式主义优选论的一贯假设:语素有抽象的和具体的两个基本表达层次。更重要的是,"基础丰富性"解决了规则推导法中长期存在的"底层表达形式不确定"问题和"语法双重性"问题。关于第一个问题,McCarthy 认为,底层表达不确定性源于规则推导法中对底层表达的限制;对于第二个问题,除了作用于语素表层表达形式的制约,语法里没有其他任何东西具有解释作用。

从经典理论坚持音系表达的结构具有解释作用的角度看,"基础丰富性"的理论后果是削弱了底层音系表达层次的解释作用;对底层表达中结构和形式特点的概括不再是音系分析追求的目标。

早期的优选论虽然保留了底层表达和表层表达两个基本层次,但是取消了规则推导法里的中间表达层次,生成装置生成的无限数量的候选项被一次直接投射至制约层级体系;制约层级体系对所有的(无限数量的)候选项同时进行平行式(parallelism)评估。① 从理论上讲,集合里的候选项都是潜在的表层表达形式。所有的候选项必须经过制约层级体系的评估(evaluation)和选择(selection),看哪一个候选项最大限度地满足制约体系的要求和限制。经过评估,最大限度地满足制约的候选项被确定为优选项(optimal candidate, optimal output),即符合语法的表层表达形式。

---

① Prince & Smolensky(1993)提出两种可能评估方式。第一种称为序列式(serialism)评估。序列式评估指的是生成装置为某个输入项提供一批候选项,这些候选项经过制约层级体系的评估后选择出优选项,优选项然后被反馈到生成装置,产生了另一批候选项,再次经过制约层级体系的评估,选择出更加理想的优选项,如此循环,直到选出来的优选项没有改进的余地。第二种评估方式是平行式评估。Prince & Smolensky 认为,序列式评估不仅保留着以规则推导法的残余,例如把候选项反馈回生成装置的过程和起着修补作用的调整规则没有实质性的区别,而且有悖于优选论的制约可被违反的原则。把候选项反馈回生成装置意味着制约是不可违反的。为此,Prince & Smolensky 认为,评估应该是平行式的。

优选论用一次性同时直接映射机制取代了规则推导法里的音系规则按序推导,取消了中间表达层次。这一映射方式导致优选论产生诸多推导问题,其中最严重的问题是无法识别音系晦暗形式。我们在 10.3 节里详细讨论晦暗性问题。

不同的制约可能对同一候选项提出对立的要求或限制。在这种情况下,即使优选项也不可能满足所有的制约,只能以违反层级较低的制约为代价来满足层级较高的制约的要求。制约层级排列是解决制约的对立的方式。对候选项的评估和选择以及符合语法的表层表达形式的解释由制约层级体系完成。

根据对候选项提出要求的性质,制约分成偶值的(binary constraint)和非偶值的(non-binary constraint)两类。偶值制约提出“是”或“否”的要求或限制,例如对增音和音段脱落的限制,因此它对候选项的评估是绝对的(absolute evaluation);而非偶值制约提出“最好是”或“最理想的是”之类的要求或限制,例如对构成音节核音段响度的要求,因此对候选项的评估属于等级评估(scalar evaluation)。

10.2.4 分析实例

优选论首先应用于构词-韵律的交互作用研究(McCarthy & Prince 1993a),随后被应用到音系研究各个领域。

我们首先考察一个经典的分析实例。在他加禄语(Tagalog)里,音节结构是 VC(V=元音,C=辅音)的词缀总是出现在词根的第一个元音之前,例如词缀 -*um*-:

(2) 词干   词缀 -um-
    alis   um-alis   离开
    sulat   s-um-ulat   写
    gradwet   gr-um-adwet   毕业

从分布上看,词缀-um-到底是前缀还是中缀呢? 在 sulat 和 gradwet 里,-um-出现在词根内部,把词根一分为二。这又是为什么呢? 退一步看,如果假设这种语言要求音节必须有音节首音,那么为什么在 s-um-ulat 中-um-出现在单个辅音 s 后边,而在 gr-um-adwet 中-um-却必须出现在辅音丛 *gr*-的后边?

与词缀-um-分布相关的制约层级排列是(≫表示层级排列高于):

（3）No-coda ≫ Align[-um-]：[Prwd]$_{left}$

No-coda 要求音节无尾音,即音节化的结果是开音节;Align[-um-]：[Prwd]$_{left}$ 要求词缀和韵律词的左边界同界(alignment)。在他加禄语里,No-coda 的层级排列高于 Align [-um-]：[Prwd]$_{left}$。

以 gradwet 为例,具体分析如竞选表 10.1 所示(给出的是符合语法和最接近符合语法的候选项,其他候选项省略):

表 10.1　输入项：⟨gradwet⟩,⟨um⟩

候选项		No-coda	Align[-um-]：[Prwd]$_{left}$
a.	um-.grad.wet	*** !	
b.	g-um-.rad.wet	*** !	*(g)
c. ☞	gr-u.m-ad.wet	**	** (gr)
d.	grad.w-u.m-et	**	***** (gradw)!

No-coda 和 Align([-um-]：[Prwd]$_{left}$)对-*um*-提出不一致的要求:如果满足 Align,-um-出现在词首,即 *umgradwet,而这个形式违反 No-coda;如果-um-出现在词干里某个元音前边,虽然满足

No-coda，但违反 Align。因为在他加禄语里，No-coda 的层级排列高于 Align，grumadwet 最大限度地满足了制约系统的要求，所以是符合语法的表层表达形式，成为优选项。分析说明，-um-是前缀，它出现在非词首位置，只不过是为了满足 No-coda 要求而被"挤进"了词根。

再以玛基语（Margi）变调现象为例说明优选论的分析方法（Pulleyblank 1996）。玛基语单音节动词词根的底层声调见(4)：

（4）低平调　L　　ptsa^L　　烤　　pci^L　　洗
　　　高平调　H　　ta^H　　　煮　　pa^H　　修理
　　　升调　　LH　hə^{LH}　长大　fi^{LH}　肿

此外，玛基语没有降调的单音节动词词根（用元音右上角的 HL 表示）：*CV^{HL}。在双音节动词词根里，两个音节的声调序列有三种情况：

（5）a. 两个连续的低平调：　　　　　tsa^{L}vc^L　　戳
　　　b. 两个连续的高平调：　　　　　ŋgu^{H}li^H　　吼
　　　c. 一个低平调后跟一个高平调：　ŋgu^{L}shi^H　笑

但是没有一个高平调后跟一个低平调的声调序列：*CV^{H}CV^L。

玛基语有一类动词后缀在底层表达中没有声调，例如后缀 *-na*，从其表层表达的声调看，它们与词根声调有关系，具体表现为：(a) 当接缀在低平调词根后时，后缀是低平调；(b) 当接缀在高平调词根后时，后缀是高平调；(c) 当接缀在升调的词根后时，后缀是高平调，但词根的升调变成了低平调。例如：

（6）a. 低平调词根　ptsa^L＋na　→　ptsa^L-na^L
　　　b. 高平调词根　ta^H＋na　　→　ta^H-na^H
　　　c. 升调词根　　hə^{LH}＋na　→　hə^L-na^H

此外,高平调的单音节词根后面不出现低平调的后缀:
$^*CV^H+CV^L$。

从观察的角度看,如果把升调和降调看作高平调 H 和低平调
L 的组合,玛基语里没有 $^*CV^{HL}$(降调的单音节词根), $^*CV^HCV^L$
(一个高平调后跟一个低平调的双音节词根)和 $^*CV^H+CV^L$(高平
调的单音节词根接一个低平调后缀),因此得出音系词内没有 HL
声调序列的结论,即 $^*HL$。Pulleyblank 提出了包括下列制约的层
级排列以求解释玛基语中各种可能的声调序列和不存在的 $^*HL$
序列:

(7) $\textsc{Align}[H]_{Right} \gg \textsc{Faith}[H] \gg \textsc{Faith}[L] \gg \textsc{Align}[H]_{Left}$

F-制约 $\textsc{Faith}[H]$ 和 $\textsc{Faith}[L]$ 要求底层声调 H 和 L 在表层忠实
再现。M-制约 $\textsc{Align}[H]_{Right}$ 和 $\textsc{Align}[H]_{Left}$ 要求 H 分别同词的
右边界和左边界对齐。以升调词根接无声调后缀 $-na$($hə^{LH}+na \rightarrow$
$hə^L\,na^H$)为例说明分析过程,如表 10.2 所示。[①]

表 10.2

输入项:
$$\begin{bmatrix} L & H \\ & \\ h & ə & + & na \end{bmatrix}$$
优选项:
$$\begin{bmatrix} L & H \\ | & | \\ h & ə & n & a \end{bmatrix}$$

候选项	$\textsc{Align}[H]_{Right}$	$\textsc{Faith}[H]$	$\textsc{Faith}[L]$	$\textsc{Align}[H]_{Left}$
a. $hə^H\,na^L$	*!			
b. $hə^{LH}\,na$	*!			*
c. $hə\ ^{HL}na$	*!			
☞ d. $hə^L\,na^H$				*

---

① 优选论虽然不关心表达的形式特点,但也不反对采用非线性表达方式。

候选项	ALIGN[H]$_{Right}$	FAITH[H]	FAITH[L]	ALIGN[H]$_{Left}$
e. hə^H na^H			*!	
f. hə^L na^L		*!		

候选项 a，b，c 违反了层级排列最高的 ALIGN[H]$_{Right}$。候选项 e，f 分别违反了层级排列较高的 FAITH[H]和 FAITH[L]。候选项 d 虽然违反了 ALIGN[H]$_{Left}$,但满足了所有较高层级排列的制约,因此成为优选项。

　　在规则推导法里,要解释玛基语里各种声调现象,必须首先假设这种语言的(底层)声调系统中不允许降调,并且假设在音系词范围内不允许有 HL 声调序列。在优选论的分析框架里,一方面,同一制约层级体系不仅能够说明玛基语里各种实际存在的声调现象,而且概括性地解释了该语言中不可能的声调和声调序列;另一方面,虽然对声调和声调序列的分析无须对底层表达中的声调序列做任何假设,或者对底层表达中的声调序列做任何假设,但制约层级体系总是能够排除各种不符合语法的表层形式,挑选出符合语法的表层形式。

10.3　优选论的发展

　　在规则推导法中,若干条音系规则的连续应用,把语素底层表达形式逐步推导成相应的表层表达形式,推导过程的中间阶段表达层次不仅是规则应用的逻辑必然,而且具有解释作用。连续推导过程中出现一些因音系规则相互作用出现的现象,即连续推导效应,其中主要包括音系晦暗、链移(chain shift)、推导环境效应(Derived Environment Effect)、祖父效应(Grandfather Effect)、非重复性过程(non-iterative process)、融合悖论(coalescence paradox)和转圈式推导(Duke of York derivation)等现象。所有这些现象都与中间阶段音系表达有关。那么,作为规则连续应用的逻辑必然和具有解释作用的中间阶段音系表达,如何在没有中间表达层次的优选论框架中再现,变成了优选论面临的难题之一。为了解决包括音系晦暗在内的各种连续推导效应,优选论作出一系列的尝试,其中主要包括有限和谐序列论、层面优选论、对应论、共感论、比较标记理论、局部组合论和候选项链论等多种方法。[①]

音系晦暗现象是最典型的规则连续推导效应。晦暗性有两种基本表现形式(McCarthy 1999)。一种是表层非显(not surface apparent):规则 R 是在推导过程中某个顺序在先的阶段上应用的,而随后其他规则的应用掩盖了规则 R 的结构描写或结构变化,导致表层形式不能反映规则 R 在推导过程中所起到的作用。晦暗性的另一种形式是表层非真(not surface true):音系概括常常为表层非真。

根据规则推导法的理解,晦暗性是音系规则之间作用关系的产物:顺序在先的规则应用或音系概括被顺序在后的规则的应用结果掩盖,从而在表层上没有得到反映(表层非显)或者没有得到真实的反映(表层非真)。

在规则推导法里,推导过程中间阶段的规则之间的相互作用是晦暗现象的唯一来源。然而,对于否定连续推导过程存在中间阶段、主张一次直接映射,同时又完全依赖作用于表层表达的制约来说,如何在现有的分析框架内逻辑地再现推导中间表达层次和其解释作用,便成为优选论必须解决的问题。下面仍然使用反阻断关系说明晦暗性对优选论的理论意义。

我们首先认定 $R_1(C{\rightarrow}D/\,A\underline{\quad})$ 和 $R_2(A{\rightarrow}B/\,\underline{\quad}C)$ 都是为了避免出现有标记输出项而发生的音系过程,因此,AC 是有标记形式,据此假设语法里有 $^*AC$ 和 $^*BC$ 两条标记类制约。此外,再假

设一条与标记类制约相冲突的忠实类制约。根据阶乘类型原理，三条制约构成 6 种语法。如果假设忠实类制约的层级排列最低，并且假设 *AC 和 *BC 之间存在无冲突可能性，那么得到三个 CH，如(8a)、(8b)和(8c)所示：

(8) a. *AC：*BC＞F　b. *AC＞*BC＞F　c. *BC＞*AC＞F

表 10.3 里的(a)、(b)、(c)分别是三个 CH 对候选项评估和选择的结果。

表 10.3　输入项：/AC/

(a)	*AC	*BC	F	(b)	*AC	*BC	F	(c)	*BC	*AC	F
[AC]	*!			[AC]	*!			[AC]		*!	
☞[BD]			**	☞[BD]			**	☞[BD]			**
[BC]		*!	*	[BC]		*!		[BC]	*!		

这里，显突的问题是，不管标记类制约 *AC 和 *BC 如何排列，[BD] 始终是优选项。这就是优选论在处理诸如反阻断关系晦暗现象时所面临的困难：一方面，由于缺少中间表达层次，制约无法检测来源于中间表达层次的晦暗性，即不存在晦暗的表层形式；另一方面，由于演算方式的局限，无法推导出符合语法的晦暗输出项。如果把规则法和制约法加以对比，问题更清楚了：在优选论框架内，静态的制约关系体系无法通过形式化的演算方式，再现动态的推导过程中反阻断关系表现出来的清晰的推导步骤和确定的推导结果。进一步看，优选论以结构类型预测为其理论终极目标，试图通过同一组制约的不同层级排列推导出不同类型的结构。但是，正如表 10.3 所显示的，同一组制约的不同层级排列并没有推导出不同的符合语法的结构类型。不能从理论上说明晦暗现象意味着优选论在概括、解释

和预测方面存在严重的局限性。McCarthy(1995)承认,如果不能解决晦暗性问题,优选论将失去可靠的基础。

　　针对晦暗性问题,研究者给出多种说法,归纳起来说有两类。第一类是,晦暗性是音系规则推导的必然产物,对于否认音系规则和中间表达层次的优选论来说,晦暗性是一个根本无法解决的问题(Halle & Idsardi 1997;Idsardi 1997;Noyer 1997;Bradshaw 1999;Chomsky 2004 等),因此,优选论不可行。第二类观点是,晦暗现象是客观存在的,优选论需要提出新的方案,通过形式化方式说明晦暗形式和其他连续推导效应。这里主要讨论第二类观点。为了解决晦暗性问题,优选论提出的方法主要包括有限和谐序列论、层面优选论、对应论、共感论、比较标记理论、局部组合论和候选项链论。以下各节简要讨论这些试图处理音系晦暗的方法。

10.3.1　有限和谐序列论

　　既然晦暗形式是中间表达层次的产物,那么,解决问题的关键是如何在已有的分析框架内建立一个具有理论基础的和符合逻辑的中间表达层次,把一次性映射改为多次映射便可以获得若干个中间表达层次,为再现晦暗形式提供表达层次的基础。为此McCarthy(2000)提出了有限和谐序列法(limited harmonic serialism,简称序列法),其基本思路可用(9)中的图表示(McCarthy 2000:2):

(9)

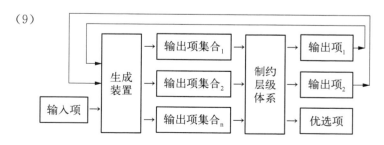

根据序列法,输入项首先被生成装置推导成 输出项集合₁ ,集合里所有候选项受到 制约层级体系 的评估;通过评估选择出最和谐的 输出项₁ ;最和谐的输出项不一定是最终优选项。 输出项₁ 又被送回生成装置,经过生成装置再次作用被推导为 输出项集合₂ 。同一 制约层级体系 对 输出项集合₂ 中所有候选项再次评估,选择新的最和谐的 输出项₂ 。如此反复,直至第 n 次和第 n+1 次选择的两个最和谐候选项全等,这个最和谐候选项是最终的优选项。

序列法通过 生成装置 的多次作用和 制约层级体系 的多次评估获得最和谐输出项的方式,来表现推导过程的中间表达层次的音系形式(如 输出项₁ 和 输出项₂)。由于推导过程中间层次音系形式可以通过每次循环中的最和谐项表现出来,因此,从逻辑上讲,序列法能够再现晦暗的音系形式。

然而,循环推导-评估的机制有悖于早期优选论关于输出项集合和生成装置功能的定义。在 输出项集合₁ 中,最和谐项并不一定是优选项,意味着 输出项集合₁ 是一个有限集合,并不是一个无限集合。据此可以推测,生成装置的功能受到了限制,这又有悖于分析自由原则。至此,序列法需要解决生成装置的内部结构以及对其功能加以限制的问题。为了最大限度地满足分析自由原则,McCarthy(2002a)建议生成装置的功能仅仅包括最基本的音系机制,如增添或删除联接线或音系成分。然而,进一步的问题是,如果限制生成装置的功能,那么势必要对输入项的音系表达形式加以限制。但是,限制输入项的做法又有悖于基础丰富性假设。更严重的是,限制输入项的做法也违背优选论的基本假设:语法里唯一具有限制和解释作用的只能是作用于输出项形式的制约体系。显然,仅为解决包括晦暗性在内的连续推导问题,优选论的序列法需要重新考虑基本假设和原则,理论代价过大。

10.3.2　层面优选论

　　为了再现中间表达层次并以此解决晦暗性问题,Potter
(1994)和Rubach(1997)等人提出层面优选论(Stratal OT),试图
采用词库音系理论（Kiparsky 1982a）里的层面概念来构建中间层
次,构成一个由若干个制约层级体系组成的多层面推导过程。在
词库里,每个由特定的制约体系构成的层面相当于一个表达层次。
层面优选论的推导过程如(10)所示:

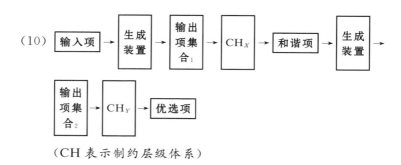

（CH 表示制约层级体系）

根据这个模型,CH_X 对 输出项集合₁ 里所有的候选项进行评估
并选择一个和谐项;该和谐项再次被生成装置制造出
输出项集合₂,CH_Y 再对 输出项集合₂ 里的所有候选项进行评估
选择,经过 n 次生成-选择的循环,最终获得 优选项。CH_X 和
CH_Y 是不同的制约体系。每个 CH 定义一个层面,据此, 和谐项
就是 CH_X 层面推导出来的中间层次的表达形式。
　　层面优选论试图通过中间层面上的音系表达形式(和谐项)
解释晦暗性。仅从技术角度看,这种"多层面有序推导＋制约"的
做法有可能涉及音系晦暗现象。然而,从理论角度看,层面优选论
导致一系列的后果。第一,每个制约层级体系(CH)是一部音系语
法;如果推导过程需要多个制约层级体系,那意味着一种语言有

多部语法。这涉及语法构建原则是否允许一种语言有若干部语法的问题。第二，语法理论应当说明整个推导过程由几个层面组成，但是层面优选论没有给出明确的说法。第三，作为中间层面的制约层级体系的定义缺少语言结构方面的基础。在词库音系学中，每个层面是由特定的语素范畴或形态过程定义的，具有明确的范畴和结构属性。但是，层面优选论的层面是一个缺少范畴或结构属性的"大杂烩"。第四，从第三个理论后果可以推出，如果每个层面是一个缺少范畴和结构属性的混合体，那么，语法理论将难以在各个层面之间建立起与结构和形式有关的逻辑关系。

层面优选论有不同的版本。其中有些方案虽然名称上不叫层面优选论，但实质内容与层面优选论相似。Booij(1997)采用词库音系学所定义的层面，用制约的层级排列取代每个层面上的规则。这种做法虽然避免了层面定义的语言学基础问题，但仍然存在一些难以解决的理论问题。例如，词库音系学(Kiparsky 1982)区分对语素信息敏感的词库音系规则和对语素信息不敏感但对句法信息敏感的后词库音系规则。然而，对于仅仅作用表层表达语音形式的制约来说，如何识别并参考仅存在于抽象层次上的语素、形态和句法信息仍然是一个需要回答的根本性问题。

事实证明，在处理音系与形态模块的接口问题上，语言描写必须承认中间层面的存在，必须引入串行模式的推导。据此，Booij(1997)、Bermudez-Otero(1999)和Kiparsky(2008)等主张把优选论的评估机制和词库音系学的层面顺序假设相结合，把推导过程引入优选论语法框架内，用连续推导取代一次平行映射。这一理论被称为词库音系-形态优选论(Lexical Phonology Morphology-OT)。在这个理论里，每个构词成分提供一个音系层面，每个音系层面上有一套制约的层级排列。层面 n 的输出项进入到 n+1 层面，并成为该层面的输入项成分，受到这一层面制约层级排列的评估筛选。词库音系-形态优选论继承了词库音系学的形态-

音系交叉互动模式,将音系分成多个串行排列的子模块,(11)是该理论的模型:

(11) 词库音系-形态优选论的推导过程

输入项
↓
层面n优选评估机制
⋮
↓
层面n+1优选评估机制
↓
输出项

　　词库音系-形态优选论弥补了优选论在形态-音系接口理论上的不足,提高了优选论的解释力,显示出一定的发展潜力,但是这种结合也面临一系列问题。首先,在词库音系理论中,每个词库层面是由特定构词过程进行定义的,音系规则由于所在层面不同而具有不同的性质;在优选论框架下规则被制约取代,制约是否以及如何受到构词层面的限制? 其次,在词库音系-形态优选论框架下,词库音系学理论中的结构维持等重要概念都无法得到体现。因为优选论的制约仅仅应用于词项表层形式,对底层形式没有任何限制作用,而词库音系学中的上述概念都是要求对底层表达形式加以限制。最后,词库音系学的词库层面内部可能存在多条音系规则,而词库音系-形态优选论中的每个层面只有一套评估机制,两者并不能完全对应。

10.3.3　对应论

　　由于优选论的制约仅能识别和判断表层形式,因此无法触及抽象层面上的音系晦暗,也无法描述词库内部发生的形态-音系交互作用。为了再现抽象层次上的晦暗形式,也为了描写形态-音系交互作用,优选论提出了对应概念(correspondence)和"输出项与输出项的对应理论"(Output-Output Correspondence Theory;简称 O-O 对应论)(Benua 1997)。[1]

O-O 对应论试图通过词项的聚合关系来描述由形态过程或语素结构引发的音系过程。例如,音系表达[[A]$_x$ B]$_y$(A 和 B 是不同的语素且存在语素结构关系)会触发音系过程并得到输出形式 AC,而单语素词项[AB]不会触发同一音系过程。关于语素结构差异是否引发,或是否引发不同的音系过程的问题,词库音系学早有合理的解释。但是,在优选论框架下,音系过程会被过度应用,即[[A]$_x$ B]$_y$和[AB]的输出项都是 AC。对此,O-O 对应论的解决方法是,在输出项形式 B 和[AB]的输出项之间建立联系,采用 F-制约(O-O 忠实)使 AB 的输出项最大限度地与词项 B 保持一致;这类 F-制约的层级排列要高于触发音系过程的 M-制约 *AB。据此,候选项 AC 被淘汰,AB 被选择为优选项。如表10.4 所示。

表 10.4

输入项:[[A]$_x$ B]$_y$ 对应输出项:[B]	O-O 忠实	*AB	I-O 忠实
☞AB		*	
AC	*!		*

---

① O-O 对应论是在优选论 I-O 对应假设基础上提出来的。在早期优选论里,F-制约要求输出项全等于输入项,这实际上就是 I-O 对应。O-O 对应论在保留 I-O 对应的同时,把对应关系范围扩展至输出项和输出项之间。在同一(类)语素的推导过程中,两种 F-制约所要求的对应关系如下所示:

　　a. 要求 I-O$_x$ 之间对应　(即 I-O 对应)
　　b. 要求 O$_x$-O$_y$ 之间对应　(即 O-O 对应)

起到中间层次音系形式作用的是输出项 O$_x$;两种 F-制约出现在同一制约层级体系内,I-O$_x$ 对应和 O$_x$-O$_y$ 对应的 F-制约分别对候选项进行评估。对应论坚持一次映射和平行评估的方式,把两步推导合并为一步。输出项 O$_x$ 具有中介作用,充当中间层次语素音系形式的角色。

理论论证和经验事实证明 O－O 对应论是失败的。第一,该理论的生成能力过强,产生许多现实语言里根本不存在的形式(Idsardi 2000)。第二,这一理论在对应输出项的选择上存在任意性,缺少必要的原则和语言学基础(Kenstowicz 1996),从而造成计算障碍(Bermudez-Otero 2003)。第三,该理论与公认的儿童音系获得过程不符,在理论上造成音系获得障碍,输出项与输出项之间的对应缺乏相应的学习理论(Kiparsky 2007)支持,因此不具可学性。O－O 对应论失败的关键在于,该理论为了维护优选论的一次映射和平行评估模式,用语言成分的聚合(paradigmatic)关系取代组合(syntagmatic)关系,用输出项与输出项的一致关系取代音系规则的循环性,表层形式之间的"忠实"不能说明词库内形态与音系之间的动态过程,也没有触及推导过程导致的晦暗性。

10.3.4　共感论

共感论(sympathy theory)是优选论专门为处理音系晦暗性提出来的(McCarthy 1999)。如前所述,通过形式化方式建立一个反映晦暗形式来源的中间层次是解决晦暗性问题的关键。共感论的特点是把对应论定义的对应关系扩展至来自同一输入项的不同候选项之间,通过在不同候选项之间以及它们同输入项之间建立对应关系,通过静态的对应关系网络再现含有中间层次的动态推导过程。

共感论的具体做法是,在候选项集合中选择一个被称为"共感项"(sympathetic candidate)的候选项,通过共感项把优选项和输入项联系起来。共感项能够体现中间层次上的晦暗形式。在具体分析中,关键的步骤,一是确定共感项,二是在共感项、优选项和输入项之间建立对应关系。

候选项集合 C 是无限集合。如果根据是否满足某一相关的 I－O 对应关系,即某一 F－制约,C 可以分为两个互不相交的子集:满足 F-制约的子集 $C_{(+Fi)}$ 和违反 F-制约的子集 $C_{(-Fi)}$。因为 C 是无限集合,其中肯定有一个等同于输入项的完全忠实项(fully faithful candidate,简称 FFC),所以子集 $C_{(+Fi)}$ 永远不会是空集。除了 FFC 以外,子集 $C_{(+Fi)}$ 还含有一个在和谐度方面仅次于 FFC 的候选项 $Cand_{sym}$。这个 $Cand_{sym}$ 就是共感项。需要说明的是,FFC 和 $Cand_{sym}$ 仅仅是根据某个 F-制约选择的和谐项,并不是候选项无限集合 C 里的优选项。

确定共感项的依据是制约体系内某个相关的而且层级排列较低的 F-制约。这个 F-制约叫作"选择器"(selector)。这里有两个问题需要说明。

第一,选择器必须是一个能够体现输入项-输出项对应关系的 F-制约。就其功能来说,这个体现 I-O 对应的 F-制约是维系语素的语义和音系形式之间关系的基础。从儿童语言获得角度看,这条 F-制约是语素底层表达形式可还原(recoverability)的依据。根据 Kaye(1974)的分析,表层非显晦暗性在还原底层形式的过程中起到作用。McCarthy(1999)引用了 Kenstowicz & Kisseberth 的(1979)研究,说明体现 I-O 对应的 F-制约和表层非真晦暗性相关。从语音和音系的关系角度看,晦暗性是纯音系规则之间作用的结果,而可透形式则往往有明显的语音学基础。从音系功能、儿童音系获得和音系与语音关系的角度看,作为语言学的一条基本原则,与 I-O 对应的 F-制约和推导过程、还原过程以及晦暗形式之间存在逻辑关系。因此选择体现 I-O 对应关系的 F-制约作为确定共感项的标准具有语言学基础。

第二,选择器的层级排列较低的问题。表层形式从底层形式的偏离以及语素变体交替的根本原因在于层级排列较高的 M-制约的作用。如果没有标记类制约的作用,语素将以某种固定不变的语音形式出现。如果作为选择器的 F-制约的层级排列过高,那么,满足这条 F-制约的候选项势必满足整个制约体系。这样一来,选择器将失去选择和确定共感项的作用,因此选择器的层级排列较低。

我们再来看在共感项、优选项以及其他候选项之间的关系。共感项和优选项之间存在共感关系,而共感关系决定优选项。共感关系的定义是,共感项与所有其他候选项之间的对应关系,这一对应关系体现为联接一个以共感项作为一个表达层次上的形式和其他所有候选项作为另一个表达层次上不同形式之间的 F-制约,这条 F-制约叫作共感[忠实]制约(sympathetic [faithfulness] constraint;简称共感制约)。共感制约作为制约体系的一员,与其他制约共同评估和选择优选项。最大限度满足了包括共感制约在内的制约体系的候选项是优选项。这里,分析的要点是确定共感 F-制约:它要求共感项在表层忠实再现。

共感论的分析过程有两个关键步骤:一是确定共感项,二是确定共感项、优选项和其他候选项之间的对应关系。确定共感项的依据是制约体系内的某个相关的而且层级排列较低的能够体现 I-O 对应的 F-制约,即选择器(用 ☆F 表示)。根据 ☆F,共感项(用 ✺Cand 表示)是一个在和谐度方面仅次于完全忠实候选项的候选项。共感项是推导法里的中间表达层次上的音系形式。根据 McCarthy(1999)的理解,共感项和谐度仅次于完全忠实候选项的原则符合 Chomsky(1995)提出的最简推导过程(the derivational path is minimized)假设。以共感项为基础,再选择一个能够反映共感项和所有其他候选项对应关系的共感 F-制约(用 ✺F 表示)。✺F 和其他制约共同评估和选择优选项。最大限度满足包括 ✺F 在内的制约体系的候选项是优选项。

下面举例说明共感论的分析。以讨论较多的亚维尔玛尼语的表层非显晦暗现象为例。亚维尔玛尼语表现出比较复杂的元音交替现象,如(12)所示:

(12)亚维尔玛尼语元音交替(McCarthy 1998:22)

　　a.开音节里长元音在闭音节里变短,例如:

　　　　词干底层形式　　　接后缀的词形
　　　　/pana:/　　　　　　[pana-l]　　　　　"也许到达"

　　b. 长高元音舌位降低，例如：
　　　　词干底层形式　　　接后缀的词形
　　　　/ʔili:/　　　　　　[ʔile:-hin]　　　　"扇（扇子）"

　　c. 长高元音在闭音节里变短而且舌位降低，例如：
　　　　词干底层形式　　　接后缀的词形
　　　　/ʔili:/　　　　　　[ʔile-l]　　　　　"也许会扇"

根据规则推导法，[ʔilel]的推导过程如(13)所示：

(13) 底层表达：　　　　　　/ʔili:-l/
　　　长高元音降低规则：　　ʔile:l
　　　长元音变短规则：　　　ʔilel
　　　表层表达：　　　　　　[ʔilel]

表层形式[ʔilel]是非显晦暗形式：长高元音降低规则的应用结果被长元音变短规则的应用结果掩盖。如果采用传统的制约分析，优选项[ʔilel]是不符合语法的形式；如果采用共感分析，优选项[ʔilel]则是符合语法的形式。分析如表 10.5 所示：

表 10.5　输入项：/ʔili:-l/

优选项：[ʔilel]

	/ʔili:-l/	*[μμμ]ₒ	LONG/ -HIGH	⊛ IDENT (high)	☆ MAX-μ	IDENT (high)
晦暗项	a. ☞ ʔilel				*	i*
可透项	b.　ʔilil			*!	*	
共感项	c. ⊛ ʔile:l	*!			√	*
FFC	d.　ʔili:l	*!	*!	*!	√	

从表 10.5 可以看出,除 FFC 之外,另一个满足作为选择器(用✸表示)的 F-制约 ✿ Max-μ 的候选项是[ʔile:l],而其他候选项都违反 ✿ Max-μ,因此[ʔile:l]是共感项(用⊛表示)。共感项⊛[ʔile:l]是一个中间阶段的形式。以共感项⊛[ʔile:l]和其他候选项之间的对应关系为基础,设共感制约⊛ Ident(high)并使其成为制约体系的一员。所有候选项经过制约体系评估的结果是,FFC 违反三条层级排列较高的制约,共感项违反了排列较高的 $^*[\mu\mu\mu]_\sigma$,可透项违反了排列较高的共感制约⊛ Ident(high),只有晦暗项[ʔilel]最大限度地满足制约体系,因此是优选项。

从上面分析可以看出,如果传统的 F-制约是第一条联接底层表达和表层表达的通道,那么,根据 I-O 对应 F-制约确定的共感项则是第二条联接两个表达层次的通道。共感项之所以被选中,其原因正是它满足了特定的 I-O 对应 F-制约,而优选项又势必在一定程度上与共感项相似,因此,如果说传统的 I-O 对应提供的一条联接底层和表层的直接通道的话,共感项则是联接两个层次的间接通道。在由制约构成的静态制约系统里,晦暗的表层形式能够以符合语法的形式获得优选项的资格。

McCarthy(1999)对具体语言现象的分析表明,除了表层非显晦暗,共感论还可以解决表层非真晦暗以及其他一些连续推导效应。

共感论是优选论为解决晦暗性问题作出的最有力的尝试。诚然,正如 McCarthy 所认为的,就处理晦暗现象而言,共感论并不是唯一可能的方法。此外,因为选择器的性质和来源仍然不十分清楚,所以在有若干个层级条件排列较低的 F-制约的情况下,对选择器的选择具有潜在的不确定性。选择器的性质和来源不清以及不确定性是共感论致命的问题。

根据 McCarthy(1999)的理解,通过某一忠实类制约 ✿ F 作为共感项选择器的语言理论基础是,F-制约是维系语素语义和音系形式关系的基础。从分析层面上讲,以往的研究表明,晦暗性与 F-制约相关。那么,为什么选择器只能来自 F-制约呢?

McCarthy 认为,在规则推导法里,晦暗形式是缺少语音学基础的纯音系规则运算的产物。根据优选论的假设,语法里只有两类制约:F-类和 M-类。前者基于语素的输出项等同于对应的输入项的原则,与语音机制无关;后者要求输出项是无标记或弱标记形式,而标记有无或标记性强弱往往与语音机制有关。从两类制约关系的角度看,音系过程是 M-制约的层级排列高于 F-制约并导致优选项满足前者而必然违反后者的结果。据此,McCarthy(1999)认为,即使从技术层面上讲可以使用某一 M-制约作为选择器,但是,从两类制约的关系看,M-制约在本质上与选择器相悖(anti-selector),因此,选择器必须而且仅仅来自 F-制约。至于是否存在反标记制约(anti-markedness),或者反标记制约是否等同于 F-制约,有待于进一步研究。

此外,Bermúdez-Otero(1999)对德语的音系晦暗现象研究表明,选择器只能是 M-制约,而非 F-制约。Bermúdez-Otero 指出,虽然 McCarthy 声称共感论为解决所有的晦暗现象提供了一套完整的方法,但是共感论并不能处理链移现象。在许多情况下,共感论并不能提供唯一的分析,仍然存在其他不同的可能的分析。为此,Bermúdez-Otero 得出的结论是,包括共感论在内的优选论使用一次性平行映射方法对晦暗现象方法以及分析的结果完全是一种偶然的巧合,缺少可靠的语法原则基础。

共感论的核心概念是选择器。McCarthy 认为,共感项最大限度地满足了选择器的要求,但是他并没有演示如何确定和获得共感项。根据 Kager(1999)的解释,识别和确定选择器的肯定性证据只能来自晦暗形式本身,因此,儿童只能根据晦暗形式来推测选择器。然而,正如 McMahon(2000)指出的,这里不仅存在循环论证,而且,依照 Kager 的逻辑和方法,儿童永远无法确定选择器,从而永远无法学会晦暗形式,更不能学会这种语言的音系。其原因在于,晦暗形式本身是一个候选项,而这个候选项能否与选择器相关又取决于共感项。因此,从实际分析过程来看,确定共感项并不是相关候选项和制约相互之间业已存在的逻辑关系的必然结果,而是分析者个人的经验。即使优选论解决了这些逻辑关系问题,其理论仍然存在建立这些逻辑关系的语法基础问题:在规则推导法里,推导过程中那些具有解释晦暗现象作用的中间层次上的音系表达形式始终先于表层形式,是推导过程的逻辑必然。而在共感论里,晦暗形式则需要人为地加以规定。这意味着,专门为了解决晦暗现象的共感论却无法识别晦暗形式,更谈不上寻求晦暗性的终极原因。晦暗形式是音系规则推导的逻辑必然,而不是优选论制约交互作用的产物。从更深层次上看,即使共感论采用某种更加复杂技术手段再现晦暗形式,那么,这对优选论又有什么理论意义呢?

10.3.5　比较标记理论

　　针对连续推导效应问题,McCarthy(2003b)又提出比较标记理论(Comparative Markedness;简称 CM 理论)。根据 F -制约和 M -制约的定义和二者之间的对立关系,语素变体交替的根本原因是 M -制约的作用,因此,从逻辑上讲,如果 M -制约层级排列高于相应的 F -制约,那么,优选项必然是无标记结构。从规则推导法的角度看,在多数情况下,结构变化的结果往往是无标记或弱标记结构。[①] 连续的结构变化是音系晦暗的来源,因此,从 M -制约的角度探讨晦暗性也是一条可能的途径。

　　早期的 M -制约仅仅要求输出项是无标记或弱标记结构,而不考虑标记性的来源。由于 M -制约仅仅作用于表层形式,因此无法追溯和再现底层表达的音系形式和推导过程,因而不能通过 M -制约解决晦暗性问题。

　　根据 M -制约的特点,CM 理论选择了候选项集合里的 FFC 作

---

　　① 对此不同的观点是,音系规则的输出项并不总是降低标记程度,参见 Kenstowicz(1994)。

为中介形式,以此追溯和再现底层表达形式和推导过程。之所以选择 FFC,是因为一方面 FFC 必然是候选项集合的成员,另一方面它与输入项全等,是输入项在表层的忠实再现。因此,某个候选项和 FFC 的比较等于该候选项和输入项的比较,从而说明表层有标记结构的来源。根据来源的不同,表层的有标记结构分成两类:一类是继承性有标记结构,即输出项里的有标记结构直接来自输入项,即来自底层形式,这个有标记结构在 FFC 里得以忠实再现;另一类是推导性有标记结构,即有标记结构是生成装置生成的。

CM 理论的基本思路是,M-制约应当通过形式手段体现表层有标记结构的来源,以此再现推导过程的中间阶段。在早期优选论里,M-制约对特定候选项的评估不需要参考输入项和其他候选项的形式。为了反映有标记结构的来源,CM 理论重新定义了 M-制约和相应的评估方式。根据 CM 理论,任何一条 M-制约可以被两条任意排列的制约 $_{O}M$ 和 $_{N}M$ 替代。$_{O}M$ 制约对来自输入项的继承性有标记结构进行评估,而 $_{N}M$ 制约则对输出项里推导性有标记结构进行评估。对继承性和推导性有标记结构的判断取决于 FFC 是否有这个有标记结构。重新定义的 M-制约叫作比较标记类制约(comparative markedness constraint)。

CM 理论对于比较标记制约的定义主要建立在两个基本概念基础上:

a. 违反轨迹 (locus of violation):指候选项中违反 M-制约的音段的位置。

b. T-对应 (T-correspondence):指两个输出项通过同一输入项建立起来的对应关系。

候选项里违反 M-制约的音段位置是由制约的定义和候选项的结构共同决定的。由于每一 M-制约 M_i 是由其轨迹函数$_i$ (function loc_i)定义的,因此具体的 M-制约可以根据轨迹函数来确定。而 T -对应则是不同输出项里相关音段通过输入项里的同一音段而建立起来的对应关系。比较标记制约 $_oM$ 和 $_NM$ 用公式表述如(14)所示：

(14) $_NM_i(cand，FFC，R_t)\equiv Loc_i(cand)=\{c_1，c_2，c_3\cdots\}，$
$Loc_i(FFC)=\{f_1，f_2，f_3\cdots\}。$
每一个与 f_n 缺少 T -对应的 c_m 违反该制约一次。

$_oM_i(cand，FFC，R_t)\equiv Loc_i(cand)=\{c_1，c_2，c_3\cdots\}，$
$Loc_i(FFC)=\{f_1，f_2，f_3\cdots\}。$
每一个与 f_n 处于 T -对应的 c_m 违反该制约一次。

CM 理论把 FFC 与其他候选项进行比较的做法,实际上是对应论里对应关系范围的进一步扩展,即 T -对应:在 FFC 和其他候选项之间建立的对应关系。从制约层级排列的角度看,最有意义的层级排列可能是以下两种,如下所示:

$CH_A:\qquad _NM\gg F\gg _oM$
$CH_B:\qquad _oM\gg F\gg _NM$

层级排列 CH_A 允许继承性有标记结构,但禁止推导性的;同 CH_A 正好相反,层级排列 CH_B 允许推导性有标记结构,但禁止继承性的。根据阶乘类型,还可以有诸如 NM≫oM≫F, oM≫NM≫F 和 oM:NM≫F 以及它们各自镜像排列。但是,从逻辑上讲,这些排列推导出来的结构类型可能与传统的 M≫F 和 F≫M 差别不大。

CM 理论把对晦暗现象处理置于对音系过程交互作用的背景下。McCarthy（2003b）不仅讨论了晦暗性,而且从祖父效应（grandfather effects）、推导性语境效应、非重复性过程（non-

iterative process）、融合悖论、转圈式推导以及链移等与音系过程
交互作用有关的现象论证了 CM 理论的可能性。

　　以巴罗伊努皮亚克语（Barrow Inupiaq）为例，说明 CM 理论
是如何处理由反馈给关系导致的晦暗形式。巴罗伊努皮亚克语有
两条规则。第一条是底层的 /ɨ/ 在表层为[i]，即绝对中和 ɨ→i。
第二条是硬腭化规则：齿龈边音[l]在[i]后面变成硬腭边音[ʎ]。
这条规则的应用是有条件的：诱发边音硬腭化的音段[i]必须是底
层已有的，从底层 /ɨ/ 推导而来的[i]则不会诱发边音硬腭化。两
种情况分别如(15a)和(15b)所示(引自 McCarthy 2003b：34)：

（15）a. 边音在 /i/ 后硬腭化

　　　　底层词干形式　　　　底层后缀形式　　　　表层形式
　　　　/niʁi/"吃"　　　　　/-lla/"能够"　　　　[niʁiʎʎa]
　　　b. 边音在 /ɨ/ 后不硬腭化
　　　　底层词干形式　　　　底层后缀形式　　　　表层形式
　　　　/tiŋɨ/"拿"　　　　　/-lla/"能够"　　　　[tiŋilla]

边音硬腭化规则和绝对中和规则处于反馈给顺序，推导过程如
(16)所示：

（16）底层表达：　　　　　/niʁi-lla /　　　　/tiŋɨ-lla /
　　　边音硬腭化：　　　　niʁiʎʎa　　　　　- -
　　　绝对中和：　　　　　- -　　　　　　　tiŋilla
　　　表层表达：　　　　　[niʁiʎʎa]　　　　[tiŋilla]

从边音和高前元音的音系关系看，硬腭化的边音[-iʎʎ-]是无标记
形式，而齿龈边音[-ill-]是有标记形式。根据 M -制约的定义，不
管 M -制约和 F -制约的相对层级排列如何，都无法推导出两类语
素符合语法的表层形式，如表 10.6 所示：

表 10.6　CH$_{x.}$：P$_{AL}$-R≫I$_{DENT}$(Place)

输入项：/niʀi-lla/	P$_{AL}$-R	I$_{DENT}$(Place)
a.　　niʀilla	*!	
b.　☞ niʀiʎʎa		**
输入项：/tiŋi-lla/		
c.　　tiŋilla	*!	
d.　☞ tiŋiʎʎa		**

CH$_X$推导出符合语法的[niʀiʎʎa]，同时也推导出不符合语法的 *[tiŋiʎʎa]。如果采用镜像排列，即 CH$_Y$，结果正好相反：不符合语法的 *[niʀilla]和符合语法的[tiŋilla]，如表 10.7 所示：

表 10.7　CH$_Y$：I$_{DENT}$(Place)≫P$_{AL}$-R

输入项：/niʀi-lla/	I$_{DENT}$(Place)	P$_{AL}$-R
a.　☞ niʀilla		**
b.　　niʀiʎʎa	*!*	
输入项：/tiŋi-lla/		
c.　☞ tiŋilla		**
d.　　tiŋiʎʎa	*!**	*

这里的问题是，M－制约不能反映反馈给顺序晦暗形式的原因在于，它不能区分有标记形式的来源。输出项[niʀilla]里的有标记形式[-illa-]是继承性的，而输出项[tiŋilla]里的有标记形式[-illa-]是推导性的，是绝对中和的结果。

根据 CM 理论,M-制约 $\text{P}_\text{AL}\text{-R}$ 被分解为 $_\text{O}\text{P}_\text{AL}\text{-R}$ 和 $_\text{N}\text{P}_\text{AL}\text{-R}$。在巴罗伊努皮亚克语中,这两条 M-制约和 F-制约的层级排列如(17)所示:

(17) $_\text{O}\text{P}_\text{AL}\text{-R} \gg \text{I}_\text{DENT}(\text{Place}) \gg _\text{N}\text{P}_\text{AL}\text{-R}$

$_\text{O}\text{P}_\text{AL}\text{-R}$ 和 $_\text{N}\text{P}_\text{AL}\text{-R}$ 分别对继承性和推导性的有标记结构加以限制。表 10.8 是(17)给出的 CH 对两类不同语素输出项的评估和选择。

表 10.8

输入项:／niɾi-lla／	$_\text{O}\text{P}_\text{AL}\text{-R}$	$\text{I}_\text{DENT}(\text{Place})$	$_\text{N}\text{P}_\text{AL}\text{-R}$
a.　☞ niɾiʎʎa		**	
b.　　(FFC) niɾilla	*!		
输入项:／tiŋi-lla／			
c.　☞ tiŋilla			*
d.　　tiŋiʎʎa		*!*	
e.　　(FFC) tiŋilla			

$_\text{O}\text{P}_\text{AL}\text{-R}$ 通过对 FFC 的评估排除了不符合语法的继承性有标记形式 *[niɾilla];$_\text{N}\text{P}_\text{AL}\text{-R}$ 由于层级排列较低,推导性有标记形式 [tiŋilla]则是符合语法的形式。通过 M-制约 $_\text{O}\text{P}_\text{AL}\text{-R}$ 和 $_\text{N}\text{P}_\text{AL}\text{-R}$ 同 F-制约 $\text{I}_\text{DENT}(\text{Place})$ 的相对层级排列,语法推导出可透的形式 [niɾiʎʎa]和晦暗的形式[tiŋilla]。

音系过程交互作用诱发的现象是多种多样的,如祖父效应、推导性环境效应、非重复性过程、融合悖论、转圈式推导和链移等,而晦暗现象仅仅是其中的一种。McCarthy(2003b)称,如果共感论仅仅是关于音系晦暗性的理论的话,那么 CM 理论将能够最大限度概括和解释包括晦暗性在内的种种音系过程交互作用的产物,例如,祖父效应和推导性环境效应可以通过 $_NM \gg F \gg _OM$ 得到解释,而非重复性过程和反馈给晦暗性都是 $_OM \gg F \gg _NM$ 的逻辑结果。但是事实上,CM 理论并不具备解释所有连续推导效应。例如,它无法说明反阻断顺序的晦暗性。

此外,CM 理论还存在其他问题。在理论方面,CM 理论定义下的 T -对应关系模糊了 M -类和 F -类制约之间的界线。早期优选论的观念是,普遍语法包括 M -类和 F -类制约,两类制约本质上是对立的;具体语法以两类制约层级不同的方式解决具有普遍意义的对立。因此,模糊两类制约之间的界线显然有悖于这一原理,偏离了优选论的初衷。

Yip(2003)和 Crowhurst(2003)认为 CM 理论的生成力过强,导致某些不可能的结构;而 Blumenfeld(2003)则认为,CM 理论过于严格,例如,如果反馈给晦暗现象和推导性环境效应分别是 $_OM \gg F \gg _NM$ 和 $_NM \gg F \gg _OM$ 的结果的话,那么同一语言里不可能同时存在反馈给晦暗现象和与此相关的推导性环境效应,而一种语言里出现这两种不同现象的情况并非罕见。过于严格的 CM 理论只能预测其中之一而不能预测其他相关的现象,不能不说它的预测力有限。

从涉及具体现象的范畴来看,McCarthy(2003)采用 CM 理论所分析的现象主要与音段结构有关。如果把 CM 理论应用到其他范畴的音系现象或音系结构分析上的话,CM 理论又遇到了新的问题。这里主要的问题是底层表达音系结构的标记性。例如,如果在底层表达中构成语素的一串音段在尚未投射至音节结构的情况下,底层表达与音节结构的标记性无关。类似的问题还包括底层表达中的漂浮声调和元音和谐过程中和谐特征等的标记程度。根据非线性假设,未被联接的音系成分在表层上没有语音表达。据此,如果语素的底层表达没有结构的话,相应的 FFC 将是语音上的零形式,从而失去其中介作用。

至此,在优选论框架内,包括音系晦暗在内的连续推导效应问题上,研究的焦点又回到了原点:底层表达的结构是什么?如果底层形式没有结构,那么结构的标记程度又是如何确定的?如果底层形式没有结构和确定的标记程度,不仅 CM 理论定义的 M -制约失去了比较的对象,而且 F -制约也失去了比较的基础。

10.3.6　局部组合论

处理连续推导效应另一个尝试是局部组合论(Local Conjunction,简称 LC)(Smolensky 1993,1995)。Smolensky 重新定义了制约集合(简称 CON)。他认为 CON 有其内在结构,具体地说,CON 由三部分构成:第一部分是需设定参数的制约,如 F -制约和同界制约(alignment constraint)。第二部分是通过层级体现的"和谐层级",如辅音发音部位的和谐层级是*[**舌根**],*[**唇部**]≫*[**舌冠**]。第三部分是一种起组合作用的算子"&",它将前两个部分中的单个制约按语法的要求组合成制约复合体(conjoined constraint);这一部分是局部组合论的核心内容。

从分析的角度看,优选论中制约层级排列遵循"严格优势"原则,但是,在某些情况下会出现难以解释的分析结果:为满足层级排列较高的制约 C_1,两个排列较低的制约 C_2 和 C_3 可以被分别违反,但不能同时被违反;C_2 和 C_3 同时被违反的候选项不仅比 C_2 和 C_3 被分别违反的候选项和谐度差,而且也比违反 C_1 的候选项和谐度差。根据严格优势原则,排列层级高的制约占有绝对优势,只能通过违反层级较低的制约来满足高的制约,而且即便所有层级较低的制约"合起伙来"(gang up)也无法对抗一个层级排列较高的制约。Smolensky 认为,制约之间存在内在逻辑关系。然而,处于 CON 里的单个制约是孤立的,制约之间内在的逻辑关系在对表层形式进行评估中没有起到应有的作用。如果说,连续推导效应是规则推导法里音系规则之间的逻辑关系的必然产物,那么,在优选论里,各种与连续推导效应相关的现象应当是制约之间逻辑关系的结果。

LC 的核心理念是通过形式手段体现制约之间的逻辑关系。Smolensky 认为,能够体现这种逻辑关系的形式手段是制约复合体。局部组合论(LC)给出的算法(Smolensky 1995)如下:

a. LC 是 UG 提供的一种运算方式,该运算方式使用算子"&"将作用于同一个局部域(local domain)的两个制约组合成一个制约复合体。若 C_1 和 C_2 属于 CON,则 $C_1\&_lC_2$(C_1 和 C_2 在局部域 l 中构成的组合)也属于 CON;

b. 如果某一候选项同时违反同一局部域里的 C_1 和 C_2,那么该候选项违反了制约复合体 $C_1\&_lC_2$;

c. $C_1\&_lC_2 \gg C_1,C_2$,即 $C_1\&_lC_2$ 的层级排列普遍高于 C_1 和 C_2;

d. 自我组合(self conjunction):若 $C_1=C_2=C$,则 $C_1\&_lC_2=C^2$,C^2 被违反当且仅当 C 在局部域 l 中被违反两次。

根据 Smolensky 的假设,普遍语法 UG 仅仅提供局部组合这种运算方式,至于哪些制约可以组合则视具体语言而定,即制约复合体属于具体语法。组合具有递归性,已组成的制约复合体可以和其他制约再度组合,运用基本原理可以得出(18)中的层级排列:

(18) a. $C_1\&_lC_2\&_lC_3 \gg C_1\&_lC_2, C_2\&_lC_3, C_1\&_lC_3 \gg C_1,C_2,C_3$

b. $C^n \gg C^{n-1}\cdots C^2 \gg C$

根据递归性,制约以及制约复合体可以无限组合。从逻辑角度看,CON 中的制约复合体可以无限复杂,制约体系也势必会无限复杂。其实,这种担心是多余的。LC 的前提是组合中的每个制约,即组元(conjunct),必须先满足局部性条件(locality),即组元须是对局部域内的结构的限制才能组合。即使满足局部性条件，具体的制约也仅具有组合的潜力，至于是否需要组合则由具体语法决定。但是，这种解释不能排除复合体过度生成的可能性。

LC 被应用于链移现象（Kirchner 1996；Moreton & Smolensky 2002），推导性环境效应（Łubowicz 2002；Ito & Mester 2003），OCP 效应（Alderete 1997；Ito & Mester 1998）以及元音和谐（Bakovic 2000）等现象的分析。以 Łubowicz（2002）的研究为例扼要说明 LC 对推导性环境效应的处理。

推导性环境效应是一种连续推导效应。比较典型的情况是，特定音系规则仅仅作用于经音系规则或形态规则推导出来的音系表达，但不作用于直接源于底层的音系表达（McCarthy 2003）。如（19）中波兰语软腭音的硬腭化和擦音化过程的交互作用（Łubowicz 2002）：

(19)	推导环境中的 /č/	非推导环境中的 /č/
底层表达：	/rog+ek/	/brɨj+ik+ɨ/
硬腭化	roǰ+e	- - - -
擦音化	rož+ek	SCC 阻断
其他规则	- - - -	brɨj+ek
表层表达：	[rožek]	[brɨjek]

从[g]经硬腭化推导而来的[ǰ]变成擦音[ž]，而直接源于底层的[j]被严格循环条件（Strict Cycle Condition，即 SCC）阻断，不受擦音化规则的作用。从优选论的角度看，由[g]变成[ž]，违反两条 F-制约：Ident-[coronal]和 Ident[continuant]（简称 Ident-[cor]和 Ident[conti]），而由[g]变成[ǰ]仅仅违反 Ident-[cor]，为何两次违反 F-制约反倒比一次违反 F-制约的候选项的和谐度更高呢？假设波兰语相关制约层级排列是 Ident-[cor]≫Ident[conti]≫*ǰ（如表10.9所示）。

表 10.9　输入项：/rog＋ek/

候　选　项	IDENT-[cor]	IDENT[conti]	*ĵ
☹ a. roĵ＋ek	*		*
b. rož＋ek	*	*!	

从表 10.9 看出，只违反 IDENT-[cor]的候选项 a 是优选项，而真正符合语法的形式[rožek]，即候选项 b 却因为违反了 IDENT-[cor]和 IDENT[conti]而被淘汰。

　　Łubowicz 认为，LC 可以解决这个问题，做法是把 DENT-[cor]和 M-制约 *ĵ 组成一个制约复合体 IDENT-[cor]&₁*ĵ，其层级排列高于其他简单制约，如表 10.10 所示：

表 10.10　输入项：/rog＋ek/

候　选　项	IDENT-[cor]&₁*ĵ	IDENT[conti]	*ĵ
a. roĵ＋ek	*!		*
☞ b. rož＋ek		*	

候选项 a 里的 ĵ 同时违反 IDENT-[cor]和 *ĵ，导致违反排列层级最高的制约复合体 IDENT-[cor]&₁*ĵ，而候选项 b 里的 ž 虽违反 IDENT[conti]，但不违反 *ĵ，因此没有违反层级最高的 IDENT-[cor]&₁*ĵ，所以是优选项。连续推导中 ĵ 是中间层次的形式。根据 LC 分析，表 10.10 里与 ĵ 相关的 *ĵ 和 IDENT-[cor]组成制约复合体 IDENT-[cor]&₁ *ĵ，*ĵ 的限制作用被激活，从而使在连续推导框架中的中间层次的形式 ĵ 的作用在制约系统中能够得以体现。

　　在逻辑方面，LC 具有极强的潜在组合能力。过强的组合能力给理论本身带来了新问题。LC 的组合力使制约复合体的数量增加，通过改变层级排列得出的结构类型数量也随之增多，因此出现一些不可能的结构类型，从而削弱理论的预测力。因此，对 LC 的讨论主要集中在可组合性(conjoinability)上。具体地说，作为组元的制约的范畴是什么？哪个或哪些范畴的制约可以成为组元？组元之间的逻辑关系是什么？

　　Kirchner(1996)认为，只有密切相关的制约才能组合，据此，诸如 *COMPLEX(onset)&₁ HEAVYSYLLABLE 之类的组合是无效组合，原因在于两个组元不相关：*COMPLEX(onset)限制的对象是音节首音，而 HEAVYSYLLABLE 限制的对象是音节重量。McCarthy(1997)提出组元在语音上需具有语音学基础，如巴勒斯坦南部阿拉伯语方言中的 *RTR/[＋高舌位]&₁[－后舌位]禁止[＋RTR]与[＋高舌位]及[－后舌位]在同一元音音段内同现，该制约具有发音生理机制基础。诚然，仅从音段内部成分之间的结构关系看，语音器官的构造和语音机制有可能是解释的基础，但是语音机制的关联是"&"算子存在的基础的说法缺乏说服力，是令人难以接受的。Crowhurst & Hewitt(1997)提出组元应有共同的"焦点"(focus)。焦点的定义是，制约里与全称量词相关的某个实体，如 NOCODA &。σ-To-Foot 的共同焦点为音节 σ。Łubowicz(2002)指出，复合体内组元应有相同的"论元"(argument)，一个组元的满足或违反直接影响与之相关联的另一组元的满足或违反。

　　关于组元的范畴，Fukazawa(1999,2001)认为，"&"是 UG 提供的一种运算方式，这种运算方式要求只有同类制约才能组合。Ito & Mester(1998)也认为，组元应属于同一类制约，不允许有 M＋F -制约(简称 M & F)的复合体。Moreton & Smolensky(2002)在分析了 24 种语言里的 35 种链移现象后认为，LC 是严谨的理论，不仅可以预测可能的链移，也能够预测不可能的链移。他们认为，在 M -制约以及两种 F -制约 MAX-IO、DEP-IO 之间，除同类制约构成的三种复合体之外，M -制约只能和 DEP-IO 组合，因为二者都从表层结构出发限制输出项，而 MAX-IO 则需要从底层出发，因此不能和 M -制约或 DEP-IO 组合。不同范畴组元的可组

合性如表 10.11 所示:

表 10.11　不同类制约条件的可组合性

&	M -类制约	Max-IO	Dep-IO
M -制约	＋	－	＋
Max-IO	－	＋	－
Dep-IO	＋	－	＋

Moreton & Smolensky(2002)不仅肯定了 Fukazawa(1999,2001)关于组元应属于同类制约的假设,而且进一步限制了 M & F 复合体的类型,更加严格地限制了组元的"可组合性"。

　　LC 理论的另一个问题是局部性。Smolensky(1993,1995)认为,只有作用于同一局部域(指受制约作用的音系材料的范围)的组元,即具备局部性,制约才能成为复合体的组元。Smolensky 还指出,局部域可以是不同层次的音系结构范畴,如音段、音节等,两个组元在同一局部域被违反比在不同局部域被违反更严重。但是,Smolensky 并没有从形式的角度定义局部域。

　　Łubowicz(2005)重新定义了局部域。她认为 LC 理论应当改进评估装置(简称 EVAL)的内部结构,使其不仅能判断候选项是否满足或违反制约,违反了几次,而且还能判断和显示违反制约的"轨迹"(locus of violation,即违反某个制约的候选项中相关音系成分的位置),"轨迹"相同的制约才有成为组元的可能。Łubowicz 采用了 McCarthy(2003)提出的 L$_{OCmark}$ 函数对候选项中每个音段的特定标记性特征进行评估,违反该 M -制约的音段集合就是该函数的结果。Łubowicz 还把 L$_{OCmark}$ 函数应用到 F -制约对候选项的评估,即 L$_{Ocfaith}$ 函数,据此可以获得所有违反特定 F -制约的音段的集合。制约复合体只有在组元有相同的"违反轨迹"

时才能被违反,而"轨迹"不同时不能视作违反。

重新定义的局部域概念排除人为的规定或操作方式。但是,正如 Padgett(2002)和 McCarthy(2003a,2003c)所承认的,在计算层面上,LC 仍然没有摆脱过度生成问题;在理论层面上,LC 的语法理论基础仍然不甚清晰。

10.3.7　候选项链论

为了解决包括晦暗性在内的连续推导效应问题,McCarthy(2007)在回顾了包括层面优选论在内的几乎所有的为了处理晦暗形式而提出的方法后,对这些方法进行分类:第一种方法是限制底层表达的形式(如定义底层表达形式标记性的 CM 理论);第二种是建立新的制约表达方式(如 LC 法使用制约复合体)或赋予制约以新的功能(如共感论定义的选择器);第三种是建立类似推导法中间层次的某个由制约层级定义的层次(如层面优选论定义的中间层面,对应论中 $I-O_x$,O_x-O 的 O_x 层面)。McCarthy 承认,这些方法既有理论上的不足,也有技术方面的缺陷,因此难以令人信服。McCarthy 认为,处理晦暗形式的关键不在于底层表达,也不在于表层,而是那个非底层(non-underlying)、非表层表达(non-surface)的音系形式。这个层次上的形式如何能够被制约体系所见?

为了让晦暗形式被制约识别并得以评估,McCarthy(2007)提出了候选项链论(OT with candidate chains,简称 OT-CC)。OT-CC 是对早期优选论分析框架的改造,如(20)所示(McCarthy 2007：63)：

(20) **OT-CC 基本框架**

与早期框架比较,这个框架有下述特点:一是 生成装置 和由制约组成的 评估系统 是双向的,存在交互作用;在 生成装置 和 评估系统 之间还有一个"局部优化"(local optimization)部分。二是在 OT-CC 里,候选项全集(full candidate set)是候选项有限集合,而非早期理论所定义的无限集合。候选项有限集合仅由一个候选项链(candidate chain)组成。

候选项链是 OT-CC 的核心概念。这里,候选项不再是一个个单独孤立的输出项,而是一个由若干个不同的输出项组成的候选项"链",如⟨f_0,f_1,…,f_n⟩,其中 f_0 是链头,f_n 是链尾。定义候选项链必须满足下述条件:(一)链头 f_0 与输入项全等,完全符合 F-制约的要求。(二)候选项链中每两个相邻的输出项形式之间的差别是最低限度的(这取决于音系成分范畴),这种差别通过违反一次 F-制约得以反映,即一次局部的不忠实映射(a local unfaithful mapping,简称 LUM)。例如,假设输入项是 /pap/,那么⟨pap,papə,pabə⟩里的 papə 与 pap 比较,是 LUM 形式,即增加一个元音;pabə 与 papə 比较,是 LUM 形式,即元音之间的清塞音 p 浊化成 b,其他部分相同。链内相邻输出项形式之间的差异程度称作渐变性(gradualness)。(三)候选项链内的输出项形式要符合和谐程度提升(或标记程度降低)的要求。这就是说,链头是最忠实的形式,与输入项全等;链尾是最不忠实但是标记程度最低的输出项形式。由于语言的差别,渐变性与和谐程度的评判(或者说链头形式和链尾形式)需要通过局部优化加以确定。符合上述要求的候选项链成为制约体系的评估对象。

在规则推导法看来,OT-CC 的候选项链里按照顺序排列的输出项形式实际上是音系规则按序应用推导出来的产物,即⟨pap,papə,pabə⟩相当于 pap→papə(词末元音增音规则)→pabə(元音间清塞音浊化规则)的推导过程。但是,OT-CC 并不明确承认这些不同形式之间的推导关系和运用的音系机制,而是把生成装置生成的孤立的输出项按照"局部优化"的要求加以排列。候选项链实际上由底层形式(链头形式)、晦暗形式(中间层次形式,如papə)和表层形式(链尾形式)构成,以链的方式再现与晦暗形式有关的推导过程和各个表达层次。

为了获得符合语法的输出项,OT-CC 提出一条新的制约"优先"(Precedence,或 PREC)(McCarthy 2007:98)。根据"优先"制约,假定有两条 F-制约,Fa 和 Fb,制约 PREC(Fa,Fb)要求候选项链里违反 Fb 的 LUM 形式排在违反 Fa 的 LUM 形式之后。PREC(Fa,Fb)本身与 Fa 和 Fb 又有层次排列关系,例如 Fb≫PREC(Fa,Fb)。Fb≫PREC(Fa,Fb)的层级排列表达一种蕴含关系,违反 PREC(Fa,Fb)的候选项必然也违反 Fb,但其逆命题不成立。

以亚维尔玛尼语圆唇和谐的"例外"现象说明 OT-CC 对反阻断晦暗形式的分析(McCarthy 2007:111 – 113)。

(21) 输入项:cʔuːmit;候选项链及 LUM 序列

    a.〈cʔuːmit〉   〈 〉

    b.〈cʔuːmit,cʔuːmut〉   〈I_D(Col)@4〉①

    c.〈cʔuːmit,cʔoːmit〉   〈I_D(hi)@2〉②

    d.〈cʔuːmit,cʔuːmut,cʔoːmut〉√

                      〈I_D(Col)@4,I_D(hi)@2〉

---

① 〈I_D(Col)@4〉表示相关制约的内容:I_D 是 IDENTITY(全等)的缩写形式;IDENTITY 属于 F-类制约,要求输出项音系成分和输出项里与其对应的音系成分完全相同;COL 是 COLOR 的缩写形式,表示特定特征束或音段结构;在这里 COL 表示特征束[**后舌位,圆唇性**];@4 表示唯一的不同之处在链头和链尾形式里的第四个音段。这个制约的解读是,链尾形式里第四个音段违反了特征束[**圆唇性,后舌位**]全等的要求。确切地说,链头 cʔuːmit 里第四音段是展唇高前元音[i],特征束是[＋高舌位,－后舌位,－圆唇性],而链尾 cʔuːmut 第四音段是圆唇高后元音[u],特征束是[＋高舌位,＋后舌位,＋圆唇性],与[i]的特征束相比,[u]的特征束中的[**后舌位,圆唇性**]值不同,因此,候选项链〈cʔuːmit,cʔuːmut〉违反了制约 I_D(Col)@4。

② 〈I_D(hi)@2〉里的 hi 表示舌位高度特征。

表 10.12　I_D(high), P_{REC}(I_D(Color)) ≫ R_D/αH_I(同上)

/c?u:mit/	L_G/H_I①	I_D(hi)	P_{REC}(I_D(Col))	R_D/αH_I②
d. →　c?o:mut　⟨I_D(Col)@4, I_D(hi)@2⟩		*		*
a.　c?u:mit　⟨ ⟩	*!			
b.　c?u:mit　⟨I_D(Col)@4⟩	*!			
c.　c?o:mit　⟨I_D(hi)@2⟩		*	*!	

　　候选项链 d⟨c?u:mit, c?u:mut, c?o:mut⟩符合局部优化,其所有输出项形式进入评估系统。候选项 d[c?o:mut]最大限度满足评估系统。这里关键的一步是,虽然候选项 d 和候选项 c 都违反 I_D(hi)(即诱发音段和靶音段的音系高度相同),但是候选项 d 满足了 P_{REC}(I_D(Color), I_D(high)),而候选项 c 却违反这一制约。

　　显然,在 OT-CC 里,符合局部优化的候选项链包含着基于规则法的推导过程的各个阶段或层次,底层是 c?u:mit,c?u:mut 是圆唇和谐规则作用的结果,是中间层次的形式,而 c?o:mut 是第一音节高长元音 u: 经舌位降低过程(绝对中和规则)作用推导出来的

---

　　①　L_G/H_I 是一条 M -制约,表示禁止出现长的(L_{ONG})高(H_{IGH})元音。和这条 M -制约对应的是推导论中的长高元音舌位降低规则(绝对中和规则)。

　　②　R_D/αH_I 是一条 M -制约,要求圆唇和谐过程的诱发音段和靶音段的舌位高度相同。

表层形式。OT-CC 采用候选项链的方式再现规则法的推导
过程。

可以看出,音系底层表达形式是必要的,而且必须是确定和
清晰的;推导过程是客观存在的。尽管优选论试图彻底否认以
规则为基础的推导过程,但是,在处理诸如音系晦暗形式时仍然
依赖推导。离开了底层音系表达形式、音系规则的按序应用和
中间层次的形式,也就是说,离开连续推导,音系晦暗问题是无
法解决的。

从技术角度看,OT-CC 确定链头和链尾的方法是值得讨论
的。链头形式决定了对底层形式的选择,完全出于分析的需要。
因为输入项(=链头形式)不受任何限制,可以是任何一种结构,或
是无结构的,所以输入项的形式完全取决于链头形式的需要。例
如,pap 的底层形式可以没有音节结构,也可以是有音节结构的。
对于链尾也是如此,例如,作为链尾形式,cʔoːmut 是符合语法的形
式,但是,如果考虑跨语言的圆唇和谐的无标记或弱标记程度,诱
发元音和靶元音是同一音系高度的音段形式,*cʔoːmot 是最"和谐
的"形式,应当是理想的链尾形式;而且 M-制约 RD/αHI 体现了
这一类型学的概括。然而,这个形式并不符合语法。[①] 由于缺少
确定链头和链尾结构的原则,建立候选项链具有任意性。如果我
们假定候选项链的链尾形式是 *cʔoːmot,那么,这个形式在逻辑上
则是优选项形式。

从简单原则角度看,OT-CC 把推导过程复杂化了。在规则推
导法里,仍以亚维尔玛尼语圆唇和谐为例,底层形式 cʔuːmit 经
[+圆唇性]特征扩散获得中间层次的形式 cʔuːmut,再经长高元音
舌位降低规则得到表层形式 cʔoːmut;晦暗形式 cʔuːmut 的来源和
去向路径清晰。在 OT-CC 里,分析过程需要首先确定候选项链并

---

① 之所以 *cʔoːmot 应被视作最和谐的形式,是因为参与圆唇和谐过程的诱发
音和靶元音的音系高度相同。

对其进行评估和选择,然后再评估和选择链尾形式。

虽然优选论提出过有限和谐序列论、层面优选论、对应论、共感论、比较标记理论、局部组合论和候选项链论等一系列的方法,试图推导出包括晦暗性在内的连续推导效应,但是这些方法的解释力明显不足。这是因为,推导效应是规则推导法内在的逻辑产物,推导的起点是根据底层表达构拟原则确定的语素底层形式,而优选论则以作用于表层形式的制约层级为内在逻辑的计算系统,因此难以真正触及推导过程,也更无法解释推导效应。即使 OT-CC 法也不得不局部地采用推导方法,但在宏观的非推导式框架内,如何在原则上确定链头和链尾形式, OT-CC 法仍然缺少可靠的语法理论基础和原则。

10.4   优选论的功能主义倾向[①]

优选论的后期发展呈现日益明显的功能主义倾向。

优选论的语法系统由 F-制约和 M-制约构成。F-制约要求输出项和输入项全等。因为底层表达的结构和形式不受任何限制,输入项可以是任何一种结构或形式,所以,优选论定义的"全等"并不是一个严格意义的、包含成分和结构信息的概念。例如 F-制约 MAX-IO(禁止音系成分脱落)、DEP-IO(禁止增添音系成分)、Ident-IO(禁止音系成分变异)和 Linearity-IO(禁止改变音系成分线性顺序)仅仅涉及音系成分本身,而不涉及音系成分之间的结构关系。尽管如此,虽然基于"基础丰富"假设的 F-制约弱化了底层表达形式的解释作用,但没有动摇生成音系学的语法构建原则和基本语法框架。F-制约的意义在于,表层形式与底层形式全等。如果所有的 F-制约层级高于所有的 M-制约,那么,语言将不呈现变异和交替,没有互补分布,没有中和;每一个语素仅以唯

一的不变的表层形式出现。

导致优选论功能主义倾向的主要原因是 M -制约的内容。M -制约最初的提出,从根本上说是为了描写和解释交替和变异现象。变异和交替是 M -制约引起的。如果所有的 M -制约层级排列高于所有的 F -制约,语言里每一个语素都以若干个不同的表层形式出现。如果没有 M -制约,交替与变异将无法得到描写(McCarthy & Prince 1994 / 2004)。如果标记性是音系语法里的成分,那么,与标记性相对应的音系知识的形式是那些可被违反的M -制约。语音系统类型的标记特点是音系语法知识以 M -制约形式再现的结果(McCarthy 2002a)。① 诚然,M -制约基础是类型学观察。关于类型学事实,生成音系学的基本共识是,类型学事实是观察层次上的语言倾向,具有或然性,是语法和诸如生理、物理、心理、行为之类的非语法因素的共同作用的产物。以类型学事实为基础建立的 M -制约包含着各种非语法因素,随着 M -制约进入音系语法,非语法的、功能性的因素以"形式"的方式进入了语法系统。McCarthy(2002a:221)认为,"优选论里没有独立的形式规则系统,也没有独立的可被观察的语言倾向系统。……可违反的制约为语言倾向提供了一个模型,制约本身构成形式语法。……优选论使我们关于处于竞争状态的语言倾向的知觉获得了形式语法意义。在优选论的制约层级系统里,形式语法和其功能在原则上得到了统一"。"随着对制约交互作用理解的加深,我们的理论目标变得更加宏大:证明具体语言的语法源于对合格形式限制的M -制约"(Prince & Smolensky 1993:4);"音系学的解释最终应当依赖听感清晰(强化听话人的听觉感知经历)和易于发音(简化说话人的发音过程)"(McCarthy 2002a:220)。排除非语法因素

① 优选论倡导者对形式特点的理解并不完全相同。Prince & Smolensky 认为(1993:67),"优选论由两个部分组成:一个是关于音系合格形式的内容普遍性理论,另一个是关于制约交互作用的形式普遍性理论"。这就是说,制约本身不必是音系语法知识。据此,音系语法仅仅是一种把以经验为基础的语音-功能知识,即制约,组织起来的方式。

是经典生成音系学的基本语法构建原则,可见,优选论背离了这一原则。

诚然,就语音产生和感知在语法构建中的作用,优选论内部大体有两种意见:(一)坚持根据形式特点定义制约和从音系知识的角度解释语音现象的原则;坚持制约的先天性假设;允许标记信息以 M-制约的形式得以范畴化,从而获得语法的地位;虽然语音-功能因素和形式特点相关,但二者的关系是间接的和复杂的;处理音系范畴和语音事实之间关系的关键在于确定哪些语音事实具有音系知识的意义,是音系符号的外部表征。(二)比较极端的观点是,"制约的动因是功能的:M-类制约应当具有表现为语音产生和感知特点的语音学基础"(Kager 1999:11);制约是功能原则的直接表述。对于音系学理论来说,描写和解释存在着音系是以语法为基础还是以语音-功能为基础的问题。在这个根本性问题上,优选论的天平逐渐向后者倾斜。后一类观点自称功能主义优选论(functional OT)、直接语音学优选论(direct phonetic OT)或功能主义音系学(functional phonology)或其他的功能主义优选论的版本。下面我们举例说明优选论的功能主义理念。

10.4.1 以发音机制和听觉感知为动因的制约:Lazy 和 Maintain Contrast

基于传统功能主义音系学的语法构建原则,"听话人对话语清晰的要求和说话人发音容易的倾向之间的对立是音系学里最显突和最古老的解释性原则"(Donegan & Stampe 1979:130)。基于这一原则,优选论研究认为,制约的来源和基础是说话人的语音知识。"语音知识是说话人对话语产生和感知的物质条件的理解。语音知识对语言类型的作用源于某些限制语音产生和语音感知的基本条件,这些基本条件是所有的语言所共有,是所有说话人共同的经验。这些共有的经验知识是语言习得者能够独立地设定相似的制约。这些相似的制约的作用是具体语法具有系统相似性的来源,而且生成特定音系结构类型"(Hayes & Steriade 2004:1)。

基于音系源于语音和语音决定音系的理念,Kirchner(2004)和 Flemming(2004)分别提出了 M-制约 LAZY(懒惰)和 MAXIMISE CONTRAST(最大对比)。前者是生理-物理的,后者是功能的。LAZY 是一组 M-制约,其动因是,发音过程遵循最大限度省力原则;如果 LAZY 层级排列较高,优选项必然是诸如音段中和、音段合并、音段脱落和同化等语音过程的结果,输出项不可能再现输入项所表达音段对立关系。MAXIMISE CONTRAST 也是一组制约,其理据是,听话人要求话语语音听觉感知具有最大分辨度,最大限度地表现不同语音形式之间的听觉感知差别,从而保证言语交际的有效性。如果 MAXIMISE CONTRAST 的层级排列较高,优选项势必再现输入项里已经存在的音段对立关系。

根据 Kirchner(2004)的分析,元音之间位置上的辅音弱化是 LAZY-n 相对层级排列的结果。LAZY-n 对音段发音过程所需的气力加以限制。从生理-物理的角度看,每一个音段的发音过程必须花费一定的气力;不同音段发音所花费的气力是不相同的。Kirchner 建立了气力单位(force-unit)概念,用于表述特定音段发音过程所需气力的大小。LAZY-n 中,n 指的是气力单位的阈限数(threshold number)。据此,如果 LAZY-n $-1\gg$ LAZY-n(懒惰),那么,例如,双唇擦音[β]比双唇塞音[b]更省力,输入项/aba/里的双唇塞音在优选项里是弱化了的双唇擦音[aβa]。

发音省力就其本质来说是生理-物理事件;而辅音弱化则属于音系范畴。根据对 LAZY-n 的定义,物质形态就是音系范畴,物理事件就是语法知识。显然,从省力原则角度定义制约背离了形式理论的语法构建原则。从形式理论的角度看,用物理的东西代替语法知识的做法实质上是在说物理的东西与语法无关,因此,并没有真正说明音系语法和其外在物质表现形式的关系。此外,从物理的角度看,理论上,气力大小的差别具有无限性。LAZY-n 里系数 n 具有精确表达多个语音机制协调运作所需要气力的作用,因此,LAZY-n 逻辑上是一个制约无限集合。实际上,这一结果违反了优选论的语法原则:语法是制约的有限集合。即使从纯物理的角度看,这里仍然存在连续物理事件本身的范畴化问题。

进一步看,从语音机制层面上看,说话所需要的气力不仅与音段产生的语音机制有关,而且与诸如交际环境、交际目的、说话速度、声音大小、语调高低、语体正式程度等多种言语使用范畴的因素关系密切。[①] 据此,LAZY-n 实际上是一个关于语言运用或言语行为的原则,与音系语法无关。

根据语音感知的"顺应性弥散理论"(theory of adaptive dispersion)(Lindblom 1990),Flemming(2004)提出了优选论的"对比弥散理论"(the dispersion theory of contrast)。对比弥散理论根据听觉感知空间的距离对处于竞争状态的语音系统加以选择。该理论的核心部分是一组以听觉分辨为基础的 M -制约 MAXIMISE CONTRAST。这些 M -制约要求音段之间的感知分辨度越高越好,即如果整体感知空间不变的话,那么,感知空间的二等分比三等分好,三等分比四等分好,如此类推。[②] 例如,就高元音系统[i, ɨ, u, ɯ]而言,决定前元音和后元音听觉分辨的主要声学特征是 F2(第二共振峰)值;在元音空间水平维向上,前元音的 F2 较高,后元音的 F2 较低;在唇状维向上,展唇导致 F2 增高,圆唇导致 F2 降低。因此,展唇前元音里的"前"和"展唇"具有共同增高 F2 的作用,圆唇后元音里"后"和"圆唇"在降低 F2 方面共同作用,

---

① Kirchner 提出了"理想环境中的典型样本"概念,试图排除不直接相关的言语行为因素的影响。但这个概念仍然属于语言运用范畴,不能说明物理事件和语法知识的关系。

② 即 Flemming(2004)四等分元音高度维向上的感知空间。

从而最大限度地增大展唇前元音和圆唇后元音之间听觉分辨的距离。因此,当一种语言的高元音系统只有两个元音时,这两个元音通常是展唇的[i]和圆唇的[u],而[ɨ]和[u],或[i]和[ɯ],或[u]和[ɯ],或[i]和[ɨ]之间的听觉分辨距离都小于[i]和[u]的。对比弥散理论里的 Maximise Contrast 存在着和 Lazy-n 类似的问题。首先,制约 Maximise Contrast 以声学特征为基础,以功能为动因,物理知识变成了语法知识。其次,对听觉感知空间的等分同样面临着能否穷尽和如何穷尽的问题,同样存在量变和范畴化关系问题;如果不能解决这些问题,Maximise Contrast 便是制约的无限集合。这是用连续物理事件取代音系范畴的必然结果。

极端的功能主义优选论代表是 Boersma 提出的功能主义优选论(Functional Optimality Theory)(1998,2000)。Boersma 认为,传统优选论(McCarthy & Prince 1993a;Prince & Smolensky 1993)定义的 M-制约是虚假的;其理由是,传统优选论对 M-制约效应的描写可以从三条功能性原则推导出来:最小发音气力原则、最大感知分辨原则和最大感知突显原则。这三条原则不过是 Lazy 和 Maximise Contrast 的不同名称。例如,以这三条功能性原则为基础,Boersma(2003)提出了五个对阻塞音发音部位、清浊、白噪声、除阻等以声学特性为判断标准的感知分辨程度加以限制的固定的制约层级排列,以此推导出不同的阻塞音系统。根据这种功能主义观点,音系语法不再是抽象的语言知识,而完全是语音产生和听觉感知机制相互作用的结果。Boersma 认为,所有具有普遍意义的制约是语音机制或功能的体现。同其他动物相比,人类具有进化优势:具备更加有效的交际方式和更强的交际能力;具有语音基础和功能动因的制约是人类交际能力要求的结果。如果说早期优选论里的 M-制约是音系和语音的混合物,那么,在功能主义优选论的各种版本里,制约完全是生理、物理和感知的,而音系语法内容已被彻底排除。

10.4.2　语音演变的功能主义解释

根据经典生成音系学的假设（Kiparsky 1968，1973），语言演变的本质是语法系统的变化；语音演变的本质是音系规则系统或/和语素、词项底层表达形式的变化。[①] 因为音系计算是纯形式的，所以语音演变既无语音动因也无功能导向。在优选论里，语言演变的本质是制约的重新层级排列的结果（Archangeli 1997：31；McCarthy 2002a：228）。这里涉及两个问题，一是共时的制约的基础，二是诱发制约重新层级排列的动因。

根据优选论的理解，共时变异是历时演变的来源。共时变异源于发音省力和感知分辨，并且以具有渐次效应的 M -制约的无层级排列或不同排列得以体现。根据 Anttila & Cho（2004）的假设，语音演变经历三个阶段：

(22) 第一阶段：　　　C≫Cm（绝对层级排列）

　　　第二阶段：　　　或者 C：Cm（无层级排列）

　　　　　　　　　　　或者 C≫Cm（任意层级排列）

　　　　　　　　　　　或者 Cm≫C（任意排列）

　　　第三阶段：　　　Cm≫C（绝对层级排列）

第二阶段的无层级排列说明共时的自由变异；任意层级排列说明共时的有条件变异。从音系处理的角度看，以听觉感知为基础的 M -制约 Cm 在第二阶段层级排列不稳定，易于因语音形式的听感分辨度过低而导致识别混乱。为了保证语音形式的听感分辨度，语法从若干种 Cm 的层级位置中选择一种：Cm≫C。通过

[①]　这里还涉及儿童语言获得在语言演变过程中的作用问题。因篇幅有限，故不在此讨论。感兴趣的读者可参阅 Lightfoot（1993）、Crain（2001）和 Reiss（2003）。

C*m* 层级的稳定,渐次效应被范畴化,共时变异经音系化进入第三
阶段。

　　除了与语法系统和词项表达形式有关之外,语音演变还与
社会语言学、语言获得途径、音系处理机制、认知机制以及语用
等非语法因素有关。但是,制约的功能化必然导致功能主义动
因成为语音演变的主要乃至唯一解释。例如,Boersma(2003)使
用对音段感知分辨程度加以限制 M-制约的重新排列来解释早
期印欧语言阻塞音系统的演变。又如,为了解释中古英语的元
音链移(Great Vowel Shift),Miglio(1998,2005)从听觉分辨的
角度定义了制约 DISTANCE(听感距离):处于对立关系的音段
之间存在最小的听觉感知距离;如果 DISTANCE 的层级排列高
于 F-制约,元音系统内部发生链移;如果 DISTANCE 的层级排列
低于 F-制约,元音系统内出现音段合并。再如,为了解释双元
音化过程,Minkova & Stockwell(2003:173)提出了制约 HEAR
CLEAR(听辨清晰):以元音共振峰值为衡量标准,最大限度地
扩大主要元音和半元音之间的听感距离。如果 HEAR CLEAR 层
级排列最高,双元音的和谐度为 ɑj＞ʌj＞əj＞ij,即 ɑj 是最理想
的双元音。

　　在优选论的功能主义语言演变观里,语法和语法变化的动
因是一致的,语音演变的结果是语法优化:具有感知功能的制约
向着发挥最大功效的方向发展,制约系统以功能为导向重新
排列。

　　语言演变的功能主义解释为其他非语法因素进入语法系统打
开了大门。例如,Raffelsiefen(2000)提出拉平类推(leveling
analogy)是 M-制约 LEVEL 的基础;当 LEVEL 的层级排列高于 F-
制约时,形态系统中某些语素的语音形式发生变化;语音形式的变
化导致形态系统的简化,即系统演变向无标记方向发展。根据
Raffelsiefen 的分析,类推之所以能够成为制约,其原因是,元音脱
落这一历时过程没有明显的语音、音系、形态或语义动因,只能是

类推的结果。[1] 据此,语法系统之外的类推作用也变成优选的语法内容。[2]

10.4.3　儿童音系获得的功能主义解释

根据经典生成音系学假设,儿童音系获得理论和音系语法理论是同一的(Smith 1973,2010)。虽然不同时期关于语法内容的假设有所不同,但是儿童音系获得假说基本上没有变化(Smith 2010)。概括地说,经典理论儿童语言获得假说的基本内容是,儿童语言获得过程的本质是儿童(个体)构建具体语法的过程。儿童具备先天普遍语法以及构建具体语法的能力。普遍语法是儿童语言的初始态,也是儿童构建具体语法的语法知识来源。试图对被感知到的话语进行语法解读触发儿童构建具体语法的过程。儿童利用构建起来的假定性的具体语法假设解释被感知的话语形式;当假定性假设不能解释话语形式时,儿童修改原来的具体语法假设,建立另一个关于这部语法的假设,直到儿童构建的关于具体语法的假设能够解释所感知到的所有话语形式。语法的先天性假说是儿童语言获得理论的基础,也是语法系统的基石,是生成语言学和其他语言理论的根本区别。

---

① 这里 Raffelsiefen 指的是中古高地德语央元音的脱落。

② 根据经典理论,虽然类推在语言演变中起到作用,但是类推本身不是语法系统的组成部分;类推不是语音演变的根本原因,也不是音系语法计算的结果。虽然类推往往导致语言结构表面的相同或相似,但这仅是功能的同一,而功能的同一并非本质相同或来源同一的必然结果。Kiparsky(2000)认为,虽然类推充其量能够导致语法优化,但是需要经过词项优化阶段;据此,优选论需要建立一个前提假设:表层表达和底层表达都要受到制约的限制。显然,这个前提假设有悖于"基础丰富"假设。Dresher(2000)进一步指出,类推既不是语法的组成部分,也不是建立语法所遵循的原则;充其量是儿童语言获得过程的副产品。Reiss(2003)也认为,类推是儿童语言获得过程中分析(parsing)以及与认知等其他因素相互作用的结果;就其本质来说,类推是非语法的。从儿童语言获得过程在语言演变过程中的作用角度看,类推是词项重构的结果。如果说词项重构与词项优化有关,那么,类推只是学习途径,而不是语法的组成部分。Reiss 还指出,形态系统的简单化或规则化仅仅是类推因素诱发的结果之一。进一步看,与类推有关的语言演变结果并不总是一个简化了的或标记程度更低的系统,例如,对古冰岛语形态系统演变过程的分析表明,类推并没有降低系统的复杂程度。

与儿童语言获得有关的事实是生成语言学理论的经验基础：儿童在短时间内迅速掌握极其复杂和高度抽象的语法系统的事实是行为主义或经验主义理论根本无法解释的；所有关于儿童语言获得和儿童语言的事实导向唯一可能的假设：作为语言获得起点的普遍语法是大脑的天然属性。除此之外，儿童还具有通过构建假设和处理性质不同、复杂程度不一以及不确定的话语形式的能力。话语形式是语法、认知、行为、心理、物理、生理、社会和文化等多种性质不同因素导致的混合体；从儿童角度看，话语形式的数量是有限的或贫乏的；话语形式残缺不全，不具系统性；虽然在观察层次上话语形式里不存在语法结构的原型，但是，它是儿童构建具体语法和检验关于具体语法假设的不可缺少的经验基础。①

普遍语法的内容决定了具体语法的内容，同时也决定了儿童语言获得对象的内容：普遍语法、具体语法和儿童语言语法在内容上是同一的。根据早期优选论的假设，具体语言里的每一条制约都源于普遍语法。制约具备三个属性：先天性、普遍性和可违反性。根据 Tesar & Smolensky(2000)的假设，在语法初始态里，所有的 M-制约的层级排列高于所有的 F-制约。儿童语言获得过程是一个不断调整 M-和 F-制约相对层级排列的过程。坚持制约先天性是传统优选论的形式主义儿童语言获得观的重要标志。然而，在后起的功能主义优选论里，制约的功能化最终导致语法是后天经验概括的理论后果。

Hayes(1999;2004)的观点说明了优选论的功能主义语言获得观。Hayes 认为，从功能的角度看，如果假设语言具有遗传基础，那么先天的语法是为了实现特定功能而设计的；虽然语法本身不能决定自身的功能，但是外部机制可以决定语法的功能，因此至少一部分制约是语法设计的产物。语法设计的功能导向要求制约

---

① 有的观点认为(如 Blevins 2004)，虽然用于构建句法的话语输入贫乏，但儿童用于构建音系语法的语音材料并不贫乏。

具有语音基础和功能导向。如果制约具有语音基础和功能导向，那么，制约不必是先天的，而是儿童后天创造的。在 Hayes 看来，在优选论的框架内，音系获得包括两项任务：创造制约和对制约进行层级排列。Hayes 把儿童创造制约的过程叫作"通过归纳获得语音基础的过程"(inductive grounding；简称 IG)。IG 的主要内容如下。

儿童具有根据语音事实创造制约的能力。制约的创造过程分为两个主要阶段。首先，儿童在实现音系结构的语音表达时遇到了发音方面的困难，并使用最大气力试图完成具有相当难度的发音任务。儿童具有评估发音难度的能力，并且能够凭借经验建立一套判断发音难度的标准。儿童具备排除诸如语速和语体之类的非语法因素的能力，对非理想状态下的语音以及语音感知清晰程度和与发音精确程度之间的相关性加以抽象。基于这一抽象，儿童勾画出一幅标明发音难度的语音图(phonetics map)。获得语音图之后，儿童再根据语音图寻找并确定具有语音基础的制约。这个过程便是 IG：儿童最初创造了数量庞大的由任意音系符号构成的、决定音系结构描写的制约；因为构成制约的音系符号是任意的，所以某些制约具有明显的语音基础，而有些则是语音上根本不可能的。儿童凭借语音图对制约是否具有语音基础和发音难易程度进行评估。在音系过程早期阶段，儿童趋于选择具有明显语音基础的制约或无标记的发音优选项，排除没有语音基础或语音基础比较薄弱的制约。此外，儿童还要考虑制约与音系表达形式的关系，以确定制约的有效性。凡是具有语音基础的、易于发音的，又能表达音系形式信息的制约是有效的制约。①

其次，儿童仅仅依赖 IG 并不能获得具体语言的全部制约。为了获得制约的有限集合，Hayes 提出了最大限度局部有效性假设

---

① Hayes 认为，虽然制约具有语音基础，但制约本身不是语音模式，因此应当允许制约偏离语音模式。

（local maximum of effectiveness）。儿童最初创造的制约在数量上是无限的。根据最大限度局部性原理，儿童根据有效程度对每对在形式上相关的（即局部相邻的）制约进行比较，选择形式上相关且简单的制约，从数量无限的制约里选择制约并确定制约的有限集合，并对所选择的制约进行层级排列，初步完成了构建一部具体语法的任务。概括起来讲，Hayes 的基本观点是，在无限的制约逻辑空间里寻找处于最大限度局部关系的、结构描写简约度较高、语音难度低且语音效度高的制约。

从本质上讲，Hayes 的假设是功能主义的。第一，普遍语法的内容不同于传统优选论的理解。在 Hayes 的假设里，普遍语法不再是先天制约的有限集合，而是儿童的语法设计能力。第二，语法设计以功能为导向。第三，具有语音基础的制约是儿童后天经验的产物。尽管如此，Hayes（1999）还是认为，语音对音系的作用不是直接的，而是通过制约间接地对音系结构产生作用。具有语音基础的、作用于音系结构的制约是音系形式的对称性和语音发音难度的非对称性之间矛盾的产物。他指出，把音系直接建立在语音自然性基础的简单做法，很可能忽略了音系模块和语音模块之间存在着的具有科学意义的关系与环节。

如果具有功能主义倾向的 IG 假设仍然承认音系语法在音系获得中的作用，承认儿童在音系获得过程中必须处理音系模块和语音模块之间关系的话，那么，极端的功能主义优选论的儿童语言获得观则完全否认音系模块的存在，认为语法里只有表述语音机制-听觉分辨难度的功能性原则。下面以 Boersma（2000）为例说明极端的功能主义优选论的音系获得观。

Boersma 首先否定制约的先天性。他认为，语法是对以语言交际有效性为目的的发音和感知原则的直接反映。儿童音系语法初始态里只有先天的发音-听觉机制。制约是儿童就发音机制和听觉分辨难度事实的概括，因此所有的制约都是后天学会的。

根据 Boersma 的观点，语法由三个子系统构成：语法感知系统、语法认知系统和语法产生系统。说话人语法产生系统决定话语的表层形式;表层形式源于说话人的语法认知系统;听话人的语法感知系统决定如何把声学信号转换成感知上的表达形式,再通过语法认知系统把感知表达形式转换成底层表达形式。Boersma定义的语法系统只有语音机制、感知机制和认知机制。制约说明语音产生和感知的功能性原则。在不考虑其他因素的情况下,与发音功能有关的制约的层级排列是由发音费力程度决定的;同样,与感知功能有关的制约的层级排列是由听觉分辨的程度决定的。

基于上述理念,Boersma(2000:475)假设的语法初始态里只有一组作为 M -制约发展基础的难度不同的发音机制和作为 F -制约发展基础的难度不同的听觉分辨机制,如(23)所示(0 - 100表示发音-听觉分辨难度):

(23) 100 -------- 发音机制 (M-制约发展的基础)
　　　　|
　　 0 -------- 听觉机制 (F-制约发展的基础)

在音系获得的起点,儿童尚未建立任何通过感知获得的语音范畴,也没有掌握发音机制以及发音机制之间的协调关系。从语音产生的角度看,对于儿童来说,尚未学会的语音机制都具有一定的难度;在语音感知方面,通过感知区别语音和建立语音范畴也具有相当的难度。这些具有一定难度的语音机制和听觉分辨机制构成了语法初始态。这就是说,语法里不存在任何有意义的制约,儿童此时既不能产生真正的语音,也不能分辨真正的语音。此外,此时生成装置的作用也受到儿童语音机制困难的限制,所以此时的生成装置不能生成输出项。

在音系获得的最初阶段,儿童对感知到的语音进行分类,建立语音范畴。儿童在所允许的语音感知空间里建立语音维向,并且根据能否区别意义的原则把感知到的语音置于特定的语音维向位置上。这正是语音的范畴化过程。在这个问题上,Boersma 强调儿童和哺乳类动物都有对声音进行分类的能力,强调建立声音范畴的能力不是人类特有的。

语音范畴化是儿童建立词库和建立语音产出的前提条件。出于交际目的,儿童根据词的范畴化了的语音形式创建语音产出语法。语音产出语法里最重要的是 F-制约。F-制约的作用在于保证语音层次上忠实再现范畴化了的语音形式,确保语音形式具有特定的意义或能够区别不同语音形式所表达的不同意义。听觉感知功能是 F-制约的来源。为了产生语音,儿童必须运作发音机制。此时,所建立源于听觉分辨的 F-制约和受制于省力原则的 M-制约便进入对立状态。

概括起来讲,极端的功能主义优选论音系获得假设的主要内容是:第一,语法的初始态由难度不同的语音产生和语音感知分辨机制组成;第二,语音机制逐渐发展为具有语法意义的且对立的制约;第三,语音的功能决定着制约层级排列的发展。

从早期优选论看,功能主义儿童音系获得观是反理论的。首先,极端的功能主义优选论不仅否定了制约的先天性,而且从逻辑上否定了制约集合的有限性;其次,生成装置受到了语音机制的限制;最后,基于听觉分辨的 F-制约本质上也是 M-制约,其后果是,早期优选论定义的两类制约之间有意义的对立也随之消失。如果用优选论的概念来理解的话,音系语法里只有 M-制约,没有F-制约。

10.5　经典生成音系理论对优选论的批评

优选论产生之后受到经典生成音系学派的猛烈批评。为了便于比较和叙述,我们把经典生成音系学和优选论的主要方面做一比较,如下所示。

生成音系学基础理论

	经典生成音系学	优选论
语法属性	天生的、普遍的	天生的、普遍的
语法的基础	音系规则无任何基础	制约有类型学、语音学基础
符号的性质	纯音系符号	音系符号和非语法符号
语法内容	规则、原则和参数	制约与制约层级
可违反性	不可违反的规则和原则	可违反的制约
具体语法	规则应用顺序	制约层级的阶乘类型
语言特点的来源	规则应用顺序不同	制约层级排列不同
自然性	规则不必是自然的	制约是自然的
功能导向	音系规则无功能	制约具有功能
生成装置	无;音系机制按序运作	有;音系机制无限制无序运作
推导方式	连续推导	一次性数量无限的平行映射
表达层次的数量	多个表达层次	两个表达层次
表层表达的形式	推导的逻辑结果,不受限制	受到制约的限制
底层表达的形式	受限制	不受任何限制
输出项的数量	一个	数量无限
输出项的逻辑性	必然的	或然的
符合语法	绝对的	相对的

　　优选论几乎在理论和分析的各个方面都受到经典生成音系学派的批评。

　　在普遍语法的来源上,经典理论和(早期)优选论都承认语法的先天性。然而,在后期的优选论的各种功能主义变种里,制约或者不是先天的,而是后天经验概括的结果;或者,有些优选论的变种承认制约的普遍性,但制约不再是音系的,而是发音机制和感知机制。虽然早期优选论继承了经典理论的语法先天性假设,但在其后期发展逐渐背离了这一假设。语法先天性假设是生成语言学理论体系的基石,是和其他语言理论区分开来的标志。优选论各种变种在这个问题上并没有统一的认识,因此,普遍语法来源和本质是判断和区别这些变种是否属于生成音系学的关键性标准。

优选论制约的"普遍性"和经典理论的普遍语法有本质的区别,具有不同的内涵。在经典生成音系学里,"普遍性"主要指形式普遍(formal universal)(SPE:1),即形式定义的音系符号、计算系统、关于音系规则、音系表达和音系机制的原则具有普遍意义。在经典理论里,"普遍性"存在于音系表达的抽象层次,是不可观察的。在优选论里,"普遍性"是种属意义上的普遍,是类型的普遍,是经验观察层次上的普遍。从表面上看,优选论和生成音系学都在寻求音系普遍性,但是二者的研究对象、理论依据和研究目标不同。经典理论寻求的是普遍的音系语法知识,优选论寻求的则是对类型学的概括。优选论有其明确的研究对象,但与经典生成音系学的研究对象几乎不相关。

受到生成音系学经典作家批评最多的是优选论的类型学基础。Bromberger & Halle(2000)指出,类型的普遍性是出于实用目的的虚构,没有科学价值。音系学理论不是关于类型的理论。即使由音系计算过程推导的结果呈现某些类型特点,但这一结果也与类型无关。Bromberger & Halle 进一步指出,由于样本不以类型的方式存在,因此对同一样本可以有多种不同类型学解释,据此,对所有语音样本的解释并不等于对音系语法的解释。如果语言受到某种原理支配的话,这种原理只能是形式的音系语法。没有类型学,音系学理论照样可以直接解释语音样本。语法构建没有必要将理论假设置于虚假的类型学事实基础之上;相反,"音系学理论最终能够揭示并解释那些虚假类型的真正来源"(2000:31)。

在研究方法方面,优选论把对语言现象观察的概括变成了语法(制约),这等于用观察的结果来解释观察到的现象,是无意义的循环,无助于对语言现象本质的认识。Chomsky(1994)对 M-制约的质疑是,"既然存在着一些标记性最弱的元音和辅音,那么为什么所有语言中的所有的词不是相同的? 具体地说,为什么所有的词不都是 ʔiʔi,tata 或 baba 呢?"。"语法是制约的有限集合"假设没有科学基础,存在严重的方法论缺陷,充其量是有限观察的代名词。

在经典作家看来,优选论最严重的理论缺陷,是非语法因素随着基于类型事实的 M-制约进入音系计算系统,进入了音系语法,其后果是,音系语法是一个包含着语法和非语法因素的混合体。M-制约进入计算系统违反了生成语言学的"严格区分语法知识和言语行为"的语法构建原则,导致音系和语音之间界线变得模糊,淡化甚至动摇了经典理论坚持处理音系和语音关系的原则——音系决定语音。

符号同质性原则是生成语言学的语法构建原则之一,也是评估计算过程及其结果的前提。推导过程不得改变符号的性质。在优选论里,语音等非语法因素进入计算系统后,计算系统包含两类性质不同的符号:语法的形式的音系符号和表示物质的(生理、行为和物理的)语音符号,导致计算系统不可算。如果我们假设输入项和生成装置制造的输出项是由音系符号定义的,那么由语音符号或其他非语法符号定义的制约是无法识别输出项的,更谈不上评估和选择候选项。虽然音系符号和语音符号有一定的相似性,但二者本质不同。Chomsky 一针见血地指出,"[优选论的]生成装置的输出项和输入项是不同的东西:生成装置之前的是音系符号,但生成装置之后的是语音符号"(2004:167)。生成装置是音系机制的集合,包括增加、减少音系成分、改变成分之间的结构关系,但不能改变符号的性质。优选论计算系统的不可算性正是源于两类符号的异质性。这就像数学符号和化学符号各有自己的逻辑系统和算法,数学原则无法识别化学符号,不可放在一起计算。因此,数量无限的输出项和制约的有限集合是"大杂烩",制约的层级以及其对输出项形式的评估和选择是一笔"糊涂账"。因为计算系统存在异质符号,导致不可算,所以优选论根本无法处理音系形式和语音功能的关系。①

　　经典作家对制约的可违反性持否定观点。站在自然主义语言观立场上,Chomsky(1994)表达了对制约可违反性的质疑:语言规律是可以违反的吗?真正的自然法则(natural law)是不可违反的。万有引力定律可违反吗?这意味着,优选论里那些可被违反的制约不是真正的语言规律。

　　优选论有为数众多的否定性制约,例如 No-Coda(音节无尾音)、*Clash(无相邻的凸显)、*Complex-Coda(音节没有复杂音节尾音)等。科学命题是肯定性的陈述,而非否定性的陈述。满足否定性制约的结果(输出项)在数量上可能是无限的。因此,优选论的制约的实质和所谓形式的科学性都值得怀疑。

　　在经典生成音系学里,音系规则顺序具有逻辑关系基础,音系规则的按序应用推导出表层形式。在优选论里,具体语言是制约的相对层级排列。然而,制约的层级排列是阶乘的,完全是随机组合。制约层级排列遭受两个严重的缺陷:第一,制约层级排列没有内在逻辑;②第二,制约层级排列的数量极为庞大。理论上说,阶乘类型决定制约层级导致严重的后果。如果制约层级排列没有内在逻辑,那么具体语言是或然的;在数量庞大的制约层级(可能的具体语法)里仅有数量不多的实际存在的语言。在经典生成音系学理论里,语法具有界定可能存在的语言和排除不可能存在的语言的功能,具有界定自然语言变异范围的作用,即语法具有可预测力。然而,在优选论里,由阶乘类型决定的制约层级根本无法预测哪些是可能的具体语法,也无法排除哪些是不可能的具体语法,

---

　　①　在有些优选论的文献里,常有"类型学事实的概括通过制约的方式被形式化并获得语法的地位",或"类型学事实抽象的符号化(encoded)使其成为音系的组成部分",或"语音事实被转换成(translated into)音系符号"之类的表述。从清晰描写两类符号转换过程要求的角度看,类似的表述多有暗度陈仓之嫌,并没有真正地阐明音系符号和语音特点的关系。

　　②　有观点认为(如 Pulleyblank 1997),有些制约的层级排列是固定的,或有些制约的层级排列是无标记的,更为常见,出现在多数语言里。此外,有些制约之间存在蕴含关系,所以它们的层级排列也是固定的。

更无法界定自然语言的变异范围;在优选论的逻辑里,语言之间的差异在数量上是阶乘的。

优选论坚持制约的自然性,即制约有其发音和感知基础。制约的作用之一是限制规则推导法里推导的过强的生成力。从经典理论的角度看,制约根本不能限制生成力。如前所述,音系规则本身和音系表达形式都是由音系符号定义的,由语音符号组成的制约根本无法识别音系符号。退一步说,即使制约能够识别音系符号,那么,有些音系规则是任意的,没有语音学动因,因此根本无法从语音方面对这些音系规则加以限制。

在规则推导法里,音系规则是纯形式的,其运作遵循计算原则,具有自主性;但是在优选论里,制约具有功能导向,都是为了实现输出项的无标记或最大限度地降低输出项的标记程度,以期符合类型学观察的结果。制约的功能导向与制约的类型学基础以及制约的自然性是一脉相承的,本质上都是功能主义的。

在经典理论里,音系语法没有生成装置。计算系统主要由音系规则构成。音系规则按序把底层形式逐步推导成表层形式,音系规则的每一次应用只能有一个输出项。在优选论里,生成装置仅由最简单的音系机制构成。根据分析自由原则,这些音系机制不受任何限制地和没有运作顺序地生成无限数量的候选项。在经典理论里,语素底层表达形式受到严格的限制。在不同时期和不同假设里,如底层表达无赘余原则、语素结构规则、OCP、不充分赋值理论以及自主音段理论中关于底层自主音段状态的假设,都是对底层表达形式的限制,受到限制的底层表达形式具有解释作用。在优选论里,根据"基础丰富"假设,输入项不受任何限制,可以是任何形式或任何结构。如果说在规则推导法里,表层语音特点是由底层音系表达形式和音系规则(以及推导原则)共同解释的,那么,在优选论里,唯一具有解释作用的是限制表层形式(输出项)的制约层级。经过对无数输出项的评估,制约层级排除了所有的不符合语法的输出项形式,选择了唯一的符合语法的优选项。优选论声称,制约层级排列从根本上解决了 SPE 理论的生成力过强的问题。

　　除了制约不能识别音系符号之外,优选论("基础丰富"假设)既不限制底层表达形式(输入项形式),也不限制生成装置,使其生成无限数量的输出项。在优选论看来,限制输出项的形式能够解决生成力过强的问题。然而,在经典理论的规则推导法看来,优选论不限制底层表达形式和生成装置,反而限制表层表达形式的方法纯属本末倒置。在规则推导法里,生成力过强-过弱是音系理论不能恰当精准定义音系符号和音系规则的结果。要从根本上解决生成力过强或过弱问题应当从两个方面入手:一是进一步修改符号,更加精准地定义符号系统;二是对音系规则的运作(即计算过程)和音系表达形式加以限制。语音表达是计算过程的逻辑结果,对其限制既无必要也无可能。在规则推导法看来,生成力过强不是表层表达本身的问题,而是由现有的关于音系符号、音系规则和关于音系表达原则的缺陷所致。制约对表层表达的限制与计算系统生成力无关,因此不可能解决生成力过强或过弱问题。

　　在规则推导法里,音系规则系统应用的最终结果是一个输出项;输出项是音系规则系统计算的逻辑结果,具有必然性。在优选论里,输出项的数量无限,其中只有一个优选项。优选论的输出项集合存在两个方面的问题。第一,输出项数量的无限性违反语法的简单原则(simplicity),而且,在数量无限的输出项集合里,只有一个符合语法的优选项,而其他的数量庞大的候选项都是不符合语法的形式。① 第二,因为具体语言的制约层级是阶乘组合的结果,所以,这个制约层级选择出来的优选项具有或然性(probability),是概率计算的结果。包括语言规律在内的自然规律必须是必然的,而不是或然的。优选论的层级排列和优选项都

---

① 优选论自认为其语法构建符合简单原则;符合简单原则主要体现为优选项最大限度满足制约层级的候选项,或是最低限度地违反制约层级体系的输出项形式。

是或然的,它同经典理论所追求的语法的可能性(possibility)既不相关,更不是同一回事。

两种理论对符合语法性理解也不同。在规则推导法里,符合语法性是绝对概念,但在优选论里,符合语法性是一个相对概念。在优选论里,符合语法的相对性源于优选项最大限度地满足制约层级,即,与其他输出项比较,优选项是"更和谐的"的输出项形式。

从经典理论角度看,优选论错误地理解了语法先天性与普遍性的关系。在生成语法里,先天性和普遍性之间的关系密不可分:因为语法是先天的,所以它是普遍的,普遍性是使用所有不同语言的人的大脑的共同属性。然而,类型学的种属意义的普遍性与语法的先天性无关。据此,当优选论把其语法置于类型学的普遍性之上时,其构建语法(制约)的基础已经发生实质性的变化:语法不是先天的,而是后天经验的结果。以制约为语法内容的优选论事实上背离了经典理论的语法先天性假说。

实际上,作为形式理论的优选论和功能主义之间并没有天然的联系。不幸的是,优选论选择了类型学观察作为语法构建的基础,而且没有把类型学现象里的非语法因素和语法因素区分开,而是把观察直接当作语法,导致过度使用甚至滥用语音事实。优选论原本试图建立一个描写音系语法和类型学事实之间关系的模型,但是,一旦功能主义的潘多拉盒子被打开,如何控制非语法因素进入语法系统便成为优选论需要认真对待的原则性问题。虽然优选论的倡导者并不主张所有的制约都有语音基础或功能导向(McCarthy 2002a:224),但却没有提出处理音系范畴和语音事实关系的原则。正是在这个背景下,功能主义打着优选论的幌子堂而皇之地进入了形式的音系学理论,并借助优选论的框架泛滥起来。对于生成音系学乃至形式理论来说,优选论的功能主义倾向导致一系列的理论后果。首先,音系的语法地位将发生变化;或者,如果音系的语法地位不变,形式理论假设的语法系统将发生质变。根据经典理论的理解,音系是语法知识系统的组成部分。但是,如果制约具有语音基础和功能动因的话,音系不再是语法知识的组成部分,不再具有语法地位,而是行为系统的一部分。如果音系属于行为系统,制约必然是后天经验观察和归纳的结果,据此,音系语法不必具有先天性。如果坚持认为制约具有语音基础和功能导向,而且坚持认为由这样的制约构成的音系具有语法地位的话,那么,基于语法内部同质性原则,整个语法系统应当具有经验和功能基础;据此,语法不必是先天的,不必是独立的和自主的,也不必是非行为的和非功能的。显然,所有这些理论后果有悖于生成音系学的基本假设。需要再次澄清的是,经典生成音系学不是反行为的,而是仅仅认为语法本身是非行为的。① 但是,如果诸如"禁止懒惰"之类的制约成为语法的组成部分,那么语言研究的对象不再是语法知识,而是人的行为。McCarthy 本人(2002)也坚持认为,语音-功能不能代替形式语法,而且功能主义方法无助于形式理论实现其自身的理论目标。

其次,优选论无助于说明音系知识和语音事实的关系。从描写采用的概念工具角度看,生成音系学的主流观点承认音系范畴和语音量变之间的关系(Bromberger 1992; Bromberger & Halle 2000, Halle 2002)。音系是大脑实体(mental entity),是范畴性模块,而语音是物质实体,是连续的时空事件。音系范畴性模块需要使用离散数学的方法描写其形式特征,而语音模块则需要连续数学的方法展示其连续性量变。音系模块和语音模块通过语音补充规则(Pierrehumbert 1980; Keating 1990)联系起来,实现从离散到连续的映射。虽然音系学和语音学有着各自的研究对象,但是也有共同的任务:说明从离散性的范畴到连续性的物理事件的映射过程。优选论从物理角度定义制约的做法实际上否定了音系范畴的存在,因此根本无法说明音系范畴和物理事件的关系。此

---

　　① 　例如,Chomsky & Lansik(1977)认为,虽然具有普遍意义的功能性限制不具语法地位和语法作用,但是此类限制有可能在人类进化层次上有一定的意义。

乃后果之一。从物理角度定义制约的另一后果是,制约的数量急剧膨胀,导致制约的层次排列以及制约对候选项的评估具有连续数学的特点。早期优选论里有一个前提性假设:音系部分和语音部分是两个独立的模块。根据这一假设,语音模块里的语音因素并不能在共时的音系语法模块里直接产生作用。但是,功能主义优选论(例如 Boersma 2000 和 Flemming 2001)否定了音系和语音两个独立模块的假设,把两个模块合而为一,试图用发音-感知机制为内容的制约取代所有具有形式定义的制约,并声称前者既能解释语音层面上的渐次变异,也能解释音系层面上的范畴变异(Flemming 2001)。针对制约评估的连续数学特点,McCarthy(2003)指出,制约对候选项的评估必须是范畴性的。进一步看,由于以语音为基础的制约是对生理和物理事实描写的产物,因此是不可违反的。从优选论定义的制约属性看,凡是制约都是可违反的。这些基于生理和物理事实的制约是不能违反的,因此都是虚假的制约。

最后,在经典生成语言学看来,优选论的儿童音系获得观是反理论的。形式理论和传统优选论的儿童语言获得观的共同之处在于坚持:(一)普遍语法的先天性;(二)儿童语法和成人语法的同质性。根据 Chomsky(1981a)的理解,语法初始态由原则、参数以及任意的语法符号构成;在传统优选论的假设里,自然语言里的每一条制约都源于普遍语法,即制约是先天的(McCarthy 2002a);在语言发展过程中,语法的初始态、过渡态和稳定态由同一套语法内容构成。在传统优选论里,这套语法模块由具有普遍意义的制约、生成装置和制约层级构成。这就是说,儿童语法和成人语法之间只存在量的差异,而没有质的不同。儿童语言获得过程中所涉及的每一个制约层级也是成人共时语法的组成部分(McCarthy 2002a)。

语法先天性是生成语言学理论体系大厦的基石。在功能主义优选论里,制约具有经验基础,因此不必是先天的;儿童出生时缺少后天经验,因此不必有语法。功能主义优选论定义的先天语法实质上是语音产生和听觉分辨的生理机制,同经典生成语言学定义的语法初始态在本质上完全不同。发音机制和语音感知机制不是人类特有的,因此不必是人类特有的属性。功能主义优选论定义的语法初始态事实上是一部空语法,是经验主义"白板说"的功能主义优选论的翻版。在这个根本性问题上,功能主义优选论回到了早已被生成语言学彻底否定的行为主义老路上(Chomsky 1959)。

结　束　语

　　在这本书里,我们简要回顾了生成音系学六十多年的理论发展和一些具体假设与方法。在这六十多年里,生成音系学创造了诸多具有重要科学价值的知识,从音系角度更加深入地认识了语言现象。从历史的角度看,在强有力的语言理论支持下,生成音系学成为语言学史上最系统的、理论特征最显著的音系理论体系。在 20 世纪 60 年代至 20 世纪 90 年代的三十多年间,经典生成音系学在音系学中占据主导地位。自 1990 年至 2000 年前后,优选论一时兴盛,和经典生成音系学并行。进入 21 世纪的生成音系学可以称作后经典生成音系学时期。

　　生成音系学的诸多假设仍然需要进一步论证,对这些假设的证实和证伪需要更多语言事实的检验和更长时间的考验。目前断然否定某个假设和它的理论意义,为时尚早。在这六十多年间,生成音系学发展迅速,假设不断地更新,新的观点,新的方法、分析、论证和新的论据更是层出不穷。然而,其中不少假设和方法还没有来得及充分论证便被新的假设和新的方法取代,其情形犹如“熊瞎子掰苞米,掰一个扔一个”。那些未被充分论证的假设,需要更多的不同类型的语言现象来作进一步论证。更重要的是,某些有争议的假设曾经是研究热点,但囿于当时的知识范围和认识水平,并未得到满意的处置,涉及的问题也没有得到很好的回答。随着理论的更新,这些被搁置的问题有可能重新成为关注的焦点,并在新的背景下被赋予新的认识。另外,在当今年轻的音系学研究者当中,有些人不了解早先的理论假设和方法,不了解这些理论假设的历史背景和当时研究的思路,因此不得不重新了解这些假设的

752

意义和作用。回顾和重温历史上重要的理论假设和方法,对于音系理论建设和指导语言分析实践来说,仍然是非常必要的。

　　或许有人会问,生成音系学提出了那么多的理论假设,它们解决了什么问题(solution of problems)? 对于这个疑问,我们的看法是,从人类语言的复杂程度看,只有一百余年历史的音系学和只有六十余年历史的生成音系学是否真正解决了什么问题,这可能要留给将来的语言理论去评价。生成音系学研究的真正价值在于,它提出了具有科学意义的新的概念和与之相关的问题(question)。这些有科学意义的问题以新的概念和假设为基础。科学的发展以新概念或新假设的产生为标志。在物理学中,与没有质量概念的亚里士多德相比,牛顿的革命性发现之一是,物体有质量。在语言学领域,生成音系学的经典学家和其他研究者提出一系列新的概念,并以这些新的概念之间可能存在的逻辑关系为基础,又提出更多的新问题,而回答这些新问题又引导着音系学研究不断深入,推动着理论发展,发现更多的事实。需要说明的是,我们突出理论发展的重要性,并不是说语言经验事实或对语言现象本身的研究不重要。在生成音系学的研究实践中,理论假设和语言经验事实是一张纸的两个面,密不可分,哪怕纸再薄,还是有两个面。理论假设与经验事实的关系是由生成音系学方法论决定的。提出假设需要以经验事实为基础,假设需要更多的经验事实来检验。本书的目的在于说明问题(question)的科学价值。"正是这些具有科学价值的问题成就了音系学。Panini、Rask、Bopp、Saussure、Jakobson 和 Chomsky 是音系学领域中发现科学问题的巨匠;如果没有这些理论家,音系学或许还在迂腐地搜集各种稀奇古怪的老物件。诚然,发现正确的科学问题的工作远远没有结束"(Bromberger & Halle 2002:34)。

　　优选论的兴盛改变了经典生成音系学一统天下的局面。当前的生成音系学内部出现诸多不同的理论,呈现"碎片化"的局面。"碎片化"表现在研究和对话缺少作为平台的共同的基础假设,例如,语法究竟是规则系统还是制约系统,抑或是规则加上制约? 音系是纯符号的还是语音的抽象,抑或是部分纯符号和部分语音符号的结合? 在基础假设方面,当前生成音系学内部的分歧或许大于 1960—1990 年间的分歧。归纳起来说,有些研究坚持承认音系和语音两个模块,坚持音系决定语音的原则;有些研究强调音系必须排除 SPE 提出的内容普遍性(substantial universal),认为内容普遍性的本质是语音,但打着"音系"的幌子进入了音系;内容普遍性是 SPE 的重大疏漏;音系研究必须坚持音系语法的纯形式和无物质、无行为的性质,而有些研究则主张语音是音系语法基础的一部分。当前,有的研究继续采用经典理论的规则推导法探讨音系机制和原则,也有的研究用优选论制约法描写语言现象。

然而,无论这些假设是什么,当前包括生成音系学在内的音系学研究都摆脱不了经典生成音系学的影响,讨论的课题大多是经典生成音系学提出的,例如音段成分、音系-语音接口、音系-形态的关系、音系-句法接口、自主音段的联接原则、底层表达赋值程度、词库音系和后词库音系、音段结构与音系机制的形式化表达,等等。今天我们随手翻开一部音系学文献就会发现,研究者或者采用或者提及生成音系学里的概念,例如规则应用顺序、自主音段、后词库音系规则、结构维持、自主音段,广泛涉及生成音系学定义的音系结构和音系机制。当今出版的大多数音系学教科书(或语言学导论的音系部分),几乎无一例外地介绍音系规则和音系规则应用顺序以及非线性表达。这说明,无论我们是赞同还是不赞同生成音系学,生成音系学的假设、概念以及所创造的知识已经是当代各种音系学理论都无法回避的,广泛地影响着当代音系学各个领域的研究。

关于国外的语言理论对语言描写和解释的有效性,国内学界时有这样的议论,"西方语言理论"来源于某些"西方语言",仅适用于对"西方语言"的分析。我们的理解是,这里的"西方语言"可能指的是印欧语系语言。诚然,"西方语言"不是一个科学的语言学概念,其主要原因是,印欧语系语言在历史上的和现在的地理分布并不局限于"西方",事实上,"东方"也有为数不少的印欧语系语言。重要的是,从生成音系学六十多年发展过程的回顾可以看出,音系学理论并非仅仅来自某些"西方语言",除了日耳曼语言和罗曼语言等"西方语言"之外,许多非"西方"语言都是理论的来源语言,对这些语言深入细致的研究丰富了音系学的知识,推动了音系学理论的发展。另外,"西方语言理论"仅适用于"西方语言"这种说法隐含着另一个误区,即"西方语言理论"能够解释"西方语言"的现象。事实上,正如我们对生成音系学发展过程的回顾所表明的,"西方"的音系学理论并没有真正解决"西方语言"里的语言学问题,例如,关于英语的词库结构,英美学者并没有达成广泛和一致的共识,这个问题的讨论仍然在继续。我们真正期待的是,汉语和中国少数民族语言能够成为音系学的理论来源语言。

最后,对生成语言学六十多年的回顾还表明,关于音系本体的不同假设是不同理论之间分歧的根本来源。这些分歧,归根结底源于对音系和语音二者之间关系的不同认识。音系和语音之间的关系是语言学的根本性问题之一。从生成音系学的角度看,这个问题的本质是语法知识和这种知识的外在物质形态之间的关系,是一个具有哲学意义的语言学问题。围绕这个问题,语言学将会继续探索并有更多的发现。

英汉术语对照表

absolute evaluation	绝对评估
absolute neutralization	绝对中和
Absolute Slicing Hypothesis	绝对切分假说
abstract	抽象的
abstract analysis	抽象分析
abstract approach	抽象法
abstract segment	抽象音段
abstractness	抽象性;抽象程度
accentual phrase	重音短语
acquisition of phonology	音系获得
adjacency	毗邻
adjoining rule	附加规则
advanced tongue root	舌根前伸
affricate	塞擦音
Aitken's law	艾特肯定律
algorism	算法
alignment	同界
alignment constraint	同界制约
allomorph	语素变体
allophone	音位变体
alternating stress rule	重音交替规则
alternation	交替
alternation condition	交替条件

alternant	交替的形式，交替项
alveolar	齿龈的；齿龈音
ambisyllabic	同属于两个音节的
analogy	类推
analytic procedure	分析程序
anchor	泊位
assimilation	同化
assimilation neutralization	同化性中和
anterior	前部的；前部性
anti-behaviorist	反行为的
anti-markedness constraint	反标记制约
anti-symmetry	反对称性
aperture	开口度
approximant	近似音；近音性
apical	舌尖的；舌尖音
apex	舌尖
arboreal grid	树形节律栅
archiphoneme	超音位
aspirated	送气的；送气性
assimilation	同化
association	联接
association line	联接线
articulator	发音器官
articulator theory	发音器理论
articulatory mechanism	发音机制
autosegment	自主音段
autosegmentalization	自主音段化
axiom	公理
back	后舌位

back formation	逆构方式
base	词基;基式
bearing unit	负载单位
Behaviorism	行为主义
bilabial	双唇的,双唇音
bilateral opposition	双边对立
binarity principle	偶分原则
binary constraint	偶值制约
binary branching	偶分枝
binary feature	偶值特征
bi-uniqueness	双向单一性
bleeding	阻断(顺序)
blockage constraint	阻断制约
boundary symbol	界线符号
boundary marker	界线标记
bracket erasure	抹除括号
bracketed grid theory	加括节律栅理论
bracketing paradox	括号设定悖论
breathy voice	气声
bundle	束
Canadian raising	加拿大英语双元音舌位升高
candidate chain	候选链
coalescence paradox	融合悖论
c-command	c-统辖
ceneme	音符位
centrifugal neutralization	离心性中和
chain	链
chain formation algorithm	链构演算
chain shift	链移

chaining	形成链;链接
charm	絷
chroneme	时位
class feature	类属特征
clitic	附着语素
clitic group	附着语素组
cliticization	附着语素化
cold vowel	冷元音
complementary distribution	互补分布
complex segment	复杂音段
complex tone	复杂调
concatenative morphology	串联式形态
condition	条件
conditional neutralization	有条件的中和
congruency	一致
conjunctive ordering	合取式顺序
conjunctive rule	可合取的规则
connectedness	关联性
consonant	辅音
consonantal	辅音的;辅音性
consonantal cluster	辅音丛
consonant(al) harmony	辅音和谐
consonantality	辅音性
conspiracy	共谋
constant opposition	常恒对立
constituent	成分
constraint	制约
constricted glottis	闭声门
contextual neutralization	与环境有关的中和

contingent ordering restriction	偶然性顺序限制
continuant	连续性
contour segment	曲折音段
contour tone	曲折调
contrastive	对比的
Contrastive Underspecification Theory	对比性不充分赋值理论
control theory	控制论
co-occurrence	同现
Copenhagen School	哥本哈根学派
coronal	舌冠的;舌冠性
coronality	舌冠性
correspondence constraint	对应制约
Correspondence Theory	对应论
counter-bleeding	反阻断(顺序)
counter-feeding	反馈给(顺序)
co-variable	协同变量
crazy rule	疯狂规则
creaky voice	嘎裂音
culminative	达顶的;达顶性
cycle	循环;周期
cyclic rule	循环(音系)规则
cyclicity	循环性
cyclicity of rule application	规则应用的循环性
deep structure	深层结构
default specification	默认赋值
degenerate	衰减
delayed release	延时除阻
deletion	脱落

demarcative function	标界功能
demotion	降级
dental	齿的;齿音
dentalization	齿化
dependency	从属关系
Dependency Phonology	从属音系学
derivation	推导;派生
derivational constraint	推导性制约
derived environment	推导性环境
derived environment constraint	推导性环境制约
descriptive adequacy	描写充分性
desonorization	去响音化
destressing rule	去重音规则
detail rule	细化规则
diacritic feature	附加符号特征
dimension	维向
diphthongization	双元音化
direct reference	直接参照
directionality	方向性
disjunctive ordering	析取式顺序
disjunctive rule	可析取的规则
dissimilation	异化
dissimilation neutralization	异化性中和
distance process	长距离(音系)过程
distinctive feature	区别性特征
distinctive function	辨义功能
distributed	散布的;散布性
Distributed Morphology	分布形态学
distribution	分布

dissimilation	异化
domain	域
dominant node	支配节点
Domino condition	多米诺条件
dorsal	舌面的;舌后部的;舌面音
Dorsey's Law	多西定律
dorsum	舌面;舌体;舌后部
downgliding	(声调)下滑
downstepping	(声调)降阶
Duke of York derivation	约克公爵式(转圈式)推导
dumping	转储
duplication problem	双重性问题
duration	时长
edge	边界
edge-in	由边缘向中心的
ejective	挤喉音
Elsewhere Condition	别处条件
empty node	空节点
empty nuclear	空音节核
empty root node	空根节点
empty segment	空音段
empty slot	空(时)位
empty vowel	空元音
enclitic	后附着语素
epenthesis	增音
equipollent opposition	均等对立
explanatory adequacy	解释充分性
Extended Level Ordering Hypothesis	扩展的层面排序假设
external evidence	外部证据

external inflection	外部屈折
external sandhi	外在音变
extra-metrical	节律结构之外的
extra-prosodic	韵律结构之外的
extra-syllabic	音节之外的
extrinsic ordering	外在顺序
factorial typology	阶乘类型
faithfulness constraint	忠实类制约
falling tone	降调
feature	特征
feature category	特征范畴
feature geometry	特征几何
feature matrix	特征矩阵
feature set	特征集合
feature value	特征值
feature value gap	特征值空缺
feeding	馈给(顺序)
filter	过滤装置
fission	分裂
flap	闪音
flapping rule	闪音化规则
flat model	扁平式(音节)模型
floating autosegment	漂浮的自主音段
floating tone	漂浮调
focal phrase	焦点短语
foot	音步
form	形式
formal feature	形式特征
formal property	形式特点

formal universal	形式共性
formalization	形式化
formative	构形成分
fortis	强化;强辅音
fricative	擦音
fusion	融合
gapped configuration	有空缺的构造
geminate	长辅音
gemination	长辅音化
Generative Phonology	生成音系学
generalized alignment constraint	广义同界制约
glide	滑音
global derivational constraint	推导全程性制约
glossematics	语符;语符学
glottal feature	声门特征
glottalization	声门化
Government and Binding Theory	管约论
Government Phonology	管辖音系学
government	管辖
gradual opposition	分级对立
grandfather effect	祖父效应
grid	栅
grid-only theory	唯栅论
guttural	咽喉部的;咽喉部;咽喉音
Halle's Argument	Halle 论证
harmonic feature	和谐特征
harmonic stem	和谐词干
harmonic vowel	和谐性元音
harmony island	和谐岛

harmony span	和谐跨度
heavy syllable	重音节
height	高度
heterogeneous multilateral opposition	异质的多边对立
hiatus	连拼分读
high	高(舌位)
high falling	高降(调)
high level tone	高平调
high register	高调域
homogeneous multilateral opposition	同质的多边对立
host	宿主
iambic foot	抑扬格音步
iambic reversal	抑扬颠倒规则
identity thesis	同一性命题
if-then condition	关系性条件
immediate constituent	直接成分
immediate phrase	中间短语
implication	蕴含
implicational constraint	蕴含性制约
implosive	内爆破音
incorporation rule	合并规则
indirect reference	间接参照
inflection	屈折
inflectional process	屈折过程
initial stress rule	词首重音规则
innate	先天的
innateness hypothesis	先天性假说

input	输入项
insertion	插入;增(音)
interface	接口
interface condition	接口条件
internal evidence	内部证据
internal inflection	内部屈折
intonation	句调;语调
intonational phrase	语调短语
intrinsic ordering	内在顺序
irreflexivity	非反身性
ir-reversability	不可逆性
isolated opposition	孤立对立
item-and-arrangement	项目–配置(法)
iterative constituent construction	反复成分构建规则
iterative rule	重复性规则
juncture	音渡
juncture phoneme	音渡音位
Kazan School	喀山学派
labial	唇的,唇部的;唇音性
labial harmony	唇和谐
labialization	(圆)唇化
labiality	唇性
language game	语言游戏
langue	语言,语言系统
laryngeal feature	喉部特征
laryngeal node	喉部节点
lateral	边音;边音性
lax	松的;松声带;松弛性

lax vowel	松元音
learnability	可学性
length	（音段）长度
lenition	弱化
level tone	平调
lexical category prominence rule	词汇范畴凸显规则
Lexical Diffusion	词汇扩散说
lexical government	词汇管辖
lexical insertion	词项嵌入
lexical integrity hypothesis	词库完整假说
lexical interpretation	词汇解读
lexical mapping	词项映射
lexical minimality	词项最简假设
lexical optimization	词项优化（假设）
lexical phonological rule	词库音系规则
Lexical Phonology	词库音系学
lexical phonology	词库音系
lexical redundancy rule	词项羡余规则
lexical representation	词项表达
lexical stratum	词库层面
lexical stress	词重音
Lexicalism	词库论
lexicon	词库
Level Ordering Hypothesis	层面排序假设
level tone	平调
license	准允
light syllable	轻音节
linguistic competence	语言能力
linguistic performance	言语行为

linear representation	线性表达
linearization	线性化
liquid	流音；流音性
local conjunction	局部组合
local ordering	局部有序
locality	局部性
locus	轨迹
logic form	逻辑式
London School	伦敦学派
long component	长成分
loop	回流
low	低舌位
low register	低调域
low falling	低降(调)
low level	低平(调)
Lyman's Law	莱曼定律
main stress rule	主重音规则
major class feature	主要音类特征
major phrase	大短语
manifestation rule	显化规则
manner-contour segment	方式曲线音段
manner of articulation	发音方式
manner feature	发音方式特征
manner node	发音方式节点
marked	有标记的
markedness	标记性
markedness constraint	标记类制约
marked value	有标记值
marker	标记

marking convention	标记规约
match constraint	匹配制约
matrix	矩阵
maximal onset principle	最大首音原则
maximality condition	最大化条件
maximization of rule application	最大限度利用规则原则
metalanguage	元语言
metasemiotics	元符号
metatheory	元理论
mental representation	大脑表征
merge	合并
mental representation	大脑的表达
Mentalistic Linguistics	心智主义语言学
metathesis	（音段的）换位
meter	乐律；节律
metrical constituent	节律成分
metrical grid	节律栅
Metrical Phonology	节律音系学
metrical pattern	节律模式
metrical rule	节律规则
metrical structure	节律结构
metrical template	节律模架
metrical tree	节律树
mid level	中平（调）
minimal distinctiveness	最小区别
minimal pair	最小对立对儿
minimal (prosodic)word	最小（韵律）词
Minimalist Program	最简方案
minimization of opacity	最低限度的晦暗性

minimum sonority distance	最小响度距离
minor phrase	小短语
mirror image	镜像
mirror image convention	镜像规约
mirror image rule	镜像规则
mismatch	错位
monomoraic	单莫拉的;单韵素的
monophthong	单元音
monosyllabic	单音节的
monovalued feature	独值特征
mora	莫拉;韵素
mora sluicing	莫拉删除
moraic model	莫拉式(音节)模型
moraicity	莫拉性
morpheme	语素
morphemic alternation	语素变体的交替
morpheme alternant	语素交替形式
morpheme boundary	语素边界
morpheme structure condition	语素结构条件
morpheme structure rule	语素结构规则
morphemic tone	语素调
morphological opacity	形态过程的晦暗性
morphological process	形态过程
morphological rule	形态规则
morphological space	构词空间
morphological spell-out rule	形态构成规则
morphophonemic rule	语素音位规则
morphophoneme	语素音位
morphology	形态;形态学

morphology-(in)sensitive rule	形态(不)敏感的音系规则
morphosyntactic word	形态-句法词
multi-lateral opposition	多边对立
multi-planar	多平面的
multi-tier	多音层
multi-valued feature	多值特征
mutual bleeding	互相阻断
move	移动,移位
nasal	鼻音;鼻音性
nasal harmony	鼻和谐
nasality	鼻音性
nasalization	鼻化
natural ordering restriction	自然顺序限制
natural phonological process	自然音系过程
Natural Phonology	自然音系学
Natural Generative Phonology	自然生成音系学
naturalness	自然性
naturalness condition	自然性条件
Naturalism	自然主义
negative condition	否定性条件
neuter	中性;中性的
neutral stem	中性词干
neutral vowel	中性元音
neutralizable opposition	可中和对立
neutralization	中和化;中性化
neutralization position	中和位置
neutralization rule	中和规则
non-behaviorist	非行为的
non-concatenative morphology	非串联式形态

non-isomorphism	非同构性
non-linear representation	非线性表达
non-transformational rule	非转换性规则
notational convention	标注规约
no-ordering condition	无顺序条件
nuclear stress sule	核心重音规则
observational adequacy	观察充分性
Obligatory Contour Principle (OCP)	强制性非等值原则
obstruent	阻塞音
offglide	双元音的结尾部分
opacity	晦暗性
opaque	晦暗的
opposition	对立
oppositional relation	对立关系
optimal candidate	优选项
Optimality Theory	优选论
ordering paradox	(规则应用)顺序悖论
Osthoff's Law	奥斯陀夫定律
output	输出项
over-generation	生成力过度
palatal harmony	腭和谐
palatal [glide] insertion rule	硬腭滑音增音规则
palato-alveolar	龈腭音
palatalization	硬腭化
parallelism	平行式
parameter	参数
parameterization	参数化
parasitic	寄生的

parsing	分析
Parole	言语
partial [linear] ordering	部分[线性]有序
particle	粒子
Particle Phonology	粒子音系学
pattern congruity	模式一致性
percolation	渗透
pharyngealization	咽(腔)化
pharynx	咽腔
phase	语段
phase impenetrability condition	语段不可透条件
phonation	发声
phone	音素、音子
phoneme	音位
phonemic analysis	音位分析
phonemic level	音位层次
phonemic neutralization	音位中和
phonemic overlapping	音位重叠
phonemics	音位学
phonetic feature	语音特征
phonetic form	语音式
phonetic implementation system	语音补充系统
phonetic interpretation	语音解释
phonetic similarity	语音相似性
phonetically conditioned rule （P-rule）	语音条件规则
phonetics	语音;语音学
phonological category	音系范畴
phonological clitic	音系附着成分

phonological component	音系部分
phonological dimension	音系维向
phonological derivation	音系推导
phonological form	音系形式
phonological grammar	音系语法
phonological mechanism	音系机制
phonological opacity	音系晦暗(性)
phonological phrase	音系短语
phonological prime	音系元素
phonological process	音系过程
phonological representation	音系表达
phonological rule	音系规则
phonological structure	音系结构
phonological transparency	音系可透(性)
phonological typology	音系类型
phonological word	音系词
phonological unit	音系单位
phonology	音系;音系学
phonomateme	声位
phonotactics	音段配列
phrase marker	短语标记
phrase structure rule	短语结构规则
physical phonetics	生理语音学
Pike's Heresy	派克邪说
place feature	发音部位特征
place of articulation	发音部位
place node	发音部位节点
plane	平面
plereme	义符位

positive condition	肯定性条件
poly-systematic	多系统的
post-cyclic rule	后循环(音系)规则
post-lexical phonological rule	后词库音系规则
post-lexical phonology	后词库音系
Prague School	布拉格学派
precedence constraint	优先制约
precedence restriction	优先限制
pre-fortis clipping rule	强辅音前元音变短规则
primary stress	主重音
priming effect	启动效应
principle of syllabic integrity	音节完整原则
privative opposition	独有对立
proclitic	前附着语素
productivity	能产性;能产程度
projection	投射
prominence	凸显
promotion	升级
proper inclusion precedence	严格被包者居先
proportional opposition	均衡对立
prosodeme	韵位
prosodic category	韵律范畴
prosodic feature	韵律特征
prosodic island	韵律岛
Prosodic Lexical Phonology	韵律词库音系学
Prosodic Morphology	韵律形态学
prosodic opposition	韵律性对立
Prosodic Phonology	韵律音系学
prosodic structure hierarchy	韵律结构层级

prosody	韵律
psychophonetics	心理语音学
quantal theory of speech	语音的量子理论
quantity-determined	由重量决定的
quantity-insensitive	对重量不敏感的
quantity-sensitive	对重量敏感的
radical	舌根的
Radical Underspecification Theory	激进的不充分赋值理论
readjustment rule	再调整规则
reaching back constraint	对回流的限制
recessive node	隐性节点
recoverability condition	可还原性条件
recursive	递归的
reductive neutralization	衰减性中和
redundant feature	羡余特征
redundant rule ordering constraint	羡余规则排序制约
redundancy rule ordering constraint	羡余规则顺序条件
register feature	调域特征
regressive assimilation	逆同化
relative prominence projection rule	相对凸显投射规则
replacement	置换
resonance	共振;响音性
re-syllabification	重新音节化
retracted tongue root	舌根后缩
reversibility	可逆性
rhinal	鼻的;鼻腔的;鼻腔性
rhyme	韵部

rhythm rule	节奏规则
rhythmic	节奏的;节奏性
richness of the base	基础丰富(假设)
rime projection	韵部投射
rising tone	升调
root	音段根;词根
root-and-pattern morphology	词根-模架形态
root marker	词根标记
root node	(音段)根节点
rounded	圆唇的;圆唇性
rounding harmony	圆唇和谐
ruki rule	ruki 规则
rule scheme	规则组合(式)
scalar evaluation	等级评估
second position clitic	第二位置附着语素
secondary articulatory	次要发音
secondary stress	次重音
segment	音段
segmental constituent	音段成分
segmental component	音段组元
segmental feature	音段特征
segmental quantity	音段长度
segmental structure	音段结构
segmental tier	音段音层
segment structure condition	音段结构条件
segmentalization	音段化
segmentation	切分(音段)
self-preservation principle	自身维持原则
semantic component	语义部分

semantic interpretation	语义解释
semantic transparency	语义透明
sequence condition	音段序列条件
serialism	序列式
set	集合
shortening rule	(长元音)短化规则
sibilant	咝音
simplex segment	简单音段
simultaneous component	同时成分
skeletal tier	主干音层
slack	松(声带);松弛性
sonorant	响辅音;响音性
sonority	响度
sonority contour	响度曲线
sonority dispersion principle	响度离散原则
sonority peak	响度峰
sonority scale	响度等级
Sonority Sequencing Generalization	响度顺序概括
Sonority Sequencing Principle	响度顺序原则
speech production	语音的产生
spoonerism	(音节)首音互换
spirantization	擦音化
split	分裂
spread glottis	展声门
spreading	扩散
stability	稳定性
statement	陈述
stiff	紧(声带);紧张性

stem	词干
stem affix	以词干为构词基础的词缀
stop	塞音
Stød	斯德特现象
stray erasure convention	离群音抹消规约
stray syllable adjunction	离群音节附加
stress assignment rule	重音指派规则
stress clash	重音冲突
stress subordination convention	重音降级规约
strict cycle condition	严格循环条件
Strict Layer Hypothesis	严格层级假设
Strict Linear Ordering Hypothesis	严格线性顺序假说
Strict Locality Hypothesis	严格局部性假设
strident	刺耳性
stroneme	强位
strong juncture	强音渡
Strong Lexicalism	强词库论
structure-building rule	结构构建规则
structural change	结构变化
structure-changing rule	结构变化规则
structural description	结构描写
structure preserving	结构维持
Structuralist Phonemics	结构主义音位学
Subcategorization	次范畴
subjacency	相邻
substantive universal	内容共性
substitution	替换
suction	吸入性
surface representation	表层表达

suprasegmental	超音段的;超音段特征
supra-segmental feature	超音段特征
supra-laryngeal node	喉上节点
super-foot	超音步
super heavy syllable	超重音节
syllabic	成音节的
syllabicity	音节性
syllable coda	音节尾音
Syllable Contact Law	音节接触定律
syllable nucleus	音节核
syllable onset	音节首音
syllable peak	音节峰
syllable position	音节位置
syllable template	音节模架
syllabification	音节化
sympathetic candidate	共感候选项
Sympathy Theory	共感论
syncretism	合并
syntactic component	句法部分
syntagmatic relation	组合关系
system(atic)	系统(的)
target segment	靶音段
taxeme	法位
Taxonomic Phonemics	分类音位学
taxonomy	分类
tense	紧的;紧声带的;紧张性
template	模架
tense vowel	紧元音
tensing rule	(松元音)紧张化规则

terminal node	终端节点
terminal feature	终端特征
ternary foot	三分音步
tertiary value	第三值
theoretical approximation	理论逼近法
theta theory(θ-theory)	θ-论
tier	音层
tier conflation	音层合并
timing unit	时量单位
token	样本
tonal element	声调元素
tonal process	声调过程
tonal structure	声调结构
tonal tier	声调音层
tone	声调
tone assignment rule	声调指派规则
tone contour feature	调型特征
tone bearing unit	声调承载单位
tone language	声调语言
tone mapping(rule)	声调映射(规则)
tone melody	声调曲线
tone register	调域
tone root node	声调根节点
tone sandhi rule	变调规则
toneless morpheme	无调语素
toneme	调位
tongue blade	舌叶
tongue body	舌体
tongue root	舌根

tongue root position	舌根位置
trace	语迹
transformation rule	转换规则
transformational cycle	转换循环
transitivity	及它性
transparent	可透的
transparence	可透性
transfer	转移
tree geometry	树形几何
tree-only theory	唯树论
trigger	诱发音系过程的成分
triggering segment	诱发音段
tri-syllabic laxing	三音节元音松化
trochaic foot	扬抑格音步
True Generalization Condition	真实概括条件
type	类型
typology	类型学
umlaut	曲音
unary feature	独值特征
unboundedness	全域性
under-generation	生成力过弱
underlying representation	底层表达
underspecification theory	不充分赋值理论
Unified Feature Theory	统一的特征理论
universals	共性;普遍现象
Universal Association Convention	普遍性联接规约
uvular	小舌的;小舌音
valency	价
variation	变异

velar weakening rule	软腭音弱化规则
velarization	软腭化
verbal behavior	言语行为
via rule	相关式规则
violability	可违反性
violation	违反
visibility	可见性
vocal cords	声带
vocalic	元音的
vocoid	元音的;元音性
voiced	浊音的;浊音性
voiceless	清的,声带不振动的
vowel	元音
vowel gradation	元音交替
vowel raising rule	元音舌位升高规则
vowel harmony	元音和谐
Weak Layering Hypothesis	弱层级假设
Weak Lexicalism	弱词库论
weight-by-position	位置决定重量
well-formedness condition	合格条件
word affix	以词为基础的词缀
word boundary marker	词界标记
word-final devoicing	(浊阻塞音)词末清化
word-final position	词末位置
word formation rule	构词规则
word re-order rule	词序转换规则
wrap constraint	覆盖制约
X slot	X-位
zero form	零形式

英汉语言名称对照表

Agta	阿格塔语
Aguacatec	阿瓜卡特克语
Akan	阿坎语
Aleut	阿罗特语
American English	美国英语
Amharic	阿姆哈拉语
Arabic	阿拉伯语
Austronesian	南岛语言
Bakwiri	巴克维力语
Bambara	巴姆巴拉语
Bantu	班图语言
Barrow Inupiaq	巴尔罗伊努皮亚科语
Basque	巴斯克语
Bella Coola	贝拉库拉语
Bengali	孟加拉语
Berber	柏柏尔语
Canadian English	加拿大英语
Cantonese	粤语
Catalan	加泰罗尼亚语
Chaha	查哈语
Chatino	察提诺语
Chichewa	齐切瓦语
Chickasaw	奇卡萨乌语

Chi Mwiini	齐姆维尼语
Chinese	汉语
Chiyao	赤遥语
Chuvash	楚瓦什语
Cockney English	伦敦英语
Creek	克里克语
Dagbani	达哥巴尼语
Danish	丹麦语
Dongolese Nubian	东哥里斯努边语
Dschang	德斯尚语
Dutch	荷兰语
Eastern Cheremis	东切列米斯语
English	英语
Eskimo	爱斯基摩语
Estonian	爱沙尼亚语
Ewe	埃维语
Fijian	斐济语
Finnish	芬兰语
Fore	弗列语
French	法语
Garawa	嘎拉瓦语
Gengbe	耿贝语
German	德语
Germanic	日耳曼语言
Greek	希腊语
Golin	高林语
Georgian	格鲁吉亚语
Gokana	格卡那语
Guarani	瓜拉尼语

Hausa	豪萨语
Hawaiian	夏威夷语
Hebrew	希伯来语
Hindi	印地语
Huasteco	华斯特克语
Icelandic	冰岛语
Igbo	伊格博语
Ilokano	伊洛卡诺语
Indonesian	印尼语
Italian	意大利语
Japanese	日语
Kabardian	卡巴尔迪语
Kaingang	卡因冈语
Karok	卡罗克语
Kazakh	哈萨克语
Kikuyu	吉库尤语
Kimatuumbi	吉玛图姆比语
Kinande	吉南德语
Kirghiz	柯尔克孜语
Kiyambo	基洋波语
Klamath	科拉玛特语
Komi	克米语
Korean	朝鲜语
Koya	科雅语
Kwakiutl	夸吉乌特勒语
Kyushu	酋舒语
Lardil	拉第尔语
Latin	拉丁语
Latvian	拉脱维亚语

Lithuanian	立陶宛语
Luganda	卢干达语
Lumasaaba	卢玛萨巴语
Makonde	玛孔德语
Maranungu	玛拉农古语
Malayalam	马拉亚拉姆语
Mandinka	曼丁卡语
Margi	玛基语
Mari	马里语
Mayan	玛雅语言
Mende	门德语
Men-kmer	孟-高棉语言
Menonimi	美诺尼米语
Mokilese	莫基里兹语
Mongolian	蒙古语
Nez Perce	乃兹柏斯语
Ngizim	恩吉姆语
Niger-Congo	尼日尔-刚果语言
Nupe	努佩语
Palauan	帕劳语
Pintupi	平图皮语
Piraha	皮拉哈语
Piro	皮洛语
Polish	波兰语
Ponapean	波纳佩语
Portuguese	葡萄牙语
Proto Indo-European	原始印欧语
Proto Indo-Iranian	原始印度-伊朗语
Romance	罗曼语言

Russian	俄语
Sanskrit	梵语
Scandinavian	斯堪的纳维亚语
Semit-Hemit	闪含语言
Sierra Miwok	西耶拉米沃科语
Sierra Popoluca	西耶拉波波卢卡语
Slavic	斯拉夫语言
Spanish	西班牙语
Sundanese	巽他语
Swedish	瑞典语
Tagalog	他加禄语
Tangale	汤加勒语
Terena	特勒纳语
Thai	泰语
Tigrinya	提格里尼亚语
Tiv	提夫语
Tongga	通卡语
Tungusic	通古斯语言
Turkish	土耳其语
Tübatulabal	图巴土拉巴尔语
Tzotzil	佐齐尔语
Uralic	乌拉尔语言
Uyghur	维吾尔语
Wakhi	瓦罕语
Warao	瓦劳语
West Greenlandic	西格陵兰语
Winnebago	温纳巴戈语
Yala Ikom	亚拉伊克姆语
Yana	雅纳语

Yawelmani	亚维尔玛尼语
Yidin^y	伊丁涅语
Yoruba	尤鲁巴语
Youcatec Mayan	尤卡坦玛雅语
Xitsonga	西宗加语

外文中文人名对照表

A

Abaglo，Poovi	阿巴格罗，珀维
Akinlabi，Akinbiyi	阿金拉比，阿金毕伊
Alderete，John	阿尔德瑞特，约翰
Allen，Margaret	阿伦，玛格丽特
Allen，W. Sidney	阿伦，W. 西迪内
Al-Mozainy，Hamza	阿尔-莫扎尼，哈姆扎
Anderson，John	安德森，约翰
Anderson，Stephen R.	安德森，斯蒂芬 R.
Arnold，G. F.	阿诺德，G. F.
Anttila，Arto	安提拉，阿尔托
Aoki，Haruo	青木春雄
Archangeli，Diana	阿奇安吉利，戴安娜
Aronoff，Mark	阿罗诺夫，马克
Avery，Peter	阿弗利，彼德

B

Bach，Emmon	巴赫，埃蒙
Badjimé，Mamadou	巴德吉梅，玛玛杜
Baker，C. L.	贝克尔，C. L
Bakovic，Eric	巴科维奇，艾利科

Bao，Zhiming	包智明
Basbøll，Hans	巴斯比厄，汉斯
Bazell，Charles E.	巴泽尔，查尔斯 E.
Beckman，Jill	贝克曼，吉尔
Beckman，Mary E.	贝克曼，玛丽 E.
Bell，Allen	贝尔，阿伦
Bendor-Samuel，John T.	本多-萨穆埃尔，约翰 T.
Bennett，Ryan	本内特，瑞安
Benua，Laura	本努阿，劳拉
Bermudez-Otero，Ricardo	博姆德兹-奥特罗，里卡多
Bierwisch，Manfred	比耶维希，曼弗雷德
Blaho，Sylvia	布拉霍，西尔维亚
Blevins，Juliette	布莱文斯，朱丽叶特
Bley-Vroman，Robert	布雷-弗罗曼，罗伯特
Bloch，Bernard	布洛赫，伯纳德
Blodgett，A.	布罗吉特，A.
Bloomfield，Leonard	布隆菲尔德，莱昂纳德
Blumenfeld，Lev	布鲁门费尔德，列夫
Boadi，L. A.	博阿蒂，L. A.
Boas，Franz	鲍阿斯，弗朗兹
Boersma，Paul	布尔兹玛，保罗
Bolinger，Dwight	鲍林格，德怀特
Bonet，Eulàlia	博内特，尤拉利亚
Bonilha，Giovana F. G.	博尼哈，吉奥瓦尼 F. G.
Booij，Geert	博伊，格尔特
Borowsky，Toni	博罗斯基，托妮
Bradshaw，M. M.	布拉德肖，M. M.
Brame，Michael	布拉姆，迈克尔
Brentari，Dian	布伦塔利，迪安

Bresnan, Joan　　　　　　　布鲁斯南,琼安
Bromberger, Sylvain　　　　布隆伯格,西勒维因
Browman, Catherine　　　　布劳曼,凯瑟琳
Burzio, Luigi　　　　　　　布尔奇奥,鲁伊基

C

Cairns, Charles E.　　　　　凯尔恩斯,查尔斯 E.
Calabrese, Andrea　　　　　卡拉布雷泽,安得烈
Carnochan, J.　　　　　　　卡尔诺钦,J.
Carr, Philip　　　　　　　　卡尔,菲利普
Cassimjee, Farida　　　　　卡西姆耶,法里达
Catford, J. C.　　　　　　　凯弗特,J. C.
Chao, Yuan-ren　　　　　　赵元任
Charette, Monik　　　　　　查雷特,莫妮克
Chen, Aoju　　　　　　　　陈傲菊
Chen, Matthew　　　　　　陈渊泉
Cheng, Chin-chuan　　　　　郑锦全
Cheng, Lisa Lai-Shen　　　　郑礼珊
Cherry, E. Collin　　　　　　谢利,E. 柯林
Cho, Young-mee Yu　　　　　赵蓉美
Chomsky, Noam　　　　　　乔姆斯基,诺姆
Clements, George N.　　　　克莱门茨,乔治 N.
Cohen, Abigail C.　　　　　科恩,阿比盖尔 C.
Collins, Chris　　　　　　　科林斯,克里斯
Comrie, Bernard　　　　　　科姆里,伯纳德
Crain, Stephen　　　　　　克雷因,斯蒂芬
Croft, William　　　　　　　克罗夫特,威廉
Crowhurst, Megan　　　　　克劳赫斯特,梅根
Crystal, David　　　　　　　克里斯特尔,大卫

Cutler, A.	卡特勒, A.

D

Dahan, D.	达汉, D.
D'Alessandro, Roberta	德亚利桑德罗, 罗贝塔
Devine, A. M.	迪文, A. M.
Dinnsen, Daniel A.	丁森, 丹尼尔 A.
Dobashi, Yoshihito	土桥善仁
Donegan, Patricia J.	帕翠西娅, J. 多尼根
Donselaar, W. van	东塞拉, W. 范
Downing, Laura J.	唐宁, 萝拉 J.
Dresher, B. Elan	德雷谢尔, B. 埃伦
Duanmu, San	端木三
Durand, Jacques	杜兰德, 雅克

E

Eagle, White J.	伊格勒, 怀特 J.
Embick, David	恩比克, 大卫
Elfner, Emily	厄尔夫讷, 艾米莉
Elordieta, Gorka	耶罗迪耶塔, 戈卡
Eulitz, C.	尤利茨, C.
Ewen, Colin	尤恩, 柯林
Everett, Daniel	埃弗瑞特, 丹尼尔

F

Fabb, Nigel	法布, 尼戈
Ferguson, Charles A.	弗格森, 查尔斯 A.
Finer, Daniel	芬讷, 丹尼尔
Firth, John Rupert	弗斯, 约翰·鲁伯特

Fitch，W. T.	费奇，W. T.
Flemming，Edward	弗莱明，爱德华
Fodor，Jerry	福多，杰瑞
Ford，K.	福特，K.
Fougeron，Cécile	福格朗，塞丝莉
Fromkin，Victoria A.	福罗姆金，维多利亚 A.
Frota，Sónia	福罗塔，索妮娅
Fry，Denis B.	弗莱，丹尼斯 B.
Fudge，Erik	弗基，艾里克
Fukazawa，Haruka	松岛春香
Funt，Gunnar	方特，古纳

G

Gafos，Adamantios	加弗斯，阿达曼迪奥斯
Garrett，Andrew	加莱特，安德鲁
Giegerich，Heinz. J.	吉格利希，海因茨 J.
Goedemans，Robert	古德曼斯，罗伯特
Goldman，Alvin	戈德曼，埃勒文
Goldsmith，John	戈德史密斯，约翰
Goldstein，Louis	戈德斯泰因，路易斯
Gordon，Matthew	戈登，马修
Greenberg，Joseph H.	格林伯格，约瑟夫 H.
Gregerson，J.	格莱格森，J.
Gussmann，Edmund	古斯曼，埃德蒙
Gussenhoven，Carlos	古森霍芬，卡洛斯

H

Hale，Kenneth	黑尔，肯尼斯
Hale，Mark	黑尔，马克

Hall, Daniel C.	霍尔,丹尼尔 C.
Hall, T.A.	霍尔,T. A.
Halle, Morris	哈勒,莫里斯
Halliday, M.	韩礼德,M.
Hammond, Michael	哈蒙德,迈克尔
Hannahs, Stephen J.	哈讷兹,斯蒂芬 J.
Haraguchi, Shosuke	原口庄辅
Hardricourt, A.G.	阿德里库尔,A. G.
Harley, H.	哈雷,H.
Harris, James. W.	哈里斯,詹姆斯 W.
Harris, Zellig	哈里斯,泽利格
Haugen, Einar	豪根,埃纳
Hauser, Marc	豪泽,马可
Hayes, Bruce	海耶斯,布鲁斯
Henderson, Eugenie	亨德尔森,尤金
Hebert, Raymond	赫伯特,雷蒙
Hermans, Ben	赫尔曼斯,本
Hewitt, Mark	休伊特,马克
Hill, Kenneth C.	希尔,肯尼斯
Hirose, Hajime	广濑肇
Hjelmslev, Louis	耶姆斯列夫,路易斯
Hockett, Charles F.	霍凯特,查尔斯 F.
Hogg, Richard	霍格,理查德
Hombert, Jean-Marie	洪伯特,让-玛丽
Hooper, Joan	胡帕尔,琼安
Household, F. W.	豪斯霍德,F. W.
Heuven, van Vincent J.	霍文,范文森特 J.
Homer, Kristin	荷马,克里斯汀
Huffman, Marie K.	胡福曼,玛丽 K.

Hulst, Harry van der　　　　胡斯特,哈利范德
Hume, Elizabeth　　　　　　休谟,伊丽莎白
Hust, J. R.　　　　　　　　胡斯特,J. R.
Hyde, Brett　　　　　　　　海德,布瑞特
Hyman, Larry　　　　　　　海曼,拉里

I

Idsardi, William. J.　　　　伊得萨蒂,威廉J.
Ingria, Robert　　　　　　　英格利亚,罗伯特
Inkelas, Sharon　　　　　　英柯拉斯,莎朗
Iosad, Pavel　　　　　　　　尤萨德,帕维尔
Ishihara, Shinichiro　　　　石原信一郎
Itô, Junko　　　　　　　　　伊藤顺子

J

Jackendoff, Ray　　　　　　杰肯道夫,雷
Jacobs, Haike　　　　　　　雅各布斯,海克
Jakobson, Roman　　　　　雅柯布森,罗曼
Jensen, John T.　　　　　　詹森,约翰 T.
Johnson, Robert　　　　　　约翰逊,罗伯特
Jones, Daniel　　　　　　　琼斯,丹尼尔
Joos, Martin　　　　　　　　裘斯,马丁
Jun, Sun-Ah　　　　　　　　俊顺雅

K

Kabak, Baris　　　　　　　卡巴克,巴里斯
Kager, René　　　　　　　卡格尔,雷内
Kahn, Daniel　　　　　　　卡恩,丹尼尔

Kahnemuyipour, Arsalan	卡内姆伊波,阿尔萨兰
Kaisse, Ellen	凯瑟,艾兰
Kanerva, Jonni	卡内瓦,约尼
Karvon, Daniel	卡冯,丹尼尔
Katamba, Francis	卡塔姆巴,弗朗西斯
Kaun, Abigail R.	考恩,阿比盖尔 R.
Kaye, Jonathan	凯耶,乔纳森
Kayne, Richard S.	凯恩,理查德 S.
Keating, Patricia	基廷,帕翠西娅
Kenstowicz, Michael	肯斯托维茨,迈克尔
Keyser, Samuel J.	凯泽,萨缪尔 J.
King, Robert	金,罗伯特
Kiparsky, Paul	基帕斯基,保罗
Kirchner, Robert	科奇内,罗伯特
Kisseberth, Charles	基斯伯斯,查尔斯
Klavans, Judith L.	卡拉万斯,朱迪丝 L.
Klima, Edward	柯里玛,爱德华
Korn, David	孔恩,大卫
Koutsoudas, Andereas	库劳德斯,安德烈斯
Kratzer, Angelika	克拉策,安格利卡
Kubozono, Haruo	洼薗晴夫
Kurath, Hans	库拉什,汉斯

L

Labov, William	拉波夫,威廉
Ladd, D. Robert	拉德,罗伯特 D.
Ladefoged, Peter	赖福吉,彼德
Lahiri, A.	拉希里,A.
Lakoff, George	雷考夫,乔治

Lamb, Sydney M.	兰姆,西德尼 M.
Lasnik, Howard	拉斯尼克,霍华德
Lass, Roger	拉斯,罗杰
Leben, William	勒本,威廉
Leeuw, Frank van der	勒乌,弗兰克范德
Legendre, Géraldine	勒让德,杰拉丁
Lehiste, Ilse	勒西斯蒂,伊莎
Levelt, Claartje	勒维尔特,克拉蒂耶
Levin, Juliette	勒温,朱丽叶特
Li, Bing	李兵
Liberman, Mark	利伯曼,马克
Liberman, Philip	利伯曼,菲利普
Liddel, Scott K.	李德尔,司各特 K.
Lieber, Rochelle	利博,罗切尔
Lightfoot, David	莱特福特,大卫
Lightner, Theodore	莱特纳,西奥多
Lindblom, Björn	林德布龙姆,伯永
Liu, Patricia	刘,帕翠西娅
Lombardi, Linda	隆巴蒂,琳达
Lowenstamm, Jean	罗温斯塔姆,让
Łubowicz, Anna	卢博维茨,安娜
Luís, Ana R.	路易斯,安娜 R.

M

Maddieson, Ian	麦迪逊,伊安
Majdi, B.	马伊迪,B.
Makkai, Valerie Becker	马凯,瓦莱利贝克
Macken, Marlys A.	麦肯,玛里丝 A.
Marantz, A.	马兰士,A.

Marslen-Wilson, William	马斯棱-威尔逊,威廉
Martisoff, James A.	马提索夫,詹姆斯 A.
Mascaró, Joan	马斯卡洛,朱安
McCarthy, John	麦卡锡,约翰
McCawley, James D.	麦考雷,詹姆斯 D.
McCully, C. B.	麦卡利,C. B.
McMahon, April	麦克马洪,艾普丽尔
Meisel, Jürgen M.	梅泽尔,约根 M.
Menn, Lise	曼,莉莎
Mester, Armin	阿明,迈斯特
Michaels, D.	迈克尔斯,D.
Mielke, Jeff	米尔科,杰夫
Miglio, Viola	米格利奥,维罗拉
Miller, Taylor L.	米勒,泰勒 L.
Minkova, Donka	敏柯娃,冬卡
Mohanan, K.P.	莫哈南,K. P.
Moravcsik, Edith	莫拉弗西克,艾迪斯
Moreton, Elliott	莫雷顿,艾略特
Morgan, G.	摩根,G.
Myrberg, Sara	迈尔博格, 萨拉
Myers, Scott	迈耶斯,司各特

N

Nanni, D.	楠尼, D.
Napoli, Donna J.	纳波利,多纳 J.
Nespor, Marina	内斯波,玛丽娜
Nessly, Larry	内斯里,拉里
Newmeyer, Frederick J.	纽迈耶,弗雷德里克 J.
Ní Chiosáin, M.	尼希珊,M.

Noll, Craig	诺尔, 克雷格
Noske, R.	诺斯克, R.
Noyer, Rolf	诺耶, 罗尔夫

O

O'Connor, J. D.	奥康纳, J.D.
Odden, David	奥登, 大卫
Ohala, John	奥哈拉, 约翰
Oosterdorp, Marc van	乌斯特托普, 马可范

P

Packard, J.	帕卡德, J.
Padgett, Jaye	帕吉特, 杰
Pak, Marjorie	朴, 马茱丽
Palmer, Frank R.	帕尔默, 弗兰克 R.
Paradis, Carole	帕拉迪斯, 卡罗尔
Peperkamp, Sharon Andrea	波佩坎普, 沙朗安德烈
Pesetsky, David	佩泽斯基, 大卫
Petitto, Laura-Ann	佩蒂托, 罗拉-安
Pierrehumbert, Janet B.	皮耶尔洪伯特, 杰妮特 B.
Pietrosky, Paul	彼特罗斯基, 保罗
Piggot, Glyne	皮格特, 格林内
Pike, Kenneth L.	派克, 肯尼斯 L.
Pike, E.	派克, E.
Plank, Frans	普朗克, 弗朗斯
Poppe, Nicholas	波普, 尼古拉
Pos, H. J.	珀斯, H. J.
Poser, William	珀泽尔, 威廉
Postal, Paul M.	波斯托, 保罗 M.

Potter, B.   波特，B.

Prince, Alan   普林斯, 阿兰

Pulleyblank, Douglas   蒲立本, 道格拉斯

Purnell, Thomas   蒲内尔, 托马斯

Pyle, Charles   派尔, 查尔斯

Q

Quirk, Randolph   夸克, 兰道夫

R

Raffelsiefen, R.   拉斐尔谢芬, R.

Ramsammy, Michael   拉姆萨米, 迈克尔

Raymond, William   雷蒙德, 威廉

Reiss, Charles   莱斯, 查尔斯

Renwick, Margaret E. L.   任维克, 玛格丽特 E. L.

Revithiadou, Anthi   内维提亚多, 安提

Rialland, Annie   利阿兰德, 安妮

Rice, Keren   赖斯, 柯仑

Ridouane, R.   礼铎安, R.

Riggle, Jason   里戈, 杰森

Ringen, Catherine   林根, 凯瑟琳

Ritter, Nancy A.   里特, 南希 A.

Rizzi, Luigi   瑞兹, 鲁伊吉

Robins, Robert Henry   罗宾斯, 罗伯特·亨利

Roca, Iggy   罗卡, 伊基

Rogers, B. B.   罗杰斯, B.B.

Ross, John R.   罗斯, 约翰 R.

Rotenberg, Joel   罗滕堡, 乔尔

Rubach, Jerzy   路巴赫, 杰兹

S

Smith, Neil	史密斯,尼尔
Smith, Norval	史密斯,诺弗尔
Smolensky, Paul	斯摩棱斯基,保罗
Snider, Keith	斯奈德,基斯
Sommerstein, Alan H.	索姆斯泰因,阿伦 H.
Speer, S.	斯比尔,S.
Spencer, Andrew	斯宾塞,安德鲁
Sprigg, R. K	斯普里格,R.K.
Sproat, R.	斯波罗特, R.
Spyropoulos, Vassilios	斯派罗波洛斯,瓦希里奥斯
Stampe, David	斯丹帕,大卫
Stanley, Richard	斯坦利,理查德
Stephens, Laurence D.	斯蒂芬斯,劳伦斯 D.
Steriade, Donca	斯特里阿蒂,童卡
Stevens, Kenneth	斯蒂文斯,肯尼斯
Stockwell, Robert	斯多克维尔,罗伯特
Stoel-Gammon, Carol	斯托-加芒,卡萝尔
Swadesh, Morris	斯瓦迪什,莫里斯

T

Tateishi, Koichi	立石浩一
Tecumseh, W.	特库姆塞,W.
Tesar, Bruce	特萨尔,布鲁斯
Trager, George L.	特拉格尔,乔治 L .
Tranel, Bernard	特雷讷尔, 伯纳德
Trask, R. L.	特拉斯克, R. L.
Trim, J. L. M.	特里姆,J. L. M.
Trubetzkoy, Nikolai S.	特鲁茨别科伊,尼柯莱 S.
Truckenbrodt, Hubert	特拉肯布罗特,胡伯特

Turk, Alice	特尔克,爱丽丝
Turkel, William J.	特克尔,威廉 J.
Twaddle, W. F.	特瓦德尔,W．F．

U

Uffmann, Christian	乌夫曼,克里斯琴
Uriagereka, Juan	乌利亚格雷卡,朱安

V

Vaysman, Olga	威斯曼,奥尔加
Vaux, Bert	沃克斯,博特
Vennemann, Theo	魏内曼,希奥
Vergnaud, Jean-Roger	维格诺德,让-罗杰
Vigário, Marina	维加利奥,马丽娜
Vijver, Ruben van de	维沃,鲁本范德
Vogel, Irene	弗格尔,艾瑞茵

W

Wang, William S.-Y	王士元
Walusimb, Livingstone	瓦鲁西姆,利文斯通
Wells, John	威尔斯,约翰
Wells, Rulon	威尔斯,卢伦
Werle, Adam	威尔勒,亚当
Wiese, Richard	魏斯,理查德
Williams, Edwin	威廉姆斯,埃德温
Wilson, Colin	威尔逊,柯林
Wit, H. de	维特,H. 德
Wolfe, Andrew	伍尔夫,安德鲁
Woo, Nancy	吴,南希

X

Xu，De-Bao	许德宝

Y

Yip，Moira	叶梅娜
You，Shuxiang	尤舒翔
Yu，Alan C. L.	余梓麟

Z

Zec，Draga	泽科,德拉加
Zemlin，Willard R.	泽姆林,威拉德 R.
Zonneveld，Wim	钟内维尔特,威姆
Zhang，Hongming	张洪明
Zhang，Jisheng	张吉生
Zwicky，Arnold M.	崔奇,阿诺德 M.

参 考 文 献

Abaglo, Poovi & Diana Archangeli. 1989. Language particular underspecification: Gengbe/e/and Yoruba/i/. Linguistic Inquiry 20: 457 – 480.

Akinlabi, Akinbiyi. 1995. Kalabary vowel harmony. Ms. Rutgers University.

Alderete, John. 1997. Dissimilation as Local Conjunction. In Kiyomi Kusumodo (ed.): NELS 27. Amherst, MA: GLSA, 17 – 32.

Alderete, John. 2001. Dominance effects as transderivational antifaithfulness. Phonology 18: 201 – 253.

Allen, M. 1978. Morphological investigation. Ph. D. dissertation, University of Connecticut.

Allen, W. Sidney. 1951. Some prosodic aspects of retroflexion and aspiration in Sanskrit. Bulletin of the School of Oriental and African Studies 13: 939 – 946.

Allen, W. Sidney. 1954. Retroflexion in Sanskrit: Prosodic technique and its relevance to comparative statement. Bulletin of the School of Oriental and African Studies 16: 556 – 565.

Anderson, John. 1969. Syllabic or non-syllabic phonology. Journal of Linguistics 5: 136 – 143.

Anderson, John. & C. Jones. 1974. Three theses concerning phonological representations. Journal of Linguistics 10:

1 – 23.

Anderson, John & Colin Ewen. 1987. Principles of Dependency Phonology. Cambridge: Cambridge University Press.

Anderson, Stephen R. 1978. Tone features. In V. Fromkin (ed.), Tone: A Linguistic Survey. New York: Academic Press, 133 – 176.

Anderson, Stephen R. 1970. On the Grassmann's law in Sanskrit. Linguistic Inquiry 1: 387 – 396.

Anderson, Stephen R. 1972a. U-umlaut and skaldic verse. In Stephen R. Anderson & Paul Kiparsky (eds.), A Festschrift for Morris Halle. New York: Holt, Rinehart & Winston.

Anderson, Stephen R. 1972b. On nasalization in Sundanese. Linguistic Inquiry 3: 253 – 268.

Anderson, Stephen R. 1974. The Organization of Phonology. New York: Academic Press.

Anderson, Stephen R. 1975. On the interaction of phonological rules of various types. Journal of Linguistics 11: 39 – 62.

Anderson, Stephen R. 1981. Why phonology isn't "natural". Linguistic Inquiry 12: 493 – 539.

Anderson, Stephen R. 1985. Phonology in the Twentieth Century: Theories of Rules and Theories of Representations. Chicago: University of Chicago Press.

Anderson, Stephen R. 2005. Aspects of the theory of clitics. Oxford: Oxford University Press.

Anttila, Arto & Young-mee Yu Cho. 2004. Variation and change in Optimality Theory. In John McCarthy (ed.): Optimality Theory in Phonology. Oxford: Blackwell, 569 – 580.

Aoki, Haruo. 1966. Nez Perce vowel harmony and proto-

Sahaptian vowels. Language 42.4: 759 – 767.

Archangeli, Diana. 1984. Underspecification in Yawelmani phonology and morphology. Ph.D. dissertation, MIT.

Archangeli, Diana. 1988. Aspects of underspecification theory. Phonology 5: 183 – 207.

Archangeli, Diana. 1991. Syllabification and prosodic templates in Yawelmani. Natural Language and Linguistic Theory 9: 231 – 283.

Archangeli, Diana. 1997. Optimality Theory: An introduction to linguistics. In Diana Archangeli & D. T. Langendoen (eds.): Optimality Theory: An Overview. Oxford: Blackwell, 1 – 32.

Archangeli, Diana. 2011. Feature specification and underspecification. In Marc van Oostendorp *et al*. (eds.): The Blackwell Companion to Phonology. Oxford: Wiley-Blackwell, 148 – 170.

Archangeli, Diana & Douglas Pulleyblank. 1987. Maximal and minimal rules: Effects of tiers scansions. In Joyce McDonough & B. Plunkett (eds.): NELS 17. Amherst, MA: GLSA, 16 – 35.

Archangeli, Diana & Douglas Pulleyblank. 1989. Yoruba vowel harmony. Linguistic Inquiry 20: 173 – 217.

Archangeli, Diana & Douglas Pulleyblank. 1994. Grounded Phonology. Cambridge, MA.: MIT Press.

Archangeli, Diana & D.T. Langendoen. (eds.). 1997. Optimality Theory: An Overview. Oxford: Blackwell.

Aronoff, Mark. 1976. Word Formation in Generative Grammar. Cambridge, MA.: MIT Press.

Aronoff, Mark. 2013. Face the facts. In Florence Villoing and

Sophie David (ed.), Foisonnements morphologiques: études en hommage à Françoise Kerleroux, 307 – 324. Paris: PUPO.

Aronoff, Mark & S. N. Sridhar. 1983. Morphological levels in English and Kannada, or Atarizing Reagan. In J. Richardson, M. Marks & A. Chukerman (eds.): CLS 19: Parasession on the Interplay of Phonology, Morphology, and Syntax. Chicago: CLS, 16 – 35.

Aronoff, Mark & Sridhar, S. 1987. Morphological levels in English Kannada. In Gussmann E. (ed.): Rules and the Lexicon. Lublin: Redakcja Wydawnictw Katolickiego Uniwersytetu Lubelskiego.

Bach, Emmon & Robert T. Harms. 1972. How Do Languages Get Crazy Rules. In R. P. Stockwell & R. K. S. Macauley (eds.): Linguistic Change and Generative Theory. Bloomington, Indiana: Indiana University Press, 1 – 21.

Baker, C. L. 1979. Syntactic theory and the projection principle. Linguistic Inquiry 10: 553 – 581.

Bakovic, Eric. 1999. Assimilation to the Unmarked. Penn Working Papers in Linguistics 6. ROA – 340.

Bakovic, Eric. 2000. Harmony, dominance, and control. Ph.D. dissertation, Rutgers University.

Bao, Zhiming. 1990. On the nature of tone. Ph. D. dissertation, MIT.

Bao, Zhiming. 1999. The Structure of Tone. New York & Oxford: Oxford University Press.

Bao, Zhiming. 2011. Chinese tone sandhi. In Marc van Oostendorp et al. (eds.): The Blackwell Companion to Phonology. Oxford: Wiley-Blackwell, 2561 – 2585.

Basbøll, Hans. 1975. Grammatical boundaries in phonology. Annual report of the Institute of Phonetics, University of Copenhagen 9: 109 – 135.

Basbøll, Hans. 1978. Schwa, jonctures et syllbification dans les representations phonologiques du fran Cais. Acta Lingustica Hafniensia 16, 2: 147 – 182.

Bazell, Charles E., J. C. Catford, M. Halliday & R. Robins (eds.). 1966. In Memory of J. R. Firth. London: Longman.

Beckman, Jill. 1998. Positional faithfulness. PhD. dissertation, University of Massachusetts, Amherst.

Beckman, Jill. 1999. Positional Faithfulness: An Optimality Theoretic Treatment of Phonological Asymmetries. New York: Garland Publishing, Inc.

Beckman, Mary E. 1986. Stress and Non-Stress Accent. Dordrecht: Foris Publications.

Beckman, Mary E. & Janet B. Pierrehumbert. 1986. Intonational structure in Japanese and English. Phonology Yearbook 3: 255 – 310.

Bell, Allen & Joan B. Hooper. 1978. Issues and evidence in syllable phonology. In Alan Bell & Joan B. Hooper (eds): Syllables and Segments. Oxford: North-Holland Publishing Company.

Bendor-Samuel, John T. 1966. Some prosodic features in Terena. In Charles E. Bazell *et al*. (eds.): In Memory of J. R. Firth. London: Longman.

Bennett, Ryan & Emily Elfner. 2019. The syntax-prosody interface. Annual Review of Linguistics. 5: 151 – 171.

Benua, Laura. 1995. Identity effects in morphological truncation. In J. Beckman, L. Walsh & S. Urbanczyk (eds.): Papers in

Optimality Theory. University of Massachusetts Occasional Papers in Linguistics 18. Amherst, MA.: Graduate Linguistic Student Association, 77 – 136.

Benua, Laura. 1997. Transderivational identity: Phonological relations between words. Ph.D. dissertation, University of Massachusetts, Amherst.

Bermudez-Otero, Ricardo. 1999. Constraint Interaction in Language Change: quantity in English and German. Ph. D. dissertation. Manchester: University of Manchester.

Bermudez-Otero. 2003. The acquisition of phonological opacity. In J. Spenader *et al*. (eds.): Variation in Optimality Theory, 23 – 35. Stockholm: Department of Linguistics, Stockholm University.

Bermudez-Otero. 2006. Phonological change in Optimality Theory. In Keith Brown (ed.): Encyclopaedia of Language and Linguistics, volume 9 (2nd ed.). Oxford: Elsevier, 497 – 505.

Bermúdez-Otero. 2012. The architecture of grammar and the division of labour in exponence. In J. Trommer (ed.) The phonology and morphology of exponence: The state of the art. Oxford: Oxford University Press, 8 – 83.

Bermúdez-Otero, Ricardo & April McMahon. 2006. English phonology and morphology. In Bas Aarts & April McMahon (eds.): The Handbook of English Linguistics. Oxford: Blackwell, 382 – 410.

Bermúdez-Otero, Ricardo & Graeme Trousdale. 2012. Cycles and continua: On unidirectionality and gradualness in language change. In Terttu Nevalainen & Elizabeth Closs Traugott (eds.): The Oxford Handbook of the History of

English. Oxford: Oxford University Press, 691 – 720.

Bierwisch, Manfred. 1966. Regeln für die Intonation deutscher Sätze. Studia Grammatica 7: 99 – 201.

Blaho, Sylvia. 2008. The syntax of phonology: A radically substance-free approach. Ph. D. dissertation, University of Tromsø.

Blevins, Juliette. 1995. The syllable in phonological theory. In John Goldsmith (ed.): The Handbook of Phonological Theory. Cambridge MA: Blackwell, 206 – 244.

Blevins, Juliette. 2004. Evolutionary Phonology: The Emergence of Sound Patterns. Cambridge: Cambridge University Press.

Bloch, Bernard & George L. Trager. 1942. Outline of Linguistic Analysis. Baltimore: Linguistic Society of America.

Bloch, Bernard. 1948. A set of postulates for phonemic analysis. Language 24: 3 – 48.

Bloch, Bernard. 1941. Phonemic overlapping. Reprinted in Valerie Becker Makkai 1972. (ed.): Phonological Theory: Evolution and Current Practice. New York: Holt, Rinehart & Winston, 66 – 70.

Bloomfield, Leonard. 1933. Language. New York: Holt.

Bloomfield, Leonard. 1939. Minomini morphophonemics. Reprinted in Valerie Becker Makkai 1972. (ed.): Phonological Theory: Evolution and Current Practice. New York: Holt, Rinehart & Winston, 58 – 64.

Blumenfeld, Lev. 2003. Counterfeeding, derived environment effects, and comparative markedness. Theoretical Linguistics 29: 89 – 99.

Boadi, L. A. 1963. Palatality as a factor in Twi vowel harmony.

Journal of African Languages 2: 133 – 139.

Boas, Franz. 1911. Handbook of American Indian Languages vol. I. Bureau of American Anthropology, Bulletin 40, Part 1.

Boersma, Paul. 1998. Functional Phonology: Formalizing the interaction between articulatory and perceptual drives. Ph. D. dissertation, University of Amsterdam. The Hague: Holland Academic Graphics.

Boersma, Paul. 2000. Learning a grammar in Functional Phonology. In J. Dekkers, F. van der Leeuw & J. van de Weijer (eds.): Optimality Theory: Phonology, Syntax, and Acquisition. Oxford: Oxford University Press, 465 – 523.

Boersma, Paul. 2003. The odds of external optimization in Optimality Theory. In D.E. Holt (ed.): Optimality Theory and Language Change. Dordrecht: Kluwer, 31 – 66.

Bolinger, Dwight. 1958. A theory of pitch accent in English. Word 14: 109 – 149.

Bonet, Eulàlia, Lisa Lai-Shen Cheng, Laura J. Downing & Joan Mascaró. 2019. (In)direct Reference in the Phonology-Syntax Interface under Phase Theory: A response to "Modular PIC" (D'Alessandro and Scheer 2015). Linguistic Inquiry 50: 751 – 777.

Bonilha, Giovana Ferreira Gonçalves. 2002. Conjoined Constraints and Phonological Acquisition. ROA – 533.

Booij, Geert. 1988. Review article on Nespor and Vogel 1986. Journal of Linguistics 24: 515 – 525.

Booij, Geert. 1996. Cliticization as prosodic integration: the case of Dutch. The Linguistic Review 13: 219 – 242.

生成音系学基础理论

Booij, Geert. 1997. Non-derivational phonology meets Lexical Phonology. In Iggy Roca (ed.): Derivations and Constraints in Phonology. Oxford: Clarendon Press, 261 – 288.

Booij, Geert & Jerzy Rubach. 1984. Morphological and prosodic domain in lexical phonology. Phonology Yearbook 1: 1 – 27.

Booij, Geert & Jerzy Rubach. 1987. Postcyclic versus postlexical rules in lexical phonology. Linguistic Inquiry 18: 1 – 44.

Borowsky, Toni. 1986. Topics in the Lexical Phonology of English. Ph.D. Dissertation, University of Massachusetts, Amherst.

Borowsky, Toni. 1989. Structure preservation and and the syllable coda in English. Natural Language and Linguistic Theory 7: 145 – 166.

Borowsky, Toni. 1993. On the word-level. In S. Hargus & E. Kaisse (eds.): Studies in Lexical Phonology. San Diego, Cliff.: Academic Press.

Bradshaw, M. M. 1999. Unrecoverable origins. In B. Hermans & M. V. Oostendorp (eds.): The Derivational Residue in Phonological Optimality Theory. Amsterdam: John Benjamin, 51 – 80.

Brame, Michael. 1972. On the abstractness of phonology: Maltese ʕ. In Michael Brame (ed.): Contributions to Generative Phonology. Austin: University of Texas Press, 22 – 61.

Brentari, Diane. 1990. Theoretical foundations of American sign language phonology. Ph.D. dissertation, University of Chicago.

Brentari, Diane. 1995. Sign language phonology: ASL. In John Goldsmith (ed.): The Handbook of Phonological Theory. Cambridge, MA.: Blackwell, 615 – 639.

Brentari, Diane. 2011. Handshape in sign language phonology. In Marc van Oostendorp *et al*. (eds.): The Blackwell Companion to Phonology. Oxford: Wiley-Blackwell, 195 – 222.

Bresnan, Joan. 1978. A realistic Transformational Grammar. In Morris Halle, Joan Bresnan & G. A. Miller (eds.): Linguistic Theory and Psychological Reality. Cambridge, MA.: MIT Press.

Bromberger, Sylvain. 1992. On What We Know We Don't Know. Chicago: University of Chicago Press.

Bromberger, Sylvain & Morris Halle. 1997. The contents of phonological signs: A comparison between their use in derivational theories and optimality theories. In Iggy Roca (ed.): Derivations and Constraints in Phonology. Oxford: Clarendon Press, 93 – 123.

Bromberger, Sylvain & Morris Halle. 1989. Why phonology is different? Linguistic Inquiry 20: 51 – 70.

Bromberger, Sylvain & Morris Halle. 2000. The ontology of phonology (revised). In N. Burton-Roberts, P. Carr & G. Dogherty (eds.): Phonology Knowledge. Oxford: Oxford University Press, 19 – 37.

Browman, Catherine & Louis Goldstein. 1989. Articulatory gestures as phonological units. Phonology 6: 201 – 251.

Browman, Catherine & Louis Goldstein. 1992. Articulatory phonology: An overview. Phonectica 49: 155 – 180.

Burzio, Luigi. 1996. Surface constraints versus underlying

representation. In Jacques Durand & Bernard Laks (eds.):
Current Trends in Phonology: Models and Methods.
Manchester: European Studies Research Institute,
University of Salford, 124 – 142.

Cairns, Charles E. 1969. Markedness, neutralization, and
universal redundancy rules. Language 45, 863 – 885.

Calabrese, Andrea. 1988. Towards a theory of phonological
alphabets. Ph.D. dissertation, MIT.

Calabrese, Andrea. 1995. A constraint-based theory of
phonological markedness and simplification procedures.
Linguistic Inquiry 26.2: 373 – 463.

Calabrese, Andrea. 2005. Markedness and Economy in a
Derivational Model of Phonology. Berlin: Mouton de
Gruyter.

Carnochan, J. 1951. A study of quantity in Hausa. Bulletin of
the School of Oriental and African Studies 13: 1032 – 1044.

Carnochan, J. 1960. Vowel harmony in Igbo. African Language
Studies 1: 155 – 163.

Carr, Philip. 1993. Phonology. London: Macmillan Press LTD.

Carr, Philip. 2000. Scientific realism, sociophonetic variation,
and innate endowments in Phonology. In Burton-Roberts,
P. Carr & G. Docherty (eds.): Phonological Knowledge:
Conceptual and Empirical Issues. Oxford: Oxford
University Press, 67 – 104.

Cassimjee, Farida & Charles Kisseberth. 1998. Optimal domains
theory and Bantu tonology: A case study from Isixhosa and
Shingasidja. In Larry Hyman & Charles Kisseberth (eds.):
Theoretical Aspects of Bantu Tone. Stanford, California:
CSLI Publications, 33 – 132.

Chao, Yuan-ren. 1934. The non-uniqueness of phonemic solutions of phonetic systems. Reprinted in Martin Joos (ed.): 1957. Readings in Linguistics, vol. 1. Washington: American Council of Learned Society, 38 – 57.

Charette, Monik. 1991. Conditions on Phonological Government. Cambridge: Cambridge University Press.

Chen, Matthew. 1985. Tianjin Tone Sandhi: Erratic Rule Application. Ms. San Diego: University of California.

Chen, Matthew. 1987. The syntax of Xiamen tone sandhi. Phonology Yearbook 4: 109 – 149.

Chen, Matthew. 1996. Tonal geometry — a Chinese perspective. In James C.-T. Huang & Audrey Y.-H. Li (eds.): New Horizons in Chinese Linguistics. Dordrecht: Kluwer, 21 – 48.

Chen, Matthew. 2001. Tone Sandhi: Patterns Across Chinese Dialects. Cambridge & New York: Cambridge University Press.

Chen, Matthew & William S-Y Wang. 1975. Sound change: actuation and implementation. Language 51: 255 – 281.

Cheng, Chin-chuan. 1973. A Synchronic Phonology of Mandarin Chinese. The Hague: Mouton.

Cheng, Lisa Lai-Shen & Laura J. Downing. 2007. The prosody and syntax of relative clauses in Zulu. In Bantu in Bloomsbury: Special issue on Bantu Linguistics. SOAS WPL 15. Edited by Nancy C. Kula & Lutz Marten. London: SOAS, pp. 51 – 63.

Cheng, Lisa Lai-Shen & Laura J. Downing. 2007. The prosody and syntax of relative clauses in Zulu. In Bantu in Bloomsbury: Special issue on Bantu Linguistics. SOAS WPL

15. Edited by Nancy C. Kula & Lutz Marten. London:
SOAS, pp. 51 - 63.

Cheng, Lisa Lai-Shen & Laura J. Downing. 2009. Where is the
topic in Zulu? The Linguistic Review 26: 207 - 238.

Cheng, Lisa Lai-Shen & Laura J. Downing. 2012. Prosodic
domains do not match Spell-Out domains. McGill Working
Papers in Linguistics 22(1): 1 - 14.

Cheng, Lisa Lai-Shen & Laura J. Downing. 2016. Phasal
syntax=cyclic phonology? Syntax 19: 156 - 191.

Cherry, E. Collin, Morris Halle & Roman Jakobson. 1953.
Toward the logical description of language in their
phonemic aspect. Reprinted in Valerie Becker Makkai
1972. (ed.): Phonological Theory: Evolution and Current
Practice. New York: Holt, Rinehart & Winston, 323 - 332.

Cho, Young-mee Yu. 1990. Syntax and phrasing in Korean. In
S. Inkelas & D. Zec (eds.): The Phonology-Syntax
Connection. Chicago: University of Chicago Press, 47 - 62.

Chomsky, Noam. 1957. Syntactic Structure. The Hague:
Mouton.

Chomsky, Noam. 1959. Review of Skinner (1957). Language
35.1: 26 - 58.

Chomsky, Noam. 1964. The logic basis of linguistic theory. In
H. Lunt (ed.), Proceedings of the Ninth International
Congress of Linguists. The Hague: Mouton, 211 - 245.

Chomsky, Noam. 1965. Aspects of the Theory of Syntax.
Cambridge, MA: MIT Press.

Chomsky, Noam. 1966a. Topics in the Theory of Generative
Linguistics. The Hague: Mouton.

Chomsky, Noam. 1966b. The formal nature of language. In Eric

Lenneberg (ed.): Biological Foundations of Language. New York: Wiley, 394 – 442.

Chomsky, Noam. 1966c. Cartesian Linguistics. New York: Harper and Row.

Chomsky, Noam. 1967. Some general properties of phonological rules. Language 43: 102 – 128.

Chomsky, Noam. 1968a. Language and Mind. New York: Harcourt, Brace Jovanovich.

Chomsky, Noam. 1970. Remarks on nominalization. In Roderick Jacob & Peter Rosenbaum (eds.): Readings in English Transformational Grammar. Waltham, MA: Ginn, 184 – 221.

Chomsky, Noam. 1971. Problems of Knowledge and Freedom. New York: Random House.

Chomsky, Noam. 1972. Language and Mind. New York: Harcourt, Brace Jovanovich.

Chomsky, Noam. 1975. The Logic Structure of Linguistic Theory. New York: Plenum Press.

Chomsky, Noam. 1980. Rules and Representations. Oxford: Blackwell.

Chomsky, Noam. 1981a. Lectures on Government and Binding. Dordrecht: Foris Publications.

Chomsky, Noam. 1981b. Markedness and core grammar. In Adriana Belletti *et al.* (eds.): Theory of Markedness in Generative Grammar: Proceedings of the 1979 GLOW Conference. Pisa: Scuola Normale Superiore di Pisa, 123 – 146.

Chomsky, Noam. 1982. The Generative Enterprise. Dordrecht: Foris Publications.

Chomsky, Noam. 1986. Knowledge of Language: Its Nature, Origin, and Use. New York: Paeger.

Chomsky, Noam. 1993. A minimalist program for linguistic theory. In K. Hale & S. J. Kayser (eds.): The View from Building 20. Cambridge, Mass.: MIT Press.

Chomsky, Noam. 1994. Bare phrase structure. MIT Occasional Papers in Linguistics 5.

Chomsky, Noam. 1995. The Minimalist Program. Cambridge MA: MIT Press.

Chomsky, Noam. 1998. Some observations on economy in Generative Grammar. In P. Barbosa, D. Fox, P. Hagstrom, M. McGinnis & D. Pesetsky (eds.): Is the Best Good Enough? Optimality and Competition in Syntax. Cambridge, MA: MIT Press, 115 – 128.

Chomsky, Noam. 2001. Derivation by phase. In M. Kenstowicz (ed.), Ken Hale: A Life in Language. Cambridge, MA: MIT Press, 1 – 52.

Chomsky, Noam. 2004. The Generative Enterprise Revisited. Berlin: Mouton de Gruyter.

Chomsky, Noam, Morris Halle & Fred Lukoff. 1956. On accent and juncture in English. For Roman Jakobson. Essays on the occasion of his sixtieth birthday. Edited by Morris Halle, Horace Lunt, Hugh McLean & Cornelis van Schooneveld, 65 – 80. The Hague: Mouton.

Chomsky, Noam & Morris Halle. 1965. Some controversial questions in phonological theory. Reprinted in Valerie Becker Makkai (ed.): 1972. Phonological Theory: Evolution and Current Practice. New York: Holt, Rinehart & Winston, 457 – 485.

Chomsky, Noam & Morris Halle. 1968. The Sound Pattern of English (SPE). New York: Harper & Row.

Chomsky, Noam & Howard Lasnik. 1977. Filters and control. Linguistic Inquiry 8: 425 – 504.

Clements, George N. 1976a. The autosegmental treatment of vowel harmony. Phonologica 1976.

Clements, George N. 1976b. Vowel Harmony in Generative Phonology: An Autosegmental Model. Indiana University Linguistics Club.

Clements, George N. 1977. Neutral vowels in Hungarian vowel harmony: An autosegmental interpretation. North East Linguistic Society 7: 49 – 64.

Clements, George N. 1978. Tone and syntax in Ewe. In D. J. Napoli (ed.): Elements of Tone, Stress, and Intonation. Washington, DC: Georgetown University Press, 21 – 99.

Clements, George N. 1980. Vowel Harmony in Non-linear Generative Phonology. Bloomington: University Indiana Linguistics Club.

Clements, George. N. 1981. Akan vowel harmony: A nonlinear analysis. Harvard Studies in Phonology 2: 108 – 177.

Clements, George N. 1985. The geometry of phonological features. Phonology Yearbook 2: 225 – 252.

Clements, George N. 1986. Compensatory lengthening and consonant gemination in LuGanda. In L. Wetzels & E. Sezer (eds.): Studies in Compensatory Lengthening. Dordrecht: Foris Publications, 37 – 78.

Clements, George N. 1990. The role of sonority cycle in core syllabification. In J. Kingston & M. Beckman (eds.): Papers in Laboratory Phonology 1: Between the Grammar and

Physics of Speech. New York: Cambridge University Press, 283 – 333.

Clements, George N. 1991. Vowel height assimilation in Bantu languages. In K. Hubbard (ed.): Berkeley Linguistic Society 17: Proceedings of the Special Session on African Language Structures. Berkeley: Berkeley Linguistic Society, 25 – 64.

Clements, George N. 2004. Feature organization. In Keith Brown (ed.): Encyclopedia of Language and Linguistics (2nd edition). Oxford: Elsevier, 433 – 440.

Clements, George N. & K. Ford. 1979. Kikuyu tone shift and its synchronic consequences. Linguistic Inquiry 10: 179 – 210.

Clements, George N. & Elizabeth V. Hume. 1995. The internal organization of speech sounds. In John Goldsmith (ed.), The Handbook of Phonological Theory. Cambridge, MA: Blackwell, 245 – 306.

Clements, George N. & S Jay Keyser. 1983. CV Phonology: A Generative Theory of the Syllable. Cambridge, MA: MIT Press.

Clements, George N. & R. Ridouane (eds.) 2011. Where Do Phonological Feature Come From? Cognitive, Physical and Developmental Bases of Distinctive Speech Categories. Amsterdam: John Benjamins Publishing Company.

Clements, George N. & Engin Sezer. 1982. Vowel and consonant disharmony in Turkish. In Harry van der Hulst & Norval Smith (eds.): The Structure of Phonological Representations (Part II). Dordrecht: Foris Publications, 213 – 255.

Cohen, Abigail C., Cecile Fougeron, Marie K. Huffman & Margaret E. L. Renwick (eds.): 2012. The Oxford

Handbook of Laboratory Phonology. Oxford: Oxford University Press.

Collins, Chris. 2001. Eliminating labels. MIT Occasional Papers in Linguistics 20.

Comrie, Bernard. 1981. Language Universals and Language Typology. Oxford: Blackwell.

Crain, Stephen. 2001. Nature, nurture and Universal Grammar. Linguistics and Philosophy 24: 139 – 186.

Croft, William. 1990. Typology and Universals. Cambridge: Cambridge University Press.

Crowhurst, Megan. 1991. Demorefication in Tübatulabal: evidence from initial reduplication and stress. In T. Sherer (ed.): Proceedings of North East Linguistic Society 21. Amherst: GraduateLinguistic Student Association.

Crowhurst, Megan. 2003. Comparative markedness and identity effects in reduplication. Theoretical Linguistics 29: 77 – 87.

Crowhurst, Megan & Mark Hewitt. 1997. Boolean operations and constraint interactions in Optimality Theory. Ms. University of North Carolina at Chapel Hill and Brandeis University. ROA – 229.

Crystal, David & Randolph Quirk. 1964. Systems of Prosodic and Paralinguistic Features in English. The Hague: Mouton.

Cutler, A., D. Dahan & W. van Donselaar. 1997. Prosody in the comprehension of spoken language: A literature review. Language and Speech 40: 141 – 201.

D'Alessandro, Roberta & Tobias Scheer. 2015. Modular PIC. Linguistic Inquiry 46: 593 – 624.

Devine, A. M. & Laurence D. Stephens. 1976. The function and status of boundaries in phonology. In Alphonse Juilland *et al*. (eds.): Linguistic Studies Offered to Joseph Greenberg — On the Occasionof his Sixtieth Birthday. Saratoga, CA: Anma Libri, 285 – 312.

Dinnsen, Daniel A. 1972. General constraints on phonological rules. Bloomington: Indiana University Linguistics Club.

Dobashi, YoshihItô. 2003. Phonological phrasing and syntactic derivation. Ph.D. dissertation, Cornell University.

Dobashi, Yoshihito. 2009. Multiple spell-out, assembly problem, and syntax-phonology mapping, in Janet Grijzenhout & Baris Kabak (eds.): Phonological Domains: Universals and Deviations. Berlin: Mouton de Gruyter, 195 – 220.

Dobashi, Yoshihito. 2014. Prosodic domains and the syntax-phonology interface. In Andrew Carnie, Yosuke Sato & Daniel Siddiqi (eds.): The Routledge Handbook of Syntax. London: Routledge, 365 – 387.

Donegan, Patricia J. & David Stampe. 1979. The Study of Natural Phonology. In D. Dinnsen (ed.): Current Approaches to Phonological Theory. Bloomington: Indiana University Press, 126 – 173.

Dresher, B. Elan. 2000. Analogical leveling of vowel length in West Germanic. In A. Lahiri (ed.): Analogy, Leveling and Markedness. Berlin: Mouton de Gruyter, 47 – 70.

Dresher, B. Elan. 2005. Chomsky and Halle's revolution in phonology. In J. McGilveray (ed.): The Cambridge Companion to Chomsky. Cambridge: Cambridge University Press, 102 – 122.

Duanmu, San. 1990. A formal study of syllable, tone, stress and domain in Chinese languages. Ph.D. dissertation, MIT.

Duanmu, San. 1994. Against contour tone units. Linguistic Inquiry 25.4: 555 – 608.

Durand, Jacques. 1990. Generative and Non-linear Phonology. London: Longman.

Embick, David & Rolf Noyer. 2001. Movement operations after syntax. Linguistic Inquiry 32: 555 – 595.

Embick, David. 2006. Blocking effects and analytic-synthetic alternations. Ms. University of Pennsylvania.

Embick, David and Morris. Halle. 2005. On the status of stems in morphological theory. In Proceedings of Going Romance 2003, T. Geerts and H. Jacobs (eds.): Amsterdam: John Benjamins, 59 – 88.

Elfner, Emily. 2012. Syntax-Prosody Interactions in Irish. Ph.D. dissertation, University of Massachusetts Amherst.

Elfner, Emily. 2015. Recursion in prosodic phrasing: Evidence from Connemara Irish. Natural Language & Linguistic Theory 33: 169 – 208.

Elfner, Emily. 2018. The syntax-prosody interface: Current theoretical approaches and outstanding questions. Linguistics Vanguard 4: 1 – 14.

Elordieta, Gorka. 1997. Accent, tone and intonation in Lekeitio Basque. In F. Martínez Giland & A. Morales-Fronteds (eds.): Issues in the Phonology and Morphology of the Major Iberian Languages. Washington, DC: Georgetown University Press, 4 – 78.

Elordieta, Gorka. 2008. An overview of theories of the syntax-phonology interface. ASJU, XLII – 1, 209 – 286.

Eulitz, C. & A. Lahiri. 2004. Neurobiological evidence for

abstract phonological representations in the mental lexicon during speech recognition. Journal of Cognitive Neuroscience 16: 577 - 583.

Fabb, Nigel. 1988. English suffixation is constrained only by selectional restrictions. Natural Languages & Linguistic Theory 6: 527 - 539.

Ferguson, Charles A. 1962. Review of The Sound Pattern of Russian. Reprinted in Valerie Becker Makkai 1972. (ed.): Phonological Theory: Evolution and Current Practice. New York: Holt, Rinehart & Winston, 369 - 379.

Finer, Daniel. 1986. Reduplication and verbal morphology in Palauan. The Linguistic Review 6: 99 - 130.

Firth, John Rupert & B. B. Rogers. 1937. The structure of mono-syllable in a Hunanese dialect (Changsha). Bulletin of the School of Oriental and African Studies 8: 155 - 174.

Firth, John Rupert. 1948. Sounds and prosodies. Reprinted in J. R. Firth. 1957. Papers in Linguistics 1934 - 1951. Oxford: Oxford University Press, 139 - 147.

Fitch, W. T., Hauser, M. D. & N. Chomsky. 2005. The evolution of language faculty: Clarifications and implications. Cognition 97: 179 - 210.

Flemming, Edward. 1995. Auditory representation in phonology. Ph.D. dissertation, UCLA.

Flemming, Edward. 2001. Scalar and categorical phenomena in a unified model of phonetics and phonology. Phonology 18. 1: 7 - 44.

Flemming, Edward. 2003. The relationship between coronal place and vowel backness. Phonology 20.3: 335 - 373.

Flemming, Edward. 2004. Contrast and perceptual distinctiveness. In

B. Hayes, R. Kirchner & D. Steriade (eds.): Phonetically Based Phonology. Cambridge: Cambridge University Press, 232 – 276.

Fodor, Jerry. 1975. The Language of Thought. New York: Crowell.

Fodor, Jerry. 1983. The Modularity of Mind. Cambridge, MA: MIT Press.

Fromkin, Victoria A. 1972. Tone features and tone rules. Studies in African Linguistics 3: 47 – 76.

Frota, Sónia & Marina Vigário. 2018. Syntax-phonology interface. In Mark Aronoff (ed.): Oxford Research Encyclopedia in Linguistics. Oxford: Oxford University Press.

Fry, Denis B. 1955. Duration and intensity as physical correlates of linguistic stress. Journal of the Acoustical Society of America 27: 765 – 768.

Fry, Denis. B. 1958. Experiments in the perception of stress. Language and Speech 1: 126 – 152.

Fry, Denis. B. 1965. The dependence of stress judgments on vowel formant structure. In E. Zwirner & W. Bethge (eds.): Proceedings of the 6th International Congress of Phonetic Science. Karger, 306 – 311.

Fudge, Erik. 1969. Syllables. Journal of Linguistics 5: 253 – 287.

Fudge, Erik. 1967. The nature of phonological primes. Journal of Linguistics 3: 1 – 36.

Fukazawa, Haruka. 2001. Local Conjunction and extending sympathy effects in Yucatec Maya. In Linda Lombardi (ed.): Segmental Phonology in Optimality Theory. New York: Cambridge University Press, 231 – 260.

Fukazawa, Haruka. 1999. Theoretical implications of OCP effects on features in Optimality Theory. Ph. D. dissertation, University of Maryland.

Gafos, Adamantios. 1998. Eliminating long-distance spreading. Natural Language and Linguistic Theory 16: 223 – 278.

Garrett, Andrew & Juliette Blevins. 2009. Analogical morphophonoly. In K. Hanson & S. Inkelas (eds.): The Nature of Word: Essays in Honor of Paul Kiparsky. Cambridge, Mass.: MIT Press. 527 – 546.

Giegerich, Heinz. J. 1983. On English sentence stress and the nature of metrical structure. Journal of Linguistics 19: 1 – 28.

Giegerich, Heinz J. 1985. Metrical Phonology and Phonological Structure. Cambridge: Cambridge University Press.

Giegerich, Heinz. J. 1999. Lexical Strata in English: Morphological Causes, Phonological Effects. Cambridge: Cambridge University Press.

Goedemans, Robert. 1996. An optimality account of onset-sensitive stress in quantity-insensitive language. The Linguistic Review 13: 33 – 48.

Goldman, Alvin. 1999. Epistemology and Cognition. In Robert A. Wilson & Frank C. Keil (eds): The MIT Encyclopedia of the Cognitive Sciences 280 – 282.

Goldsmith, John. 1976a. Autosegmental phonology. Ph. D. dissertation, MIT.

Goldsmith, John. 1976b. An overview of Autosegmental Phonology. Linguistic Analysis 2: 23 – 68.

Goldsmith, John. 1990. Autosegmental and Metrical Phonology. Oxford: Blackwell.

Goldsmith, John. (ed.). 1993. The Last Phonological Rule: Reflections on Constraints and Derivations. Chicago: University of Chicago Press, 117 – 145.

Goldsmith, John (ed.). 1995. The Handbook of Phonological Theory. Cambridge, MA.: Blackwell.

Goldsmith, John. 1995. Phonological theory. In John Goldsmith (ed.): The Handbook of Phonological Theory. Cambridge, MA: Blackwell, 1 – 23.

Goldsmith, John, Jason Riggle & Alan C. L. Yu 2011. (eds.) The Handbook of Phonological Theory (the 2nd edition). Oxford: Wiley-Blackwell.

Gordon, Matthew. 1997. Phonetic correlates of stress and the prosodic hierarchy in Estonian. In Jaan Ross & Ilse Lehiste (eds.): Estonian Prosody: Papers from a Symposium. Tallinn: Institute of Estonian Language, 100 – 124.

Gordon, Matthew. 2011. Stress: Phonotactic and phonetic evidence. In Marc van Oostendorp *et al.* (eds.): The Blackwell Companion to Phonology. Oxford: Wiley-Blackwell, 924 – 948.

Greenberg, Joseph H. 1965. Some generalizations concerning initial and final consonant sequences. Linguistics, 18: 5 – 34.

Greenberg, Joseph H. (ed.). 1978. Universals of Human Language, vol. 2: Phonology. Stanford: Stanford University Press.

Gregerson, J. 1976. Tongue-root and register in Mon-Khmer. In P. Jenner, L. Thompson & S. Starosta (eds.): Austro-Asiatic Studies, vol. 1. Honolulu: University of Hawaii Press.

Growhurst, M. 2003. Comparative Markedness and Identity Effects in Reduplication. Theoretical Linguistics 29: 77 – 87.

Gussmann, Edmund. 1988. Review of Mohanan (1986). Journal of Linguistics 24: 232 – 239.

Gussenhoven, Carlos & Haike Jacobs. 1998. Understanding Phonology. London: Arnold.

Gussenhoven, Carlos & Aoju Chen (eds.) 2020. The Oxford Handbook of Language Prosody. Oxford: Oxford University Press.

Hale, Kenneth. 1970. The passive and ergative in language change: the Australian case. In S. A. Wurm & D. C. Laycock (eds.): Pacific Linguistic Studies in Honor of Arthur Campbell. Canberra: Australian National University: 757 – 781.

Hale, Kenneth. 1973. Deep-surface canonical disparities in relation to analysis and change: an Australian example. In T. Sebeok (ed.): Current Trends in Linguistics, vol. 9 Diachronic, Areal and Typological Linguistics. The Hague: Mouton, 401 – 458.

Hale, Kenneth & J. White Eagle. 1980. A preliminary metrical account of Winnebago accent. International Journal of American Linguistics 46: 117 – 132.

Hale, Kenneth & Elisabeth Selkirk. 1987. Government and tonal phrasing in Papago. Phonology Yearbook 4: 151 – 183.

Hale, Mark. 2003. Neogrammarian sound change. In Brian D. Joseph & Richard D. Janda (eds.): The Handbook of Historical Linguistics. Malden, MA.: Blackwell, 343 – 368.

Hale, Mark & Charles Reiss. 2000. Phonology as cognition. In

N. Burton-Roberts, P. Carr & G. Dogherty (eds.): Phonology Knowledge. Oxford: Oxford University Press, 161 - 184.

Hale, Mark & Charles Reiss. 2008. The Phonological Enterprise. Oxford: Oxford University Press.

Hall, Daniel Currie & Jeff Mielke. 2011. Distinctive features. Annotated bibliography published in Oxford Bibliographies Online.

Hall, T. A. (ed.). 2001. Distinctive Feature Theory. Berlin, Boston: De Gruyter Mouton.

Hall, T. A. 2007. Segmental features. In Paul de Lacy (ed.): The Cambridge Handbook of Phonology. Cambridge: Cambridge University Press, 311 - 334.

Halle, Morris. 1959. The Sound Pattern of Russian. The Hague: Mouton.

Halle, Morris. 1962. Phonology in Generative Grammar. Reprinted in Valerie Becker Makkai 1972. (ed.): Phonological Theory: Evolution and Current Practice. New York: Holt, Rinehart and Winston, 380 - 392.

Halle, Morris. 1964. On the basis of phonology. Reprinted in Valerie Becker Makkai 1972. (ed.): Phonological Theory: Evolution and Current Practice. New York: Holt, Rinehart and Winston, 393 - 400.

Halle, Morris. 1972 / 2002. Theoretical issues in phonology in the 1970's. Reprinted in M. Halle (2002) From Memory to Speech and Back. Berlin: Mouton de Gruyter, 62 - 82.

Halle, Morris. 1973a. Stress rules in English: a new version. Linguistic Inquiry 4.4: 451 - 464.

Halle, Morris. 1973b. Prolegomena to a theory of word

formation. Linguistic Inquiry 1: 3 - 16.

Halle, Morris. 1978. Formal versus functional considerations in phonology. Bloomington: Indiana University Linguistics Club.

Halle, Morris. 1983. On distinctive features and their articulatory implementation. Natural Language and Linguistic Theory 1: 91 - 105.

Halle, Morris. 1985. Speculations about the representation of words in memory. In V. A. Fromkin (ed.), Phonetic Linguistics, Washington: Academic Press, 101 - 113.

Halle, Morris. 1992. Phonological features. In William Bright (ed.): International Encyclopedia of Linguistics, Vol. III. Oxford: Oxford University Press, 207 - 211.

Halle, Morris. 1995. Feature geometry and feature spreading. Linguistic Inquiry 26: 1 - 46.

Halle, Morris. 1997. Distributed morphology: impoverishment and fission. MIT Working Papers in Linguistics 30: 425 - 449.

Halle, Morris. 2002. From Memory to Speech and Back. Berlin: Mouton de Gruyter.

Halle, Morris. 2005. Palatalization/velar softening: What it is and what it tells us about the nature of language. Linguistic Inquiry 36.1: 23 - 41.

Halle, Morris & George N. Clements. 1983. Problem Book in Phonology. Cambridge, MA: MIT Press and Bradford Books.

Halle, Morris.& A. Marantz. 1993. Distributed morphology and the pieces of inflection, in K. Hale and S. Keyser (eds.): The View from Building 20: Essays in Linguistics in Honor of Sylvain Bromberger, Cambridge, MA: MIT Press, 111 – 176.

Halle, Morris. and A. Marantz. 1994. Some key features of Distributed Morphology. In A. Carnie and H. Harley (eds.): Papers on Phonology and Morphology (MIT Working Papers in Linguistics 21), Cambridge, MA: MIT., 275 – 288.

Halle, Morris & William. J. Idsardi. 1995. Stress and metrical structure. In John Goldsmith (ed.): The Handbook of Phonological Theory. Cambridge, MA: Blackwell, 403 – 443.

Halle, Morris & W.illiam J. Idsardi. 1997. r, hypercorrection, and the Elsewhere Condition. In Iggy Roca (ed.), Derivations and Constraints in Phonology. Oxford: Clarendon Press, 331 – 348.

Halle, Morris & Samuel J. Keyser. 1971. English Stress: Its Form, Its Growth, and Its Role in Verse. New York: Harper & Row.

Halle, Morris & Alec Marantz. 1993. Distributed Morphology and the Pieces of Inflection. In K. Hale & S. Jay Keyser (eds.): The view from building 20. Cambridge, MA: MIT Press, 111 – 176.

Halle, Morris & Alec Marantz. 1994. Some key features of Distributed Morphology. MIT Working Papers in Linguistics 21: 275 – 288.

Halle, Morris & K. P. Mohanan. 1985. The segmental phonology of Modern English. Linguistic Inquiry 16: 57 – 116.

Halle, Morris & Kenneth Stevens. 1971. A note on laryngeal features. Quarterly Progress Report 101: 198 – 213.

Research Laboratory of Electronics, MIT.

Halle, Morris & Kenneth Stevens. 1991. Knowledge of language and the sounds of speech. In J. Sundberg *et al*. (eds.), Music, Language, Speech and Brain. London: Macmillan, 1 – 19.

Halle, Morris, Bert Vaux & Andrew Wolfe. 2000. On feature spreading and the representation of place of articulation. Linguistic Inquiry 31.3: 387 – 444.

Halle, Morris & Jean-Roger Vergnaud. 1978. Metrical structures in phonology. ms, MIT.

Halle, Morris & Jean-Roger Vergnaud. 1987. An Essay on Stress. Cambridge, MA: MIT Press.

Halle, Morris & Jean-Roger Vergnaud. 1980. Three dimensional phonology. Journal of Linguistic Research 1: 83 – 105.

Halle, Morris & Jean-Roger Vergnaud. 1982. On the framework of autosegmental phonology. In H. van der Hulst & N. Smith (eds.): The Structure of Phonological Representation, vol. 1 Dordrecht: Foris Publications, 65 – 82.

Halle, Morris & Alec Marantz. 1993. Distributed Morphology and the pieces of inflection. In Kenneth Hale and Samuel J. Keyser (eds.): The View from Building 20: Essays in Linguistics in Honor of Sylvain Bromberger, Cambridge, MA: MIT Press, 111 – 176.

Halle, Morris & Alec Marantz. 1994. Some key features of Distributed Morphology. In Andrew Carnie, Heidi Harley, and Tony Bures (eds.): MITWPL 21: Papers on Phonology and Morphology, 275 – 288. Cambridge, MA: Department of Linguistics and Philosophy, MIT.

Hammond, Michael. 1984. Constraining metrical theory: A

modular theory of rhythm and destressing. Ph. D. dissertation, UCLA.

Hammond, Michael. 1986. The obligatory-branching parameter in metrical theory. Natural Language and Linguistic Theory 4: 185 – 228.

Hammond, Michael. 2011. The foot. In Marc van Oostendorp *et al*. (eds.): The Blackwell Companion to Phonology. Oxford: Wiley-Blackwell, 949 – 979.

Hannahs, Stephen J. 1995. Prosodic Structure and French Morphophonology. Tübingen: Max Niemeyer Verlag.

Haraguchi, Shosuke 1977. The Tone pattern of Japanese: An Autosegmental Theory of Tonology. Tokyo: Kaitakusha.

Hardricourt, A.G. 1954. De l'origine des tons en viêtnamien. Journal Asiatique 242: 68 – 82.

Harley, H. 2003. Why one head is better than two: Head-movement and compounding as consequences of Merge in Bare Phrase Structure. Talk given in the Arizona Linguistics Colloquium Series, University of Arizona, Arizona.

Harris, James. W. 1969. Spanish phonology. Ph.D dissertation, MIT.

Harris, Zellig. 1944. Simultaneous components in phonology. Language 20: 181 – 205.

Harris, Zellig. 1951. Methods in Structural Linguistics. Chicago: University of Chicago Press.

Haugen, Einar. 1949. Phoneme or prosodeme. Language 25.3: 278 – 282.

Hauser, Marc D., Noam Chomsky & W. Tecumseh. 2002. The faculty of language: What is it, who has it, and how did it evolve? Science 298: 1569 – 1579.

Hayes, Bruce. 1979. Extrametricality. MIT Working Papers in Linguistics 1: 77 – 87.

Hayes, Bruce. 1980. A metrical theory of stress rules. Ph. D dissertation, MIT.

Hayes, Bruce. 1982. Extrametricality and English stress. Linguistic Inquiry 13: 227 – 276.

Hayes, Bruce. 1984a. The phonology of rhythm in English. Linguistic Inquiry 15: 33 – 74.

Hayes, Bruce. 1984b/ 1989. The prosodic hierarchy in meter. In Paul Kiparsky & Gilbert Youmans (eds.): Rhythm and Meter. Orlando, FL: Academic Press, 201 – 260.

Hayes, Bruce. 1989. Compensatory lengthening in moraic phonology. Linguistic Inquiry 20: 253 – 306.

Hayes, Bruce. 1995. Metrical Stress Theory: Principles and Case Studies. Chicago: Chicago University Press.

Hayes, Bruce. 1999. Phonetically driven phonology: The role of Optimality Theory and inductive grounding. In M. Darnell *et al*. (eds.): Functionalism and Formalism in Linguistics, vol. I: General Papers. Amsterdam: John Benjamins, 243 – 285.

Hayes, Bruce. 2004. Phonological acquisition in Optimality Theory: the early stages. In R. Kager, J. Pater & W. Zonneveld (eds.): Constraints in Phonological Acquisition. Cambridge: Cambridge University Press, 158 – 203.

Hayes, Bruce. & Donca Steriade. 2004. The phonetic bases of phonological markedness. In B. Hayes, R. Kirchner & D. Steriade. (eds.): Phonetically Based Phonology. Cambridge: Cambridge University Press, 1 – 33.

Hayes, Bruce, R. Kirchner & Donca Steriade. (eds.) 2004. Phonetically Based Phonology. Cambridge: Cambridge University Press.

Henderson, Eugenie. J. A. 1949. Prosodies in Siamese: A study in synthesis. Asia Minor I: 189 - 215.

Henderson, Eugenie. J. A. 1966. Towards a prosodic statement of Vietnamese syllable structure. In Charles E. Bazell *et al.* (eds.): In Memory of J. R. Firth. London: Longman, 163 - 197.

Hebert, Raymond & Nicholas Poppe. 1963. Kirghiz Manual. The Hague: Mouton & Co.

Hermans, Ben. 2011. The representation of word stress. In Marc van Oostndorp *et al.* (eds.): The Blackwell Companion to Phonology. Oxford: Wiley-Blackwell, 980 - 1002.

Hill, Kenneth C. & Larry Nessly. 1975. Review of The Sound Pattern of English. In Didier L. Goyvaerts & Geoffrey K. Pullum (eds.): Essays on The Sound Pattern of English. Ghent, Belgium: E Story-Scientia, 83 - 144.

Hirose, Hajime. 1995. Investigating the physiology of laryngeal structures. In William J. Hardcastle & John Laver (eds.): The Handbook of Phonetic Sciences. Oxford: Blackwell, 116 - 136.

Hjelmslev, Louis. 1943. Omkring sprogteriens grundlœggelse. Translated by Francis J. Whitfield, 1953. Prolegomena to a Theory of Language. Madison, WI: University of Wisconsin Press.

Hjelmslev, Louis. 1963. Sproget: En introduction. Translated by Francis J. Whitfield 1970. Language: An Introduction.

Madison, WI: University of Wisconsin Press.

Hockett, Charles F. 1942. A system of descriptive phonology. Reprinted in Martin Joos (ed.): 1957. Readings in Linguistics, vol. 1. Washington: American Council of Learned Society, 97 – 108.

Hockett, Charles F. 1949. Two fundamental problems in phonemics. Reprinted in Valerie Becker Makkai 1972. (ed.): Phonological Theory: Evolution and Current Practice. New York: Holt, Rinehart & Winston, 200 – 210.

Hogg, Richard. & C. B. McCully. 1987. Metrical Phonology: A Course Book. Cambridge: Cambridge University Press.

Hombert, Jean-Marie. 1986. Word-game: some implications for analysis of tone and other phonological constructs. In J. Ohala & J. Jaeger (eds.): Experimental Phonology. Orlando: Academic Press, 175 – 186.

Hooper, Joan. 1972. A note on insertion and deletion. Stanford Working Papers on Language Universals 10: 141 – 144.

Hooper, Joan. 1975. The archisegment in natural generative phonology. Language 51(3): 536 – 560.

Hooper, Joan. 1976. An Introduction to Natural Generative Phonology. New York: Academic Press.

Hooper, Joan. 1979. Substantive principles in Natural Generative Phonology. In Daniel A. Dinnsen (ed.): Current Approaches to Phonological Theory. Bloomington: Indiana University Press, 106 – 125.

Household, F. W. 1965. On some recent claims in phonological theory. Journal of Linguistics 1: 13 – 34.

Hulst, Harry van der. 1989. Atoms of segmental structure: Components, gestures, and dependency. Phonology 6:

253 – 284.

Hulst, Harry van der. 1995. Metrical phonology. Glot International 1: 3 – 6.

Hulst, Harry van der. 1999. Word accent. In Harry van der Hulst (ed.), Word Prosodic Systems in the Language of Europe. Berlin & New York: Mouton de Gruyter, 3 – 116.

Hulst, Harry van der. (ed.) 2010. A note on recursion in phonology. In Recursion and Human Language. Berlin and New York: De Gruyter Mouton, pp. 301 – 341.

Hulst, Harry van der & Norval Smith. 1982a. Prosodic domain and opaque segments in autosegmental theory. In Harry van der Hulst & Norval Smith. (eds.): The Structure of Phonological Representation, Part II. Dordrecht: Foris Publications, 311 – 336.

Hulst, Harry van der & Norval Smith. (eds.) 1982b. The Structure of Phonological Representation.Dordrecht: Foris Publications.

Hulst, Harry van der & Norval Smith. 1986. On neutral vowels. In K. Boger, Harry van der Hulst & M. Mous (eds.): The Phonological Representation of Suprasegmentals. Dordrecht: Foris Publications, 233 – 280.

Hulst, Harry van der & N. A. Ritter. 1999. Theories of the Syllable. In Harry van der Hulst & N. A. Ritter (eds.): The Syllable: Views and Facts. London: Mouton de Gruyter, 13 – 52.

Hume, Elizabeth. 1994. Front vowels, coronal consonants and their interaction in non-linear phonology. Ph. D. dissertation, Cornell University.

Hume, Elizabeth & Jeff Mielke. 2005. Distinctive features. In K.

Brown (ed.): Encyclopedia of Language and Linguistics (2nd edition). Oxford: Elsevier, 723 – 731.

Hust, J. R. 1978. Lexical redundancy rules and the unpassive construction. Linguistic Analysis 4: 61 – 89.

Hyde, Brett. 2011. Extrametricality and non-finality. In Marc van Oostendorp *et al*. (eds.): The Blackwell Companion to Phonology. Oxford: Wiley-Blackwell, 1027 – 1051.

Hyman, Larry. 1970. How concrete is phonology? Language 46.1: 58 – 76.

Hyman, Larry. 1975. Phonological Theory and Analysis. Fort Worth, TX: Holt, Rinehart and Winston.

Hyman, Larry. 1976. On some controversial questions in the study of consonant types and tone. In J-M. Hombert (ed.): Studies on Production and Perception of Tones. UCLA Working Papers in Phonetics 33: 90 – 98.

Hyman, Larry. 1977. On the nature of linguistic stress. In Larry Hyman (ed.): Studies in Stress and Accent, SCOPIL no. 4. Los Angeles: University of Southern California Press.

Hyman, Larry. 1978. Tone and / or accent. In D. J. Napoli (ed.): Elements of Tone, Stress, and Intonation. Washington, DC: Georgetown University Press.

Hyman, Larry. 1985. A Theory of Phonological Weight. Dordrecht: Foris Publications.

Hyman, Larry. 1989. Advanced tongue root in Kinande. Ms. University of California, Berkeley.

Hyman, Larry. 1993. Register tones and tonal geometry. In K. Snider & Harry van der Hulst (eds.): The Phonology of Tone: The Representation of Tonal Register. Berlin: Mouton de Gruyter, 75 – 108.

Hyman, Larry. 2011. The representation of tone. In Marc van Oostendorp *et al*. (eds.): The Blackwell Companion to Phonology. Oxford: Wiley-Blackwell, 1078 – 1102.

Hyman, Larry, Francis Katamba & Livingstone Walusimbi. 1987. Luganda and the Strict Layer Hypothesis. Phonology 4: 87 – 108.

Idsardi, William. 1992. The computation of prosody. Ph.D. dissertation, MIT.

Idsardi, William. 1997. Phonological derivations and historical changes in Hebrew spirantization. In Iggy Roca (ed.): Derivations and Constraints in Phonology. Oxford: Clarendon Press, 367 – 392.

Idsardi, William. 2000. Clarifying Opacity. The Linguistic Review 17.2 – 4: 337 – 350.

Idsardi, William. 2009. Calculating metrical structure. In Charles Cairns & Eric Raimy (eds.): Contemporary Views on Architecture and Representations in Phonology (Current Studies in Linguistics.) Cambridge, MA & London: MIT Press, 191 – 211.

Ingria, Robert. 1980. Compensatory lengthening as metrical phenomenon. Linguistic Inquiry 11: 465 – 495.

Inkelas, Sharon. 1989. Prosodic Constituency in the Lexicon. Ph. D. dissertation, Stanford University.

Inkelas Sharon & D. Zec (eds.). 1990. The Phonology-Syntax Connection. Chicago: University of Chicago Press.

Inkelas, Sharon. 1989 / 1990. Prosodic Constituency in the Lexicon. New York: Garland Press.

Inkelas, Sharon. 1993. Deriving cyclicity. In S. Hargus & E. Kaisse (eds): Studies in Lexical Phonology. San Diego,

CA: Academic Press.

Inkelas Sharon & Draga Zec. 1995. Syntax-phonology interface. In John Goldsmith (ed.): The Handbook of Phonological Theory. Cambridge, MA: Blackwell, 535 – 549.

Iosad, Pavel. 2012. Representation and variation in substance-free phonology: A case study in Celtic. PhD dissertation, University of Tromsø.

Ishihara, Shinichiro. 2003. Intonation and interface conditions. Ph.D. dissertation, MIT.

Ishihara, Shinichiro. 2007. Major phrase, focus intonation and multiple spellout (MaP, FI, MSO). The Linguistic Review 24: 137 – 167.

Ishihara, Shinichiro. 2015. Syntax-phonology interface. In Haruo Kubozono (ed.): Handbook of Japanese phonetics and phonology, Berlin: De Gruyter, 569 – 618.

Itô, Junko. 1986. Syllable theory in prosodic phonology. Ph.D. dissertation, University of Massachusetts, Amherst. New York: Garland Press, 1988.

Itô, Junko. 1989. A prosodic theory of epenthesis. Natural Language and Linguistic Theory 7: 217 – 259.

Itô, Junko & Armin Mester. 1992 / 2003. Weak layering and word binarity. In A New Century of Phonology and Phonological Theory. In Takeru Honma, Masao Okazaki, Toshiyuki Tabata & Shinichi Tanaka (eds.): A Festschrift for Professor Shosuke Haraguchi on the Occasion of His Sixtieth Birthday. Tokyo: Kaitakusha, 26 – 65.

Itô, Junko & Armin Mester. 1999. Realignment. In René Kager, Harry van der Hulst & Wim Zonneveld (eds.): The Prosody-Morphology Interface. Cambridge: Cambridge

University Press, 188 – 217.

Itô, Junko & Armin Mester. 1996. Rendaku I: Constraint Conjunction and the OCP. Lecture handout, the Kobe Phonology Forum, Kobe, Japan. ROA – 144.

Itô, Junko, Armin Mester & Jaye Padgett. 1993. Licensing and redundancy: Underspecification in Optimality Theory. LRC – 93 – 07, University of California, Santa Cruz.

Itô, Junko & Armin Mester. 1998. Markedness and Word Structure: OCP Effects in Japanese. ms, University of California, Santa Cruz. ROA – 255.

Itô, Junko & Armin Mester. 2003. On the sources of opacity in OT: Coda processes in German. In C. Fery & R. v. d. Vijver (eds.): The Syllable in Optimality Theory. Cambridge: Cambridge University Press, 271 – 303.

Itô, Junko & Armin Mester. 2007. Prosodic adjunction in Japanese compounds. MIT Working Papers in Linguistics 55: 97 – 111.

Itô, Junko & Armin Mester. 2009. The extended prosodic word. In Janet Grijzenhout & Baris Kabak (eds.): Phonological Domains: Universals and Deviations. Berlin: Mouton de Gruyter, 135 – 194.

Itô, Junko & Armin Mester. 2012. Recursive prosodic phrasing in Japanese. In Toni Borowsky, Sigeto Kawahara, TakahItô Shinya & Mariko Sugahara (eds.): Prosody Matters: Essays in Honor of Elisabeth Selkirk. Sheffield: Equinox Publishing, 280 – 303.

Itô, Junko & Armin Mester. 2013. Prosodic subcategories in Japanese. Lingua 124: 20 – 40.

Jackendoff, Ray. 1975. Morphological and semantic regularities in the lexicon. Language 51: 639 – 671.

Jackendoff, Ray. 1997. The Architecture of the Language Faculty. Cambridge, MA: The MIT Press.

Jakobson, Roman. 1913. Prinzipien der historischen Phonologie. Reprinted in Roman Jakobson. 1962. Selected Writings, vol. 1. The Hague: Mouton, 202 – 220.

Jakobson, Roman. 1931. Phoneme and phonology. Reprinted in Roman Jakobson. 1962. Selected Writings, vol. 1. The Hague: Mouton, 231 – 233.

Jakobson, Roman. 1941. Kindersprache, Aphasie, und allgemeine Lautgesetze. Translated into English in 1968 as Child Language, Aphasia and Phonological Universals. The Hague: Mouton.

Jakobson, Roman. 1942. The concept of phoneme. In Linda Waugh & Monique Monville-Burston 1999 (eds.): On Language. Cambridge, MA: Harvard University Press, 217 – 241.

Jakobson, Roman. 1958. Typological studies and their contribution to historical comparative linguistics. In E. Sivertsen et al. (eds.): Proceedings of the Eighth International Congress of Linguistics. Oslo: Oslo University Press, 17 – 25.

Jakobson, Roman. 1962. Selected Writings, vol. 1. The Hague: Mouton.

Jakobson, Roman. 1971. Selected Writings, vol. 2. The Hague: Mouton.

Jakobson, Roman, Gunnar Funt & Morris Halle. 1952. Preliminaries to Speech Analysis. Cambridge, Cambridge, Ma.: MIT Press.

Jakobson, Roman & Morris Halle. 1956. Fundamentals of Language. The Hague: Mouton.

Jensen, John T. 2004. Principles of Generative Phonology. Amsterdam & Philadelphia: John Benjamins.

Jones, Daniel. 1950. The Phoneme: Its Nature and Use. Cambridge: Heffer.

Joos, Martin (ed.). 1957. Readings in Linguistics, vol. 1. Washington: American Council of Learned Society.

Jun, Sun-Ah (ed.). 2005. Prosodic Typology: The Phonology of Intonation and Phrasing. Oxford: Oxford University Press.

Jun Sun-Ah, (ed.). 2014. Prosodic Typology II: The Phonology of Intonation and Phrasing. Oxford: Oxford University Press.

Kabak, Baris & Irene Vogel. 2001. Stress in Turkish. Phonology 18(3): 315 – 360.

Kager, René. 1995. The metrical theory of word stress. In John Goldsmith (ed.): The Handbook of Phonological Theory. Cambridge, MA.: Blackwell, 367 – 402.

Kager, René. 1999. Optimality Theory: A Text Book. Cambridge: Cambridge University Press.

Kager, René. 2007. Feet and metrical stress. In Paul de Lacy (ed.): The Cambridge Handbook of Phonology. Cambridge: Cambridge University Press, 195 – 228.

Kager, René & Wim Zonneveld. 1999. Phrasal phonology: an introduction. In R. Kager & W. Zonneveld (eds.): Phrasal Phonology, 1 – 34. Nijmegen: Nijmegen University Press.

Kager, René, J. Pater & W. Zonneveld. 2004. (eds.) Constraints in Phonological Acquisition. Cambridge: Cambridge University Press.

Kahn, Daniel. 1976. Syllable-based generalizations in English phonology. Ph.D. dissertation, MIT.

Kahnemuyipour, Arsalan. 2009. The Syntax of Sentential Stress. Oxford: Oxford University Press.

Kaisse, Ellen. 1977. On the syntactic environment of a phonological rule. In Woodford A. Beach, Samuel E. Fox & Shulamith Philosoph (eds.): CLS 13. Chicago: CLS, 173 – 185.

Kaisse, Ellen. 1985. Connected Speech: The Interaction of Syntax and Phonology. Orlando, FL: Academic Press.

Kaisse, Ellen. 1987. Rhythm and the cycle. In A. Bosch, B. Need & E. Schiller (eds.): CLS 23: Parasession on Autosegmental and Metrical Phonology. Chicago: CLS, 199 – 209.

Kaisse, Ellen. 1990. Towards a typology of postlexical rules. In S. Inkelas & D. Zec (eds.): The Phonology- Syntax Connection. CSLI Publishers and University of Chicago Press: 127 – 143.

Kanerva, Jonni. 1989. Focus and phrasing in Chichewa phonology. Ph.D. dissertation, Stanford Univsersity.

Kanerva, Jonni. 1990. Focusing on phonological phrases in Chichewa. In S. Inkelas & D. Zec (eds.): The Phonology-Syntax Connection. Chicago: University of Chicago Press, 145 – 162.

Karvon, Daniel & Adam Sherman. 1997. Opacity in Icelandic: A sympathy account. Ms., University of California, Santa Cruz.

Kaun, Abigail R. 1995. An Optimality-Theoretic account of rounding harmony. Ms. UCLA.

Kaye, Jonathan. 1974. Opacity and recoverability in phonology. Canadian Journal of Linguistics 19: 134 – 149.

Kaye, Jonathan. 1990. Coda licensing. Phonology 7: 301 – 330.

Kaye, Jonathan. & Jean Lowenstamm. 1984. De la syllabicité. In F. Dell *et al*. (eds.): Forme sonore du langage. Paris: Hermann, 123 – 159.

Kaye, Jonathan & Jean Lowenstamm. 1986. Compensatory lengthening in Tiberian Hebrew. In L. Wetzel & E. Sezer (eds.): Studies in Compensatory Lengthening. Dortrecht: Foris.

Kaye, Jonathan, Jean Lowenstamm & Jean-Roger Vergnaud. 1985. The internal structure of phonological elements: a theory of Government and Charm. Phonology Yearbook 2: 305 – 328.

Kaye, Jonathan, Jean. Lowenstamm & Jean-Roger Vergnaud. 1990. Constituent structure and government in phonology. Phonology 7: 193 – 232.

Kayne, Richard S. 1994. The Antisymmetry of Syntax (Linguistic Inquiry Monograph 25). Cambridge, MA: MIT Press.

Keating, Patricia. 1988. Underspecification in phonetics. Phonology 5: 275 – 292.

Keating, Patricia. 1990. Phonetic representations in a generative grammar. Journal of Phonetics 18: 312 – 334.

Keating, Patricia. 1991. Coronal places of articulation. In C. Paradis & F. Prunet (eds.): The Special Status of Coronals: Internal and External Evidence. San Diego: Academic Press, 29 – 48.

Keating, Patricia & Aditi Lahiri. 1993. Front velars, palatalized velars, and palatals. Phonectica 50.2: 73 - 101.

Kenstowicz, Michael. 1994. Phonology in Generative Grammar. Cambridge, MA.: Blackwell.

Kenstowicz, Michael. 1996. Base-identity and uniform exponence: Alternatives to cyclicity. In J. Durand & B. Laks (eds.): Current Trends in Phonology: Models and Methods. CNRS, Paris X, and University of Salford Publications, 263 - 293.

Kenstowicz, Michael & Charles Kisseberth. 1971. Unmarked bleeding orders. In C. Kisseberth (ed.): Studies in Generative Phonology. Bloomington: Indiana University Press.

Kenstowicz, Michael & Charles Kisseberth. (eds.). 1973. Issues in Phonological Theory. The Hague: Mouton.

Kenstowicz, Michael & Charles Kisseberth. 1977. Topics in Phonological Theory. New York: Academic Press.

Kenstowicz, Michael & Charles Kisseberth. 1979. Generative Phonology: Description and Theory. New York: Academic Press.

Kenstowicz, Michael & Charles Pyle. 1973. On the phonological integrity of geminate clusters. In M. Kenstowicz & C. Kisseberth (eds.): Issues in Phonological Theory. The Hague: Mouton, 27 - 43.

Keyser Samuel Jay. & Kenneth N. Stevens. 2001. Enhancement revisited. In M Kenstowicz (ed.): Ken Hale: A Life in Languages. Cambridge, Mass.: MIT Press. 271 - 291.

King, Robert. 1973. Rule insertion. Language 29: 551 - 578.

Kiparsky, Paul. 1965. Phonological Change. Ph.D. dissertation, MIT.

Kiparsky, Paul. 1968a. How abstract is phonology? In O. Fujimura (ed.), 1974. Three Dimensions of Linguistic Theory. Tokyo: TEC.

Kiparsky, Paul. 1968b. Linguistic universals and linguistic change. In E. Bach & R. Harms (eds.): Universals in Linguistic Theory. New York: Holt, Rinehart and Winston, 120 - 202.

Kiparsky, Paul. 1971. Historical linguistics. In W. O. Dingwall (ed.): A Survey of Linguistic Science. Linguistics Program, University of Maryland. Reprinted in P. Kiparsky. 1982. Explanation in Phonology. Dordrecht: Foris Publications, 57 - 80.

Kiparsky, Paul. 1973a. Phonological representations. In O. Fujimura (ed.): Three Dimensions of Linguistic Theory. Tokyo: TEC Co.,1 - 136.

Kiparsky, Paul. 1973b. "Elsewhere" in phonology. In S. Anderson & P. Kiparsky (eds.): A Festschrift for Morris Halle. New York: Holt, Rinehart and Winston, 93 - 106.

Kiparsky, Paul. 1974. Abstractness, opacity and global rules. In O. Fujimura (ed.): Three Dimensions of Linguistic Theory. Tokyo: TEC 57 - 86.

Kiparsky, Paul. 1979. Metrical structure assignment is cyclic. Linguistic Inquiry 10: 421 - 442.

Kiparsky, Paul. 1981. Remarks on the metrical structure of the syllable. In W. Dressler *et al*. (eds.): Phonologica vol. 3.

Kiparsky, Paul. 1982. Lexical phonology and morphology. In Linguistics in the Morning Calm, Seoul: Hanshin, 3 - 91.

Kiparsky, Paul. 1983. Word formation and the lexicon. In Francis Ingemann (ed.): Proceedings of the 1982 Mid-

America Linguistics Conference, 3 – 29. Lawrence: University of Kansas.

Kiparsky, Paul. 1985. Some consequences of lexical phonology. Phonology 2: 85 – 138.

Kiparsky, Paul. 1988. Phonological change. In F. J. Newmeyer (ed.): Linguistics: The Cambridge Survey I: The Linguistic Theory – Foundations. Cambridge: Cambridge University Press, 363 – 415.

Kiparsky, Paul. 1993. Blocking in nonderived environment. In S. Hargus & E. Kaisse (eds): Studies in Lexical Phonology. San Diego, CA: Academic Press.

Kiparsky, Paul. 1995. The phonological basis of sound change. In J. A. Goldsmith (ed): The Handbook of Phonological Theory. Oxford: Blackwell. 640 – 670.

Kiparsky, Paul. 2000. Analogy as optimization: "exceptions" to Sievers' Law in Gothic. In A. Lahiri (ed.): Analogy, Levelling and Markedness. Berlin: Mouton de Gruyter, 15 – 46.

Kiparsky, Paul. 2003. Phonological basis of sound change. In Brian D. Joseph & Richard D. Janda (eds.): The Handbook of Historical Linguistics. Malden, MA.: Blackwell, 313 – 342.

Kiparsky, Paul. 2008. Fenno-Swedish quantity: contrast in strata OT. In B. Vaux & A. Nevins (eds.): Rules, Constraints and Phonological Phenomena. Oxford: Oxford University Press, 185 – 220.

Kirchner, Robert. 1996. Synchronic chain shifts in Optimality Theory. Linguistic Inquiry 27: 341 – 350.

Kirchner, Robert. 2004. Consonant lenition. In B. Hayes, R.

Kirchner & D. Steriade (eds.): Phonetically Based Phonology. Cambridge: Cambridge University Press, 313 – 345.

Kisseberth, Charles. 1970. On the functional unity of phonological rules. Linguistic Inquiry 1: 291 – 306.

Kisseberth, Charles. 1973. Is rule ordering necessary in phonology? In B. B. Kachru *et al*. (eds.): Issues in Linguistics. Urbana: University of Illinois Press, 418 – 441.

Kisseberth, Charles. 1994. On domains. In Jennifer Cole & Charles Kisseberth (eds.): Perspectives in Phonology. Stanford: Center for the Study of Language and Information, 133 – 166.

Klavans, Judith L. 1985. The independence of syntax and phonology in cliticization. Language 61(1): 95 – 120.

Klima, Edward. 1964a. Relatedness between grammatical systems. Language 40: 1 – 20.

Klima, Edward. 1964b. Negation in English. In J. D. Fodor & J. J. Katz (eds.): The Structure of Language. Englewood Cliffs, NJ: Prentice-Hall, 246 – 323.

Korn, David. 1969. Types of labial harmony in Turkic languages, Anthropological Linguistics 11: 98 – 106.

Koutsoudas, Andereas, Gerald Sanders & Craig Noll. 1974. On the application of phonological rules. Language 50: 1 – 28.

Kratzer, Angelika & Elisabeth Selkirk. 2007. Phase theory and prosodic spell-out: The case of verbs. The Linguistic Review 24: 93 – 135.

Kubozono, Haruo. 1988. The organization of Japanese prosody. Ph.D. dissertation, Edinburgh University. Tokyo: Kurosio Publishers, 1993.

Kurath, Hans. 1957. The binary interpretation of English vowels. Reprinted in Valerie Becker Makkai 1972. (ed.): Phonological Theory: Evolution and Current Practice. New York: Holt, Rinehart & Winston, 226 – 235.

Labov, William. 1981. Resolving the Neogrammarian controversy. Language 57: 267 – 308.

Ladd, D. Robert. 1986. Intonational phrasing: The case for recursive prosodic structure. Phonology 3: 311 – 340.

Ladd, D. Robert. 1988. Declination "reset" and the hierarchical organization of utterances. Journal of the Acoustical Society of America 84: 530 – 544.

Ladefoged, Peter. 1982. A Course in Phonetics (2nd edition). Orlando: Harcourt Brace.

Ladefoged, Peter. 1984. Out of chaos comes order: physical, biological, and structural patterns in phonetics. In M. P. R. van den Broecke & Cohen A (eds.): Proceedings of the Tenth International Congress of Phonetic Sciences. Dordrecht: Foris Publications, 83 – 95.

Ladefoged, Peter & Daniel Everett. 1996. The status of phonetic rarities. Language 72.4: 794 – 800.

Ladefoged, Peter & Ian Maddieson. 1996. The Sounds of the World's Languages. Oxford: Blackwell.

Lahiri, Adoto & William Marslen-Wilson. 1991. The mental representation of lexical form: A phonological approach to the recognition lexicon. Cognition 38: 245 – 294.

Lakoff, George. 1987. Women, Fire, and Dangerous Things: What Categories Reveal about the Mind. Chicago: University of Chicago Press.

Lakoff, George. 1993. Cognitive phonology. In J. Goldsmith

(ed.): The Last Phonological Rule: Reflections on Constraints and Derivations. Chicago: University of Chicago Press, 117 – 145.

Lamb, Sydney M. 1966. Prolegomena to a theory of phonology. Language 42: 536 – 573.

Lasnik, Howard. 2003. Minimalist Investigations in Linguistic Theory. London: Routledge.

Lass, Roger. 1975. How intrinsic is content? Markedness, sound change and "family universals." In D. Goyvaerts & G. Pullum (eds.): Essays on the Sound Pattern of English. Ghent: Story-Scientia, 475 – 504.

Leben, William. 1973. Suprasegmental phonology. Ph. D. dissertation, MIT.

Leben, William. 1980. A metrical analysis of length. Linguistic Inquiry 10: 497 – 509.

Leeuw, Frank van der. 1997. Clitics: Prosodic Studies. The Hague: Holland Academic Graphics.

Legendre, Géraldine, Colin Wilson, Paul Smolensky, Kristin Homer & William Raymond. 1995. Optimality and Wh-extraction. In Jill Beckman, Laura Walsh Dickey & Suzanne Urbanczyk (eds.): Papers in Optimality Theory. Amherst, MA.: GLSA Publications, 607 – 636.

Lehiste, Ilse. 1966. Consonant Quantity and Phonological Units in Estonian. Bloomington: University of Indiana.

Lehiste, Ilse. 1970. Suprasegmentals. Cambridge, MA.: MIT Press.

Levelt, Claartje & Ruben van de Vijver. 1998. Syllable Types in Cross-Linguistic and Developmental Grammars. Paper presented at the third Biannual Utrecht Phonology

Workshop, Utrecht. ROA – 265.

Levin, Juliette. 1985. A metrical theory of syllabicity. Ph.D. dissertation, MIT.

Li, Bing. 1996. Tungusic Vowel Harmony: Description and Analysis. The Hague: Holland Academic Graphics.

Li, Bing. 2020. Theoretical aspects of vowel harmony in Altaic languages. In Feng Shi & Hongming Zhang (eds.): Linguistics in China no 3. Beijing: World Publishing Corporation, 34 – 56.

Liberman, Mark. 1975. The intonational system of English. Ph. D. dissertation, MIT.

Liberman, Mark & Janet B. Pierrehumbert. 1982. Intonational invariance under changes in pitch range and length. Bell Laboratories Internal Technical Memorandum.

Liberman, Mark & Alan Prince. 1977. On stress and linguistic rhythm. Linguistic Inquiry 8: 249 – 336.

Liberman, Philip. 1960. Some acoustic correlates of word stress in American English. Journal of The Acoustical Society of America. 32.4: 451 – 454.

Liddel, Scott K. & Robert E. Johnson. 1989. American sign language: the phonological base. Sign Language Studies 64: 195 – 278.

Lieber, Rochelle. 1980. On the organization of the lexicon. Ph. D. dissertation, MIT.

Lightfoot, David. 1993. Why UG needs a learning theory: Triggering verb movement. In C. Jones (ed.): Historical Linguistics: problems and perspectives. London: Longman, 190 – 214.

Lightfoot, David. 2005. Plato's problem, UG, and the language organ. In J. McGilveray (ed.): The Cambridge Companion to Chomsky. Cambridge: Cambridge University Press, 42 – 59.

Lightner, Theodore. 1965. On the description of vowel and consonant harmony. Word 21: 224 – 250.

Lindblom, Björn. 1990. Explaining phonetic variation: A sketch of the H & H theory. In W. Hardcastle & A. Marchal (eds.): Speech Production and Speech Modeling. Dordrecht: Kluwer, 403 – 439.

Liu, Patricia. 2009. Segmental alternations and metrical theory. Ph.D. dissertation, MIT.

Lombardi, Linda. 1991. Laryngeal features and laryngeal neutralization. Ph.D. dissertation, University of Massachusetts, Amherst.

Lombardi, Linda. 1999. Positional faithfulness and voicing assimilation in Optimality Theory. Natural Language and Linguistic Theory 17: 267 – 302.

Łubowicz, Anna. 2005. Restricted Local Conjunction. Talk presented at OCP – 2, Tromso Norway.

Łubowicz, Anna. 2003. Local Conjunction and Comparative Markedness. Theoretical Linguistics 29: 101 – 112.

Łubowicz, Anna. 2002. Derived environment effects in Optimality Theory. Lingua 112: 243 – 280.

Maddieson, Ian. 1972. Tone system typology and distinctive features. Proceedings of the 7th International Congress of Phonetic Sciences. The Hague: Mouton, 958 – 961.

Maddieson, Ian. 1974. A note on tone and consonants. In Ian Maddieson (ed.): The Tone Tome: Studies on Tone from the ULCA Tone Project. Los Angeles: UCLA, 18 – 27.

Maddieson, Ian. 1984. Patterns of Sounds. Cambridge: Cambridge University Press.

Majdi, B. & D. Michaels. 1987. Syllable structure, gemination and length in Iraqi Arabic. paper presented at the 62nd Annual Meeting of Linguistic Society of America.

Makkai, Valerie Becker (ed.). 1972. Phonological Theory: Evolution and Current Practice. New York: Holt, Rinehart & Winston.

Macken, Marlys A. 1996. Phonological acquisition. In John A. Goldsmith (ed.): The Handbook of Phonological Theory. Cambridge, MA.: Blackwell, 671 – 696.

Marantz, Alec. 1982. Re reduplication. Linguistic Inquiry 14: 421 – 446.

Marantz, Alec. 2001. Words. Ms. MIT.

Marslen-Wilson, William D. 1975. Sentence perception as aninteractive parallel process. Science 189: 226 – 228.

Martisoff, James. A. 1973. Tonogenesis in Southeast Asia. In Larry Hyman (ed.), Consonant Types and Tone. Los Angeles: University of Southern California, 71 – 96.

Mascaró, Joan. 1976. Catalan Phonology and the Phonological Cycle. Ph.D. dissertation, MIT.

McCarthy, John. 1979a. Formal problems in Semic phonology and morphology. Ph.D. dissertation, MIT.

McCarthy, John. 1979b. On stress and syllabification. Linguistic Inquiry 10: 443 – 465.

McCarthy, John. 1981. A prosodic theory of nonconcatenative morphology. Linguistic Inquiry 12: 373 – 418.

McCarthy, John. 1982. Prosodic templates, morphemic templates, and morphemic tiers. In H. van der Hulst &

Norval Smith (eds.): The Structure of Phonological Representations, vol. 1. Dordrecht: Foris Publications, 191 - 223.

McCarthy, John. 1984. Prosodic organization in morphology. In M. Aronoff & R. Oehrle (eds.): Language Sound Structure. Cambridge, Mass.: MIT Press. 299 - 317.

McCarthy, John. 1986. OCP Effects: Gemination and Antigemination. Linguistic Inquiry 17: 207 - 263.

McCarthy, John. 1988. Feature geometry and dependency: A review. Phonetica 43: 84 - 108.

McCarthy, John. 1994. The phonetics and phonology of Semitic pharyngeals. In Patricia A. Keating (ed.): Papers in Laboratory Phonology III: Phonological Structure and Phonetic Form. Cambridge: Cambridge University Press, 191 - 233.

McCarthy, John. 1995. Remarks on phonological opacity in Optimality Theory. ROA - 79.

McCarthy, John. 1997. Process-specific constraints in Optimality Theory. Linguistic Inquiry 28: 231 - 251.

McCarthy, John. 1999. Sympathy and phonological opacity. Phonology 16: 331 - 399.

McCarthy, John. 2000. Harmonic serialism and parallelism. Ms. University of Massachusetts, Amherst.

McCarthy, John. 2002a. A Thematic Guide to Optimality Theory. Cambridge: Cambridge University Press.

McCarthy, John. 2002b. On targeted constraints and cluster simplification. Phonology 19: 273 - 292.

McCarthy, John. 2003a. Richness of the base and the determination of underlying representation. Ms. University of Massachusetts, Amherst.

McCarthy, John. 2003b. Comparative markedness. Theoretical Linguistics 29: 1 – 51.

McCarthy, John. 2003c. OT constraints are categorical. Phonology 20: 75 – 138.

McCarthy, John. 2004. Headed spans and autosegmental spreading. Ms. University of Massachusetts, Amherst.

McCarthy, John. 2007. Hidden Generalization: Phonological Opacity in Optimality Theory. London: Equinox.

McCarthy, John & Alan Prince. 1986. Prosodic Morphology. Ms. University of Massachusetts and Brandies.

McCarthy, John & Alan Prince. 1988. Quantitative transfer in reduplicative and templatic morphology. In Linguistic Society of Korea (ed.): Linguistics in the Morning Calm. Seoul: Hanshin, 3 – 55.

McCarthy, John & Alan Prince. 1993a. Prosodic Morphology I: Constraint interaction and satisfaction. Ms. University of Massachusetts & Rutgers University.

McCarthy, John & Alan Prince. 1993b. Generalized alignment. In Geert Booij & Jaap van Marle (eds.): Yearbook of Morphology. Dordrecht: Kluwer, 79 – 153.

McCarthy, John & Alan Prince. 1994/2004. The emergence of the unmarked. In J. McCarthy (ed.): Optimality Theory in Phonology. Oxford: Blackwell, 483 – 494.

McCarthy, John & A. Prince. 1995a. Prosodic morphology. In John Goldsmith (ed.): The Handbook of Phonological Theory. Cambridge, MA: Blackwell, 318 – 366.

McCarthy, John & A. Prince. 1995b. Faithfulness and reduplicative identity. In J. Beckman, L. Walsh Dickey & S.

Urbanczyk (eds.): University of Massachusetts Occasional Papers in Linguistics 18: 249 – 384. ROA – 103.

McCarthy, John & Alan Prince. 1995c. Faithfulness and reduplicative identity. ROA – 60.

McCarthy, John, Hamza Al-Mozainy & Robert Bley-Vroman. 1985. Stress shift and metrical structure. Linguistic Inquiry 16: 135 – 144.

McCawley, James D. 1972. On the role of notation in generative phonology. Reprinted in J. Goldsmith 1999. (ed.): Phonological Theory: The Essential Readings. Oxford: Blackwell, 22 – 33.

McCawley, James D. 1975. Review of The Sound Pattern of English. In Didier L. Goyvaerts & Geoffrey K. Pullum (eds.): Essays on The Sound Pattern of English, Ghent, Belgium: E Story-Scientia, 145 – 200.

McMahon, April. 1990. Vowel shift, free rides and strict cyclicity. Lingua 80: 197 – 225.

McMahon, April. 2000. Lexical Phonology and the History of English. Cambridge: Cambridge University Press.

McMahon, April. 2003. When history doesn't repeat itself: Optimality Theory and implausible sound changes. In D. E. Holt (ed.), Optimality Theory and Language Change. Dordrecht: Kluwer, 121 – 142.

Meisel, Jürgen M. 1995. Parameter in acquisition. In Paul Fletcher & Brian MacWhinney (eds.): The Handbook of Childs Language. Malden, MA.: Blackwell, 10 – 25.

Menn, Lise & Carol Stoel-Gammon. 1995. Phonological development. In Paul Fletcher & Brian MacWhinney (eds.): The Handbook of Child Language. Malden, MA.:

Blackwell, 335 – 360.

Mester, R. Armin. 1988. Dependent ordering and the OCP. In Harry van der Hulst & Norval Smith (eds.): Features, Segmental Structure and Harmony Process Part II. Dordrecht: Foris Publications, 128 – 144.

Mester, Armin & Junko Itô. 1989. Feature predictability and underspecification: Palatal prosody in Japanese mimetics. Language 65: 258 – 293.

Mielke, Jeff. 2004. The Emergence of Distinctive Features. Ph. D. dissertation, Ohio State University.

Mielke, Jeff. 2008. The Emergence of Distinctive Features. Oxford: Oxford University Press.

Mielke, Jeff. 2011. Distinctive features. In Marc van Oostendorp *et al*. (eds.): The Blackwell Companion to Phonology. Oxford: Wiley-Blackwell, 391 – 415.

Mielke, Jeff, M. Armstrong & E. Hume. 2003. Looking through opacity. Theoretical Linguistics 29: 123 – 139.

Miglio, Viola. 1998. The Great Vowel Shift: An OT model for unconditional language change. Paper presented at the 10th International Conference on English Historical Linguistics, University of Manchester.

Miglio, Viola. 2005. Markedness and Faithfulness in Vowel systems. London: Routledge.

Miller, Taylor L. 2018. The Phonology-Syntax Interface and Polysynthesis: A Study of Kiowa and Saulteaux Ojibwe. Ph. D. dissertation, University of Delaware.

Minkova, Donka. & Robert. Stockwell. 2003. English vowel shifts and "optimal" diphthongs: Is there a logical link? In D. Eric Holt (ed.): Optimality Theory and Language

Change. Dordrecht: Kluwer, 169 – 190.

Mohanan, K. P. 1982. Lexical Phonology. Bloomington: University Indiana Linguistics Club.

Mohanan, K. P. 1986. The Theory of Lexical Phonology. Dordrecht: D. Reidel Publishing Company.

Mohanan, K. P. 1991. On the bases of radical underspecification. Natural Language and Linguistic Theory 9: 285 – 325.

Moravcsik, Edith. 1978. Reduplicative constructions. In J. Greenberg (ed.): Universals of Human Language, vol. 3: Word Structure. Stanford: Stanford University Press. 297 – 334.

Moreton, Elliott & Paul Smolensky. 2002. Typological Consequences of Local Constraint Conjunction. WCCFL 21. Cambridge, MA: Cascadilla Press.

Morgan,G . 2006. Children are just lingual. Lingua 116: 1507 – 1523.

Myrberg, Sara. 2013. Sisterhood in prosodic branching. Phonology 30: 73 – 124.

Myers, Scott. 1993. OCP effects in Optimality Theory. Ms. University of Texas, Austin.

Nanni, D. 1977. Stressing words in -Ative. Linguistic Inquiry 8: 752 – 763.

Napoli, Donna Jo & Marina Nespor. 1979. The syntax of word-initial consonant gemination in Italian. Language 55: 812 – 841.

Nespor, Marina. 1983. Prosodic structure above the word. In Anne Cutler & Robert Ladd (eds.): Prosody: Models and Measurements Berlin: Springer, 123 – 140.

Nespor, Marina & Irene Vogel. 1982. Prosodic domains of external sandhi rules. In Harry van der Hulst & Norval Smith (eds): The Structure of Phonological Representations Part I. Dordrecht: Foris Publications, 225 - 255.

Nespor, Marina & Irene Vogel. 1986/2007. Prosodic Phonology. Dordrecht: Foris Publications.

Newmeyer, Frederick J. 1998. Language Form and Language Function. Cambridge, Mass.: MIT Press.

Ní Chiosáin, M. & Jaye Padgett. 1993. Inherent V-place. Report no. LRC - 93 - 09, Linguistic Research Center, UCSC.

Noyer, Rolf. 1997. Attic accentuation and intermediate derivational representations. In Iggy Roca (ed.): Derivations and Constraints in Phonology. Oxford: Clarendon Press, 501 - 527.

O'Connor, J. D. & G. F. Arnold. 1973. Intonation of Colloquial English (2nd edition). London: Longman.

Odden, David. 1986. On the role of the obligatory contour principle in phonological theory. Language 62: 353 - 383.

Odden, David. 1987. Kimatuumbi phrasal phonology. Phonology Yearbook 4: 13 - 26.

Odden, David. 1988. Antigemination and the OCP. Linguistic Inquiry 19: 451 - 475.

Odden, David. 1990. Syntax, lexical rules and postlexical rules in Kimatuumbi. In Sharon Inkelas & Draga Zec (eds.): The Phonology-syntax Connection. Chicago: University of Chicago Press, 259 - 278.

Odden, David. 1991. Vowel geometry. Phonology 8: 261 - 289.

Odden, David. 1995. Tone: African languages. In John Goldsmith (ed.): The Handbook of Phonological Theory.

Cambridge, MA: Blackwell, 444 – 475.

Ohala, John. 1973. The physiology of tone. In Larry Hyman (ed.): Consonant Types and Tone. Los Angeles: University of Southern California, 1 – 14.

Ohala, John. 1978. Production of tone. In Victoria Fromkin (ed.): Tone: A Linguistic Survey. New York: Academic Press, 5 – 40.

Oosterdorp, Marc van. 2003. Comparative markedness and containment. Theoretical Linguistics 29: 65 – 75.

Packard, J. 1992. Why Mandarin morphology is stratum-ordered. Paper presented to the Fourth North American Conference on Chinese Linguistics, May 8 – 10, Ann Arbor, Michigan.

Packard, J. 1993. A Linguistic Investigation of Aphasic Chinese Speech. Dordrecht: Kluwer.

Packard, J. 1998. A lexical phonology of Mandarin Chinese, In Packard. J. (ed.): New Approaches to Chinese Word Formation: Morphology, phonology and the lexicon in modern and ancient Chinese. Trends in Linguistics Studies and Monographs. Berlin and New York: Mouton de Gruyter, 311 – 327.

Padgett, Jaye. 2002. Constraint Conjunction versus Grounded Constraint Subhierarchies in Optimality Theory. Ms. University of California, Santa Cruz. ROA – 530.

Padgett, Jaye. 2011. Consonant-vowel place feature interactions. In Marc van Oostendorp (eds.): The Blackwell Companion to Phonology. Oxford: Wiley-Blackwell, 1761 – 1786.

Pak, Marjorie. 2008. The Postsyntactic Derivation and Its Phonological Reflexes. Ph. D. dissertation, University of

Pennsylvania.

Palmer, Frank R. 1957. Gemination in Tigrinya. In Studies in Linguistic Analysis. Oxford: Basil Blackwell, 139 – 148.

Palmer, Frank R. 1970. Prosodic Analysis. London: Oxford University Press.

Paradis, Carole.1986. Lexical phonology and morphology: The nominal classes in Fula. Ph.D. dissertation, University of Montreal.

Peperkamp, Sharon Andrea. 1997. Prosodic Words. The Hague: Holland Academic Graphics.

Pesetsky, David. 1979. Russian morphology and lexical theory. Ms. MIT.

Pesetsky, David. 1985. Morphology and logical form. Linguistic Inquiry 16: 193 – 246.

Petitto, Laura-Ann. 2005. How the brain begets language. In J. McGilveray (ed.): The Cambridge Companion to Chomsky. Cambridge: Cambridge University Press, 84 – 101.

Pierrehumbert, Janet & Mary Beckman. 1988. Japanese Tone Structure. Cambridge, Mass.: MIT Press.

Pierrehumbert, Janet. 1980. The Phonetics and Phonology of English Intonation. New York: Garland.

Pierrehumbert, Janet. 2000. The phonetic grounding of phonology. Bulletin de la communication parlée, 5, 7 – 23.

Pietrosky, Paul. & Stephen Crain. 2005. Innate ideas. In J. McGilveray (ed.): The Cambridge Companion to Chomsky. Cambridge: Cambridge University Press, 164 – 180.

Piggot, Glyne. 1995. Feature dependency in Optimality Theory: optimizing the phonology of sonorants. Ms. McGill University/ Leiden University.

Piggott, Glyne. 1988. A parametric approach to nasal harmony. In Harry van der Hulst & Norval Smith (eds.): Features, Segmental Structure and Harmony Processes. vol. 1, Dordrecht: Foris Publications, 131 – 167.

Pike, Kenneth L. 1947a. On the phonemic status of English diphthongs. Reprinted in Valerie Becker Makkai 1972. (ed.): Phonological Theory: Evolution and Current Practice. New York: Holt, Rinehart & Winston, 145 – 151.

Pike, Kenneth L. 1947b. Grammatical prerequisites to phonemic analysis. Reprinted in Valerie Becker Makkai 1972. (ed.): Phonological Theory: Evolution and Current Practice. New York: Holt, Rinehart & Winston, 153 – 165.

Pike, Kenneth L. 1952. More on grammatical prerequisites. Word 8: 106 – 121.

Pike, Kenneth & E. Pike. 1947. Immediate constituents of Mazatec syllables. International Journal of American Linguistics 13: 79 – 91.

Plank, Frans. 1981. Morphologische (Ir-) Regularitäten: Aspekte der Wortstrukturetheorie. Tülbingen: Gunter Narr.

Pos, H. J. 1938. La notion d'opposition en linguistique. In H. Piéron & I. Meyerson (eds.), Proceedings of the Eleventh International Congress of Psychology. Paris: Libraire Félix Alcan.

Pos, H. J. 1939. Perspectives du structuralisme. TCLP 8: 71 – 87.

Poser, William. 1984. The phonetics and phonology of tone and intonation in Japanese. Ph.D. dissertation, MIT.

Postal, Paul M. 1968. Aspects of Phonological Theory. New

York: Harper and Row.

Potter, B. 1994. Serial optimality in Mohawk prosody. Proceedings of CLS 30. Chicago: CLS.

Prince, Alan. 1975. The Phonology and morphology of Tiberian Hebrew. Ph.D. dissertation. MIT.

Prince, Alan. 1976. Applying stress. Ms. University of Massachusetts, Amherst.

Prince, Alan. 1983. Relating to the grid. Linguistic Inquiry 14: 511 – 562.

Prince, Alan & Paul Smolensky. 1993. Optimality Theory: Constraint Interaction in Generative Grammar. Report no. RuCCS-TR – 2. New Brunswick, NJ: Rutgers University Center for Cognitive Science.

Pulleyblank, Douglas. 1983. Accent in Kimatuumbi. In J. Kaye *et al* (eds.): Current Approaches to African Linguistics, vol. 2. Dordrecht: Foris Publications.

Pulleyblank, Douglas. 1985. A lexical treatment of tone in Tiv. In Didier L. Goyvaerts (ed.): African Linguistics: Essays in Memory of M.W.K. Semikenke (Studies in the Sciences of Language Series 6). Amsterdam: John Benjamins, 421 – 476.

Pulleyblank, Douglas. 1986. Tone in lexical phonology. Dordrecht: Reidel.

Pulleyblank, Douglas. 1988. Underspecification, the feature hierarchy and Tiv vowels. Phonology 5: 299 – 326.

Pulleyblank, Douglas. 1994. Neutral vowels in Optimality Theory: A comparative study of Yoruba and Wolof. Ms. University of British Columbia.

Pulleyblank, Douglas. 1995. Feature geometry and

underspecification. In J. Durand & Francis Katamba (eds.):
Frontiers of Phonology: Atoms, Structures, Derivation.
London and New York: Longman, 3 – 33.

Pulleyblank, Douglas. 1996. Optimality Theory and features.
Ms. University of British Columbia.

Pulleyblank, Douglas & William J. Turkel. 2000. Learning
phonology, genetic algorithms and Yoruba tongue root
harmony. In J. Dekkers, F. van der Leeuw & J. van de
Weijer (eds.): Optimality Theory: Phonology, Syntax,
and Acquisition. Oxford: Oxford University Press,
554 – 620.

Purnell, Thomas. 2018. Rule-based phonology: background,
principles and assumptions. In S. J. Hannahs & Anna R. K.
Bosch (eds): The Routledge Handbook of Phonological
Theory. London: Routledge, 135 – 166.

Pyle, Charles. 1972. On eliminating BM's. In Paul M.
Peranteau, Judith N. Levi & Gloria C. Phares (eds.): CLS
8. Chicago: Chicago Linguistic Society, 516 – 532.

Raffelsiefen, R. 2000. Constraints on schwa apocope in Middle
High German. In A. Lahiri (ed.): Analogy, Leveling and
Markedness. Berlin: Mouton de Gruyter, 125 – 170.

Ramsammy, Michael. 2108. The phonology – phonetics
interface in constraint-based grammar. In S. J. Hannahs &
Anna R. K. Bosch (eds.): The Routledge Handbook of
Phonological Theory. London: Routledge, 68 – 99.

Reiss, Charles. 2003. Language change without constraint
reranking. In D. E. Holt (ed.): Optimality Theory and
Language Change. Dordrecht: Kluwer, 143 – 168.

Reiss, Charles. 2018. Substance Free phonology. In S. J.

Hannahs & Anna R. K. Bosch (eds.): The Routledge Handbook of Phonological Theory. London: Routledge 425 – 452.

Revithiadou, Anthi & Vassilios Spyropoulos. 2009. A Dynamic approach to the syntax-phonology interface: A case study from Greek. In Kleanthes K. Grohmann (ed.): InterPhases: Phase-theoretic investigations of linguistic interfaces. Oxford: Oxford University Press, 202 – 233.

Rialland, Annie & Mamadou Badjimé. 1989. Réanalyse des tons du Bambara. Studies in African Linguistics 20: 1 – 28.

Rice, Keren & Peter Avery. 1993. Segmental complexity and the structure of inventories. In C. Dyck (ed.): Toronto Working Papers in Linguistics 12: 131 – 154.

Rice, Keren. 2011. Consonantal place of articulation. In Marc van Oostendorp *et al*. (eds.): The Blackwell Companion to Phonology. Oxford: Wiley-Blackwell, 519 – 549.

Ringen, Catherine. 1975. Vowel harmony: Theoretical implications. Ph.D. dissertation, Indiana University.

Rizzi, Luigi & L. Savoia. 1993. Conditions on/ u/ propagation in Southern Italian dialects: A locality parameter for phonosyntactic processes. In A. Belletti (ed.): Syntactic Theory and the Dialects of Italy. Torino: Rosenberg and Sellier, 252 – 318.

Robins, R. H. 1953. The phonology of the nasalized verbal forms in Sundanese. Bulletin of the School of Oriental and African Studies 15: 138 – 145.

Robins, R. H. 1957a. Vowel nasality in Sundanese: A phonological and grammatical study. In Studies in Linguistic Analysis. Oxford: Basil Blackwell, 87 – 103.

Robins, R. H. 1957b. Aspects of prosodic analysis. Reprinted in
    Valerie Becker Makkai 1972. (ed.): Phonological Theory:
    Evolution and Current Practice. New York: Holt, Rinehart &
    Winston, 264 – 274.

Roca, Iggy. 1994. Generative Phonology. London: Routledge.

Roca, Iggy. 1995. Learnability under Optimality. Essex
    Research Reports in Linguistics. Colchester: University of
    Essex.

Ross, John R. 1972. A reanalysis of English word stress (part I). In
    Michael K. Brame (ed.): Contributions to Generative
    Phonology. Austin: University of Texas Press, 229 – 323.

Rotenberg, Joel. 1978. The syntax of phonology. Ph. D.
    dissertation, MIT.

Rubach, Jerzy. 1984. Cyclic and lexical phonology. In The
    Structure of Polish. Dordrecht: Foris Publications.

Rubach, Jerzy. 1997. Extrasyllabic consonants in Polish:
    Derivational Optimality Theory. In Iggy Roca (ed.):
    Derivations and Constraints in Phonology. Oxford:
    Clarendon Press, 551 – 582.

Sagey, Elizabeth. 1986. The representation of features and
    relations in non-linear phonology. Ph.D. dissertation, MIT.

Samuels, Bridget. 2009. The Structure of Phonological Theory.
    Ph.D. dissertation, Harvard University.

Samuels, Bridget. 2010. Phonological derivation by Phase:
    Evidence from Basque. In Proceedings of PLC 33, Penn
    Working Papers in Linguistics 16.1: 166 – 175.

Samuels, Bridget. 2011. Phonological Architecture: A
    Biolinguistic Perspective. Oxford: Oxford University Press.

Sanders, Gerald. 1974. Precedence relation in language.

Foundations of Language 11: 361 – 400.

Sapir, Edward. 1933. The Psychological reality of phonemes. Reprinted in Valerie Becker Makkai 1972. (ed.): Phonological Theory: Evolution and Current Practice. New York: Holt, Rinehart & Winston, 22 – 31.

Saporta, Sol. 1965. Ordered rules, dialects differences, and historical processes. Language 41: 218 – 224.

Sato, Yosuke. 2009. Spelling-out prosodic domains: A multiple Spell-out account. In K. K. Grohmann (ed.): InterPhases: Phase-theoretic Investigations of Linguistic Interfaces. Oxford: Oxford University Press, 234 – 259.

Sato, Yosuke. 2012. Phonological interpretation by phase: Nuclear stress, domain encapsulation and edge sensitivity. In Ángel Gallego (ed.): Phases: Developing the framework. Berlin: Mouton de Gruyter, 283 – 308.

Saussure, Ferdinande de. 1916. Cours de linguistique générale. Paris: Payot. Translated by Wade Baskin. 1956. as Course in General Linguistics. London: Peter Owen Limited.

Schachter, P. & V. A. Fromkin. 1968. A phonology of Akan. UCLA Working Papers in Phonetics 9.

Schane, Sanford. 1972. Natural rules in phonology. In R. P. Stockwell & R. K.S. Macaulay (eds.): Linguistic Change and Generative Theory. Bloomington: Indiana University Press, 199 – 229.

Schane, Sanford. 1975. Noncyclic English Word Stress. In D. L. Goyvaerts & G. K. Pullam (eds.): Essays on the Sound Pattern of English. Ghent, Belgium: E Story-Scientia, 249 – 259.

Schane, Sanford. 1984. The fundamentals of particle phonology.

Phonology 1: 129 – 155.

Scheer, Tobias. 2008. Why the Prosodic Hierarchy is a diacritic and why the Interface must be Direct. In Jutta Hartmann, Veronika Hegedüs & Henk van Riemsdijk (eds.): Sounds of Silence: Empty Elements in Syntax and Phonology. Amsterdam: Elsevier, 145 – 192.

Scheer, Tobias. 2011. A Guide to Morphosyntax-Phonology Interface Theories: How Extra-Phonological Information is Treated in Phonology Since Trubetzkoy's Grenzsignale. Berlin: Mouton de Gruyter.

Schuh, Russel G. 1978. Tone rules. In V. A. Fromkin (ed.): Tone: A Linguistic Survey. New York: Academic Press, 221 – 256.

Scobbie, James M. 2007. Interface and overlap in phonetics and phonology. In Gillian Ramchand & Charles Reiss (eds.): The Oxford handbook of linguistic interfaces. Oxford: Oxford University Press, 17 – 52.

Selkirk, Elizabeth. 1972. The Phrase Phonology of English and French. New York: Garland.

Selkirk, Elizabeth. 1974. French liaison and the X-bar notation. Linguistic Inquiry 5: 573 – 590.

Selkirk, Elizabeth. 1978 / 1981. On prosodic structure and its relation to syntactic structure. In Thorstein Fretheim (ed.): Nordic Prosody II. Trondheim: TAPIR, 111 – 140.

Selkirk, Elizabeth. 1980. The role of prosodic categories in English word stress. Linguistic Inquiry 11: 563 – 605.

Selkirk, Elisabeth. 1980. Prosodic domains in phonology: Sanskrit revisited. In M. Aronoff & M-L Kean (eds.): Juncture. Saratoga, CA: Anma Libri, 107 – 129.

Selkirk, Elizabeth. 1982. The Syntax of Words. Cambridge, Mass.: MIT Press.

Selkirk Elizabeth. 1984a. On the major class features and syllable theory. In M. Aronoff & R. T. Oehrle (eds.): Language Sound Structures. Cambridge, Mass.: MIT Press, 107 – 136.

Selkirk, Elizabeth. 1984b. Phonology and Syntax: The Relation between Sound and Structure. Cambridge, MA: MIT Press.

Selkirk, Elizabeth. 1986. On derived domains in sentence phonology. Phonology Yearbook 3: 371 – 405.

Selkirk, Elisabeth. 1990. A two root theory of length. Ms. University of Amherst.

Selkirk, Elizabeth. 1991. Syntax and downstep in Japanese. In C. Georgopoulos & R Ishihara (eds.): Interdisciplinary Approaches to Language: Essays in Honor of S.-Y. Kuroda, Dordrecht: Kluwer, 519 – 544.

Selkirk, Elizabeth. 1995. Sentence prosody: Intonation, stress, and phrasing. In John A. Goldsmith(ed.): The Handbook of Phonological Theory. Cambridge: Blackwell, 550 – 569.

Selkirk, Elizabeth. 1996. The prosodic structure of function words. In James Morgan & Katherine Demuth (eds.): Signal to Syntax: Bootstrapping from Syntax to Grammar in Early Acquisition. Mahwah, NJ: Erlbaum, 187 – 213.

Selkirk, Elizabeth. 2009. On clause and intonational phrase in Japanese: the syntactic grounding of prosodic constituent structure. Gengo Kenkyuu 136: 35 – 73.

Selkirk, Elizabeth. 2011. The syntax-phonology interface. In John Goldsmith, Jason Riggle & Alan C.L. Yu (eds.): The Handbook of Phonological Theory (2nd edition). Oxford:

Wiley-Blackwell, 435 - 484.

Selkirk, Elisabeth & Koichi Tateishi. 1988. Constraints on minor phrase formation in Japanese. In M.G. Larson and Diane Brentari (eds.): Proceedings of the 24th annual meeting of the Chicago Linguistics Society. Chicago IL: Chicago Linguistics Society, 316 - 336.

Selkirk, Elisabeth & Tong Shen. 1990. Prosodic domains in Shanghai Chinese. In S. Inkelas & D. Zee (eds.) The Phonology-Syntax Connection. Chicago: University of Chicago Press, 317 - 337.

Shattuck-Hufnagel, Stephanie & Alice Turk. 1996. A prosody tutorial for investigators of auditory sentence processing. Journal of Psycholinguistic Research 25: 193 - 247.

Shibatani, Masayoshi. 1973. The role of surface phonetic constraints in generative phonology. Language 49: 87 - 106.

Seidl, Amanda. 2001. Minimal Indirect Reference: A Theory of the Syntax-Phonology Interface. London: Routledge.

Siegel, Dorothy. 1974. Topics in English morphology. Ph.D. dissertation, MIT.

Siegel, Dorothy. 1978. The adjacency condition and theory of morphology. NELS 8: 189 - 197.

Sievers E. 1893. Grundzüge der Phonetik. Leipzig: Breitkopf und Hartel.

Sledd, James H. 1958. Some questions of English Phonology. Language 34: 252 - 258.

Sluijter, Agaath M. C. & Vincent J. van Heuven. 1996. Spectral balance as an acoustic correlate of linguistic stress. Journal of Acoustic Society of America 100.4: 2471 - 2485.

Smith, Neil. 1973. The Acquisition of Phonology: A Case

Study. Cambridge: Cambridge University Press.

Smith, Neil. 2010. Acquiring Phonology: A Cross-generation Case-study. Cambridge: Cambridge University Press.

Smith, Neil. 2005. Chomsky's science of language. In J. McGilveray (ed.): The Cambridge Companion to Chomsky. Cambridge: Cambridge University Press, 21 – 41.

Smith, Norval, H. de Wit & R. Noske. 1988. Yurok: Vowel and consonant features and their interaction. Ms. Universiteit van Amsterdam.

Smith, Norval. 1988. Consonant place feature. In Harry van der Hulst & Norval Smith (eds.): Features, Segmental Structure and Harmony Processes Part I. Dordrecht: Foris Publications, 209 – 236.

Smith, Norval. 1996. Shrinking and hopping vowels in the Northern Cape York: minimally different systems. ms. Holland Institute of Generative Linguistics / University of Amsterdam.

Smolensky, Paul. 1993. Harmony, markedness, and phonological activity. Handout of talk presented at Rutgers Optimality Workshop – 1, Rutgers University, New Brunswick, NJ. OA – 87.

Smolensky, Paul. 1994. Optimality, markedness and Underspecification. Paper presented at the workshop on Optimality Theory, Research Institute for Language and Speech, University of Utrecht.

Smolensky, Paul. 1995. On the Internal Structure of the Constraint Component of UG. Colloquium presented at UCLA. ROA – 86.

Smolensky, Paul. 1996. On the Comprehension / Production Dilemma in Child Language. Linguistic Inquiry 27: 720 – 731.

Snider, Keith. 1990. Tonal upstep in Krachi: Evidence for a register tier. Language 66: 453 – 474.

Snider, Keith. 1999. The Geometry and Features of Tone. Arlington: SIL and University of Texas.

Sommerstein, Alan H. 1977. Modern Phonology. London: Edward Arnold.

Sommerstein, Alan H. 1974. On the phonotactically motivated rules. Journal of Linguistics 10: 71 – 94.

Speer, S. & A. Blodgett. 2006. Prosody. In M. Traxler & M. A. Gernsbacher (eds.): Handbook of Psycholinguistics (2nd edition). San Diego, CA: Academic Press.

Spencer, Andrew. 1988. Bracketing paradoxes and the English lexicon. Language 64: 663 – 682.

Spencer, Andrew. 1996. Phonology. Oxford: Blackwell.

Spencer, Andrew. 1991. Morphological Theory. Oxford: Blackwell.

Spencer, Andrew & Ana R. Luís. 2012. Clitics: An Introduction. Cambridge: Cambridge University Press.

Sprigg, R. K. 1957. Juncture in spoken Burmese. In Studies in Linguistic Analysis. Oxford: Basil Blackwell, 104 – 138.

Sprigg, R. K. 1961. Vowel harmony in Lhasa Tibetan: Prosodic analysis applied to interrelated vocalic features of successive syllables. Bulletin of the School of Oriental and African Studies 24: 134 – 153.

Sproat, Richard. 1985. On Deriving the Lexicon. Ph. D. dissertation, MIT.

Sproat, Richard.1993. Morphological non-separation revisited: a review of Lieber's Deconstructing morphology. In G. Booij & J. van Marle (eds.): Yearbook of Morphology 1992, Dordrecht: Kluwer, 235 – 258.

Sproat, R. & Shih C-L. 1993. Why Mandarin morphology is not stratum ordered? In Bermudez-Otero (ed.): The Yearbook of Morphology: 185 – 217.

Stampe, David. 1969. The acquisition of phonetic representation. Papers from the 5th regional Meeting of the Chicago Linguistic Society, Chicago: University of Chicago: 443 – 454.

Stampe, David. 1973. On Chapter Nine. In M. Kenstowicz & C. Kissebirth (eds.): Issues in Phonological Theory. The Hague: Mouton, 44 – 52.

Stanley, Richard. 1967. Redundancy rules in phonology. Language 43: 393 – 436.

Stanley, Richard. 1973. Boundaries in phonology. In Stephen Anderson & Paul Kiparsky (eds.): A Festschrift for Morris Halle. New York: Holt, Rinehart & Winston, 185 – 206.

Steriade, Donca. 1981. Certain parameters of metrical harmony. Paper presented at GLOW 5.

Steriade, Donca. 1982. Greek Prosodies and the Nature of Syllabification. Ph. D. dissertation, MIT.

Steriade, Donca. 1986. A note on coronal. Ms. Cambridge, MA: MIT.

Steriade, Donca. 1987. Redundant values. In A. Bosch et al. (eds.): CLS 23: Parasession on Autosegmental and Metrical Phonology. Chicago: CLS, 339 – 362.

Steriade, Donca. 1991. Mora and other slots. In Proceedings of the Formal Linguistics Conference of the Midwest.

Steriade, Donca. 1995. Underspecification and markedness. In John Goldsmith (ed.): The Handbook of Phonological Theory. Cambridge, MA: Blackwell, 114 – 174.

Stevens, Kenneth N. 1972. The quantal nature of speech: Evidence from articulatory-acoustic data. In E. E. David & P. B. Denes (eds.): Human Communication: A Unified View. New York: McGraw Hill, 51 – 66.

Stevens, Kenneth N. 1989. On the quantal nature of speech. Journal of Phonetics 17: 3 – 45.

Stevens, Kenneth N. & Samuel Jay Keyser. 1989. Primary features and their enhancement in consonants. Language 65: 81 – 106.

Swadesh, Morris. 1934. The phonemic principle. Reprinted in Valerie Becker Makkai 1972. (ed.): Phonological Theory: Evolution and Current Practice. New York: Holt, Rinehart & Winston, 32 – 40.

Tesar, Bruce. & Paul Smolensky. 1998. Learnability in Optimality Theory. Linguistic Inquiry 29: 229 – 268.

Tesar, Bruce. & Paul Smolensky. 2000. Learnability in Optimality Theory. Cambridge, MA: MIT Press.

Trager, George L. & Bernard Bloch. 1941. The syllabic phonemes of English. Language 17: 223 – 246.

Trager, George L. & Henry L. Smith. 1951. An Outline of English Structure. Norman, Oklahoma: Battenburg Press.

Trager, George L. & Henry L. Smith. 1951. An Outline of English Structure. Studies in Linguistics, Occasional Papers, No. 3.

Tranel, Bernard. 1991. CVC light syllable, geminates and moraic theory. Phonology 8: 291 – 302.

Trask, R. L. 1996. A Dictionary of Phonetics and Phonology. London: Routledge.

Trim, J. L. M. 1959. Major and minor tone-groups in English. Le Maitre Phonetique 112: 26 – 29.

Trubetzkoy, Nikolai. S. 1939. Grundzüge der Phonologie. Translated by C. A. M. Baltaxe in 1969 as Principles of Phonology. Berkeley: University of Californian Press.

Truckenbrodt, Hubert. 1995. Phonological phrases: Their relation to syntax, focus, and prominence. Ph. D. dissertation, MIT.

Truckenbrodt, Hubert. 1999. On the relation between syntactic phrases and phonological phrases. Linguistic Inquiry 30: 219 – 255.

Twaddle, W. F. 1936. On various phonemes. Reprinted in Valerie Becker Makkai 1972. (ed.): Phonological Theory: Evolution and Current Practice. New York: Holt, Rinehart & Winston, 45 – 48.

Uffmann, Christian. 2011. The organization of features. In Marc van Oostendorp *et al*. (eds.): The Blackwell Companion to Phonology. Oxford: Wiley-Blackwell, 643 – 668.

Uriagereka, Juan. 1999. Multiple spell out. In S. D. Epstein & N. Hornstein (eds.): Working Minimalism. Cambridge, MA: MIT Press, 251 – 282.

Vaysman, Olga. 2009. Segmental alternations and metrical theory. Ph.D. dissertation, MIT.

Vennemann, Theo. 1971. Natural generative phonology. Paper read at Annual Meeting of the Linguistic Society of America, St. Louis, Missouri.

Vennemann, Theo. 1972a. Phonological uniqueness in natural generative grammar. Glossa 6: 105 – 116.

Vennemann, Theo. 1972b. On the theory of syllable phonology. Linguistische Berichte, 18, 1: 1 – 18.

Vennemann, Theo. 1973. Phonological concreteness in natural generative grammar. In R. Shuy *et al.* (eds.): Towards Tomorrow's Linguistics. Washington DC: Georgetown University Press, 202 – 219.

Vogel, Irene. 2009. The status of the Clitic Group. In Janet Grijzenhout & Baris Kabak (eds.): Phonological Domains: Universals and Deviations. Berlin and New York: Mouton de Gruyter, 5 – 46.

Vogel, Irene. 2019. Life after the Strict Layer Hypothesis. In Hongming Zhang & Youyong Qian (eds.): Prosodic Studies: Challenges and Prospects. London: Routledge, 9 – 60.

Wang, William S.-Y. 1967. Phonological features of tone. International Journal of American Linguistics 33: 93 – 105.

Wells, John. 1982. Accents of English. London: Arnold.

Wells, Rulon S. 1945. The pitch phonemes in English. Reprinted in Valerie Becker Makkai 1972. (ed.): Phonological Theory: Evolution and Current Practice. New York: Holt, Rinehart & Winston, 135 – 144.

Werle, Adam. 2009. Word, Phrase, and Clitic Prosody in Bosnian, Serbian, and Croatian. Ph. D. dissertation, University of Massachusetts.

Wiese, Richard. 1996. The Phonology of German. Oxford: Clarendon Press.

Williams, Edwin. 1971. Underlying tone in Margi and Igbo.

Linguistic Inquiry 7: 463 – 484.

William, Edwin. 1981. On the notions "lexically related" and "head of a word". Linguistic Inquiry 12: 245 – 274.

Wilson, Colin. 2000. Targeted constraints: An approach to contextual neutralization in Optimality Theory. Ph. D. dissertation, Johns Hopkins University.

Wilson, Colin. 2001. Consonant clusters neutralization and targeted constraints. Phonology 18: 147 – 197.

Woo, Nancy. 1969. Prosody and Phonology. Ph. D. dissertation, MIT.

Xu, De-Bao. 1993. Mandarin tone sandhi in lexical phonology. Paper delivered at the NACCL – 5, University of Delaware.

Xu, De-bao. 2001. Lexical tone sandhi and the lexical organization of Mandarin, in Xu Debao (ed.): Chinese Phonology in Generative Grammar. New York: Academic Press.

Yip, Moira. 1980. The tonal phonology of Chinese. Ph. D. dissertation, MIT.

Yip, Moira. 1982. Reduplication and the CV-skeleta in Chinese secret languages. Linguistic Inquiry 13: 637 – 661.

Yip, Moira. 1988a. Template morphology and the direction of association. Phonology 6: 349 – 374.

Yip, Moira. 1988b. The Obligatory Contour Principle and phonological rules: a loss of identity. Linguistic Inquiry 19: 65 – 100.

Yip, Moira. 1989. Contour tones. Phonology 6: 149 – 174.

Yip, Moira. 1995. Tone in East Asian languages. In John Goldsmith (ed.), The Handbook of Phonological Theory. Cambridge, MA: Blackwell, 476 – 494.

Yip, Moira. 2001. Dialect Variation in Nasalization: Alignment or Duration? In De-Bao Xu (ed.): Chinese Phonology in Generative Grammar. New York: Academic Press, 163 – 192.

Yip, Moira. 2002. Tone. Cambridge: Cambridge University Press.

Yip, Moira. 2003. Some real and not-so real consequences of comparative markedness. Theoretical Linguistics 29: 53 – 64.

You, Shuxiang. 2020. Prosodic Phonology of the Fuzhou Dialect: Domains and Rule Application. London: Routledge.

Zec, Draga. 1988. Sonority constraints on prosodic structure. Ph.D. dissertation, Stanford University.

Zec, Draga & Sharon Inkelas. 1990. Prosodically constrained syntax. In Draga Zec & Sharon Inkelas (eds.): The Phonology-Syntax Connection. Chicago: University of Chicago Press, 365 – 378.

Zec, Draga & Sharon Inkelas. 1991. The place of clitics in the prosodic hierarchy. In Dawn Bates (ed.): Proceedings of the tenth WCCFL. Stanford CA: Center for the Study of Language and Information Publications, 505 – 519.

Zec, Draga & Sharon Inkelas. 1995. Syntax-phonology interface. In John Goldsmith (ed.): The Handbook of Phonological Theory. Cambridge, MA: Blackwell, 535 – 549.

Zemlin, Willard R. 1981. Speech and Hearing Science: Anatomy and Physiology (2nd edition). Englewood Cliffs, NJ: Prentice-Hall.

Zhang, Hongming. 1992. Topics in Chinese Phrasal Tonology. Ph.D. Dissertation, University of Californian, San Diego.

Zhang, Hongming. 2017. Syntax-Phonology Interface：Argumentation from Tone Sandhi in Chinese Dialects. London：Routledge.

Zhang, Jisheng 2006. The Phonology of Shaoxing Chinese. Utrecht：The Netherlands Graduate School of Linguistics.

Zwicky, Arnold M. 1977. On Clitics. Bloomington, IN：Indiana University Linguistics Club.

Zwicky, Arnold M. 1985. Clitics and particles. Language 61(2)：283－305.

Zwicky, Arnold. M. 1987. Suppressing the Zs. Journal of Linguistics 23：133－148.

董思聪　2019　《汉语语缀：理论问题与个案研究》,北京：北京大学出版社。

胡伟　李兵　2018　《音系范畴是天赋的还是浮现的?》,《外语教学与研究》第 5 期：679－691。

胡振华　1986　《柯尔克孜语简志》,北京：民族出版社。

李兵　1998　《优选论的产生、原理和应用》,《现代外语》第 3 期：71－91。

李兵　2001　《当代音系学的方法论特征》,《现代外语》第 1 期：1－22。

李兵　2004　《现代满语唇辅音和圆唇元音的交互作用》,《民族语文》第 2 期：1－12。

李兵　2005　《优选论中的音系晦暗性：问题与发展》,《外语教学与研究》第 3 期：170－177。

李兵　2008　《论优选论的功能主义倾向》,《当代语言学》第 1 期：1－19。

李兵　2013　《阿尔泰语言元音和谐研究》,北京：商务印书馆。

李兵　2014　《阿尔泰语言元音和谐的形式特点及其理论意义》,《当代语言学》第 4 期：466－482。

李兵　2021　《维吾尔语中性词干的音系功能——兼论音系存在的客观性》,《当代语言学》第 3 期：342 - 364。

李兵　贺俊杰　2010　《蒙古语卫拉特方言双音节词重音的实验语音学分析》,《民族语文》第 5 期：65 - 73。

李兵　李文欣　2011　《鄂伦春语双音节词重音实验语音学报告》,《民族语文》第 3 期：48 - 55。

李兵　汪朋　贺俊杰　2012　《锡伯语双音节词重音实验语音学研究》,《民族语文》第 2 期：55 - 63。

李兵　贺俊杰　汪朋　2014　《锡伯语三音节词重音的实验语音学分析》,《民族语文》第 2 期：71 - 81。

李亚非　2000　《核心移位的本质及其条件——兼论句法和词法的交界面》,《当代语言学》第 1 期：1 - 17。

罗常培　王均　2002　《普通语音学纲要》(修订版),北京：商务印书馆。

王晓培　2013　《辉县盘上话的单音节动词重叠》,《中国语文》第 2 期：107 - 115。

王晓培　2014　《辉县盘上话的名词小称变韵和变调》,《方言》第 1 期：43 - 47。

王晓培　2015　《词基驱动的词库分层模式——来自晋语区方言的证据》,博士学位论文,南开大学。

汪朋　2010　《优选论的局部合取法：原理、应用与问题》,《当代语言学》第 3 期：232 - 240。

张洪明　2014　《韵律音系学与汉语韵律研究中的若干问题》,《当代语言学》第 3 期：303 - 327。

张洪明　于辉　2010　《词汇音系学与汉语重叠式的音系研究》,《语言学论丛》第 39 辑,北京：商务印书馆,506 - 524。

赵明鸣　2001　《突厥语词典语言研究》,北京：中央民族大学出版社。

赵相如　朱志宁　1985　《维吾尔语简志》,北京：民族出版社。

图书在版编目（CIP）数据

生成音系学基础理论/李兵，汪朋著. —上海：上海教育出版社，2024.11.—（国际语言学前沿丛书）.
ISBN 978-7-5720-2533-4

Ⅰ.H01

中国国家版本馆CIP数据核字第2024037XA2号

责任编辑　周典富

封面设计　周　吉

国际语言学前沿丛书

胡建华　主编

生成音系学基础理论

李　兵　汪　朋　著

出版发行　上海教育出版社有限公司

官　　网　www.seph.com.cn

地　　址　上海市闵行区号景路159弄C座

邮　　编　201101

印　　刷　上海展强印刷有限公司

开　　本　640×965　1/16　印张57　插页5

字　　数　745 千字

版　　次　2024年11月第1版

印　　次　2024年11月第1次印刷

书　　号　ISBN 978-7-5720-2533-4/G·2228

定　　价　198.00 元

如发现质量问题，读者可向本社调换　电话：021-64373213